Zur Integration ausgewählter mittel- und osteuropäischer
Länder in die währungspolitische Ordnung Europas

T0326482

CeGE-Schriften

Center for Globalization and Europeanization of the Economy
Zentrum für Globalisierung und Europäisierung der Wirtschaft
Georg-August-Universität Göttingen

Band 2

Herausgegeben von Wolfgang Benner, Günter Gabisch,
Jörg Güßefeldt, Andreas Haufler, Helmut Hesse, Hans-Joachim Jarchow,
Renate Ohr, Helga Pollak, Peter Rühmann, Hermann Sautter,
Stefan Tangermann und Wilhelm H. Wacker

Verantwortliche Herausgeberin für diesen Band:
Renate Ohr

PETER LANG

Frankfurt am Main · Berlin · Bern · Bruxelles · New York · Oxford · Wien

Ingo Konrad

Zur Integration ausgewählter mittel- und osteuropäischer Länder in die währungspolitische Ordnung Europas

PETER LANG
Europäischer Verlag der Wissenschaften

Die Deutsche Bibliothek - CIP-Einheitsaufnahme

Konrad, Ingo:

Zur Integration ausgewählter mittel- und osteuropäischer
Länder in die währungspolitische Ordnung Europas / Ingo
Konrad. - Frankfurt am Main ; Berlin ; Bern ; Bruxelles ; New
York ; Oxford ; Wien : Lang, 2002
(CeGE-Schriften ; Bd. 2)
Zugl.: Hohenheim, Univ., Diss., 2002
ISBN 3-631-39585-X

Gedruckt auf alterungsbeständigem,
säurefreiem Papier.

D 100
ISSN 1617-741X
ISBN 3-631-39585-X

© Peter Lang GmbH
Europäischer Verlag der Wissenschaften
Frankfurt am Main 2002
Alle Rechte vorbehalten.

Printed in Germany 1 2 3 4   6 7

www.peterlang.de

Danksagung

An dieser Stelle gilt zunächst mein aufrichtiger Dank Frau Professor Renate Ohr von der Universität Göttingen für ihre ausgezeichnete und umfassende Unterstützung als Betreuerin meiner Doktorarbeit. Die gemeinsamen Gespräche und Diskussionen waren motivierend und für die Fertigstellung der Arbeit sehr hilfreich. Zudem danke ich Herrn Professor Franz Heidhues von der Universität Hohenheim recht herzlich für die freundliche Übernahme des Zweitgutachtens.

Die vorliegende Arbeit entstand während meiner Tätigkeit als Doktorand im Bereich Economic Research der DaimlerChrysler AG. Den Mitarbeitern/innen des Bereiches - die mir alle den Weg zur Promotion wesentlich erleichtert und angenehmer gestaltet haben - danke ich an dieser Stelle ganz herzlich. Vor allem bin ich Herrn Dr. Peter-Rüdiger Puf für die finanzielle und berufliche Förderung sowie für die motivierenden Worte während der Promotionsphase zu großem Dank verpflichtet. Die verschiedenen Gespräche mit Herrn Dr. Puf haben nicht nur zu wichtigen konzeptionellen Ratschlägen geführt, sondern stellten eine unglaublich wichtige Ermutigung dar, im rechten Moment meinen Sack voller Gedanken zuzuschnüren. Desweiteren möchte ich mich bei Herrn Jürgen Müller bedanken, der mir eindrucksvoll wichtige Erkenntnisse bei der Anwendung volkswirtschaftlicher Methoden in der unternehmerischen Praxis vermittelte. Dem mittlerweile aus dem Konzern ausgeschiedenen Kollegen und Freund Andi Mack danke ich für 'sehr viel Spaß und das ganze Drumherum'. Für viele unterstützende Worte und organisatorische Hilfe bin ich zudem Frau Sabine Aschoff zu Dank verpflichtet. Darüber hinaus gilt Herrn Erik Sites für seine vielfältigen Denkanstöße mein Dank.

Das Projekt Doktorarbeit wäre sehr beschwerlich geworden, wenn ich nicht vielseitige moralische Unterstützung, Rücksicht und regelmäßige Ablenkung im privaten Umfeld erfahren hätte. An dieser Stelle sei neben anderen vor allem Gürhan Kurucu, Michael Lawrence sowie Dirk Siebert gedankt. Petra Schneider bin ich auch für inhaltliche Anregungen sehr dankbar.

Schließlich danke ich meinen Eltern für den breiten Rückhalt während meines Studiums und der Promotionsphase. Ein besonderer Dank gebührt Steffi, die mich aus einigen Tälern im Verlauf der Promotion schnell herauszumanövrieren wußte. Dabei stand sie mir mit großer Geduld sowie tatkräftiger Unterstützung in dieser Zeit zur Seite und ließ mich niemals vergessen, daß es auf dieser Welt Wichtigeres als meine beiden Schreibtische gibt.

Ingo Konrad

Vorwort der verantwortlichen Herausgeberin

Die Osterweiterung der EU ist eine gewaltige Herausforderung für die europäischen Institutionen und Politiken. Sie wird einen nicht zu unterschätzenden Einfluss auf den gesamten Prozess der ökonomischen Integration in Europa haben – insbesondere, wenn auch eine Teilnahme der mittel- und osteuropäischen Beitrittsländer (MOEL) an der Europäischen Währungsunion ansteht. Vor diesem Hintergrund befasst sich die vorliegende Untersuchung mit der Frage, in welcher Form und in welchem Zeitraum nach der realwirtschaftlichen Integration durch die Beteiligung am europäischen Binnenmarkt auch eine monetäre, d.h. währungspolitische Anbindung der osteuropäischen Beitrittskandidaten erfolgen kann und soll. Dabei wird die Zielsetzung verfolgt, mit Hilfe eines ganzheitlichen Ansatzes einen konsistenten Rahmen für die Analyse mittel- und osteuropäischer Währungspolitiken zu schaffen.

Die Arbeit gliedert sich in drei Teile und zehn Kapitel. In Teil A (Kapitel I bis IV) werden die theoretischen Grundlagen zur Beurteilung der Währungspolitik der mittel- und osteuropäischen Länder seit Beginn des Transformationsprozesses gelegt. Auf dieses theoretische Fundament, das vor allem der Erklärung und Beurteilung des realen Aufwertungsprozesses der letzten Jahre dient, wird später immer wieder Bezug genommen. In Teil B (Kapitel V und VI) wird die Wechselkurspolitik der letzten zehn Jahre im Ländervergleich analysiert. In Teil C (Kapitel VII bis X) geht es schließlich um die richtigen währungspolitischen Strategien, die den Integrationsprozess in die Europäische Union unterstützen könnten. Dafür entwickelt der Verfasser ein aussagekräftiges Indikatorenschema zur Ableitung des notwendigen Flexibilitätsbedarfs der Währungspolitik im Zusammenspiel von Transformation und Integration in die EU.

Der Autor kommt zu dem Ergebnis, dass es für die mittel- und osteuropäischen Beitrittskandidaten keinen einheitlichen Weg der monetären Integration geben kann, sondern dass die länderspezifischen Eigenschaften sowie die länderindividuellen Reformfortschritte auch bei der künftigen Währungsstrategie weiter berücksichtigt werden sollten. Das in Kapitel IX vorgestellte Indikatorenschema zur Ableitung alternativer Währungsstrategien belegt, dass sich die Reformstaaten in ihrer Situation zwischen Transformation und Integration auch künftig noch signifikanten realwirtschaftlichen Veränderungen gegenüber sehen werden und daher einen z.T. hohen Anpassungsbedarf bei den realen Wechselkursen haben werden. Aus diesem Grund erscheint eine Währungsstrategie mit relativ hohem Flexibilitätsgrad eine gute Ausgangsbasis für den weiteren Integrationsprozess. Dazu gehört auch, dass (außer für Estland) ein Beitritt zum Wechselkursmechanismus II erst einige Jahre nach dem Beitritt zur EU eingeplant werden sollte. Hinsichtlich der Perspektive eines künftigen Beitritts der mittel- und osteuropäischen Beitrittsländer in die Währungsunion sieht der Verfasser eine zu frühzeitige Einbindung in die Währungsgemeinschaft als sehr risikoreich an – sowohl für die neuen Mitgliedsländer als auch für die existierende Währungsunion.

Die vorliegende Arbeit ist in das Forschungsprogramm des Zentrums für Globalisierung und Europäisierung der Wirtschaft (CeGE) eingebettet. Das CeGE hat es sich unter anderem zum Ziel gesetzt, die institutionellen Rahmenbedingungen und die ökonomischen sowie politökonomischen Wirkungsmechanismen des europäischen Integrationsprozesses systematisch zu erforschen, um den Integrationsweg konstruktiv von wissenschaftlicher Seite her zu begleiten. Die hier vorgestellte Analyse der währungspolitischen Folgen der EU-Osterweiterung mit ihrer konsistenten und zielführenden theoretischen Grundlage, der anschaulichen empirischen Überprüfung und den weiterführenden Politikempfehlungen trägt hierzu wesentlich bei.

Renate Ohr

9

Inhaltsverzeichnis

15

Tabellenverzeichnis

16

Abbildungsverzeichnis

Abkürzungsverzeichnis

Art.	Artikel
Bd.	Band
BIP	Bruttoinlandsprodukt
BIZ	Bank für Internationalen Zahlungsausgleich
BM	Benchmark
BoS	Bank of Slovenia
bzgl.	bezüglich
CES	Constant Elasticity of Substitution
CMEA	Council for Mutual Economic Assistance
CNB	Czech National Bank
CPI	Consumer Price Index/Konsumentenpreisindex
CZK	Tschechische Krone
d.h.	das heißt
EBRD	European Bank for Reconstruction and Development
ECU	European Currency Unit
EEK	Estnische Krone
EG	Europäische Gemeinschaften
ESZB	Europäisches System der Zentralbanken
et al.	et alii
EU	Europäische Union
EUR	Euro
evtl.	eventuell
EWS	Europäisches Währungssystem
EWU	Europäische Währungsunion
EZB	Europäische Zentralbank
f.	folgende
ff.	fortfolgende
FEER	Fundamental Equilibrium Real Exchange Rate
FERI	Financial & Economic Research International
ggü.	gegenüber
Hrsg.	Herausgeber
HUF	Ungarisches Forint

IMD	International Institute for Management Development
IWF/IMF	Internationaler Währungsfond/International Monetary Fund
Kap.	Kapitel
LB	Leistungsbilanz
LoP	Law of one Price
NAIRU	Non-Accelerating Inflation Rate of Unemployment
NBS	National Bank of Slovenia
NBY	National Bank of Yugoslavia
MOEL	Mittel- und osteuropäische Länder
OECD	Organisation for Economic Co-operation and Development
p. a.	per annum
PLZ	Polnischer Zloty
PPP	Purchasing Power Parity
RGW	Rat für gegenseitige Wirtschaftshilfe
RB	Resource Balance
rd.	rund
REER	Real Equilibrium Exchange Rate (realer gleichgewichtiger Wechselkurs)
RW	Realer Wechselkurs
SDR/SZR	Special Drawing Rights/Sonderziehungsrechte
SIT	Slowenischer Tolar
sog.	sogenannte(s)
ToT	Terms of Trade
WKM	Wechselkursmechanismus
u. a.	unter anderem
ULB	'Underlying' Leistungsbilanzsaldo
URR	Unremunerated Reserve Requirement
vgl.	vergleiche
Vj.	Vorjahr
Vol.	Volume
vs.	versus

Symbolverzeichnis

α, β	konstante Schätzparameter
φ	Anpassungsgeschwindigkeit zum Gleichgewicht
λ	Semizinselastizität der Geldnachfrage
ε	Zufallsvariable
κ	Anteil der Schwarzmarkttransaktionen an ges. Devisenmarkttransaktionen
σ	marginale Absorptionsneigung
μ	Schwarzmarktprämie
π	Inflationsrate
Π	durch Preisliberalisierung induzierte Inflation
ρ_i	mark-up bzw. mark-down (Lohnniveau)
γ	Anteil der nicht-handelbaren Güter im Konsumgüterkorb
ε_m	Preiselastizität der Importnachfrage
ε_x	Preiselastizität der Exportnachfrage
η_{Ex}	Elastizität der inländischen Exportnachfrage
η_{Im}	Elastizität der inländischen Importnachfrage
θ	Intersektorale Lohndifferenz im Inland
ξ	sektoraler Produktivitätsschock
a	Grenzproduktivität der Arbeit
b	Koeffizient
A	Absorption
A^a	autonome Absorption
c_t	Zielzonenparität
D	Netto-Schuldenstand
E	nominaler Wechselkurs
E^*	marktgerechter Wechselkurs
E_b	Schwarzmarktkurs
E_o	offizieller Wechselkurs
E_s	Wechselkurs-Schwellenwert
EW	Erwartungswert
Ex	Exporte
f_t	Vektor verschiedener fundamentals
fp_{it}	langfristige Komponenten der fundamentals i zum Zeitpunkt t
ft_{it}	transitorische Komponenten der fundamentals i zum Zeitpunkt t
G_N	Staatsausgaben für Güter des nicht-handelbaren Sektors
G_T	Staatsausgaben für Güter des handelbaren Sektors

i	Zinssatz
i_w	weltweites Zinsniveau
I	Investitionen
Im	Importe
k	Unterschied der Produktqualität im Vergleich zum Weltmarktstandard
LB	Leistungsbilanzsaldo
M	Geldmenge
MIS	Misalignment (Fehlbewertung) der Landeswährung
n	Anzahl der betrachteten Perioden
ΔN	monetärer Überhang
P	Preisindex im Inland
P_N	Preisniveau der nicht-handelbaren Güter
P_T	Preisniveau der international gehandelten Güter
$P_t(i)$	Preise des Gutes i zum Zeitpunkt t im Inland
RB	Ressourcenbilanz
RW	realer Wechselkurs
RW_B	realer Wechselkurs in der Basisperiode B
RW_{ext}	externer realer Wechselkurs
RW_{int}	interner realer Wechselkurs
S	Ersparnis
Tr	Saldo der Übertragungsbilanz
u_t	stationärer Störterm
Δv_t	Abweichung des Wechselkurses von der Wechselkurszielzonenparität
W_N	Lohnniveau im inländischen Sektor für nicht-handelbare Güter
W_H	Lohnniveau im inländischen Sektor für handelbare Güter
x_t	Vektor realer Variablen
Y	reales Volkseinkommen bzw. Output
Y*	Vollbeschäftigungsoutput
Y_f	reales Volkseinkommen im Ausland
Y_N	nicht-handelbare Güter
Y_T	handelbare Güter
Z	Vektor exogener Variablen

Anmerkung:

Kleingeschriebene Variablen stellen eine entsprechende Logarithmierung dar.
(Beispiel: e bezeichnet den Logarithmus des nominalen Wechselkurses E)

Teil A: Stilisierte Fakten der Wechselkurspolitik im Transformationsprozeß

I. Einführung

1. Problemstellung

Mit dem Start der dritten Stufe zur Europäischen Währungsunion (EWU) am 1. Januar 1999 sowie den laufenden Verhandlungen zur geplanten Osterweiterung der Europäischen Union (EU) können zwei historische Herausforderungen für den europäischen Integrationsprozeß identifiziert werden. Die vorliegende Arbeit versucht, diese Entwicklungen aus wechselkurspolitischer Sicht zu verknüpfen, indem die Integration ausgewählter mittel- und osteuropäischer Länder (MOEL) – Ungarn, Polen, Tschechien, Estland und Slowenien – in die währungspolitische Ordnung Europas einer Analyse unterzogen wird.

Der EU-Erweiterungsprozeß gilt spätestens seit der schwedischen EU-Ratspräsidentschaft im ersten Halbjahr 2001 als unumkehrbar: Unter der Voraussetzung, daß die Fortschritte bei der Erfüllung der EU-Beitrittskriterien auf Seiten der MOEL nicht an Dynamik verlieren, wird für die ersten MOEL die offizielle Beendigung der Beitrittsverhandlungen zum Ende des Jahres 2002 sowie eine Beteiligung an den Wahlen zum Europäischen Parlament im Jahr 2004 angestrebt.[1] Angesichts der großen Unterschiede innerhalb der zehn Beitrittskandidaten bezüglich der implementierten Strukturreformen, ist mit mehreren Erweiterungsrunden der EU und insofern mit einer Osterweiterung der verschiedenen Geschwindigkeiten zu rechnen.

Der Wechselkurs ist als entscheidender volkswirtschaftlicher Preis und dementsprechend die Wechselkurspolitik als zentrale Steuerungsgröße nationaler Institutionen zu betrachten. So hängt etwa das Verhältnis von inländischem Strukturwandel und außenwirtschaftlicher Liberalisierungs- sowie Stabilisierungsmaßnahmen in entscheidender Weise von der länderspezifischen Funktionsbestimmung der Wechselkurspolitik ab. Zudem bildet die optimale Ausgestaltung der Wechselkurspolitik eine notwendige Voraussetzung für die reibungslose Integration in die verschärfte Wettbewerbssituation des gemeinsamen EU-Binnenmarktes.

Die Wechselkurspolitik zwischen Transformations- und Integrationsprozeß sieht sich dabei einer dynamischen Veränderung der zugrundeliegenden internen und externen Rahmenbedingungen, Ziele sowie Spannungsfelder ausgesetzt: Der Übergangsprozeß von einer zentralistischen Plan- zu einer dezentralen Marktwirtschaft wurde durch die notwendige makroökonomische Stabilisierung und zunehmende außenwirtschaftliche Öffnung und Integration geprägt. Im Rahmen des sich daran anschließenden Aufholprozesses zu den Ökonomien Westeuropas und der Implementierung des acquis communautaire wird die Wechselkurspolitik durch die Implementierung umfangreicher Strukturreformen sowie der Liberalisierung des Kapitalverkehrs mit tiefgreifenden Herausforderungen konfrontiert. In diesem Zusammenhang ist von entscheidender Bedeu-

---

[1] Vgl. Europäischer Rat (2001).

tung, daß die MOEL bei der Bewertung der währungspolitischen Strategien sowie bei der Formulierung optimaler währungspolitischer Optionen weder mit herkömmlichen Schwellenländern noch mit Industrieländern gleichgesetzt werden können. Demzufolge ist die Anwendung von traditionellen Theorien sowie die Übertragung von – im Kontext anderer Länder gewonnenen – wechselkurspolitischen Erkenntnissen nur äußerst begrenzt möglich.

Die Währungen Mittel- und Osteuropas waren in der Zeit vor dem – etwas mehr als zehn Jahre zurückliegenden – Systemumbruch reine Binnenwährungen, die keine Lenkungsfunktionen besaßen. Der Heranführungsprozeß der Landeswährungen an den Euro nach dieser grundlegend neuen Funktionsbestimmung zu Beginn der 90er Jahre soll mit Hilfe eines *ganzheitlichen Ansatzes* geschehen, indem eine Verknüpfung des Transformationsprozesses und des künftigen Integrationsprozesses hergestellt wird. Dabei werden die wesentlichen (theoretischen und empirischen) Erkenntnisse der Wechselkurspolitik im bisherigen Transformationsprozeß für die Formulierung und Bewertung möglicher wechselkurspolitischer Optionen vor *und* nach einem EU-Beitritt genutzt. Ein wesentliches Ziel der vorliegenden Arbeit ist es daher, eine angemessene und länderindividuelle Strategie für die Währungsintegration der EU-Aspiranten herauszuarbeiten. Diese soll zugleich unter Verwendung eines Indikatorenschemas mit mikro- und makroökonomischen Kriterien empirisch gestützt werden. Die Ergebnisse dieses Indikatorenschemas zeigen, daß der Flexibilitätsbedarf der Landeswährungen vergleichsweise hoch ausfällt.

Als zentrales Leitmotiv der Überlegungen dienen die Folgen der – für Ökonomien im Aufholprozeß charakteristischen – Aufwertung des realen gleichgewichtigen Wechselkurses (REER). Diese objektiv nicht meßbare Makrovariable wird durch verschiedene – einer Ökonomie zugrundeliegenden – Fundamentalfaktoren bestimmt. Die 'fundamentals' unterliegen angesichts der tiefgreifenden Strukturveränderungen einem dynamischen Veränderungsprozeß. Insofern stellt ein Großteil des zu beobachtenden realen Aufwertungstrends der mittel- und osteuropäischen Währungen das erforderliche Nebenprodukt einer erfolgreichen Liberalisierungs- und Heranführungsstrategie dar und kann als Gleichgewichtsphänomen interpretiert werden.

Diese Erkenntnis kann mit Hilfe von Abbildung A-1 vereinfachend dargestellt werden, mit der Halpern/Wyplosz (1997) den Verlauf des realen Wechselkurses (RW) und dessen Gleichgewichtswert (=REER) im Zeitablauf der Transformation zusammenfassen.[2] Zunächst wird die massive reale Eingangsabwertung der Währungen zu Transformationsbeginn deutlich, die sich aus dem Abwertungs-Overshooting des nominalen Wechselkurses gegenüber westlichen Währungen bei entsprechender kurzfristiger Preisrigidität ergibt. Im weiteren Verlauf der Systemtransformation kann eine graduelle Anpassung

---

[2] In der vorliegenden Arbeit wird, falls nicht anders explizit erwähnt, die Mengennotierung des Wechselkurses verwendet. Indem der nominale Wechselkurs das Austauschverhältnis zweier Währungen darstellt, kann er auf zwei verschiedene Arten angegeben werden: 1. *Mengennotierung:* Anzahl der ausländischen Währung pro Einheit der Landeswährung; höhere Werte des nominalen (realen) Wechselkurses entsprechen dabei einer nominalen (realen) Aufwertung der Inlandswährung. 2. *Preisnotierung:* Anzahl der Landeswährung pro Einheit der ausländischen Währung; höhere Werte des nominalen (realen) Wechselkurses entsprechen hier einer nominalen (realen) Abwertung der Inlandswährung. Mengen- und Preisnotierung des nominalen Wechselkurses stehen in einem reziproken Verhältnis.

des realen Wechselkurses an den – aufgrund von fundamentalen Einflußfaktoren wie Produktivitätsveränderungen sowie gesamtwirtschaftlichen Reallokationsprozessen – selbst wiederum aufwertenden REER beobachtet werden. Nach der Zurückführung der inländischen Inflationsraten auf einstellige Werte sieht sich die inländische Wirtschafts-politik mit einer entscheidenden Restriktion konfrontiert: Angesichts des Realkursanpas-sungsbedarfs stellen die nominale Wechselkursstabilität sowie die Preisstabilität auf dem Niveau Westeuropas in absehbarer Zukunft zwei nicht miteinander kompatible Ziele dar.

Abbildung A-1: Der reale Wechselkurs im Zeitablauf des Transformationsprozesses

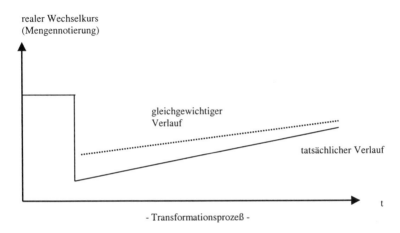

Quelle: Halpern/Wyplosz (1997), S. 437.

Insgesamt erfolgt die Analyse des monetären Heranführungsprozesses der mittel- und osteuropäischen Währungen an den Euro in einer dreigeteilten Struktur: Die identifi-zierten stilisierten Fakten der Wechselkurspolitik sollen innerhalb des vorliegenden *Tei-les A* durch eine modelltheoretische Annäherung eingerahmt werden. Damit werden der konkreten länderspezifischen Analyse der Wechselkurspolitik einzelner MOEL in *Teil B* sowie dem Erfahrungstransfer für Optionen der künftigen Wechselkurspolitik in *Teil C* eine theoretische Fundierung vorangestellt:

Teil A (Theorieteil): *Theoretische Fundierung der stilisierten Fakten aus Sicht der Wechselkurspolitik*

Teil B (Länderanalyse): *Erfahrungen der Wechselkurspolitik im Ländervergleich und Schätzung des realen gleichgewichtigen Wechselkurses*

Teil C (Optionen): *Währungspolitische Optionen der MOEL für die Heranführung an den Euro*

Die Analysen beziehen sich auf die sogenannte 'Luxemburg-Erweiterungsgruppe'[3], d.h. auf die fünf Länder Polen, Ungarn, Tschechien, Estland und Slowenien. Obgleich sich die vorliegende Arbeit auf diesen Länderkanon beschränkt, lassen sich die länderübergreifenden Erkenntnisse mit einer Zeitverzögerung (je nach Fortschritt im Bereich der Strukturkonvergenz) weitgehend auch auf die restlichen Beitrittskandidaten der Region übertragen.[4] Dennoch ist zu berücksichtigen, daß für einen Großteil wechselkurspolitischer Probleme keine eindeutigen Lösungen existieren. Konkrete Handlungsanweisungen und länderübergreifende Fakten müssen daher stets vor dem Hintergrund spezifischer Ländercharakteristika untersucht und interpretiert werden.

Im einzelnen werden im Rahmen der dargestellten Dreiteilung der vorliegenden Arbeit die folgenden Aspekte einer Analyse unterzogen:

In *Teil A* sollen drei – für den Transformationsprozeß der MOEL aus Sicht der Wechselkurspolitik – charakteristische Entwicklungen unter Einbezug vorliegender theoretischer Zusammenhänge untersucht werden. Diese stilisierten Fakten der zurückliegenden Wechselkurspolitik sind in ihrer Wirkung zugleich für den künftigen monetären Integrationsprozeß von entscheidender Relevanz. Zunächst wird als erstes gemeinsames Entwicklungsmerkmal der Wechselkurspolitik die hohe Eingangsabwertung der Landeswährungen zu Transformationsbeginn identifiziert. Diese bildete eine wesentliche Voraussetzung für die außenwirtschaftliche Öffnung der Länder und damit eine zentrale Grundlage für die Wechselkurspolitik im Transformationsprozeß. Dabei stellt sich gleichzeitig die Frage nach der Effektivität und den Kosten nominaler Abwertungsstrategien im Transformations- und Integrationsprozeß. Darüber hinaus liefert die Analyse vor dem Hintergrund eines in den MOEL aufwertenden REER einen Überblick über den verfügbaren modelltheoretischen Rahmen realer gleichgewichtiger Wechselkurse. Bei Schätzung gleichgewichtiger Wechselkurse ist neben der Kaufkraftparitätentheorie im Grundsatz zwischen einer einfachen Bestimmungsgleichung für den realen Wechselkurs als reduzierte Form ('single equation'), einem partiellen sowie einem allgemeinen Gleichgewichtsmodell zu differenzieren. Schließlich kann als stilisiertes Faktum der Wechselkurspolitik im Transformationsprozeß eine Entwicklung der Wechselkurssysteme von einer anfänglichen Fixierung hin zu einer steigenden Flexibilität festgestellt werden. Dabei werden in Teil A die verfügbaren Determinanten zur Wahl eines geeigneten Wechselkursregimes im Kontext der MOEL zusammengefaßt und diskutiert.

In *Teil B* erfolgt zunächst im Rahmen von fünf Länderstudien eine Darstellung und kritische Einordnung der Wechselkurspolitik im Transformationsprozeß, die einer hohen Dynamik unterliegt. Im Mittelpunkt der Analyse steht die Frage, inwieweit die Währungshüter in der Lage waren, ein hinreichendes Maß an Glaubwürdigkeit aufzubauen und damit von Seiten der Wechselkurs- und Geldpolitik den Transformations- und Integrationsprozeß zu stärken. Darüber hinaus soll der in Abbildung A-1 zusammengefaßte

---

[3] Die Beitrittsgruppe wurde nach dem Europäischen Rat in Luxemburg vom Dezember 1997 benannt. Bei dem Europäischen Rat wurden die Beitrittsverhandlungen mit den hier betrachteten MOEL eingeleitet.

[4] Diese MOEL (Bulgarien, Lettland, Litauen, Rumänien und die Slowakei) sind Teil der sogenannten Helsinki-Erweiterungsgruppe.

Aufwertungstrend des REER durch die Analyse existierender Schätzergebnisse verifiziert werden. Zudem soll der Spielraum für die zukünftige Wechselkurspolitik durch die zeitnahe Aktualisierung von empirischen Schätzungen des REER untersucht werden. Es wird sich zeigen, daß in den meisten MOEL auch zehn Jahre nach Transformationsbeginn noch keine signifikante reale Überbewertung der Landeswährungen festzustellen ist. Vielmehr dürfte die Beschleunigung und Vertiefung der Reformmaßnahmen im Sinne der sogenannten 'fundamental view' im Zuge der EU-Integration zu einer anhaltenden Dynamik realwirtschaftlicher Variablen und damit zu einem erneut ansteigenden REER geführt haben.

In *Teil C* wird unter Einbezug der in den Teilen A und B gewonnenen Erkenntnisse das wechselkurspolitische Umfeld der MOEL während des Integrationsprozesses nach dem Start der EWU im Jahr 1999 analysiert. Die monetäre Integration der mittel- und osteuropäischen Währungen erfolgt auf Grundlage der bestehenden rechtlichen Leitlinien im Rahmen einer dreistufigen Heranführungsstrategie mit jeweils unterschiedlichen Herausforderungen: Dabei kann ausgehend vom offiziellen Start der EWU zum 1. Januar 1999 mit der Vorbereitungszeit der MOEL auf den EU-Beitritt eine erste Phase identifiziert werden. Die zweite Phase umfaßt den Zeitraum zwischen der Aufnahme der MOEL in die EU sowie der monetären Integration über den Europäischen Wechselkursmechanismus (WKM-2). Schließlich werden in einer dritten Phase mögliche Währungsstrategien innerhalb einer Anbindung der Währungen über den WKM-2 an den Euro untersucht. Zwar impliziert der dreistufige Ansatz zur Währungsintegration einen sukzessiven Verlust der geld- und wechselkurspolitischen Unabhängigkeit, jedoch besteht bezüglich des Timings sowie der Ausgestaltung der Währungsstrategien bis zu der – lediglich in einer sehr langfristigen Perspektive sinnvoll erscheinenden – Aufnahme in den Euroraum ein hohes Maß an länderindividueller Gestaltungsfreiheit. Der notwendige Flexibilitätsbedarf während der Währungsintegration wird anhand eines Indikatorenschemas durch die Kombination aus quantitativen und qualitativen Kriterien zur Formulierung einer angemessenen Strategie empirisch gestützt.

2. Rahmenbedingungen der Wechselkurspolitik

2.1 Ausgangsbedingungen der Transformationsstaaten

Das zusammengebrochene sozialistische Wirtschaftssystem war durch eine weitgehende Zentralisierung von Staat und Wirtschaft gekennzeichnet. Im Rahmen eines hierarchischen Organisationskonzeptes erfolgte die zentrale Planerstellung und damit die Steuerung der ökonomischen Prozesse im Sinne einer kollektiven Eigentumsordnung durch den Staat. Gegenüber einer marktwirtschaftlichen Wirtschaftsordnung fehlten vor allem individuelle Anreizstrukturen, Knappheitspreise oder Budgetbeschränkungen. Angesichts nicht vorhandener Koordinationsmechanismen ergab sich im Umkehrschluß keine kostenminimale Produktion der Unternehmen und damit tiefgreifende Ineffizienzen und Verzerrungen.[5]
Zum unmittelbaren Transformationsbeginn wurden die MOEL insofern mit den folgenden Ausgangsbedingungen konfrontiert, aus denen sich dann die Weichenstellungen für

---

[5] Vgl. Stippler (1998), 19f. und Hoen (1998), 24ff.

die Wechselkurspolitik ergaben: Die Wertschöpfung wurde weitgehend durch den Industriesektor mit einer Dominanz von sich in Staatseigentum befindenden Großbetrieben getragen. Der Dienstleistungsbereich spielte nur eine untergeordnete Rolle. Der Staat setzte die Preise unterhalb des markträumenden Niveaus fest und sendete damit verzerrte Signale über die Knappheit der Produktionsfaktoren aus. Dadurch entstand eine Fehlallokation von Gütern und Ressourcen und infolgedessen Ineffizienzen in den Produktionsverfahren. Diese Entwicklung wurde durch die Vergabe großzügiger Kredite von Seiten staatlicher Banken und durch den geringen internationalen Wettbewerbsdruck angesichts der begrenzten außenwirtschaftlichen Öffnung unterstützt.

2.2 Elemente der Systemtransformation

Die marktwirtschaftliche Systemtransformation, also der Abbau planwirtschaftlicher Verzerrungen durch die Dezentralisierung von Institutionen und Wirtschaftsprozessen, wird durch vier Eckpfeiler getragen: Stabilisierung, Liberalisierung, Privatisierung und Institutionalisierung.[6]

Die *Stabilisierung* der Makroökonomie nach dem Zusammenbruch des planwirtschaftlichen Systems gilt als zentrale Voraussetzung für einen erfolgreichen Transformationsprozeß. Im Zusammenhang mit der monetären und fiskalischen Stabilisierung ist im besonderen Maße die restriktive Kontrolle über das Geldangebot von Bedeutung. Dieser Prozeß beinhaltet vor allem den Abbau des Geldüberhangs und die Reduzierung des staatlichen Budgetdefizits. Zur Beseitigung des monetären Überhangs wurde zunächst weitgehend eine einmalige Anpassungsinflation gewählt. Im weiteren Verlauf sollten dann Wechselkursbindungen, Lohnkontrollen sowie breite Stabilisierungsprogramme dauerhafte Senkungen der Inflationserwartungen ermöglichen.

Die *Liberalisierung* von Preisen, Handel und Produktion hängt eng mit der makroökonomischen Stabilisierung einer ehemaligen Planwirtschaft zusammen. Diese steht am Anfang einer erfolgreichen Transformationsstrategie. Eine effiziente Allokation von Ressourcen und Gütern im Produktionsprozeß wird nur durch die Herausbildung von markwirtschaftlichen Knappheitspreisen gewährleistet. Darunter sind diejenigen Preise zu verstehen, die sich über deregulierte Märkte flexibel bestimmen. Diese binnenwirtschaftliche Deregulierung und Liberalisierung muß durch eine entscheidende Komponente, die außenwirtschaftliche Öffnung, ergänzt werden. Diese ist Voraussetzung dafür, daß sich die Struktur einer Wirtschaft entsprechend ihrer komparativen Kostenvorteile, die sie auf dem Weltmarkt besitzt, entwickelt. Damit können zusätzliche Effizienzgewinne erzielt werden. Stippler (1998) subsumiert unter der außenwirtschaftlichen Liberalisierung sämtliche Maßnahmen, die zur Beseitigung des staatlichen Interventionismus im Außenhandelssystem führen. Dabei sind die Einführung der Leistungsbilanzkonvertibilität, die Wahl des Wechselkurssystems und die Ausgestaltung der entsprechenden

---

[6] Vgl. Hoen (1998), S. 4ff., Stippler (1998), S. 25ff. sowie Welfens (1998), S. 9. Die Modernisierung der Ökonomie kommt als fünfter Eckpfeiler hinzu. Hoen (1998) bietet eine Darstellung dieser Schlüsselelemente einer erfolgreichen Restrukturierungsstrategie sowie eine Übersicht der verschiedenen Transformationstheorien. Vgl. auch Fischer/Sahay (2000). Pitlik (2000), S. 39 liefert einen Überblick erforderlicher Maßnahmen der Politik zu Beginn des Stabilisierungsprozesses, um einen nachhaltigen langfristigen Wachstumspfad einzuschlagen.

Wechselkurspolitik entscheidend. Hinzu kommen später die umfangreiche sowie schrittweise Deregulierung und Liberalisierung der Kapitalbilanz und damit der nationalen Finanz- und Kapitalmärkte. Dies sollte genau dann erfolgen, wenn ein funktionsfähiges System nationaler Finanzintermediäre sowie ein Banken- und Finanzsystem nach westlichem Standard existieren.

Der *Privatisierungsprozeß* spiegelt die Neudefinition der Rolle des Staates wider, indem die Übertragung staatlicher Unternehmungen an den Privatsektor erfolgt. Durch den Übergang vom Staats- zum Privateigentum an Produktionsmitteln wird ein zentrales Element beseitigt, das zu Verzerrungen des sozialistischen Wirtschaftssystems beigetragen hatte. Dies geschieht, indem die Ressourcenallokation durch die – als effizienter eingestuften – Marktkräfte erfolgen kann. Die in der Praxis verwendeten Konzepte unterscheiden sich vor allem in der Frage, in welcher Reihenfolge und Geschwindigkeit die Privatisierung und Restrukturierung zu erfolgen hat.

Die *Institutionalisierung* beinhaltet sämtliche Reformmaßnahmen, die zur Implementierung eines breiten Verwaltungs- und Rechtssystems notwendig sind, und die damit die entsprechenden Rahmenbedingungen für die Funktionsfähigkeit der Märkte bieten. Zudem wird in diesem Bereich der Staatsapparat einer grundlegenden Reform und Neuorganisation unterzogen sowie ein breites Netz an öffentlichen Institutionen etabliert.

2.3 Rolle der Wechselkurspolitik

Im Zusammenhang mit den genannten Eckpfeilern der Systemtransformation kommt die Wechselkurspolitik als eine zentrale Politikvariable ins Spiel. Neben der Geld- und Fiskalpolitik determiniert sie je nach Funktionsbestimmung den Prozeß der binnen- und außenwirtschaftlichen Stabilisierung. Infolgedessen prägt deren Ausgestaltung – wie noch gezeigt wird – in wesentlicher Hinsicht den Umfang und die Geschwindigkeit der Systemtransformation. Zu Beginn sahen sich die nationalen Entscheidungsträger mit den folgenden fünf zentralen Herausforderungen der Wechselkurspolitik konfrontiert:

1. Vereinheitlichung der Wechselkurse: Zunächst mußte die Zusammenführung der Parallelkurse zu einem einheitlichen, für sämtliche Transaktionen relevanten Wechselkurs erfolgen. Für Beziehungen zum westlichen Ausland wurden vom Staat mehrere Parallelkurse festgesetzt, die je nach Verwendungszweck unterschiedlich waren.[7] Es bestand die Notwendigkeit, zu Beginn der Transformation einen marktfähigen und einheitlichen Wechselkurs einzuführen. Dies war mit einer deutlichen Abwertung des stark überbewerteten, offiziellen Wechselkurses verbunden.

2. Konvertibilität der Währungen: Die außenwirtschaftliche Öffnung erfordert die schrittweise Einführung und Umsetzung der Währungskonvertibilität. Solange die mikro- und makroökonomischen Rahmenbedingungen einer vollständigen Konvertibilität der Währung für sämtliche Zahlungsbilanztransaktionen nicht gegeben sind, sollte im Transformationsprozeß nur eine Teilkonvertibilität angestrebt werden. Unter der vollen Konvertibilität, wie sie in den meisten Industrieländern zu finden ist,

---

[7] Vgl. Fröhlich (1992), S. 13f; van Brabant (1985), S. 123ff. Neben dem offiziellen Kurs für rein statistische Zwecke und ohne ökonomische Bedeutung gab es noch den Handelskurs, den Devisenladenkurs, den Reise- und Touristenkurs sowie den Transferkurs.

wird das in jeder Hinsicht uneingeschränkte Umtauschrecht der Landeswährung verstanden.[8] In den MOEL wurde weitgehend eine Abgrenzung der Konvertibilität nach Personen gewählt, denen das Recht zum Währungstausch erteilt wurde.[9] Zunächst erfolgte die Umsetzung der internen Konvertibilität, also die Möglichkeit für Inländer frei an ausländische Währungen zu gelangen und Devisenbestände im Inland zu halten. Später wurde diese Teilkomponente um Aspekte der externen Konvertibilität ergänzt.

3. *Abbau des monetären Überhangs*: Das Stromungleichgewicht mit deutlich höheren Einkommens- als Konsumströmen war Folge von dauerhaft unter dem markträumenden Niveau festgesetzten Preisen sowie eines unzureichenden Güterangebots. Es bestanden verschiedene Möglichkeiten, diese zurückgestaute Inflation abzubauen. Neben einer einmaligen Anpassungsinflation führt Fröhlich (1992) die Währungsreform, den Verkauf von Teilen des Staatseigentums im Zuge der Privatisierung und die Einführung längerfristiger Finanzanlagen zum Abbau der Überschußliquidität für private Individuen an. In der Realität sollte ein policy-mix aus diesen Optionen zur Minimierung der jeweiligen negativen Nebeneffekte angestrebt werden.

4. *Wechselkursregime:* Zunächst stellte sich die Frage, ob unter Berücksichtigung einer breiten Palette möglicher Optionen die Wechselkursstabilisierung in Form einer nominalen Anbindung gegenüber einer Leitwährung gewählt werden sollte. Falls man sich auf Basis verschiedener Indikatoren wie der Inflationshöhe, den Devisenreserven und historischer Gesichtspunkte für eine Wechselkursbindung entschied, verblieb die Festsetzung des geeigneten Wechselkursniveaus.

5. *Wechselkurspolitik:* Schließlich ist eine angemessene Kombination von Liberalisierungs- und Stabilisierungsmaßnahmen und damit die Ausgestaltung der jeweiligen Wechselkurspolitik vorzunehmen. Hier ist die Entscheidung von Bedeutung, wie der trade-off zwischen Inflationsreduzierung und internationaler Wettbewerbsfähigkeit gelöst wird, um demzufolge der Preisstabilisierung oder aber der Exportförderung Priorität einzuräumen.

Die MOEL teilen zwar die Bedeutung des Wechselkurses als makroökonomische Variable mit entwickelten Industrieländern und auch mit den 'emerging countries', jedoch wurde die optimale Ausgestaltung der Wechselkurspolitik sowie der Geldpolitik durch eine Reihe von Charakteristika eingeschränkt: Dazu zählt der Aspekt, daß die vorangegangenen Jahrzehnte der Planwirtschaft mit staatlich fixierten Preisen und Wechselkursen keinen Erfahrungstransfer hinsichtlich gesamtwirtschaftlicher Transmissionsmechanismen zuließen. Zudem waren die MOEL in der ersten Transformationsphase durch schwache Finanzmärkte und größtenteils nicht vorhandene Kapitalmärkte gekennzeichnet. Im weiteren Verlauf der Transformation wurde die zielgerichtete und strategische Steuerung der Wechselkurspolitik zusätzlich durch den tiefgreifenden und raschen Strukturwandel mit sich rapide verändernden Rahmenbedingungen erschwert.

---

[8] Vgl. Greene/Isard (1996), S. 646.
[9] Dieses Konzept steht im Kontrast zur Abgrenzung nach der Transaktionsart, bei der zwischen Leistungs- und Kapitalbilanzkonvertibilität unterschieden wird. Üblicherweise wird hier zunächst eine Liberalisierung der realwirtschaftlichen Transaktionen aus der Leistungsbilanz vorgenommen, bevor es zu Liberalisierungsschritten bei der Kapitalbilanz kommt. Vgl. Fröhlich (1992), S. 21ff. für eine Übersicht der Konvertibilitätsbegriffe.

2.4 Stilisierte Fakten der Wechselkurspolitik im Transformationsprozeß

An dieser Stelle setzt die im vorliegenden Teil A durchgeführte Analyse der stilisierten Fakten ein. Darunter sind diejenigen ökonomischen Zusammenhänge bezüglich der Wechselkurspolitik im Transformationsprozeß zu verstehen, die durch viele Beobachtungen gestützt werden. Mit Hilfe dieser Stilisierung der Realität und der damit gewonnenen Vereinfachung kann ein erster Schritt zur Theoriebildung erreicht werden.[10] Durch die Analyse transformationsspezifischer Fakten der Wechselkurspolitik und deren modelltheoretischen Fundierung sollen die Besonderheiten der MOEL beispielsweise im Vergleich zu den Ländern Westeuropas oder den emerging countries Südostasiens herausgestellt werden. Die Ökonomien der MOEL befinden sich noch immer in einem Prozeß der strukturellen Veränderung, auf die sich vor allem auch die Wechselkurspolitik einzustellen hat. Zwar wird der Transformationsprozeß dieser Staaten hin zu vollständig marktwirtschaftlichen Strukturen de jure mit dem angestrebten Beitritt zur EU beendet sein. In der Realität hingegen wird dann der beschleunigende Anpassungsdruck die Länder vor erneute Herausforderungen stellen. Dementsprechend soll ein abgeschlossenes wechselkurspolitisches Konzept erarbeitet werden, das auch die Analyse von Rahmenbedingungen und damit den Erfahrungstransfer für die wechselkurspolitischen Optionen im Zuge des Annäherungsprozesses an den Euro beinhaltet. Die verschiedenen Strategien können dann wiederum für andere, noch weniger entwickelte MOEL mit einer entsprechenden Zeitverzögerung gelten.

Zwar macht die recht heterogene Ausgestaltung der Startbedingungen der betrachteten MOEL zu Beginn des Transformationsprozesses und die individuelle Vorgehensweise im weiteren Verlauf deutlich, daß eine länderspezifische Betrachtung notwendig ist. Jedoch können die folgenden Entwicklungsmerkmale im Zusammenhang mit der Wechselkurspolitik herausgearbeitet werden. Diese sollen dann im vorliegenden Teil A anhand verfügbarer Theorieansätze analysiert werden.

1. Eingangsabwertungen: Bei dem unmittelbaren Übergang der planwirtschaftlichen Systeme zur außenwirtschaftlichen Öffnung kam es zu teilweise scharfen Eingangsabwertungen der nominalen sowie realen Wechselkurse gegenüber westlichen Leitwährungen. Diese Strategie wurde verfolgt, um eine Korrektur einer auf Basis der vergangenen planwirtschaftlichen Parität gegebenen Überbewertung (Exportförderung) herbeizuführen. Zugleich erfolgte auf diese Weise die Zusammenführung der verschiedenen parallelen Wechselkurse für Güter- und Kapitaltransaktionen.

2. Aufwertungstrend des REER: Tiefgreifende Reformmaßnahmen und Strukturveränderungen im Transformationsprozeß bewirken einen deutlichen Aufwertungstrend des REER. Wie später noch analysiert wird, berücksichtigen theoretische Ansätze reale Variablen wie etwa Produktivitätsunterschiede, den Offenheitsgrad oder die Staatsausgaben als erklärende Variablen des REER. Da diese Determinanten einen tiefgreifenden Veränderungsprozeß erfahren, ergeben sich entscheidende Effekte für den REER.

---

[10] Vgl. Bretschger (1996), S. 3. Die nachfolgende Analyse stilisierter Fakten stellt insofern eine Abweichung zur traditionellen Art dar, als daß der Versuch unternommen wird, mit Hilfe eines *Theoriespiegels* die empirischen Fakten der Wechselkurspolitik im Transformationsprozeß aufzuarbeiten.

3. Aufwertung des realen Wechselkurses: Der reale Aufwertungstrend kann im Sinne verschiedener Modellansätze aus zwei Richtungen begründet werden: Zum einen könnte er eine Korrektur des Overshootings im Zuge der Eingangsabwertung in Verbindung mit einer Anpassung an den im Trend aufwertenden REER ('fundamental view') darstellen. Damit wäre der reale Aufwertungsprozeß als erforderliches Nebenprodukt einer erfolgreichen Liberalisierungs- und Entwicklungsstrategie anzusehen. Zum anderen kann die Ansicht vertreten werden, daß der Trend nicht Folge fundamentaler Veränderungen ist, sondern vielmehr das Ergebnis eines inkonsistenten policy-mixes aus Fiskal-, Geld- und Wechselkurspolitik ('misalignment view'). Eine reale Aufwertung wird dabei als Verlust an preislicher Wettbewerbfähigkeit interpretiert. Wie später noch weiter ausgeführt wird, ist sie dann etwa das Resultat einer festen Wechselkursanbindung in Verbindung mit einem positiven Inflationsdifferential zur Ankerwährung.

4. Wechselkursregime: Die Mehrheit der MOEL entschied sich für die Selbstbindung der Geldpolitik durch ein Wechselkursziel. Das heißt, es wurden zunächst verstärkt Wechselkursbindungen an westliche Währungen gewählt. Die zentrale Motivation der Wirtschaftspolitik war damit die Wechselkursstabilisierung. Darunter versteht man die Steuerung des nominalen Kurses, um mittelfristig Preisniveaustabilität zu erreichen. Obgleich im Transformationsprozeß die Wechselkursregime der künftigen EU-Aspiranten eine breite Palette von Festkurssystemen bis hin zu flexiblen Regimen umfaßten, ist eine klare Tendenz der steigenden Flexibilisierung zu erkennen.

II. Eingangsabwertung der Währungen

1. Einleitende Überlegungen

1.1 Umfeld der Wechselkurspolitik

Ein erstes gemeinsames Entwicklungsmerkmal der mittel- und osteuropäischen Wechselkurspolitik kann mit der zum Teil starken Eingangsabwertung der ehemaligen planwirtschaftlichen Währungen identifiziert werden. Diese wurde entweder kurz vor oder aber unmittelbar mit der außenwirtschaftlichen Liberalisierung durchgeführt.[11] Die nominale Abwertungsstrategie wurde vor allem deshalb eingeschlagen, um ein wettbewerbsfähiges reales Wechselkursniveau zu schaffen, welches die Öffnung der Ökonomien absicherte. Das vorrangige Ziel war die Korrektur der auf Basis des offiziellen Wechselkurses gegebenen Überbewertung gegenüber westlichen Währungen. Im sozialistischen Wirtschaftssystem wurde der Wechselkurs willkürlich festgesetzt und besaß keine ökonomische Lenkungsfunktion bezüglich Höhe, gütermäßiger Zusammensetzung oder regionaler Verteilung der Handelsströme.[12] Dabei operierte man mit einer Reihe, je nach Verwendungszweck unterschiedlicher, paralleler Wechselkurse. Ausdruck der zum Teil signifikanten Überbewertung gegenüber westlichen Währungen war die parallele Devisenmarktprämie, also die Wechselkurs-Diskrepanz zwischen offiziellem Wechselkurs und Schwarzmarktkurs. Die Etablierung von marktgerechten Währungen bildete den zentralen Bestandteil des monetären Neubeginns. Die Eingangsabwertungen sind insofern nicht nur als Korrektur der unter planwirtschaftlichen Strukturen existierenden Überbewertung anzusehen. Vielmehr erfolgte durch die Einführung einer neuen Währungsverfassung und eines vollkommen neuen Geldes mit uneingeschränkter Kaufmacht der Übergang von der isolierten Planwirtschaft zur Integration in die internationale Arbeitsteilung.

Eine ex-post Analyse der Eingangsabwertung erscheint für die noch folgenden Ausführungen aufgrund von zwei Aspekten angebracht: Zum einen bildet das stilisierte Faktum die Grundlage für den Verlauf der Wechselkurspolitik im Transformationsprozeß. Wie durch Abbildung A-1 angedeutet wurde, konnte in einigen MOEL durch die starke Eingangsabwertung ein reales Wechselkursniveau erreicht werden, das deutlich unter dem Gleichgewichtswert[13] lag. Dies hatte in Verbindung mit dem in Kapitel III analysierten Aufwertungstrend des REER einen länger anhaltenden Rückwirkungseffekt für die spätere Wechselkurspolitik. Zum anderen stellt sich im Zusammenhang mit den Eingangsabwertungen die Frage nach der Effektivität und den Kosten nominaler Abwertungsstrategien im Transformations- und Integrationsprozeß der MOEL. Dieser Aspekt soll im vorliegenden Kapitel theoretisch aufgearbeitet werden, indem ein Kurzüberblick verschiedener Ansätze zur Beurteilung nominaler Abwertungen unternommen wird.

---

[11] In dem betrachteten Länderkanon fiel die Eingangsabwertung in Polen mit über 80 Prozent am stärksten aus. Eine Ausnahme bildet Ungarn, das durch Reformanstrengungen in den 80er Jahren den Forint bereits an ein marktgerechtes Niveau herangeführt hatte. Eine noch tiefgreifendere Eingangsabwertung erlebte die frühere Sowjetunion Anfang 1992 mit einem Abwertungssatz von rd. 95 Prozent.

[12] Vgl. Fröhlich (1992), S. 13f.; Gröner/Smeets (1991), S. 359ff.

[13] Der reale Wechselkurs ist im Gleichgewicht, wenn die Volkswirtschaft gleichzeitig ein internes und externes Gleichgewicht erreicht hat. Vgl. Kapitel III für eine kritische Einordnung dieses Konzeptes.

1.2 Beweggründe für starke Eingangsabwertungen

Innerhalb dieses neuen währungspolitischen Umfeldes lassen sich drei Beweggründe der starken Eingangsabwertungen der Währungen zusammenfassen:[14]

1. Einführung eines marktgerechten Wechselkurses: Die Zusammenführung der gespaltenen Wechselkurse implizierte eine zum Teil wesentliche Abwertung der Landeswährung. Auf diese Weise konnte nicht nur eine Korrektur der entstandenen Überbewertung, sondern vielmehr auch eine Unterbewertung bezüglich des Gleichgewichts-Wechselkurses erreicht werden.

2. Außenwirtschaftliche Liberalisierung: Eine wirtschaftspolitische Kernaufgabe zu Beginn der Transformation lag in der Vermeidung nachhaltiger Zahlungsbilanzprobleme. Die MOEL sicherten die außenwirtschaftliche Öffnung über nominale Abwertungen ab, um kurz- bis mittelfristig eine Erhöhung der preislichen Wettbewerbsfähigkeit herbeiführen zu können.

3. Strukturbruch: Der Veränderungsgrad entscheidender mikro- und makroökonomischer Variablen war zu Beginn des Transformationsprozesses – u.a. angesichts der außenwirtschaftlichen Umbruchsituation – besonders gravierend. Die Frage, welches Wechselkursniveau (und somit welcher Abwertungssatz) für einen annähernden Ausgleich der Handelsbilanz hinreichend ist, konnte nicht auf Basis der 'alten' planwirtschaftlichen Preise beantwortet werden.

Die starken Eingangsabwertungen stellen nur ein wirksames Mittel zur Absicherung des Liberalisierungsprozesses dar, wenn eine reale Unterbewertung der Währung erreicht und die preisliche Wettbewerbsfähigkeit der nationalen Exportgüter auf den internationalen Märkten gefördert werden kann. Eine derartige Situation ist dadurch gekennzeichnet, daß der tatsächliche reale Wechselkurs unterhalb seines (nicht eindeutig bestimmbaren) Gleichgewichtswertes liegt. Zudem ist von Bedeutung, inwiefern die Wechselkurspolitik durch weitere nominale Abwertungen fähig ist, diese reale Unterbewertung im Zeitablauf aufrechtzuerhalten. Eine exportorientierte Wirtschaftspolitik sollte jedoch nicht ausschließlich auf das wechselkurspolitische Instrument nominaler Abwertungen zurückgreifen. Dieses Vorgehen muß vielmehr durch einen konsistenten Mix aus restriktiver Geld- und Fiskalpolitik flankiert sein. Dabei ist auch die Abgrenzung des für Transformationsstaaten charakteristischen Aufwertungstrends des REER zu berücksichtigen. Liegt eine ungleichgewichtige reale Aufwertung der Währung vor, die nicht auf fundamentale Veränderungen der Ökonomie zurückzuführen ist, so muß durch restriktive wirtschaftspolitische Maßnahmen eine Verringerung des inländischen Preisdrucks herbeigeführt werden.

---

[14] Vgl. Kiguel/O'Connell (1995), S. 41; Stippler (1998), S. 71f.; Greene/Isard (1996), S. 650f.

2. Modelltheoretische Beschreibung der Eingangsabwertung

2.1 Determinanten der Eingangsabwertung

Die Heranführung der mittel- und osteuropäischen Währungen an ein marktgerechtes Wechselkursniveau hatte zu Transformationsbeginn angesichts der massiven Überbewertung Priorität. Das signifikante Abwertungs-Overshooting konnte nicht ausschließlich auf eine fehlende Orientierungsgröße in Form aussagekräftiger empirischer Messungen des Gleichgewichtswertes zurückgeführt werden. Vielmehr war das Ausmaß der Eingangsabwertung von der Erwartung geprägt, durch eine Unterbewertungsstrategie die frühe Einführung der Konvertibilität sowie die Außenhandelsliberalisierung durch die Wechselkurspolitik abzusichern. Man wählte ein Wechselkursniveau, das weit schwächer war, als dies etwa bei fortgeschrittener Transformation und entsprechend höherer internationaler Wettbewerbsfähigkeit sowie größerer Preisflexibilität notwendig gewesen wäre.[15]
Dementsprechend war die Abwertungshöhe des offiziellen Wechselkurses durch länderspezifische Charakteristika geprägt. Diese können in interne und externe Faktoren unterteilt werden. Zu den internen Determinanten zählten diejenigen Eigenschaften eines Landes, welche im weiteren Sinne Folge der bisherigen binnenwirtschaftlichen Zentralisierungs- und Regulierungsstrategie waren. Demgegenüber sind unter externen Faktoren solche Bestimmungsgründe zu verstehen, die Folge des staatlichen Interventionismus im bisherigen Außenhandelssystem waren.[16]

Im einzelnen ergeben sich die folgenden interdependenten *internen Faktoren*:

1. Flexibilität von Löhnen und Preisen: Je stärker die Volkswirtschaft zu Transformationsbeginn durch Lohn- und Preisrigiditäten gekennzeichnet war, desto weitreichender mußte das Instrument der nominalen Abwertung als Anpassungsinstrument eingesetzt werden. Waren die Löhne und Preise hingegen zu Beginn nach unten hinreichend flexibel, konnte ein hoher Teil der außenwirtschaftlichen Absicherung über eine nachhaltige Senkung der Reallöhne erfolgen.
2. Makroökonomisches Ungleichgewicht: Eine wesentliche Erblast des sozialistischen Wirtschaftssystems stellt der für Zentralverwaltungswirtschaften charakteristische monetäre Überhang dar. Dieser entstand infolge eines zentral geplanten Güterangebots, das zu den administrativ festgelegten Preisen unter den laufenden Einkommenszahlungen lag. Das Stromungleichgewicht endete zwangsläufig in erhöhter, suboptimaler Spartätigkeit ('planwirtschaftliches Zwangssparen'). Angesichts staatlich fixierter Preise erfolgte keine Anpassung, um diesen Kaufkraftüberhang sukzessiv abzubauen (zurückgestaute Inflation). Im Zuge des monetären Neubeginns galt es, das – mit der Wechselkursrelation nicht kompatible – überhöhte Nachfragepotential durch eine Kombination aus Anpassungsinflation sowie nominaler Abwertungen abzubauen.[17]

---

[15] Vgl. Stippler (1998), S. 129. Vgl. Halpern/Wyplosz (1997), S. 436: „*Prudence suggests taking the risk of an undervaluation rather than taking the risk of being unable to sustain convertibility*".
[16] Vgl. Oblath (1994), S. 24ff.; Stippler (1998), S. 130; Rosati (1997), S. 482; Rosati (1993b), S. 45f.
[17] Vgl. Fröhlich (1993), S. 16.

Zu den *externen Faktoren* zählen demgegenüber die folgenden:

3. Offenheitsgrad der Ökonomie: Theorie und Empirie weisen darauf hin, daß die Eingangsabwertung um so geringer ausfallen muß, je stärker die Außenhandelsliberalisierung und damit die Integration in die internationale Arbeitsteilung vorangeschritten ist. Demzufolge erfordert eine radikale Öffnung der Ökonomie ('big bang') gegenüber einer graduellen Liberalisierung eine stärkere Anpassung der Währungen, um nachhaltige Zahlungsbilanzprobleme zu verhindern.

4. Handelskurs: Die Eingangsabwertung hängt zudem von der Struktur der vor Transformationsbeginn verwendeten, parallelen Wechselkurse ab. Da der offizielle Wechselkurs lediglich statistischen Zwecken diente, lieferte er keine Anhaltspunkte über ein ökonomisch angemessenes Wechselkursniveau. Eine bessere Orientierungsgröße stellte der für die praktische Abwicklung des Außenhandels verwendete Handelskurs ('commercial rate') dar. Falls vor Transformationsbeginn kein solcher Handelskurs existierte, mußte zunächst ein für den Außenhandel geeigneter Wechselkurs geschaffen werden. Wie später noch aufgezeigt wird, erfolgte im Zuge der signifikant hohen Abwertung eine Orientierung an der parallelen Schwarzmarktrate.

5. Dollar-Knappheitssyndrom: Die u.a. von Rosati (1997) als 'dollar-shortage' Syndrom bezeichnete Eigenschaft von Planwirtschaften drückt das fundamentale Ungleichgewicht von Angebot und Nachfrage auf dem stark reglementierten Devisenmarkt für westliche Währungen aus. Die aufgestaute Nachfrage nach ausländischem Vermögen und somit Devisen trifft (kurzfristig) auf ein äußerst geringes Angebot. Die nicht vorhandene Konvertibilität planwirtschaftlicher Währungen und damit weitreichende Restriktionen auf dem Devisenmarkt trugen maßgeblich dazu bei, daß ein Keil zwischen gewünschter und tatsächlicher Haltung ausländischer Devisen existierte. Die zurückgestaute Nachfrage nach Fremdwährung wird je nach außenwirtschaftlichem Liberalisierungsgrad (nachfrage)wirksam. Eine starke Eingangsabwertung unter das Gleichgewichtsniveau hinaus ermöglicht über die Aktivierung der Leistungsbilanz ein höheres Devisenangebot im Zuge des per Saldo steigenden Zuflusses von ausländischem Vermögen.[18]

Zusammenfassend läßt sich folgendes festhalten: Die Abwertungen zu Transformationsbeginn waren aufgrund der zuvor überbewerteten Währungen recht hoch. Das Abwertungs-Overshooting fiel um so stärker aus, je schwerwiegender die makroökonomischen Ungleichgewichte waren und je umfangreicher die außenwirtschaftliche Liberalisierung umgesetzt wurde. Die Eingangsabwertung war höher, wenn die Anpassung den Marktkräften innerhalb von flexiblen Wechselkursen überlassen wurde. Glaubwürdigkeitsprobleme und Unsicherheiten in Verbindung mit dem angestrebten Reformprogramm der Regierung trugen zu stärkeren Marktreaktionen bei.

---

[18] Vgl. Halpern/Wyplosz (1997), S. 436.

2.2 Fragestellung und Modellannahmen

Das stilisierte Faktum der Eingangsabwertung modelliert Rosati (1996, 1997) anhand eines einfachen Ansatzes. Die folgenden beiden *Thesen* stehen dabei im Mittelpunkt der Analyse:

- *Abwertungs-Overshooting*: Im Zuge der Einführung eines marktgerechten Wechselkurses ist eine Abwertung bis zum gleichgewichtigen Wechselkurs nicht ausreichend, um die Glaubwürdigkeit der Wechselkurspolitik sowie der neuen Parität herzustellen.

- *Determinanten der Eingangsabwertung*: Das Ausmaß der Eingangsabwertung ist unter bestimmten Modellvoraussetzungen ausschließlich von der Schwarzmarktprämie sowie vom Anteil der Transaktionen an den gesamten Devisenmarkttransaktionen abhängig, die unter Verwendung der Schwarzmarktrate durchgeführt werden.

Ein währungspolitisches Problem bei der Frage der Eingangsabwertung bestand in der Bestimmung eines gleichgewichtigen Wechselkurses. Neben den auch für westliche Industrienationen relevanten Schwierigkeiten zur Bestimmung eines marktgerechten Wechselkurses ergaben sich im Kontext der MOEL zu Transformationsbeginn zwei zusätzliche Hindernisse: Zum einen war keine ausreichende historische Datenbasis für die Anwendung komplexer Wechselkurstheorien verfügbar. Zum anderen befanden sich die Ökonomien in einer fundamentalen Umbruchsituation, die durch eine massive Veränderung relevanter Makrovariablen geprägt war. Angesichts dieser Problematik steht im Zentrum der Argumentation von Rosati (1997) die modelltheoretische Verwendung des Schwarzmarktkurses, die mit folgenden *Annahmen* verbunden ist:

Schwarzmarktprämie: Der Schwarzmarktkurs E_b stellt in gewisser Hinsicht einen Schattenpreis für die Entwicklung des Wechselkurses unter Marktbedingungen dar und beinhaltet im Gegensatz zur offiziellen Parität durchaus aussagekräftige Marktsignale.[19] Der zugrundeliegende parallele Devisenmarkt entsteht, wenn Wechselkurskontrollen derart implementiert werden, daß entweder Restriktionen bezüglich der Transaktionsmenge von Fremdwährung oder bezüglich des Preises bestehen, zu dem der Handel getätigt wird.[20] Im Vergleich zu der überbewerteten Parität E_o beinhaltete E_b eine zum Teil beträchtliche (Risiko-) Prämie.[21] Die Schwarzmarktprämie μ bezeichnet den Prozentsatz, um den E_b den offiziellen Wechselkurs E_o überschreitet:

(1) $\qquad \mu = [E_b - E_o] / E_o$

Die Schwarzmarktprämie war Ausdruck des Dollar-Knappheitssyndroms, d.h. der Überschußnachfrage nach ausländischen Devisen zum offiziellen Wechselkurs.[22] Die Variable μ gilt als vorausschauende Größe, dadurch daß sich Erwartungen über die Entwicklung der offiziellen Parität in Veränderungen der Schwarzmarktprämie widerspiegeln.

---

[19] Vgl. die Argumentation in Schuhbauer (1993), S. 17 sowie in Nowak (1984), S. 407.
[20] Vgl. Kamin (1993), S. 152f.; Ghei/Kamin (1999), S. 500f.
[21] Wie Edwards (1989) zeigt, können überbewertete (reale) Wechselkurse in der Tat mit hohen Risikoprämien der Schwarzmarktrate in Verbindung gebracht werden. Vgl. Kamin (1993), S. 152.
[22] Vgl. Montiel/Ostry (1994), S. 57 sowie Kiguel/O'Connell (1995), S. 22ff.

Marktgerechtes Wechselkursniveau: Zwar stellt die Schwarzmarktrate kein gleichgewichtiges Wechselkursniveau dar, jedoch kann sie angesichts fehlender genauerer Indikatoren durchaus als Orientierungsgröße im Sinne einer Obergrenze dienen.[23] Wie bereits andere Autoren im Kontext von Entwicklungsländern annahmen,[24] dürfte das marktgerechte Wechselkursniveau E* zwischen dem offiziellen und parallelen Wechselkurs liegen. Insofern ist es angemessen, für die Bestimmung von E* das geometrische Mittel aus E_b und E_o zu nutzen.[25] Für die Gewichtung können die jeweiligen Anteile derjenigen Transaktionen an den gesamten Devisenmarkttransaktionen dienen, die unter Verwendung der beiden Wechselkurse abgewickelt wurden:

(2) $\qquad E^* = (1-\kappa)\, E_o + \kappa\, E_b \qquad$ mit $0 < \kappa < 1$

wobei κ den Anteil der Schwarzmarkttransaktionen an den Devisenmarkttransaktionen bezeichnet. Rosati (1997) betont, daß die überwiegenden Geldgeschäfte mit Fremdwährung sowohl in einer Planwirtschaft als auch während des Strukturbruchs mit Hilfe des offiziellen Wechselkurses E_o getätigt werden.[26] Wie in Abbildung A-2 zusammengefaßt, dürfte unter Berücksichtigung dieser Annahmen der tatsächliche Gleichgewichtswert E* näher an E_o als an E_b liegen.

Abbildung A-2: Schwarzmarkt und offizieller Devisenmarkt

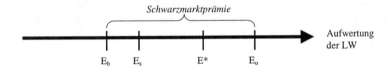

Quelle: Eigene Darstellung.

Geldüberhang: Der zu Transformationsbeginn charakteristische Geldüberhang ΔN sei als Stromungleichgewicht zwischen Einkommens- und Konsumströmen definiert. Das zurückgestaute Nachfragepotential bezeichnet den Überschuß des nominalen gegenüber dem realen Volkseinkommen Y. Aufgrund der zentralistisch fixierten Güterpreise schlägt sich der Kaufkraftüberhang vor Transformationsbeginn in unfreiwilliger Ersparnis nieder und wird nicht durch einen Preisniveauanstieg abgebaut. Erst im Zuge der Systemtransformation und bei Aufgabe der staatlich festgelegten Preise bewirkt der aufgestaute Kaufkraftüberhang eine Anpassungsinflation. Ein zentraler Nebeneffekt ergibt sich durch die Rückwirkung des monetären Überhangs auf den Devisenschwarzmarkt. Die Überschußnachfrage auf dem Gütermarkt zieht nicht nur das angeführte Zwangssparen (in Landeswährung) nach sich, sondern auch eine zusätzliche Nachfrage nach

---

[23] Preisnotierung des Wechselkurses.

[24] Vgl. Nowak (1984), S. 424f.; Shatz/Tarr (2000), S. 1f. Ghei/Kamin (1999), S. 513ff. betrachten eine kleine, offene Volkswirtschaft. Bei Existenz eines parallelen Devisenmarktes (der die Überbewertung von E_o widerspiegelt) dürfte E_b nicht nur über dem offiziellen, sondern vielmehr auch über dem Gleichgewichtswechselkurs liegen.

[25] Vgl. beispielsweise die Argumentation von Montiel/Ostry (1994), S. 57 sowie Rosati (1993b), S. 45f.

[26] Demzufolge gilt: $(1-\kappa) > \kappa$. Vgl. auch Kiguel/O'Connell (1995), S. 26.

Fremdwährung auf dem Devisenschwarzmarkt. Insofern spiegelt die Schwarzmarktprämie μ auch das zurückgestaute Inflationspotential zum unmittelbaren Transformationsbeginn wider.

2.3 Modellergebnisse

Die Logik der zu Transformationsbeginn überschießenden Währungen soll nun aufbauend auf den zugrundegelegten Modellannahmen analysiert werden. Bevor die Herleitung der modelltheoretischen Determinanten der Eingangsabwertung erfolgt, werden zunächst die Beweggründe für das Abwertungs-Overshooting spezifiziert.

Rosati (1997, 1993a) verweist zur Erklärung der über das Gleichgewichtsniveau hinausgehenden Wechselkursreaktion auf den 'Sperrklinkeneffekt'.[27] Im Gegensatz zu dem Wirkungsgrad einer Aufwertung, bewirkt eine Abwertung im allgemeinen eine relativ geringere Reaktion der Devisennachfrage. Offensichtlich antizipieren die privaten Individuen bei einem offiziellen Wechselkurs der Höhe E_0 ein nachhaltiges Abwertungspotential der Landeswährung. Folglich baut sich ein hohes Maß an spekulativer Devisennachfrage zum Schwarzmarktkurs E_b auf. Das Wechselkursniveau wird von den Wirtschaftssubjekten eher als glaubwürdig angesehen, da es nach ihrer Ansicht den fundamentals entspricht. Ziel der Eingangsabwertung muß es sein, eine Umkehr der Wechselkurserwartungen und eine Reduktion der hohen Devisennachfrage herbeizuführen. Wie in Abbildung A-2 skizziert, ist zu erwarten, daß der relevante Schwellenwert – der fiktive Wechselkurs E_s – in unmittelbarer Nähe zum Schwarzmarktkurs E_b angesiedelt ist.

Falls tatsächlich eine hinreichend hohe Abwertung über den Gleichgewichtskurs E* hinaus bis zu E_s erfolgt, kommt es zu einer Umkehr der Abwertungserwartungen. Die Inländer fragen verstärkt Landeswährung bzw. nationale Vermögenstitel nach, so daß ein Überschußangebot an ausländischen Devisen entsteht. Infolge des signifikanten Abwertungs-Overshootings und der nun sinkenden Nachfrage nach westlichen Devisen, schlägt die Landeswährung mittelfristig einen Aufwertungstrend bis hin zu ihrem Gleichgewichtswert E* ein.

Fällt die Eingangsabwertung hingegen nicht ausreichend aus, so daß der Schwellenwert E_s nicht erreicht wird, dürfte eine Verhaltensänderung der Wirtschaftssubjekte ausbleiben. Das heißt, es erfolgt keine Erwartungsumkehr und kein Abbruch der spekulativen Devisennachfrage. Rosati weist darauf hin, daß die Höhe von E_s und insofern der Abstand zu E_b in entscheidender Weise von der Glaubwürdigkeit des angekündigten monetären Neuanfangs und der Ausgestaltung des Stabilisierungsprogrammes abhängt.[28]

---

[27] Dieses auch als 'ratchet effect' bezeichnete Phänomen ist in verschiedenen Bereichen der Ökonomie empirisch nachweisbar. In der Prinzipal-Agent-Theorie wurde der Sperrklinkeneffekt etwa im Zusammenhang mit der Ausgestaltung zukünftiger Anreizverträge sowie der Leistungsfähigkeit eines Agenten bekannt. In der Konsumforschung versteht man unter dem Sperrklinkeneffekt eine Entwicklung, in der bei Einkommenssteigerungen eine proportionale Erhöhung der Konsumausgaben zu beobachten ist, während bei Einkommensrückgängen nur eine unterproportionale Reduzierung der Konsumausgaben erfolgt. Vgl. etwa Williamson (1983), S. 43.

[28] Vgl. Funke (1993), S. 6f. Der Glaubwürdigkeitsbegriff bezieht sich auf die subjektive Einschätzung der Wirtschaftssubjekte, ob das angekündigte Reformprogramm durchgesetzt oder im Zeitablauf davon abgewichen wird.

Folglich würde sich bei einem völlig unglaubwürdigen Reformprogramm ein Schwellenwert ergeben, welcher dem Schwarzmarktkurs entspricht.[29] Die Frage, weshalb es bei Transformationsbeginn zu nachhaltigen Eingangsabwertungen sowie zu überschießenden Wechselkursen kam, ist demnach eng an die Ausgestaltung der Liberalisierungs- und Deregulierungsprogramme geknüpft. Eine Absicherung der außenwirtschaftlichen Liberalisierung durch eine Senkung der inländischen Überschußnachfrage nach ausländischen Gütern und Devisen ist nur zu erreichen, wenn eine ausreichende Reduktion des Kaufkraftüberhangs sowie eine Umkehr der Abwertungserwartungen herbeigeführt werden kann.

In einem zweiten Schritt leitet Rosati (1997) im vereinfachten Modellrahmen von Abbildung A-2 die Determinanten der Eingangsabwertung her. Die angesprochene Modellierung des monetären Überhangs ist dabei als zentraler Ausgangspunkt anzusehen. Der Überschuß des nominalen Volkseinkommens gegenüber dem kurzfristig konstanten Güterangebot bzw. realen Volkseinkommen resultiert nicht nur in einer Überschußnachfrage auf dem Gütermarkt, sondern auch in einer erhöhten Nachfrage nach Fremdwährung auf dem Devisenschwarzmarkt. Soweit dies möglich war, substituierten die privaten Wirtschaftssubjekte einen Teil des inländischen Geldvermögens zum Wechselkurs E_b in ausländische Devisen. Damit verstärkte sich der Abwertungsdruck auf die Inlandswährung. Insofern ist die Höhe der Schwarzmarktprämie μ kurzfristig vor allem vom Anteil des monetären Überhangs ΔN am realen Volkseinkommen Y abhängig.[30] Zusätzlich unterstellt Rosati, daß die Preisliberalisierung und die in den meisten MOEL zur Beseitigung des Kaufkraftüberhangs durchgeführte einmalige Anpassungsinflation das inländische Preisniveau um $\Pi = \Delta N/Y$ erhöhe. Nach einigen Umformungen ergibt sich folgende Bestimmungsgleichung für die nominale Eingangsabwertung des offiziellen Wechselkurses:[31]

(3) $\Delta E_o = \kappa \, b \, \Pi = \kappa \, \mu$

Diese vereinfachte Zielgleichung legt die Schlußfolgerung nahe, daß das Ausmaß der notwendigen Abwertungshöhe des nominalen Wechselkurses in positiver Abhängigkeit zu zwei zentralen Determinanten steht: Zum einen trägt ein höherer Anteil κ der Schwarzmarkttransaktionen an den gesamten Devisenmarkttransaktionen zu einer schärferen Eingangsabwertung bei. Die über den Schwarzmarkt wirksam werdende Devisen-

---

[29] Bei vollständiger Glaubwürdigkeit des Stabilisierungsprogrammes stimmen Schwellenwert und gleichgewichtiger Wechselkurs überein. Es käme zu keinem Abwertungs-Overshooting über E* hinaus.
[30] Dabei nimmt Rosati (1997) realistischerweise an, daß sowohl das Güterangebot (reale Volkseinkommen) als auch das Angebot ausländischer Devisen auf dem Schwarzmarkt kurzfristig konstant seien.
[31] Die Zusammenhänge lassen sich wie folgt herleiten (vgl. Rosati (1997), S. 484): Wie erläutert, kann die Schwarzmarktprämie μ als Funktion des Geldüberhangs im Verhältnis zum realen Volkseinkommen definiert werden. Man erhält (2a): $\mu = b(\Delta N/Y)$, wenn ein lineares Verhältnis unterstellt wird. Falls angenommen wird, daß die anstehende Preisliberalisierung das Preisniveau um $\Pi = \Delta N/Y$ erhöhen wird, erhält man: (2b): $\mu = b\Pi$. Das Einsetzen von (2b) in Gleichung (1) und die geeignete Umformung ergeben $E_b/E_o = b\Pi + 1$. Substituiert man diesen Ausdruck in Gleichung (2) für den gleichgewichtigen Wechselkurs, erhält man nach Umformung die notwendige Eingangsabwertung ΔE_o: (2c) $[E^* - E_o]/E_o = -\kappa + \kappa(b\Pi + 1) = \kappa \, b \, \Pi$. Hieraus folgt Gleichung (3).

nachfrage wäre gestiegen. In diesem Fall dürfte das gleichgewichtige Wechselkursniveau annahmegemäß ceteris paribus näher an E_b liegen.

Zum anderen hängt das Ausmaß der Eingangsabwertung positiv von der Schwarzmarktprämie μ ab. Indem μ als Verhältnis von Schwarzmarktkurs und offiziellem Wechselkurs bereits den Umfang des monetären Ungleichgewichts und damit des Geldüberhangs widerspiegelt, wird die erwartete Höhe der Anpassungsinflation berücksichtigt. Zu dieser Schlußfolgerung kommen auch Berg/Sachs (1992), die einen signifikanten Zusammenhang zwischen der Schwarzmarktprämie und dem Ausmaß des monetären Überhangs (und damit des Inflationspotentials) sehen.[32]

Schließlich läßt sich aus Gleichung (3) die notwendige Bedingung dafür ableiten, daß es im Zuge der monetären Neuorientierung nicht nur zu einer nominalen, sondern auch zu einer realen Abwertung kommen kann. Dies ist genau dann der Fall, wenn die nominale Eingangsabwertung über die erwartete Inflationswirkung der Preisliberalisierung hinausgeht ($\Delta E_o > \Pi$). Damit müßte der Anteil der Schwarzmarkttransaktionen κ an den gesamten Devisenmarkttransaktionen größer sein als der reziproke Wert des Koeffizientens b ($\kappa > 1/b$). Die Gültigkeit dieser Ungleichung bleibt im vorliegenden Modellrahmen unbestimmt.[33] Jedoch dürfte ein Abwertungs-Overshooting bis zu einem Niveau E_s einer gewissen realen Abwertung entsprechen.[34]

2.4 Beurteilung

Das entscheidende Motiv der Wechselkurspolitik für nominale Abwertungen liegt im allgemeinen in der Verbesserung der preislichen Wettbewerbsfähigkeit und damit der Handelsbilanz. Die ehemaligen sozialistischen Planwirtschaften nutzten das Instrument der starken Eingangsabwertung hingegen in einem veränderten Kontext. Ein wesentlicher Unterschied zur Wechselkurspolitik in anderen Schwellenländern lag vor allem in den Rahmenbedingungen, denen die Währungsbehörden im Zuge des unmittelbaren binnen- und außenwirtschaftlichen Umbruchs und angesichts massiver makroökonomischer Ungleichgewichte ausgesetzt waren.

Die MOEL sahen sich mit der Notwendigkeit einer vollkommenen monetären Neuorientierung und insofern mit der Schaffung eines einheitlichen und marktgerechten Wechselkurses konfrontiert. Unter diesen Bedingungen kam der Frage nach der optimalen Abwertungsrate eine besondere, aber auch umstrittene Stellung zu. Hinsichtlich der Schwierigkeit, wie der bekannte trade-off der Wechselkurspolitik zu lösen sei – Inflationsreduktion versus Exportförderung – entschied man sich weitgehend für die Absicherung der Liberalisierungsmaßnahmen mittels einer Unterbewertungsstrategie. Dies erhöhte tendenziell die internationale Wettbewerbsfähigkeit der Wirtschaft, implizierte jedoch die Gefahr eines sich beschleunigenden Inflationsimports. Der Frage, inwiefern die gespaltenen Wechselkurse des sozialistischen Wirtschaftssystems einen Anhaltspunkt für das Ausmaß der Eingangsabwertungen boten, geht der in diesem Kapitel nachgezeichnete Modellrahmen nach.

---

[32] Vgl. Berg/Sachs (1992), S. 122.

[33] Der Parameter κ ist annahmegemäß kleiner als 1. Da der Koeffizient b hingegen auch größer als 1 sein könnte, bleibt unbestimmt, ob die Bedingung für eine reale Abwertung $\kappa > 1/b$ erfüllt ist.

[34] Vgl. Rosati (1997), S. 484.

Zur Bewertung dieses Verfahrens sind die folgenden Punkte entscheidend:

Parallele Wechselkurse als Orientierungsgröße: Zahlreiche Autoren sehen mittlerweile eine deutliche Abschwächung des herkömmlichen Arguments für Entwicklungsländer, nach dem alleine die Schwarzmarktprämie μ einen hinreichenden Indikator für die Überbewertung des offiziellen Wechselkurses darstellt.[35] Die in jüngster Zeit vermehrt hervorgebrachten Einschränkungen gelten auch in Transformationsländern. Die Kritik richtet sich weniger auf die These eines positiven Zusammenhangs zwischen Überbewertung und Schwarzmarktprämie als vielmehr auf die alleinige Verwendung von μ als Maß für das Abwertungspotential.

Schwarzmarktkurs und Erwartungsbildung: Der Wechselkurs E_b spiegelt aufgrund seines vorausschauenden Charakters entsprechende Abwertungserwartungen wider. Falls die privaten Wirtschaftssubjekte eine Abwertung von E_o antizipieren, verstärkt sich kurzfristig die Devisennachfrage. Die Schwarzmarktprämie μ steigt an. Diese Entwicklung ist vor allem im Vorfeld der Eingangsabwertung relevant. Angesichts der kurzfristig hohen Volatilität ist E_b alleine nur als unzureichender Indikator anzusehen.[36]

Schwarzmarktkurs lediglich als Obergrenze: Es ist notwendig, die Analyse der Eingangsabwertung nicht ausschließlich nach der Schwarzmarktrate auszurichten. Der offizielle Wechselkurs sollte zu Transformationsbeginn nur dann in voller Höhe der Schwarzmarktprämie abgewertet werden, wenn die privaten Wirtschaftssubjekte die Stabilitätsprogramme als gänzlich unglaubwürdig ansehen. Falls die Regierung durch einen begleitenden policy-mix aus stabilitätsorientierter Geld- und Fiskalpolitik die Glaubwürdigkeit erhöhen kann, ist eine Eingangsabwertung bis zu dem Schwellenwert E_s ausreichend. Dieser dürfte zwischen E_b und E^* liegen. Damit kann eine glaubwürdige, vereinheitlichte Wechselkursparität geschaffen, die Flucht in Devisen gestoppt und die abwertungsinduzierte Inflationsbeschleunigung begrenzt werden. Der Wert E_b ist im Zuge der monetären Neuorientierung lediglich als eine Obergrenze[37] anzusehen.

Die Situation nach dem Zusammenbruch der sozialistischen Wirtschaftssysteme stellte auch in wechselkurspolitischer Hinsicht eine Ausnahmesituation dar. Im Gegensatz zu anderen Schwellenländern verfügten die relativen Preise (und der offizielle Wechselkurs) über keinerlei Knappheitssignale. Mit der Schwarzmarktprämie rückte eine Variable in den Mittelpunkt der Wechselkurspolitik, die bestehende makroökonomische Ungleichgewichte inkorporierte. Zu diesem Zeitpunkt konnte der parallele Wechselkurs auf dem Devisenschwarzmarkt für die Schaffung eines marktgerechten Wechselkurses als Obergrenze fungieren. Zudem war entscheidend, daß die Schwarzmarktrate von den privaten Wirtschaftssubjekten als deutlich glaubwürdiger angesehen wurde. Dies mußte eine auf Nachhaltigkeit angelegte Wechselkurspolitik berücksichtigen, um die zurückgestaute Devisennachfrage zu begrenzen und eine Stärkung der neuen Parität zu erlangen. Inwieweit eine Abwertungsstrategie tatsächlich ein wirksames Instrument zur nachhaltigen Exportförderung ist, und ob dadurch eine wettbewerbsfähige reale Wechselkursposition geschaffen werden kann, soll nun analysiert werden.

---

[35] Vgl. etwa Montiel/Ostry (1994), S. 73; Ghei/Kamin (1999), S. 534.
[36] Vgl. Kiguel/O'Connell (1995), S. 35.
[37] Preisnotierung des Wechselkurses.

3. Wirksamkeit nominaler Abwertungen im Transformationsprozeß

3.1 Einleitende Überlegungen

Die Wechselkurspolitik im Transformationsprozeß sollte gemeinsam mit anderen wirtschaftspolitischen Maßnahmen in den Dienst des internen und externen Stabilisierungszieles gestellt werden. Die Schaffung und spätere Aufrechterhaltung der internationalen Wettbewerbsfähigkeit sowie die Stabilisierung der Preise hatten oberste Priorität.[38] Daraus entsteht der wechselkurspolitische trade-off zwischen Exportorientierung und Inflationsbekämpfung. Die beiden Eckpfeiler wechselkurspolitischer Ziele unterliegen sowohl im Transformationsprozeß als auch bei der späteren Annäherung an die EU einer kontinuierlichen Veränderung und können wie folgt spezifiziert werden: Falls die nominale Abwertungsstrategie von Inflationseffekten begleitet wird, ergibt sich ein Widerspruch zwischen dem externen (Entschärfung der Zahlungsbilanzposition) sowie internen Stabilisierungsziel (Begrenzung der Preissteigerungen). Die Abwägung dieses trade-offs geht auf die folgenden beiden Ansätze der Wechselkurspolitik zurück:[39]

- Der keynesianisch geprägte 'real targets approach' sieht vor, den Wechselkurs als Anpassungsinstrument für reale Schocks zu verwenden. Damit soll der reale Wechselkurs stabilisiert werden. Die Sicherung der außenwirtschaftlichen Position steht im Mittelpunkt der Wirtschaftspolitik (mikroökonomische Perspektive).
- Der 'nominal anchor approach' mit monetaristischem Hintergrund sieht in der Preisniveaustabilisierung das vorrangige Stabilisierungsziel. Indem eine fixe Wechselkursbindung als nominaler Anker für die Geldpolitik fungiert, können die Inflationserwartungen reduziert werden (makroökonomische Perspektive).[40]

Ein wesentliches Ziel der mittel- und osteuropäischen Wirtschaftspolitik im ersten Jahrzehnt der Systemtransformation war die Wiederherstellung und Sicherung einer wettbewerbsfähigen Währung. Dabei verfolgten die MOEL eine Strategie der nominalen Abwertungsschritte, die zum Teil von einem policy-mix aus Geld- und Fiskalpolitik begleitet wurde. Der in weiten Teilen der Literatur einer nominalen Abwertungspolitik entgegengebrachte Pessimismus erweist sich in Verbindung mit Transformationsländern als um so berechtigter. Im Kontext der MOEL ist es notwendig, angebots- und nachfrageseitige Effekte der nominalen Abwertungen zu berücksichtigen. Es stellt sich heraus, daß der Erfolg einer nominalen Abwertungspolitik von Voraussetzungen abhängig ist, deren Gültigkeit vor allem während der ersten Transformationsphase bezweifelt werden dürfte.[41] Diese Anpassungshemmnisse und spezifischen strukturellen Bedingungen bewirken zum Teil kontraktive Effekte und sollen im folgenden analysiert werden.

---

[38] Vgl. auch Schuhbauer (1993), S. 6f.

[39] Vgl. Corden (1994), S. 66ff.; Guitián (1994), S. 13f.

[40] Dementsprechend wird zwar die Glaubwürdigkeit der binnenwirtschaftlichen Stabilisierung erhöht, eine ausreichende Absicherung der außenwirtschaftlichen Liberalisierung ist bei alleiniger Verfolgung dieser Strategie jedoch in Frage zu stellen. Anhaltend positive Inflationsdifferentiale gegenüber dem Land der Ankerwährung bewirken über reale Aufwertungen der Inlandswährung eine Verschlechterung der preislichen Wettbewerbsfähigkeit.

[41] Vgl. Brüstle/Milton (1998), S. 104; Stippler (1998), S. 109.

Im Zusammenhang mit der kontroversen Beurteilung von nominalen Abwertungseffekten auf die außenwirtschaftliche Position sind in der Literatur zwei verschiedene Denkrichtungen zu erkennen. Zum einen stehen bei den traditionellen Zahlungsbilanzansätzen
die Auswirkungen von Wechselkursänderungen auf die in der Leistungsbilanz ermittelten internationalen Gütertransaktionen im Mittelpunkt. Zum anderen werden mit Hilfe
der – insbesondere auf Entwicklungsländer angewandten – strukturalistischen Ansätze
kontraktive Auswirkungen nominaler Abwertungen untersucht.[42] Diese Modelle berücksichtigen, daß nominale Abwertungen in Entwicklungs- oder Transformationsländern in
einem Umfeld vorgenommen werden, welches durch strukturelle Umbrüche und makroökonomische Ungleichgewichte charakterisiert ist.[43]

3.2 Zur Aussagekraft traditioneller Ansätze der Zahlungsbilanztheorie in den MOEL

3.2.1 Der Elastizitätenpessimismus in Transformationsökonomien

Die traditionellen Ansätze zur Zahlungsbilanztheorie[44], die allesamt einen direkten Zusammenhang zwischen der Wechselkurspolitik und dem außenwirtschaftlichen Saldo
herstellen, unterscheiden sich ganz wesentlich in den zugrundeliegenden Annahmen.
Der Elastizitätenansatz[45] unterstellt ein keynesianisches Unterbeschäftigungsmodell. Das
aggregierte Preisniveau reagiert kurzfristig nicht auf Nachfrageveränderungen. Das Güterangebot wird ausschließlich von der Nachfrageentwicklung bestimmt. Die Abwer-
tungswirkungen der Inlandswährung auf ausländische Variablen, das inländische Preis-
und Lohnniveau und Volkseinkommen bleiben unberücksichtigt. Angesichts konstanter
Güterpreise werden innerhalb eines partiellen Gleichgewichtsmodells nominale Wechselkursschwankungen vollständig in Veränderungen des realen Wechselkurses transferiert. Der Elastizitätenansatz geht von der zentralen Vorstellung aus, daß unmittelbar
nach der Abwertung ein relativer Preiseffekt zwischen den nicht-handelbaren und handelbaren Gütern einsetzt.

Die Wirkung von Wechselkursänderungen auf die Leistungsbilanz bestimmt die entsprechenden Reaktionen des Ex- und Importwertes. Die beiden Größen sind wiederum
abhängig von den jeweiligen Preis- und Mengenveränderungen der Export- und Importgüter.[46] Der Elastizitätenansatz zeigt, daß das genaue Ausmaß der Mengenreaktion
durch die Preiselastizitäten der Export- und Importnachfrage sowie des Export- und Im-

---

[42] Vgl. für einen Überblick Schuhbauer (1993), S. 72ff.
[43] Vgl. Edwards/van Wijnbergen (1989), S. 1520.
[44] Für einen Überblick vgl. Edwards (1989), S. 70f.; Willms (1995); Johnson (1976); Cooper (1971b).
[45] Der Elastizitätenansatz geht in seinen Grundzügen auf die Arbeiten von Marshall (1923), Robinson
(1937) sowie Lerner (1944) zurück. Für eine Zusammenstellung der getroffenen Annahmen beim Elastizitätenansatz vgl. Jarchow/Rühmann (1988), S. 45ff. sowie Willms (1995), S. 34.
[46] Infolge einer nominalen Abwertung der Inlandswährung kommt es auf dem Exportgütermarkt zu einer
Verringerung der in ausländischer Währung ausgewiesenen Exportpreise. Die Exportmengen steigen.
Aufgrund der in Inlandswährung konstanten oder steigenden Exportpreise dürfte der Exportwert in Inlandswährung eindeutig ansteigen. Die Reaktion beim Importwert in Inlandswährung ist unbestimmt
und durch eine Elastizitätenanalyse zu klären: Die Abwertung führt zu einer Verteuerung der Importe
und zu einem Rückgang der Importnachfrage. Die geringeren Importmengen werden von einem Anstieg
der Importpreise begleitet, so daß der Importwert höher, kleiner oder konstant ausfällt. Der wertmäßige
Leistungsbilanzeffekt kann positiv oder negativ sein.

portangebots determiniert wird. Eine formale Voraussetzung für die Realisierung einer abwertungsbedingten Leistungsbilanzverbesserung in Inlandswährung ist durch die *Marshall-Lerner Bedingung* gegeben. Diese besagt, daß die Leistungsbilanz bei einem anfänglich ausgeglichenen Saldo und unendlich hohen Angebotselastizitäten normal reagiert, falls die Summe der absoluten Elastizitäten der inländischen Export- und Importnachfrage größer als eins ist.

Bekanntermaßen kann diese Bedingung formal wie folgt zusammengefaßt werden:[47]

(4) $|\eta_{Ex}| + |\eta_{Im}| > 1$ bzw. $\eta_{Ex} + \eta_{Im} > -1$

Empirische Untersuchungen nach dem Zweiten Weltkrieg bezweifelten zunächst eine abwertungsbedingte Verbesserung der Leistungsbilanz in Inlandswährung ('Elastizitätenpessimismus'). Nominale Wechselkursänderungen hätten den Preis von Importgütern in Inlandswährung nur unwesentlich beeinflußt, da der Preis zu einem großen Anteil wechselkursunelastische Komponenten enthielte. Mit der weltweiten Integration der Güter- und Faktormärkte setzte sich bald die Überzeugung eines auf nominale Abwertungen normal reagierenden Außenbeitrages durch ('Elastizitätenoptimismus'): Angesichts des zunehmenden Außenhandels und höheren Substitutionsmöglichkeiten dürften die Angebots- und Nachfrageelastizitäten eine deutliche Steigerung erfahren haben.[48]

Verallgemeinerte Aussagen sind trotz dieser Argumentation fragwürdig. Im Falle einer Anwendung auf Transformationsländer sind zunächst die bekannten grundsätzlichen Kritikpunkte der Theorie zu berücksichtigen.[49] Neben den sehr restriktiven Modellannahmen und der Vernachlässigung von sekundären Wirkungen, wie der Veränderung des Volkseinkommens und der Beschäftigung, sind vor allem die Fernwirkungen einer nominalen Abwertungsstrategie zu nennen. Unabhängig vom Ausmaß der entsprechenden Nachfrageelastizitäten besteht die Möglichkeit, daß die ex-ante mit einer Abwertung verbundene Verbesserung der preislichen Wettbewerbsfähigkeit auf den Weltmärkten neutralisiert wird. Dies geschieht, indem über die Verteuerung der Importgüter ein abwertungsinduzierter Inflationsanstieg erfolgt. Ein derartiges Szenario, in dem nominale Abwertungen nicht in entsprechende reale Abwertungsschritte transferiert werden können, bleibt innerhalb des partialanalytischen Elastizitätenansatzes unberücksichtigt.

---

[47] η_{Ex} sei die Elastizität der Exportnachfrage nach Inlandsgütern bezüglich des Exportgüterpreises in Auslandswährung. η_{Im} bezeichnet die Elastizität der Inlandsnachfrage nach Importgütern bezüglich des in Inlandswährung gemessenen ausländischen Güterpreises. Vgl. Maennig/Wilfling (1998), S. 57; Willms (1995), S. 43.

[48] Für eine Übersicht von Schätzergebnissen der Elastizitäten vgl. Jarchow/Rühmann (1988), S. 70f. Diese Überzeugung wurde in den 70er Jahren um die Theorie der J-Kurve ('Spazierstockeffekt') erweitert. Geringe Nachfrageelastizitäten und eine anormale Reaktion der Leistungsbilanz seien kurzfristiger Natur. Dies wird mit einer zeitlich asymmetrischen Reaktion der Märkte insofern begründet, als daß infolge einer nominalen Abwertung die Mengenreaktion gegenüber der Preisreaktion verzögert eintritt. Vgl. Schäfer (1985), S. 490 sowie Rose/Yellen (1989) für eine fundierte empirische Untersuchung. Für eine zeitliche Strukturierung der Wirkung einer Wechselkursänderung auf die Handelsbilanz durch die Verbindung mit der Elastizitätenanalyse vgl. Fuhrmann (1985).

[49] Vgl. beispielsweise Maennig/Wilfling (1998), S. 63ff. sowie Rose/Sauerheimer (1999), S. 90f.

Darüber hinaus ergeben sich durch die spezifischen Bedingungen des Transformationsprozesses weitere Einschränkungen für die Aussagefähigkeit des Elastizitätenansatzes: *Eingeschränkte Gültigkeit der Marshall-Lerner Bedingung*: Es ist zu bezweifeln, daß die Voraussetzungen für die Gültigkeit von Ungleichung (4) in den MOEL erfüllt sind. Vor allem während der ersten Transformationsphase bestand ein Großteil der Importe aus Vor- und Zwischenprodukten sowie aus dringend benötigten Kapitalgütern. Diese konnten angesichts eines hohen Spezialisierungsgrades mittelfristig nur eingeschränkt durch inländische Produkte und Ressourcen substituiert werden.[50] Damit dürfte die Importnachfrage relativ unelastisch sein. Angesichts des notwendigen Kapitalimports ist in Transformationsstaaten im Zeitablauf ein strukturelles Leistungsbilanzdefizit wahrscheinlich. Diese Eigenschaft steht im Widerspruch mit der ursprünglichen Marshall-Lerner Bedingung, die eine ausgeglichene Leistungsbilanz zur Voraussetzung für normale Reaktionen des Außenbeitrages macht. Im Falle eines Leistungsbilanzdefizits müßte für eine Normalreaktion die Summe der Nachfrageelastizitäten weit größer als eins sein.

Preiselastizität der Exportnachfrage: Angesichts einer zunächst wenig diversifizierten Produktpalette und eines in vielen Sektoren signifikanten Qualitätsdifferentials zum Weltmarktstandard ist zu erwarten, daß die Preiselastizität der Exportnachfrage nach mittel- und osteuropäischen Gütern gering ausfällt. In Transformationsökonomien dürften für eine Normalreaktion weit höhere Abwertungssätze notwendig sein als in vollständig entwickelten Volkswirtschaften.[51]

Preiselastizität des Exportangebots: Die im Zuge der Marshall-Lerner Bedingung unterstellten unendlich elastischen Angebotselastizitäten treffen in den MOEL zunächst nur eingeschränkt zu. Diese Volkswirtschaften stellen den Fall eines kleinen Landes dar und weisen ausgelastete Ressourcen sowie begrenzte Produktionskapazitäten auf.

3.2.2 Die Sekundärwirkung des Absorptionsansatzes

Wesentlicher Ausgangspunkt der von Alexander (1952) geprägten Absorptionstheorie ist die Erkenntnis, wonach der Leistungsbilanzsaldo einer Volkswirtschaft als Differenz zwischen dem Volkseinkommen und der Absorption anzusehen ist.[52] Angesichts dieser Identität ergeben sich innerhalb einer allgemeinen Gleichgewichtsanalyse mit dem Einkommen und der Absorption zwei voneinander abhängige Wirkungskanäle einer nominalen Abwertungsstrategie. Eine nominale Abwertung führt zu einer Normalreaktion der Leistungsbilanz, falls eine Verlagerung von inländischen und ausländischen Ausgaben zugunsten von Inlandsgütern *(Ausgabenverlagerung)* oder aber eine relative Verringerung der Absorption im Vergleich zum Volkseinkommen *(Ausgabenreduktion)* herbeigeführt werden kann. Während der mikroökonomisch orientierte Elastizitätenansatz nur die Primärreaktion der Leistungsbilanz infolge einer Abwertung analysiert, berücksichtigt der Absorptionsansatz zusätzlich die folgende indirekte Sekundärwirkung: Da eine ab-

---

[50] Vgl. Brüstle/Milton (1998), S. 104; Schuhbauer (1993), S. 75; Ahlers/Hinkle (1999), S. 317.

[51] Vgl. Stippler (1998), S. 110; Salvatore (1995), S. 518.

[52] Dabei bezeichnet die Absorption A die private und staatliche Gesamtnachfrage des Inlandes. Die Arbeit von Alexander (1952) stellt eine Erweiterung im Sinne einer Synthese von Elastizitäten- und Absorptionsansatz dar. Vgl. für einen Überblick der Modellstruktur etwa Willms (1995), S. 55ff. sowie Konrad (1979), S. 78ff.

wertungsbedingte Leistungsbilanzaktivierung über höhere Exporte die Steigerung von Einkommen und dadurch auch von Importen bewirkt, kann dies den Primäreffekt abschwächen oder sogar kompensieren. Damit ist bei einer nominalen Abwertung sowohl mit einem Anstieg des Volkseinkommens als auch der Absorption zu rechnen, so daß eine Aussage über den Gesamteffekt von deren jeweiligen Stärke abhängt. Unterstellt man bei der realen Absorption, daß diese aus einem vom Volkseinkommen unabhängigen, autonomen Teil A^a und einem einkommensabhängigen Teil σY besteht, lautet die Bestimmungsgleichung des Leistungsbilanzsaldos (LB) wie folgt:[53]

(5) $\qquad LB = P(Y - \sigma Y - A^a) \qquad$ mit $\sigma > 0$

Die marginale Absorptionsneigung σ ist im Gegensatz zur gewöhnlichen Multiplikatorentheorie die Summe aus Konsum- und Investitionsneigung. D.h. es werden als einkommensinduzierte Ausgaben neben dem Konsum auch mögliche Investitionen berücksichtigt.[54] Grundsätzlich gilt, daß die Wahrscheinlichkeit für eine Normalreaktion der Leistungsbilanz um so geringer ist, je höher die induzierten Ausgaben ausfallen. Mit Hilfe von Gleichung (5) können nun Bedingungen formuliert werden, bei deren Gültigkeit der abwertungsinduzierte Primäreffekt überwiegt. Diese Überlegungen erfolgen für den Unterbeschäftigungs- und Vollbeschäftigungsfall.[55]

Bei *Unterbeschäftigung* und unausgelasteten Kapazitäten wird im allgemeinen angenommen, daß das reale Volkseinkommen infolge einer Abwertung bei konstantem Preisniveau steigt. Folglich werden keine wesentlichen Zusatzinvestitionen getätigt, so daß die marginale Absorptionsquote σ kleiner eins sein sollte. Insofern dürfte die Bedingung für eine erfolgreiche Abwertung im Unterbeschäftigungsfall erfüllt sein, die sich aus Gleichung (5) durch Differenzierung herleiten läßt:

(6) $\qquad dLB = P(1 - \sigma)\, dY \qquad$ mit $dY > 0$

Im *Vollbeschäftigungsfall* steigt das reale Volkseinkommen nicht weiter an. Durch die abwertungsinduzierte Ausgabenverlagerung hin zu Inlandsgütern erhöht sich das inländische Preisniveau. Im vorliegenden Fall ausgelasteter Kapazitäten ist eine hohe marginale Absorptionsneigung zu erwarten, so daß der Sekundäreffekt überwiegt. Aus Gleichung (5) folgt nach Differenzierung die Bedingung für eine Verbesserung der Leistungsbilanz im Vollbeschäftigungsfall:

(7) $\qquad dLB = (Y - \sigma Y - A^a)\, dP \qquad$ mit $dP > 0$

Eine nominale Abwertungsstrategie dürfte keine Entschärfung der außenwirtschaftlichen Position herbeiführen. Ein Vergleich der Gleichungen (5) und (7) zeigt, daß eine Passivierung der Leistungsbilanz erfolgt, wenn der Leistungsbilanzsaldo bereits im Ausgangszustand negativ war.[56]

---

[53] Vgl. Jarchow/Rühmann (1988), S. 191. Die Variablen Y und A stellen das mit dem Preisniveau P deflationierte reale Volkseinkommen und die entsprechende reale Absorption dar. Im folgenden wird unterstellt, daß die autonome Absorptionskomponente durch Politikmaßnahmen nicht verändert wird.
[54] Vgl. Konrad (1979), S. 95. Die Ausgabenneigung σ kann demnach größer oder kleiner als eins sein.
[55] Vgl. Jarchow/Rühmann (1988), S. 191ff.
[56] Demgegenüber wird ein bestehender Überschuß weiter vergrößert.

Insgesamt kann eine mittel- und osteuropäische Wechselkurspolitik, die über nominale Abwertungen isoliert, die außenwirtschaftliche Position zu verbessern versucht, bei ausgelasteten Ressourcen kaum erfolgreich sein. Zur Herbeiführung der abwertungsinduzierten Primärwirkung gelten die im Zusammenhang mit dem Elastizitätenansatz aufgezeigten transformationsspezifischen Kritikpunkte und vor allem die Existenz eines strukturellen Leistungsbilanzdefizits. Die Geld- und Fiskalpolitik in den MOEL muß zudem bei einer hohen marginalen Ausgabenneigung σ über die autonome Absorptionskomponente einwirken, um die Sekundärwirkung angesichts der einkommensinduzierten Ausgabenerhöhung einzuschränken.[57] Insofern ist auch hier die Struktur der flankierenden wirtschaftspolitischen Maßnahmen für den Abwertungserfolg entscheidend.

3.2.3 Leistungsbilanzdefizite als monetäres Phänomen

Der monetäre Ansatz unterscheidet sich in seiner Grundform von den bisher behandelten traditionellen Ansätzen durch zwei wesentliche Charakteristika:[58]
Zum einen geht der monetäre Ansatz davon aus, daß Leistungsbilanzungleichgewichte durch temporäre Ungleichgewichte auf dem Geldmarkt hervorgerufen werden und damit rein monetäre Phänomene darstellen. Zum anderen betrachtet der monetäre Ansatz den Ausgleichsmechanismus der Leistungsbilanz als Folge des Bestandsanpassungsprozesses auf dem Geldmarkt.
Der Analyseschwerpunkt liegt demnach in der Verbindung des außenwirtschaftlichen Sektors mit dem monetären Bereich einer Ökonomie innerhalb eines festen Wechselkurssystems. Im Gegensatz zu den keynesianisch geprägten Modellansätzen befindet sich die Ökonomie in einem Vollbeschäftigungsgleichgewicht: Löhne und Preise sind vollständig flexibel, und die reale Produktion auf dem Gütermarkt ist exogen vorgegeben.[59] Der zentrale Baustein des monetären Ansatzes ist das Gleichgewicht auf dem Geldmarkt. Infolge einer Störung dieses Gleichgewichts durch eine nominale Abwertung ergeben sich in dem einfachen Grundmodell, das durch die Neutralität und Dichotomie des Geldes charakterisiert ist, die folgenden Wirkungszusammenhänge:

Durch eine Abwertung der Inlandswährung steigt das inländische Preisniveau. Da die inländische Geldnachfrage vom nominalen Volkseinkommen abhängig ist, wird das Bestandsgleichgewicht auf dem Geldmarkt als Funktion des Inlandspreisniveaus angesehen. Somit entsteht eine Überschußnachfrage nach Geld, indem die inländischen Wirtschaftssubjekte durch Hortung eine Erhöhung ihrer realen Kassenhaltung anstreben.[60]

---

[57] Vgl. Konrad (1979), S. 96f. Jarchow/Rühmann (1988), S. 193 und Alexander (1952), S. 263f. verweisen darauf, daß die autonome Absorption während des Anpassungsprozesses sinken kann (monetäre Rückwirkungseffekte).

[58] Vgl. Hartmann (1975), S. 19 sowie Smeets (1982), S. 15ff.

[59] Vgl. Willms (1995), S. 95ff. Es werden keine Rückwirkungen von Geldmengenveränderungen auf die Güterproduktion analysiert. Als zentrale Annahmen des monetären Ansatzes gelten die Gültigkeit der absoluten Kaufkraftparitätentheorie sowie der ungedeckten Zinsparität und eine fehlende Neutralisierungspolitik der Notenbank.

[60] Hortung, von der angenommen wird, daß sie proportional zur Überschußnachfrage auf dem Geldmarkt ist, kann als die Nicht-Verausgabung von Einkommen definiert werden. Vgl. Siebert (1994), S. 292. Die Verminderung der Konsumnachfrage zur Wiederherstellung des individuellen Portfoliogleichgewichts ist als Pigou-Effekt bekannt.

Die Wirtschaftssubjekte versuchen so, ihr Portfoliogleichgewicht über eine Verminderung des Konsums wiederherzustellen. Das durch den Hortungsprozeß induzierte Nachfragedefizit auf dem inländischen Gütermarkt bewirkt einen Exportüberschuß. Der vorübergehende Leistungsbilanzüberschuß wird von einem Zahlungsbilanzüberschuß und einer Zunahme der inländischen Geldmenge begleitet (Stromungleichgewicht). Angesichts der steigenden Geldmenge im Inland entspricht im Zeitablauf die tatsächliche (angebotene) erneut der gewünschten (nachgefragten) Geldmenge. Insofern liegt ein automatischer Anpassungsmechanismus der Leistungsbilanz vor, die sich nach der Umverteilung der Geldmenge zugunsten des Inlandes erneut im Gleichgewicht befindet. Angesichts der genannten Grundannahmen erfolgt keine Veränderung der relativen Preise und insofern auch nicht des realen Wechselkurses.

Nominale Abwertungen bleiben im Kontext des monetären Ansatzes als Mittel zur Exportförderung mittel- bis langfristig ohne Erfolg. In der Grundversion ergeben sich angesichts der unterstellten Dichotomie zwischen realem und monetärem Sektor weder kurz- noch langfristige Effekte auf die wirtschaftliche Aktivität.[61] Vielmehr entstehen nachhaltige Preissteigerungseffekte im Inland, welche die gewünschten Auswirkungen auf den realen Wechselkurs kompensieren.

Wie ist dabei die Dynamik und Geschwindigkeit der automatischen Leistungsbilanzanpassung zu beurteilen? Diese, vor allem auch im Zusammenhang mit den MOEL, entscheidende Frage ist angesichts der erwähnten Bestandsanpassungsprozesse auf den Geldmärkten im In- und Ausland eng an den außenwirtschaftlichen Liberalisierungsgrad einer Volkswirtschaft geknüpft.[62]

Das abwertungsinduzierte Geldmarktungleichgewicht und damit der positive Effekt auf die Leistungsbilanz dürften in der ersten Transformationsphase bei deutlich eingeschränkter Liberalisierung der Kapitalbilanztransaktionen länger Bestand haben als dies bei vollkommener Kapitalmobilität der Fall wäre. Die in der Grundversion des monetären Ansatzes unterstellte Vollkommenheit der Märkte für Güter und Kapital sind in diesem Fall unzutreffend, so daß Preis- und Zinsdifferenzen zwischen In- und Ausland bestehen. Damit wird die Beseitigung des Geldmarktungleichgewichts über eine Anpassung des Geldangebots an die Geldnachfrage verlangsamt. Zusätzlich unterstellt der monetäre Ansatz, daß die Volkswirtschaften diejenigen Güter ohne Preissenkung auf dem Weltmarkt verkaufen können, die aufgrund des Hortens ihrer Wirtschaftssubjekte auf keine ausreichende Inlandsnachfrage treffen. Im Falle der MOEL ist vielmehr mit einem Preisabschlag zu rechnen, da in vielen Sektoren positive Qualitätsdifferentiale bestehen. Die zentrale Botschaft des monetären Ansatzes an die Wirtschaftspolitik ist darin zu sehen, daß eine staatliche Reaktion auf ein (vorübergehendes) außenwirtschaftliches Ungleichgewicht ausbleiben kann. Eine kurzfristige Aktivierung der Leistungsbilanz, die von einem höheren Preisniveau begleitet wird, klingt je nach Dauer des Anpassungsprozesses kurz- bis mittelfristig wieder ab.

---

[61] Frenkel/Helliwell (1980) stellt eine modelltheoretische Verbindung zwischen monetärem und keynesianischem Ansatz her. Dabei versucht er, die Charakteristika der Modellansätze zu verknüpfen und die realwirtschaftlichen Effekte herauszuarbeiten. Vgl. auch Edwards (1988), S. 67f.; Edwards/van Wijnbergen (1989), S. 1522.

[62] Vgl. zu diesem Aspekt Edwards/van Wijnbergen (1989), S. 1521f.

3.3 Der strukturalistische Ansatz im Kontext von Transformationsökonomien

3.3.1 Abgrenzung zur traditionellen Zahlungsbilanztheorie

Grundlage der traditionellen Zahlungsbilanzansätze ist die Auffassung, über nominale Abwertungen eine Aktivierung der Leistungsbilanz herbeiführen zu können. Die durch eine reale Abwertung entstehenden Substitutionseffekte (Ausgabenverlagerung) zugunsten von Gütern des nicht-handelbaren Sektors werden zudem als hinreichend stark angenommen, um indirekt positive Output- und Beschäftigungseffekte zu erlangen. Die traditionelle Sichtweise wurde erstmals von Krugman/Taylor (1978) (*„Are devaluations contractionary?"*) durch die Modellierung kontraktiver Angebots- und Nachfrageeffekte einer Abwertung in Frage gestellt. Wie nachfolgende Autoren bezweifelten Krugman/Taylor angesichts spezieller Annahmen über die ökonomischen Strukturbedingungen nicht nur die abwertungsinduzierte Leistungsbilanzverbesserung, sondern vor allem den expansiven Effekt auf die Wirtschaft. Dabei ist die Berücksichtigung von angebotsseitigen Effekten einer nominalen Abwertung, wie etwa die aufgrund importierter Vor- und Zwischenprodukte erhöhten Produktionskosten, als entscheidende Modellerweiterung gegenüber den Traditionalisten anzusehen.[63]
Falls nun ein von der traditionellen Zahlungsbilanztheorie positiver Nachfrageeffekt (Ausgabenverlagerung übersteigt Ausgabenreduktion) identifiziert wird, kann dieser angesichts der abwertungsinduzierten kontraktiven Angebotseffekte überkompensiert werden. Nach dem strukturalistischen Ansatz erfolgt dann selbst in Unterbeschäftigungsmodellen ein kontraktiver Effekt auf die Gesamtwirtschaft und eine Passivierung der Leistungsbilanz.[64] Demzufolge werden im Gegensatz zur traditionellen Theorie neben der Preiselastizität des Angebots gleichzeitig der Kostenanstieg zur entscheidenden Determinante realer Effekte von nominalen Abwertungen.
Aufgrund der strukturellen Hemmnisse und Ineffizienzen, die größtenteils für Entwicklungs- aber auch Transformationsländer charakteristisch sind, ist eine Strategie der abwertungsinduzierten Leistungsbilanzverbesserung und Ankurbelung der Inlandskonjunktur in Frage zu stellen. Erfolgt eine Normalreaktion der Leistungsbilanz, so dürfte diese nach Meinung der Strukturalisten aufgrund stagflationärer Prozesse von hohen volkswirtschaftlichen Kosten begleitet werden.

3.3.2 Gesamtwirtschaftliche Abwertungseffekte

Die strukturalistische Theorie leitet sowohl kontraktive Wirkungen einer nominalen Abwertung auf der Nachfrage- als auch auf der Angebotsseite ab. Die divergierenden Ansichten von Traditionalisten und Strukturalisten bezüglich gesamtwirtschaftlicher Auswirkungen von Abwertungen sind auf die heterogenen Annahmen bezüglich der Strukturbedingungen zurückzuführen.

Angesichts von angebotsseitigen Anpassungshemmnissen wird die Beziehung zwischen dem Marktpreis der handelbaren und nicht-handelbaren Güter und der Menge dieser Güter, welche die Produzenten ceteris paribus zu produzieren und zu verkaufen gewillt

---

[63] Vgl. Krugman/Taylor (1978), S. 446; Schuhbauer (1993), S. 128.
[64] Vgl. Schuhbauer (1993), S. 78.

sind, zur zentralen Determinante für eine erfolgreiche Abwertungsstrategie. Insofern steht bei der graphischen Analyse des strukturalistischen Ansatzes die Angebotskurve im Vordergrund. Inwieweit eine Verschiebung der relativ preisunelastischen Angebotskurve zu kontraktiven Effekten und zu einer Passivierung der Leistungsbilanz führt, kann innerhalb eines 2-Sektoren-Modells analysiert werden. Zunächst erfolgt die Darstellung und Bewertung wesentlicher Annahmen und Modellergebnisse, die anschließend in einen transformationsspezifischen Zusammenhang gebracht werden. Es wird von einer kleinen, offenen Volkswirtschaft mit den folgenden Charakteristika ausgegangen:[65]

- Der internationale Sektor produziert handelbare Güter, die sowohl für den Absatz auf dem Weltmarkt, als auch für den heimischen Markt bestimmt sind.
- Der kurzfristigen Analyse wird innerhalb eines zweistufigen Produktionsprozesses eine CES-Produktionsfunktion zugrundegelegt.[66]
- Angesichts vollkommener Arbeitsmobilität besteht keine intersektorale Nominallohndifferenz. Der Kapitalstock ist fix und das Kapital sektorspezifisch gebunden.
- Die handelbaren und nicht-handelbaren Güter werden mit Hilfe der Produktionsfaktoren Kapital und Arbeit sowie von Vor- und Zwischenprodukten hergestellt.
- Der reale Wechselkurs sei als Preisverhältnis von nicht-handelbaren und handelbaren Gütern definiert. Indem unterstellt wird, daß das Preisniveau des nicht-handelbaren Sektors nicht im selben Ausmaß des nominalen Abwertungssatzes ansteigt, fällt der Effekt auf den realen Wechselkurs lediglich unterproportional aus.

Zunächst sollen die Zusammenhänge innerhalb der beiden Sektoren dargestellt werden. Anschließend wird aufgezeigt, inwieweit die abwertungsinduzierten Kostensteigerungen von Erlössteigerungen auf der Angebotsseite überkompensiert werden können.

Der *inländische Sektor* (N) sieht sich im Zuge einer nominalen Abwertung durch teurere Vor- und Zwischenprodukte sowie steigende Nominallöhne mit erhöhten Produktionskosten konfrontiert. Unter Betrachtung eines Preis-Mengen Diagramms für den heimischen Sektor in Abbildung A-3 verschiebt sich die Angebotskurve ceteris paribus nach oben. Eine abwertungsinduzierte Verschiebung der Nachfragekurve erfolgt in dem Modellrahmen aufgrund von noch zu analysierenden Realeinkommens-, Einkommensumverteilungs- und Realkasseneffekten. Wie in Abbildung A-3 zu sehen ist, werden die expansiven Nachfrageeffekte (Kurvenverschiebung N_N zu N_N*) durch die Produktionskostensteigerungen (Kurvenverschiebung A_N zu A_N*) teilweise kompensiert. Der Prozeß steht im klaren Gegensatz zu den Traditionalisten, die keine Reaktion der Angebotskurve modellieren. Falls die Nachfrage stärker ansteigt, als das Angebot ab-

---

[65] Die folgenden Modellergebnisse basieren auf Lizondo/Montiel (1989), S. 182-224; Schuhbauer (1993), S. 92-141. Letztere bezieht sich auf Schwellenländer Asiens. Eine transformationsspezifische Analyse führt Stippler (1998), S. 114ff. durch. Diese oder ähnliche Modellstrukturen verwenden zudem Krugman/Taylor (1978), S. 446; Edwards (1989), S. 501f. und Nunnenkamp/Schweickert (1990), S. 5f.; Vgl. auch Cooper (1971a), S. 472; Hanson (1983), S. 18ff. Kamin (1995) berücksichtigt bei der Modellierung die Existenz paralleler Devisenmärkte.
[66] Aufgrund importierter Inputs werden mehr als zwei Produktionsfaktoren verwendet. Zudem läßt die Produktionsfunktion (CES = *constant elasticity of substitution*) eine Substitutionselastizität von weniger als eins zu, die durch die beschränkte Substituierbarkeit in- und ausländischer Inputs relevant ist. Vgl. Lizondo/Montiel (1989), S. 189f.

wertungsinduziert abnimmt, liegen positive Outputeffekte vor. Das Verschiebungsaus-
maß der Angebotskurve läßt per se keine abschließende Aussage über die Outputeffekte
zu. Zu einer zentralen Determinante wird die Stärke des Substitutionseffektes und die
Frage, inwieweit handelbare und nicht-handelbare Güter in komplementärer oder sub-
stitutiver Beziehung zueinander stehen.

Abbildung A-3: Nominale Abwertung und der inländische Sektor

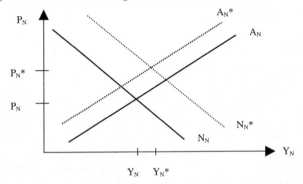

Quelle: Schuhbauer (1993), S. 98.

Der *internationale Sektor* (T) sei durch eine völlig elastische Nachfrage des In- und
Auslandes nach handelbaren Gütern des Inlandes gekennzeichnet. Die entsprechende
Nachfragekurve in Abbildung A-4 verläuft demzufolge horizontal. Veränderungen des
Outputs handelbarer Güter sind ausschließlich von der Angebotsseite determiniert. Unter
den gegebenen Annahmen bewirkt die nominale Abwertung eine entsprechende Preissteigerung der handelbaren Güter, so daß sich die Nachfragekurve um den Abwertungssatz ΔE nach oben verschiebt.

Abbildung A-4: Nominale Abwertung und der internationale Sektor

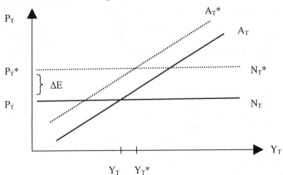

Quelle: Schuhbauer (1993), S. 95.

Die Preiselastizität des Güterangebots wird neben den Kostensteigerungen zur entscheidenden Determinante für die Frage, inwieweit sich in diesem Sektor kontraktive Wirkungen der nominalen Abwertung ergeben. Die Elastizität des Güterangebots bestimmt die Neigung der Angebotskurve in Abbildung A-4. Diese Größe ist für die Frage entscheidend, ob infolge des abwertungsinduzierten Preisniveauanstieges eine Produktionsausweitung im Sektor für handelbare Güter erfolgt. Der kontraktive Outputeffekt ist um so stärker, je geringer die Preiselastizität der Angebotsseite ausfällt. Desweiteren unterstellt der strukturalistische Ansatz eine abwertungsinduzierte Kostensteigerung, welche die Verschiebung der Angebotskurve determiniert. Eine derartige – von der traditionellen Zahlungsbilanztheorie vollkommen negierte – Kostenerhöhung wirkt um so kontraktiver, je unelastischer das inländische Angebot auf Preisänderungen reagiert.

Im folgenden sollen nun die entstehenden angebots- und nachfrageseitigen Effekte einer Abwertung präzisiert werden. Unter Berücksichtigung der strukturellen Defizite einer Transformationsökonomie werden dann Bedingungen für eine Normalreaktion der Leistungsbilanz sowie für positive Outputeffekte aufgeführt. Dabei ist entscheidend, daß die Produktionskosten um weniger als den Abwertungsbetrag steigen, und dementsprechend der abwertungsinduzierte Nachfrageimpuls angebotsseitig nicht vollständig kompensiert wird.

3.3.2.1 Abwertungseffekte auf der Nachfrageseite

Die Wirkungszusammenhänge der nachfrageseitigen Abwertungseffekte lassen sich im vorliegenden Modellrahmen angesichts der Annahme einer unendlich elastischen Nachfrage nach handelbaren Gütern auf den heimischen Sektor beschränken. Die strukturalistische Theorie berücksichtigt *vier nachfrageseitige Wirkungskanäle*, die zu einer Verschiebung der Nachfrage-kurve in Abbildung A-3 beitragen können.[67]

Substitutionseffekt: Der relative Preiseffekt angesichts einer abwertungsinduzierten Verbilligung heimischer Güter gegenüber internationalen Gütern sollte die Konsumnachfrage nach nicht-handelbaren Gütern erhöhen. Dieser Prozeß hängt davon ab, inwieweit handelbare und nicht-handelbare Güter in einem substitutiven Verhältnis zueinander stehen. Ein Großteil der Strukturalisten, wie etwa Krugman/Taylor (1978), verzichten auf eine Modellierung dieses Ausgabenverlagerungs-Effektes. Dabei gehen sie davon aus, daß die inländischen Wirtschaftssubjekte bei vollkommener Spezialisierung lediglich nicht-handelbare Güter konsumieren. Dementsprechend bestehen die Importgüter in diesen Modellen praktisch vollständig aus Vor- und Zwischenprodukten sowie Investitionsgütern. Der Grad der Substitutionalität im Konsum ist in weniger entwickelten Volkswirtschaften tatsächlich deutlich geringer als in westlichen Industrieländern. Somit ist erst mit zunehmender Integration der Volkswirtschaften in die internationale Arbeitsteilung mit einem stärkeren Ausgaben-Verlagerungs- bzw. Substitutionseffekt infolge einer abwertungsinduzierten relativen Preisänderung zu rechnen.

---

[67] Vgl. Lizondo/Montiel (1989), S. 186ff. An dieser Stelle sei nur auf die Effekte der Konsumnachfrage verwiesen.

Realeinkommenseffekt: Abwertungsbedingte reale Einkommenseffekte entstehen vor allem angesichts der relativen Preisveränderung zwischen heimischen und internationalen Gütern bei gegebenem Outputniveau. Lizondo/Montiel (1989) zeigen, daß die Nettowirkung auf das reale Einkommen in entscheidender Weise von der inländischen Konsumstruktur und von einer etwaigen Berücksichtigung importierter Inputs abhängig ist.[68] Werden zunächst keine importierten Vor- und Zwischenprodukte berücksichtigt, ist der reale Einkommenseffekt bei konstantem Output positiv, wenn der Anteil der handelbaren Güter am Gesamtoutput höher ist als ihr entsprechender Anteil am Konsum. Dementsprechend steigt (fällt) das Realeinkommen, falls im Ausgangszustand ein Leistungsbilanzüberschuß (Leistungsbilanzdefizit) bestand. Unter Einbezug importierter Vor- und Zwischenprodukte fällt der Realeinkommenseffekt nur dann positiv aus, wenn sich die importierten Inputs wertmäßig verringern. Die Wirkung auf das Realeinkommen bleibt im Gegensatz zu den Traditionalisten unbestimmt.[69] Aufgrund der unterstellten Bedeutung ausländischer Güter für Schwellen- und Transformationsökonomien dürfte die produktionsseitige Substitution im Sinne einer Senkung importierter Inputs zunächst geringer sein als der abwertungsbedingte Preiseffekt.[70] Dementsprechend sollte der kontraktive Effekt überwiegen.

Vermögenseffekt: Angesichts einer abwertungsinduzierten Preisniveauerhöhung entsteht ein Realvermögensverlust. Die inländischen Wirtschaftssubjekte versuchen, bei konstantem Geldangebot über Hortung ihre reale Kassenhaltung zu erhöhen, wodurch sich die Inlandsnachfrage verringert.[71] Dieser kontraktive Konsumeffekt kann jedoch von den folgenden beiden Seiten abgeschwächt werden: Erfolgt beispielsweise eine abwertungsinduzierte Aktivierung der Zahlungsbilanz, und bleibt eine Sterilisierung von Seiten der Zentralbank aus, so steigt das Geldangebot (endogene Geldmengenveränderung). Desweiteren ist der jeweilige Vermögensstatus gegenüber dem Ausland zu berücksichtigen. Ist das Inland in einer Netto-Gläubiger Position gegenüber dem Ausland, d.h. es überwiegen die auf ausländische Währung denominierten Vermögenstitel, dann führt eine reale Abwertung ceteris paribus zu einer Steigerung der inländischen Realeinkommen. Insgesamt kann somit gezeigt werden,[72] daß die Bedeutung des Vermögenseffektes für die Gesamtnachfrage davon abhängig ist, inwieweit einerseits eine Abwertung zu einer höheren oder niedrigeren Realkasse führt und andererseits, ob das Inland die Position eines Netto-Gläubigers oder Netto-Schuldners gegenüber dem Ausland aufweist.

---

[68] Vgl. Lizondo/Montiel (1989), S. 187f. sowie Schuhbauer (1993), S. 136ff. Das nominale Einkommen steigt um so stärker, je höher der Anteil der handelbaren Güter am Gesamtoutput ist. Gleichzeitig fällt der Preiseffekt desto stärker aus, je höher der Anteil der handelbaren Güter am inländischen Konsum ist. Zudem ist unter Einbezug der importierten Inputs der gesamtwirtschaftliche Output nicht identisch mit dem Faktoreinkommen.

[69] Zudem bezweifeln die Strukturalisten bei Entwicklungs- und Schwellenländern die Gültigkeit der Marshall-Lerner Bedingung wegen eingeschränkter Preiselastizitäten der Export- und Importgüternachfrage.

[70] Der abwertungsinduzierte Preiseffekt spiegelt den Anstieg des Realwertes der importierten Vor- und Zwischenprodukte wider. Vgl. Schuhbauer (1993), S. 138.

[71] Hier wird unterstellt, daß das nominale Vermögen deckungsgleich mit dem Geldbestand einer Volkswirtschaft ist. Infolgedessen kann der Vermögenseffekt als Realkasseneffekt ('real cash balance effect') behandelt werden. Vgl. Lizondo/Montiel (1989), S. 199 sowie Alexander (1952).

[72] Vgl. Schuhbauer (1993), S. 140f. sowie Lizondo/Montiel (1989), S. 198ff.

Umverteilungseffekt: Falls vom Staat Zölle und Abgaben auf Exporte oder Importe erhoben werden, bewirkt die Abwertung eine Einkommensumverteilung vom privaten zum öffentlichen Sektor. Die Inlandsnachfrage sinkt, falls eine größere Sparneigung der öffentlichen Hand gegenüber dem Privatsektor unterstellt wird. Gleichzeitig wird das Einkommen zugunsten von Gewinn- und zu Lasten von Lohnempfängern umverteilt. Angesichts einer höheren Sparneigung aus Gewinneinkommen sowie einer höheren marginalen Konsumneigung von Lohnempfängern sollte dieser Prozeß negative Auswirkungen auf die Inlandsnachfrage haben.

Insgesamt ist festzuhalten, daß unter bestimmten strukturellen Bedingungen die nachfrageseitigen Effekte den für eine Normalreaktion der Leistungsbilanz sowie für positive gesamtwirtschaftliche Auswirkungen relevanten Ausgabenverlagerungs-Effekt einschränken können.

3.3.2.2 Abwertungseffekte auf der Angebotsseite

Die wesentlichen Unterschiede der strukturalistischen Theorie zu den Traditionalisten entstehen erst durch die Berücksichtigung von angebotsseitigen Effekten. Diese lassen sich aus den Strukturbedingungen der Faktormärkte ableiten. Dabei sind die Preiselastizität des Exportangebots und abwertungsbedingte Produktionskostensteigerungen relevant. Für die Transformationsstaaten kann zunächst unterstellt werden, daß angesichts von systemspezifischen Anpassungshemmnissen die Elastizität des Exportangebots eingeschränkt ist. Das Ausmaß der Elastizität ist im Verlauf des Transformationsprozesses von der Umsetzung marktwirtschaftlicher Reformen und insofern von Umfang und Geschwindigkeit der inländischen Privatisierungsvorhaben abhängig. Solange eine begrenzte Mobilität der Produktionsfaktoren, institutionelle Beschränkungen auf den Märkten sowie weiche Budgetbeschränkungen der Unternehmen existieren, dürften diese angebotsseitigen Hemmnisse zum Erhalt einer geringen Preiselastizität beitragen.

In der Literatur werden im Zusammenhang mit den kontraktiven Effekten von abwertungsbedingten Kostensteigerungen *drei Wirkungskanäle* herausgearbeitet:[73]

Importierte Inputs: Die nominale Abwertung verursacht einen Preisanstieg der importierten Inputs um den jeweiligen Abwertungssatz. Nach Ansicht der strukturalistischen Theorie gelten solche abwertungsinduzierten Kostensteigerungen über importierte Vor- und Zwischenprodukte als wesentliches Hindernis für reale Effekte einer Abwertungsstrategie.[74] Eine Substitution durch inländische Inputs ist angesichts transformationsspezifischer Anpassungshemmnisse sowie der Notwendigkeit der MOEL, über den Import von technologieintensiven Vor- und Zwischenprodukten das positive Qualitätsdifferential gegenüber Weltmarktprodukten abzubauen, begrenzt.

Lohnentwicklung: Desweiteren spielt die Lohnentwicklung in strukturalistischen Modellen als Determinante für die angebotsseitige Reaktion eine zentrale Rolle. Kontrakti-

---

[73] Vgl. Lizondo/Montiel (1989), S. 208f.; Cooper (1971b), S. 10ff. Die abwertungsbedingten Kostensteigerungen der Unternehmen ergeben sich unabhängig von sektorspezifischen Gesichtspunkten: Sowohl die Produktion des nicht-handelbaren als auch des handelbaren Gutes erfolgt mit Hilfe der gleichen CES-Produktionstechnologie.

[74] Vgl. Krugman/Taylor (1978) sowie Hanson (1983).

ve Angebotseffekte und eine Passivierung der Leistungsbilanz werden durch abwertungsinduzierte Lohnsteigerungen herbeigeführt, die angesichts der hohen Intensität des Faktors Arbeit im Wirtschaftsprozeß von Schwellen- und Transformationsländern zu erhöhten Kostensteigerungen beitragen.[75]

Produktionskosten: In welchem Maße die erhöhten Lohnkosten sowie die gestiegenen Preise für Vor- und Zwischenprodukte eine Steigerung der gesamten Produktionskosten nach sich ziehen, hängt von der Substitutionsmöglichkeit der Produktionsfaktoren ab. Verschiedene Autoren weisen zudem auf den Entwicklungsgrad des inländischen Finanz- und Kapitalmarktes als Determinante der Produktionskosten hin.[76] Die abwertungsinduzierten Kostensteigerungen müssen angesichts fehlender Aktien- und Wertpapiermärkte über zusätzliche Kredite gedeckt werden. Die steigende Kreditnachfrage trifft in Schwellenländern auf ein nur unzureichendes Angebot. Das inländische Zinsniveau und damit die unternehmerischen Produktionskosten steigen an.

3.3.3 Bewertung

Im Gegensatz zur traditionellen Zahlungsbilanztheorie, die in nominalen Abwertungen ein wesentliches Instrument zur Stabilisierung von außenwirtschaftlichen Ungleichgewichten sieht, bezweifeln Anhänger der strukturalistischen Theorie den Erfolg dieser isolierten wechselkurspolitischen Strategie. Die strukturalistische Theorie weist in ihrer historischen Entwicklung verschiedene Schwerpunkte auf. Während ältere Ansätze (etwa Krugman/Taylor (1978) und Hanson (1983)) im Rahmen ihrer keynesianischen Prägung verstärkt die Nachfrageseite herausstellen, modellieren jüngere Modellvarianten (etwa Lizondo/Montiel (1989)) vor allem strukturelle Angebotsrestriktionen und stellen abwertungsbedingte Produktionskostensteigerungen in den Vordergrund.

Krugman/Taylor (1978) argumentieren, daß eine Mehrzahl der Leistungsbilanzdefizite struktureller Natur sind. Insofern würden bei gegebenem Outputniveau sowohl die Importe als auch Exporte nicht wesentlich auf Preisänderungen reagieren. Vielmehr sind die abwertungsinduzierten Reaktionen der Leistungsbilanz hauptsächlich durch Ausgabenreduktions-Effekte und damit nicht durch (wie von den Traditionalisten unterstellt) Ausgabenverlagerungs-Effekte geprägt. Krugman/Taylor (1978) betonen, daß die für eine Aktivierung der Leistungsbilanz notwendigen hohen Abwertungssätze von kontraktiven Effekten auf die Gesamtwirtschaft begleitet werden. Die, im Gegensatz zu der traditionellen Zahlungsbilanztheorie von den Strukturalisten modellierte, abwertungsbedingte Ausgabensenkung der Wirtschaftssubjekte müßte dann von wirtschaftspolitischen Maßnahmen begleitet werden, welche die Nachfrage stimulieren und nicht bremsen.[77]

---

[75] Zudem hängt der abwertungsinduzierte Lohneffekt von der Konsumstruktur der Wirtschaftssubjekte ab: Wird das strukturalistische Argument unterstellt, nachdem die Individuen in Schwellenländern üblicherweise wesentlich mehr Inlandsgüter konsumieren, so schlägt die Abwertung geringer auf den Konsumentenpreisindex und damit auf die Nominallohnforderungen durch. Dieser Prozeß wird durch den Substitutionseffekt der Abwertung im Konsumbereich verstärkt: Mit steigender Substitution der nun teureren handelbaren Güter durch Inlandsprodukte fallen der Anstieg der Lebenshaltungskosten und somit die entsprechenden Lohnforderungen geringer aus.

[76] Vgl. etwa Lizondo/Montiel (1989), S. 215ff.; van Wijnbergen (1986); Schuhbauer (1993), S. 76.

[77] Vgl. Krugman/Taylor (1978), S. 455.

Insgesamt liefern die strukturalistischen Modelle einen wesentlichen Beitrag zur Beurteilung der Wechselkurspolitik derjenigen Länder, die strukturelle Hemmnisse und Angebotsrestriktionen aufweisen. Spezifische Bedingungen der Ökonomie können dazu verhelfen, daß das Instrument der nominalen Abwertung nur eingeschränkt als Mittel der Exportförderung einzusetzen ist.[78] Abhängig von der Modellstruktur und den entsprechenden Wirkungskanälen wird eine nominale Abwertungsstrategie von direkten und indirekten kontraktiven Angebots- und Nachfrageeffekten begleitet. Diese können dann die realen Abwertungseffekte der Wechselkurspolitik beseitigen oder zumindest einschränken. Die Produktionskostensteigerungen verringern den direkten abwertungsbedingten Wettbewerbsvorteil inländischer Exporteure. Im Extremfall bleibt als alleiniges Resultat der Abwertung eine Inflationsbeschleunigung. Es ist zu bezweifeln, daß eine solche Wechselkurspolitik zur internen und externen Stabilisierung in Schwellen- und Transformationsländern geeignet ist.[79] Dabei spielen auf der Nachfrageseite Realeinkommensverluste, die zweifelhaften Ausgabenverlagerungseffekte sowie unzureichende Substitutionselastizitäten eine entscheidende Rolle. Selbst positive Nachfrageeffekte können gemäß der strukturalistischen Theorie angesichts angebotsseitiger Hemmnisse – wie etwa Faktorpreisrigiditäten – kompensiert werden.

Trotz dieser Aussagekraft strukturalistischer Erkenntnisse gegenüber den nachfrageorientierten traditionellen Ansätzen, ergeben sich die folgenden Kritikpunkte an dem Theorieansatz:[80]

Betrachtungsweise: Die Modellansätze der Strukturalisten unterstellen eine äußerst kurzfristige Betrachtungsweise und verweisen auf einen veränderten abwertungsbedingten Anpassungspfad der Ökonomie. Über die Charakteristika des neuen Gleichgewichts wird jedoch nur in wenigen Arbeiten eine Aussage getroffen.[81]
Lohnerhöhungen: Inwieweit sind Lohnsteigerungen in den MOEL tatsächlich für kontraktive Abwertungseffekte verantwortlich? Schuhbauer (1993) stellt fest, daß der lohninduzierte Effekt auf das Angebot[82] im heimischen und internationalen Sektor selbst bei vollständiger Indexierung der Lohnsteigerungen (und insofern konstanter Reallöhne) stets unterproportional zum nominalen Abwertungsbetrag ausfällt. Während eine Abwertung die Preiserhöhung im Sektor für handelbare Güter bestimmt, orientieren sich die Lohnforderungen dagegen an dem aus handelbaren *und* nicht-handelbaren Gütern bestehenden Konsumentenpreisindex. Berücksichtigt man die für Transformationsökonomien charakteristischen Produktivitätserhöhungen, so kann gezeigt werden, daß selbst im Falle von über den Abwertungsbetrag hinausgehenden Nominallohnsteigerungen expansive Angebotseffekte möglich sind. Solange Lohnsteigerungen den Abwertungsbetrag um weniger als die entsprechende Produktivitätserhöhung übersteigen, ist sowohl eine Reallohnsteigerung als auch eine reale Abwertung zu erwarten.[83]

---

[78] Vgl. auch Stippler (1998), S. 129.
[79] Vgl. Schuhbauer (1993), S. 143f.
[80] Vgl. Nunnenkamp/Schweickert (1990), S. 5f. für eine Zusammenfassung der Kritikpunkte.
[81] Edwards (1986), S. 506 weist darauf hin, daß nach kurzfristig kontraktiven Effekten Abwertungen mittel- bis langfristig neutral sind.
[82] Dies entspricht einer Verschiebung der jeweiligen Angebotskurve.
[83] Vgl. Schuhbauer (1993), S. 115.

Verzerrungen: Angesichts der kurzfristigen Sichtweise der Strukturalisten wird vernachlässigt, daß Abwertungen einen Anreiz darstellen, sowohl nachfrage- als auch angebotsseitige Verzerrungen abzubauen. Es entsteht die Möglichkeit, ein strukturelles Leistungsbilanzdefizit zu verringern.

Allokationseffekt: Aufgrund abwertungsbedingt höherer Preise im Sektor für handelbare Güter dürften Unternehmen ihre dortige Produktion ausweiten und insofern einen intersektoralen Allokationseffekt induzieren. Angesichts fehlender Nachfragebeschränkungen im internationalen Sektor wird dieser Prozeß von einer expansiven Wirkung begleitet.

Substitutionseffekt: Verschiedene strukturalistische Modelle verzichten auf eine Modellierung des abwertungsinduzierten Substitutionseffektes. Es wird unterstellt, daß die Wirtschaftssubjekte lediglich nicht-handelbare Güter konsumieren. Damit bestehen die Importe hauptsächlich aus Vor- und Zwischenprodukten. Die Vernachlässigung dieses zentralen Wirkungskanals einer Abwertung erscheint bei Betrachtung der MOEL lediglich unmittelbar zu Transformationsbeginn realistisch.

4. Zusammenfassung

Das vorliegende Kapitel II stellt die theoretischen Hintergründe des stilisierten Faktums der Eingangsabwertung dar. Dabei wurden zunächst diejenigen internen und externen Faktoren identifiziert, welche die Abwertungshöhe determinieren. Später erfolgte deren Berücksichtigung innerhalb einer modelltheoretischen Darstellung der Eingangsabwertung, die das Ausmaß der anfänglichen realen Unterbewertung der mittel- und osteuropäischen Währungen verdeutlichen sollte. Der reale Aufwertungstrend in den Jahren nach der Etablierung eines marktgerechten Wechselkurses spiegelt die allmähliche Rückkehr des realen Wechselkurses an dessen Gleichgewichtswert und damit eine Verringerung der realen Unterbewertung wider. Darüber hinaus erfolgte eine Übersicht des aktuellen Forschungsstandes zur Bewertung von Auswirkungen nominaler Abwertungen auf die außenwirtschaftliche Position und das Sozialprodukt. Je nach modelltheoretischem Hintergrund und Berücksichtigung von nachfrage- und angebotsseitigen Abwertungseffekten werden die Leistungsbilanzeffekte unterschiedlich beurteilt.

Angesichts der angeführten Kritikpunkte zeigt sich, daß im Sinne der traditionellen Zahlungsbilanzansätze eine isolierte nominale Abwertungsstrategie in den MOEL nur eingeschränkt Erfolg haben dürfte. Strukturelle Bedingungen der Transformationsstaaten führen dazu, daß die angestrebte Wirkung der Abwertung ausbleibt, oder der erforderliche Abwertungssatz wie im Zuge der starken Eingangsabwertungen zu Transformationsbeginn weit höher ausfallen muß, als dies in vollständig entwickelten Volkswirtschaften der Fall wäre.

Angesichts der speziellen ökonomischen Strukturbedingungen in den MOEL scheint der Einbezug strukturalistischer Argumentationen hilfreich. Dies gilt vor allem bis zu dem Zeitpunkt, an dem die MOEL hinreichend marktwirtschaftliche Strukturen aufweisen. In dieser Transformationsphase greifen die MOEL – wie in Teil B noch zu sehen sein wird – verstärkt auf das Instrument der nominalen Abwertungen zurück, um auf diese Weise ihre außenwirtschaftliche Position zu entschärfen. Folgt man dem strukturalistischen

Theorieansatz, kann im Extremfall eine solche isolierte Wechselkurspolitik durchaus ohne reale Effekte bleiben und lediglich von stagflationären Wirkungen begleitet werden. Innerhalb eines festen sowie quasi-festen Wechselkursregimes würde dies zu einer weiteren Verschlechterung der preislichen Wettbewerbsfähigkeit auf den Weltmärkten beitragen.

In diesem Sinne ist zu berücksichtigen, daß der Erfolg der Wechselkurspolitik vor allem von den fundamentalen Bedingungen der Ökonomie im Vorfeld der Abwertung sowie vom Ausmaß und der Struktur der flankierenden wirtschaftspolitischen Maßnahmen abhängt.[84] Dies galt im Zusammenhang mit den starken Eingangsabwertungen zu Transformationsbeginn und bleibt gleichermaßen bei den regelmäßigen nominalen Abwertungen während des Transformationsprozesses gültig.

---

[84] Vgl. Edwards (1988), S. 26.

III. Reale gleichgewichtige Wechselkurse (REER)

1. Problemstellung

1.1 Thematische Einbindung

Die folgenden Ausführungen hinsichtlich des modelltheoretischen Rahmens realer gleichgewichtiger Wechselkurse bilden eine wesentliche Basis für das Verständnis wechselkurspolitischer Herausforderungen im Transformations- und Integrationsprozeß. Sowohl im Zusammenhang mit der Anwendung des Wechselkurses als Stabilisierungsinstrument in der ersten Phase der Systemtransformation als auch mit der wechselkurspolitischen Neuausrichtung im Hinblick auf einen EU-Beitritt findet die Diskussion um den REER vermehrt Beachtung.

Dabei heben einige Autoren das für Transformationsökonomien zentrale Leitmotiv eines aufwertenden REER hervor.[85] Die Geld- und Wechselkurspolitik muß im Falle einer sich rapide verändernden Gleichgewichtsrate ein hinreichendes Maß an Flexibilität aufweisen, um den geänderten ökonomischen Rahmenbedingungen zu begegnen. Die Entwicklung kann erneut mit Hilfe der Verlaufsgrafik in Abbildung A-1 vorgestellt werden.

Bevor in Teil B eine länderspezifische Analyse und Schätzung dieser Verlaufsentwicklung vorgenommen wird, soll in den nachfolgenden Abschnitten vier Fragen nachgegangen werden: 1. Über welche Konzepte verfügen die Wirtschaftswissenschaften, um eine theoretische Einordnung des REER vorzunehmen? 2. Inwiefern spielen diejenigen Faktoren, die eine nachhaltige Abweichung von der oftmals angewandten Kaufkraftparitätentheorie bewirken, vor allem in Transformationsökonomien eine herausragende Rolle? 3. Welche fundamentalen Faktoren bieten umfangreichere theoretische Konzepte an, um den Veränderungsprozeß des REER zufriedenstellend erklären zu können? 4. Inwiefern sind diese Determinanten für Transformationsstaaten und damit für die Erklärung einer Trendaufwertung des REER in den MOEL relevant?

1.2 Interner vs. externer realer Wechselkurs

Der wesentliche Ausgangspunkt bei der Schätzung von REER sowie bei der Quantifizierung einer möglichen realen Fehlbewertung ist die Bestimmung des tatsächlichen realen Wechselkurses. Im Gegensatz zum nominalen Wechselkurs, der das Preisverhältnis zweier Währungen mißt, bestimmt der reale Wechselkurs, wie sich Güter gegeneinander tauschen lassen. Der reale Wechselkurs spiegelt somit das Preisverhältnis zweier Güterkörbe wider. Dabei findet eine Vielzahl von Meßkonzepten Verwendung, die sich jeweils hinsichtlich der zugrunde gelegten Preisindizes sowie der jeweiligen Güteranzahl unterscheiden lassen. Im folgenden wird erneut die Preisnotierung des Wechselkurses verwendet.

Bei der konzeptionellen Einordnung werden in der Literatur zwei Ansätze zur Definition des realen Wechselkurses angewendet.[86] Der *interne* reale Wechselkurs wird als Ver-

---

[85] Etwa Begg/Halpern/Wyplosz (1999), S. 4, Roubini/Wachtel (1998), S. 9, Krajnyák/Zettelmeyer (1998), S. 313 und Frensch (1999), S. 55.

[86] Vgl. Hinkle/Nsengiyumva (1999a), S. 41f.; Hinkle/Nsengiyumva (1999b), S. 113ff.

hältnis inländischer Preise handelbarer und nicht-handelbarer Güter (P_T/P_N) innerhalb eines Landes definiert:

(8) $RW_{int} = P_T / P_N$

Die Definition findet vor allem bei der Analyse von Entwicklungs- und Schwellenländern Verwendung, da der in diesen Ländern verstärkt ausgeprägte inländische Strukturwandel abgebildet werden kann. Der interne reale Wechselkurs bietet ein Maß für die Ressourcenallokation zwischen den Sektoren handelbarer und nicht-handelbarer Güter, also zwischen den geschützten Sektoren und denjenigen, welche dem Wettbewerb auf dem Weltmarkt ausgesetzt sind. Er kann auch als interne Terms of Trade (ToT) bezeichnet werden. Der interne reale Wechselkurs gibt Auskunft darüber, wie man nicht-handelbare in handelbare Güter umtauschen kann. Die Relation ist als Indikator für die ökonomischen Anreize zu interpretieren, Güter aus diesen Sektoren zu produzieren und zu konsumieren. Steigen etwa die Preise im Sektor für nicht-handelbare Güter schneller als im Sektor für handelbare Güter, liegt eine reale Aufwertung vor. Dies bedeutet, daß die Produktion nicht-handelbarer Güter in einer Ökonomie relativ profitabler wird. Der Konsum verlagert sich aufgrund der Preissignale zu Gütern des handelbaren Sektors.

In Abgrenzung zu diesem internen Begriffskonzept wird vor allem im Zusammenhang mit Industrieländern die Definition des *externen* realen Wechselkurses angewandt. Danach entspricht der reale Wechselkurs dem nominalen Wechselkurs (E) in der Preisnotierung, der wiederum um das Verhältnis des ausländischen zum inländischen Preisniveau (P^*/P) deflationiert wird. Der reale Wechselkurs gilt damit als Maß für die relative Kaufkraft zweier Währungen und bestimmt sich aus dem Wertvergleich zweier Warenkörbe in Landes- und Fremdwährung. Beim Erwerb eines Warenkorbes (mit Preisindex P) im Inland beträgt der Realwert einer Einheit Landeswährung 1/P. Falls der identische Warenkorb im Ausland (mit Preisindex P^*) gekauft wird, so beträgt die Kaufkraft dieser Einheit Landeswährung genau $1/(EP^*)$. Der reale Wechselkurs der Landeswährung bezeichnet folglich die relative Kaufkraft einer Einheit Landeswährung in Relation zu dessen Kaufkraft im Ausland. Falls in- und ausländische Kaufkraft übereinstimmen und damit RW=1, so wird von der Kaufkraftparität des Wechselkurses gesprochen.

Es ergibt sich für den *externen* realen Wechselkurs der folgende Zusammenhang:

(9) $RW_{ext} = (E P^*)/P$

Der externe reale Wechselkurs entspricht dem Kehrwert der ToT. Auf Basis der beiden vorliegenden Definitionen realer Wechselkurse existieren nun wiederum, jeweils durch entsprechend gewählte Kosten- und Preisindizes, konzeptionell unterschiedliche Versionen der internen und externen realen Wechselkurse. Diesbezüglich sind für die Quantifizierung der inländischen und ausländischen Preisniveaus in (9) verschiedene Preisindizes denkbar, wie etwa auf Basis von Lohnstückkosten, Konsumentenpreisen oder Produzentenpreisen. Demgegenüber gestaltet sich eine analoge Auswahl von Preisindizes für die Relation handelbarer und nicht-handelbarer Güter im Sinne der internen Begriffsdefinition in der Realität als schwierig. Tatsächlich wird in der Praxis verstärkt auf Export- und Importpreise zurückgegriffen, da mit der Theorie deckungsgleiche Preisindizes kaum vorhanden sind. Zur Herstellung eines zusammengesetzten, homogenen, handelbaren Gutes kann dabei das Aggregat aus Export- und Importgütern gebildet werden. Der relative Preis von Export- und Importgütern (und damit die ToT) wird damit bei Verwendung des internen realen Wechselkurses auf Basis von zwei Gütern implizit konstant gehalten. Eine solche Abgrenzung weist natürlich Defizite auf. So kommt es aufgrund der unterstellten Konstanz der ToT zu verzerrten Ergebnissen, da damit Veränderungen der internationalen Wettbewerbsposition unberücksichtigt bleiben.

Die Veränderungen interner und externer realer Wechselkurse können zwar für identische Zeiträume und Ländergruppen unterschiedliche Ergebnisse liefern, jedoch ist es möglich, einen theoretischen Zusammenhang zwischen diesen beiden Meßkonzepten herzustellen.[87] Geht man von der typischerweise getroffenen Annahme aus, daß der internationale Wettbewerb den Preisindex der handelbaren Güter an den Preisindex der Güter am Weltmarkt bindet ($P_T=EP_T*$), so identifizieren Hinkle/Nsengiyumva (1999b) folgende Eigenschaften dieses Zusammenhangs:

1. Veränderungen des internen realen Wechselkurses fallen ceteris paribus höher aus als die entsprechenden Schwankungen des externen realen Wechselkurses: Dies kann durch den Anteil der nicht-handelbaren Güter in einer Ökonomie und damit der Preise nicht-handelbarer Güter am inländischen Preisindex P in Gleichung (9) erklärt werden.[88] Es sei etwa eine Aufwertung des externen realen Wechselkurses infolge einer nominalen Aufwertung der Landeswährung unterstellt. Der interne reale Wechselkurs wird dabei um einen höheren Betrag aufwerten, da sich hier die nominale Aufwertung vollständig auf die Preise der handelbaren Güter auswirkt (unterstellte Bindung an Weltmarkt- bzw. Auslandsniveau). Bei Betrachtung des externen realen Wechselkurses erfolgt hingegen zusätzlich eine proportionale Absenkung des inländischen Preisniveaus, die je nach Bedeutung der handelbaren Güter in der Ökonomie unterschiedlich hoch ausfällt.

2. Eine Divergenz von internem und externem realen Wechselkurs des Inlandes entsteht etwa bei höheren Produktivitätssteigerungen im Ausland: Im Sinne des Balassa-Samuelson Effektes bewirkt ein stärkeres Produktivitätswachstum im Sektor für handelbare gegenüber dem Sektor für nicht-handelbare Güter eine Steigerung der relativen Preise nicht-handelbarer Güter. Der interne reale Wechselkurs wertet auf. Damit erfolgt zugleich eine Aufwertung des externen realen Wechselkurses, da Volkswirtschaften mit höheren Produktivitäten im Trend über höhere Preisniveaus verfügen. Falls hingegen im In- und Ausland[89] eine Aufwertung des internen realen Wechselkurses eintritt, der entsprechende Effekt jedoch infolge stärkerer Produktivitätszuwächse im Ausland höher ist, so erfolgt eine Aufwertung (Abwertung) des externen realen Wechselkurses des Auslandes (Inlandes). Demzufolge ist durchaus eine Abwertung des externen realen Wechselkurses des Inlandes bei gleichzeitiger Aufwertung des internen realen Wechselkurses möglich. Aufgrund des stilisierten Faktums eines im Vergleich zu westlichen Haupthandelspartnern nachhaltigen und tiefgreifenden Strukturwandels in Transformationsökonomien, entspricht dieses Szenario in den MOEL hingegen nicht der Realität.

---

[87] Vgl. Hinkle/Nsengiyumva (1999b), S. 119ff für die folgende Argumentation.

[88] Das Preisniveau ist der (geometrisch) gewichtete Durchschnitt der Preise für nicht-handelbare und handelbare Güter, wobei die Gewichte γ und $(1-\gamma)$ den Anteilen dieser Güter im Konsumgüterkorb entsprechen: $P = P_N{}^\gamma P_T{}^{(1-\gamma)}$.

[89] Der Anteil γ des Sektors für nicht-handelbare Güter sei im In- und Ausland gleich hoch.

3. Eine Abschwächung des systematischen Zusammenhangs von internem und externem realen Wechselkurs ergibt sich, wenn die Preise für handelbare Güter nicht an das Weltmarktniveau gebunden sind: Dies könnte durch Handelsbeschränkungen herbeigeführt werden. In diesem Fall wirken sich die im obigen Beispiel angeführten nominalen Wechselkursänderungen wesentlich geringer auf den internen realen Wechselkurs aus. Dementsprechend dürften dann die Schwankungen des externen realen Wechselkurses diejenigen des internen übersteigen.

Die Analyse des vorliegenden Kapitels verwendet – falls nicht explizit anders ausgewiesen – den realen Wechselkurs in seiner *externen Definition*. Insofern wird üblicherweise unterstellt, daß der Fall von divergierenden internen und externen realen Wechselkursen im Zusammenhang mit Transformationsstaaten zu vernachlässigen ist. Dies ist im Sinne der obigen Argumentation insofern realistisch, da die internen Strukturveränderungen in den MOEL als wesentlich weitreichender anzusehen sind als in den entsprechenden Ökonomien der Haupthandelspartner.

1.3 Zwei Sichtweisen eines realen Misalignments

Die Wirtschaftswissenschaften bieten im Zusammenhang mit Währungen, die wie in den MOEL real aufwerten, im wesentlichen zwei unterschiedliche Erklärungsansätze an.[90] Im Sinne der *misalignment view* kommt es dabei aufgrund der Trendaufwertung zu einer realen Fehlbewertung der Währungen. Dabei werden zwei ursächliche Faktoren für diese Entwicklung angeführt.

Zunächst kann ein realer Aufwertungstrend aus der Kombination eines fixen Wechselkursregimes sowie eines nachhaltig positiven Inflationsdifferentials gegenüber der Ankerwährung resultieren. Mit Hilfe einer derartigen Stabilisierungsstrategie mit dem Wechselkurs als nominaler Anker soll durch die Selbstbindung der Geldpolitik an eine Wechselkursregel die Glaubwürdigkeit der Politik erhöht werden. Kann hingegen nach der Fixierung des nominalen Wechselkurses durch diesen Glaubwürdigkeitsimport die heimische Inflationsrate nicht auf das Niveau der Ankerwährung zurückgeführt werden,[91] so ergibt sich eine reale Aufwertung der Landeswährung. Insofern muß die Volkswirtschaft einen Verlust an preislicher Wettbewerbsfähigkeit ihrer handelbaren Güter hinnehmen. Eine derartige Entwicklung gefährdet damit im Sinne der misalignment view das außenwirtschaftliche Gleichgewicht. Bei einer anhaltenden realen Fehlbewertung ist mit einer Passivierung der Leistungsbilanz zu rechnen.

---

[90] Vgl. Roubini/Wachtel (1998), S. 20ff; Frensch (1999), 50ff. sowie Edwards (1988), S. 21.

[91] Falls ein solches festes Wechselkurssystem nicht durch entsprechende Fiskal- und Einkommenspolitiken unterstützt wird, oder es aber zu einem Glaubwürdigkeitsproblem im Zusammenhang mit dem Wechselkursziel kommt, so verzögert sich die Inflationsanpassung. Roubini/Wachtel (1998), S. 21 führen drei Gründe an, weshalb die heimische Inflationsrate nur sehr langsam das Niveau der Ankerwährungen erreicht: 1. Anbieter nationaler Produkte werden ihre Preise bei einer fixen Wechselkursparität aufgrund von unterschiedlichen Qualitätsmerkmalen (Kaufkraftparitätentheorie gilt nicht kurzfristig) nicht vollständig bis auf das jeweilige Weltmarktniveau absenken. 2. Die überwiegend auf Basis historisch hoher (im Gegensatz zu aktuell niedrigeren) Inflationsraten implementierten Lohnsteigerungen tragen zur Trägheit der Nominallöhne bei. Lohnsteigerungsraten verbleiben damit noch deutlich über denjenigen der Ankerwährungen. 3. Die Preisanpassung im Sektor für nicht-handelbare Güter erfolgt aufgrund des geringen internationalen Wettbewerbsdrucks lediglich sehr langsam.

Weiterhin können die, im Zuge einer schrittweisen Liberalisierung der Kapitalbilanz ansteigenden Kapitalzuflüsse auch bei einem nicht fixierten nominalen Wechselkurs eine reale Fehlbewertung nach sich ziehen. Dies kann etwa durch – im Verhältnis zur nationalen Absorptionsfähigkeit zu hohe – Kapitalzuflüsse geschehen. Ein solcher exogener Einfluß trägt im Zuge des Zahlungsbilanzausgleichs unmittelbar zu einem nominalen und damit realen Aufwertungsdruck bei. Der Trend kann im allgemeinen nicht durch entsprechende Zentralbankinterventionen im Rahmen eines Wechselkursregimes des managed floatings und den Kauf ausländischer Devisen verhindert werden. Diese tragen etwa im Falle der Sterilisierung zu einem weiterhin hohen inländischen Zinsniveau und anhaltenden Kapitalzuflüssen bei. Damit kann sowohl in Verbindung mit einem festen als auch flexiblen Wechselkursregime vor dem Hintergrund rasch ansteigender Kapitalimporte die wachsende Wahrscheinlichkeit einer realen Fehlbewertung der Landeswährung festgehalten werden. Dies entspricht dann einer realen Wechselkursposition, die inkonsistent mit dem entsprechenden internen und externen Gleichgewicht einer Ökonomie ist.

Einen anderen Ansatzpunkt wählt die *fundamental view*. Vertreter dieser Sichtweise weisen daraufhin, daß ein realer Aufwertungstrend in Transformationsländern nicht notwendigerweise mit einem Verlust an preislicher Wettbewerbsfähigkeit und einem außenwirtschaftlichen Ungleichgewicht einhergehen muß. Dieser ist vielmehr die Folge einer erfolgreichen Entwicklungs- und Liberalisierungsstrategie. Es wird auf die Möglichkeit eines aufgrund fundamentaler Einflußfaktoren (wie etwa dem Offenheitsgrad, Produktivitätssteigerungen, akkumulierte Nettoauslandsposition) wiederum aufwertenden REER verwiesen. Infolgedessen können zwei Determinanten der realen Trendaufwertung identifiziert werden:

1. Anpassung des realen Wechselkurses: Nach einem zurückliegenden Abwertungs-Overshooting (über den REER hinaus) erfolgt die Anpassung des realen Wechselkurses an die Gleichgewichtsrate. Es kommt zu einer Trendaufwertung des realen Wechselkurses. *2. Endogenität des REER:* Veränderungen makroökonomischer fundamentals bewirken, daß der REER und damit die Rahmenbedingungen eines internen und externen Gleichgewichts nicht einer statischen Größe entsprechen, sondern einem dynamischen realen Aufwertungsprozeß unterliegen können. Wie in dieser Arbeit noch weiter ausgeführt wird, können Leistungsbilanzdefizite demzufolge als optimale Reaktion auf die veränderten strukturellen Rahmenbedingungen einer Ökonomie interpretiert werden.[92] Damit ist die Abgrenzung von realem Wechselkurs und REER von zentraler Bedeutung. Während der reale Wechselkurs endogen bezüglich realer und monetärer Variablen ist, kann der REER – wie noch zu sehen sein wird – ausschließlich als Funktion realer Variablen interpretiert werden. Abweichungen zwischen beiden Größen kommen durch drei Entwicklungen zustande:

- temporäre Änderungen von realen Variablen ohne Auswirkungen auf den REER
- Änderungen monetärer Variablen mit Einfluß auf den realen Wechselkurs
- Veränderungen langfristig nachhaltiger Werte derjenigen realen Variablen, die einen endogenen Einfluß auf den REER besitzen

---

[92] Vgl. Roubini/Wachtel (1998), S. 22; Montiel (1999b), S. 264f. und Edwards (1988), S. 42.

Zusammenfassend läßt sich feststellen, daß ein gegebener realer Aufwertungstrend sehr differenziert zu interpretieren ist. Dieser kann entweder das Resultat von Produktivitäts- und Effizienzsteigerungen und damit der zugrundeliegenden fundamentalen Veränderungen einer Ökonomie oder aber Folge von nicht aufeinander abgestimmten, inkonsistenten Wechselkurs-, Geld- und Fiskalpolitiken sein. Die jeweilige Identifizierung des Wirkungszusammenhanges ist entscheidend für zukünftige Reaktionen der Politik sowie für die Formulierung wechselkurspolitischer Optionen. Diejenige Differenz zwischen realem Wechselkurs und REER spiegelt keine Fehlbewertung des realen Wechselkurses wider, welche das Resultat permanenter und damit nachhaltiger Veränderungen der zugrundeliegenden realen Bedingungen einer Ökonomie ist.

1.4 Die historische Entwicklung der Ansätze

Wie in den vorangegangenen Ausführungen erläutert, sollte bei der Beurteilung der nationalen Wechselkurspolitik der REER und dessen dynamischer Veränderungsprozeß als Bezugsgröße eine wesentliche Rolle einnehmen. Diese Makrovariable ist jedoch keine statische und beobachtbare Größe. Sämtliche theoretischen wie empirischen Schätzungen müssen daher unter Zugrundelegung einer Bandbreite interpretiert werden. Das Grundkonzept geht bis auf Nurkse (1945) zurück. Dieser definierte den REER als denjenigen Wert, der eine gleichgewichtige Zahlungsbilanzposition bei gleichzeitiger Gewährleistung der folgenden drei Bedingungen bewirkt: 1. Die Arbeitslosigkeit erreicht ihr natürliches Niveau. 2. Es bestehen keine übermäßigen Handelshemmnisse. 3. Freier Kapitalverkehr wird gewährleistet.[93]

Im weiteren Verlauf erfuhren die wissenschaftlichen Ansätze eine Weiterentwicklung. Es können im historischen Zeitablauf drei Denkrichtungen unterschieden werden. Zunächst sind diejenigen älteren Ansätze zu nennen, welche nahezu vollständig auf der durch Cassel (1922) erstmals operationalisierten Kaufkraftparitätentheorie basieren. Damit standen bei der Bestimmung gleichgewichtiger Wechselkurse monetäre Aspekte und dementsprechend relative Preisverhältnisse im Vordergrund. Darüber hinaus verweisen moderne Ansätze auf die Bedeutung einer nachhaltigen Leistungsbilanzposition zur Bestimmung des REER. Dabei finden Bestandteile der älteren Literatur – so etwa der Balassa-Samuelson Effekt – weitgehend Berücksichtigung. Entscheidende Beiträge leisteten Williamson (1983) und Edwards (1989). Schließlich wurden innerhalb neuerer Ansätze (u.a. Calvo et al. (1994), Stein (1994)) zuletzt in den 90er Jahren die zunehmenden internationalen Kapitalflüsse als Reaktion weltweiter Liberalisierungsanstrengungen berücksichtigt. Dabei erfolgt vor allem eine Schätzung derjenigen aktuellen und zukünftigen Leistungsbilanzpositionen, welche mit nachhaltigen langfristigen Kapitalflüssen konsistent sind.

---

[93] Vgl. Stein (1994), S. 134 sowie Clark et al. (1994), S. 1.

2. Kaufkraftparitätentheorie

2.1 Hintergrund

Bei der Schätzung gleichgewichtiger Wechselkurse bleibt die Kaufkraftparitätentheorie ein vergleichsweise einfach anwendbares Konzept. Die zentralen Elemente der Kaufkraftparitätentheorie gehen auf den Ökonomen Gustav Cassel der 20er Jahre zurück. Grundelemente des Phänomens können bis in das 16. Jahrhundert dogmengeschichtlich zurückverfolgt werden. Der wesentliche Gedanke dieses Ansatzes ist wie folgt: Herbeigeführt durch die internationale Güterarbitrage stellt sich der flexible Wechselkurs zwischen In- und Ausland derart ein, daß die ausländischen Preise – umgerechnet in Landeswährung – den Preisen des Inlandes entsprechen. Inwiefern dieses einfache Prinzip zur Beurteilung realer Misalignments von Wechselkursen Verwendung finden kann, soll im folgenden kurz analysiert werden. Dabei wird gezeigt, daß eine Bestimmung des REER mit Hilfe der Kaufkraftparitätentheorie die Gefahr impliziert, eine reale Fehlbewertung des Wechselkurses zu identifizieren, obgleich tatsächlich eine Veränderung der zugrundeliegenden Gleichgewichtsbedingungen und damit des REER vorliegt. Die Kaufkraftparitätentheorie ist genau dann – und damit vor allem unter transformationsspezifischen Bedingungen – das falsche Konzept zur Bewertung der Wechselkurspolitik.

2.2 Kurzdarstellung der Kaufkraftparitätentheorie

Die Kaufkraftparitätentheorie steht als Konzept zur Bestimmung gleichgewichtiger Wechselkurse in Konkurrenz zu umfangreicheren Ansätzen. Ein noch weiter herauszuarbeitender Unterschied zwischen den verschiedenen Ansätzen ist die im Rahmen der Kaufkraftparitätentheorie getroffene Annahme eines konstanten REER im Zeitablauf. Es ergeben sich dann nominale Wechselkursbewegungen, welche die relativen Preisschwankungen ausgleichen.
Es können drei Versionen der Kaufkraftparitätentheorie unterschieden werden:[94]

1. Law of one price (LOP): Das Gesetz der Übereinstimmung der Preise gilt als Ausgangspunkt für die Analysen der Kaufkraftparitätentheorie. Dieses besagt, daß in Abwesenheit von Transaktionskosten sowie Handelsbarrieren die Preise für identische Güter i verschiedener Länder in einer einheitlichen Währung gleich sind. Dies wird durch die internationale Güterarbitrage herbeigeführt. Damit ergibt sich folgende bekannte Beziehung (in Logarithmen):

$$(10) \qquad p_t(i) = p_t^*(i) + e_t$$

e_t stellt den nominalen Wechselkurs in der Preisnotierung, $p_t(i)$ und $p_t^*(i)$ die jeweiligen Preise des Gutes i zum Zeitpunkt t im In- und Ausland dar. Während diese Hypothese in der Realität kurzfristig massiv verletzt wird, scheint langfristig eine gewisse praktische Relevanz, so etwa für homogene handelbare Vorleistungsgüter, nachweisbar.[95]

---

[94] Vgl. etwa Rogoff (1996), S. 649f.; Froot/Rogoff (1995), S. 1648ff., MacDonald (1998), S. 7ff. sowie MacDonald (2000), S. 7ff. für eine Diskussion der Kaufkraftparitätentheorie.
[95] Vgl. Clark et al. (1994), S. 4 sowie den folgenden Gliederungspunkt zu empirischen Testverfahren der Kaufkraftparitätentheorie.

2. *Absolute Version:* Der Grundgedanke des Einheitspreises bezüglich eines einzigen Gutes wird bei der absoluten Kaufkraftparitätentheorie auf einen Warenkorb übertragen. Danach stellt sich der nominale Wechselkurs E zwischen In- und Ausland derart ein, daß die Preise eines ausländischen Warenkorbes, umgerechnet in Landeswährung, unter Vernachlässigung der Transportkosten mit dem Preis des identischen Warenkorbes im Inland übereinstimmen. Bei empirischen Anwendungen wird hier auf Preisindizes, wie etwa den Konsumentenpreisindex (CPI), zurückgegriffen. Es ergibt sich folgender Zusammenhang für die *absolute* Version der Kaufkraftparitätentheorie (in Logarithmen).

(11) $p_t(CPI) = p_t^*(CPI) + e_t$

Die Aussagefähigkeit dieses Konzeptes bleibt äußerst begrenzt. Man kann kaum davon ausgehen, daß die entsprechenden Preisniveaus im In- und Ausland, umgerechnet in Landeswährung, gleich sind. So steht die notwendige Homogenität der Güter im Widerspruch zu der Tatsache, daß in der Realität eine Vielzahl international konkurrierender Güter- und Dienstleistungen nur als ähnlich angesehen werden können. Darüber hinaus tragen die von Gut zu Gut unterschiedlich hohen Transport- und Informationskosten zur Preisdivergenz der beiden Warenkörbe bei. Diese Entwicklung wird durch tarifäre und nicht-tarifäre Handelshemmnisse sowie durch Kapitalverkehrskontrollen verstärkt. Schließlich liegen den verwendeten Preisindizes – aufgrund verschiedener Verbrauchsstrukturen – tatsächlich oft unterschiedliche Warenkörbe zugrunde. Dies begrenzt wesentlich die internationale Vergleichbarkeit.

3. *Relative Version:* Die Empirie weist damit auf die Kaufkraftparitätentheorie in ihrer relativen und damit schwächeren Form hin. Bei diesem Ansatz wird unterstellt, daß die Schwankungen des nominalen Wechselkurses den Veränderungen der relativen Preisniveaus und somit der Differenz von in- und ausländischer Inflationsrate wie folgt entsprechen (in logarithmierter Form):

(12) $\Delta p_t (CPI) = \Delta p_t^* (CPI) + \Delta e_t,$

wobei beispielsweise Δp_t die jeweilige Veränderung des Preisniveaus (basierend auf dem CPI) gegenüber der Vorperiode bezeichnet (also $\Delta p_t = p_t - p_{t-1}$). Das Konzept bildet den theoretischen Rahmen zur Beurteilung der Frage, inwieweit die Kaufkraftparitätentheorie hinreichend gute Ergebnisse zur Bestimmung des REER liefern kann.

2.3 Anwendung der Kaufkraftparitätentheorie zur Bestimmung des REER

Die konkrete Umsetzung der Kaufkraftparitätentheorie erfolgt mit der externen Begriffsdefinition des realen Wechselkurses. Während die Kaufkraftparitätentheorie in ihrer absoluten Version davon ausgeht, daß der reale Wechselkurs gleich eins ist, impliziert die relative Version einen konstanten realen Wechselkurs. Inflationsgefälle gegenüber dem Ausland werden durch den flexiblen nominalen Wechselkurs E ausgeglichen.

Zum besseren Verständnis der Dynamik des realen Wechselkurses und damit der in der Realität zu beobachtenden Variabilität des realen Wechselkurses (Abweichung von der Kaufkraftparitätentheorie), ist eine einfache Dynamisierung von Gleichung (11) hilfreich. Gleichung (13) zeigt den Veränderungsprozeß des realen Wechselkurses in Abhängigkeit des nominalen Wechselkurses sowie in- und ausländischer Inflationsraten (π und π^*):[96]

(13) $\qquad RW_{t+1} / RW_t = E_{t+1} (1+\pi^*)/[E_t(1 + \pi)]$

Zu einer realen Aufwertung kommt es aufgrund der folgenden beiden Entwicklungen: Zum einen erfolgt eine reale Aufwertung der Inlandswährung, wenn auf eine nominale Aufwertung kurzfristig keine entsprechende Preisreaktion folgt. Zum anderen wertet die Landeswährung real auf, wenn die inländische Inflation bei unverändertem ausländischen Preisniveau nicht durch analoge nominale Wechselkursänderungen ausgeglichen wird. Wie kann die Kaufkraftparitätentheorie und deren theoretischer Rahmen zur Bestimmung des REER Verwendung finden? Ahlers/Hinkle (1999) verweisen auf zwei methodische Konzepte.

1. Basisjahr-Konzept: Zur Schätzung des REER ist dabei zunächst ein geeignetes Basisjahr zu wählen, von dem angenommen werden kann, daß die Ökonomie und der reale Wechselkurs im Gleichgewicht sind. Die auf den realen Wechselkurs wirkenden Schocks seien dann zu vernachlässigen. Eine reale Fehlbewertung bezüglich des REER ergibt sich aus der Differenz zwischen dem aktuellen realen Wechselkurs zum Zeitpunkt t und dem entsprechenden realen Wechselkurs des gewählten Basisjahres:

(14) $\qquad \Delta MIS = RW_t - RW_B, \qquad$ wobei $RW_B \equiv REER = $ konstant

Der Vorgehensweise liegt die explizite Annahme zugrunde, daß der REER im Zeitablauf t keinem Veränderungsprozeß unterlag. Der REER ist vielmehr konstant und verbleibt auf dem Niveau des Basisjahres. Der reale Wechselkurs ist damit stationär, d.h. Mittelwert und Varianz sind zeitunabhängig. Die jeweiligen Einflußfaktoren besitzen lediglich einen temporären Einfluß.[97] Der mit dem REER konsistente nominale Wechselkurs E ergibt sich, indem im Zeitablauf der Wechselkurs durch die Differenz zwischen in- und ausländischer Inflationsrate angepaßt wird (relative Kaufkraftparitätentheorie). Die beiden folgenden Voraussetzungen sind infolgedessen für die annähernd zufriedenstellende Gültigkeit dieses Konzeptes von zentraler Bedeutung.
Die Aussagekraft hängt in entscheidender Weise von der Wahl der Basisperiode ab, die sich an der ursprünglichen Definition einer gleichgewichtigen Situation des realen Wechselkurses von Nurkse (1945) orientieren sollte:[98] Darunter ist diejenige reale

---

[96] Vgl. Konrad (1998), S. 496. Die Vorgehensweise ist wie folgt:
Der reale Wechselkurs in Periode t sei $RW_t = E_t P_t^* / P_t$; Für die Periode t+1 muß entsprechend gelten: $RW_{t+1} = E_{t+1} P_{t+1}^* / P_{t+1}$. Allgemein folgt für die Veränderung des RW:
$RW_{t+1} / RW_t = E_{t+1} (1+\pi^*)/[E_t(1 + \pi)]$, wobei $\pi \equiv P_{t+1} / P_t$ und analog $\pi^* \equiv P^*_{t+1} / P^*_t$.
[97] Vgl. etwa Stein (1994), S. 137; Winker (1997), S. 220-227. Eine Variable ist genau dann stationär, wenn deren Mittelwert und Varianz zeitunabhängig sind. Stationäre Größen bewegen sich in der Tendenz zurück zu einem konstanten Mittelwert ('mean reversion'). Das entsprechend zugrundeliegende Zeitreihe weist im Zuge einer einmaligen Veränderung nur ein 'kurzfristiges Gedächtnis' auf. Die jeweiligen Einflußfaktoren besitzen einen temporären und keinen bleibenden Einfluß auf die Variable. Dies erfolgt im vorliegenden Kontext der Kaufkraftparitätentheorie beim realen Wechselkurs gerade durch die Anpassung des nominalen Wechselkurses im Verhältnis der Kaufkraftparität. Die statistische Messung der Stationarität erfolgt etwa durch das Dickey-Fuller Testverfahren.
[98] Vgl. Montiel (1999a), S. 219f.; Stein (1994), S. 134f. Siehe auch MacDonald/Stein (1999).

Wechselkursposition zu verstehen, die mit einem externen und internen Makrogleichgewicht vereinbar ist. In diesem Kontext verlangt die Definition des externen Gleichgewichts eine Situation, in der einem eventuell vorhandenen Leistungsbilanzdefizit nachhaltige ('sustainable') Kapitalzuflüsse gegenüberstehen.[99] Desweiteren ergeben sich die folgenden Forderungen an die Schockart während des entsprechenden Beobachtungszeitraumes. Die Auswirkungen der exogenen Schocks auf den – als konstant angenommenen – REER müssen dabei minimal ausfallen. Dementsprechend sollten in der Analyseperiode einerseits diejenigen Schocks überwiegen, welche lediglich nominale Variablen (ohne Effekte auf den REER) beeinflussen. Andererseits sollten diejenigen realen Schocks dominieren, die einen lediglich transitorischen Einfluß auf die Ökonomie ausüben und infolgedessen ohne Wirkung auf den REER bleiben.

Die Aussagefähigkeit der Kaufkraftparitätentheorie in Verbindung mit Schätzungen des REER hängt damit ganz entscheidend von der Bestimmung einer geeigneten Basisperiode ab. Die vorangegangene Beschreibung der methodischen Umsetzung legt gravierende Defizite dieser Methodik offen. Indem die Entwicklung des realen Wechselkurses in Relation zu einer subjektiv gewählten Basisperiode gesetzt wird, liegt folglich ein normatives Element vor. Ein unterschiedlicher Ausgangspunkt führt zu voneinander abweichenden Ergebnissen. Darüber hinaus weisen Ahlers/Hinkle (1999) auf einen trade-off zwischen nachhaltigen und gewünschten Werten der für die Wahl der Basisperiode entscheidenden Variablen hin. Zeiträume, in denen die exogenen Makrovariablen weitgehend nachhaltige Werte angenommen haben, müssen nicht notwendigerweise von 'gewünschten' Werten der Politikvariablen begleitet werden.

2. Trendwert-Konzept: Der REER kann im Rahmen der Kaufkraftparitätentheorie desweiteren auf Basis eines langfristigen Trendwertes bestimmt werden, in dessen Richtung der reale Wechselkurs nach kurzfristigen Abweichungen konvergiert. Insofern wird versucht, denjenigen Wert zu bestimmen, an den sich der reale Wechselkurs langfristig annähert.[100] Dieses Vorgehen erfolgt vor dem Hintergrund der empirischen Vermutung, daß die Kaufkraftparitätentheorie in ihrer relativen Version allenfalls langfristig Gültigkeit besitzt. Dennoch bleibt auch bei diesem Konzept die Möglichkeit unberücksichtigt, daß in einer Welt struktureller Veränderungen zugleich der REER einem Veränderungsprozeß unterliegt.[101] Der REER ist im Umkehrschluß als Mittel- bzw. Trendwert des realen Wechselkurses über einen längeren Zeitraum zu interpretieren. Die reale Fehlbewertung kann als Abweichung vom Durchschnitt wie folgt dargestellt werden (mit n als Anzahl der betrachteten Perioden):

---

[99] Vgl. auch Ausführungen bzgl. der Nachhaltigkeit ('sustainability') von Variablen durch Williamson (1994), S. 177ff. sowie Montiel (1999a), S. 220ff. Der Autor bezieht sich auf die Unterscheidung relevanter Makrovariablen in drei Gruppen: Politikvariablen, exogene Variablen, vorherbestimmte Variablen. In diesem Zusammenhang lassen sich nachhaltige Werte der Politikvariablen sowie exogener Variablen durch deren permanente Niveaus identifizieren. Nachhaltigkeit für vorherbestimmte Variablen erfordert, daß diese ihr steady-state-Niveau erreicht haben und infolgedessen keinem endogenen Veränderungsprozeß mehr unterliegen.

[100] Vgl. Ahlers/Hinkle (1999), S. 302.

[101] Das vorliegende Durchschnittsprinzip ermittelt einen bestimmten Wert für den REER und nicht einen Trendpfad, der wiederum abhängig ist von entsprechenden fundamentals.

(15) $\Delta MIS = RW_t - 1/n \sum_{i=1}^{n} RW_i$,   mit $1/n \sum_{i=1}^{n} RW_i = REER$

Ahlers/Hinkle (1999) betonen zudem den folgenden Aspekt: Besonders in Fällen, in denen der reale Wechselkurs während eines bestimmten Zeitraumes einem stationären Prozeß unterliegt, erscheint die Verwendung dieses vorliegenden Mittelwert-Ansatzes – bei Vernachlässigung offensichtlicher Defizite – geeignet. Voraussetzung dafür sei wiederum die Existenz eines hinreichend langen Beobachtungszeitraumes in Verbindung mit entsprechendem Datenmaterial. Bei vorliegender Stationarität besitzen Schocks keinen dauerhaften Einfluß auf den realen Wechselkurs, und es existiert kein langfristiger Zusammenhang zwischen den Einflußfaktoren. Würde statt dessen das vorliegende Datenmaterial – wie etwa in den MOEL – aufgrund der historischen Begrenzung keine oder nur eingeschränkte Rückschlüsse auf die Stationaritätseigenschaft des realen Wechselkurses zulassen, so wäre die Schätzung des REER in Verbindung mit der Wahl eines Basisjahres vorzuziehen.

Insgesamt bleibt festzuhalten, daß beide Methoden aufgrund ihrer vergleichsweise leichten Umsetzung Vorteile besitzen. Es überwiegen gleichwohl bei der Anwendung auf Schwellen- und Transformationsländer die weitreichenden konzeptionellen Defizite. Einerseits entfällt bei dem Ansatz, den REER durch den Durchschnittswert historischer realer Wechselkurse zu bestimmen, die methodische Unsicherheit im Zuge der Wahl einer geeigneten Basisperiode. Andererseits bleibt die mangelnde Verfügbarkeit längerer Zeitreihen in diesen Ländern ein zentrales, konzeptionelles Hindernis. Bei beiden Konzeptionen findet die zentrale Eigenschaft vieler Makroökonomien – einer sich verändernden gleichgewichtigen Wechselkursposition aufgrund des Strukturwandels – keine Berücksichtigung. Die Stationaritätseigenschaft des realen Wechselkurses impliziert zwar dessen Rückkehr zu seinem langfristigen Durchschnitt, jedoch wurde dieser Durchschnittswert (hier: REER) im vorliegenden Modellrahmen fixiert.

2.4 Empirische Testverfahren

Innerhalb zahlreicher Testverfahren spiegelt sich die zentrale Schwäche der Kaufkraftparitätentheorie wider, reale Fehlbewertungen in der Praxis tatsächlich zu erklären. Diese besteht genau darin, daß lediglich monetäre Faktoren für Schwankungen der Wechselkurse Berücksichtigung finden. Dabei greifen verschiedene Autoren in der jüngeren Literatur, wie etwa Edwards/Savastano (1999), Breuer (1994) und MacDonald (1997) die Abgrenzung der Tests im Rahmen von drei Entwicklungsstufen nach Froot/Rogoff (1995) weitgehend auf.[102]

Stage-one Tests: Unter dieser Gruppe der älteren Testverfahren versteht man diejenigen statischen Ansätze vor Mitte der 80er Jahre, welche die relative Version der Kaufkraftparitätentheorie als Nullhypothese schätzten.[103] Dies geschah unter Vernachlässigung jeglicher Anpassungsdynamiken des realen Wechselkurses.
Im allgemeinen erfolgte eine Schätzung der folgenden Form (in Logarithmen):

---

[102] Vgl. für die folgenden Ausführungen Froot/Rogoff (1995), S. 1651ff., Montiel (1999a), S. 235ff., Breuer (1994), S. 247ff.; MacDonald (1999), S. 677ff.
[103] Stage-one Tests wurden u.a. von Frenkel (1981), Isard (1977) und Officer (1976) verwendet.

(16) $\qquad e = \alpha + \beta\,(p_t - p_t^*) + u_t$

wobei kleingeschriebene Symbole die jeweilige Variable transformiert in Logarithmen darstellen.[104] Die Größen α und β bezeichnen konstante, zu testende Parameter, $(p_t - p_t^*)$ die Differenz zwischen in- und ausländischem Preisniveau und u_t den stationären Störterm. Die Kaufkraftparitätentheorie würde dabei in ihrer relativen Version bestätigt, falls $\beta = 1$. Eine entsprechende empirische Verifizierung der Kaufkraftparitätentheorie blieben diese Testverfahren schuldig. Lediglich einige Studien für Entwicklungsländer mit hyperinflationären Phasen konnten die Gültigkeit der Kaufkraftparitätentheorie nachweisen. Das entscheidende methodische Defizit dieser früheren Tests liegt in dem Endogenitätsproblem bezüglich der relativen Preise sowie des nominalen Wechselkurses.[105]

Stage-two Tests: Aufgrund der Defizite in Methode und Aussage fand nach Mitte der 80er Jahre diese neue Generation empirischer Ansätze Verwendung.[106] Dabei wird die Hypothese getestet, ob der externe reale Wechselkurs [e+p*-p] einem stationären Prozeß unterliegt, und damit die Kaufkraftparitätentheorie langfristig Gültigkeit besitzt. Falls der reale Wechselkurs die Stationaritätseigenschaft aufweist, so können ihn andere Makrovariablen nur transitorisch beeinflussen. Der reale Wechselkurs kehrt dann wieder zu seinem konstanten Gleichgewichtswert zurück. Auf diese Weise wird dem Endogenitätsproblem der stage-one Tests Rechnung getragen. Die meisten der empirischen Studien lieferten keinen langfristigen Gültigkeitsnachweis der Kaufkraftparitätentheorie.

Stage-three Tests: Eine weitere Gruppe empirischer Testverfahren umfaßt diejenigen Arbeiten der 90er Jahre, deren zugrundeliegende Schätzgleichung im allgemeinen wie folgt dargestellt werden kann (in Logarithmen):[107]

(17) $\qquad rw = e_t - \beta\,p_t + \beta^*\,p_t^*$

Im Gegensatz zu den stage-two Tests wird nun eine weniger starke Hypothese geprüft. Dabei wird lediglich eine Linearkombination (mit den Parametern β und β^*) aus nominalem Wechselkurs e in der Preisnotierung und der Preise p und p* auf Stationarität ge-

---

[104] Bei empirischen Testverfahren erfolgt üblicherweise die Transformation in Logarithmen. Kleingeschriebene Symbole bezeichnen die Variable in Logarithmen (etwa log E $\equiv$ e). In der Ökonometrie verwendet man häufig die Differenz von Logarithmen betrachteter Zeitreihen, also etwa $\Delta\log(P) = \log(P_t) - \log(P_{t-1})$. Die Wachstumsrate über mehrere Perioden hinweg läßt sich damit als Summe der jeweiligen einzelnen Wachstumsraten darstellen.

[105] Vgl. Montiel (1999a), S. 235 und Froot/Rogoff (1995), S. 1649f. Die üblicherweise unterstellte Stationarität des Störterms u in Gleichung (16) trägt zu einem unberücksichtigten Problem bei. Die relativen Preise und der nominale Wechselkurs bewegen sich üblicherweise nach Schocks in der Tendenz nicht wieder zu einem konstanten Mittelwert zurück (und sind damit nicht stationär). Der Störterm kann daher nur stationär sein, falls p, p* und e kointegriert sind, und damit untereinander ein langfristiger Zusammenhang besteht (Die nicht-stationären Variablen können dann derart kombiniert werden, daß eine einzige stationäre Variable entsteht).

[106] Beispiele für diese 'univariaten' Tests bieten Glen (1992), Meese/Rogoff (1988), Edwards (1989).

[107] Anwendungen der stage-three Tests finden sich in Cheung/Lai (1993), Kugler/Lenz (1993) und Seabra (1995) und Liu (1992) mit einem Fokus auf Entwicklungsländer und Choudhry (1999) auf die MOEL.

testet.[108] Man versucht der folgenden Frage nachzugehen: Besteht zwischen den Zeitreihen des Wechselkurses sowie inländischer und ausländischer Preisniveaus eine Kointegrationsbeziehung und damit ein langfristiger Zusammenhang?[109] Die Studien bleiben zusätzliche Erkenntnisse gegenüber älteren stage-two Tests schuldig. Vor allem bei Anwendung auf Industrieländer kann allenfalls 'ultra-langfristig' (>70 Jahre) eine Bestätigung der Kaufkraftparitätentheorie erlangt werden.[110]

Obgleich die Ergebnisse der verschiedenen Ansätze während der letzten Jahrzehnte gemischt sind, kann eine weitgehende Übereinstimmung bei folgenden Fakten festgestellt werden:[111]

- Lediglich wenn keine realen Schocks auftreten, setzt sich langfristig die Kaufkraftparitätentheorie durch, und die nominale Abwertungsrate entspricht der Inflationsdifferenz.
- Reale Wechselkurse scheinen wenn überhaupt langfristig in Richtung der Kaufkraftparitätentheorie zu konvergieren, jedoch ist die zugrundeliegende Anpassungsgeschwindigkeit sehr langsam.[112]
- Kurz- bis mittelfristige Schwankungen realer Wechselkurse (und damit die Volatilität der Abweichungen von der Kaufkraftparitätentheorie) sind äußerst hoch. In diesem Zeitraum trägt damit die Kaufkraftparitätentheorie wenig zur Erklärung gleichgewichtiger Wechselkurse bei.
- Die Kaufkraftparitätentheorie stellt eher eine ultra-langfristige Sichtweise des REER dar. Diese wird als Zeitraum definiert, in dem alle realen Schocks ihre Wirkungen verloren haben.

2.5 Abweichungen von der Kaufkraftparitätentheorie

Die Kaufkraftparitätentheorie kann insbesondere deshalb zu verfälschten Ergebnissen führen, weil sie in ihrer Grundversion nicht die einer Ökonomie zugrundeliegenden fundamentals und deren Veränderungen einbezieht. Schwankungen des nominalen Wechselkurses sind hier nur durch Veränderungen der Preise zu erklären. Vor allem in Transformationsländern sind es jedoch reale Faktoren, die zu Veränderungen der Wechselkur-

---

[108] Die Literatur unterscheidet zwei Fälle. Im Rahmen von 'trivariaten' Tests unterliegen die Parameter ß und ß* keinen Restriktionen, wohingegen bei 'bivariaten' Tests die Symmetrierestriktion im Sinne von ß = -ß* implementiert wird. Gleichungen (9) und (17) entsprechen sich genau dann, wenn ß = ß* =1 (symmetrischer Fall).

[109] Die notwendige, aber nicht hinreichende Bedingung dafür ist, daß der reale Wechselkurs und seine Einflußvariablen nicht stationär sind.

[110] Breuer (1994) faßt die Diskussion um die stage-three Verfahren treffend zusammen (S. 268):
„(...) Cointegration between the exchange rate and domestic and foreign price series and stationarity of the real exchange rate are more apt to be confirmed for studies that meet two of four conditions: When the span of data is long enough to capture a statistical equilibrium relationship, typically 70 or more years; when the trivariate specification that does not impose symmetry and proportionality is used; when bilateral exchange rates other than against the US dollar are used; and when the countries studied experienced rapid periods of inflation or deflation. Rejections of purchasing power parity occur most frequently for the flexible exchange rate era."

[111] Siehe auch Rogoff (1996), S. 654f. und Breuer (1994), S. 272ff.

[112] Rogoff (1996), S. 647 beziffert hier die Anpassungsgeschwindigkeit auf 15% p.a.

se beitragen. In der Fortentwicklung der Kaufkraftparitätentheorie berücksichtigen verschiedene Modelle die Tatsache, daß der reale Wechselkurs eine endogene Makrovariable ist, die durch nicht-stationäre fundamentals beeinflußt wird.

Kurz- bis mittelfristig ergeben sich zwei zentrale Erklärungstatbestände für die Abweichung der Wechselkurse von der Kaufkraftparitätentheorie. Der eine findet sich im Rahmen der Hysterese-Effekte in Verbindung mit Modellen zur Handelsbilanzentwicklung. In diesen Ansätzen (etwa Baldwin/Krugman (1989)) wird das empirisch belegbare Phänomen untersucht, daß von einer transitorischen Veränderung des realen Wechselkurses permanente Effekte auf die Handelsbilanz ausgehen.[113] Als Begründung für die verlangsamte kurzfristige Anpassung der Im- und Exporte auf reale Wechselkursänderungen werden Anpassungskosten, wie etwa fixe Markteintrittskosten, angeführt. Dadurch müssen Veränderungen des realen Wechselkurses und damit die Abweichung von der Kaufkraftparitätentheorie teilweise sehr stark ausfallen, um nachhaltige Effekte auf die Handelsbilanz zu bewirken.

Zum zweiten dürften kurzfristig Preisrigiditäten im Sinne des Overshooting-Modells von Dornbusch (1976) eine wichtige Rolle bei der Erklärung temporärer Abweichungen von der relativen Kaufkraftparitätentheorie spielen.[114] Dabei wird der Aspekt unterschiedlicher Anpassungsgeschwindigkeiten von Güter- und Finanzmärkten im Zuge monetärer Schocks aufgegriffen. Dies könnte etwa durch eine unerwartete Erhöhung des Geldangebots geschehen. Aufgrund kurzfristig rigider Preise (und einer infolgedessen verzögerten Anpassungsreaktion des Gütermarktes) bei unmittelbarer Anpassung der Finanzmärkte (Ungleichgewicht),[115] kommt es kurzfristig zu einer stärkeren Reaktion der Wechselkurse als langfristig (Überschießen der Wechselkurse und damit kurzfristige Abweichung von der Kaufkraftparitätentheorie).

Langfristig spielen demgegenüber Veränderungen von nachfrage- und angebotsseitigen fundamentals eine zentrale Rolle für die Abweichung des REER von der Kaufkraftparitätentheorie.[116]
Der wohl bekannteste und in Transformations- und Schwellenländern zugleich empirisch weitgehend belegbare Erklärungsansatz für die langfristige Abweichung der Kaufkraftparitätentheorie vom REER ist der *Balassa-Samuelson Effekt*.[117] Dieser besagt, daß das Preisniveau – ausgedrückt in einer gemeinsamen Währung – in reicheren Ländern systematisch höher ist als in ärmeren. Damit ergibt sich eine stärkere Steigerung des Preisniveaus von dynamischen, schneller wachsenden Volkswirtschaften gegenüber weniger dynamischen.

---

[113] Vgl. Clark et al. (1994), S. 5 und Wren-Lewis/Driver (1998), S 13f. Willms (1995) definiert dieses Phänomen wie folgt: *„Dieser als Hysterese bezeichnete Effekt kennzeichnet ganz allgemein eine Situation, in der eine ökonomische Variable, die eine Veränderung erfährt, nicht wieder auf ihr Ausgangsniveau zurückkehrt, obwohl die Ursache für die Veränderung entfallen ist.",* S. 47.

[114] Vgl. auch Edwards (1988), 12f.; Copeland (1989) und Willms (1995), S. 120ff.

[115] Die Finanzmärkte sind bei vollkommener Kapitalmobilität in einem permanenten Gleichgewicht.

[116] Vgl. Clark et al. (1994), S. 6, Froot/Rogoff (1995), S. 1672-1683; Rogoff (1996), S. 658- 664, Montiel (1999a), S. 237-241, Edwards/Savastano (1999), S. 33-39, Habermeier/Mesquita (1999), S. 13ff.

[117] Vgl. Balassa (1964) und Samuelson (1964). Eine gute Darstellung der Theorieerweiterung bieten Froot/Rogoff (1995), Montiel (1999a), Strauss (1999) und MacDonald (2000). Vgl. Europäische Zentralbank (1999d), S. 45f.

Diese Aussagen gehen auf die folgenden intersektoralen Zusammenhänge auf der Nachfrageseite einer Ökonomie zurück. Dabei wird ein Zusammenhang zwischen der Preisentwicklung für Güter des nicht-handelbaren Sektors und dem Produktivitätswachstum hergestellt. Unterstellt man vollständige Arbeitsmobilität zwischen den Sektoren für handelbare und nicht-handelbare Güter, so ist gleichzeitig von einheitlichen Lohnsteigerungen in diesen beiden Sektoren auszugehen. Lassen nun unterschiedliche Raten des technischen Fortschritts die Produktivität im Sektor für handelbare Güter stärker zunehmen als im nicht-handelbaren Sektor,[118] so steigt der relative Preis für nicht-handelbare Güter. Geht man davon aus, daß der Preis für handelbare Güter auf dem Weltmarkt bestimmt wird und hier keine Steigerung erfährt, so kommt es zu einer nachhaltigen Aufwertung des internen und externen realen Wechselkurses sowie des REER im Zeitablauf. Die Kaufkraftparitätentheorie ist nicht in der Lage, diese Zusammenhänge hinreichend abzubilden, und es erfolgt damit eine – durch strukturelle Faktoren bedingte – Abweichung des realen Wechselkurses von der Kaufkraftparitätentheorie.

Auf diese These stützt sich zugleich die durch Balassa (1964) erstmalig getestete Hypothese, daß reichere Länder mit höheren Produktivitätssteigerungen in der Tendenz eine reale Aufwertung der Landeswährung verzeichnen. Damit ergibt sich eine strukturell begründete Abweichung des realen Wechselkurses von der Kaufkraftparitätentheorie. Für die MOEL läßt sich insofern eine hohe Relevanz dieses theoretischen Ansatzes ableiten. Nachdem diese Länder in unterschiedlichem Tempo die jeweiligen Transformationsrezessionen durchschritten hatten, erfuhren sie in den Folgejahren hohe Steigerungsraten bei gesamtwirtschaftlichem Wachstum und Produktivität. Die später folgende Analyse wird zeigen, daß ein wesentlicher Teil des realen Aufwertungstrends in diesen Ländern auch auf den Balassa-Samuelson Effekt zurückzuführen ist. Die Kaufkraftparitätentheorie stellt damit im Umkehrschluß ein für Ökonomien im Aufholprozeß ungeeignetes Konzept dar.

Während sich der beschriebene Balassa-Samuelson Effekt weitgehend von der Angebotsseite an die Erklärung langfristiger Abweichungen von der Kaufkraftparitätentheorie annähert, identifizieren Baumol/Bowen (1966) und nachfolgende Autoren zugleich nachfrageorientierte fundamentals.[119] Dabei wurde betont, daß in einer Ökonomie die Preise für Dienstleistungsgüter in der Tendenz relativ stärker ansteigen, als diejenigen des Produzierenden Gewerbes. Es wurde argumentiert, daß die stärkeren Produktivitätssteigerungen im Produzierenden Gewerbe gegenüber dem Dienstleistungssektor und der damit einhergehende höhere Einkommenszuwachs verstärkt im Sektor für Dienstleistungsgüter einkommenswirksam wird. Dieser These liegt die empirische Beobachtung zugrunde, daß die Nachfrage von Dienstleistungsgütern stärker einkommenselastisch ist. Dadurch konnte nicht nur eine relative Steigerung des Preises für nicht-handelbare Güter, sondern auch eine Ausweitung des Dienstleistungssektors im historischen Zeitablauf

---

[118] Dies dürfte im Zeitablauf – insbesondere auch in Transformationsökonomien – der Fall sein. Das Potential für weitere Produktivitätssteigerungen bei diesen Gütern ist schneller ausgeschöpft als bei handelbaren Gütern, wie innerhalb des Produzierenden Gewerbes.

[119] Vgl. Montiel (1999a), S. 240f sowie Froot/Rogoff (1995), S. 1673f.

identifiziert werden *(Baumol-Bowen Effekt)*.[120] Aufgrund einer weitgehenden Übereinstimmung von Gütern des Dienstleistungssektors und des Sektors für nicht-handelbare Güter läßt sich daraus wiederum eine Aufwertung des internen realen Wechselkurses ableiten.

Im folgenden werden verschiedene strukturelle Modellansätze vorgestellt, um den langfristigen Abweichungen von der Kaufkraftparitätentheorie Rechnung zu tragen und den Prozeß struktureller Veränderungen näher analysieren zu können. Diese modellieren den REER als abhängige Funktion realer Variablen und stellen damit eine wesentliche Weiterentwicklung der Theorie dar.

3. Modelltheoretische Ansätze zur Bestimmung des REER

3.1 Einleitende Überlegungen

Im Zusammenhang mit der Kaufkraftparitätentheorie besteht die Gefahr, eine reale Fehlbewertung zu identifizieren, obgleich lediglich eine Veränderung der zugrundeliegenden ökonomischen Struktur (und damit des REER) vorliegt. In der wissenschaftlichen Diskussion besteht mittlerweile ein breiter Konsens darüber, daß bei der Definition gleichgewichtiger Wechselkurse stets sämtliche Komponenten der außenwirtschaftlichen Zahlungsbilanz Berücksichtigung finden müssen. Dies wird durch die Kaufkraftparitätentheorie vernachlässigt. Die Implementierung des Balassa-Samuelson Effektes bildet zwar strukturelle Faktoren in einer Ökonomie und entsprechende Rückschlüsse auf den realen Wechselkurs ab, jedoch geschieht dies lediglich von der Angebotsseite her. Veränderungen realer Variablen beeinflussen den Pfad des REER hingegen gleichzeitig von der Angebots- *und* Nachfrageseite.

Williamson (1994) betont, daß damit die relative Kaufkraftparitätentheorie – im Gegensatz zu den im Rahmen des folgenden Abschnittes behandelten umfangreicheren Ansätze – in ihrem theoretischen Hintergrund unvereinbar ist mit dem Erreichen eines makroökonomischen internen und externen Gleichgewichts. Folgender Aspekt ist in diesem Zusammenhang wesentlich: Diejenige relative Preisstruktur, die mit diesem Makrogleichgewicht konsistent ist, hängt fundamental von den jeweiligen binnen- und außenwirtschaftlichen Charakteristika einer Ökonomie ab. Damit können die entscheidenden Defizite der Kaufkraftparitätentheorie sowie die Notwendigkeit struktureller Ansätze anhand eines einfachen Modellrahmens veranschaulicht werden. Dieser dient als Überleitung zu den komplexeren Ansätzen des Folgeabschnitts.[121]

---

[120] De Gregorio/Giovannini/Wolf (1994), S. 1233 fanden in einer Untersuchung von OECD-Ländern eine weitgehende Bestätigung der gleichzeitigen Preissteigerung im Sektor für nicht-handelbare Güter sowie dessen Ausweitung relativ zum Sektor für handelbare Güter.

[121] Vgl. Williamson (1994), S. 189ff., Clark et al. (1994), S. 11f. sowie Baffes/Elbadawi/O'Connell (1999), S. 407ff.

Dabei werden die folgenden Elemente des internen und externen Gleichgewichts durch Abbildung A-5 zusammengefaßt.[122]

Zur Herleitung des REER kann im Rahmen einer 2-Sektoren Ökonomie zunächst das *interne Gleichgewicht* mit Hilfe von Abbildung A-5 durch die Y*-Gerade veranschaulicht werden. Auf dieser Geraden gibt es verschiedene Kombinationen des realen Wechselkurses RW und der realen Absorption A, die den Vollbeschäftigungsoutput Y* garantieren. Es ergibt sich folgende bekannte Abhängigkeit:[123]

(18) $Y = Y (A, RW)$ mit $Y_A > 0$, $Y_{RW} > 0$

Die negative Steigung der Y*-Geraden läßt sich folgendermaßen begründen: Im Falle einer Aufwertung (und damit niedrigeren Werten) des realen Wechselkurses, kommt es aufgrund eines Verlustes an preislicher Wettbewerbsfähigkeit zu einem Rückgang der Exporte und einem Anstieg der Importe. Um nun den gesamtwirtschaftlichen Output konstant zu halten (Y*), muß dieser Effekt durch einen Anstieg der realen Absorption ausgeglichen werden.

Abbildung A-5: Internes und externes Gleichgewicht

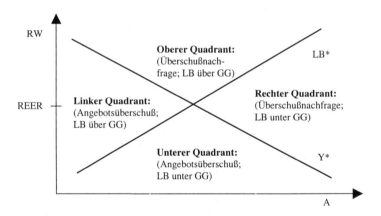

Quelle: In Anlehnung an Clark et al. (1994), S. 11.

---

[122] Eine reale Aufwertung entspricht dabei geringeren Werten von RW (Preisnotierung). Es kann die folgende Quadrantenaufteilung bezüglich derjenigen Werte vorgenommen werden, die nicht auf den Gleichgewichtskurven, sondern vielmehr unterhalb/oberhalb von Y* bzw. LB* liegen: Punkte *oberhalb von LB** signalisieren, daß der RW bei gegebener Absorption zu hoch ist (zu stark abgewertet), um ein Gleichgewicht der LB herzustellen. Die Leistungsbilanzposition liegt bei diesen Punkten über dem entsprechenden gleichgewichtigen Saldo. Unterhalb von LB* kann die umgekehrte Argumentation verwendet werden; hier ist die LB aufgrund eines zu stark aufgewerteten realen Wechselkurses unterhalb des Gleichgewichtsniveaus. Demgegenüber gilt für Werte *oberhalb der Y*-Geraden*, daß der Output oberhalb des entsprechenden Potentialwertes (bei Vollbeschäftigung und Preisstabilität) liegt, und damit Inflationsdruck ausgelöst wird. Umgekehrt liegt der Output unterhalb seines Potentialwertes für Werte links von Y*.

[123] Wechselkurs in Preisnotierung.

Zudem ist zur Modellierung des REER die Bestimmung eines *externen Gleichgewichts* notwendig. Darunter werden im folgenden diejenigen Kombinationen von RW und A verstanden, welche zu einem gleichgewichtigen Saldo der Leistungsbilanz LB* führen.[124] In allgemeiner Form ergibt sich damit:

(19) $LB = LB (A, RW)$ mit $LB_A < 0$, $LB_{RW} > 0$

Die positive Steigung dieser LB*-Geraden begründet sich wie folgt: Eine reale Abwertung der Landeswährung wird von einem steigenden Export- und sinkenden Importvolumen begleitet. Der erhöhte Außenbeitrag muß zur Gewährleistung eines externen Gleichgewichts durch eine erhöhte Absorption und damit höhere Importe ausgeglichen werden.

Der Schnittpunkt der Gleichgewichtsgeraden LB* und Y* bestimmt nun denjenigen realen Wechselkurs, der mit der Definition eines internen und externen Makrogleichgewichts konsistent ist. Damit ist für die Herstellung dieses REER ein bestimmtes Niveau der realen Absorption A sowie des realen Wechselkurses RW erforderlich. In welcher Weise steht jedoch dieser Ansatz und damit die Definition des REER als diejenige Rate, die konsistent ist mit einem internen und externen Gleichgewicht, im Widerspruch zur analysierten Kaufkraftparitätentheorie?

Im vorliegenden Modellrahmen kann weder eine Verifizierung der Kaufkraftparitätentheorie in ihrer absoluten (nachdem der reale Wechselkurs gleich eins sein soll) noch in ihrer relativen Version (realer Wechselkurs konstant) erlangt werden. Vielmehr ergibt sich das entsprechende Gleichgewichtsniveau als Resultat der zugrundeliegenden internen und externen Anpassungsprozesse. Es ist darüber hinaus in Abgrenzung zur Kaufkraftparitätentheorie wahrscheinlich, daß der REER Änderungen unterliegt. Dies erfolgt, indem sich die zugrundeliegenden Bedingungen des Gleichgewichts – etwa durch gesamtwirtschaftliche Schocks – verändern. Kommt es beispielsweise zu einer Verbesserung der Terms of Trade eines ölexportierenden Landes im Zuge einer weltweiten permanenten Ölpreiserhöhung, so verschiebt sich die LB*-Gerade – bei Konstanz der Y*-Geraden – nach rechts. Der Anpassungspfad hin zu einer erneut gleichgewichtigen Leistungsbilanzposition erfordert nun einen sinkenden Außenbeitrag. Um ein neues makroökonomisches internes und externes Gleichgewicht zu erreichen, muß in dieser Modelldarstellung der zugrundeliegende REER sinken (entspricht einer Aufwertung des REER) und die Inlandsnachfrage steigen. Williamson (1994) stellt dabei fest: *„PPP is in general inconsistent with macroeconomic balance."*[125] Selbst bei Gültigkeit der Kaufkraftparitätentheorie in der Ausgangssituation käme es nun durch diese Entwicklung zu einer Abweichung.

Edwards (1988) faßt drei Schlußfolgerungen zusammen: 1. Der REER ist eine endogene Makrovariable, die einem Veränderungsprozeß unterliegt. Damit existiert kein eindeutiger REER, sondern vielmehr ein sich über die Zeit ändernder Gleichgewichtspfad. 2. Für

---

[124] Williamson (1994), S. 182f. verwendet hier lediglich eine Zielgröße der LB, welche nicht notwendigerweise eine ausgeglichene Leistungsbilanz darstellen muß. Vielmehr bezieht sich die Analyse auf denjenigen Leistungsbilanzsaldo, der den zugrundeliegenden Nettokapitalströmen genau entspricht.

[125] Williamson (1994), S. 190.

den Verlauf des Gleichgewichtspfads sind sowohl derzeitige als auch erwartete Werte der entsprechenden Makrovariablen im Sinne intertemporaler Substitutionsentscheidungen maßgeblich. 3. Bei der Analyse des REER ist zu berücksichtigen, inwiefern die zugrundeliegenden Änderungen der fundamentals temporärer oder permanenter Natur sind. Wie später noch ersichtlich sein wird, beeinflussen lediglich permanente Veränderungen der fundamentals den Gleichgewichtspfad des realen Wechselkurses.

Eine wesentliche Weiterentwicklung zur Schätzung von REER bieten Ansätze, die im Rahmen in sich konsistenter Modelle die Defizite der Kaufkraftparitätentheorie überwinden können.[126] Der wesentliche methodische Unterschied dieser Konzepte liegt in der Art, wie der theoretische Zusammenhang zwischen dem REER und den relevanten fundamentals geschätzt wird. Es ist zwischen einer einfachen Bestimmungsgleichung für den realen Wechselkurs als reduzierte Form (*'single equation'*), einem *partiellen* sowie einem *allgemeinen Gleichgewichtsmodell* zu unterscheiden. Entsprechend sind die folgenden drei Abschnitte abzugrenzen.

3.2 Single equation Modelle

In dem Bestreben mit Hilfe makroökonomischer Ansätze die reale Fehlbewertung einer Währung im Zeitablauf und damit den REER als Funktion verschiedener fundamentals zu bestimmen, sollen zunächst die single equation Modelle betrachtet werden.[127] Dabei wird eine reduzierte Form auf Basis historischer Zeitreihen abgeleitet, die den langfristigen Trendpfad des REER aus verschiedenen realen Variablen bestimmt. Diese fundamentals beinhalten Variablen wie den Offenheitsgrad eines Landes, die Höhe und Struktur der Staatsausgaben sowie von Importzöllen, die Terms of Trade und vor allem auch die sektorale Produktivität. Die Erklärung der Wechselkursentwicklung wird damit im Gegensatz zur Kaufkraftparitätentheorie nicht ausschließlich auf monetäre Determinanten reduziert. Der Modellrahmen erkennt und berücksichtigt explizit die Endogenität des REER.

Elbadawi (1994) identifiziert drei wesentliche Kriterien eines konsistenten Konzeptes. Zunächst sollte der REER als vorausschauende Funktion in Abhängigkeit der fraglichen fundamentals spezifiziert werden. Darüber hinaus ist der kurz- bis mittelfristige Einfluß von Fiskal-, Geld- und Wechselkurspolitik auf den tatsächlichen realen Wechselkursverlauf zu modellieren. Schließlich sollte das Modell eine flexible Anpassungsdynamik des realen Wechselkurses zu dessen jeweiligen Gleichgewichtswert erlauben.

3.2.1 Allgemeine Struktur

Montiel (1999a) führt in Verbindung mit der Analyse von Entwicklungsländern zwei wesentliche Ausgestaltungsformen von single equation Modellen an, nämlich die *'traditional reduced-form'* Versionen sowie die *'cointegration equations'*.

---

[126] Die Defizite der Kaufkraftparitätentheorie sind insbesondere in der unterstellten REER-Konstanz, in der Vernachlässigung der Kapitalbilanz sowie der Beschränkung auf monetäre Determinanten zu sehen.
[127] Eine methodische Darstellung und Übersicht zahlreicher empirischer Studien auf Basis von single equation Modellen bieten Edwards/Savastano (1999), S. 41ff. Vgl. auch Baffes/Elbadawi/O'Connell (1999), S. 405ff.

Diese unterscheiden sich jeweils durch die zugrundeliegenden methodischen Vorgehensweisen. Beiden Konzepten gemein ist dagegen die Bestimmung einer reduzierten Form des realen Wechselkurses sowie unabhängigen fundamentals auf Basis historischer Zeitreihen. Im Rahmen der älteren, traditional reduced-form Version, zu deren bekanntesten Arbeiten die von Edwards (1989, 1994) gehören, wird zunächst eine Regressionsanalyse vorgenommen. Darüber hinaus bezieht die Analyse solche transitorischen Variablen mit ein, von denen vermutet wird, daß sie zwar keinen direkten Einfluß auf den REER haben, jedoch zu einer vorübergehenden Abweichung des realen Wechselkurses von seinem Gleichgewichtswert führen können.

Neuere Ansätze auf Basis von Kointegrationsgleichungen versuchen unter Verwendung der ökonometrischen Kointegrationsanalyse, eine langfristige Beziehung zwischen dem realen Wechselkurs und einer Reihe von fundamentals herzustellen ('unit-root economics')[128]. Dabei handelt es sich um diejenigen realen Variablen, von denen vermutet wird, daß diese den REER endogen bestimmen. Wären etwa der reale Wechselkurs und seine Einflußgrößen nicht stationär, so ist ein langfristiger Zusammenhang und damit eine Kointegrationsbeziehung zwischen diesen Variablen möglich. Änderungen der fundamentals haben daher dauerhafte Änderungen des REER zur Folge. Die entscheidende ökonometrische Frage ist bei diesem Konzept, ob der reale Wechselkurs und die realen Variablen kointegriert sind. Zu den bekanntesten Studien, in denen diese Technik Verwendung findet, zählen beispielsweise die von Elbadawi (1994) sowie Montiel (1997).

Das methodische Vorgehen von single equation Modellen zur Analyse einer realen Fehlbewertung des Wechselkurses erfolgt dabei in vier Stufen.[129] Innerhalb der *ersten Stufe* wird im Rahmen der meisten empirischen Studien zunächst eine methodische Definition des REER entwickelt. Der REER wird dabei als derjenige Wert des realen Wechselkurses verstanden, welcher besteht, wenn sich die Ökonomie in einem internen und externen Gleichgewicht bei nachhaltigen Werten der exogenen Variablen befindet. Die Definition kann vor dem Hintergrund der Abbildung A-5 interpretiert werden. Infolgedessen ergibt sich dann in den meisten Studien der REER als realer Wechselkurs im steady state, der von einem Vektor verschiedener fundamentals abhängig ist, die alle ihre langfristigen, permanenten Werte annehmen. Die folgende Funktion zeigt den realen Wechselkurs, der mit einem makroökonomischen Gleichgewicht konsistent ist:[130]

(20) $\quad$ REER = REER $(g_N, g_{T,} i_w, z, \xi)$

wobei g_N die jeweiligen Staatsausgaben für nicht-handelbaren Güter, i_w das weltweite Zinsniveau, ξ einen Produktivitätsschock sowie tr den Saldo der Übertragungsbilanz bezeichnet (alle negative Abhängigkeit)[131]. Desweiteren spiegelt g_T die jeweiligen Staatsausgaben für handelbare Güter wider (positive Abhängigkeit)[132].

---

[128] Wie angesprochen, ist die Voraussetzung für die Anwendung des Kointegrationsverfahrens die Existenz einer Einheitswurzel ('unit root'). Nur wenn der reale Wechselkurs und die fundamentals als deren gleichgewichtige Einflußgrößen nicht stationär sind, ist von einer Kointegrationsbeziehung auszugehen.

[129] Stufeneinteilung erfolgt in Anlehnung an Baffes/Elbadawi/O'Connell (1999), S. 405-455 und Edwards/Savastano (1999), S. 43f.

[130] Vgl. Elbadawi (1994), S. 98f. sowie Baffes/Elbadawi/O'Connell (1999), S. 410.

[131] Es ergeben sich folgende Wirkungszusammenhänge (Wechselkurs in Mengennotierung): Erhöhte staatliche Ausgaben im Sektor für nicht-handelbare Güter bewirken dort ceteris paribus eine Über-

Der reale Wechselkurs ist genau dann im Gleichgewicht, wenn diese exogenen Variablen nachhaltige ('sustainable') Werte angenommen haben. Vor dem Hintergrund dieser langfristigen Zusammenhänge zwischen REER und den entsprechenden fundamentals kann nun im Rahmen dieser ersten Stufe das entsprechende Regressionsmodell aufgestellt werden.

Im allgemeinen findet die folgende reduzierte Form ('single equation') Verwendung:[133]

$$(21) \qquad rw_t = \Sigma \; \text{ß}_i \; f_{it} + u_t$$

wobei f_t den entsprechenden Vektor der fundamentals aus Gleichung (20), ß_i die zu schätzenden Regressionskoeffizienten sowie u_t einen Störterm darstellen.

Die *zweite Stufe* sieht die Einbindung dieser Zusammenhänge in einen dynamischen Modellrahmen vor. Dabei werden die langfristigen Werte der Regressionskoeffizienten von Gleichung (21) geschätzt und auf ihre Konsistenz bezüglich der jeweiligen Vorzeichen geprüft. Dies geschieht unter Verwendung verschiedener statistischer Verfahren, die den Eigenschaften der zugrundeliegenden Zeitreihen Rechnung tragen sollen. Es verwenden verschiedene neuere Studien eine Form der Gleichung (21) für Kointegrationsverfahren.

Innerhalb der *dritten Stufe* erfolgt nun die Berechnung von nachhaltigen Werten der verwendeten fundamentals in (20). Elbadawi (1994) sowie Edwards/Savastano (1999) verweisen an dieser Stelle auf ein Verfahren, bei dem die fundamentals f_t durch die Beveridge/Nelson-Methode[134] in langfristige und transitorische Komponenten aufgeteilt werden. Dies ist erforderlich, da in der Realität ein Teil der verwendeten fundamentals stationär und damit Schwankungen lediglich temporärer Natur sind. Demgegenüber weist ein anderer Teil die Eigenschaft der Nicht-Stationarität auf, so daß deren Veränderungen permanent sind. Man erhält die folgende Systematik:

$$(22) \qquad f_{it} = fp_{it} + ft_{it}$$

wobei $fp_{it} + ft_{it}$ die jeweiligen langfristigen bzw. transitorischen Komponenten der fundamentals i zum Zeitpunkt t bezeichnen. Es ergibt sich der Gleichgewichtskurs als fp_{it}. Vorübergehende und damit verzerrende Schocks auf den REER wurden folglich entfernt. Es kann nun mit Hilfe der geschätzten langfristigen Regressionskoeffizienten ß' und den nachhaltigen, langfristigen Werten der fundamentals ein zeitabhängiger Gleichgewichtspfad für den realen Wechselkurs bestimmt werden. Dieser muß in Abgrenzung zur Kaufkraftparitätentheorie über die Zeit t nicht notwendigerweise konstant sein.

---

schußnachfrage und aufgrund dessen einen steigenden relativen Preis. Die Inlandswährung wertet folglich real auf (REER steigt). Ein steigendes weltweites Zinsniveau führt etwa bei einem fixen Wechselkursregime zu einem gleichzeitigen Anstieg inländischer Zinsen und damit zu einem erhöhten Sparvolumen im Inland (Verbesserung der Leistungsbilanzposition). Infolgedessen wertet die Inlandswährung auf. Die Variable ξ ist als sektoraler Produktivitätsschock zu verstehen. Steigt ξ und damit die Produktivität, so wertet die Inlandswährung entsprechend des beschriebenen Balassa-Samuelson Effektes auf (REER steigt).

[132] Erhöhte staatliche Ausgaben im Sektor für handelbare Güter bewirken dort ceteris paribus eine Überschußnachfrage und damit einen steigenden relativen Preis. Die Landeswährung wertet folglich real ab (REER sinkt).

[133] Vgl. Edwards/Savastano (1999), S. 43 sowie Baffes/Elbadawi/O'Connell (1999), S. 417.

[134] Vgl. Beveridge/Nelson (1981), S. 154ff. Für eine Anwendung vgl. etwa MacDonald (2000), S. 27f.

Daraus ergibt sich:

(23) $reer_t = \Sigma \; \text{ß}' \; f \; p_{it}$

Schließlich kann innerhalb einer *vierten Stufe* die reale Fehlbewertung der Währung zum Zeitpunkt t quantifiziert werden. Für diesen Zweck wird für jedes t die Differenz zwischen geschätztem REER und dem tatsächlichen realen Wechselkurs berechnet. Im Falle eines positiven (negativen) Resultats gilt die Währung als überbewertet (unterbewertet). In der Methodik des beschriebenen Ansatzes ergibt sich damit:

(24) $mis_t = rw_t - reer_t = [rw_t - \text{ß}' \; f_t] + \text{ß}' \; (f_t - f_t^P)$

Das reale Misalignment der Währung als Differenz zwischen tatsächlichem realen Wechselkurs und seinem Gleichgewichtswert kann dementsprechend durch die folgende Zerlegung (rechte Seite von (24)) dargestellt werden.[135] Baffes/Elbadawi/O'Connell (1999) berücksichtigen einerseits die Abweichung des tatsächlichen realen Wechselkurses von seinem geschätzten Wert unter Verwendung permanenter Parameterwerte und andererseits die Abweichung der dem Schätzmodell zugrundeliegenden fundamentals von ihren nachhaltigen Werten.

In der Vergangenheit griffen verschiedene Studien zur Bestimmung des REER in vielfältigen Länderanalysen auf dieses Gerüst zurück. Edwards/Savastano (1999) liefern einen Überblick der wichtigsten Ansätze. Wesentliche Unterschiede zwischen den Konzepten ergeben sich hinsichtlich der Wahl der ökonometrischen Methodik zur Schätzung des REER, des zugrundeliegenden Länderkanons sowie der verwendeten fundamentals. Im folgenden wird die Studie von Halpern/Wyplosz (1997) vorgestellt. Diese beschäftigt sich im Rahmen des traditional reduced form Ansatzes mit der realen Fehlbewertung von MOEL-Währungen im Transformationsprozeß.[136]

3.2.2 Der Ansatz von Halpern/Wyplosz

Die Autoren nehmen eine transformationsspezifische Analyse des REER in ausgewählten MOEL vor. Dabei schätzen Halpern/Wyplosz (1997) gleichgewichtige Dollarlöhne und vergleichen diese Werte mit den tatsächlichen Dollarlöhnen im Zeitablauf der Transformation. Die Motivation, empirische Schätzungen mit Hilfe eines auf Basis von Dollarlöhnen definierten realen Wechselkurses vorzunehmen, liegt vor allem in den spezifischen Charakteristika der betrachteten Ökonomien.[137] Mangels historischer Zeitrei-

---

[135] Eine Fehlbewertung des realen Wechselkurses unterscheidet sich von einer Situation, in welcher eine hohe Volatilität zu beobachten ist. Dies ist nur als kurzfristiges Phänomen zu interpretieren und steht in keinem Zusammenhang zum Verlauf des REER und dem Anpassungspfad des realen Wechselkurses.

[136] Zwar gehören im Rahmen der traditional reduced form Ansätze die Studien von Edwards (1989, 1994) zu den bekanntesten Arbeiten, doch sei hier das Konzept von Halpern/Wyplosz (1997) vorgestellt. Deren Ergebnisse spielen in Teil B noch eine größere Rolle.

[137] Halpern/Wyplosz (1998), S. 4 sehen als weiteren Beweggrund, einen auf Dollarlöhnen basierenden realen Wechselkurs zu verwenden, in der besseren Vergleichbarkeit zwischen Ländern. Es wird argumentiert, daß Preisindizes (Produzenten-, Konsumenten- oder Einzelhandelspreise) aufgrund zahlreicher Abgrenzungsunterschiede nur eingeschränkt international vergleichbar sind. Im Gegensatz dazu könnten Löhne – nachdem sie in eine gemeinsame Währung umgerechnet wurden – sehr wohl verglichen werden.

hen werden durch die Analyse einer breiteren Ländergruppe in einem Zeitraum von zwanzig Jahren die wesentlichen Determinanten des Dollarlohns abgeleitet. Den Hintergrund dieses Ansatzes bildet die Überlegung, daß die jeweiligen Lohnniveaus der Länder eine Funktion der entsprechenden Arbeitsproduktivitäten sein sollten. Es können nun diejenigen strukturellen Indikatoren als Determinanten der Dollarlöhne verwendet werden, die den jeweiligen Entwicklungsgrad (und damit in etwa den Produktivitäten) der betrachteten Ökonomie entsprechen. Dementsprechend ergibt sich ein dreistufiges Vorgehen: Der erste Schritt beinhaltet die Quantifizierung des jeweiligen Durchschnittslohns in US-Dollar; in einem zweiten Schritt erfolgt die Identifizierung derjenigen realen Variablen, die einen langfristigen Effekt auf den Dollarlohn ausüben; schließlich werden mit deren Hilfe in einem dritten Schritt Schätzungen der REER vorgenommen.

Die Autoren gehen der Frage nach, inwieweit der reale Aufwertungsprozeß dieser Länder die Korrektur eines anfänglichen Abwertungs-Overshootings ('reverse overshooting') oder vielmehr das Resultat einer massiven Veränderung der makroökonomischen fundamentals und damit eines Aufwertungstrends des REER darstellt. In welchem Ausmaß die reale Aufwertung tatsächlich Ergebnis einer Veränderung des REER oder vielmehr einer nicht konsistenten Kombination aus Fiskal-, Geld- und Wechselkurspolitik im Sinne der misalignment view war, wird anhand von zwei Vorgehensweisen geklärt.

Zum einen werden vor dem Hintergrund der obigen Argumentation Dollarlöhne auf Monatsbasis als Maß für den externen realen Wechselkurs mit e in der Preisnotierung (ϖ = w* - w + e) verwendet. Die Autoren nehmen eine empirische Schätzung der strukturellen Determinanten von Dollarlöhnen auf Basis von 'panel data' in Industrie- und Entwicklungsländern des Zeitraumes 1970-1990 vor. Die errechneten Koeffizienten werden dann für die Schätzung gleichgewichtiger Dollarlöhne als Maßstab für den REER während der Systemtransformation verwendet.

Zum anderen wird die Dynamik des tatsächlichen realen Wechselkurses im Transformationsprozeß durch die Autoren einer detaillierten Analyse unterzogen. Dies geschieht, um die unterstellte Anpassung des realen Wechselkurses an sein Gleichgewichtsniveau empirisch zu verifizieren. Dabei finden sowohl weitere Meßkonzepte des realen Wechselkurses als auch ein Fehlerkorrektur-Mechanismus Verwendung.
Halpern/Wyplosz (1997) orientieren sich bei der Definition des REER an Edwards (1989). Der reale Wechselkurs sei genau dann im Gleichgewicht, wenn die Ökonomie gleichzeitig ein internes (Inflation, Produktion, Beschäftigung) und externes (Leistungsbilanz) Gleichgewicht erreicht habe. Dieser Gedanke wird durch die Verknüpfung verschiedener Meßkonzepte des realen Wechselkurses in einem einfachen makroökonomischen Modellrahmen umgesetzt. Auf diese Weise können eine Reihe realer Einflußgrößen des REER identifiziert und deren Wirkungsgrad empirisch geschätzt werden.

Das Modell geht explizit von drei transformationsspezifischen Eigenschaften aus, die vor allem zu Beginn des Strukturwandels von wesentlicher Bedeutung sind:

1. Lohndifferenz: Es werden eine begrenzte intersektorale Arbeitsmobilität sowie allokative Ineffizienzen unterstellt und damit wie folgt von einer Lohndifferenz zwischen den Sektoren für nicht-handelbare und handelbare Güter ausgegangen (mit $\theta < 0$):[138]

$$(25) \qquad w_N - w_T = \theta$$

2. Nominallohn: Unternehmen in Transformationsökonomien bestimmen zwar den relevanten Reallohn (w - p) in Relation zur entsprechenden Grenzproduktivität der Arbeit a. Jedoch ist es wahrscheinlich, daß es zunächst nicht zu einer Gewinnmaximierung im Sinne einer Übereinstimmung beider Größen kommt. Der Nominallohn w in den beiden Sektoren i = N, T ergibt sich damit unter Berücksichtigung eines Abschlages bzw. Aufschlages ('mark-up' bzw. 'mark-down') ρ und damit als Funktion folgender Variablen:

$$(26) \qquad w_i = p_i + a_i + \rho_i$$

3. Qualitätsunterschiede: Als weiteres transformationsspezifisches Charakteristikum wird angenommen, daß nationale Exportgüter anfangs aufgrund eines unterstellten geringeren Qualitätsstandards unterhalb des Weltmarktpreises anzubieten sind:

$$(27) \qquad p_T = p_T{}^* + e + k$$

Zunächst wird davon ausgegangen, daß k als Maß für den Unterschied der Produktqualität im Vergleich zum Weltmarktstandard negativ sei (k < 0). Infolgedessen herrscht keine Gültigkeit der absoluten Kaufkraftparitätentheorie. Im weiteren Verlauf des Transformationsprozesses wird diese Variable hingegen – von sonstigen Friktionen abgesehen – in Richtung null konvergieren.
Die Gleichungen (25)-(27) können nun in die drei Definitionen des realen Wechselkurses – auf Basis des relativen Preises für handelbare und nicht-handelbare Güter, des Konsumentenpreisindizes und der Dollarlöhne – eingearbeitet werden.[139]
Man erhält die der Regressionsanalyse zur Bestimmung des REER zugrundeliegenden Gleichungen (mit γ als Anteil nicht-handelbarer Güter im Konsumentenpreisindex):

$$(28) \qquad z = \gamma(\rho_N - \rho_T) + \gamma(a_N - a_T) - \gamma^*(a^*_N - a^*_T) - k - \gamma\theta + \gamma^*\theta^*$$
$$(29) \qquad \mu = \rho_N - \rho_T + a_N - a_T - \theta$$
$$(30) \qquad \varpi = (a^*a) - k - \gamma\theta - \rho + \gamma(\rho_N - \rho_T) + \gamma(a_N - a_T) - \gamma^*(a^*_N - a^*_T) + \gamma^*\theta^*$$

Es können damit aufgrund von Veränderungen der exogenen Variablen a, k und θ drei Determinanten für eine reale Trendaufwertung der Inlandswährung auf Basis des internen sowie externen realen Wechselkurses aufgezeigt werden:[140]

---

[138] Vgl. Halpern/Wyplosz (1997), S. 440, Buch/Heinrich/Pierdzioch (1999), S. 152. Kleingeschriebene Variablen bezeichnen erneut die entsprechenden Werte in Logarithmen (lnW $\equiv$ w). Halpern/Wyplosz (1997) verzichten in ihrer Modellierung auf die Unterscheidung von Preisen handelbarer und nicht-handelbarer Güter im Ausland. Damit ergeben sich dort leicht reduzierte Gleichungen (28) und (30).

[139] Falls nicht explizit ausgewiesen, entspricht ein Anstieg des RW einer realen Abwertung. Es ergeben sich die folgenden drei Definitionen (wobei log RW$\equiv$rw).
RW (Konsumentenpreisindex): $\qquad$ (27a) $rw_{CPI} = z = p^* - p + e$;
RW (relative Preise im Sektor für handelbare und nicht-handelbare Güter): (27b) $rw_{NT} = \mu = p_T - p_N$;
RW (Dollarlöhne): $\qquad$ (27c) $rw_w = \varpi = w^* - w + e$.

[140] Vgl. auch Buch/Heinrich/Pierdzioch (1999), S. 153f.

1. Verbesserung der Produktqualität: Im Zuge des Transformationsprozesses ist mit einer Qualitätsverbesserung inländischer Exportgüter zu rechnen. Damit erfolgt eine Angleichung der Preise für inländische Güter des handelbaren Sektors an das Weltmarktniveau. Dies impliziert einen Anstieg von k und entspricht einer Verbesserung der ToT. Bezüglich der verschiedenen Meßkonzepte ergibt sich der folgende Wirkungszusammenhang. Es sei unterstellt, daß die Arbeitsproduktivität a_i und der Lohnaufschlag ρ_i konstant bleiben. Zunächst ergeben sich durch die Preissteigerungen im Sektor für handelbare Güter entsprechend höhere Lohnforderungen in dem Sektor. Diese dürften wohl auch umgesetzt werden. Aufgrund eines unterstellten unveränderten intersektoralen Lohnspreads im Sinne von Gleichung (25) ergibt sich eine analoge Lohnsteigerung im Bereich der nicht-handelbaren Güter. Folglich wertet der auf Basis von Dollarlöhnen definierte externe reale Wechselkurs auf. Darüber hinaus sollten sich die höheren Nominallöhne im Sektor für nicht-handelbare Güter preissteigernd auswirken. Zusammen mit den sich nun näher am Weltmarktniveau bewegenden Preisen für handelbare Güter bewirken sie eine Erhöhung des Konsumentenpreisindizes und damit eine Aufwertung des externen realen Wechselkurses.

2. Intersektorale Lohnangleichung: Die Lohnsteigerungen fallen im Sektor für nicht-handelbare Güter stärker aus als in demjenigen für handelbare Güter (θ sinkt). Dieser Prozeß ist Folge der zunehmenden intersektoralen Arbeitsmobilität. Desweiteren ist er Bestandteil eines Anpassungsprozesses (effizientere Ressourcenallokation) im Zusammenhang mit zunächst wesentlich geringeren Löhnen in dem auf einfache Dienstleistungen orientierten Sektor nicht-handelbarer Güter. Ceteris paribus werden die höheren Lohnkosten in diesem Bereich weitergegeben. Mit dem Anstieg der Preise für nicht-handelbare Güter steigt proportional der Konsumentenpreisindex. Infolgedessen werten sowohl der interne als auch die beiden externen realen Wechselkurse auf. Es erfolgt nämlich eine Erhöhung des aggregierten nationalen Lohnniveaus, so daß es auch zur Aufwertung des auf Dollarlohnbasis definierten externen realen Wechselkurses kommt.

3. Balassa-Samuelson Effekt: Die unterstellten höheren relativen Produktivitätssteigerungen im Sektor für handelbare Güter gegenüber dem Sektor für nicht-handelbare Güter führen im Sinne des beschriebenen Balassa-Samuelson Effektes zu einem gleichgewichtigen realen Aufwertungstrend der Landeswährung. Dies gilt sowohl für den internen als auch für die beiden externen Definitionen des realen Wechselkurses.[141]

Die Gleichungen (28)-(30) in Verbindung mit der beschriebenen Dynamik bestimmen dabei den Rahmen für die Schätzung von REER in Transformationsökonomien. Aufgrund der beschränkten Datenbasis verwenden die Autoren eine breitere Untersuchungsgrundgesamtheit, die einen Länderkanon verschiedener Entwicklungs- und Industrieländer im Zeitraum 1970-1990 umschließt. Mit Hilfe der geschätzten Koeffizienten und verschiedener Transformations-Dummies[142] erfolgen 'out-of-sample' Schätzungen für

---

[141] Einerseits erfolgt eine Erhöhung des aggregierten nationalen Lohnniveaus (Aufwertung des auf Dollarlohn-Basis definierten realen Wechselkurses). Andererseits findet mit dem Anstieg der Preise für nicht-handelbare Güter eine proportionale Steigerung des Konsumentenpreisindizes statt (Aufwertung des auf CPI-Basis definierten externen realen Wechselkurses).

[142] Dummyvariablen nehmen grundsätzlich nur den Wert 0 und 1 an und können dann beispielsweise für individuelle Charakteristika der Ökonomie stehen. Vgl. Winker (1997), S. 183f.

gleichgewichtige Dollarlöhne in den entsprechenden MOEL (vgl. Ergebnisdarstellung in Kapitel VI). Für eine Mehrzahl der Länder ergab sich die Bestätigung der eingangs formulierten These: Der im Transformationsprozeß zu beobachtende reale Aufwertungstrend stellt vor allem auch eine Anpassungsreaktion auf den – aufgrund von Effizienzsteigerungen – wiederum aufwertenden REER dar. Die Analyse konnte mit Hilfe der Schätzergebnisse noch nicht eine reale Überbewertung und damit ein signifikantes außenwirtschaftliches Ungleichgewicht nachweisen.

Auf diese Weise wurde der Aufwertungspfad des REER empirisch verifiziert. Die Autoren verwenden darüber hinaus abschließend ein Fehlerkorrekturmodell. Mit dessen Hilfe soll analysiert werden, inwieweit der reale Aufwertungstrend tatsächlich auch eine Anpassung an den Gleichgewichtswert darstellt. Es wird eine Schätzung der folgenden Form durchgeführt, mit φ als Anpassungsgeschwindigkeit zum Gleichgewicht sowie x_t als Vektor sämtlicher realer Variablen, die wie zuvor abgeleitet einen nachhaltigen Einfluß auf den REER besitzen:

$$(31) \qquad dz_t = - \varphi \, [z_{t-1} - \text{ß}x_{t-1}] + \phi \, dv_{t-1} + u_t \qquad \text{mit } rw_t = z_t = \text{ß} \, f_t$$

Zur Erklärung der Anpassungsdynamik wird mit der Berücksichtigung des Vektors v_t angenommen, daß der reale Wechselkurs kurzfristig von realen und nominalen Schocks beeinflußt wird.

Die aus diesem Ansatz resultierenden Schätzergebnisse bestätigten die Überlegung, daß eine Konvergenz des tatsächlichen realen Wechselkurses zu seinem Gleichgewichtswert vorliegt. Dabei läßt sich der Hauptanteil des beschriebenen Anpassungspotentials durch die anfänglich massive reale Abwertung begründen. Diese stellt ein deutliches Überschießen bezüglich des Gleichgewichtswerts dar. Halpern/Wyplosz (1997) schätzten hinsichtlich des vorliegenden Länderkanons für die Anpassungsgeschwindigkeit eine Halbwertszeit von rd. 19 Monaten und einen signifikanten Effekt der Wechselkurspolitik auf diesen Prozeß.[143] Die angeführte Eingangsabwertung spielt, neben der konkreten Ausgestaltung der Wechselkurspolitik, infolgedessen eine gravierende Rolle bei der Erklärung von Abweichungen des tatsächlichen realen Wechselkursverlaufs vom REER.

Im Gegensatz zu umfangreicheren, aus theoretischer Sicht ansprechenderen, allgemeinen Gleichgewichtsmodellen zur Schätzung von Trendpfaden des REER ist der zentrale Vorteil des vorliegenden Ansatzes die relativ einfache empirische Umsetzungsfähigkeit. Die Schwierigkeiten hinsichtlich einer äußerst begrenzten Verfügbarkeit historischer Zeitreihen im Falle von Entwicklungs- und Transformationsländern konnte in der Studie durch Erweiterung des zugrundeliegenden Länderkanons umgangen werden. Der methodische Nutzen und die erlangten Erkenntnisse werden hingegen durch zahlreiche Kritikpunkte relativiert. Die vier wesentlichsten seien im folgenden kurz genannt:[144]

---

[143] Vgl. Halpern/Wyplosz (1997), S. 455: „*The short-run effect of a change in the nominal exchange rate on the real rate [...] is about 85 percent within a month*". Andere Ergebnisse ergeben sich hingegen bei den Meßkonzepten des realen Wechselkurses auf Dollarlohnbasis (geringer Effekt des nominalen Wechselkurses) sowie als Verhältnis nicht-handelbarer und handelbarer Güter (kein signifikanter Effekt des nominalen Wechselkurses).

[144] Vgl. Buch/Heinrich/Pierdzioch (1999), S. 154f., Edwards/Savastano (1999), S. 48ff.

1. Abgrenzungsschwierigkeiten: Der internationale Vergleich von Dollarlöhnen zur Ermittlung von Gleichgewichtswerten in Transformationsökonomien besitzt neben wesentlichen Vorteilen bei der Datenermittlung zugleich ein verzerrendes Element. Die in diesem Zusammenhang zu berücksichtigenden Lohnkosten weisen im Ländervergleich teilweise große Definitionsunterschiede auf. Derartige Abgrenzungsschwierigkeiten ergeben sich überwiegend in der Anfangsphase der Systemtransformation, da vor allem dann die im internationalen Standard üblichen direkten Arbeitskosten nur einen Teil der gesamten Kosten ausmachen. Der entsprechende Angleichungsprozeß innerhalb der letzten Jahre verringert den Effekt dieser Verzerrungen im Zeitablauf.

2. Unterentwickelter Dienstleistungssektor: Buch/Heinrich/Pierdzioch (1999) stellen die Bedeutung des Balassa-Samuelson Effektes im Kontext von Transformationsökonomien und damit die Auswirkungen relativ höherer Produktivitätssteigerungen im Bereich der handelbaren Güter auf die Trendaufwertung des REER in Frage. Es wird argumentiert, daß – in Abgrenzung zu den sich auf dem Weg zur Industrialisierung befindenden Entwicklungsländern – die MOEL nach dem Zusammenbruch der Planwirtschaft bereits über einen breiten, wenn auch maroden, Industriesektor verfügten. Demgegenüber stand hingegen ein unterentwickelter Dienstleistungssektor. Dadurch ergab sich ein relativ höheres Potential an Produktivitätssteigerungen im Bereich für nicht-handelbare Güter.

3. Preise nicht-handelbarer Güter: Entgegen der ursprünglichen Modellaussage dürfte die kontinuierliche Reduktion des Lohnabschlages bzw. -aufschlages relativ zur Grenzproduktivität im Sinne von Gleichung (26) zu einer realen Abwertung führen. Realistischerweise kam es zunächst zu höheren Lohnsteigerungen (relativ zu jeweiligen Produktivitätssteigerungen) und damit zu einem mark-up im Bereich der handelbaren Güter. Der Sektor für nicht-handelbare Güter mußte hingegen einen Lohnabschlag hinnehmen. Im Zeitverlauf sollten sich jedoch annahmegemäß die Reallohnerhöhungen mehr und mehr den jeweiligen Produktivitätssteigerungen angleichen. Infolgedessen dürften die Reallöhne im Sektor für nicht-handelbare Güter gestiegen und im Sektor für handelbare gesunken sein. Unter Berücksichtigung der intersektoralen Nominallohn-Angleichung beinhaltet dieser Prozeß sinkende relative Preise im Bereich der nicht-handelbaren Güter und damit eine Abwertung des internen realen Wechselkurses.

4. Lohndifferenz: Buch/Heinrich/Pierdzioch (1999) führen die empirisch weitgehend belegbare Beobachtung in Transformationsökonomien an, nach der im Zeitablauf eine Stärkung des Tertiären Sektors zulasten des Industriesektors erfolgt. Das stilisierte Faktum steht allerdings im Widerspruch zu der modellierten Reduktion der intersektoralen Lohndifferenz (Gleichung (25)). Ein derartiger Prozeß impliziert nämlich sinkende Löhne im Sektor für nicht-handelbare und steigende Löhne im Bereich der handelbaren Güter. Damit erfolgt eine Ausweitung des Sektors für handelbare Güter (Industriesektor), während sich die Arbeitnehmer aus dem Sektor für nicht-handelbare Güter (Dienstleistungssektor) aufgrund geringerer Lohnzuwächse zurückziehen.

3.3 Partielle Gleichgewichtsmodelle ('trade equation')

Das vorangegangene Konzept der traditional reduced form Ansätze zur Bestimmung des REER beinhaltete direkte Schätzungen reduzierter Formen bezüglich des realen Wechselkurses. Demgegenüber fallen die partiellen sowie die in Abschnitt 3.4 erläuterten allgemeinen Gleichgewichtsmodelle unter die Gruppe der strukturellen Ansätze.

3.3.1 Allgemeine Struktur

Unter dem partiellen Gleichgewichtsansatz bei Verwendung von Handelsbilanzgleichungen können nach Ahlers/Hinkle (1999) diejenigen methodischen Konzepte zusammengefaßt werden, die über folgende drei analytische Bestandteile verfügen:[145]

- *Using trade equations or trade elasticities to establish a quantitative relationship between the RER [RW], imports, exports, and, hence, the resource balance;*
- *Independently determining a target, norm, or equilibrium resource balance using projections of the saving-investment balance or sustainable capital flows; and*
- *Estimating the underlying or structural resource balance by adjusting the actual resource balance in the initial year for cyclical, exogenous, and policy changes that affect it.*

Der langfristige REER ergibt sich damit als derjenige Wert, welcher mit der angestrebten, gleichgewichtigen Ressourcenbilanz (RB) konsistent ist.[146] Es folgt dann die Berechnung des notwendigen Auf- bzw. Abwertungspotentials des tatsächlichen realen Wechselkurses, um die Konvergenz des Anfangssaldos der RB hin zu deren gleichgewichtigen Saldo zu erreichen. Dies geschieht unter Einbezug des geschätzten länderindividuellen Einflusses realer Wechselkursänderungen auf die Entwicklung der tatsächlichen RB. Dementsprechend stehen die Wirkung von Wechselkursänderungen auf die Handelsbilanz und damit vor allem die Preiselastizitäten der Export- und Importnachfrage sowie des Export- und Importangebots im Zentrum der Ansätze.[147]

Im Kontext von Industrie- und fortgeschrittenen Schwellenländern wird im allgemeinen auf nachstehenden Modellrahmen zurückgegriffen.[148] Auf diese Weise wird der Existenz heterogener Exportgüter in Industrieländern Rechnung getragen. Diese stellen dann untereinander imperfekte Substitute dar. Damit ist von einer endlichen Wechselkurselastizität der Exportnachfrage auszugehen. Als gemeinsamer Ausgangspunkt der Analysen kann folgende Spezifizierung der Leistungsbilanz gesehen werden:

---

[145] Ahlers/Hinkle (1999), S. 314.

[146] Die Autoren verwenden den Begriff der resource balance (RB), der hier der Handelsbilanz entspricht.

[147] Vgl. die Ausführungen zum Elastizitätenansatz in Kapitel II dieser Arbeit.

[148] Partielle Gleichgewichtsmodelle zur Bestimmung des REER können in ihrer Modellstruktur darin unterschieden werden, ob eine empirische Anwendung bezüglich Industrieländern oder aber ärmeren Entwicklungsländern erfolgen soll. Vgl. Montiel (1999a), S. 241f. sowie Ahlers/Hinkle (1999), S. 314ff. Jeweils abhängig von der zugrundeliegenden Ländergruppe erfolgt eine unterschiedliche Modellierung der entsprechenden Leistungs- bzw. Handelsbilanzpositionen. Im folgenden erfolgt eine Modellierung für Industrie- und (in ihrem Entwicklungsprozeß fortgeschrittene) Schwellenländer.

(32) $LB = RB\ (RW,\ Y,\ Y_f,\ ...) + iD$

wobei Y und Y_f für das inländische und ausländische Volkseinkommen stehen. Der Term iD bezeichnet im Sinne des Schuldenstand-Ansatzes die fälligen Zinszahlungen eines Landes mit D als aktuellen Netto-Schuldenstand sowie i als relevanten Zinssatz. Die zugrundeliegenden Zusammenhänge der RB-Funktion können wie folgt spezifiziert werden. Dabei wird die Importfunktion in negativer Abhängigkeit zum realen Wechselkurs sowie in positiver Abhängigkeit zum inländischen Volkseinkommen modelliert. Gleichermaßen hängt das Exportvolumen positiv vom realen Wechselkurs RW sowie vom ausländischen Volkseinkommen ab:[149]

(33) $im = \varepsilon_m\ rw + \eta_m\ y + f(z_m)$
(34) $ex\ = \varepsilon_x\ rw + \eta_x\ y_f + g(z_x)$
(35) $\Delta RB\ (RW,\ Y,\ Y_f,\ ...) = \Delta Ex - \Delta Im$

wobei kleingeschriebene Variablen erneut eine Logarithmierung darstellen, indem etwa 'im' (bzw. 'ex') den Logarithmus der Importe 'Im' (bzw. der Exporte 'Ex') bezeichnet. Der Paramter ε kennzeichnet die jeweilige Preiselastizität der Import- und Exportnachfrage sowie η die jeweiligen Einkommenselastizitäten der Import- und Exportnachfrage. Schließlich steht Z für einen Vektor exogener Variablen, die im Rahmen der Schätzanalyse von Fall zu Fall berücksichtigt werden.

Bei Verwendung der Zusammenhänge wird nun eine quantitative Beziehung zwischen realem Wechselkurs und der Ressourcen- bzw. Leistungsbilanz hergestellt. Es seien zunächst das inländische und ausländische Volkseinkommen exogen durch die entsprechenden Vollbeschäftigungswerte Y* und Y*$_f$ bestimmt. Weiterhin sind die der Funktion (35) zugrundeliegenden Elastizitäten der Ressourcenbilanz bezüglich des RW, Y und Y_f zu schätzen.

Der nächste Schritt im Rahmen partieller Gleichgewichtsmodelle untersucht die exogene Bestimmung eines Leistungsbilanz- bzw. Ressourcenbilanz-Zielwertes.[150] Dieser exogen festzulegende Zielwert LB* ist das Niveau der Leistungsbilanz, dem nachhaltige Werte der Nettokapitalzuflüsse zugrunde liegen. Damit ergibt sich die gleichgewichtige Ressourcenbilanz RB* im Sinne von Gleichung (32) bei gegebenem Zielwert LB* sowie exogenem Zinsniveau i als Funktion einer einzigen unbestimmten Variablen D, dem aktuellen Netto-Schuldenstand.[151] Die Art der Anwendung partieller Gleichgewichtsmodelle unterscheidet sich in der Frage, auf welche Art die Schätzung und Modellierung nachhaltiger Werte der Nettokapitalzuflüsse vorgenommen wird.[152]

---

[149] Die Zusammenhänge basieren auf dem bekannten Mundell-Fleming Modell, das den für geschlossene Ökonomien entwickelten Keynesianischen IS-LM Ansatz aufgreift und um Komponenten einer offenen Volkswirtschaft erweitert. Vgl. für eine ähnliche Darstellung Ahlers/Hinkle (1999), S. 314.

[150] Für die Frage, ob die Bestimmung eines Zielwertes für LB oder aber RB anzustreben ist, vgl. Argumentation in Ahlers/Hinkle (1999), S. 323f. Diese machen die Wahl von der Art der zugrundeliegenden Finanzströme und deren Modellierung abhängig. Es wird argumentiert, daß typischerweise die RB als Zielwert Verwendung findet, falls es sich bei der zu untersuchenden Ländergruppe um nicht kreditwürdige Entwicklungsländer handelt.

[151] RB* = LB* - iD.

[152] Vgl. zur Frage nachhaltiger Kapitalflüsse auch Ahlers/Hinkle (1999), S. 327.

Schließlich kann der mit einem internen und externen Gleichgewicht zu vereinbarende Wert des realen Wechselkurses abgeleitet werden. Unter Verwendung der gleichgewichtigen Ressourcenbilanz sowie der jeweiligen geschätzten Elastizitäten (Gleichungen (33) und (34)) wird nun implizit der REER bestimmt. Montiel (1999a) bezeichnet den REER als denjenigen Wert des realen Wechselkurses, welcher die folgende Gleichung erfüllt:

(36) $RB^* = RB\ (RW, Y^*, Y^*_f)$

Damit beeinflussen beispielsweise sich verändernde Vollbeschäftigungseinkommen direkt den REER. Demgegenüber tragen variierende Einkommenselastizitäten etwa aufgrund struktureller Veränderungen indirekt über die Bestimmung des Zielwertes RB* zu Effekten auf den REER bei.

Gleichung (36) signalisiert, daß bei partiellen Gleichgewichtsmodellen, im Gegensatz zu den vorherigen Studien, ein expliziter Zusammenhang zwischen dem geschätzten REER und der Definition eines internen (Vollbeschäftigung) und externen (LB entspricht nachhaltigen Nettokapitalzuflüssen) Gleichgewichts hergestellt wird. Dabei erfolgt eine zum Teil unterschiedliche Vorgehensweise bezüglich des zugrundeliegenden Zusammenhangs zwischen realem Wechselkurs und REER. Verschiedene Arbeiten wählen hier eine Basisperiode, von der vermutet werden kann, daß LB, RB sowie der reale Wechselkurs im Gleichgewicht waren. Demgegenüber sehen eine Vielzahl der Studien die Wahl der RB zu einem beliebigen Zeitpunkt vor, die dann jedoch vor dem Hintergrund von zyklischen und exogenen Veränderungen der Ökonomie sowie von wirtschaftspolitischen Änderungen angepaßt wird ('adjusted or underlying resource balance'). Dies ist notwendig, um bei der Frage realer Fehlbewertungen festzustellen, inwieweit der tatsächliche reale Wechselkurs sich ändern muß, um eine Übereinstimmung dieses angepaßten Niveaus der RB sowie des entsprechenden Zielwertes RB* herbeizuführen.

3.3.2 Der macroeconomic balance Ansatz

Der beschriebene analytische Rahmen, mit Hilfe von Preis- und Einkommenselastizitäten einen quantitativen Zusammenhang zwischen realem Wechselkurs sowie Importen, Exporten und damit der Leistungsbilanz herzustellen, wurde im Rahmen des macroeconomic balance Konzeptes vom Internationalen Währungsfond (IWF) angewandt.[153] Dieser Ansatz weist bei der Schätzung des REER gegenüber nicht-strukturellen Ansätzen den folgenden Vorteil auf: Es findet explizit die Frage Berücksichtigung, ob gegenwärtige und zukünftige Leistungsbilanzpositionen bei gegebenem realen Wechselkurs mit der Vorstellung nachhaltiger, gleichgewichtiger Kapitalflüsse konsistent sind.[154]

Die Analyse orientiert sich an den in Abbildung A-5 erläuterten Zusammenhängen eines internen und externen Makrogleichgewichts. Die Ökonomie ist in einem internen Gleichgewicht, wenn sie ihr Produktionspotential ausgelastet und Vollbeschäftigung und

---

[153] Der theoretische Hintergrund kann auf Swan (1963) zurückgeführt werden. Die Grundzüge des analytischen Rahmens erweiterte der IWF in den 70er Jahren. Vgl. Faruqee/Isard/Masson (1999).
[154] Die Analyse basiert auf Isard/Mussa (1998), S. 4-22; Clark et al. (1994), S. 11-20 und Montiel (1999a), S. 243ff. Vgl. auch MacDonald (2000), S. 40ff.

Preisstabilität erreicht hat.[155] Ein externes Gleichgewicht besteht, wenn die Nettokapital-zuflüsse mittelfristig mit den Gleichgewichtswerten der inländischen Spar- und Investitionstätigkeit konsistent sind.

Als Ausgangspunkt des Modellrahmens fungiert bei der Schätzung nachhaltiger Werte der Nettokapitalzuflüsse die klassische Identität zwischen dem Leistungsbilanzsaldo und der Veränderung seines Nettoauslandsvermögens. Der Leistungsbilanzsaldo kann als Überschuß nationaler Ersparnisse S über den Bruttoinvestitionen I in der folgenden Weise ausgedrückt werden:[156]

(37) $LB = Ex - Im + Tr = S - I$

Auch die vorliegende Analyse geht davon aus, daß die Leistungsbilanz eine Funktion des realen Wechselkurses sowie der in- und ausländischen Volkseinkommen ist. Gleichung (37) bildet den analytischen Hintergrund für den durch Isard/Mussa (1998) entwickelten – und in Abbildung A-6 dargestellten – vierstufigen Ansatz zur Bewertung der realen Fehlbewertung einer Währung:[157]

Abbildung A-6: Der 'macroeconomic balance' Ansatz

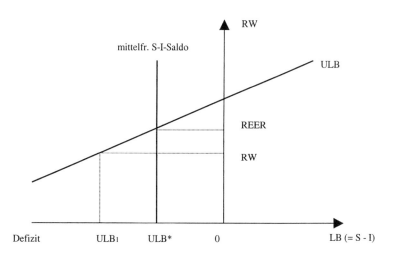

Quelle: Isard/Mussa (1998), S. 8.

---

[155] Die Ziele stehen im engen Zusammenhang mit dem NAIRU-Konzept ('non-accelerating inflation rate of unemployment'): Das Konzept spiegelt das Arbeitslosenniveau wider, welches weder einen inflationären noch deflationären Druck ausübt. Vgl. Stiglitz (1999), S. 919; Clark et al. (1994), S. 13.

[156] Dabei kann Tr als Saldo der Übertragungsbilanz interpretiert werden. Der Wert entspricht den Transfer- und Faktoreinkommen, die netto den Inländern aus dem Ausland zugeflossen sind. Ein Überschuß (Defizit) in der LB entspricht einem Aufbau (Rückgang) der Forderungen gegenüber dem Ausland.

[157] Höhere Werte des realen Wechselkurses entsprechen einer realen Abwertung der Inlandswährung.

Schritt 1: Spezifizierung der Leistungsbilanz. Zunächst erfolgt die Annäherung an Gleichung (37) von der linken Seite. Durch Anwendung der im Rahmen von Ex- und Importgleichungen geschätzten Preis- und Einkommenselastizitäten (Gleichungen (33)-(35)) wird der zugrundeliegende ('underlying') Leistungsbilanzsaldo bestimmt. Dieser sei definiert als derjenige Wert, welcher sich ergibt, falls sämtliche analysierten Ökonomien (In- und Ausland) bei voller Kapazitätsauslastung wirtschaften und damit ihr Produktionspotential (internes Gleichgewicht) erreichen. In Abbildung A-6 sei dieses Niveau der Leistungsbilanz beispielhaft durch den Punkt ULB1 bestimmt. Durch diese Abgrenzung werden zyklische Schwankungen der LB bereinigt, die mittelfristig keine Rolle bei der Beurteilung einer nachhaltigen Leistungsbilanzposition spielen. Die positiv geneigte ULB-Gerade stellt den zugrundeliegenden Leistungsbilanzsaldo eines Landes als Funktion des realen Wechselkurses dar.[158] Bei gegebenen Werten des realen Wechselkurses tragen Veränderungen derjenigen fundamentals zu einer Verschiebung der ULB-Gerade bei, die über einen direkten Einfluß auf die ULB verfügen (etwa nachhaltige Produktivitätssteigerungen).

Schritt 2: Schätzung von Gleichgewichtswerten für S und I. Es erfolgt nun die Annäherung an Gleichung (37) von der rechten Seite. Innerhalb eines weiteren Schätzmodells werden verschiedene mittelfristige Determinanten des volkswirtschaftlichen Saldos von Ersparnissen und Bruttoinvestitionen (S-I) identifiziert. Indem die Autoren auf die Ergebnisse von empirischen Schätzansätzen wie denjenigen von Faruqee/Debelle (1998) zurückgreifen, gehen sie von folgenden vier erklärenden Variablen des S-I-Saldos aus:

1. Reales Pro-Kopf Einkommen (Effekt positiv):[159] Diese Determinante dient als Indikator für den jeweiligen Entwicklungsstand der Ökonomie. Beispielsweise übersteigen typischerweise in einem relativ unterentwickelten Land die Investitionsmöglichkeiten die aggregierte nationale Ersparnis (Nettoschuldnerland). Je höher der Entwicklungsstand und damit das Pro-Kopf Einkommen ausfällt, desto höher wird der S-I-Saldo dieses Landes sein. Die S-I-Gerade verschiebt sich nach rechts.
2. Dependency ratio (Effekt negativ):[160] Diese Variable spiegelt die demographische Struktur eines Landes wider. Eine zunehmende Überalterung der Gesellschaft trägt im Sinne der Lebenszyklus-Theorie zu vermindert aggregierter Spartätigkeit bei. Demzufolge impliziert ein steigender dependency ratio einen geringeren S-I-Saldo.
3. Budgetüberschuß (Effekt positiv): Die Auswirkungen öffentlicher Defizite auf die Sparquote hängt von einer Reihe spezifischer Faktoren der Ökonomie ab (etwa Kapitalmarktunvollkommenheit). Die Autoren gehen hier auf Basis empirischer Ergebnisse davon aus, daß einem wachsenden Budgetüberschuß ein steigender S-I-Saldo folgt. Es wird unterstellt, daß die privaten Individuen entgegen dem Ricardianischen Äquivalenztheorem die staatliche Budgetbeschränkung des öffentlichen Sektors nicht vollständig internalisieren.

---

[158] Eine reale Aufwertung impliziert mittelfristig eine Verschlechterung der ULB (Normalreaktion).
[159] Die Zusammenhänge ergeben sich u.a. aus Schätzungen des S-I Modells (vgl. Isard/Mussa (1998)).
[160] Unter dem dependency ratio versteht man das Verhältnis der nicht erwerbstätigen (Alter: <15 Jahre und >65 Jahre) zur erwerbstätigen Bevölkerung (15-64 Jahre).

4. Outputlücke (Effekt negativ): Eine höhere Outputlücke im Sinne einer steigenden Abweichung vom tatsächlichen Output gegenüber dem inländischen Kapazitätsoutput bewirkt typischerweise durch den steigenden Investitionsbedarf eine Senkung des S-I-Saldos.

Anhand des geschätzten Regressionsmodells und der entsprechenden Koeffizienten soll nun derjenige S-I-Saldo bestimmt werden, der ein mittelfristiges Gleichgewicht darstellt. Die dem Saldo zugrundeliegenden Nettokapitalzuflüsse gelten dann als nachhaltig. Dafür werden nun die folgenden gleichgewichtigen Werte der erwähnten vier Determinanten in die erlangten Schätzgleichungen substituiert: Dasjenige Pro-Kopf-Einkommen, welches bei Erreichen des Vollbeschäftigungsniveaus bestehen würde; eine Outputlücke von null (Erreichen des Produktionspotentials); eine staatliche Budgetposition, die ihr strukturelles Niveau erlangt. Der gleichgewichtige S-I-Saldo kann nun als vertikale Gerade S-I berücksichtigt werden.[161]

Schritt 3: Anpassungsbedarf des realen Wechselkurses: Der Schnittpunkt der S-I- und ULB-Geraden stellt denjenigen Wert des realen Wechselkurses dar, der im vorliegenden Modellrahmen ein internes und externes Gleichgewicht der Ökonomie garantiert (REER). Es ist (gegebenenfalls) das Ausmaß zu quantifizieren, in welchem der reale Wechselkurs ceteris paribus ab- bzw. aufwerten oder sich andere zugrundeliegende fundamentals verändern müßten, um dieses Gleichgewicht herzustellen. Abbildung A-6 verdeutlicht, daß Veränderungen der zugrundeliegenden fundamentals, welche entweder die S-I-Gerade oder aber die ULB-Gerade verschieben, zugleich zu einer Änderung des mittelfristig mit einem Makrogleichgewicht konsistenten REER beitragen.

Durch welche Wirkungszusammenhänge ist ein solcher Prozeß möglich? Zur Beantwortung dieser Frage sind drei Gruppen entscheidender Variablen anzuführen. 1. Diejenigen fundamentals, welche bei gegebenen Werten des realen Wechselkurses unmittelbar die zugrundeliegende Leistungsbilanz beeinflussen (etwa relative Produktivitätssteigerungen). 2. Diejenigen realen Variablen, die das nachhaltige Niveau der Nettokapitalzuflüsse bestimmen und entsprechend zur Verlagerung der gleichgewichtigen S-I-Geraden beitragen (etwa ein relativ höheres Pro-Kopf-Einkommen). 3. Diejenigen Determinanten, welche einen nachhaltigen Einfluß sowohl auf die ULB-Gerade, als auch auf die S-I-Gerade ausüben. Hier könnte beispielsweise eine Verbesserung der Produktivität im Sektor für handelbare Güter zu einer Aufwertung des REER führen, indem zugleich das relative inländische Pro-Kopf-Einkommen (mit Einfluß auf die S-I-Gerade) als auch die internationale Wettbewerbsfähigkeit (mit Einfluß auf die ULB-Gerade) eine Steigerung erfahren.[162]

Schritt 4: Bewertung des realen Misalignments. Schließlich wird die Differenz zwischen tatsächlichem realen Wechselkurs und geschätztem mittelfristigen Gleichgewichtswert einer Beurteilung unterzogen. Dabei ist zu analysieren, inwieweit diese Abweichung eine nachhaltige reale Fehlbewertung darstellt. Isard/Mussa (1998) kommen zu der

---

[161] Der S-I Saldo ist also im vorliegenden Modellrahmen unabhängig von Veränderungen des realen Wechselkurses. Dies entspricht einer durch mehrere Studien zur Vereinfachung getroffenen Annahme.
[162] Es sei unterstellt, daß die Rechtsverschiebung der S-I Geraden geringer ausfällt als diejenige der ULB-Geraden.

Schlußfolgerung, daß bei gegebener Unsicherheit des Verfahrens erst eine Fehlbewertung von 15% ein Benchmark für die Notwendigkeit von Aktionen der entsprechenden Politikfelder bilden sollte.[163]

Der vierstufige Analyseprozeß kann durch Abbildung A-7 zusammengefaßt werden:

Abbildung A-7: Analyseprozeß zur Bestimmung einer realen Fehlbewertung

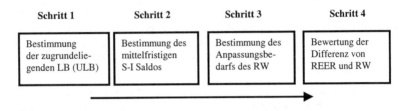

Schritt 1	Schritt 2	Schritt 3	Schritt 4
Bestimmung der zugrundeliegenden LB (ULB)	Bestimmung des mittelfristigen S-I Saldos	Bestimmung des Anpassungsbedarfs des RW	Bewertung der Differenz von REER und RW

Quelle: Eigene Darstellung.

3.3.3 Bewertung

Abschließend soll eine kurze Bewertung dieses Konzeptes vorgenommen werden. Es sind drei Faktoren als Vorteile der analytischen Methodik hervorzuheben:

1. Der macroeconomic balance Ansatz bietet mit der Modellierung und Schätzung internationaler sowie nationaler Interaktionen einen konsistenten Modellrahmen. Durch die Berücksichtigung einer Vielzahl realer Variablen mit deren entsprechenden Einflußnahme auf die Leistungsbilanz sowie auf das nachhaltige Niveau der Kapitalzuflüsse wird im Gegensatz zu anderen Konzepten der Definition des externen Makrogleichgewichts Rechnung getragen. 2. Durch die Verwendung eines intertemporalen Modellrahmens wird das vorausschauende Verhalten der Individuen berücksichtigt. Dies geschieht etwa bei der Modellierung zukünftiger Spar- und Investitionsentscheidungen. 3. Bei der Bestimmungsart des REER ergibt sich ein wesentlicher Vorteil gegenüber verwandten Konzepten. Dieser wird von nachhaltigen, mittelfristig gleichgewichtigen Determinanten abhängig modelliert. Die Schätzweise unterliegt keinem normativen Element insofern, daß etwa die zugrundeliegenden Nettokapitalzuflüsse ein gewünschtes Niveau erreichen müßten.

Die Vorteile werden jedoch durch verschiedene Kritikpunkte relativiert. Zunächst ergeben sich gegenüber umfangreicheren allgemeinen Gleichgewichtsmodellen entsprechende Defizite. Im vorliegenden Ansatz erfolgt lediglich eine Punktschätzung und damit keine Ermittlung eines zukünftigen, zeitabhängigen Entwicklungspfads des REER. Zudem ergeben sich teilweise folgenschwere Unsicherheiten bei der Ermittlung des zugrundeliegenden Elastizitätenmodells sowie eines mittelfristig gleichgewichtigen S-I-Saldos. Aufgrund des einfließenden umfangreichen Datenmaterials sowie im Zusammenhang mit Kapitalverkehrsbeschränkungen ist zudem eine Anwendung dieses Kon-

---

[163] Diese Größenordnung ist jedoch auch vor einem länderindividuellen Hintergrund zu interpretieren.

zeptes auf Entwicklungsländer schwierig und unter Umständen mit unbrauchbaren Ergebnissen behaftet. Infolge einer raschen Integration der Transformationsstaaten in die internationalen Finanzmärkte und der beschleunigten Liberalisierung des langfristigen Kapitalverkehrs, kann eine Anwendung auf die MOEL zu aussagekräftigen Erkenntnissen führen.

Zusammenfassend läßt sich festhalten, daß ein zentraler Nachteil partieller Gleichgewichtsmodelle aus theoretischer Sicht, nämlich die unzureichende Modellierung aller gesamtwirtschaftlichen Interdependenzen sowie langfristiger Anpassungsdynamiken, zugleich einen grundsätzlichen Vorteil aus praktischer Sicht darstellt: Die relativ transparente und einfache Umsetzung des Modellrahmens in empirische Schätzungen von REER.[164]

3.4 Allgemeine Gleichgewichtsmodelle

3.4.1 Einleitende Überlegungen

Die beschriebenen partiellen Gleichgewichtsmodelle weisen durch die transparente Berücksichtigung zahlreicher realer Variablen in Verbindung mit deren Einflußnahme auf den REER wesentliche Vorteile auf. Allerdings erfolgte in dem vorgestellten Modellrahmen beispielsweise keine Abbildung von Effekten des realen Wechselkurses auf die nachhaltigen Nettokapitalzuflüsse (vertikaler S-I-Saldo, s. Abbildung A-6) sowie auf die Höhe des Produktionspotentials. Infolgedessen bleiben wesentliche Rückwirkungseffekte der realen Wechselkursentwicklung auf die jeweils zugrundeliegenden fundamentals unberücksichtigt.[165]
Die Konsistenz des strukturellen Modells und die für seine Aussagefähigkeit wesentlichen Interaktionen können zufriedenstellend im Rahmen von allgemeinen Gleichgewichtsmodellen abgebildet werden. Derartige umfangreiche Simulationsmodelle greifen insofern auf die ökonomische Methode des allgemeinen Gleichgewichts bezüglich verschiedener Märkte zurück. Danach besteht in einer Volkswirtschaft genau dann ein allgemeines Gleichgewicht, wenn sämtliche relative Preise solche Werte angenommen haben, daß alle Teilmärkte im Gleichgewicht sowie sämtliche Produktionsfaktoren vollbeschäftigt sind. Aufgrund dessen ergibt sich eine wesentliche Fortentwicklung der Konzepte zur Schätzung von Gleichgewichtspfaden des realen Wechselkurses. Nunmehr wird keine partielle Analyse vorgenommen, die lediglich ein Gleichgewicht in der Handelsbilanz als Benchmark zugrundelegt.

---

[164] Zwar konnten diese Kritikpunkte bisher nur geringfügig durch weiterentwickelte Ansätze überwunden werden, jedoch bildet der macroeconomic balance Ansatz eine konzeptionelle Brücke für eine Reihe jüngerer Studien. Vgl. etwa die strukturellen Ansätze von Wren-Lewis/Driver (1998) und Bayoumi et al. (1994). Bei der Anwendung von partiellen Gleichgewichtsmodellen auf kleinere offene Entwicklungsländer, die lediglich über einen sehr geringen Anteil am Welthandel verfügen, ergibt sich eine Modifizierung des Modellrahmens, auf deren Darstellung in der vorliegenden Arbeit aufgrund der geringen Relevanz im Zusammenhang mit den MOEL verzichtet wird.
[165] Vgl. Montiel (1999a), S. 246. Vgl. auch Edwards/Savastano (1999), S. 54f., MacDonald (2000), S. 37f.

Vielmehr werden allgemeine Gleichgewichtsbeziehungen zwischen den Modellvariablen berücksichtigt. Gleichwohl ergeben sich auch in diesem Modellrahmen wesentliche konzeptionelle Strukturunterschiede. Diejenigen Länderstudien, welche eine vollständige Abbildung der allgemeinen Gleichgewichtsbeziehungen und entsprechende numerische Simulationen anstreben, benötigen länderspezifische, umfangreiche ökonometrische Modelle. In einem konsistenten Verfahren konnte dies vor allem durch die Analyse von Williamson (1994) geleistet werden. Bei dieser Anwendungsart allgemeiner Gleichgewichtsmodelle in Form von Simulationsstudien entspricht die Definition der 'fundamental equilibrium real exchange rate' (FEER) als gleichzeitiges Erreichen eines internen und externen Gleichgewichts weitgehend den Ansätzen des vorherigen Kapitels. Allerdings wird diese Definition durch Schätzung einer Vielzahl, für den langfristigen Verlauf des realen Wechselkurses relevanter, weiterer Variablen und Parameter in ein umfassenderes Konzept integriert. Durch die Endogenisierung wesentlicher Modellvariablen im Rahmen von Simulationsstudien ergibt sich damit eine wichtige Erweiterung im Vergleich zu partiellen Gleichgewichtsmodellen.

Andere, weniger umfangreiche Arbeiten, die ebenfalls durch eine breite Berücksichtigung makroökonomischer Interaktionen eine Fortentwicklung partieller Gleichgewichtsmodelle darstellen, sind diejenigen von Stein (1994), Haque/Montiel (1999) und Devarajan (1999).

3.4.2 Fundamental equilibrium real exchange rates nach Williamson

Die allgemeinen Gleichgewichtsmodelle stellen wie angesprochen eine wesentliche methodische Erweiterung der Standardansätze im Rahmen von single equation- sowie trade equation Modellen dar. Innerhalb der wissenschaftlichen Diskussion hat Williamson durch verschiedene Arbeiten[166] einen wesentlichen Beitrag zur Umsetzung des theoretischen Konzeptes gleichgewichtiger realer Wechselkurse geleistet. Williamson (1994) greift durch Verwendung einer ex-ante Konzeption[167] bei der Schätzung verschiedener FEER auf ein dreistufiges Vorgehen zurück:

- *Spezifizierung des externen Gleichgewichts:*
  Bestimmung von Zielwerten der Leistungsbilanz
- *Spezifizierung des internen Gleichgewichts:*
  Bestimmung einer 'gewünschten' Inflationsrate
- *Anwendung eines länderübergreifenden Simulationsmodells:*
  Verknüpfung des realen Wechselkurses mit nationalen Einkommenswerten und der Leistungsbilanz.[168]

---

[166] Vgl. Williamson (1983), Williamson (1994); Williamson/Mahar (1998). Vgl. auch Clark/MacDonald (1998).

[167] Unter einem ex-ante Vorgehen wird verstanden, daß derjenige Pfad des realen Wechselkurses geschätzt wird, der mittelfristig – also auch zukünftig – zu einem Makrogleichgewicht führt. Im Rahmen eines ex-post Ansatzes werden demgegenüber historische Zeitreihen verwendet, um diejenigen Werte des realen Wechselkurses zu bestimmen, die für ein internes und externes Gleichgewicht notwendig gewesen wären.

[168] Das ökonometrische Modell berechnet infolgedessen denjenigen realen Wechselkurs, der ex-ante für die Erlangung eines internen und externen Gleichgewichts mittelfristig notwendig ist.

Die Definition des internen und externen Gleichgewichts bezieht sich damit nicht auf einen umfangreichen Optimierungsprozeß mit verschiedenen Modellparametern. Vielmehr steht die Spezifizierung zweier wesentlicher Ziele im Vordergrund: Die Bestimmung eines Zielwertes für die Leistungsbilanz (LB*) sowie für die inländische Inflationsrate (π^Z). Dabei werden kurzfristige zyklische Einflußfaktoren ignoriert und die Analyse relevanter fundamentals in den Vordergrund gestellt. Die jeweiligen mittelfristigen Werte dieser realen Variablen spiegeln im vorliegenden Modellrahmen insofern optimale Bedingungen wider, indem sie gewünschte Ergebnisse darstellen. Eine solche Vorgehensweise impliziert allerdings einen normativen Bewertungsspielraum. Optimale Werte dieser, einem makroökonomischen Gleichgewicht zugrundeliegenden Variablen, werden auf Basis *ideal* wirkender Niveaus gewählt. Die Einschätzung der mittelfristig als ideal anzusehenden ökonomischen Bedingungen eines Landes erfolgt auf Basis historischer Niveaus sowie derzeitiger und zukünftiger länderspezifischer Charakteristika.

Es wird das folgende Vorgehen gewählt:

Externes Gleichgewicht: Williamson (1994) bezieht sich hier im Gegensatz zu anderen Studien nicht auf die Notwendigkeit einer ausgeglichenen Leistungsbilanzposition, sondern formuliert vielmehr ein konkretes, nachhaltiges Leistungsbilanzziel im Verhältnis zum Bruttoinlandsprodukt (BIP). Damit wird der folgenden ökonomischen Tatsache Rechnung getragen: Eine Volkswirtschaft kann davon profitieren, über einen längeren Zeitraum hinweg beispielsweise Nettokapitalzuflüsse zu verzeichnen, falls die inländischen Sparvolumina unter den entsprechenden Investitionspotentialen liegen.[169] Um diese ökonomische Ratio zu berücksichtigen, sollte damit dasjenige Niveau der Leistungsbilanz in einer länderspezifischen Analyse gewählt werden, welchem Kapitalflüsse zugrunde liegen, die gleichzeitig nachhaltig und 'gewünscht' sind. Es fließen entsprechend drei wesentliche Faktoren in die Bestimmung ein. LB* ist dabei eine Funktion historisch optimaler Werte der LB, einer subjektiven Beurteilung bezüglich der länderindividuellen Investitionserfordernissen sowie der jeweils optimalen Sparquote. Die Bestimmung bezüglich der letzten beiden Determinanten nimmt Williamson (1994) wie folgt vor:

Zunächst kann das optimale Sparverhalten einer Volkswirtschaft und damit die Leistungsbilanzposition mit der Lebenszyklus-Theorie des Konsums verknüpft werden. Diese besagt, daß bei unterstelltem steigenden Lebenseinkommen, nutzenmaximierende Individuen im Optimum ihre Konsumausgaben über die Zeit glätten. Dies geschieht, indem zunächst typischerweise in jungen Jahren Kredite aufgenommen, und bei steigenden Einkommen diese später zurückgezahlt werden (permanente Einkommenshypothese). Die demographische Struktur einer Gesellschaft kann damit als wesentliche Determinante der volkswirtschaftlichen Sparquote identifiziert und in die Analyse des Zielwertes LB* miteinbezogen werden.[170]

Darüber hinaus greift Williamson (1994) im Zusammenhang mit den nationalen Investitionserfordernissen auf die Schuldenzyklus-Theorie und somit auf die intertemporale

---

[169] Es wird ein bestimmtes Niveau des Weltzinssatzes als gegeben angesehen.

[170] Williamson (1994), S. 194 unterteilt dabei vier Lebensphasen: Alter 15-20 Jahre: Weder Einkommen noch Sparen; Alter 20-40 Jahre: Hohe Einkommen und hoher Konsum; Alter 45-60 Jahre: Hohes Einkommen und hohe Sparquote (in Erwartung der Rentenzeit); Alter 60-x Jahre: Negative Sparquote.

Entwicklung von Zahlungsbilanz und Schuldenstand zurück. Dabei wird berücksichtigt, daß der Nettokapitalimport oder -export von den Kapitalproduktivitäten eines Landes abhängt. Als wesentlicher Bestimmungsgrund, weshalb einige Länder eine Gläubiger- und andere eine Schuldnerposition einnehmen, ist das Verhältnis zwischen Investitionsmöglichkeiten sowie aggregierter nationaler Ersparnis anzuführen. Im Verlauf der Integration eines Landes in die Weltwirtschaft kann sich dieses Verhältnis und damit die außenwirtschaftliche Verschuldungsposition verschieben. Insgesamt besagt die Schuldenzyklustheorie, daß reichere Länder, die mit einem relativ hohen Kapitalstock pro Kopf ausgestattet sind, tendenziell Kapital exportieren (Nettogläubigerposition). Im Gegensatz dazu kann in ärmeren Volkswirtschaften von einem geringen Pro-Kopf Kapitalstock und infolgedessen von einer Tendenz des Kapitalimports ausgegangen werden (Nettoschuldnerposition).[171] Die Entwicklung ist als volkswirtschaftlich normal und nachhaltig zu interpretieren. Infolgedessen verwendet Williamson diese Phasenunterteilung zur Differenzierung der zu untersuchenden Länder bezüglich individueller Investitionserfordernisse.

Die erlangten Werte werden schließlich auf ihre Nachhaltigkeit und internationale Konsistenz hin überprüft. Hinsichtlich nachhaltiger Leistungsbilanzdefizite geschieht dies anhand verschiedener Indikatoren, wie etwa dem Verhältnis aus aggregiertem Investitionsvolumen am BIP bzw. Exportvolumen. Die jeweilige internationale Konsistenz dieser LB-Zielwerte versucht Williamson durch eine annähernde Übereinstimmung von Defizit- und Überschuß-Zielwerten im Rahmen der untersuchten Ländergruppe zu garantieren.

Internes Gleichgewicht: Darunter versteht Williamson (1994) dasjenige höchstmögliche Produktionsniveau einer Volkswirtschaft, welches mit einer anhaltenden Kontrolle der Inflation konsistent ist. Zur Umsetzung dieser Definition sind vor allem die folgenden beiden Aspekte relevant. Zunächst ist empirisch zu quantifizieren, inwieweit die fraglichen Ökonomien über bzw. unter ihrem Produktionspotential wirtschaften und damit eine Tendenz zu vermehrtem Inflationsdruck bzw. -dämpfung entsteht. Desweiteren ist eine Schätzung des Wachstums des Produktionspotentials vorzunehmen. Dies geschieht aus zwei Gründen. Zum einen zeigt sich im Rahmen eines dynamischen Prozesses, welche Wachstumsraten die fraglichen Länder aufweisen müssen, um das erreichte interne Gleichgewicht auch weiterhin generieren zu können. Zum anderen lassen sich durch diese Erkenntnisse Rückschlüsse über den Anpassungspfad einer Ökonomie hin zum internen Gleichgewicht ableiten, falls dieses noch nicht erreicht wurde.

Die angeführte Definition des zugrundeliegenden Makrogleichgewichts unterliegt einem normativen Element und damit einem subjektiven Bewertungsspielraum. Bei Änderungen der Zielgrößen erfolgt eine nachhaltige Rückwirkung auf den zu schätzenden REER-Entwicklungspfad.

Williamson (1994) merkt dazu an: [172]

---

[171] Vgl. Willms (1995), S. 305f: Der Schulden- und Leistungsbilanzzyklus kann in sechs Phasen einer Ökonomie unterteilt werden: young debtor, adult debtor, mature debtor, young creditor, adult creditor und mature creditor.
[172] Williamson (1994), S. 180.

Since both internal and external balance involve normative elements, it follows that the FEER does as well: it is the equilibrium exchange rate (path) that would be consistent with ideal macroeconomic performance, and what is 'ideal' is at least to some extent in the eye of the beholder.

Im vorliegendem Konzept können in einem dritten Schritt durch Simulation eines umfangreichen ökonometrischen Modells[173] Schätzungen des REER erreicht werden. Dies kommt zustande, indem die folgenden drei Gleichgewichtssituationen unterstellt werden: Die Ökonomie habe, erstens, ihr Produktionspotential erreicht. Die zugrundeliegende Inflationsrate stimme, zweitens, mit ihrer festgelegten nachhaltigen Zielgröße überein. Im Sinne der obigen Ausführungen habe, drittens, die Leistungsbilanzposition ihre festgelegte Zielgröße erlangt. Der im Rahmen der Simulation endogen bestimmte reale Wechselkurs ist der REER.[174] Die dabei berücksichtigten und von der Theorie als Determinanten des REER identifizierten fundamentals sind im Zusammenhang mit der Analyse der G-7 Staaten im einzelnen:

- eine permanente Veränderung des Ölpreises mit entsprechenden Auswirkungen auf die Zahlungsbilanzposition,
- der Auslandsvermögensstatus eines Landes, bestimmt durch das Verhältnis zwischen den Investitionsmöglichkeiten und der aggregierten inländischen Ersparnis,
- Produktivitätsunterschiede im bilateralen Ländervergleich.

Williamson (1994) berücksichtigt in seiner Analyse sechs verschiedene makroökonometrische Modelle, um eventuellen Defiziten einzelner Simulationsansätze Rechnung zu tragen.[175] Zur Identifizierung eines abschließenden relevanten Gleichgewichtspfads soll unter Berücksichtigung der folgenden drei Kriterien eine Modellklassifizierung und so die Auswahl des am besten geeigneten Simulationsverfahrens vorgenommen werden.[176]

1. Die zugrundeliegende theoretische Modellstruktur liefert eine hinreichend gute Erklärung des REER. 2. Die Endogenität des REER und die Auswirkungen von Veränderungen relevanter fundamentals auf den REER wird ausreichend berücksichtigt. 3. Die Schätzergebnisse des jeweiligen Modells weichen nicht in grundsätzlicher Weise vom Durchschnitt der anderen Verfahren ab. Williamson erhält die zuverlässigsten REER-Schätzwerte nach Anwendung des 'global econometric model' (GEM).[177]

Abschließend läßt sich feststellen, daß neben der Komplexität eines solchen Schätzansatzes vor allem normative Modellelemente sowie heterogene Simulationsverfahren zur Unsicherheit der Ergebnisse beitragen. Als Mitbegründer des Zielzonen-Ansatzes verweist Williamson auf die Notwendigkeit größerer Bandbreiten um die zentrale Parität herum. Damit könnte dann eine tiefgreifende reale Fehlbewertung der Währungen vermieden werden.

---

[173] Vgl. etwa das MULTIMOD-Simulationsmodell des IWF sowie die Anwendung in Bayoumi (1994).
[174] Vgl. auch Montiel (1999a), S. 248.
[175] Vgl. Anhang 1 in Williamson (1994) für die Gegenüberstellung der Simulationsstudien.
[176] Zudem kann ein gewichteter Durchschnitt der verschiedenen Lösungen als REER-Schätzung dienen.
[177] Dieses wurde durch das National Institute of Economic and Social Research in London entwickelt und enthält in der Vollversion mehr als 600 Modellvariablen und -gleichungen.

3.4.3 Bewertung

Das Konzept von Williamson (1994) zur Schätzung realer gleichgewichtiger Wechselkurse im Rahmen allgemeiner Gleichgewichtsmodelle sieht die Anwendung auf größere Industrieländer vor. Deren Volkswirtschaften zeichnen sich dadurch aus, daß sie eine breite Vielfalt an Gütern mit rigiden Preisen ex- und importieren sowie mit ökonomischen Herausforderungen wie struktureller Arbeitslosigkeit, staatlichen Budgetdefiziten und Ölpreisschocks konfrontiert werden.[178] Bei der Modellierung verschiedener ökonomischer Zusammenhänge spielen infolgedessen diese länderspezifischen Charakteristika eine wesentliche Rolle.

Durch die Verwendung umfangreicher ökonometrischer Simulationsmodelle wird erreicht, daß etwa im Gegensatz zum trade equation Konzept, die wesentlichen allgemeinen Gleichgewichtsbedingungen berücksichtigt werden, unter denen der REER bestimmt wird. Es werden alle wichtigen makroökonomischen Interaktionen zwischen verschiedenen Teilmärkten konsistent in die Simulationen mit einbezogen. Somit wird nicht mehr nur auf eine partielle Analyse zurückgegriffen, die nur ein Gleichgewicht in der Handelsbilanz als Benchmark zugrundelegt. Allgemeine Gleichgewichtsmodelle in der Form von Williamson (1994) weisen darüber hinaus den Vorteil auf, daß diese einen mittelfristigen Ansatz darstellen. Der REER wird an einen mittelfristigen Zielwert der Leistungsbilanz geknüpft, welcher nicht notwendigerweise gleich null sein muß. Eine nicht ausgeglichene Position der Leistungsbilanz kann im vorliegenden Modellrahmen gesamtwirtschaftlich optimal sein. Der REER wird nicht im Sinne eines Bestandsgleichgewichts modelliert, sondern es wird vielmehr berücksichtigt, daß im Gleichgewicht noch der Auf- bzw. Abbau von Vermögenswerten möglich ist ('Stromgleichgewicht').[179] Wren-Lewis/Driver (1998) verweisen auf die Tatsache, daß sich der aktuelle Vermögensbestand sowie dessen Allokation bezüglich in- und ausländischer Anlagen im Zeitablauf ändern können.

Diesen Vorzügen stehen hingegen folgende konzeptionelle Defizite gegenüber. Da im vorliegenden Modellrahmen der REER ein mittelfristiges Konzept darstellt, ist er infolgedessen verstärkt der Hysterese-Problematik ausgesetzt.[180] Das heißt, der mittelfristige Gleichgewichtswert des realen Wechselkurses ist nicht unabhängig von dessen dynamischem Anpassungspfad. Darüber hinaus bewirkt der in Verbindung mit der Definition des internen und externen Makrogleichgewichts einfließende normative Bewertungsspielraum zwar einerseits die Vermeidung umständlicher Optimierungsansätze. Andererseits kann die subjektive Beurteilung der Gleichgewichtswerte von bestimmten einfließenden Makrovariablen durchaus einen wesentlichen Einfluß auf die abschließenden Schätzergebnisse des REER ausüben.

---

[178] Vgl. dazu Black (1994), S. 285.

[179] Vgl. etwa Wren-Lewis/Driver (1998), S. 4f.

[180] Je stärker das zugrundeliegende Modell der Hysterese ausgesetzt ist, desto wichtiger ist die Analyse kurzfristiger Anpassungsvorgänge. So würde etwa die Frage, auf welchem Anpassungspfad die Ökonomie mittelfristig ein internes Gleichgewicht erreicht, zugleich die Art bzw. die Rahmendaten dieses Gleichgewichts ändern. Vgl. Bayoumi et al. (1994), S. 34ff sowie Wren-Lewis/Driver (1998), S. 13f.

Edwards/Savastano (1999) führen zwei weitere Modellierungsdefizite an.

Zunächst sei im Gegensatz zu neueren Ansätzen und vor dem Hintergrund optimaler Reformstrategien die Beziehung zwischen realem Wechselkurs und Kapitalflüssen nicht ausreichend berücksichtigt. Dieses Erfordernis wird in Hinblick auf die jüngsten Währungs- und Finanzkrisen deutlich, in deren Anbahnung hohe Kapitalzuflüsse zu einer starken realen Überbewertung der Währungen beitrugen. Ähnlich wie bereits im Kontext partieller Gleichgewichtsmodelle wird auch hier weiterhin auf die zum Teil unzureichende Modellierung der Interdependenz zwischen realem Wechselkurs und Leistungsbilanz verwiesen. Die theoretischen Zusammenhänge dieser beiden zentralen Makrovariablen müssen hinsichtlich intertemporaler Aspekte sowie der Relevanz des realen Wechselkurses für nachhaltige Leistungsbilanzpositionen ergänzt werden. Schließlich ist zur Anwendung der ökonometrischen Simulationsstudien die Kenntnis umfangreichen Datenmaterials sowie struktureller Charakteristika und Zusammenhänge einer Ökonomie notwendig. Dieses ist im Rahmen von Entwicklungs- und größtenteils auch von Transformationsländern nicht zu leisten. Dabei sind die für eine konsistente Modellschätzung notwendigen langen historischen Zeitreihen nicht verfügbar.

Insgesamt vertreten zahlreiche Autoren vor dem Hintergrund einer Kosten-Nutzen Analyse die Ansicht, daß den partiellen Gleichgewichtsmodellen in der praktischen Anwendung der Vorzug gegeben werden sollte.[181] Der gewonnene Zusatznutzen aufgrund einer umfangreichen Berücksichtigung ökonomischer Interdependenzen im Rahmen allgemeiner Gleichgewichtsmodelle, so das Argument, könne oftmals ex-post nicht die entstehenden Zusatzkosten durch Anwendung eines detaillierten Simulationsverfahrens kompensieren.

4. Zusammenfassende Analyse von Bestimmungsvariablen des REER

4.1 Einleitende Überlegungen

In Abschnitt 3 wurden einige Studien zur Schätzung des REER ansatzweise vorgestellt. Diese können in ihrer Modellstruktur das wesentliche Defizit der Kaufkraftparitätentheorie überwinden, indem der REER als Funktion realer Variablen und nicht wie im Rahmen der Kaufkraftparitätentheorie als konstanter Wert modelliert wird. Dabei findet im allgemeinen eine Definition des REER als derjenige reale Wechselkurs Verwendung, welcher bei gleichzeitigem Erreichen eines externen und internen makroökonomischen Gleichgewichts besteht. Falls nun Änderungen in denjenigen Makrovariablen vorliegen, die das externe und interne Gleichgewicht der betrachteten Ökonomie beeinflussen, so ist gleichzeitig von einer Veränderung des REER auszugehen. Dieses Phänomen hat wesentliche Implikationen für die Wirtschafts- und Geldpolitik. Die Kaufkraftparitätentheorie würde eine Abweichung des realen Wechselkurses von einem im Sinne des Basisperioden-Konzeptes identifizierten Gleichgewichtswert als reale Fehlbewertung mit den entsprechenden wirtschaftspolitischen Konsequenzen interpretieren.

---

[181] Vgl. beispielsweise Montiel (1999a), S. 250.

Im Gegensatz dazu wird in der vorliegenden Arbeit argumentiert, daß reale Auf- oder Abwertungen nicht notwendigerweise eine ungleichgewichtige Situation darstellen müssen. Vielmehr ist im Zusammenhang mit tiefgreifenden strukturellen Änderungen, wie im Verlauf der Systemtransformation ehemaliger Planwirtschaften, davon auszugehen, daß diese Entwicklung ein neues Gleichgewicht aufgrund von Änderungen der zugrundeliegenden fundamentals repräsentiert. Demzufolge ist für eine angemessene Reaktion der Wechselkurspolitik die folgende Frage von entscheidender Bedeutung: Stellt die Veränderung des tatsächlichen realen Wechselkurses eine Anpassungsreaktion an den sich ändernden REER oder vielmehr ein Ungleichgewicht aufgrund eines inkonsistenten policy-mixes aus Fiskal-, Geld- und Wechselkurspolitik dar? Zudem ist im Verlauf des Transformationsprozesses die Frage der Nachhaltigkeit eines bestehenden Wechselkursregimes aufzubringen. Ein gewähltes Regime gilt genau dann als nachhaltig, falls es bezüglich des REER ausgerichtet und infolgedessen konsistent ist.[182]

Edwards (1988) unterscheidet inländische und externe fundamentals mit einer jeweils unterschiedlichen Einflußnahme auf den REER. Im Rahmen inländischer realer Makrovariablen sind einerseits diejenigen Determinanten anzuführen, die unmittelbar durch Politikmaßnahmen gesteuert werden können (etwa Importzölle). Andererseits sind diejenigen inländischen fundamentals zu nennen, welche außerhalb des direkten Einflußbereiches der Politik liegen (etwa technologischer Fortschritt). Die Kategorie der externen fundamentals beinhaltet demgegenüber diejenigen Variablen, welche im internationalen Umfeld bestimmt werden (etwa Rohstoffpreise).

4.2 Wesentliche Determinanten des REER

Die im vorliegenden Kapitel durchgeführte Analyse zentraler Ansätze zur theoretischen Herleitung und empirischen Schätzung des REER war in vier Bereiche unterteilt. Dabei konnten zunächst im Rahmen der Kaufkraftparitätentheorie lediglich monetäre Determinanten zur Veränderung des realen Wechselkurses beitragen. Später fanden innerhalb der single equation Modelle sowie der strukturellen Ansätze partieller und allgemeiner Gleichgewichtsmodelle die, vor allem im Verlauf eines volkswirtschaftlichen Entwicklungsprozesses wesentlichen, realen Variablen Berücksichtigung. Permanente Veränderungen der realen Variablen besitzen im Gegensatz zu nominalen Größen sowie der Geldpolitik einen zentralen Einfluß auf den REER. Der entscheidende Unterschied zwischen den letzten drei Bereichen liegt in der Art und Weise, wie der theoretische Zusammenhang zwischen dem REER und den relevanten fundamentals geschätzt und in welchem Maße das Konzept des internen und externen Makrogleichgewichts umgesetzt wird.

Im folgenden seien die durch unterschiedliche Ansätze identifizierten fundamentals vor dem Hintergrund der zuvor durchgeführten Unterteilung in inländische sowie externe Variablen noch einmal zusammengefaßt. Wie bereits erläutert, liegt dieser Zusammenstellung der folgende Wirkungszusammenhang zugrunde: Zunächst wird ein geeigneter Rahmen für das Erreichen eines internen und externen Makrogleichgewichts spezifiziert und modelliert; anschließend erfolgt die Identifizierung von realen Variablen mit deter-

---

[182] Vgl. Buch/Heinrich/Pierdzioch (1999), S. 154.

ministischer Relevanz für dieses Gleichgewicht; schließlich werden die Zusammenhänge zwischen fundamentals und dem REER einer Wirkungsanalyse unterzogen. Welches sind nun diejenigen fundamentalen Faktoren, welche die langfristige Entwicklung des realen Wechselkurses determinieren?

Im Rahmen der Gruppe *interner* fundamentals konnten exemplarisch die folgenden Variablen und Abhängigkeiten festgestellt werden:[183]

Produktivitätsunterschiede: Als eine der wesentlichen Determinanten des REER ist der Balassa-Samuelson Effekt zu sehen. Falls durch unterschiedliche Raten des technischen Fortschritts die Produktivität im Sektor für handelbare Güter relativ schneller als im Sektor für nicht-handelbare Güter ansteigt, so erhöhen sich bei intersektoral gleichen Lohnsteigerungen die relativen Preise nicht-handelbarer Güter. Der REER wertet infolgedessen auf.[184] *Staatsausgaben*: Hier ist sowohl die Höhe der Staatsausgaben als auch deren Struktur relevant. Werden beispielsweise nachhaltig die staatlichen Ausgaben verstärkt in den Sektor für nicht-handelbare Güter gelenkt, so ergibt sich dort eine Überschußnachfrage und aufgrund dessen ein steigender relativer Preis. Der REER wertet folglich im Trend auf. *Offenheitsgrad*: Bei der Modellierung des Offenheitsgrades einer Ökonomie wird je nach Datenlage auf die Handelspolitik (Importzölle) oder auf die Summe von Ex- und Importen relativ zum BIP zurückgegriffen. Eine Senkung der Importzölle im Rahmen einer außenwirtschaftlichen Liberalisierungsstrategie trägt zu geringeren relativen Preisen der Importgüter bei. Dadurch entsteht eine Überschußnachfrage bezüglich dieser Güter sowie aufgrund von Substitutionseffekten ein Überschußangebot für nicht-handelbare Güter und für Exportgüter. Damit der Markt für nicht-handelbare Güter weiterhin im Gleichgewicht bleibt, ist eine Senkung der entsprechenden Preise notwendig. Dies bewirkt eine Abwertung des REER. *Dependency ratio*: Die Lebenszyklus-Theorie impliziert, daß die demographische Struktur eines Landes zugleich dessen REER beeinflußt. Eine Gesellschaft mit hohem Anteil jüngerer Menschen wird in der Tendenz stärker konsumieren als sparen. Demnach ergibt sich ein permanentes Leistungsbilanzdefizit. Es erfolgt eine Abwertung des auf der externen Definition basierenden REER. *Kapitalverkehrskontrollen*: Eine Liberalisierung der Kapitalbilanz und nachfolgend steigende Kapitalzuflüsse sowie eine erhöhte Verschuldung im Ausland führen zu einer verstärkten Nachfrage nach sämtlichen inländischen Gütern. Bei Bindung der handelbaren Güter an den Weltmarktpreis folgt der Überschußnachfrage im Sektor für nicht-handelbare Güter eine relative Preiserhöhung und damit eine Aufwertung des REER.[185]

---

[183] Einen Überblick bieten auch Edwards (1988), S. 6ff. sowie Aghevli/Khan/Montiel (1991), S. 8ff.

[184] Es kommt zu einer Aufwertung des auf der internen und externen Begriffsabgrenzung basierenden REER. Der Balassa-Samuelson Effekt impliziert nicht nur eine Verschiebung der relativen Preise im Sektorenvergleich (Aufwertung des internen realen Wechselkurses). Vielmehr erfolgt mit dem Preisanstieg für nicht-handelbare Güter auch eine proportionale Steigerung des CPI (Aufwertung des auf CPI basierenden externen realen Wechselkurses).

[185] Dies gilt für die interne und externe Definition des REER. Mit dem Anstieg der Preise für nicht-handelbare Güter (bei Bindung der Preise für handelbare Güter an das Weltmarktniveau) erfolgt nämlich eine proportionale Steigerung des CPI (Aufwertung des auf CPI-Basis definierten externen realen Wechselkurses).

Im Rahmen der Gruppe *externer* fundamentals konnten demgegenüber exemplarisch folgende Variablen und Abhängigkeiten identifiziert werden:

Terms of Trade: Falls beispielsweise infolge einer Verschlechterung der ToT die relativen Preise von Exportgütern sinken, wird eine Überschußnachfrage nach Exportgütern sowie ein Überschußangebot an nicht-handelbaren Gütern die Folge sein. Infolgedessen kommt es zu einer Abwertung des REER.[186] *Ausländisches Zinsniveau*: Liegt ein fixes Wechselkursregime vor, so ergibt sich im Sinne der Zinsparität bei steigendem weltweiten Zinsniveau zugleich eine entsprechende Anhebung nationaler Zinsen. Dies trägt zu einem erhöhten inländischen (aggregierten) Sparvolumen und dadurch zu einer Verbesserung der Leistungsbilanzposition bei. Zur Herstellung einer gleichgewichtigen Situation ergibt sich dann eine Aufwertung des REER. Eine solche Entwicklung wird zudem – unabhängig vom gewählten Wechselkursregime – unterstützt, wenn das Land ein Nettogläubiger ist. *Internationale Kapitaltransfers*: Zählt beispielsweise ein Land zu den Nettotransfer-Empfängern, so steigt das derzeitige und zukünftige inländische Realeinkommen. Dadurch steigen die Preise im Sektor für nicht-handelbare Güter. Es erfolgt entsprechend eine Aufwertung des REER bei unterstellter Bindung der Preise für handelbare Güter an das Weltmarktniveau. *Internationale Kapitalzuflüsse*: Die Argumentation ähnelt der vorherigen. Strukturelle Reformen, wie sie etwa in Schwellen- und Transformationsländern zu beobachten sind, führen zu teilweise hohen Kapitalzuflüssen. Roubini/Wachtel (1998) argumentieren etwa, daß dieses Kapital vor allem zur Finanzierung von Investitionen im Bereich der nicht-handelbaren Produktionsfaktoren sowie Güter und Dienstleistungen verwendet wird. Somit kommt es zu einem im Trend aufwertenden REER.

Diese exemplarische Zusammenfassung der wesentlichen Interdependenzen von REER und zugrundeliegender fundamentals verdeutlichen vor allem die folgenden beiden Aspekte:

Die einem externen Gleichgewicht zugrundeliegende klassische Identität zwischen dem Leistungsbilanzsaldo eines Landes und der Veränderung des Nettoauslandsvermögens (Überschuß nationaler Ersparnisse über den Bruttoinvestitionen) kann im Sinne einer optimalen Reaktion der jeweiligen strukturellen und fundamentalen Veränderungen in einer Ökonomie wesentlich beeinflußt werden. Eine Verschlechterung der Leistungsbilanz spiegelt nicht notwendigerweise per se einen ungleichgewichtigen Rückwirkungseffekt aufgrund realer Fehlbewertungen wider, sondern sie kann vielmehr als optimale Reaktion der Volkswirtschaft auf Veränderungen der gewünschten Spar- und Investitionsraten angesehen werden.

Die einem internen Gleichgewicht zugrundeliegenden Märkte für handelbare und nicht-handelbare Güter erfahren eine Entwicklung, die durch steigende Effizienz sowie zunehmende Arbeitsmobilität gekennzeichnet ist. Damit ergeben sich in diesen Sektoren optimierende Anpassungsprozesse und Änderungen der jeweiligen relativen Preise. Dadurch bewirkt dieser Prozeß Veränderungen der internen Gleichgewichtsposition und damit des REER.

---

[186] Diese ist hier notwendig, um Leistungsbilanzungleichgewichte zu vermeiden. Zudem wirken die sich ergebenden Einkommens- und Vermögenseffekte zusätzlich in Richtung einer realen Abwertung.

4.3 Relevanz für den Transformationsprozeß

Im Sinne der fundamental view sollte eine dauerhafte reale Aufwertung der Landeswährung nicht notwendigerweise als Indikator eines Wechselkurs-Misalignments und entsprechend einer Verschlechterung der preislichen Wettbewerbsfähigkeit gelten. Vielmehr muß die Möglichkeit analysiert werden, nach der die Verschlechterung der Leistungsbilanzposition eine volkswirtschaftlich optimale Entwicklung darstellt.[187] Nun zeigt sich, daß die dargestellten Zusammenhänge in besonderem Maße im Verlauf des Transformationsprozesses der MOEL von Bedeutung waren und zum Teil in Zukunft weiterhin sein werden. Eine Systemtransformation ausgehend von planwirtschaftlichen Strukturen verfolgt das Ziel, im Rahmen von vier Eckpfeilern (Stabilisierung, Liberalisierung, Privatisierung, Institutionalisierung) eine Dezentralisierung von Wirtschaftsprozessen und damit marktwirtschaftliche Strukturen zu erreichen. Die Entwicklung ist somit an einen tiefgreifenden Strukturwandel geknüpft. Es kommt vor allem den folgenden Aspekten wesentliche Bedeutung zu:[188]

Im Verlauf der Systemtransformation werden über den Import technologieintensiver Vor- und Zwischenprodukte wesentliche Steigerungen der jeweiligen sektoralen Produktivitäten erlangt. Darüber hinaus kommt es graduell zu Qualitätssteigerungen inländischer Exportgüter im Rahmen einer Umstrukturierung zugunsten auf dem Weltmarkt wettbewerbsfähiger Branchen. Zudem tragen die Integration in internationale Organisationen sowie die zunehmende Westorientierung der MOEL zu einer grundsätzlichen politischen und ökonomischen Neuorientierung bei und eröffnen damit verbesserte Exportbedingungen. Schließlich verweist Oblath (1994) auf die 'Emanzipation' des Dienstleistungssektors, dessen Güterpreise unter planwirtschaftlichen Bedingungen wesentlich unter dem markträumenden Niveau liegen. Ein Strukturwandel im Transformationsprozeß impliziert hier zugleich die Steigerung der relativen Preise in diesem Sektor.

Insgesamt ergibt sich bei strukturellen Veränderungen ein deutliches Potential für eine gleichgewichtige reale Aufwertung der Inlandswährungen in Transformationsökonomien. Dies hat gleichzeitig, wie in den Folgekapiteln noch zu analysieren sein wird, entscheidende Implikationen für die Wechselkurspolitik. Die Währungsstrategien müssen zur Begegnung des Prozesses ein hinreichendes Maß an Flexibilität aufweisen. Die folgenden realen Variablen können als entscheidende Determinanten des beschriebenen gleichgewichtigen Aufwertungstrends identifiziert werden. 1. Aufgrund effizienterer Allokationsprozesse sind wesentliche Produktivitätssteigerungen zu beobachten. 2. Die wachsende Integration in die internationalen Kapitalmärkte führt zu teilweise massiven Kapitalzuflüssen. 3. Die Ökonomien Mittel- und Osteuropas weisen in der Tendenz verbesserte ToT auf (beispielsweise aufgrund von Qualitätsverbesserungen handelbarer Güter). 4. Internationale Kapitaltransfers sowie Änderungen der inländischen Vermögensgleichgewichte tragen zu Rückwirkungseffekten auf den REER bei.

Die empirische Schätzung der Hypothese, daß der reale Aufwertungsprozeß sowohl die Korrektur der realen Eingangsabwertung als auch die Anpassung an einen wiederum im

---

[187] Vgl. auch Roubini/Wachtel (1998), S. 22, Oblath (1994), S. 43, Orlowski/Salvatore (1997), S. 105f.
[188] Vgl. Oblath (1994), S. 35f sowie Stippler (1998), S. 82.

Zeitablauf aufwertenden REER darstellt, ist mit den folgenden beiden Schwierigkeiten behaftet. Zum einen schränkt die nur sehr begrenzte Datenverfügbarkeit im Zusammenhang mit Transformationsländern die Aussagekraft von Schätzungen des REER ein. Es kann in diesen Ökonomien nicht auf umfangreiche historische Makrozusammenhänge zurückgegriffen werden. Zum anderen ergeben sich bei der Auswahl geeigneter Modellstrukturen Interpretationsspielräume aufgrund sich rapide verändernder Rahmenbedingungen. Vor allem ist die Frage strittig, ob die Anwendung von – auf Industrie- oder Entwicklungsländer zugeschnittener – Modellrahmen erfolgen soll.

Insgesamt ergibt sich ein sehr differenziertes Bild. Auf der einen Seite besitzen neuere Ansätze im Rahmen allgemeiner Gleichgewichtsmodelle zur Bestimmung des REER den wesentlichen Vorteil, die in Transformationsökonomien entscheidenden makroökonomischen Interdependenzen zufriedenstellend abzubilden. Das Defizit partieller Gleichgewichtsmodelle, die lediglich auf eine gleichgewichtige Situation der Handelsbilanz als Benchmark zurückgreifen, kann somit überwunden werden. Auf der anderen Seite verbleiben, vor allem im Zusammenhang mit Transformationsländern, offensichtliche Nachteile umfangreicherer Modellansätze dieser Form. Strukturelle Verfahren, die vor allem im Rahmen von Industrieländern angewandt werden, benötigen neben zahlreichen disaggregierten Daten ein breites Informationsspektrum über die zugrundeliegenden ökonomischen Strukturen.

In diesem Sinne stellen Konzepte wie die von Halpern/Wyplosz (1997) sowie Krajnyák/Zettelmeyer (1998) einen aussagekräftigen Mittelweg dar. Sie berücksichtigen in ihrer Modellierung explizit transformationsspezifische Eigenschaften und greifen wesentliche Erkenntnisse umfangreicherer Modellstrukturen, wie etwa diejenigen von Williamson (1994), auf. Die Autoren umgehen die mangelnde Existenz eines umfangreichen makroökonometrischen Simulationsmodells für Transformationsökonomien durch Vereinfachungen der Modellzusammenhänge.

Die länderspezifischen Ergebnisse der Studien und ihre Implikationen für die Wechselkurspolitik sollen in Teil B der vorliegenden Arbeit vorgestellt und analysiert werden.

IV. Typischer Entwicklungspfad der Wechselkurspolitik

1. Hintergrund

1.1 Wechselkurspolitische Gemeinsamkeiten der MOEL

Im Zentrum der Neugestaltung der Geld- und Währungsordnung steht zu Transformationsbeginn die Wahl eines geeigneten Wechselkursregimes. Diese Entscheidung ist durch die länderspezifischen Ausgangsbedingungen, die ökonomischen Zielsetzungen sowie die Struktur und Art der auf die Ökonomie einwirkenden Schocks geprägt. Eine länderübergreifende Gemeinsamkeit der MOEL liegt in dem raschen und nachhaltigen Veränderungsprozeß der für die Wahl des Wechselkursregimes entscheidenden Strukturvariablen. Zur Gewährleistung einer optimalen Wechselkurspolitik im Zeitablauf ist es demzufolge erforderlich, daß während des gesamten Transformationsprozesses gegebenenfalls Anpassungen des Wechselkurssystems erfolgen. Falls jedoch eine entsprechende Reaktion der Wechselkurspolitik trotz der mittlerweile existierenden Inkonsistenzen zwischen Wechselkursregime und zugrundeliegenden Makrobedingungen ausbleibt, führt dies zu tiefgreifenden Instabilitäten der Ökonomie.

Die Wahl des optimalen Wechselkursregimes kann als eine entscheidende Determinante eines erfolgreichen Transformationsprozesses angesehen werden.[189] Unter einer optimalen Wechselkurspolitik im Kontext der Systemtransformation ist im allgemeinen derjenige Politikansatz zu verstehen, der eine Minimierung der inländischen Output- und Beschäftigungsverluste herbeiführt und zugleich zu einer hinreichenden Entschärfung der außenwirtschaftlichen Position beiträgt.[190] Für eine Vielzahl wechselkurspolitischer Probleme existieren jedoch keine eindeutigen Lösungsansätze. Wie später noch zu analysieren sein wird, bewirkten wesentliche länderspezifische Unterschiede in den letzten zehn Jahren der Transformation verschiedene Reaktionen der Wechselkurspolitik.

Zu Transformationsbeginn liegt trotz der heterogenen Ausgangsbedingungen eine länderübergreifende Gemeinsamkeit in der wirtschaftspolitischen Priorität, den im Zuge der Preisliberalisierung entstandenen Preisschub zu begrenzen und die hohen Inflationsraten sukzessive zurückzuführen. Dabei kommt dem Konzept der Wechselkursstabilisierung eine entscheidende Bedeutung zu. Ein nominales Wechselkursziel zu einer international glaubwürdigen Ankerwährung sollte die dringende notwendige Stabilitätsorientierung für die Geld- und Wechselkurspolitik bringen.[191] Die praktische Umsetzung dieses Ansatzes erfolgte in den meisten MOEL zu Transformationsbeginn unter Verwendung einer Festkursstrategie, mit der im allgemeinen eine geldpolitische Disziplinierung und insofern eine binnenwirtschaftliche Stabilisierung verbunden war.[192]

---

[189] Vgl. Ohr (1996a), S. 217; Gáspár (1995), S. 5.

[190] Vgl. für eine ähnliche Definition Aghevli/Khan/Montiel (1991), S. 5.

[191] Vgl. Diehl/Schweickert (1997), S. 14.

[192] Diejenigen Länder, die zu Transformationsbeginn keine feste Wechselkursbindung eingingen (etwa Slowenien, Bulgarien und Rumänien), taten dies weniger aufgrund der Überzeugung, daß flexible Wechselkurse schneller zur makroökonomischen Stabilisierung beitrugen. Die entscheidende Motivation war vielmehr, daß die Voraussetzungen und Bedingungen für eine Wechselkursfixierung nicht gegeben waren.

Trotz der Vielfalt gewählter Wechselkursregime kann als weiteres stilisiertes Faktum der Wechselkurspolitik im Transformationsprozeß eine Entwicklung der Wechselkursregime von anfänglicher Fixierung hin zu steigender Flexibilität identifiziert werden.[193] Zunächst war es Ziel der Wechselkurspolitik angesichts tiefgreifender struktureller Veränderungen mit Hilfe eines Wechselkursankers die inländische Inflationsrate durch den Glaubwürdigkeitsimport fester Wechselkursregime auf ein moderates Niveau zu stabilisieren. Daran anschließend gingen die Länder im allgemeinen zu anpassungsfähigen Wechselkursen, wie etwa innerhalb eines Systems gleitender Abwertungen, über. Zu diesem Zeitpunkt standen verstärkt außenwirtschaftliche Ziele im Vordergrund der Wechselkurspolitik. Schließlich erfolgte in den letzten Jahren angesichts eines zunehmend liberalisierten Kapitalverkehrs in einigen Ländern der Übergang zu flexiblen Wechselkursregimen.

Bei näherer Betrachtung zeigen sich jedoch, wie im Teil B noch zu sehen sein wird, gravierende Unterschiede. Insbesondere gilt das durch Frankel (1999) formulierte wechselkurspolitische Leitmotiv *"No single currency regime is right for all countries or at all times".*[194] Wie in kaum einer anderen Ländergruppe gibt es auch in Transformationsstaaten kein einheitliches Wechselkursregime, das für alle Länder unter allen Umständen optimal wäre.

In der vorliegenden Arbeit stehen wechselkurspolitische Erwägungen im Vordergrund: Nachdem zunächst die bisherige Wechselkurspolitik einer kritischen Prüfung unterzogen wird, sollen daran anknüpfend wechselkurspolitische Optionen für die MOEL bewertet werden. Dementsprechend erfolgt in diesem Kapitel unter transformationsspezifischen Gesichtspunkten eine Aufarbeitung der bisherigen Debatte fester versus flexibler Wechselkursregime und eine Zusammenstellung der Kriterien für die Wahl geeigneter Wechselkursregime, die wiederum in das Indikatorenschema von Teil C einfließen werden.

1.2 Zur Unvereinbarkeit wechselkurspolitischer Ziele

Der bisherige Entwicklungspfad der Wechselkurspolitik im Transformationsprozeß kann mit Hilfe von Abbildung A-8 als stilisiertes Faktum nachgezeichnet werden. Die bekannte 'impossible trinity'[195] spiegelt dabei das mittlerweile anerkannte wirtschaftspolitische Prinzip wider, wonach ein Land nicht alle drei Ziele – Wechselkursstabilität, geldpolitische Unabhängigkeit sowie freier Kapitalverkehr – gleichzeitig verfolgen kann. Die Wahl des Wechselkurssystems hängt dabei von den relativen Kosten und Nutzen dieser drei wirtschaftspolitischen Ziele und insofern von einer Reihe, später noch zu diskutierender, struktureller Determinanten ab. Vor allem in Transformationsökonomien ist ein rascher und tiefgreifender Veränderungsprozeß der für die Wechselkurspolitik relevanten strukturellen Variablen zu beobachten. Die Bedeutung dieser drei Ziele für die MOEL unterliegt demzufolge einem dynamischen Prozeß in Abhängigkeit des jeweiligen Entwicklungsstadiums der Volkswirtschaft.

---

[193] Vgl. etwa Rosati (1997), S. 497f.
[194] Frankel (1999), S. 14ff.
[195] Vgl. Krugman/Obstfeld (2000); Frankel (1999), S. 7f. Für eine Modifizierung vgl. auch Schuler (1999), S. 93.

Abbildung A-8: Das 'magische Dreieck' wechselkurspolitischer Ziele

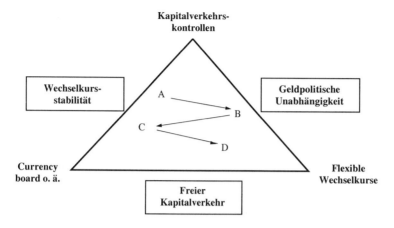

Quelle: In Anlehnung an Frankel (1999), S. 8; Dumke/Sherman (2000), S. 48.

Während die Seiten der Triangel die drei angeführten Ziele einer Volkswirtschaft darstellen, liefern die Spitzen eine entsprechende Zustandsbeschreibung der gewählten Wechselkurspolitik. Eine konsistente Wirtschaftspolitik kann gleichzeitig lediglich zwei der drei angeführten Ziele verfolgen.

Unter Berücksichtigung des Veränderungsprozesses wirtschaftspolitischer Ziele in den MOEL kann nun der bereits angeführte typische Entwicklungspfad der Wechselkurspolitik im bisherigen Transformationsprozeß identifiziert werden. Das Erreichen moderater Inflationsraten sowie die zunehmende Liberalisierung des Kapitalverkehrs prägen die Dynamik des Prozesses. Der Pfad kann entlang der Pfeile in Abbildung A-8 zusammengefaßt werden:[196] Der Übergang von Punkt A zu B spiegelt die in Kapitel II beschriebene Eingangsabwertung der Währungen in Verbindung mit den ersten internen und externen Liberalisierungsmaßnahmen wider. Der Schritt zu Punkt C entspricht bei fortdauernder Liberalisierung der Wahl einer festen Wechselkursanbindung als nominaler Anker der Geldpolitik. Angesichts einer nach einigen Jahren der Transformation gestiegenen Priorität außenwirtschaftlicher Motive stützt sich der Schritt zu Punkt D auf eine Stabilisierung des realen Wechselkurses (etwa in Form gleitender Abwertungen). Das wirtschaftspolitische Ziel der nominalen Wechselkursstabilisierung trat in den Hintergrund, so daß angesichts weitreichender Liberalisierungsmaßnahmen des langfristigen Kapitalverkehrs eine zunehmende Flexibilisierung der Wechselkursregime zu beobachten ist. Gleichzeitig konnten bis zu diesem Zeitpunkt in weiten Teilen der MOEL moderate Inflationsraten erlangt werden, und die Notwendigkeit einer Wechselkursfixierung zum Stabilitätsimport sank.

---

[196] Vgl. Dumke/Sherman (2000), S. 47f.

In Hinblick auf die Frage, weshalb sich Länder für die Wahl eines bestimmten Wechselkurssystems entschieden, sind die relativen Kosten und Nutzen der drei wirtschaftspolitischen Ziele entscheidend. Die Diskussion fester versus flexibler Wechselkurse bietet
eine Reihe von Faktoren, deren Anwendung zur Beurteilung einer optimalen Wechselkurspolitik herangezogen werden können. Diese werden unter transformationsspezifischen Gesichtspunkten zusammengefaßt.

2. Zur Wahl des geeigneten Wechselkursregimes

2.1 Einleitende Überlegungen

Internationale Währungsordnungen unterscheiden sich dadurch, daß sie zentralverwal-
tungs- oder marktwirtschaftliche Strukturen aufweisen. Dabei umfaßt eine Währungsordnung die Festlegung von Regeln und Konventionen, unter denen monetäre Transaktionen sowie die Bildung des Wechselkurses stattfinden.[197] Der Staat besaß in den
MOEL innerhalb einer zentralverwaltungswirtschaftlichen Währungsordnung ('Devisen-
zwangswirtschaft') vor Transformationsbeginn ein Devisenhandels-Monopol. Der offizielle Wechselkurs wurde von den Planungsbehörden festgesetzt. Demgegenüber zeichnen
sich marktwirtschaftliche Währungssysteme in der Theorie durch die freie Konvertibilität der Landeswährung aus, wobei sich die einzelnen Arten möglicher Währungssysteme
durch die Form der Wechselkursbildung im Rahmen flexibler oder fester Wechselkursregime sowie der Reservewährung unterscheiden lassen.
Angesichts der großen Vielfalt alternativer Währungssysteme (s. Abschnitt 2.2) stellen
sich die folgenden beiden Fragen: Welche Vor- und Nachteile weisen die jeweiligen Systeme im Kontext der Systemtransformation auf (s. Abschnitt 2.3), und welche transformationsspezifischen Kriterien existieren für die Wahl eines geeigneten Wechselkurssystems (s. Abschnitt 2.4 und 3.1)?

Für die optimale Wahl der Wechselkursbildung bietet die Literatur drei Vorgehensweisen:[198]

1. Makroökonomisches Modell: Unter Verwendung eines Makromodells wird analysiert,
welches Wechselkursregime die Auswirkungen verschiedener interner und externer
Schocks minimiert.[199]
2. Optimale Währungsräume: Diese Analyse erstreckt sich in ihrer allgemeinen Form
auf die Bewertung flexibler und fester Wechselkurse, indem Optimalitätskriterien anhand spezifischer struktureller Charakteristika einer Ökonomie formuliert werden.[200]
3. Stabilisierung der inländischen Volkswirtschaft: Der Ansatz analysiert die Wahl des
Regimes im Kontext von Stabilisierungsprogrammen der Wirtschaftspolitik.[201] Sieht
sich eine Ökonomie mit nachhaltigen internen und externen Ungleichgewichten und vor
allem mit hohen Inflationsraten konfrontiert, so besteht die Gefahr, daß ein auf Basis
struktureller Kriterien abgeleitetes Wechselkursregime mit einem raschen Anpassungs-

---

[197] Vgl. Neldner (1998), S. 290f. sowie Willms (1995), S. 150f.

[198] Diese Vorgehensweise wenden etwa Horvath/Jonas (1998), S. 2 an.

[199] Vgl. die Modelle von Argy (1990), Flood/Bhandari/Horne (1989) und Aizenman/Hausmann (2000).

[200] Vgl. McCallum (1999) sowie Bayoumi (1994).

[201] Vgl. Schweickert/Nunnenkamp/Hiemenz (1992).

111

prozeß der Wirtschaft inkonsistent ist. In diesem Fall dürfte vielmehr eine Festkursstrategie und der vorübergehende Verzicht auf eine eigenständige, unabhängige Geldpolitik optimal sein. Die Diskussion um die optimale Wechselkurspolitik im Transformationsprozeß ist weitgehend durch die beiden letzten Ansätze geprägt.

2.2 Charakteristika alternativer Wechselkurssysteme

Um im darauffolgenden Abschnitt eine transformationsspezifische Analyse der Vor- und Nachteile wechselkurspolitischer Optionen durchführen zu können, soll zunächst ein Überblick der alternativen Wechselkurssysteme gegeben werden. Die traditionell strikte Trennung zwischen festen und flexiblen Wechselkursregimen ist als überholt anzusehen. Vielmehr ist die Wahl eines Wechselkursregimes durch ein weites Spektrum verschiedener Optionen geprägt, die sich abhängig vom zugrundeliegenden Flexibilitätsgrad wie folgt unterscheiden lassen:[202]

Abbildung A-9: Alternative Wechselkursregime

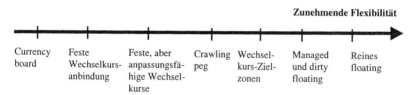

Quelle: Eigene Darstellung.

1. Currency board: Das per Gesetz implementierte Währungsamt ist ein spezielles System fester Wechselkurse.[203] In seiner orthodoxen Ausgestaltungsform wird das currency board als monetäre Institution definiert, die nationales Geld ausschließlich durch den Ankauf von Reservewährung in Umlauf bringt. Jede Form von Zentralbankkrediten ist untersagt. Die gesamte Geldbasis ist beim idealtypischen currency board vollständig durch die Ankerwährung gedeckt, so daß die Geldmenge uneingeschränkt und permanent endogen ist. Das Währungsamt garantiert zum festen Wechselkurs die volle Konvertibilität der Inlands- gegenüber der Reservewährung. Jede Erhöhung der Geldmenge und somit der Währungsreserven erfordert einen Devisenangebotsüberschuß.

2. Feste Wechselkurse: Eine feste Wechselkursbindung an eine Ankerwährung oder an einen Währungskorb sieht de jure keine Leitkursänderungen ('realignments') vor. Vielmehr stützt sich das System auf eine zeitlich unbestimmte Fixierung ohne Leitkursanpassungen, die jedoch praktisch nicht zu garantieren ist.

---

[202] Vgl. für eine Übersicht Edwards/Savastano (1999), S. 6ff. Die offizielle Klassifizierung des IWF erfolgt innerhalb von drei Hauptgruppen: 1. Fixierte Wechselkursregime gegenüber einer einzigen Währung oder einem Währungskorb. 2. Begrenzte Flexibilität, wobei sich die Währung innerhalb einer vorgegebenen Bandbreite bewegen kann. 3. Flexiblere Wechselkursregime im Sinne eines managed floating oder vollkommener Flexibilität. Vgl. IMF (1999a).
[203] Zu currency boards vgl. Williamson (1995), Balino/Enoch (1997), Ghosh/Gulde/Wolf (1998).

3. Feste, aber anpassungsfähige Wechselkurse: Ein derartiges Wechselkurssystem sieht feste Wechselkurse gegenüber einer Ankerwährung oder einem Währungskorb – eventuell innerhalb sehr kleiner Bandbreiten – vor. Die Wechselkursparitäten können im Falle fundamentaler Ungleichgewichte durch realignments angepaßt werden.

4. Crawling peg: Diese Ausgestaltungsform fester Wechselkurse beinhaltet üblicherweise eine enge Bandbreite um die zentrale Parität. Der Leitkurs wird regelmäßig in kleineren Schritten zur Vermeidung realer Fehlbewertungen angepaßt. Im Gegensatz zu dem System anpassungsfähiger Wechselkurse fallen diese Auf- und Abwertungen im allgemeinen sehr klein aus. Die Veränderungen des Leitkurses werden üblicherweise auf die folgenden beiden Arten automatisiert: Zum einen kann ex-ante eine Abwertungsrate der Landeswährung festgelegt werden, die unterhalb des prognostizierten Inflationspfads liegt ('tablita regime'). Zum anderen ist es vorstellbar, daß die Veränderungsrate des Leitkurses durch eine direkte Indexierung an die Inflationsrate geknüpft wird.[204]

5. Wechselkurs-Zielzonen: Das Zielzonen-Konzept stellt darauf ab, den Wechselkurs mit Hilfe von Zentralbankinterventionen sowie makroökonomischen Stabilisierungsmaßnahmen innerhalb einer festgelegten Zielzone zu halten. Dabei sind zwei Ausgestaltungsformen von Zielzonen zu unterscheiden, je nachdem, ob der Wechselkurs um einen realen oder nominalen (gleichgewichtigen) Wechselkurs schwanken soll.[205]

6. Managed und dirty floating: Innerhalb des weit verbreiteten Wechselkursregimes eines managed floatings versucht die Zentralbank den weitgehend flexiblen Wechselkurs bei Abweichungen vom mittelfristigen Trendverlauf durch regelmäßige Devisenmarktinterventionen zu stabilisieren. Die Notenbank greift in das Marktgeschehen ein, um Fluktuationen der Währungen um diesen Trend zu glätten. Die Interventionen erfolgen jedoch ohne politische Verpflichtung, eine bestimmte Parität zu verteidigen oder den Wechselkurs innerhalb einer vorgegebenen Bandbreite zu halten. Demgegenüber steht für die Zentralbank im Falle eines dirty floating die wechselkurspolitische Strategie der Exportförderung im Vordergrund. Insofern wird versucht, den Wechselkurs mit Hilfe von Interventionen auf der schwächeren (stärker abgewerteten) Seite des trendmäßigen Verlaufs zu halten.

7. Unabhängiges ('reines') floating: Die Wechselkursbildung wird vollständig den Marktkräften überlassen. Interventionen der Zentralbanken auf den Devisenmärkten sind bei dieser – in der Praxis eher selten anzutreffenden – Randlösung nicht vorgesehen.[206]

---

[204] Falls eine größere Bandbreite (>5%) vorliegt, spricht man auch von einem 'crawling band'. Eine ausführliche Darstellung des Systems gleitender Abwertungen bietet Williamson (1987), S. 63ff. sowie Williamson (1996).

[205] Williamson (1983), S. 65ff. bezieht sich auf ein System mit Hilfe eines realen gleichgewichtigen Wechselkurses. Der Autor schlägt eine Bandbreite von 10% auf jeder Seite der Parität vor. Für eine Analyse der Wechselkursdynamik innerhalb der Zielzonen vgl. Abschnitt 2.3.4 sowie Krugman (1991), der mit nominalen Kursen arbeitet.

[206] Die Wechselkurspolitik der USA im Zeitraum 1981-84 verfolgte ein annähernd reines floating.

2.3 Vor- und Nachteile fester oder flexibler Wechselkurse

2.3.1 Hintergrund

Während die Kritiker fester Wechselkursbindungen vor allem auf deren Funktionsprobleme sowie auf einen staatlichen Eingriff in den Marktprozeß hinweisen, betonen Befürworter die systemimmanente Instabilität von flexiblen Wechselkursen. Tatsächlich weisen die beiden extremen Varianten sowohl Vorteile als auch eindeutige Nachteile auf. Die jüngere Literatur verweist vor allem auf den entscheidenden trade-off zwischen Glaubwürdigkeit und Flexibilität der Wechselkurspolitik.[207] Zwar verfügt ein Land bei Verwendung eines flexiblen Wechselkurssystems weiterhin über das Instrument einer unabhängigen Geldpolitik, jedoch wird dieser zusätzliche Freiheitsgrad in Transformationsökonomien von einer geringeren Glaubwürdigkeit der Geld- und Wechselkurspolitik begleitet. Umgekehrt erlaubt ein System fester Wechselkurse den Ökonomien außerhalb des Ankerlandes nur eine äußerst beschränkte geldpolitische Autonomie. Gleichwohl erfolgt durch die Anbindung eine Disziplinierung der nationalen Geldpolitik und ein Glaubwürdigkeitsimport. In der wechselkurspolitischen Praxis ist zur Abmilderung dieses trade-offs eine verstärkte Tendenz hin zu den angeführten Mischlösungen zwischen unwiderruflich festen und vollständig flexiblen Wechselkursregimen zu beobachten.

Die Wahl eines geeigneten Wechselkurssystems im Transformations- und Integrationsprozeß ist, wie zu verdeutlichen versucht wurde, keine eindeutige Entscheidung, sondern vielmehr durch eine länderspezifische Abwägung der relativen Vor- und Nachteile geprägt. Diese Nutzen- und Kostenabwägung steht in engem Zusammenhang mit Abbildung A-8 und insofern mit den drei wechselkurspolitischen Zielen eines Landes: Wechselkursstabilität, geldpolitische Autonomie sowie vollständige Kapitalmarktintegration. Die in Abschnitt 2.4 zusammengefaßten strukturellen Kriterien bieten eine operationalisierte Methodik zur Optimierung dieses Entscheidungsprozesses. Dem Verfahren ist eine Diskussion der Vor- und Nachteile verschiedener Wechselkursregime vorangestellt. Es wird zunächst eine grundsätzliche Abwägung zwischen flexiblen und festen Wechselkursen getroffen, bevor eine kritische Bewertung der Zwischenlösungen erfolgt.

2.3.2 Zur Bewertung einer Festkursstrategie

Bei der *Befürwortung* fester Wechselkurssysteme im Transformationsprozeß erstreckt sich die Diskussion im wesentlichen auf die folgenden Aspekte:

1. Nominaler Anker: Verschiedene Literaturbeiträge (Obstfeld/Rogoff (1995); Sachs (1996); Dornbusch (1994)) sehen einen zentralen Vorteil fester Wechselkursanbindungen in dem bekannten Disziplinierungsargument der Geldpolitik. Durch Anwendung einer wechselkursorientierten Geldpolitik soll der Wechselkurs vor allem in Ökonomien mit hohen Inflationsraten als nominaler Anker für inländische Variablen wie Preise, Löhne und Einkommen fungieren. Indem die Transformationsländer über die feste Wechselkursanbindung ihren eigenen geldpolitischen Spielraum einschränken, kann die Glaubwürdigkeit der geldpolitischen Ankündigungen erhöht und die Inflationserwartun-

---

[207] Vgl. Edwards (1996) sowie Caramazza/Aziz (1998).

gen begrenzt werden.[208] Die Preisentwicklung im Sektor für handelbare Güter wird unmittelbar an den Verlauf des Ankerlandes gebunden. Durch diesen externen Stabilitätsimport kann angesichts fehlender interner Währungsstabilität sowohl eine monetäre und fiskalische als auch eine lohnpolitische Stabilisierung erfolgen.[209] Im Kontext der MOEL erhielt das Argument zu Transformationsbeginn verstärkt Gewicht, da andere nominale Anker der Geldpolitik wie etwa Geldmenge, Preisniveau oder nominale Einkommen keine zuverlässigen Indikatoren darstellten. Bofinger (1996) argumentiert, daß ein nominales Wechselkursziel in einer Zeit großer struktureller Veränderungen am ehesten die erforderliche Stabilitätsorientierung für die Geldpolitik und die privaten Wirtschaftssubjekte bietet. Der nachhaltige Erfolg einer derartigen Übertragung westlicher Stabilität auf die MOEL ist in entscheidender Weise an die Glaubwürdigkeit und das Vertrauen in die Festkursstrategie geknüpft. In verschiedenen Literaturbeiträgen wird an dieser Stelle auf die Notwendigkeit ausreichender Währungsreserven und auf eine konsequente Stabilisierungspolitik hingewiesen.[210]

2. *Vermeidung von Wechselkursschwankungen:* Verschiedene Autoren (Frankel (1999), Wickham (1985) und Obstfeld/Rogoff (1995)) verweisen auf die häufig auftretenden, hohen nominalen und realen Wechselkursschwankungen innerhalb eines Systems flexibler Wechselkurse. Die inhärente Instabilität wird durch eine feste Wechselkursanbindung überwunden, so daß eine deutliche Senkung der wechselkursinduzierten Risiken und Kosten internationaler Transaktionen erfolgt. Angesichts geringerer Kurssicherungskosten dürften sowohl der Außenhandel als auch die ausländischen Direktinvestitionen stimuliert werden.[211] Zudem können unnötige Reallokationen vermieden werden. Im Kontext der MOEL fand das Argument der zusätzlichen Planungssicherheit durch feste Wechselkurse und die damit verbundene Stabilisierungsfunktion verstärkt Beachtung. Dabei wird auf die notwendige Attrahierung von westlichen, hochwertigen Kapitalgütern zur Stärkung und Beschleunigung des Transformationsprozesses verwiesen.[212] Zudem heben verschiedene Literaturbeiträge, wie etwa Ohr (1996a), die stabilisierende Wirkung auf die Einkommen hervor, da es angesichts fester Wechselkursbindungen zu keinen Veränderungen der realen Einkommen infolge schwankender ToT kommt.

3. *Knappheitsgerechte Preisstruktur:* Feste Wechselkurse bilden ein direktes Bindeglied zwischen dem Sektor für handelbare Güter und den internationalen Märkten. Im Lichte der Theorie des Einheitspreises verweist Gáspár (1995) auf die automatische Anpassung der Inlandspreise an das Weltmarktniveau. Somit wird der Prozeß zur Herausbildung knappheitsgerechter Preisstrukturen in der Frühphase der Transformation forciert.[213]

---

[208] Eine Diskussion im Kontext der MOEL bieten Schweickert/Nunnenkamp/Hiemenz (1992).

[209] Vgl. Schäfer (1998), S. 166f.

[210] So beispielsweise in Jarchow/Rühmann (1997), S. 351 und Otker (1994), S. 43.

[211] Vgl. das Modell von Bacchetta/van Wincoop (1998). Eine abschließende – empirische und theoretische – Beurteilung des Einflusses des Wechselkursregimes auf die Höhe des Handels sowie der Kapitalflüsse bleibt unbestimmt. Die Autoren kommen unter speziellen Modellannahmen zu dem Schluß, daß das Handelsvolumen unter festen Wechselkursen nicht notwendigerweise höher ist. Jedoch dürfte das Niveau der Nettokapitalzuflüsse gegenüber flexiblen Wechselkursen überwiegen. Für die makroökonomischen Auswirkungen alternativer Wechselkursregime vgl. Ghosh et al. (1996).

[212] Vgl. Schäfer (1994).

[213] Vgl. Fröhlich (1992), 22f.

Diesen offensichtlichen Vorteilen einer Festkursstrategie stehen in der Theorie ganz wesentliche *Nachteile* sowie Risiken gegenüber.

1. Verlust der geldpolitischen Autonomie: Die Wahl einer festen Wechselkursanbindung bewirkt bei vollständiger Kapitalmobilität, daß sich die inländische Geldpolitik an derjenigen im Ankerwährungsland orientieren muß. Weber (1999) subsumiert die Nachteile fester Wechselkurse unter die sogenannten Verzichtkosten: Einerseits verzichtet das Land (gewollt) auf eine aktive Verwendung der Geld- und Fiskalpolitik und andererseits (ungewollt) auf den Wechselkurs als Preismechanismus. Die heimische Zentralbank verliert, wie Obstfeld/Rogoff (1995) und Frankel (1999) betonen, die Kontrolle über das inländische Geldangebot und das Zinsniveau. Die nationalen Institutionen sehen sich in ihrem Handlungsspielraum im Falle asymmetrischer Schocks deutlich eingeschränkt: Tritt etwa unter flexiblen Wechselkursen ein Nachfragerückgang nach Inlandsprodukten auf, so ist die Zentralbank über eine monetäre Expansion und eine Abwertung der Landeswährung in der Lage, die Nachfrage zu stärken. Die Ökonomie kehrt vergleichsweise schnell wieder auf den ursprünglichen Wachstumspfad zurück. Demgegenüber fällt die Kontraktion innerhalb eines Festkurssystems wesentlich höher aus. In diesem Fall muß die Anpassung über die Güter- und Arbeitsmärkte erfolgen, indem die dortige Überschußnachfrage entsprechende Reaktionen von Preisen und Löhnen auslöst. Im Gegensatz zu westlichen Industrieländern ist in den MOEL trotz einer umfangreichen Reduktion der Kapitalverkehrskontrollen bis heute keine vollständige Liberalisierung der Kapitalbilanzen erfolgt. Die eingeschränkte Kapitalmobilität überträgt der Geldpolitik auch im Falle fester Wechselkursanbindungen einen ge-wissen Autonomiegrad. Demzufolge ist es im vorliegenden Beispiel wahrscheinlich, daß eine Kontraktion abgemildert werden kann. Hierbei besteht jedoch die Gefahr, daß die Übertragung westlicher Stabilität auf nationale Institutionen nachhaltig untergraben wird. Darüber hinaus ist im Kontext von Transformationsökonomien auch im fortgeschrittenen Entwicklungsstadium, wie etwa Ohr (1996a) argumentiert, eine für den Anpassungsmechanismus hinreichende Flexibilität der Faktor- und Gütermärkte sowie der Preise und Löhne zu bezweifeln. So weisen Chang/Velasco (2000) im Sinne der traditionellen, monetaristischen Argumentation im Kontext unterentwickelter Ökonomien darauf hin, daß bei unzureichender Preisflexibilität eine Anpassung über den Wechselkursmechanismus sowohl schneller als auch weniger kontraktiv ausfällt.

2. Festlegung eines geeigneten Wechselkursniveaus: Diejenigen Länder, die sich für eine Festkursstrategie entscheiden, stehen neben der optimalen Wahl der Ankerwährung zusätzlich vor der entscheidenden Wahl eines geeigneten Wechselkursniveaus. Wie Rosati (1993a) und Greene/Isard (1996) feststellen, erschweren die strukturelle Umbruchsituation sowie fehlende historische Zeitreihen in den MOEL eine Beurteilung darüber, bei welchem Wechselkurs ein gleichgewichtiger Saldo der Leistungsbilanz erreicht wird. Dauerhaft fehlbewertete Währungen stellen ein Hindernis für die intersektorale Allokation der Produktionsfaktoren dar und hemmen damit nachhaltig den inländischen Transformations- und Integrationsprozeß.[214] Nicht marktgerechte Wechselkurse tragen zu Protektionismus und einer stärker marktregulierenden Wirtschaftspolitik bei.[215] Wie in

---

[214] Vgl. Fröhlich (1994), S. 170f. sowie Kemme/Teng (2000), S. 171.
[215] Vgl. Ohr (1998a), S. 260.

Kapitel III ausgeführt wurde, entspricht in Transformationsökonomien der gleichgewichtige Wechselkurs nicht einem statischen Wert, sondern unterliegt angesichts struktureller Veränderungen, Liberalisierungsmaßnahmen und hoher Produktivitätszuwächse einem anhaltenden Veränderungsprozeß. Damit wird die Wahl eines geeigneten Wechselkursniveaus zusätzlich erschwert.[216]

3. *Exit-Strategie:* Festkurssysteme, die zur Stabilisierung der heimischen Wirtschaft etabliert wurden, sind als vorübergehende Wechselkursregime anzusehen. Autoren wie Sachs (1996) und Obstfeld (1995) stellen diese Problematik als Schlüsselaspekt dar, in dessen Zusammenhang vor allem zwei Gesichtspunkte von entscheidender Bedeutung sind: Die Glaubwürdigkeit der von der Zentralbank eingegangenen Wechselkursgarantie ist eng an das Ausmaß geknüpft, um das das die inländische Inflationsrate reduziert werden kann. Feste Wechselkurse stellen per se keine hinreichende Bedingung für eine nachhaltige Reduktion der Inflationsraten dar. Falls die nationalen Institutionen nicht in der Lage sind, durch eine systematische Stabilisierungspolitik die Preissteigerungsraten in kurzer Zeit und dauerhaft auf das Niveau des Ankerlandes zu senken, besteht mittelfristig angesichts des anhaltenden positiven Inflationsvorsprungs die Gefahr einer Währungskrise.[217] Spiegelt die reale Aufwertung keine fundamentalen Veränderungen der Ökonomie etwa im Sinne von Produktivitätssteigerungen wider, so verschlechtert sich die preisliche Wettbewerbsfähigkeit auf dem Weltmarkt. Darüber hinaus verweist die Literatur der letzten Jahre (etwa Obstfeld/Rogoff (1995), Caramazza/Aziz (1998)) auf eine zunehmende Instabilität fester Wechselkursregime, wenn diese wechselkurspolitische Strategie von einer sukzessiven Abschaffung der Kapitalverkehrskontrollen begleitet wird. Die steigende Kapitalmobilität verstärkt die Anfälligkeit eines Landes hinsichtlich Störungen auf den weltweiten Finanzmärkten. Wie etwa Eichengreen (1999) betont, sehen sich kleinere Volkswirtschaften, deren Wirtschaftspolitik auf die Aufrechterhaltung einer festen Wechselkursbindung ausgelegt ist, angesichts der rasant ansteigenden internationalen Kapitalströme mit extremen Schwierigkeiten konfrontiert. In Hinblick auf die Persistenz moderater Inflationsraten sowie die liberalisierte Kapitalbilanz ist ein rechtzeitiger Übergang zu flexibleren Wechselkursregimen ratsam. Die jeweilige exit-Strategie sollte eine graduelle Überleitung beinhalten. Ebenfalls muß eine Regimeänderung in Zeiten geringer Kapitalabflüsse durchgeführt werden.[218]

---

[216] Vgl. beispielsweise Brada (1998).

[217] Diesen Aspekt betont auch die erste Generation von Währungskrisen-Modellen: Falls bei festen Wechselkursen hohe Inflationsraten bestehen, müssen die Zinsen angehoben werden, um mögliche Abwertungsrisiken abzufangen. Die nachfolgenden Kapitalimporte führen zu steigenden Leistungsbilanzdefiziten und erhöhen die Abwertungserwartungen der Landeswährung. Angesichts sinkender Devisenreserven kann der Wechselkurs ab einem bestimmten Zeitpunkt nicht mehr verteidigt werden. Vgl. Bredemeier/Witte (1998); Ohr (1998a).

[218] Eichengreen (1999) und Eichengreen/Masson (1998) bieten eine Diskussion möglicher exit-Strategien.

2.3.3 Zur Bewertung flexibler Wechselkurssysteme

Die *Vorteile* flexibler Wechselkurse lassen sich von den angeführten Funktionsproblemen einer festen Wechselkursanbindung ableiten. Verschiedene Autoren wie Williamson (1999) sowie Frankel (1999) subsumieren die Vorzüge größerer Flexibilität unter die dadurch gewonnene Möglichkeit, eine eigenständige Geldpolitik auszuüben ('rules versus discretion'). Dies scheint vor allem im Kontext von Schwellen- und Transformationsländern von Signifikanz zu sein, die während des Strukturwandels mit starken asymmetrischen Schocks nachhaltig konfrontiert sind. Die Befürworter flexibler Wechselkurse mit monetaristischem Hintergrund wie Friedman (1953) bezweifelten das Argument, daß die Wechselkursentwicklung vor allem durch spekulatives Verhalten geprägt werde. Sie verweisen vielmehr auf die Marktkräfte und damit auf Fundamentalfaktoren zur Bestimmung des Wechselkurses. Im allgemeinen monetaristischen Ansatz verfolgt der Wechselkurs kurzfristig einen durch die Zinsdifferenz und langfristig durch Inflations- sowie Produktivitätsdifferenzen bestimmten Pfad.[219] Mit Hilfe eines flexiblen Wechselkurssystems können zusätzlich protektionistische Tendenzen vermieden und so der außenwirtschaftliche Liberalisierungsprozeß in den MOEL unterstützt werden.
Im Gegensatz zu einem Festkurssystem garantieren flexible Wechselkurse eine schnellere Anpassung im Falle von fehlbewerteten Währungen. Dies stärkt den inländischen Strukturwandel.

Schließlich entfällt bei flexiblen Wechselkursen der für eine Implementierung eines Festkursregimes notwendige Bestand an Währungsreserven.

Demgegenüber wurde in der empirischen Literatur mittlerweile eine verstärkte Volatilität ('excess volatility') von flexiblen Wechselkursen nachgewiesen.[220] Nicht vollständig effiziente Devisenmärkte bewirken, daß überschießende Wechselkursreaktionen zu beobachten sind und der zukünftige Wechselkurspfad eine zunehmende Unsicherheit beinhaltet. Insofern konterkarieren flexible Wechselkurse vor allem in der ersten Transformationsphase die Bemühungen der MOEL, ihren Reform- und Stabilisierungsmaßnahmen ein hinreichendes Maß an Glaubwürdigkeit zu verleihen. Schließlich ist für die effektive Anwendung flexibler Wechselkurse eine entscheidende Voraussetzung zu erfüllen: Die nationale Zentralbank muß über ein ausreichendes geldpolitisches Instrumentarium verfügen und in der Lage sein, eine marktgerechte Geldpolitik durchzuführen.

Zusammenfassend kann festgestellt werden, daß Befürworter vollkommen flexibler Wechselkursregime internationale Devisenmärkte als transparente und effiziente Märkte bewerten, die von externen Regulierungen unberührt bleiben sollten. Die heimische Geldpolitik ist autonom in den Dienst binnenwirtschaftlicher Ziele wie etwa der Preisniveaustabilität zu stellen. Demgegenüber weisen Befürworter fester Wechselkurssysteme auf die geldpolitische Disziplinierung und den Glaubwürdigkeitsimport hin. Der Wechselkurs wird langfristig nicht als ein geeignetes, autonomes Instrument zur Verwirklichung wirtschaftspolitischer Ziele angesehen.

---

[219] Vgl. Willms (1995), S. 165f.
[220] Vgl. Jeanne/Rose (1998); Liang (1998). Für eine empirische Analyse flexibler Wechselkurse vgl. Calvo/Reinhart (2000).

2.3.4 Zur Bedeutung von Wechselkurs-Zielzonen

In der währungspolitischen Praxis stellt die Wahl des Wechselkurssystems jedoch keine isolierte Entscheidung zwischen den Extremfällen flexibler und fester Wechselkursregime dar. Aus der Diskussion über feste und flexible Wechselkurse kann gefolgert werden, daß kein Wechselkurssystem einem anderen eindeutig vorzuziehen ist. Vielmehr existiert ein Kontinuum von Zwischenlösungen. Vor allem in den 80er Jahren wurde argumentiert, daß die Mischlösungen – bei Minimierung der entsprechenden Nachteile – über die Vorteile flexibler und fester Wechselkurse verfügen. Zwar wird in der jüngeren Literatur angesichts rasant ansteigender internationaler Kapitalströme auf eine höhere Anfälligkeit dieser Zwischenlösungen für spekulative Attacken hingewiesen, jedoch repräsentieren diese Wechselkursregime eher die Realität in den Schwellenländern.

Für die Integration der MOEL in die währungspolitische Ordnung Europas ist als wechselkurspolitische Zwischenlösung die Diskussion der Wechselkurszielzonen relevant.[221] Die grundlegende Idee des Zielzonen-Konzeptes liegt darin, zwischen bestimmten Währungen den fundamentalen Gleichgewichtswechselkurs zu bestimmen und um diesen (angesichts der Unsicherheit bei der Bestimmung des REER) ein zu tolerierendes Schwankungsband festzulegen.[222] Im Gegensatz zu einem System fester Wechselkurse mit Bandbreiten kann die Währungsparität innerhalb dieses Korridors flexibel entsprechend dem Angebot und der Nachfrage auf dem Devisenmarkt schwanken. Falls die Parität jedoch das Bandende erreicht, sollen geldpolitische Gegenmaßnahmen sowie obligatorische Devisenmarktinterventionen ein Überschreiten der Bandbreiten vermeiden.

Damit vereinigt das Zielzonen-Konzept sowohl Elemente fester als auch flexibler Wechselkursregime, indem der Wechselkurs innerhalb einer vorher angekündigten Bandbreite zu halten ist. Es ist möglich, starke Wechselkursschwankungen zu begrenzen und die angeführten Nachteile vollkommen fester Wechselkurssysteme zu überwinden. Der auf Williamson[223] zurückgehende Zielzonen-Ansatz sieht in seiner allgemeinen Form verschiedene Ausgestaltungsarten vor:[224] Die Literatur unterscheidet dabei zwischen (1) harten oder weichen Bandbreiten (je nach Stärke der Interventionsverpflichtung), (2) 'lauten' oder 'leisen' Beschlüssen (je nach Transparenz der wechselkurspolitischen Vereinbarungen), (3) engen oder weiten Zielzonen (je nach Ausmaß der Bandbreite), (4) offenen oder verdeckten Gegenmaßnahmen (je nach Durchführungsart der Interventionen) sowie schließlich (5) festen oder verschiebbaren Zielzonen.

Eine systematische Modellierung des Zielzonen-Ansatzes erfolgte erstmals durch Krugman[225], der eine stabilisierende Wirkung der Zielzone ableitete. Eine glaubwürdige Interventionsbereitschaft beeinflußt selbst dann die jeweiligen Wechselkurse, wenn ein tatsächlicher Eingriff der Zentralbanken unterbleibt.

Den Überlegungen von Krugman liegen vier zentrale *Modellannahmen* zugrunde:[226]

---

[221] Vgl. die Diskussion eines möglichen Beitritts der MOEL zum WKM-2 im Teil C dieser Arbeit.
[222] Vgl. Ohr (1999), S. 57.
[223] Vgl. Williamson (1983), S. 64ff.
[224] Vgl. Ohr (2001a), S. 66ff. sowie Visser (1995), S. 103f.
[225] Vgl. Krugman (1991), S. 671ff.
[226] Vgl. etwa Willms (1995), S. 186f.

- Der aktuelle Wechselkurs wird durch die erwartete Änderungsrate des Wechselkurses sowie Fundamentalfaktoren (Geldmenge und Umlaufgeschwindigkeit) bestimmt.
- Die Umlaufgeschwindigkeit unterliegt unprognostizierbaren Veränderungen ('random walk').
- Die Zentralbanken führen nur nicht-sterilisierte, obligatorische Interventionen durch.
- Die Bandgrenzen seien vollständig glaubwürdig.

Die zugrundeliegende Struktur des Zielzonenmodells basiert auf dem monetären Wechselkursmodell bei flexiblen Preisen (in Logarithmen):[227]

Gütermarkt:

(38) $\quad p_t = e_t$ $\qquad\qquad$ *Gütermarktgleichgewicht*

Geldmarkt:

(39) $\quad m_t - p_t = -\lambda\, i_t$ $\qquad\qquad$ *Geldnachfrage*

(40) $\quad m_t = m_{t-1} + \varepsilon_t$ $\qquad\qquad$ *Geldangebot (innerhalb des Bandes)*

Devisenmarkt:

(41) $\quad i_t = EW_t e_{t+1} - e_t$ $\qquad\qquad$ *Devisenmarktgleichgewicht*

(42) $\quad \bar{e}\,?\,e_t\,?\,-\bar{e}$ $\qquad\qquad$ *Zielzone um Parität 0*

Auf Grundlage der monetären Theorie flexibler Preise würde sich normalerweise innerhalb der Zielzone eine lineare Abhängigkeit zwischen nominalem Wechselkurs E sowie der exogen, stochastischen Geldmenge M ergeben. Indem die Veränderung des Geldangebots innerhalb des Bandes einem random walk unterliegt (erwartete Änderungsrate gleich null), würden sich nach herkömmlicher Sichtweise Wechselkursbewegungen ergeben, die in Abbildung A-10 als Gerade mit der Steigung eins (e=m) erfaßt sind. Der Zielzonen-Ansatz von Krugman modelliert jedoch explizit die obligatorische Interventionsverpflichtung der Zentralbanken, deren Einfluß an den Bandgrenzen dominiert. Krugman leitet daraus ab, daß die Existenz einer glaubwürdigen Interventionslinie Wechselkursschwankungen nicht nur an den Bändern stabilisiert, sondern vielmehr auch innerhalb der Zielzone ohne Eingreifen der Zentralbank dämpft.

Die dem Zielzonen-Ansatz zugrundeliegende, allgemeine Form der Wechselkursbewegungen ergibt sich aus den Marktgleichgewichten des monetaristischen Wechselkursmodells der Gleichungen (38)-(42). Unabhängig von der jeweiligen Währungsstrategie wird der Logarithmus des Wechselkurses somit im Sinne der Vermögenspreistheorie durch die inländische Geldmenge, die Wechselkurserwartungen der privaten Wirtschaftssubjekte sowie exogene Schocks in der folgenden Weise bestimmt:

(43) $\quad e_t = m_t + \lambda\,(EW_t e_{t+1} - e_t)$

---

[227] Vgl. Gärtner (1997), S. 230ff. Dabei bezeichnet p das Preisniveau, e den nominalen Wechselkurs, i den Zinssatz sowie ε eine Zufallsvariable mit dem Erwartungswert (EW) null (Variablen in natürlichen Logarithmen).

Auf Grundlage der Basisgleichung stellt Krugman das Zielzonen-Modell grafisch dar (Abbildung A-10). Wie noch ausgeführt wird, bildet die glaubwürdige Ankündigung unbegrenzter Interventionen an den Bandrändern per se einen Stabilisierungsmechanismus der rationalen Wechselkurserwartungen. Demzufolge ist innerhalb einer glaubwürdigen Zielzone zwischen nominalem Wechselkurs und Geldmenge von einem s-förmigen Verlauf der folgenden Form auszugehen:

Abbildung A-10:[228] Wechselkursentwicklung innerhalb der Zielzone

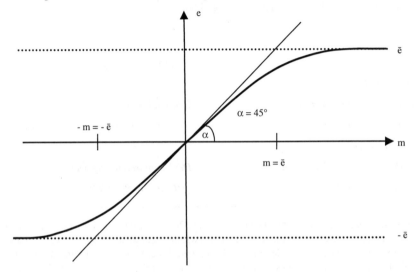

Quelle: Krugman (1991), S. 673.

Bevor eine kritische Einordnung der wechselkurspolitischen Zwischenlösung im transformationsspezifischen Kontext durchgeführt wird, sollen die *zentralen Modellimplikationen* des Krugman-Ansatzes analysiert werden:[229]

Stabilisierung der Wechselkursentwicklung: Die Bandbreiten sollen das von Kritikern flexibler Wechselkursregime angeführte Überschießen der Wechselkurse vermeiden. Als Kernaussage des Krugman-Modells gilt der s-förmige Kurvenverlauf in Abbildung A-10. Die Existenz einer glaubwürdigen Zielzone wirkt von Natur aus stabilisierend, indem nicht nur die Wechselkursschwankungen an den Bandgrenzen aufgefangen, sondern sie vielmehr auch innerhalb der Zielzone gedämpft werden. Die glaubwürdige Ankündigung unbegrenzter Interventionen an den Bandrändern bildet per se einen Stabilisierungsmechanismus der Wechselkurserwartungen und -entwicklung. Wie ist dieser Automatismus zu erklären? In Abgrenzung zu einem System vollkommen fester oder

---

[228] Es erfolgte eine Normierung derart, daß die Zielzone um den Ursprung gelegt wurde.
[229] Vgl. Krugman (1991); Willms (1995), S. 186ff.; Gärtner (1997), S. 229ff.

flexibler Wechselkurse fällt den Erwartungen einer Wechselkursänderung im vorliegenden Ansatz die entscheidende Rolle zu.

Dieser Automatismus kann mit Hilfe der folgenden Abbildung A-11 genauer erläutert werden:

Abbildung A-11: S-förmiger Kurvenverlauf im Zielzonenmodell

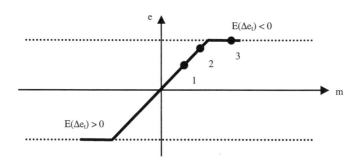

Quelle: Krugman (1991), S. 672.

Als Ausgangspunkt der Überlegungen wird zunächst auf Grundlage der monetären Theorie flexibler Preise die Gültigkeit der einfachen linearen Abhängigkeit zwischen dem Wechselkurs sowie der Geldmenge unterstellt. Dabei wird eine Wechselkursparität angenommen, die innerhalb des Zielzonenbandes etwa durch den Punkt 2 gegeben ist. Sieht sich die Ökonomie in der Situation mit einer Senkung der Fundamentalfaktoren (Geldmenge) konfrontiert, so würde sich der – innerhalb der Bandbreiten flexible – Wechselkurs beispielsweise zu einem Punkt 1 bewegen. Indem die rationalen Erwartungen der Marktteilnehmer durch die obligatorische Interventionsverpflichtung beeinflußt werden (es lohnt sich nicht, auf eine weitere nominale Aufwertung zu spekulieren) und damit kein Überschreiten der Bandgrenze antizipiert wird, erfolgt demgegenüber bei einem Anstieg der Fundamentalfaktoren eine geringere Steigerung der Wechselkursparität (etwa Punkt 3). Devisenmarktinterventionen werden um so wahrscheinlicher, je näher die Wechselkursparität an die Bandränder gelangt. In dieser Situation ist es bei einer glaubwürdigen Interventionsverpflichtung für die Marktteilnehmer rational, eine Änderung des nominalen Wechselkurses in Richtung der Zielzonenmitte zu erwarten:

Der negative Effekt einer sinkenden Geldmenge auf die Wechselkursentwicklung fällt höher aus als der entsprechende positive Effekt einer steigenden Geldmenge. Demzufolge ist in der Nähe der oberen (unteren) Bandgrenze die Wahrscheinlichkeit einer Wechselkursänderung $EW(\Delta e_t)$ negativ (positiv). Im Krugman-Modell steht die erwartete Abwertungsrate innerhalb der Bandbreite somit in einem negativen Verhältnis zur tatsächlichen Wechselkursentwicklung (*'mean reversion'*). Offiziell angekündigte und glaubwürdige Zielzonen wirken auf den Wechselkurs nicht nur dann stabilisierend, wenn die Bandbreiten unmittelbar bindend werden, sondern bereits innerhalb der zulässigen Zielzone.[230] Unter Berücksichtigung von Gleichung (43) für die tatsächliche Wechselkursentwicklung ergibt sich der dargestellte s-förmige Verlauf des nominalen Wechselkurses. Die tangentiale Annäherung der s-Kurve an die Bandgrenze wird in der Literatur als *'smooth pasting'* bezeichnet.[231]

Wechselkursverteilung in der Zielzone: Als empirisch belegbare Modellimplikation ergibt sich zudem eine u-förmige Häufigkeitsverteilung des Wechselkurses zwischen den beiden Bandgrenzen, d.h. Werte in der Nähe der Bandränder kommen weit häufiger vor als Werte im Zentrum der Zielzone. Dies bedingt in erster Linie der beschriebene s-förmige Kurvenverlauf, indem sich der nominale Wechselkurs nur langsam bei entsprechenden Geldmengenveränderungen von den Bandrändern entfernt.[232] Demgegenüber entfernt sich der Wechselkurs bei identischer Veränderung der Geldmenge im Mittelpunkt der Zielzone weit schneller.

'Honeymoon-Effekt': Wie in Abbildung A-10 zu erkennen, liegt die erwähnte s-Kurve an jeder Stelle unter der Winkelhalbierenden. Infolgedessen nimmt die Steigung der Kurve überall einen Wert an, der geringer als eins ist. Demzufolge dämpfen die glaubwürdigen Bandgrenzen durch die rationale Erwartungsbildung der Marktteilnehmer die im Zuge von Geldmengenschocks entstehenden Wechselkurseffekte (gegenüber einem vollständig flexiblen Wechselkurssystem) bereits auch im Mittelpunkt der Zielzone.[233]

Die Aussagekraft der modelltheoretischen Analyse von Krugman (1991) für die Integration der MOEL in die währungspolitische Ordnung Europas ist kritisch zu beurteilen.[234] Das Zielzonen-Konzept ist von einem System fester Wechselkurse mit Bandbreiten zu unterscheiden, indem im hier der gesamte Korridor um den fiktiven REER herum als entsprechender Zielwert der Wechselkurspolitik fungiert.[235] Innerhalb dieses Korridors bewegt sich der Wechselkurs flexibel. In Teil C wird jedoch argumentiert, daß die Wechselkurspolitik die vollständige Flexibilität des WKM-2 nutzen und insofern auch die gesamte Bandbreite als Zielkorridor ansehen sollte.

Folgende *Kritikpunkte* mit Blick auf die vorgestellte Modellanalyse sind hervorzuheben:

Interventionen: Die Modellierung des Zielzonen-Ansatzes ist insofern unvollständig, als in der wechselkurspolitischen Realität intramarginale Devisenmarktinterventionen überwiegen. Diese werden in den Überlegungen von Krugman vernachlässigt. Vor allem im Kontext einer mögli-chen Integration der MOEL über den WKM-2 kommen intramarginalen Interventionen eine entscheidende Rolle zu.

Ausgangspunkt der Zielzone: Wie in einem Festkurssystem stehen auch im Zielzonen-Ansatz die nationalen Institutionen vor dem Problem, eine gleichgewichtige Wechselkursparität zu wählen, um die eine Zielzone gelegt werden kann. Negative Rückwir-

---

[230] Vgl. Jochem/Sell (2001), S. 167ff.

[231] Vgl. Svensson (1992), S. 124.

[232] Vgl. Gärtner (1997), S. 237f.

[233] Vgl. Svensson (1992), S. 124.

[234] Eine theoretische und empirische Kritik bietet Svensson (1992). Vgl. auch Williamson (1996); Willms (1995).

[235] Vgl. Ohr (2001a), S. 66ff. sowie Svensson (1992), S. 140.

kungseffekte einer fehlbewerteten Währung werden je nach Höhe der Bandbreiten durch den entsprechenden Anpassungsspielraum des Wechselkurses entschärft. Im Falle einer zu engen Zielzone besteht jedoch in den MOEL angesichts sich verändernder Gleichgewichtsbedingungen ein nachhaltiger Anpassungsbedarf, dem etwa durch Anpassungsmaßnahmen (Verschiebung der Zielzone) oder durch die Modifikation des Wechselkurssystems (etwa crawling band) begegnet werden kann. Krugman unterstellt hingegen in seiner Modellierung, daß keine realignments durchgeführt werden, indem die bestehende Zielzone von der Zentralbank unter allen Bedingungen verteidigt werden kann.

Zugrundeliegendes Wechselkursmodell: Die Modellierung des Zielzonen-Konzeptes basiert auf der Vermögenspreistheorie, und somit steht die Erwartungsbildung der Devisenmarktteilnehmer im Vordergrund der Betrachtung. Die Entwicklung des Wechselkurses innerhalb des Bandes wird sowohl durch gegenwärtige Informationen als auch durch rationale Erwartungen über künftige Entwicklungen relevanter Fundamentalfaktoren bestimmt. Die Modellierung der Fundamentalfaktoren erfolgt über die monetäre Wechselkurstheorie bei flexiblen Preisen. Dies entspricht jedoch nicht der makroökonomischen Realität in den MOEL, da im Transformationsprozeß von einer begrenzten Anpassungsfähigkeit der Preise sowie – angesichts weiterhin bestehender Kapitalverkehrskontrollen – nicht von vollständiger Kapitalmobilität auszugehen ist.[236] Die Aussage des Krugman-Modells, nach der eine glaubwürdige Zielzone Wechselkursbewegungen nicht nur an der Bandgrenze auffängt, sondern vielmehr auch innerhalb des Bandes dämpft, ist dann nur eingeschränkt gültig.

Systemstabilität: Die Bedeutung der modellierten Wechselkursdynamik innerhalb der Zielzone für die wechselkurspolitische Wirklichkeit ist grundlegend von der Glaubwürdigkeit des Systems abhängig. Sobald die Märkte den Zielzonen-Bändern das Vertrauen entziehen, wirkt das Zielzonenarrangement destabilisierend und verstärkt die Gefahr spekulativer Attacken.[237] Je mehr obligatorische Devisenmarktinterventionen zur Verteidigung der Zielzone getätigt werden, um so entscheidender wird der Stabilisierungsmechanismus der Wechselkurserwartungen untergraben.[238] Dieses Szenario läßt sich etwa auf die später noch zu betrachtende Entwicklung in Tschechien im Mai 1997 anwenden, als nach massiven Zentralbankinterventionen das feste Wechselkursregime mit einer Bandbreite von plus/minus 7% schließlich aufgegeben werden mußte.[239]
Losgelöst von dem modelltheoretischen Krugman-Ansatz weisen Kritiker darauf hin, daß Zielzonen im allgemeinen die Nachteile fester und flexibler Wechselkurssysteme aufeinander vereinen: Während durch die Bandbreiten noch immer recht hohe Wechselkursschwankungen möglich sind, wird der geldpolitische Spielraum der beteiligten Notenbanken bei Erreichen der Bandgrenzen durch die Verpflichtung, obligatorische Devisenmarktinterventionen durchzuführen, begrenzt.

---

[236] Die Gültigkeit der gedeckten Zinsparität sowie ein dauerhaftes Gleichgewicht auf den Finanzmärkten ist zu bezweifeln. Wechselkursänderungen entsprechen dann nicht notwendigerweise Veränderungen der Zinsdifferenz.
[237] Krugman/Rotemberg (1995) entwickeln ein Modell spekulativer Attacken im Kontext der Zielzonen.
[238] Der von Krugman (1991) postulierte s-förmige Wechselkursverlauf nähert sich dann einer Geraden an, deren Steigung kleiner als eins ist. Vgl. Gärtner (1997), S. 239f.
[239] Vgl. für eine nähere Betrachtung den Teil B der vorliegenden Arbeit.

Zusammenfassend läßt sich festhalten, daß das wechselkurspolitische Konzept der Zielzonen eine wichtige Mischform in der Diskussion fester versus flexibler Wechselkurse im Transformationsprozeß darstellt. Das Grundmodell von Krugman (1991) leistet einen entscheidenden Beitrag. Vor allem konnte er modelltheoretisch aufzeigen, daß die Funktionsfähigkeit von Zielzonen nicht einfach im Sinne eines additiven Zusammenfügens flexibler und fester Wechselkurse zu verstehen ist.[240] Vielmehr ermöglicht das System der Zielzonen eine Integration beider Wechselkursregime, so daß sich beide Systeme 'durchdringen'. Es sind zwei Entwicklungen relevant: Zum einen wird die Volatilität des Wechselkurses angesichts der stabilisierenden Wirkung der Bandbreiten innerhalb der Zielzonen begrenzt. Zum anderen wird im Gegensatz zu vollständig festen Wechselkursen die Autonomie der nationalen Geldpolitik durch die Existenz der Zielzonen-Bänder gestärkt.

2.4 Theorie der optimalen Währungsräume in Bezug auf Transformationsstaaten

2.4.1 Hintergrund

Die vorangegangene Diskussion fester versus flexibler Wechselkurse verdeutlicht, daß die Wahl eines angemessenen Wechselkurssystems in Abhängigkeit von den strukturellen Charakteristika eines Landes zu treffen ist. Diese Erkenntnis wurde erstmals durch die Theorie optimaler Währungsräume[241] operationalisiert, deren Analyse sich auf drei Aspekte erstreckt:[242] Vor allem die ursprünglichen Literaturbeiträge untersuchen, unter welchen Umständen es für unterschiedliche Regionen vorteilhaft sei, sich zu einer Währungsunion zusammenzuschließen. Andere Beiträge zur Theorie optimaler Währungsräume nutzen diese Erkenntnisse, um darauf aufbauend die Erfolgsbedingungen für eine Währungsunion zu definieren. Schließlich nehmen neuere Arbeiten anhand des Theorieansatzes eine allgemeine Analyse flexibler und fester Wechselkurse vor.

Eine Renaissance erlebte die Theorie optimaler Währungsräume in den 90er Jahren: Zunächst trug die monetäre Integration im Rahmen der EWU dazu bei, daß im Gegensatz zu ursprünglichen Überlegungen im Kontext optimaler Währungsräume nicht nur die Option vollständig fester Wechselkurse, sondern vielmehr das Konzept der Einheitswährung im Vordergrund stand. Zudem entwickelte sich in Verbindung mit den monetären Entwicklungen in den MOEL eine allgemeine Diskussion zur Frage optimaler Wechselkurssysteme, in deren Kontext verstärkt auch die aus der Theorie optimaler Währungsräume ableitbaren Kriterien Verwendung fanden. Für die Frage der angemessenen Wechselkursflexibilität ist der Anpassungsmechanismus einer Volkswirtschaft im Zuge außenwirtschaftlicher Störungen als wesentlicher Untersuchungsgegenstand zu nennen. Der Begriff 'optimal' bezieht sich auf die Fähigkeit eines Wechselkurssystems, ein bereits existierendes Makrogleichgewicht aufrechtzuerhalten oder aber dieses nach einem externen Schock unter Minimierung der Anpassungskosten wieder herzustellen.

---

[240] Vgl. Gärtner (1997), S. 239.
[241] Demnach bildet eine Region dann ein optimales Währungsgebiet, wenn die Verwendung einer einheitlichen Währung mit keinem Wohlfahrtsverlust verbunden ist. Vgl. Burda/Wyplosz (1993), S. 419. Die Basis der Theorie optimaler Währungsräume wurde durch die Arbeit von Mundell (1961) gelegt.
[242] Vgl. Altmann (1994), S. 312f. sowie Elborgh-Woytek (1998), S. 17.

125

Welches Wechselkurssystem ist in diesem Kontext als optimal anzusehen? Zur Beantwortung der zentralen wechselkurspolitischen Frage haben sich in der Literatur der letzten Jahrzehnte verschiedene Kriterien herausgebildet, wobei die früheren vorrangig mikroökonomischer und die moderneren überwiegend makroökonomischer Natur sind.[243]

Die folgenden Ausführungen besitzen – wie in Abbildung A-12 ersichtlich – drei thematische Schwerpunkte: Zunächst sollen die von der traditionellen und modernen Literatur der optimalen Währungsräume identifizierten Kriterien herausgearbeitet werden. Daran anschließend erfolgt eine transformationsspezifische Einordnung der formulierten Kriterien. Dabei steht die neuere Literatur der endogenen optimalen Währungsräume im Mittelpunkt. Deren Aussagen sind insbesondere im Zusammenhang mit der Integration der MOEL in die währungspolitische Ordnung Europas relevant und bilden insofern eine theoretische Grundlage für die in Teil C analysierten wechselkurspolitischen Optionen der MOEL während des Annäherungsprozesses an den Euro.

Abbildung A-12: Wahl des geeigneten Wechselkursregimes

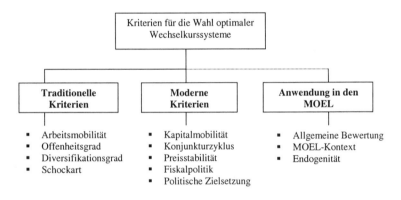

Quelle: Eigene Darstellung.

2.4.2 Traditionelle Kriterien

Die klassische Theorie optimaler Währungsräume formulierte vorrangig mikroökonomische Kriterien. Diese orientieren sich an der Notwendigkeit des Wechselkurses als Anpassungsmechanismus im Zuge mikroökonomischer Störungen, die Veränderungen der Angebots- und Nachfragebedingungen bewirken. Den Kern dieser traditionellen Theorie bilden die Ansätze von Mundell (1961), McKinnon (1963) sowie Kenen (1969).

Kriterium Arbeitsmobilität: Der von Mundell (1961) mit dem Titel *'A theory of optimum currency areas'* veröffentlichte Artikel bildet die Grundlage für eine anschließende Weiterentwicklung der Theorie optimaler Währungsräume. Mundell schlägt in seinem

[243] Eine gute Übersicht der verschiedenen Kriterien bieten Blejer et al. (1997), Traud (1996), Elborgh-Woytek (1998), Guitián (1994). Die nachfolgenden Ausführungen stützen sich auf diese Arbeiten.

126

Weiterentwicklung der Theorie optimaler Währungsräume. Mundell schlägt in seinem Beitrag als zentrales Kriterium die Mobilität des Produktionsfaktors Arbeit vor. Wenn im Zuge einer asymmetrischen Störung (etwa Nachfrageschock) eine permanente Präferenzverschiebung zugunsten des ausländischen Gutes eintritt, droht im Inland ein Konjunkturabschwung, der von einem Produktionsrückgang und steigender Arbeitslosigkeit begleitet wird. Die Wiederherstellung des Gleichgewichts kann entweder durch eine Mengenveränderung (Migration der Arbeitskräfte) oder eine relative Preisanpassung (Lohnkostensenkung) erfolgen. Auf den Wechselkurs als Anpassungsmechanismus kann im Modell von Mundell eher verzichtet werden, wenn die Arbeitsmarktflexibilität und Mobilität des Faktors Arbeit hinreichend hoch ausfallen.

Das Mundell-Kriterium zur Beurteilung der Kosten fester versus flexibler Wechselkurse besagt demnach: Je höher die Arbeitsmobilität in einem Land mit nach unten rigiden Preisen und Löhnen ausfällt, desto leichter sollte innerhalb eines festen Wechselkursregimes der Anpassungsprozeß im Zuge externer Schocks ausfallen.[244]

Kriterium Offenheitsgrad: McKinnon (1963) verlagert den Analyseschwerpunkt von den Faktor- hin zu den Gütermärkten. Als weiteren zentralen Indikator für die Beurteilung einer Währungsfixierung schlägt er den Offenheitsgrad einer Volkswirtschaft vor. Die Außenhandelsverflechtung wird als Relation nicht-handelbarer Güter und international handelbarer Güter in einer Ökonomie definiert.[245] McKinnon betrachtet eine kleine, offene Volkswirtschaft bei vollbeschäftigten Ressourcen. In einer hypothetischen Ausgangssituation weist diese angesichts einer Verlagerung der inländischen Präferenzen hin zum Sektor für handelbare Güter ein Leistungsbilanzdefizit auf.[246] Die Analyse von McKinnon konzentriert sich auf die Wirksamkeit einer nominalen Abwertung als Anpassungsinstrument zur Wiederherstellung des außenwirtschaftlichen Gleichgewichts. Unterstellt man eine vollkommen offene Volkswirtschaft, so orientiert sich annahmegemäß das inländische Preisniveau an den Auslandspreisen. Der Anstieg des Inlandspreisniveaus entspricht dann dem Abwertungssatz der Landeswährung, so daß die für eine Leistungsbilanzverbesserung notwendige Veränderung der relativen Preise ausbleibt. Demzufolge kann aus McKinnons Analyse gefolgert werden, daß Wechselkursveränderungen mit zunehmendem Offenheitsgrad der Volkswirtschaft an Wirksamkeit verlieren und inflationäre Effekte zur Folge haben.[247]

Das McKinnon-Kriterium zur Beurteilung der Kosten fester versus flexibler Wechselkurse besagt demnach: Je offener ein Land ist, desto geringer fallen die in Verbindung mit einem Festkurssystem entstehenden Kosten aus.

---

[244] Vgl. Bayoumi (1994), S. 537f.; Eichengreen/Masson (1998), S. 22.

[245] Vgl. McKinnon (1963), S. 717.

[246] Dabei berücksichtigt McKinnon (1963) keine Kapitalbewegungen.

[247] Vgl. McKinnon (1963), S. 719f.; Traud (1996), S. 37. Von zentraler Bedeutung in diesem Modellrahmen ist der Grad der Geldillusion bei inländischen Wirtschaftssubjekten. Dabei sinkt der Grad der Geldillusion im allgemeinen mit steigendem Offenheitsgrad der Volkswirtschaft, und die Reaktion der Löhne und Preise auf nominale Abwertungen steigt ceteris paribus. In einer kleinen, offenen Ökonomie mit direkten Auswirkungen der nominalen Abwertungen auf das Preisniveau dürfte die Geldillusion nur gering sein, d.h. die Wirtschaftssubjekte orientieren sich verstärkt an realen statt nominalen Größen.

Kriterium Diversifikationsgrad: Als weiteres klassisches Kriterium schlägt Kenen (1969) den Diversifikationsgrad von Produktions- und Exportstruktur einer Volkswirtschaft vor. Grundgedanke der Überlegungen ist, daß eine Wirtschaft mit stark diversifiziertem Außenhandel von Preis- und Mengenveränderungen auf dem Weltmarkt relativ wenig betroffen wäre. Mikroökonomische Störungen in einzelnen Bereichen neutralisieren sich angesichts der hohen Verflechtung gegenseitig oder haben eine lediglich geringe Gesamtbedeutung. Dementsprechend sinkt der Anpassungs*bedarf* einer Volkswirtschaft bei sektoralen Störungen mit dem Diversifikationsgrad und damit der Stellenwert des Wechselkurses als Anpassungs- und Kompensationsmechanismus. Kenen verweist in Anlehnung an das Mundell-Argument der Faktormobilität zusätzlich auf die Anpassungs*fähigkeit* einer Volkswirtschaft, die mit dem Diversifikationsgrad zunimmt. Diese These wird durch die Analyse eines unterstellten Nachfragerückgangs und dessen Effekte auf die inländische Beschäftigung gestützt.[248] Innerhalb einer stark diversifizierten Wirtschaft wird das Vollbeschäftigungsziel wesentlich weniger gefährdet. Bei ausreichender intersektoraler Mobilität der Produktionsfaktoren ist es dann wahrscheinlich, daß die – angesichts der Störung in einem Sektor freigesetzten – Arbeitnehmer von einem anderen Bereich absorbiert werden können.

Das Kenen-Kriterium zur Beurteilung der Kosten fester versus flexibler Wechselkurse besagt demnach: Je höher der Diversifikationsgrad einer Volkswirtschaft ist, desto stärker überwiegen die Vorteile einer festen Wechselkursanbindung, da der Anpassungsbedarf im Zuge sektoraler Störungen sinkt, und die Anpassungsfähigkeit einer Wirtschaft steigt.

Kriterium Schockart: Die traditionellen Ansätze betonen, daß die relativen Kosten verschiedener Wechselkurssysteme vor allem von der Herkunft volkswirtschaftlicher Störungen abhängen.[249] Nachfolgende Arbeiten von Fischer (1977) sowie Flood (1979) greifen diesen Gedanken auf und gehen bei der Bestimmung der optimalen Wechselkursflexibilität verstärkt auch auf die Schockart ein. Dabei wird üblicherweise eine Klassifizierung gesamtwirtschaftlicher Störungen nach symmetrischen versus asymmetrischen, transitorischen versus permanenten, angebotsseitigen versus nachfrageseitigen Schocks vorgenommen.[250] Auf diese Weise soll der Anpassungsbedarf einer Volkswirtschaft im Zuge auftretender Störungen untersucht werden, wobei ein optimales Wechselkursregime die Stabilisierung der wirtschaftlichen Entwicklung garantieren würde.[251] Überwiegen in den MOEL inländische nominale Schocks (etwa eine Störung der Geldnachfrage), so würde das Land von einem Festkurssystem mit dem Wechselkurs als nominaler Anker profitieren. Demgegenüber schützt ein flexibleres Wechselkurssystem im Falle ausländischer nominaler Schocks die nationale Volkswirtschaft vor spill-over-Effekten. Liegen hingegen inländische oder ausländische realwirtschaftliche Störungen

---

[248] Vgl. Kenen (1969), S. 49ff.; Traud (1996), S. 59; Elborgh-Woytek (1998), S. 30.

[249] Vgl. Kenen (1969), S. 51f. und das Argument von Isard (1995), S. 194.

[250] Vgl. Pauer (1996), S. 19ff. Unter einem ökonomischen Schock wird eine (schwere) Störung des Gleichgewichts zwischen Angebot und Nachfrage verstanden, die angesichts eines veränderten Verhaltens der Wirtschaftssubjekte oder aufgrund veränderter ökonomischer Rahmenbedingungen zustande kommt. Vgl. auch Guitián (1994), S. 18ff.

[251] Vgl. IMF (1997), S. 83. Vgl. für die Klassifizierung von Schocks und deren Auswirkungen auf die Wahl des optimalen Wechselkursregimes auch Isard (1995), S. 194; Eichengreen/Masson (1998), S. 23.

vor (etwa Produktivitätsveränderungen oder ein Nachfragerückgang nach Inlandsprodukten), profitiert die Wirtschaft bei nach unten rigiden Preisen und Löhnen von flexibleren Wechselkursregimen. In diesem Fall kann die realwirtschaftliche Anpassung nach der Störung über den Wechselkurs erfolgen. Es gilt: Bei geringerer Symmetrie der realen Schocks im Ländervergleich steigen die Kosten einer festen Wechselkursanbindung ceteris paribus an.

Das Kriterium der Schockart zur Beurteilung der Kosten fester versus flexibler Wechselkurse besagt demnach: Die Attraktivität eines flexibleren Wechselkursregimes innerhalb einer Volkswirtschaft steigt mit der Häufigkeit ausländischer nominaler Schocks sowie mit der Anzahl realer Schocks. Demgegenüber nimmt die Optimalität eines Festkurssystems ceteris paribus mit der Häufigkeit inländischer nominaler Störungen zu.

2.4.3 Moderne Kriterien

Aufbauend auf diesen klassischen Determinanten für die Wahl eines geeigneten Wechselkursregimes wurden in der Literatur weitere, verstärkt makroökonomisch orientierte, Kriterien entwickelt. Neuere Arbeiten berücksichtigen zugleich die von den klassischen Kriterien ignorierten monetären Aspekte sowie die veränderten weltwirtschaftlichen Entwicklungen. Das wesentliche Anliegen der modernen Arbeiten ist die Klärung der Frage, ob im Falle gleichgerichteter Entwicklungen makroökonomischer Indikatoren sowie kohärenter Strategien der Wirtschaftspolitik auf den Wechselkurs als Anpassungsmechanismus verzichtet werden kann.[252]

Im folgenden sind die im späteren Analyserahmen relevanten fünf neueren Kriterien aufgeführt:

Kriterium Kapitalmobilität: In engem Zusammenhang zum Mundell-Kriterium der Mobilität des Faktors Arbeit steht das durch Scitosky (1967) entwickelte Unterscheidungsmerkmal der Kapitalmobilität. Grundlage dieses Ansatzes ist die Frage, inwieweit nach einer außenwirtschaftlichen Störung der erforderliche Anpassungsprozeß zwischen den Ländern durch entsprechende Faktorwanderungen (Kapitalströme) erfolgt, so daß auf den Mechanismus des Wechselkurses im Falle einer Festkursstrategie verzichtet werden kann. Die Optimalität einer festen Wechselkursbindung zwischen zwei Volkswirtschaften erfordert, daß der Faktor Kapital auf internationale Renditedifferenzen reagiert, und somit über die Kapitalbilanz ein Ausgleich des Leistungsbilanzsaldos durch Kapitaltransfers erfolgt. Demzufolge ist die Implementierung fester Wechselkurse um so vorteilhafter, je höher die Kapitalmobilität sowie die Integration der Finanzmärkte ausfällt. Dieses Argument optimaler Währungsräume stellt jedoch noch kein operationalisierbares Kriterium für die Wahl eines geeigneten Wechselkurssystems dar: Ein Transfer der Scitosky-Sichtweise erfolgt angesichts der rasch ansteigenden Kapitalmobilität seit Ende der 80er Jahre. Dabei argumentieren zahlreiche Autoren (wie etwa Obstfeld/Rogoff (1995)), daß ein hohes Maß an mobilem Kapital die Aufrechterhaltung von Mischformen vollkommen flexibler und fester Wechselkursregime nachhaltig erschwert und zu Glaubwürdigkeitsverlusten beiträgt.[253]

---

[252] Vgl. Elborgh-Woytek (1998), S. 42.
[253] Vgl. die Diskussion des Unmöglichkeitstheorems in Abschnitt 1.2.

129

Das Kriterium der Kapitalmobilität zur Beurteilung der Kosten fester versus flexibler Wechselkurse besagt demnach: Je höher die Mobilität des Faktors Kapital ausfällt, desto schwieriger ist die Aufrechterhaltung eines festen, aber anpassungsfähigen Wechselkursregimes. Bei vollkommener Kapitalmobilität sind ein institutionell abgesichertes festes Wechselkursregime (etwa currency board) oder aber vollkommen flexible Wechselkurse vorzuziehen.

Kriterium Konjunkturzyklus: Unter die Determinante der Konjunkturzyklen können drei Aspekte subsumiert werden.[254] Zunächst hebt erstmals Magnifico (1971) hervor, daß diejenigen Länder, die sich untereinander für eine Fixierung ihrer Währungen entscheiden, über einen gleichgerichteten Konjunkturverlauf verfügen sollten. Falls hingegen in einem festen Wechselkurssystem nachhaltige Abweichungen der Konjunkturzyklen und demzufolge konjunkturbedingte Unterschiede der außenwirtschaftlichen Salden bestehen, werden Wechselkursanpassungen notwendig.[255] Dieses Kriterium der parallel verlaufenden Konjunkturentwicklung kann durch eine ähnliche Bestimmungsgröße, der Divergenz von Wachstumsraten, operationalisiert werden. Schließlich wurde in diesem Kontext mit dem Kriterium der Produktivitätsentwicklung ein für Transformationsökonomien wesentlicher Aspekt identifiziert. Nachhaltige Produktivitätssteigerungen tragen zu einem gleichgewichtigen Veränderungsprozeß der Landeswährung bei. Falls innerhalb eines Festkursregimes dauerhaft variierende Produktivitätssteigerungen gegenüber dem Ankerland existieren, so ergibt sich die Notwendigkeit veränderter Wechselkursparitäten.

Das Kriterium der Konjunkturzyklen zur Beurteilung der Kosten fester versus flexibler Wechselkurse besagt demnach: Je gleichgerichteter die konjunkturelle Entwicklung zum Ankerland verläuft, desto eher ist ceteris paribus die Wahl eines Festkurssystems vorzuziehen.

Kriterium Preisstabilität: Die entscheidende Grundlage dieses Kriteriums liegt in den unterschiedlichen Präferenzen verschiedener Länder bezüglich wirtschaftspolitischer Ziele. Als Unterkriterium der Homogenität der Präferenzen dient die länderindividuelle Einschätzung, welche Priorität der Preisniveaustabilisierung zukommt.[256] Kasper/Stahl (1971) weisen darauf hin, daß ein zentrales Kriterium für die Tragfähigkeit einer festen Wechselkursbindung in Preissteigerungsraten liegt, die denjenigen der Haupthandelspartner in etwa entsprechen. Falls jedoch dauerhaft ein positiver Inflationsspread zwischen dem Inland und dem Ankerland existiert, so ist die heimische Wirtschaft gezwungen, eine Anpassungsstrategie zu verfolgen. Diese gefährdet mit ihren Folgen die feste Wechselkursanbindung: Ein dauerhaftes Inflationsdifferential gegenüber den Handelspartnern ist bei unzureichenden Produktivitätssteigerungen mit einer realen Aufwertung der Landeswährung verbunden, welche die preisliche Wettbewerbsfähigkeit auf den Weltmärkten schwächt. Das nachfolgende Leistungsbilanzdefizit ist dauerhaft durch einen entsprechenden Einsatz von Devisenreserven nicht auszugleichen, und die Glaub-

---

[254] Vgl. Elborgh-Woytek (1998), S. 46.
[255] Frankel/Rose (1997b) weisen auf die Endogenität dieses Kriteriums hin, indem infolge einer größeren Währungsintegration zugleich die gegenläufigen konjunkturellen Entwicklungen reduziert werden.
[256] Dies steht in engem Zusammenhang mit der Phillips-Kurvendiskussion. Vgl. etwa Clark/Laxton (1997).

würdigkeit des Wechselkurssystems nimmt ab. Die Gefahr einer Zahlungsbilanzkrise kann in Anlehnung an die Erklärungsansätze von Währungskrisen der ersten Generation[257] auf die Inkonsistenz der Wirtschaftspolitik mit dem Festkurssystem sowie auf einen begrenzten Bestand an Devisenreserven zurückgeführt werden. Eine feste Wechselkursanbindung kann bei einem signifikanten Inflationsspread lediglich während einer vorübergehenden Stabilisierungsphase zur raschen Disinflation mit dem Wechselkurs als nominaler Anker erfolgreich sein.

Das Kriterium der Preisniveaustabilität zur Beurteilung der Kosten fester versus flexibler Wechselkurse besagt demnach: Je höher der Inflationsunterschied gegenüber den Haupthandelspartnern ausfällt, desto größer ist die Notwendigkeit einer Wechselkurskorrektur und flexibler Wechselkursregelungen.

Kriterium Fiskalpolitik: Wie angeführt, verweisen neuere Kriterien der Theorie optimaler Währungsräume auf den notwendigen Harmonisierungsgrad wirtschaftspolitischer Zielvorstellungen zwischen den Ländern. In einigen Literaturbeiträgen wird die Fiskalpolitik in den Vordergrund der Beurteilung alternativer Wechselkurssysteme gestellt. Als operationalisierbare Indikatoren können vor allem die Flexibilität und Nachhaltigkeit der Fiskalpolitik abgeleitet werden.[258] Indem die Wahl eines festen Wechselkursregimes den Verlust der geld- und währungspolitischen Freiheitsgrade bedeutet, steigt die Notwendigkeit einer flexibleren Fiskalpolitik. Im Zuge asymmetrischer Störungen kommt etwa der Steuerpolitik als Stabilisierungsfunktion eine bedeutende Rolle zu. Dies geschieht, indem über entsprechende Anpassungsmaßnahmen der Steuersätze und Bemessungsgrundlagen drohende kontraktive Effekte abgemildert werden können. Velasco (1996) verweist zudem auf die Nachhaltigkeit der Fiskalpolitik als wesentliche Determinante für die Wahl eines geeigneten Wechselkurssystems. Die Aufrechterhaltung eines festen Regimes sei im Falle eines signifikant hohen Haushaltsdefizits am schwierigsten, obgleich der notwendige Glaubwürdigkeitsimport durch einen nominalen Anker der Geld- und Wechselkurspolitik am höchsten ist.[259] Eine hohe öffentliche Neuverschuldung lähmt nicht nur die notwendige Flexibilität der Fiskalpolitik, sondern steigert sowohl die Gefahr einer Zahlungsbilanzkrise als auch den Druck der Finanzierung durch die Zentralbank.[260]

Das Kriterium der Fiskalpolitik zur Beurteilung der Kosten fester versus flexibler Wechselkurse besagt demnach: Je höher das Verhältnis der Neuverschuldung zum BIP in einer Ökonomie ausfällt, desto eher ist von einer festen Wechselkursanbindung abzuraten.

Kriterium politische Zielsetzung: Im Zusammenhang mit der Theorie optimaler Währungsräume konzentrieren sich neuere Literaturbeiträge auch auf politökonomische Aspekte. Damit wird der Tatsache Rechnung getragen, daß die Implementierung eines gemeinsamen Währungsraumes vor allem die Bereitschaft zu einer vereinheitlichten politischen Willensbildung sowie Entscheidungsprozessen voraussetzt. Insofern ist es

---

[257] Vgl. für einen Überblick Ohr (1998a), S. 248ff.

[258] Vgl. für einen Überblick der verschiedenen Literaturbeiträge Elborgh-Woytek (1998), S. 56ff. Kenen (1969), S. 46ff. verwies bereits auf die entscheidende Bedeutung der Fiskalpolitik im Kontext optimaler Währungsräume.

[259] Vgl. Velasco (1996), S. 1034.

[260] Vgl. Eichengreen/Masson (1998), S. 23.

durchaus möglich, daß zwei Volkswirtschaften, die über identische strukturelle Charakteristika verfügen, optimalerweise verschiedenartige Wechselkurssysteme implementieren.[261] Demzufolge berücksichtigen einige Autoren, wie etwa Edwards (1996), in ihrer
Analyse geeigneter Wechselkursregime die Zielfunktion des Staates. Grundlage dieser
politökonomischen Überlegungen ist der wechselkurspolitische trade-off zwischen höherer Glaubwürdigkeit einer festen Wechselkursbindung und größerem Spielraum eines
flexiblen Wechselkursregimes. Edwards unterstellt, daß die staatlichen Entscheidungsträger bei der Wahl eines optimalen Wechselkurssystems die Minimierung einer volkswirtschaftlichen Verlustfunktion aus monetären (Inflation) und realen (Arbeitslosigkeit)
Größen anstreben.

Eine realistische Analyseerweiterung in diesem Modellrahmen stellt der Einbezug politischer Kosten dar, die im Falle einer Leitkursänderung oder aber einer Freigabe des
Wechselkurses entstehen.[262] Beispielsweise dürften die politischen Kosten höher ausfallen, wenn die Korrektur einer zugrundeliegenden Überbewertung der Landeswährung
von den politischen Institutionen im Rahmen fester, aber anpassungsfähiger Wechselkurse durchgesetzt wird, als wenn dies innerhalb flexibler Wechselkurse den
Marktkräften überlassen wird. Dieser Überlegung liegt das folgende, von Cooper
(1971b) im Rahmen einer empirischen Untersuchung erstmals formulierte, stilisierte
Faktum der Wechselkurspolitik zugrunde: Infolge von – durch staatliche Entscheidungsträger herbeigeführten – Abwertungen der Landeswährung steigt die Wahrscheinlichkeit politischer Konsequenzen im Sinne einer Destabilisierung der Regierung.[263]

Das Kriterium der politischen Zielsetzungen zur Beurteilung der Kosten fester versus
flexibler Wechselkurse besagt demnach: Je höher die politischen Kosten einer Wechselkursanpassung sowie die politische Instabilität eines Landes ausfallen, desto wahrscheinlicher ist die Wahl eines flexiblen Wechselkurssystems.

2.4.4 Anwendung der Kriterien

Die Ableitung währungspolitischer Strategien für die MOEL aus der Theorie optimaler
Währungsräume ist durchaus kritisch zu beurteilen. Zunächst sind die *allgemeingültigen
Defizite und Argumentationsasymmetrien* im Zusammenhang mit klassischen Kriterien
zu nennen.

Die modelltheoretische Grundlage dieser mikroökonomisch orientierten Indikatoren besteht aus einer rein güterwirtschaftlichen Betrachtungsweise, die angesichts der Annahme nach unten starrer Löhne und Preise stark durch keynesianische Vorstellungen geprägt ist. Als Anpassungsinstrument im Zuge asymmetrischer Schocks wird die Preisflexibilität dementsprechend nicht betrachtet.[264] In Verbindung mit dem Kriterium der

---

[261] Vgl. Eichengreen/Masson (1998), S. 20.

[262] Vgl. IMF (1997), S. 86; Edwards (1996), S. 6ff. sowie Edwards/Savastano (1999), S. 10f.

[263] Vgl. Cooper (1971b), S. 28f. Cooper kommt im Kontext von Entwicklungsländern zu dem Ergebnis,
daß infolge einer Abwertung die Wahrscheinlichkeit annähernd verdoppelt wird, daß die aktuelle Regierung aus dem Amt scheidet. Zudem bemerkt Cooper, daß rund 60% der Finanzminister, die für eine
Leitkursänderung (Abwertung der Landeswährung) verantwortlich zeichneten, innerhalb der nächsten
zwei Monate ihr Amt aufgeben mußten.

[264] Vgl. die Argumentation von Bofinger (1996), S. 79 sowie für eine kritische Bewertung der klassischen Kriterien optimaler Währungsräume Elborgh-Woytek (1998), S. 31ff.; Traud (1996).

Faktormobilität von Mundell (1961) ist zum einen die methodische Ungenauigkeit des Mobilitätsbegriffs zu kritisieren, indem er nicht zwischen sektoraler, regionaler oder auch professioneller Flexibilität differenziert. Zum anderen dürfte die angenommene Geldillusion der Wirtschaftssubjekte vor allem in kleineren Volkswirtschaften nicht zutreffend sein, da die Inlandspreise zu einem höheren Grad von Schwankungen des Wechselkurses abhängig sind. Die Unfähigkeit der Individuen, monetäre von realen Größen zu unterscheiden, ist bei Mundell die Voraussetzung dafür, daß der Wechselkurs seine Anpassungsfunktion wahrnehmen kann. Im Zusammenhang mit dem Kriterium des Offenheitsgrades von McKinnon (1963) ist als zentraler Kritikpunkt anzuführen, daß die Modellimplikationen nur dann für die Wahl eines geeigneten Wechselkursregimes Gültigkeit besitzen, wenn die Annahme eines inversen Verhältnisses zwischen Offenheitsgrad und Größe eines Landes zutrifft.[265] Im Zentrum der Bewertung des Kriteriums des Diversifikationsgrades von Kenen (1969) stehen dessen Widersprüche gegenüber dem Kriterium des Offenheitsgrades. Während McKinnon ein Festkursregime für kleine, offene Länder favorisiert, weist die Argumentation von Kenen für kleine Länder auf flexiblere Wechselkurse hin, wenn unterstellt wird, daß kleinere Ökonomien über einen geringeren Diversifikationsgrad ihrer Produktions- und Exportstruktur verfügen.

Eine Synthese dieser heterogenen und teilweise widersprüchlichen traditionellen Kriterien stellt Vaubel (1978) her, indem er die Entwicklung des realen Wechselkurses und damit den strukturellen Anpassungsdruck einer Volkswirtschaft mit der Faktormobilität, dem Offenheitsgrad sowie dem Diversifikationsgrad verknüpft. Dabei wird die Volatilität des realen Wechselkurses als operationalisierbares und transparentes Kriterium angesehen, das sämtliche Auswirkungen der traditionellen Determinanten in sich vereint.[266] Aus einer geringeren Varianz des realen Wechselkurses kann im Sinne von Vaubel auf einen ebenfalls geringen Anpassungsdruck der MOEL geschlossen werden. Insgesamt folgert Vaubel, daß reale Wechselkursschwankungen um so kleiner ausfallen, und ein festes Wechselkursregime ceteris paribus eher aufrechtzuerhalten ist, je höher die Faktormobilität in einem Land, je offener die Volkswirtschaft und je diversifizierter die Produktion ist.

Diese allgemeinen Kritikpunkte der für westliche Industrieländer entwickelten Theorie optimaler Währungsräume sind angesichts der *spezifischen Bedingungen in den MOEL* durch weitere Aspekte zu ergänzen. Der Aussagegehalt für optimale währungspolitische Strategien hängt dabei von der Frage ab, inwieweit eine wettbewerbs- und funktionsfähige Marktwirtschaft als Analyseobjekt vorliegt. An dieser Stelle ist zwischen der reinen Transformationsphase einerseits und der Integrationsphase in die EU andererseits zu unterscheiden.

---

[265] Vgl. Traud (1996), S. 39. Als exemplarisches Gegenbeispiel werden in der Literatur üblicherweise die USA angeführt. Trotz der relativ geringen Importneigung gilt die USA im Sinne von McKinnon als offen.

[266] Vgl. Vaubel (1978), S. 320ff. Im Zusammenhang mit der Mobilität des Faktors Arbeit argumentiert Vaubel beispielsweise wie folgt: Im Falle einer hohen Arbeitsmobilität ist in strukturell schwachen Regionen mit weniger Arbeitslosigkeit zu rechnen. Nominale Abwertungen mit dem Ziel einer Reallohnsenkung dürften demzufolge seltener durchgeführt werden, so daß auch die realen Wechselkursschwankungen abgeschwächt werden.

Die Volkswirtschaften weisen während der *Transformationsphase* die folgenden Kerneigenschaften auf, welche die Aussagefähigkeit der Kriterien einschränken:[267]

- Einschränkungen marktwirtschaftlicher Prozesse durch staatlichen Interventionismus
- mikroökonomische Verzerrungen
- unterentwickelte, ineffiziente Märkte und ein institutionelles Vakuum
- eine durch die sozialistische Isolierung geprägte Außenhandelsstruktur
- Instabilitäten makroökonomischer Variablen

Zwar haben diese Einschränkungen während des Transformationsprozesses an Gewicht verloren, jedoch kann bis heute in den MOEL von keinem abgeschlossenen Übergangsprozeß ausgegangen werden (s. Teil B). Demzufolge ist bei der Beurteilung der bisherigen Wechselkurspolitik zu berücksichtigen, daß vor allem die klassischen Kriterien nur begrenzt anwendbar sind. Dabei müssen sämtliche Kriterien, die ihre Aussagekraft aus der Effizienz oder Integration von Märkten ableiten, in bezug auf die MOEL als nicht vollständig operationalisierbar angesehen werden.[268] Während der ersten Transformationsphase hätte etwa das angeführte Kriterium der Schockart angesichts einer hohen Wahrscheinlichkeit asymmetrischer realer Schocks die Wahl eines Wechselkursregimes impliziert, bei dem der Wechselkurs weiterhin als volkswirtschaftlicher 'Puffer' verwendet werden kann. Dies steht jedoch im Widerspruch zu der von zahlreichen MOEL gewählten Festkursstrategie, die in der ex-post-Betrachtung angesichts der spezifischen strukturellen Bedingungen in den meisten Ländern durchaus als optimal zu bezeichnen war. In dieser Phase ist auch das von Mundell postulierte Kriterium der Arbeitsmobilität nur unter Vorbehalt anwendbar. Die Mobilität des Faktors Arbeit ist nicht das Resultat eines zugrundeliegenden Marktprozesses und damit von ökonomischen Knappheitspreisen, sondern bleibt zunächst weitreichenden politischen und administrativen Interventionen unterworfen.

Grafe/Wyplosz (1997) weisen in einer modelltheoretischen Analyse darauf hin, daß die Migration der Arbeitskräfte in den MOEL vor allem intersektoral erfolgt, so daß die von Mundell modellierte interregionale Mobilität im allgemeinen gering ist. Darüber hinaus dürfte die von Mundell innerhalb eines keynesianischen Modellrahmens postulierte Geldillusion und damit die Orientierung an nominalen Variablen angesichts einer hochinflationären Entwicklung in den MOEL zunächst eingeschränkt sein. Schließlich kann das Kriterium gleichgerichteter Konjunkturzyklen nur bedingt angewandt werden, da sich in den MOEL nach Transformationsrezessionen und strukturellen Produktionseinbrüchen nur äußerst zögerlich Konjunkturmuster herausbilden, die sich mit denen vollständig entwickelter Marktwirtschaften vergleichen lassen.

In Verbindung mit dem mikro- und makroökonomischen Veränderungsprozeß innerhalb von Transformationsökonomien gewinnt die *Endogenitätseigenschaft* der angeführten Kriterien stark an Bedeutung. Im Verlauf des letzten Jahrzehnts wurde in zahlreichen

---

[267] Vgl. für die folgenden Ausführungen Elborgh-Woytek (1998), S. 75-85, die eine transformationsspezifische Beurteilung der Theorie optimaler Währungsräume durchführt.
[268] Vgl. Elborgh-Woytek (1998), S. 79.

134

Literaturbeiträgen zur EWU verstärkt darauf hingewiesen, daß die angeführten strukturellen Charakteristika von Volkswirtschaften bezüglich der Wahl eines geeigneten Wechselkurssystems endogen sind. Demzufolge hat die Ausgestaltung der Wechselkurspolitik einen erheblichen Einfluß auf das jeweilige Kriterium, so daß im Idealfall beispielsweise nicht die ex-ante, sondern vielmehr die ex-post Faktormobilität relevant ist. Frankel/Rose (1997b) weisen darauf hin, daß mit der Intensität der Handelsverflechtungen zwischen Ländern auch die Korrelation der Einkommensentwicklungen sowie der Konjunkturzyklen zunimmt.

Eine wesentliche Implikation dieser Endogenitätseigenschaft ist, daß ein bestimmtes Wechselkursregime für ein Land bei gegebenen ökonomischen Strukturbedingungen nicht für einen längeren Zeitraum als optimal anzusehen ist. Vielmehr unterliegen die strukturellen Parameter einer Volkswirtschaft angesichts fundamentaler politischer Entscheidungen sowie exogener Einflußfaktoren einem dynamischen Veränderungsprozeß, der die Optimalität der gegenwärtigen Wechselkurspolitik untergraben kann.[269] Diese Erkenntnis ist für die Analyse der optimalen Wechselkurspolitik im Kontext der MOEL von entscheidender Bedeutung: Während des volkswirtschaftlichen Entwicklungsprozesses – von der Stabilisierung über die Modernisierung bis hin zur künftigen Integration in die EU – verändert sich das jeweils optimale Wechselkursregime. Demzufolge kann eine Beurteilung der geeigneten Wechselkurspolitik nach einem EU-Beitritt der jeweiligen MOEL (s. Teil C) nicht ausschließlich auf Basis aktueller oder historischer Werte der strukturellen Kriterien erfolgen. Vielmehr muß auch hier der dynamische Veränderungsprozeß berücksichtigt werden.

Die Anwendbarkeit der Kriterien bei der Beurteilung wechselkurspolitischer Optionen während des *Integrationsprozesses zur EU* ist weitreichender, jedoch noch immer begrenzt. Der Nachholbedarf der EU-Beitrittsländer erstreckt sich sowohl auf nominale als auch auf realwirtschaftliche Gesichtspunkte: Noch immer liegt die wirtschaftliche Strukturreife der MOEL signifikant unter dem Niveau Westeuropas. Zum einen sind im fiskalischen (öffentliche Finanzierungssalden) und monetären Bereich (Inflationsraten) weiterhin starke Anstrengungen erforderlich. Zum anderen muß sich der notwendige realwirtschaftliche Aufholprozeß mit Hilfe von Strukturreformen auf Defizite in den folgenden Bereichen konzentrieren:[270]

- überdurchschnittlich hoher Staatsbesitz im Unternehmenssektor
- Defizite der rechtlichen und institutionellen Rahmenbedingungen
- unterentwickelte Bankensysteme und Finanzmärkte
- eingeschränkter Kapitalverkehr

Im Gegensatz zum Transformationsbeginn können nun in den verschiedenen Theorieansätzen hinreichend entwickelte Marktkräfte zum Zahlungsbilanzausgleich beitragen. Gleichwohl bewirken die auch nach der bisherigen Transformationsphase größtenteils ineffizienten Finanz- und Kapitalmärkte eine eingeschränkte Operationalisierbarkeit des

---

[269] Einen zentralen Beitrag zur Endogenität optimaler Währungsräume liefern Frankel/Rose (1997b). Eine Anwendung auf die EWU bieten Frankel/Rose (1997a). Vgl. auch Frankel (1999), S. 29ff.; Masson (2000).

[270] Vgl. Europäische Zentralbank (2000a), S. 43f.

Kriteriums der Kapitalmobilität und insofern der Integration der Finanzmärkte. Einige neuere Kriterien unterstellen im Zuge von schockinduzierten Leistungsbilanzungleichgewichten kompensierende Kapitalmarkttransaktionen, deren Geschwindigkeit und Effizienz noch immer begrenzt sind.

Im Bewußtsein der angesprochenen Argumentationsasymmetrien sowie den nunmehr geringeren Einschränkungen bei der Anwendbarkeit bieten die Kriterien im Gegensatz zur ersten Transformationsphase eine hinreichend gute Grundlage für die Beurteilung derzeitiger und zukünftiger währungspolitischer Strategien. Gleichwohl sind die aus der Theorie optimaler Währungsräume abgeleiteten Kriterien, wie im folgenden dargestellt wird, durch weitere Indikatoren zu ergänzen.

3. Zusammenfassung

3.1 Kriterien für die Wahl einer optimalen Wechselkurspolitik

Im vorliegenden Kapitel wurde versucht, den typischen Entwicklungspfad der Wechselkurspolitik während des bisherigen Transformationsprozesses theoretisch nachzuzeichnen. Dabei sind unter anderem die bisherige Diskussion fester versus flexibler Wechselkurse in einem transformationsspezifischen Kontext analysiert und operationalisierbare Kriterien aus der Theorie optimaler Währungsräume für die Wahl eines geeigneten Wechselkurssystems abgeleitet worden. Für das Verständnis und die geeignete Anwendung ist die Erkenntnis von Bedeutung, daß in der Literatur bisher weder eine Übereinstimmung darüber existiert, wie die angeführten Kriterien zu quantifizieren und zu gewichten sind, noch inwieweit im Falle eines bestehenden trade-offs einzelnen Kriterien eine Priorität einzuräumen ist.[271]

In Verbindung mit der Optimalität des Wechselkursregimes konzentrieren sich vielfältige Literaturbeiträge auf länderspezifische Charakteristika. Mit deren Hilfe soll geklärt werden, ob zur Aufrechterhaltung eines internen und externen Gleichgewichts die Implementierung eines festen oder flexiblen Wechselkursregimes angemessen erscheint.[272] Zusammenfassend kann dabei für die spätere Analyse festgehalten werden, daß die Vorteile einer *festen Wechselkursbindung* ceteris paribus um so stärker überwiegen,

- je höher die Arbeitsmobilität bei nach unten rigiden Preisen und Löhnen ausfällt.
- je offener die Volkswirtschaft ist.
- je höher der Diversifizierungsgrad der Produktions- und Exportstruktur ausfällt.
- je weniger reale und je häufiger inländische nominale Schocks auftreten.
- je gleichgerichteter der Konjunkturzyklus im Vergleich zum potentiellen Ankerland ist.
- je geringer die Inflationsdifferenz zwischen Inland und evtl. Ankerland ist.
- je niedriger das Verhältnis von Staatsverschuldung zum BIP in einer Ökonomie ausfällt.
- je geringer die politischen Kosten einer Leitkursänderung sind.

---

[271] Vgl. Eichengreen/Masson (1998), S. 20.
[272] Vgl. IMF (1997), S. 82f.

Diese aus der Theorie optimaler Währungsräume abgeleiteten Kriterien für die Wahl einer geeigneten Währungsstrategie in den MOEL können durch folgende Aspekte ergänzt werden:

Die Höhe der – einer Zentralbank zur Verfügung stehenden – *Devisenreserven* gilt als wesentliche Determinante für die Fähigkeit, eine Festkursstrategie zu verfolgen oder den Wechselkurs innerhalb einer angekündigten Zielzone zu halten. Zu Transformationsbeginn verzichteten einige MOEL angesichts geringer Devisenreserven auf ein nominales Wechselkursziel. Kurzfristig ausreichende Devisenbestände bilden die Voraussetzung dafür, daß ohne eine neuerliche Implementierung von Kapitalverkehrsbeschränkungen spekulative Kapitalabflüsse aufgefangen werden können. Gleichzeitig wird bereits aufgrund der faktischen Existenz hoher Devisenbestände ex-ante die Glaubwürdigkeit des Wechselkurszieles unterstützt.[273] Desweiteren kann aus dem McKinnon-Kriterium des volkswirtschaftlichen Offenheitsgrades abgeleitet werden, daß mit der Intensität *bilateraler Handelsverflechtungen* die Anreize einer festen Wechselkursanbindung zwischen den fraglichen Ländern steigen. Ferner dient die *Glaubwürdigkeit der geldpolitischen Entscheidungsträger* als Indikator dafür, ob zur Reduktion des Zeitinkonsistenzenproblems die Wahl eines Festkursregimes anzustreben ist. Auf diese Weise kann dann ein nachhaltiger Glaubwürdigkeitsimport der Geldpolitik erlangt werden.[274] Darüber hinaus ist die Höhe der *Auslandsverschuldung* inländischer Wirtschaftssubjekte sowie die jeweilige Denominierung für die Wahl eines geeigneten Wechselkursregimes relevant. Die Vorteile einer festen Währungsanbindung erhöhen sich ceteris paribus mit dem ausländischen Verschuldungsvolumen. Bei der Wahl der Währungsstrategie sind schließlich *außer-ökonomische Faktoren* nicht zu unterschätzen. So gelten flexible Wechselkursregime und eine eigenständige Geldpolitik noch immer als Ausdruck monetärer und staatlicher Souveränität, deren Aufgabe trotz offensichtlicher ökonomischer Vorteile teilweise nur sehr zögerlich akzeptiert wird.

3.2 Ergänzung flexibler Wechselkurssysteme durch ein direktes Inflationsziel

Der typische Entwicklungspfad der Wechselkurspolitik in Transformationsökonomien ist durch eine zunehmende Flexibilisierung der Wechselkurssysteme gekennzeichnet. Zunächst war in vielen MOEL eine Festkursstrategie zentraler Bestandteil des Stabilisierungs- und Reformprozesses, so daß der Wechselkurs als nominaler Anker für Variablen wie Preise und Löhne fungierte. Dieses Wechselkurssystem konnte nur als vorübergehende Lösung dienen, da die strukturellen Rahmenbedingungen einem dynamischen Prozeß unterliegen. Der Übergang zu einem flexibleren Regime in Verbindung mit einem direkten Inflationsziel als nominaler Anker der Geldpolitik erscheint vor allem angesichts zweier Aspekte angebracht: Zum einen sehen sich die MOEL aufgrund der voranschreitenden Liberalisierung des Kapitalverkehrs mit einem starken Anstieg der Kapitalzuflüsse konfrontiert, deren destabilisierende Wirkung mit Hilfe einer flexibilisierten Wechselkurspolitik begrenzt werden kann. Zum anderen wird durch die Kombination aus flexibler Wechselkurspolitik und Inflationsziel die Disziplinierung der Geldpoli-

---

[273]Vgl. auch Obstfeld/Rogoff (1995), S. 78f.

[274] Vgl. etwa Isard (1995), S. 197f.

tik unterstützt. Damit kann die mittelfristig angelegte Inflationsreduktion auf das Niveau Westeuropas erleichtert werden. Die Strategie ist im Kontext der MOEL insofern auch als 'disinflation targeting' zu interpretieren, indem ein Zielpfad zur Inflationsreduktion bestimmt wird.[275]

Was ist jedoch konkret unter der Strategie eines Inflationszieles als nominaler Anker zu verstehen? Das Konzept des 'inflation targeting' stellt weit mehr als eine öffentliche Bekanntgabe numerischer Inflationsziele dar.[276] Mishkin (2000) definiert den Ansatz vielmehr als geldpolitische Strategie mit folgenden fünf zentralen Elementen:[277]

1) the public announcement of medium-term numerical targets for inflation; 2) an institutional commitment to price stability as the primary goal of monetary policy, to which other goals are subordinated; 3) an information inclusive strategy in which many variables, and not just monetary aggregates or the exchange rate, are used for deciding the setting of policy instruments; 4) increased transparency of the monetary policy through communication with the public and the markets about the plans, objectives, and decisions of the monetary authorities; 5) increased accountability of the central bank for attaining its inflation objectives.

Um später eine Beurteilung der Implementierung von Inflationszielen im Rahmen des Integrationsprozesses der MOEL vorzunehmen, erfolgt an dieser Stelle eine Bewertung der geldpolitischen Strategie. Im folgenden sollen zunächst die in den jüngsten Literaturbeiträgen identifizierten grundlegenden Strukturmerkmale eines Inflationszieles hervorgehoben werden:[278]

Zielmaß: Die Bestimmung eines Inflationszieles beinhaltet die Auswahl eines geeigneten Preisindizes. Die Entscheidung sollte ein hohes Maß an Transparenz garantieren, so daß die Wahl des regelmäßig verfügbaren und in der Öffentlichkeit allgemein bekannten Konsumentenpreisindizes (etwa dem BIP-Deflator) vorzuziehen ist.[279] *Zielwert*: Zudem ist für die Zielsteuerung ein angebrachter Inflationswert zu wählen. In Industrieländern liegt die angestrebte Inflationsrate üblicherweise zwischen 1% und 3% und steht damit

---

[275] Vgl. Krzak/Ettl (1999), S. 28f. Tschechien wählte 1997 und Polen 1999 ein direktes Inflationsziel.

[276] Im letzten Jahrzehnt wurde die Strategie des 'inflation targeting' mit Erfolg in Industrieländern verfolgt (Neuseeland, Kanada, Großbritannien, Finnland, Schweden, Australien, Spanien). Die zentrale Gemeinsamkeit dieses Länderkanons vor Implementierung des Inflationszieles lag in dem geringen Erfolg, die Inflationsraten auf ein Niveau zurückzuführen, das demjenigen Deutschlands, Japans oder der USA entsprach. Die geldpolitische Strategie des Inflationszieles war in entscheidender Weise dafür verantwortlich, daß die sieben Länder eine höhere Glaubwürdigkeit ihrer Geldpolitik und eine nachhaltige Inflationsreduktion erlangten. Vgl. für eine ausführliche Beurteilung des Konzeptes im Ländervergleich Bernanke et al. (1999), S. 39-252 und Blejer et al. (2000).

[277] Vgl. Mishkin (2000), S. 1f.

[278] Vgl. Bernanke et al. (1999), S. 26ff.; Debelle (1997), S. 7ff.; Croce/Khan (2000), 2f.; Blejer et al. (2000), S. 3ff.

[279] Tatsächlich verwenden alle Zentralbanken mit Inflationssteuerung ein Maß des CPI, üblicherweise eine bereinigte Kerninflationsrate. Tschechien bereinigt die Zielrate um staatlich kontrollierte Preise.

im Einklang mit dem Politikziel der Preisniveaustabilität.[280] Demgegenüber versuchen die Zentralbanken Polens und Tschechiens innerhalb einer 'disinflation targeting'-Strategie die graduelle Reduktion des inländischen Preisdrucks herbeizuführen. Die mittelfristigen Zielwerte sind in diesen Ländern nicht mit dem Konzept der Preisstabilität vereinbar. Folglich bedeutet das Erreichen eines Inflationszieles im allgemeinen noch kein Ende der graduellen Inflationsreduktion. *Zieldefinition*: Die Festlegung eines ambitionierten Punktwertes gegenüber einer breiteren Bandbreite dürfte von den Wirtschaftssubjekten als stärkere Zentralbankverpflichtung zur Preisstabilisierung interpretiert werden. Die Strategie beinhaltet jedoch eine höhere Gefahr, daß durch eine Übertretung des Zielwertes ein nachhaltiger Glaubwürdigkeitsverlust eintritt. Im Kontext der MOEL sind signifikant hohe Schwankungen der relativen Preise weiterhin wahrscheinlich, so daß eine relativ breite Bandbreite vorzuziehen ist. Dabei wird die Inflationsprognose und das punktgenaue Erreichen des Zielwertes durch externe Störungen, strukturelle Veränderungen und Einmaleffekte erschwert (Preisliberalisierung, Einführung einer Mehrwertsteuer, indirekte Steuern). *Zeitraum*: Der für die Inflationsreduktion relevante Zeitraum sollte im allgemeinen mit der Dauer der geldpolitischen Transmissionsmechanismen übereinstimmen. Demgegenüber untergräbt die Ankündigung eines weit entfernten Inflationszieles die Glaubwürdigkeit der anti-inflationären Zentralbankpolitik. Dieser trade-off kann in der Praxis gelöst werden, indem ein langfristiger Zielwert durch kurz- bis mittelfristige Inflationsziele ergänzt wird.[281] *Verantwortlichkeit*: Schließlich ist zu klären, inwieweit die Notenbank bei Abweichungen der Preissteigerungsraten vom angekündigten Zielwert zur Verantwortung gezogen wird. Die Frage steht in engem Zusammenhang mit der Transparenz geldpolitischer Handlungen. Zwar stellt das Inflationsziel für die Zentralbank einen klaren und transparenten Leistungsindikator dar, doch können eventuelle Abweichungen durchaus infolge externer Schocks und damit nicht durch eine fehlerhafte Anwendung des geldpolitischen Instrumentariums entstehen.

In den MOEL kommt dem Konzept des Inflationszieles während des Konvergenz- und Integrationsprozesses eine Schlüsselrolle zu.[282] Zunächst weist ein direktes Inflationsziel gegenüber einer Geldmengensteuerung den Vorteil auf, daß die Unsicherheit des Zusammenhangs zwischen der Zielgröße (Inflation) und der Steuerungsgröße (Geldmenge) angesichts einer instabilen Umlaufgeschwindigkeit entfällt. Im Vergleich zu einem Festkurssystem gewinnt die Geldpolitik durch ein direktes Inflationsziel bei gleichzeitiger Disziplinierung einen zusätzlichen Freiheitsgrad: Die Währungspolitik kann unter Berücksichtigung des transparenten Inflationszieles auf Störungen der Wirtschaft reagieren, so daß inländische Ziele nicht mehr der Stabilisierung des Wechselkurses untergeordnet werden müssen.

---

[280] Eine strikte Definition der Preisniveaustabilität impliziert eine Inflationsrate von null. Bernanke et al. (1999), S. 28f. führen verschiedene Gründe an, weshalb ein Inflationsziel von null mit Problemen verbunden sein dürfte.

[281] Vgl. Debelle et al. (1998), S. 4f; Krzak/Ettle (1999), S. 34 und 46f.

[282] Vgl. für die folgenden Ausführungen Mishkin (2000), S. 2ff.; Masson (1999), S.17ff.; Mishkin (1999), S. 590ff.; Croce/Khan (2000). Zur Implementierung eines Inflationszieles sind zwei Voraussetzungen entscheidend: Die Zentralbank muß einen hinreichenden Unabhängigkeitsgrad aufweisen, der keine direkte Verschuldungsmöglichkeit des Staates zuläßt ('no fiscal dominance'). Zudem ist für den Erfolg eines Inflationszieles entscheidend, daß die Geldpolitik über keine weiteren nominalen Anker verfügt. Vgl. Debelle (1997) und Jonás (2000).

Darüber hinaus erfolgt eine Stärkung der de facto Zentralbankunabhängigkeit, die im Kontext der EU-Integration von zentraler Bedeutung ist: Die explizite Formulierung eines Inflationszieles bewirkt, daß der politische Druck auf die Zentralbank in den MOEL reduziert wird, eine Geldpolitik mit inflationären Folgen auszuüben.[283] Andere wirtschaftspolitische Ziele müssen der Preisniveaustabilisierung untergeordnet werden. Das transparente Inflationsziel stärkt die Verantwortlichkeit der Zentralbank, und die Gefahr des Zeitinkonsistenzenproblems wird reduziert.

Die Ergänzung eines flexiblen Wechselkursregimes durch ein direktes Inflationsziel kann jedoch nicht als ein Allheilmittel der Wechselkurspolitik angesehen werden. Im Zusammenhang mit Schwellen- und Transformationsländern sind vor allem folgende Kritikpunkte zu nennen: Zunächst kann in einigen MOEL die Erfüllung aller Voraussetzungen für die erfolgreiche Durchführung der geldpolitischen Strategie bezweifelt werden.[284] In einigen MOEL ist die Existenz eines breiten politischen Konsenses darüber, daß geringen Inflationsraten die absolute geld- und währungspolitische Priorität einzuräumen ist, zu bezweifeln.

Desweiteren müssen die erwähnten Defizite einer volatilen Wechselkursentwicklung berücksichtigt werden. Flexible Wechselkurse üben eine destabilisierende Wirkung auf die Inflations- und Abwertungserwartungen aus und erhöhen die Risiken und Kosten internationaler Transaktionen und damit kontraktiver Effekte. Darüber hinaus wird von Kritikern angeführt, daß die monetären Impulse, die aus Handlungen der Zentralbank resultieren, innerhalb des Transmissionsprozesses mit einer signifikanten Zeitverzögerung umgesetzt werden. Es ergeben sich auch die Wirkungen auf das gesamtwirtschaftliche Preisniveau erst mit einem entsprechenden time-lag, dessen Ausmaß in den MOEL aufgrund von Einschränkungen des Transmissionsmechanismus' durch strukturelle Hemmnisse noch höher sein sollte. Der geldpolitische Erfolg kann dann nicht unmittelbar von den Wirtschaftssubjekten abgelesen und beurteilt werden. Der Glaubwürdigkeitsgewinn wird somit wesentlich eingeschränkt.

Da die Inflationsentwicklung in den MOEL auch zum heutigen Zeitpunkt noch schwer zu kontrollieren ist, wird dieser Prozeß verstärkt. Kritiker des Konzeptes weisen darauf hin, daß die Strategie des Inflationszieles nicht per se eine Garantie für eine fiskalische Disziplinierung des Staates sowie eine de jure Unabhängigkeit der Zentralbank darstellt: Vielmehr sind umgekehrt hohe staatliche Haushaltsdefizite mittel- bis langfristig eine Belastung für die Systemstabilität des Inflationszieles, indem der Druck für eine Monetisierung des Defizits wächst. Schließlich ist eine wesentliche Systemvoraussetzung in der Fähigkeit der jeweiligen Zentralbank zu sehen, mit Hilfe entsprechender technischer und institutioneller Kapazitäten konsistente und aussagekräftige Inflationsprognosen durchzuführen. Die Prognosefähigkeit bestimmt den Erfolg der geldpolitischen Strategie, indem die Differenz zwischen Inflationsprognose und Inflationszielwert genau die jeweilige Anpassung der geldpolitischen Instrumente determiniert.[285] Angesichts bestehender

---

[283] Vgl. Mishkin (2000), S. 591.

[284] Vgl. Masson/Savastano/Sharma (1997), S. 21ff.; Masson (1999), S. 20.

[285] Christoffersen/Wescott (1999) bieten eine Analyse mit Bezug auf Polen. Die Autoren verweisen auf den folgenden Aspekt: *"[T]he statistical power of inflation forecasting models in Poland still appears to be modest, especially when the forecast horizon extends for periods of one year or longer"*; (S. 3).

moderater Inflationsraten, dem nachhaltigen strukturellen Veränderungsprozeß der Ökonomie und damit höherer Schwankungen als in vollständig entwickelten Volkswirtschaften wird die Prognose in den MOEL zusätzlich erschwert.

Trotz dieser Probleme, die bei der Implementierung eines Inflationszieles in Verbindung mit flexiblen Wechselkursen in den MOEL zu berücksichtigen sind, kann dieser Ansatz als durchaus vielversprechend angesehen werden. Verwendet eine Zentralbank ein Inflationsziel als disziplinierenden nominalen Anker, so können exogene Schocks und Ungleichgewichte auf dem Arbeitsmarkt geldpolitisch abgefedert werden. Die notwendige Anpassungsflexibilität der Märkte fällt geringer aus. Die Wirtschaftspolitik der jeweiligen MOEL wird gezwungen, eine Vertiefung und Beschleunigung der notwendigen Reform- und Liberalisierungsmaßnahmen zu veranlassen. Vor allem impliziert ein Inflationsziel die klare und transparente Verpflichtung, eine graduelle Konvergenz der Inflationsraten hin zu dem Niveau Westeuropas herbeizuführen.

Teil B: Die Wechselkurspolitik der MOEL im Ländervergleich

V.   Die Wechselkurspolitik einzelner MOEL seit Transformationsbeginn

1. Einleitende Überlegungen

Nachdem wesentliche Charakteristika der Wechselkurspolitik im Transformationsprozeß untersucht sowie die zugrundeliegenden theoretischen Mechanismen und Zusammenhänge dargestellt wurden, werden nun die verschiedenen Wechselkursstrategien näher betrachtet. Eine Abbildung der jeweiligen Wechselkurspolitik erfolgt für die 'Luxemburg-Erweiterungsgruppe'[286], d.h. für die Länder Polen, Ungarn, Tschechien, Estland und Slowenien.

Eine wesentliche Aufgabe der Wechselkurspolitik in den MOEL besteht darin, in Kombination mit anderen Instrumenten der Wirtschaftspolitik zugleich eine binnen- und außenwirtschaftliche Stabilisierung (Zurückführung der hohen Inflationsraten und Kontrolle des Leistungsbilanzdefizits) zu erreichen. Die Maßnahmen der Wechselkurspolitik beziehen sich sowohl auf die entsprechende Wahl des Wechselkurssystems als auch auf wechselkurspolitische Aktionen innerhalb des gewählten Regimes.[287] Die Prioritäten der Wechselkurspolitik unterliegen während des Transformationsprozesses einer tiefgreifenden Veränderung. Die zu Transformationsbeginn im Vordergrund stehende Inflationsbekämpfung geriet beispielsweise – angesichts der von einigen MOEL gewählten Festkursregimen – schon bald in Konflikt mit der außenwirtschaftlichen Liberalisierung: Die weiterhin hohen Inflationsdifferenzen relativ zum Land der Ankerwährung führten zu einem sukzessiven Verlust der preislichen Wettbewerbsfähigkeit inländischer Exportprodukte und damit zu einer Passivierung der Außenwirtschaftsposition.

Eine abschließende Beurteilung der alternativen Wechselkursstrategien wird durch drei wesentliche Aspekte eingeschränkt:[288] *Interdependenzen*: Die Entwicklung gesamtwirtschaftlicher Variablen wird neben der Wechselkurspolitik von einem umfangreichen policy-mix aus Geld-, Fiskal- und Strukturpolitik sowie von weiteren exogenen Einflußfaktoren geprägt. Die zugrundeliegenden Interdependenzen tragen dazu bei, daß keine eindeutigen Rückschlüsse über den Erfolg von Abwertungsstrategien getroffen werden können. *Handelsbilanzeffekte*: Wie in Teil A näher ausgeführt, bleibt die Wirkung von nominalen Abwertungen auf die außenwirtschaftliche Situation in Transformationsökonomien begrenzt und teilweise unbestimmt. Die Stärkung der preislichen Wettbewerbsfähigkeit könnte von der Wechselkurspolitik, aber auch von institutionellen Veränderungen oder weitreichenden Reformmaßnahmen herbeigeführt worden sein.

---

[286] Diese Beitrittsgruppe wurde nach dem Europäischen Rat in Luxemburg vom Dezember 1997 benannt. Bei diesem Europäischen Rat wurden die Beitrittsverhandlungen mit den hier betrachteten fünf MOEL eingeleitet.

[287] Vgl. Schuhbauer (1993), S. 6f.

[288] Vgl. Nuti (2000), S. 53; Stippler (1998), S. 137f.

Die Tabelle B-1 vermittelt einleitend die Dynamik der gewählten Wechselkursregime im bisherigen Transformationsprozeß.[289] Es können eingangs zwei entscheidende Gemeinsamkeiten der Wechselkurspolitik im Transformationsprozeß identifiziert werden (vgl. Kap. IV): Zum einen ist innerhalb des Länderkanons, in dem ein dynamischer Veränderungsprozeß der Wechselkursregime zu beobachten ist (Polen, Ungarn, Tschechien), eine zunehmende Flexibilisierung in Verbindung mit einer Bewegung hin zum Rand des Spektrums möglicher Wechselkurssysteme festzustellen. Zum anderen wählten die Länder mit statischen Regimen (Slowenien, Estland) bereits zu Reformbeginn extreme Varianten verfügbarer Wechselkurssysteme.

Tabelle B-1: Wechselkurssysteme der MOEL

	Currency board	Feste Wechselkursbindung	Feste, aber anpassungsfähige Wechsel kurse	Crawling peg/band	Wechselkurszielzonen	Managed oder dirty floating	Reines floating
Polen			• —→	•	——————→	X	
Tschechien		• ———————→			• —→	X	
Ungarn			• —→	• —→	X		
Estland	X						
Slowenien						X	

Quelle: Eigene Darstellung.

Im vorliegenden Kapitel stehen die folgenden Fragestellungen im Analysemittelpunkt:

Wie stark war die Verpflichtung von Zentralbank und Regierung, an den Festkursstrategien festzuhalten? Inwieweit trugen die wechselkurspolitischen Strategien dazu bei, die Glaubwürdigkeit der Reformprogramme und damit des Transformationsprozesses zu steigern? Inwiefern lag eine optimale Abstimmung und Koordination von Wechselkurs-, Geld- und Fiskalpolitik vor?

---

[289] Der Eintrag "X" spiegelt das derzeitige Wechselkurssystem wider. Der Eintrag "•" steht für das vorherige Regime und "→" für die Richtung der Regimeänderung. Vgl. für eine ähnliche Abbildung Corker et al. (2000).

2. Der polnische Zloty

2.1 Makroökonomische Rahmenbedingungen

Als ein für MOEL-Ökonomien belegbares, stilisiertes Faktum des Transformationsprozesses gilt der u-förmige Wachstumsverlauf. Nach dem Zusammenbruch erlebten die MOEL einen dramatischen Rückgang der inländischen Produktion. Diese Transformationskrise wurde vor allem durch den Nachfrageeinbruch im In- und Ausland sowie das institutionelle Vakuum verursacht. Im Vergleich zu anderen Ländern verzeichnete die Wirtschaft Polens zwar im Zuge des Big-Bang Reformprogrammes einen überdurchschnittlich starken Wachstumseinbruch. Die Transformationsrezession fiel in Polen mit 2 Jahren jedoch am kürzesten aus. Das reale BIP fing bereits 1992 wieder an zu wachsen (s. Abbildung B-1).

Abbildung B-1:   *Ausgewählte Fundamentaldaten im Zeitablauf der Transformation (Polen)*

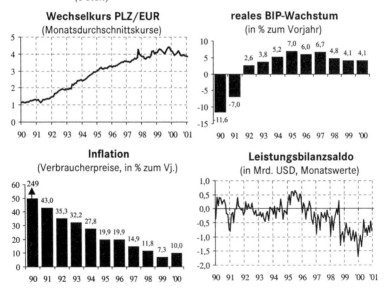

Datenquelle: FERI, Standard Poor's DRI.

Polen war nach der Transformationskrise mit einem durchschnittlichen realen Wachstum von 5,5% pro Jahr der Spitzenreiter im mittel- und osteuropäischen Vergleich. Im Jahr 1999 lag das BIP 20% über dem von 1989. Die umfangreichen Neuinvestitionen zur Modernisierung des inländischen Kapitalstocks bildete neben der vergleichsweise raschen Stabilisierung der Hyperinflation sowie der Implementierung von breiten Struktur-reformen die dritte Säule des makroökonomischen Aufholprozesses.[290] Dieser dynamische Aufholprozeß wurde zwar von einer kontinuierlichen Preisstabilisie-rung begleitet, jedoch erwies sich die Bekämpfung des verbliebenen Preisdrucks schwie-riger als erwartet. Vor allem der anhaltend dynamische Nachfragedruck – verursacht durch hohes inländisches Kreditwachstum sowie kräftige Zuwachsraten der Reallöhne – bewirkte, daß die Verbraucherpreise erst 1999 einstellige Steigerungsraten verzeichne-ten. Einen deutlichen Konsolidierungserfolg bei dem zu Transformationsbeginn bestan-denem übermäßigen Fiskaldefizit erlangte Polen durch einen restriktiveren Kurs in der Fiskalpolitik sowie hohe Privatisierungserlöse (s. Tabelle B-2). Das Leistungsbilanzde-fizit ist seit 1996 sukzessiv bis auf ein Rekordniveau von 9,4% des BIP im ersten Quar-tal 2000 angestiegen. Erst in den Folgemonaten konnte die an Dynamik zurückgegange-ne Inlandsnachfrage zu einer leichten Verbesserung beitragen. Die erheblichen Kapital-zuflüsse (und vor allem die hohen Direktinvestitionen) aus dem Ausland trugen in die-sem Zeitraum wesentlich zur Finanzierung des außenwirtschaftlichen Ungleichgewichts bei.

Tabelle B-2: Ausgewählte Indikatoren des polnischen Transformationsprozesses

Polen	1991	1992	1993	1994	1995	1996	1997	1998	1999	2000
Reales BIP-Wachstum (% z. Vj.)	-7,0	2,6	3,8	5,2	7,0	6,0	6,8	4,8	4,1	4,1
Inflation (ΔCPI in % z. Vj.)	43,0	35,3	32,2	27,8	19,9	19,9	14,9	11,8	7,3	10,0
Leistungsbilanzsaldo (% d. BIP)	-2,6	1,1	-0,7	2,4	4,4	-1,0	-3,0	-4,4	-7,4	-6,3
Handelsbilanzsaldo (Mrd. USD)	0,1	0,5	-2,3	-0,8	-1,8	-8,2	-11,3	-13,7	-14,4	-13,4
Staatsbudget (in % des BIP)	-3,8	-6,0	-2,8	-2,8	-2,5	-2,4	-1,3	-2,4	-2,0	-2,2
Ausl. Direktinvestitionen (in Mio. USD)	117	284	580	542	1134	2768	3041	4966	6661	8171
PLZ/USD (Jahresdurchschnitt)	1,058	1,363	1,815	2,273	2,424	2,697	3,281	3,494	3,968	4,350
PLZ/EUR (Jahresdurchschnitt)	1,370	1,838	2,172	2,737	3,202	3,478	3,714	3,893	4,227	4,008
Devisenreserven in Mrd. USD	3,6	4,1	4,1	5,8	14,8	17,8	20,4	27,3	26,4	25,7
Bruttoauslandsverschuldung (Mrd. USD)	53,42	48,49	45,18	42,55	44,0	47,4	48,9	56,9	60,5	64,9
Arbeitslosenquote in %	12,2	14,3	16,4	16,0	14,9	13,2	10,3	10,4	13,0	14,8
Investitionen (in % des BIP)	19,5	16,8	15,9	19,2	19,0	21,0	23,6	25,3	25,8	25,8
Diskontsatz p.a.	kA	34,0	29,3	28,3	27,4	22,5	23,0	22,3	16,1	20,5

Datenquelle: Standard Poor's DRI, PlanEcon (2001a), FERI.

2.2 Graduelle Flexibilisierung der Währungsstrategie

2.2.1 Ausgangssituation

Die Ausgangsbedingungen zu Transformationsbeginn waren in Polen im Vergleich zu anderen MOEL äußerst ungünstig. Der Zloty wurde als eine der schwächsten europäi-schen Währungen betrachtet, da keine der Geldfunktionen angemessen erfüllt wurde. Die Ökonomie befand sich angesichts eines ungebremsten Geldmengenwachstums nach den ersten Reformschritten in den Jahren 1988 und 1989 in einer Inflations-Abwertungs-Spirale: Während sich der Preisdruck vor dem Hintergrund eines rasch zunehmenden

---

[290] Vgl. Zukowska-Gagelmann (2000), S. 5f. sowie De Broeck/Koen (2000), S. 10ff.

Geldüberhangs verstärkte, und sich die Inflationserwartungen rapide beschleunigten, nahmen das Ausmaß und die Häufigkeit der Anpassungen des offiziellen Wechselkurses zu. Im Grundsatz war der Zloty – wie die anderen planwirtschaftlichen Währungen unter der sozialistischen Kommandowirtschaft – eine reine Binnenwährung. Indem die MOEL über keinen offiziellen und legalisierten Devisenmarkt verfügten, konnte sich kein Wechselkurs unter Marktkriterien bilden.[291] Im Februar 1989 wurde schließlich der parallele Devisenschwarzmarkt legalisiert, und es erfolgten zahlreiche nominale Abwertungsschritte zur Reduktion der Schwarzmarktprämie. Die Diskrepanz zwischen offiziellem und parallelem Wechselkurs betrug zwischen März und Oktober 1989 im Durchschnitt rund 83%.[292] Der Wert des Zloty gegenüber dem US-Dollar fiel im Jahr vor der monetären Neuausrichtung um rd. 90%. Gleichzeitig lag mit einer jahresdurchschnittlichen Preissteigerungsrate von über 600% praktisch Hyperinflation in diesem Jahr vor.[293] Neben dem gravierenden Preisdruck und dem fallenden Zloty-Außenwert war das monetäre Ungleichgewicht durch eine hohe Staatsverschuldung geprägt. Polen zählte mit einer Gesamtverschuldung von 50 Mrd. US-Dollar vor Transformationsbeginn zu den weltweit überschuldetsten Volkswirtschaften.[294]

2.2.2 Eingangsabwertungen und außenwirtschaftliche Öffnung (Phase 1)

Am 1. Januar 1990 trat mit dem Balcerowicz-Plan[295] zur monetären Stabilisierung ein umfassendes Reformprogramm in Kraft. In deren Mittelpunkt stand eine Festkursstrategie des Zloty gegenüber dem US-Dollar. Die neue Wechselkursparität von 9.500 PLZ/USD sollte eine Erwartungsstabilisierung der privaten Wirtschaftssubjekte herbeiführen, indem der Wechselkurs zum US-Dollar als nominaler Anker für die inländischen Variablen diente. Eine Fixierung gegenüber dem US-Dollar erfolgte, um einen Vertrauensgewinn in den monetären Neubeginn zu generieren, da der überwiegende Anteil der Fremdwährungsguthaben in dieser Währung gehalten wurde.
Die neue Parität implizierte eine nominale Abwertung von 31,6%, die sich zwar am ehemaligen Schwarzmarktkurs orientierte, jedoch über das Niveau des parallelen Wechselkurses (rd. 5.888 PLZ/USD) hinausging. Die Entscheidungsträger wählten diese Unterbewertungsstrategie des Zloty, um eine Vereinheitlichung von offiziellem und dem weit schwächeren Parallelmarktkurs, eine Kompensation der gleichzeitig abgeschafften Exportsubvention sowie eine Umkehr der Abwertungserwartungen herbeizuführen.[296]

---

[291] Vgl. Fröhlich (1994), S. 170.

[292] Vgl. Otker (1994), S. 45. Während der offizielle Wechselkurs des Zloty im August 1989 bei 988 PLZ/USD festgelegt wurde, lag dieser Ende Dezember 1989 bei 6.500 PLZ/USD. Vgl. Kemme/Teng (2000), S. 173.

[293] Vgl. Fröhlich (1992), S. 52. In der zweiten Hälfte der 80er Jahre lag die Inflationsrate monatlich bei rd. 30%.

[294] Vgl. Polanski (1992), S. 20f.

[295] Das Reformprogramm trägt den Namen des damaligen Finanzministers und heutigen Notenbankchefs Leszek Balcerowicz. Die nicht-kommunistische Regierung kam im September 1989 an die Macht.

[296] Vgl. Lenzner (1998), S. 198f. Der IWF sah eine Abwertung bis auf 9.706 PLZ/USD als angemessen an. In deren Kalkulation waren die Vereinheitlichung der Wechselkurse (5.888 PLZ/USD), die Inflation angesichts der Preisliberalisierung (2.505 PLZ/USD), Exportanreize (430 PLZ/USD) und eine Sicherheitsmarge (882 PLZ/USD) enthalten.

Das Stabilisierungsprogramm, das eine radikale Reform des gesamten Systems und einen abrupten Neubeginn in der Wechselkurspolitik bedeutete ('Big Bang'), verfolgte zwei Ziele: Zum einen sollte die Transformation des planwirtschaftlichen Systems hin zu einer Marktwirtschaft eingeleitet werden. Zum anderen sollten die Hyperinflation begrenzt und die Währung stabilisiert werden. Insgesamt beinhaltete der ambionierte Balcerowicz-Plan neben der Einführung des Festkursregimes folgende Eckpunkte:[297]

- *Preisliberalisierung*: Zur Beseitigung des hohen monetären Überhangs entschied man sich für eine einmalige Anpassungsinflation. Die zum 1. Januar 1990 erfolgte Freigabe der zuvor staatlich regulierten Preise zog unmittelbar einen einmaligen Preissprung mit einer durchschnittlichen Steigerung der Konsumentenpreise im ersten Quartal um rund 140% nach sich.
- *Restriktive Geld- und Fiskalpolitik*: Während die Regierung das ambionierte Ziel eines ausgeglichenen Staatshaushaltes bis Jahresende zu verfolgen hatte, sollte die Zentralbank ihre Geldpolitik nach der Wiederherstellung positiver Realzinsen ausrichten.
- *Lohnpolitik:* Das Stabilisierungsprogramm sah in Staatsbetrieben die Einführung einer Strafsteuer auf über gegebene Leitlinien hinausgehende Lohnerhöhungen ('popiwek') vor.[298]
- *Konvertibilität*: Durch die Einführung der Inländerkonvertibilität konnten polnischen Unternehmen und Privatpersonen zur festen Parität unbegrenzte Leistungsbilanztransaktionen vornehmen. Die interne Konvertibilität wurde um Aspekte der externen Konvertibilität ergänzt: So war eine Gewinnrepatriierung ausländischer Investoren auf 15% ihres Hartwährungs-Exportüberschusses und ein unbegrenzter Devisenerwerb für Importzwecke möglich.[299]

Der neue Wechselkurs des Zloty erwies sich als marktgerecht, und das Vertrauen der heimischen Wirtschaftssubjekte in die Währung konnte weitgehend wiederhergestellt werden:
Zum einen wich der parallele Wechselkurs im Jahresverlauf 1990 nur unwesentlich von der fixierten Parität ab, und die Parallelmarktprämie war mit 2% zum Jahresende weiterhin rückläufig. Zum anderen sank der Dollarisierungsgrad, gemessen als Anteil der Fremdwährungsguthaben an der gesamten inländischen Geldmenge, nach Implementierung des Reformprogrammes von 70% bis zum Jahresende 1990 auf 30% drastisch ab. Insgesamt sind die Komponenten des Stabilisierungsprogrammes als erfolgreich zu bewerten. Nach der einmaligen Anpassungsinflation im Januar 1990 konnten die Inflations- und Abwertungserwartungen durch die Festkursstrategie deutlich begrenzt werden. Gleichzeitig trugen die ausländischen Stabilisierungsfonds sowie die positive Entwicklung des Staatshaushaltes zur Glaubwürdigkeit der Geld- und Wechselkurspolitik in der öffentlichen Meinung bei. Dem wirtschaftspolitischen trade-off zwischen gleichzei-

---

[297] Vgl. Nuti (1992), S. 5ff.; Polanski (1992), S. 7ff.
[298] Die Nominallohnerhöhungen sollten sich maximal an den Inflationsprognosen für 1990 orientieren. Ein Überschreiten der Leitlinien sah einen progressiven Strafsteuersatz von 200 bis 500% auf den Überschußbetrag vor.
[299] Die interne Konvertibilität wurde durch Kreditlinien des IWF und der BIZ (900 Mio. USD) abgesichert.

tiger Reduktion der hohen Inflationsraten und Exportförderung wurde begegnet, indem durch die Eingangsabwertungen eine wettbewerbsfähige reale Wechselkursposition erlangt wurde, und der feste Wechselkurs als nominaler Anker für die Preisstabilität fungieren sollte.[300] Wie Abbildung B-1 zeigt, kam es in den ersten drei Quartalen 1990 zu einer unerwarteten Aktivierung der Leistungsbilanz, so daß die Devisenreserven stark anstiegen.

Das feste Wechselkurssystem wurde über die im Stabilisierungsprogramm vorgesehene Mindestzeit von drei Monaten hinaus beibehalten. Trotz der Erfolge bei der Inflationsbekämpfung lagen die Preissteigerungsraten noch immer auf einem signifikant hohen Niveau, so daß der Zloty kontinuierlich real aufwertete, und sich die preisliche Wettbewerbsfähigkeit inländischer Exportgüter erheblich verschlechterte.[301] Gegen Jahresende 1990 verschärfte sich die außenwirtschaftliche Position drastisch, und ein großer Teil der durch die zahlreichen Vorab- und Eingangsabwertungen induzierten, realen Unterbewertung wurde kompensiert.
Zur Verschärfung der Exportsituation trug der endgültige Zusammenbruch der Sowjetunion bei, die als zentraler Handelspartner Polens fungierte. Mit Wirkung zum 17. Mai 1991 entschlossen sich Regierung und Notenbank erstmals, den Zloty gegenüber dem US-Dollar um 16,8% abzuwerten.[302] Mit diesem Abwertungsschritt sollte der Exportgütersektor vom steigenden Wettbewerbsdruck entlastet sowie der einsetzende Nettodevisenabfluß begrenzt werden. Gleichzeitig wurde die Wechselkursbindung auf einen Korb aus fünf Währungen erweitert, um so einen einseitigen Volatilitätsimport durch den US-Dollar zu vermeiden.[303]

2.2.3 System gleitender Abwertungen (Phase 2)

Die Paritätsänderung vom Mai 1991 bewirkte nur eine vorübergehende Stärkung der Exportseite sowie des Bestandes an ausländischen Devisen. Es konnte keine nachhaltige Entschärfung der Problematik einer festen Wechselkursbindung in Verbindung mit dauerhaft hohen Inflationsraten (sinkende preisliche Wettbewerbsfähigkeit) erreicht werden. Die Zentralbank und Regierung entschieden sich für einen währungspolitischen Kurswechsel: Die Festkursstrategie wurde aufgegeben und von weiteren diskretionären Abwertungen abgesehen. Mit der Einführung eines Systems gleitender Abwertungen (crawling peg) am 19. Oktober 1991 wurde der Tatsache Rechnung getragen, daß die Steigerungsraten des Preisniveaus die nächsten Jahre über denjenigen der Haupthandelspartner liegen würden. Die Behörden entschieden sich für ein aktives crawling peg, d.h. die im voraus angekündigte monatliche Abwertungsrate von 1,8% lag unter dem erwarteten und tatsächlichen Inflationsdifferential zu Polens Haupthandelspartnern.[304] Der Wechselkurs fungierte insofern weiterhin als nominaler Anker der Geldpolitik.

---

[300] Vgl. Stippler (1998), S. 143.
[301] Im ersten Reformjahr wertete der PLZ bei konstantem Nominalkurs auf Basis des CPI real um fast 100% auf.
[302] Die neue Parität gegenüber dem US-Dollar betrug damit 11.100 PLZ/USD.
[303] Der Korb umfaßte die folgenden Währungen: USD 45%, DEM 35%, GBP 10%, FRF 5%, SWF 5%.
[304] Die monatliche Abwertungsrate von 1,8% entspricht einer täglichen Abwertungsrate von 9 PLZ bzw. einer jährlichen Rate von 23,9% gegenüber dem US-Dollar. Zudem wurde eine Bandbreite von plus/minus 0,5% eingeführt.

148

Zwar hatte die bisherige Wechselkurspolitik zur Stabilisierung der zu Transformationsbeginn herrschenden Hyperinflation beigetragen. Die Behörden erkannten jedoch, daß die Währungsstrategie nunmehr selbst eine weitere Reduzierung des Preisdrucks verhinderte, indem die Erwartungen über weitere Abwertungen gestärkt wurden. Gleichzeitig begründeten die Behörden den Regimewechsel damit, daß hohe diskretionäre Paritätsanpassungen künftig zu vermeiden seien.[305] Auf diese Weise sollte das Währungsrisiko für den Außenhandel verringert werden.

Die strategische Neuausrichtung erwies sich in den Folgemonaten als nicht ausreichend, um die außenwirtschaftliche Situation zu verbessern und den Rückgang der Währungsreserven zu stoppen. Gleichzeitig deutete die bis Ende 1991 auf 5% gestiegene Parallelmarktprämie auf eine geringere Glaubwürdigkeit der modifizierten Währungsstrategie hin. Die Wirtschaftssubjekte erwarteten korrigierende, diskretionäre Abwertungsschritte. Angesichts dieser Rahmenbedingungen entschlossen sich die Behörden unter Beibehaltung des crawling peg eine dritte Abwertung durchzuführen: Am 25. Februar 1992 wurde der Zloty diskretionär um 10,7% gegenüber dem Währungskorb auf 13.360 PLZ/USD abgewertet. Die monatlichen Abwertungsraten von 1,8% erwiesen sich bei anhaltend hohem Preisdruck als ungenügend, um die reale Wechselkursposition konstant zu halten.

Während des zweiten Halbjahres 1992 setzte ein erneuter Rückgang der Devisenreserven ein, die im Juni 1993 mit 3,3 Mrd. USD einen Tiefstand erreichten. Die Behörden reagierten am 27. August 1993 auf diese Entwicklungen von zwei Seiten: Zum einen erfolgte aus außenwirtschaftlichen Gesichtspunkten eine weitere diskretionäre Abwertung des Zloty um 7,4% gegenüber dem bestehenden Währungskorb.[306] Zum anderen sollten durch die Reduktion der Abwertungsrate auf nunmehr 1,6% höhere Inflationserwartungen verhindert und die Währungssubstitution begrenzt werden.[307] Die Bedeutung des Wechselkurssystems als nominaler Anker für die Entscheidungsprozesse wurde durch dieses Signal gestärkt. Gleichzeitig können die Entscheidungen der Währungshüter im Jahresverlauf 1992 als Neuformulierung der wirtschaftspolitischen Agenda interpretiert werden. Angesichts konvergierender Inflations- und Abwertungsraten entwikkelte sich der aktive crawling peg tatsächlich zu einem passiven crawling peg, so daß in der Folgezeit zunächst nicht mehr die Inflationsbekämpfung oberste Priorität besaß.[308]

Bevor ein erneuter Kurswechsel eintrat, erfolgten drei weitere moderate Senkungen der Abwertungsraten bis auf 1,2% am 15. Februar 1995.[309] Damit sollte eine graduelle Reduktion der Inflationserwartungen herbeigeführt werden. Gleichzeitig erhöhte sich 1994 die preisliche Wettbewerbsfähigkeit polnischer Exportgüter, und die Überwindung der Transformationsrezession wurde von einer leicht verbesserten Handelsbilanz begleitet.[310] Die hohen Kapitalzuflüsse, die auf eine gestiegene Glaubwürdigkeit ausländischer Investoren in den Zloty hindeuteten, stützten diese Entwicklung seit Mitte 1994.

---

[305] Vgl. Otker (1994), S. 46; Gáspár (1995), S. 13.
[306] Die neue Parität betrug nun 23.113 PLZ/USD.
[307] Vgl. Otker (1994), S. 47; Stippler (1998), S. 149.
[308] Vgl. Diehl/Schweickert (1997), S. 62f.
[309] Am 13.09.1994 wurde die monatliche Abwertungsrate auf 1,5% und am 30.11.1994 auf 1,4% gesenkt. Zum 01.01.1995 erfolgte eine lang diskutierte Redenominierung des Zloty (ein neuer Zloty = 10 Tsd. alte Zloty). Am 06.03.1995 wurden die Bandbreiten von plus/minus 0,5% auf 2% erweitert.
[310] Vgl. Gáspár (1995), S. 14; OECD (1997), S. 30ff.

2.2.4 Strategie eines gleitenden Bandes (Phase 3)

Am 16. Mai 1995 kam es zu einer Änderung der wechselkurspolitischen Strategie. Die Modifizierung war Folge umfassender kurzfristiger Kapitalzuflüsse, die einen stark ansteigenden Aufwertungsdruck bewirkten. Dem Kurswechsel gingen verstärkt Offenmarktinterventionen der Zentralbank voraus, um eine Neutralisierung der hohen Nettokapitalzuflüsse und damit eine Liquiditätsabschöpfung zu erreichen. Trotz der Sterilisierung trugen die Kapitalzuflüsse seit Mitte 1994 zu etwa 60% des Geldmengenwachstums bei.[311]

Die Einführung einer Bandbreite von plus/minus 7% um die zentrale Parität innerhalb des Systems gleitender Abwertungen (crawling band) bedeutete eine Flexibilisierung der bisherigen Währungsstrategie. Dieser Schritt wurde nicht nur als Reaktion auf die zunehmenden Ungleichgewichte im inländischen Geld- sowie ausländischen Devisenmarkt gesehen, sondern als Anpassung des Wechselkursregimes an den erfolgten Abbau der Kapitalverkehrskontrollen.[312] Durch eine Kombination sinkender monatlicher Abwertungsraten sowie deutlich erweiterter Bandbreiten signalisierten die Währungshüter, daß sie eine graduelle Inflationsreduktion anstrebten und gleichzeitig nicht gewillt waren, die zentrale Parität im Falle steigender spekulativer Kapitalzuflüsse zu verteidigen.[313] Der Zloty nahm innerhalb eines – im Gegensatz zu anderen MOEL frühzeitig flexibilisierten – Wechselkurssystems bei externen Schocks eine dämpfende Rolle ein.

Die Implementierung des crawling band implizierte, daß die Zentralbank bei einer ungleichgewichtigen Entwicklung der Zahlungsbilanz einen größeren Handlungsspielraum besaß. Dies gilt, solange die Bandbreiten von der frei schwankenden Währung nicht überschritten werden. Im bisherigen System ohne Bandbreiten waren diskretionäre Abwertungen stets mit einem Glaubwürdigkeitsverlust der Geld- und Wechselkurspolitik verbunden.[314]

Der aufgestaute Aufwertungsdruck des Zloty bewirkte als unmittelbarem Effekt der strategischen Neuorientierung eine Wechselkurskorrektur. Die Währung bewegte sich daraufhin in Richtung der stärkeren, oberen Bandgrenze. Der Devisenzustrom nach Polen hielt auch im zweiten Halbjahr 1995 scheinbar ungebremst an. Die Dynamik wurde angesichts eines verbesserten gesamtwirtschaftlichen Umfeldes durch stärkere Direktinvestitionen sowie höhere kurzfristige Portfolioinvestitionen gestützt.[315] Am 22. Dezember reagierte die Zentralbank auf die anhaltenden Erwartungen einer Zloty-Aufwertung, indem die zentrale Parität gegenüber dem bestehenden Währungskorb erstmals seit Transformationsbeginn um 6% diskretionär aufgewertet wurde. In diesem Zusammenhang ist auch die Reduktion der monatlichen Abwertungsrate um 0,2 Prozentpunkte auf 1% vom 8. Januar 1996 zu sehen. Die Glaubwürdigkeit des aktiven crawling band zur Inflationsbekämpfung wurde auf diese Weise gestärkt, indem die konstanten Abwer-

[311] Alleine im April 1995 (einen Monat vor der Regimeänderung) stieg der Bestand an Devisenreserven um 1,5 Mrd. USD an (zum Vgl.: Der Anstieg im gesamten Jahresverlauf 1994 betrug 1,7 Mrd. USD).
[312] Vgl. National Bank of Poland (1995), S. 23f.
[313] Vgl. Begg/Wyplosz (1999), S. 21.
[314] Vgl. Lenzner (1998), S. 207.
[315] Vgl. National Bank of Poland (1995), S. 25.

tungsraten des Zloty deutlich unter den für die Folgezeit prognostizierten Preissteigerungsraten lagen.

Im Jahresverlauf 1996 entfalteten die im Vorjahr implementierten Maßnahmen der
Wechselkurspolitik, die eine deutliche Flexibilisierung des Zloty bedeuteten, allmählich
ihre Wirkung. Nachdem im ersten Quartal noch eine Fortsetzung der bisherigen Wäh-
rungsentwicklung zu beobachten war (hoher Devisenzufluß und damit nominaler und
realer Aufwertungstrend) näherte sich der Marktkurs des Zloty gegenüber dem Währungskorb wieder der Bandmitte an. Im weiteren Jahresverlauf notierte die Währung mit
einer vergleichsweise moderaten nominalen Abwertung von etwas über 12% recht fest
innerhalb der gleitenden Bandbreite. Die Währungshüter sahen angesichts zurückgegan-
gener Aufwertungserwartungen der privaten Wirtschaftssubjekte sowie einer entsprechenden Stabilisierung des Devisenzustroms – von vereinzelten Offenmarktinterventionen abgesehen – keinen geld- und wechselkurspolitischen Handlungsbedarf.

Nachdem sich bereits im Jahresverlauf 1996 eine Verschlechterung der außenwirtschaftlichen Position abgezeichnet hatte, und das Handelsbilanzdefizit deutlich anstieg,
verzichteten die Währungshüter auf eine weitere und von vielen Marktteilnehmern erwartete Absenkung der monatlichen Abwertungsrate. Das erklärte währungspolitische
Ziel der Zentralbank im Jahresverlauf 1997 war die Begrenzung des Leistungsbilanzdefizits, so daß der graduellen Disinflationsstrategie vorübergehend ausdrücklich eine geringere Bedeutung beigemessen wurde.[316] Die Verschärfung der Asienkrise während der
Herbstmonate 1997 bewirkte auch in anderen 'emerging markets' eine deutliche Umschichtung bestehender Portfolioanlagen und damit einen starken Kapitalabzug durch
ausländische Investoren. Der Zloty kam unter Abwertungsdruck und bewegte sich bei
deutlich steigender Volatilität unter die zentrale Parität in Richtung der schwächeren,
unteren Bandgrenze. Die Währungshüter vermieden es, auf diesen exogenen Schock und
die folgende Schwächung des Zloty durch hohe Devisenmarktinterventionen zu reagieren.[317] Vielmehr wurde durch die 'contagion-Effekte' im Zuge der Asienkrise der Spielraum für die angestrebte Reduktion der monatlichen Abwertungsrate sowie für den Fortbestand restriktiven Geldpolitik erhöht, indem vorübergehend kein Zufluß an ausländischen Portfolioinvestitionen generiert wurde.

Das Jahr 1998 war durch das Bestreben von Wechselkurs- und Geldpolitik, die inländischen Inflationserwartungen weiter zu bremsen, geprägt. Dies erfolgte unter verschärften weltwirtschaftlichen Rahmenbedingungen, die durch eine anhaltende Instabilität der
Weltfinanzmärkte bei gleichzeitig voranschreitender Liberalisierung der polnischen Kapitalbilanz gekennzeichnet waren. Zu Jahresbeginn überschritt der Zloty die Parität und
bewegte sich angesichts erneut deutlich ansteigender Kapitalzuflüsse in Richtung des
stärkeren, oberen Bandrandes. Aufgrund eines sich erhöhenden Aufwertungsdrucks des
Zloty erweiterten die Währungshüter am 26. Februar 1998 die Bandbreiten auf
plus/minus 10%. Gleichzeitig machte die Zentralbank ihren Willen zur Inflationsbekämpfung deutlich, indem sie die monatliche Abwertungsrate auf 0,8% (und am 17. Juli
auf 0,65%) senkte.

---

[316] Vgl. National Bank of Poland (1997), S. 19f.

[317] Die Zahl der Interventionen betrug im zweiten Halbjahr 1997 nur ein Drittel derjenigen des ersten
Halbjahrs.

Die zusätzliche Flexibilisierung der Währungsstrategie entfaltete nicht die von den Währungshütern gewünschte Wirkung eines gebremsten Zuflusses von kurzfristigem Portfoliokapital. Vielmehr bewirkten die Maßnahmen, ungeachtet des durch die größeren Bandbreiten induzierten Währungsrisikos, einen weiteren Zufluß ausländischen Kapitals. Unter Berücksichtigung der Abwertungserwartungen bestand noch immer ein deutlich positiver Zinsspread gegenüber dem Weltzinsniveau.[318]

Der Zloty mußte, wie verschiedene andere Währungen der emerging markets auch, im Verlauf der russischen Finanzkrise im Sommer 1998 deutliche Wertverluste hinnehmen, die sich jedoch auf einen kurzen Zeitraum beschränkten. Der Zloty wertete gegenüber dem Währungskorb aus fünf Währungen in der dritten Augustwoche nominal um 9% ab und bewegte sich kurzzeitig in Richtung der zentralen Parität. Die Zentralbank intervenierte nicht auf dem Devisenmarkt, obgleich Polen mit 26,1 Mrd. USD über einen vergleichbar hohen Bestand an Devisenreserven verfügte. Die nominale Zloty-Abwertung wurde angesichts vergleichbarer Entwicklungen (etwa tschechische Finanzkrise 1997) von den Behörden als vorübergehende Schwächung eingestuft. Zudem würden nach Ansicht der Währungshüter die Vorteile einer kurzzeitigen Zloty-Abwertung eindeutig überwiegen:[319]

- *Währungsrisiko*: Angesichts der gestiegenen Volatilität des Zloty und des höheren Wechselkursrisikos erhoffte sich die Zentralbank einen geringeren Zufluß an spekulativem Kapital. In den letzten Monaten hatte sich die polnische Währung kontinuierlich der stärkeren Bandbreite genähert und eine deutliche Aufwertungserwartung der Wirtschaftssubjekte entwickelt.
- *Zinspolitik*: Die nominale Abwertung erleichterte eine Fortführung der restriktiven Geldpolitik mit hohen Realzinsen, um damit eine Reduktion des Inflationsdrucks zu erreichen.[320]
- *Offenmarktoperationen*: Unmittelbar vor der russischen Finanzkrise bewegte sich der Zloty am oberen Bandende. Die Zentralbank versuchte während des ersten Halbjahres, durch Sterilisierung und Offenmarktoperationen den nominalen Aufwertungstrend zu bremsen.

2.2.5 Direktes Inflationsziel der Geldpolitik (Phase 4)

Im Verlauf der Monate September und Oktober kompensierte der Zloty die im Zuge der Rußlandkrise hingenommenen Wertverluste. Die emerging markets gewannen bei der Beurteilung durch ausländische Anleger an Vertrauen zurück, so daß sich fundamentale Faktoren gegen möglicherweise anhaltende Ansteckungseffekte aus Rußland bei den Anlageentscheidungen durchsetzten.
Gleichzeitig bedeuteten die Maßnahmen einen weiteren Schritt auf dem Weg zur vollständigen Flexibilisierung des Wechselkurssystems. Nachdem am 10. September 1998

---

[318] Vgl. OENB (1998, I), S. 15.
[319] Vgl. Krzak (1998), S. 28f. Der Autor bietet eine breite Bewertung der möglichen Ansteckungseffekte Polens im Zuge der russischen Währungs- und Finanzkrise 1998. Vgl. auch IMF (1999b), S. 16f.
[320] Die Inflationsrate betrug im August 1998 gegenüber dem Vorjahr 11,2%, während der Diskontsatz bei 21,5% lag.

zur weiteren Reduktion der Inflationserwartungen eine Absenkung der monatlichen Abwertungsrate auf 0,5% erfolgt war, wurde am 29. Oktober 1998 die bestehende Bandbreite zusätzlich auf plus/minus 12,5% ausgedehnt. Der nominale Aufwertungstrend innerhalb des crawling band blieb von diesen Maßnahmen grundsätzlich unberührt. Zudem entschied sich die Zentralbank im September 1998 mit der Einführung eines direkten Inflationszieles für einen neuen nominalen Anker der Geldpolitik. Die Reduktion der moderaten Inflationsraten durch die Kombination aus flexibilisierter Wechselkurspolitik sowie Inflationsziel besaß Priorität bei sämtlichen Entscheidungen. Den zentralen Bestandteil der geldpolitischen Strategie bildete die Absenkung der Inflationsrate auf unter 4% bis zum Jahr 2003.

Die genannten Systemvoraussetzungen für die erfolgreiche Implementierung und Durchführung eines direkten Inflationszieles sind aus heutiger Sicht in Polen kritisch zu beurteilen:[321]

Die notwendige Unabhängigkeit der geldpolitischen Entscheidungsträger konnte angesichts eines im Jahr 1997 implementierten Gesetzes zu diesem Zeitpunkt als ausreichend bewertet werden.[322] Eine Kreditgewährung an die Regierung ist auch heute noch explizit untersagt. Desweiteren war die geld- und währungspolitische Strategie konsistent mit dem monetären Integrationsprozeß in die EU. Andere Kriterien waren jedoch nicht vollständig erfüllt und trugen zu einem Glaubwürdigkeitsverlust des neuen Ankers bei. Im Gegensatz zu westlichen Industriestaaten, die ein direktes Inflationsziel einheitlich mit Hilfe einer bereinigten Kerninflationsrate verfolgen, verwendete die Zentralbank als Zielgröße die Steigerungsrate des gesamten, unbereinigten Konsumentenpreisindizes. Dieser Index folgt im allgemeinen keinem stabilen Trend und unterliegt dem Einfluß diskretionärer Politikentscheidungen. Darüber hinaus muß bezweifelt werden, daß die Zentralbank zu diesem Zeitpunkt ihre Entscheidungen alleine auf Basis der gesamtwirtschaftlichen Preisentwicklung festlegte. Vielmehr flossen Variablen wie etwa der Leistungsbilanzsaldo oder die Entwicklung des Staatshaushaltes in die Beurteilung geldpolitischer Aspekte mit ein. Die Transparenz der Entscheidungsprozesse wurde damit eingeschränkt.

Zu Jahresbeginn 1999 wurde die Zusammensetzung des Währungskorbs, gegenüber dem der Zloty seit 1990 notierte, modifiziert (55% EUR, 45% USD). Auf diese Weise trugen die Entscheidungsträger der Einführung des Euro Rechnung.[323] Am 25. März 1999 erfolgten zwei wechselkurspolitische Entscheidungen, die explizit als abschließende, vorbereitende Maßnahmen auf dem Weg zur vollständigen Freigabe des Zloty zu interpretieren sind.[324] Zum einen wurde der monatliche Abwertungssatz auf 0,3% gesenkt und zum anderen die bestehende Bandbreite um die zentrale, gleitende Parität auf plus/minus 15% erweitert. Zwar bestand damit de jure weiterhin ein crawling band, jedoch ist dieses

---

[321] Vgl. u.a. OECD (2000), S. 42f.; IMF (1999b), S. 72ff.

[322] Vgl. Wagner (1998), Radzyner/Riesinger (1997) sowie Dvorsky (2000) für eine Beurteilung der Unabhängigkeit von Zentralbanken in den MOEL.

[323] Am 12. Januar 1999 trat ein neues Währungsgesetz in Kraft. Es enthielt weitreichende Liberalisierungsmaßnahmen der Kapitalbilanz, wobei weiterhin Kontrollen im Bereich der kurzfristigen Kapitalflüsse bestanden.

[324] Vgl. National Bank of Poland (1999), S. 22.

angesichts der großen Bandbreite sowie der äußerst geringen konstanten Abwertungsrate bereits als flexibles Wechselkurssystem anzusehen.

Aus währungspolitischer Sicht stellte das Jahr 1999 aufgrund einer sehr volatilen Wechselkursentwicklung eine Herausforderung dar: In der zweiten Jahreshälfte verlor der Zloty wegen verschlechterter inländischer Fundamentaldaten sowie eines erhöhten Leistungsbilanzdefizits an Wert (s. Abbildung B-1). Erst gegen Jahresende 1999 konnte der Zloty vor dem Hintergrund erheblicher Direktinvestitionszuflüsse und eines gestiegenen Auslandsinteresses an inländischen Staatstiteln wieder an Wert gewinnen. Mit einer Steigerungsrate des Konsumentenpreisindizes von 9,8% im Dezember wurde das für das Jahresende gesetzte Inflationsziel (6,6% bis 7,8%) deutlich verfehlt. Am 12. April endete mit der vollständigen Freigabe des Zloty die graduelle Flexibilisierungsstrategie. Die Devisenmärkte nahmen den Schritt ohne verstärkte Reaktion auf, so daß die Wechselkursvolatilität zunächst nicht signifikant stieg. Zu den Vorteilen der Freigabe sind die Möglichkeit einer nachhaltigen Aufwertung des Zloty, die Erhöhung von Kursrisiken für spekulative Kapitalzuflüsse sowie der Vertrauensbeweis für die erlangte Antiinflationspolitik zu zählen. Der Zloty kam jedoch angesichts der Bekanntgabe von ungünstigen Leistungsbilanzdaten im Mai 2000 stark unter Druck.

2.3 Bewertung der polnischen Wechselkurspolitik

Die polnische Wechselkurspolitik läßt sich nach der anfänglichen Schocktherapie, die ein Festkursregime als Kernelement zur monetären Stabilisierung beinhaltete, durch eine graduelle Flexibilisierung charakterisieren. Der kontinuierliche Übergang hin zu einer vollständigen Freigabe des Zloty war bis heute konsistent mit der jeweils vorgegebenen, mittelfristigen Währungsstrategie. Im Gegensatz zu anderen MOEL wurde die Flexibilisierung durch geordnete wechselkurspolitische Entscheidungen vorgenommen und nicht aufgrund systembedingter Inkonsistenzen vom Markt erzwungen. Gleichzeitig wurde der Zloty in den 90er Jahre durch vergleichsweise geringe nominale Lohnsteigerungen sowie einem massiven Zufluß an ausländischem Kapital gestützt.[325]

Zur Bewertung der polnischen Wechselkurspolitik sind fünf Erfolgsfaktoren zu nennen:

Makroökonomischer Aufholprozeß: Die Währungsbehörden lieferten durch die – zu Transformationsbeginn implementierte – Schocktherapie sowie die spätere Flexibilisierung mit Hilfe eines Systems gleitender Abwertungen einen wesentlichen Beitrag zum makroökonomischen Aufholprozeß (s. Abbildung B-1). Dieser war zunächst durch eine zwar tiefgreifende, aber vergleichsweise kurze Anpassungsrezession gekennzeichnet. Trotz der ungünstigen Ausgangsbedingungen expandierte die Ökonomie später im Vergleich zu anderen MOEL mit den höchsten realen Zuwachsraten. Gleichzeitig konnte die interne und externe Währungsstabilität gesichert werden.

---

[325] Vgl. Nuti (2000), S. 54f.

154

Tabelle B-3: Die polnische Wechselkurspolitik im Zeitverlauf

Datum	Änderung	Wechselkurssystem
01.01.1990	Eingangsabwertung; Vereinheitlichung von offiziellen und parallelen Wechselkursen.	Feste Wechselkursanbindung gegenüber USD
17.05.1991	Diskretionäre Abwertung von 16,8% gegenüber USD; Einführung eines Währungskorbes (USD 45%, DEM 35%, GBP 10%, FRF 5%, SWF 5%).	Feste Wechselkursanbindung gegenüber Währungskorb
19.10.1991	Einführung eines crawling peg Systems; monatliche Abwertungsrate von 1,8%.	crawling peg gegenüber Währungskorb mit monatlicher Abwertungsrate von 1,8%
25.02.1992	Diskretionäre Abwertung von 12%.	s.o.
27.08.1993	Diskretionäre Abwertung in Höhe von 8,1% gegenüber Währungskorb; Reduktion der monatlichen Abwertungsrate auf 1,6%.	crawling peg gegenüber Währungskorb mit monatlicher Abwertungsrate von 1,6%
13.09.1994	Reduktion der monatlichen Abwertungsrate auf 1,5%	crawling peg gegenüber Währungskorb mit monatlicher Abwertungsrate von 1,5%
30.11.1994	Reduktion der monatlichen Abwertungsrate auf 1,4%	crawling peg gegenüber Währungskorb mit monatlicher Abwertungsrate von 1,4%
01.01.1995	Redenominierung des Zloty: 1 neuer Zloty = 10.000 alte Zloty.	s.o.
12.02.1995	Reduktion der monatlichen Abwertungsrate auf 1,2%	crawling peg gegenüber Währungskorb mit monatlicher Abwertungsrate von 1,2%
06.03.1995	Erweiterung der bestehenden Bandbreite (+/- 0,5%) auf +/- 2%.	s.o.
16.05.1995	crawling band mit einer Erweiterung der Bandbreite auf +/- 7%.	crawling band gegenüber Währungskorb mit monatlicher Abwertungsrate von 1,2%
22.12.1995	Diskretionäre Aufwertung des Zloty gegenüber Währungskorb in der Höhe von 6 %.	s.o.
08.01.1996	Reduktion der monatlichen Abwertungsrate auf 1%.	crawling band gegenüber Währungskorb mit monatlicher Abwertungsrate von 1%
26.02.1998	Erweiterung der bestehenden Bandbreite auf +/- 10% Reduktion der monatlichen Abwertungsrate auf 0,8%	crawling band gegenüber Währungskorb mit monatlicher Abwertungsrate von 0,8%
10.09.1998	Reduktion der monatlichen Abwertungsrate auf 0,5%.	crawling band gegenüber Währungskorb mit monatlicher Abwertungsrate von 0,5%
29.10.1998	Erweiterung der Bandbreite auf +/- 12,5%.	s.o.
01.01.1999	Anpassung des Währungskorbes: EUR 55%, USD 45%.	crawling band gegenüber Währungskorb mit monatlicher Abwertungsrate von 0,5%
25.03.1999	Reduktion der monatlichen Abwertungsrate auf 0,3%, Erweiterung der Bandbreite um die gleitende Parität auf +/- 15%	crawling band gegenüber Währungskorb mit monatlicher Abwertungsrate von 0,3%
12.04.2000	Vollständige Freigabe des Zloty	Managed floating mit direktem Inflationsziel.

Festkursregime: Die Strategie, den Wechselkurs innerhalb eines Festkursregimes als nominalen Anker der Geldpolitik zu verwenden, kann angesichts der zu Transformationsbeginn bestandenen Hyperinflation insgesamt als erfolgreich angesehen werden. Der Wechselkursanker stellte die einzig erfolgversprechende Option dar, die bestehende Abwertungs-Inflations-Spirale zu durchbrechen. Die Abwertungserwartungen konnten schrittweise zurückgeführt werden, und die Glaubwürdigkeit in die Geld- und Wechselkurspolitik nahm im Zeitablauf zu.

Ansteckungseffekte: Die Wechselkurspolitik sah sich in den vergangenen Jahren mehrmals mit spill-over Effekten, ausgehend von Währungs- und Finanzkrisen in anderen Schwellen- und Transformationsländern, konfrontiert. Dabei verzichteten die Währungshüter sowohl auf höhere Devisenmarktinterventionen zur Stützung des Zloty als auch auf grundsätzliche Änderungen der aktuellen Währungsstrategie. In allen Fällen erfolgte nur eine transitorische Schwächung des Zloty. Indem die Zentralbank an ihrer Disinflationsstrategie festhielt, konnte ein deutlicher Reputationsgewinn und ein erneuter Zufluß ausländischer Kapitalanlagen verzeichnet werden.

Weitsichtige Wechselkurspolitik: Durch die Formulierung eindeutiger währungspolitischer Zukunftsstrategien trug die Zentralbank frühzeitig zu einer Erhöhung der geld- und wechselkurspolitischen Transparenz bei. Die schrittweise Ausweitung des Kursbandes und Reduktion der monatlichen Abwertungsraten erwiesen sich neben der internen Währungsstabilisierung zudem als eine – in Hinblick auf den monetären EU-Integrationsprozeß – angemessene Strategie.

Trade-off der Wechselkurspolitik: Die Absicherung der Teilkonvertibilität über reale Abwertungen gilt als zentraler Erfolg des Stabilisierungsprogrammes. Durch die Wahl eines Festkursregimes wurde der internen Stabilisierung zunächst ohne Einschränkung die Priorität eingeräumt. Mit dem Übergang zum crawling peg sowie zahlreichen, überraschenden Abwertungsschritten begegneten die Währungshüter dem Zielkonflikt zwischen Herstellung einer gleichgewichtigen Leistungsbilanz sowie Inflationsreduzierung. Im Grundsatz ist festzuhalten, daß die Währungsstrategie – von einigen Kritikpunkten bezüglich des timings und sequencings der Schritte abgesehen – geeignet war, die Glaubwürdigkeit der Wechselkurspolitik zu erhöhen.[327]

Zwar kann die Währungsstrategie damit als erfolgreich angesehen werden, jedoch sind für eine abschließende Bewertung folgende Defizite und Inkonsistenzen zu nennen:[328]

Eingangsabwertung und Festkursregime: Die nominale Zloty-Abwertung zu Transformationsbeginn ging über das parallele Wechselkursniveau hinaus und verstärkte den Preisdruck. Damit wurde die interne Stabilisierung erschwert. Angesichts eines drohenden Glaubwürdigkeitsverlusts entschieden sich die Währungshüter erst spät für einen Übergang zum crawling peg. Aus heutiger Sicht wäre dieser Schritt zu einem noch früheren Zeitpunkt durchaus angebracht gewesen, um in Verbindung mit einer graduelleren Importliberalisierung nach erfolgter Stabilisierung der hohen Inflationserwartungen die außenwirtschaftliche Position zu stützen. *Zinspolitik*: Ein zentrales Charakteristikum der Zentralbank zur Inflationsbekämpfung bestand in der restriktiven Geldpolitik, deren

---

[327] Vgl. Lenzner (1998), S. 208f.
[328] Eine Analyse der aktuellen Wirtschaftslage (und hier vor allem des hohen Leistungsbilanzdefizits sowie der monetären Konvergenzfortschritte) erfolgt in Kapitel VII.

'kontraktive' Wirkung jedoch mehrfach von Regierungsseite offen kritisiert wurde.[329] Zwar entsprachen die Realzinsen dem Niveau vergleichbarer Referenzländer, doch bestand die Attraktivität kurzfristiger Portfolioinvestitionen in Polen in der nachhaltigen Aufwertungserwartung des Zloty. Die starken Kapitalzuflüsse erschwerten wiederum die Rückführung der Inflationsraten. *Diskretionäre Aufwertungen*: Die gleichzeitige Kombination von diskretionären Aufwertungen sowie gleitenden Abwertungen weist im Grundsatz auf eine Inkonsistenz der wechselkurspolitischen Strategie hin. Die diskretionären Aufwertungen wurden durch eine Verbesserung der gesamtwirtschaftlichen Lage in Verbindung mit rasch ansteigenden Direkt- und Portfolioinvestitionen erforderlich. Eine schnellere und höhere Reduktion der konstanten Abwertungsraten hätte sich etwa im Jahr 1995, im Zuge der hohen Kapitalzuflüsse, als angebrachter erwiesen und die Inflationserwartungen zurückgeführt.[330]

3. Der ungarische Forint

3.1 Makroökonomische Rahmenbedingungen

Im Gegensatz zu Polen entschied sich Ungarn beim Übergang von der Plan- zur Marktwirtschaft für eine stufenweise Einführung der Reformen. Trotz dieser gradualistischen Vorgehensweise sah sich Ungarn im Zeitraum 1989-93 mit einer tiefgreifenden Anpassungsrezession konfrontiert, in deren Verlauf das BIP um annähernd ein Fünftel schrumpfte. Dies erfolgte in einem außenwirtschaftlichen Umfeld, das durch eine (bis 1995 ansteigende) Rekordverschuldung gegenüber dem Ausland gekennzeichnet war. Der weitere Transformationsprozeß war aus gesamtwirtschaftlicher Sicht im mittel- und osteuropäischen Ländervergleich durch geringe reale Wachstumsraten bei latent hohen Steigerungsraten der Verbraucherpreise gekennzeichnet (s. Abb. B-2).

Als unmittelbare Folge der breiten Transformationskrise und des einhergehenden Produktionseinbruchs sah sich die Regierung mit einem erheblichen Anstieg der Arbeitslosigkeit (s. Tabelle B-4) sowie zurückgehenden Steuereinnahmen konfrontiert. Bei gleichzeitig ansteigenden Staatsausgaben verschärfte sich die öffentliche Finanzlage weiter, so daß 1994 ein übermäßiges Staatsdefizit mit einem erheblichen Leistungsbilanzdefizit ('Zwillingsdefizit') zusammenfiel. Diese Entwicklung bedrohte ganz erheblich die Überwindung der Transformationsrezession. Mit dem umfangreichen Austeritätsprogramm Anfang 1995, das als klassisches makroökonomisches Stabilisierungsprogramm gilt, wurde ein nachhaltiger Wachstumskurs eingeleitet. Durch die drastischen Konsolidierungsmaßnahmen konnte nicht nur eine deutliche Zurückführung des Leistungsbilanzdefizits (u.a. Kurswechsel der Währungsstrategie, Erhebung einer Importsonderabgabe), sondern auch des Staatshaushaltes erreicht werden. Der Budgetsaldo wies 1996 in Verbindung mit gestiegenen Privatisierungserlösen erstmals einen Überschuß auf. Den Preis für den harten Konsolidierungskurs trug die Bevölkerung mit realen Einkommensverlusten.

---

[329] Vgl. Nuti (2000), S. 56f.

[330] Kritiker weisen auf die frühzeitige Einführung des Inflationszieles 1998 hin. Es ist zu bezweifeln, daß die beschriebenen Voraussetzungen für eine erfolgreiche Anwendung vollständig bestanden.

Abbildung B-2:   *Ausgewählte Fundamentaldaten im Zeitablauf der Transformation (Ungarn)*

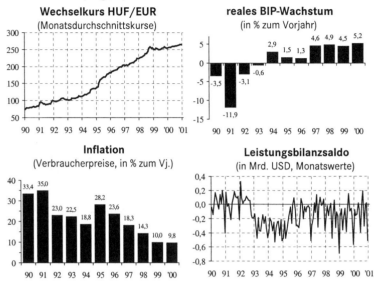

Datenquelle: FERI, Standard Poor's DRI.

Als größte Enttäuschung aus wirtschaftspolitischer Sicht ist weiterhin die zögerliche Inflationsreduktion anzusehen, welche die außenwirtschaftliche Priorität der Geld- und Wechselkurspolitik widerspiegelt: Die Steigerungsrate der Verbraucherpreise wies erst zehn Jahre nach Transformationsbeginn einstellige Werte auf.

Tabelle B-4: Ausgewählte Indikatoren des ungarischen Transformationsprozesses

Ungarn	1991	1992	1993	1994	1995	1996	1997	1998	1999	2000
Reales BIP-Wachstum (% z. Vj.)	-11,9	-3,1	-0,6	2,9	1,5	1,3	4,6	4,9	4,5	5,2
Inflation (ΔCPI in % z. Vj.)	35,0	23,0	22,5	18,8	28,2	23,6	18,3	14,3	10,0	9,8
Leistungsbilanzsaldo (% z. BIP)	0,8	0,8	-9,0	-9,5	-5,6	-3,8	-2,1	-4,9	-4,3	3,9
Handelsbilanzsaldo (Mrd. USD)	-1,2	-0,4	-3,6	-3,9	-2,3	-2,4	-2,1	-2,7	-3,0	-3,9
Staatsbudget (in % des BIP)	-4,4	-6,7	-3,6	-6,2	-2,4	1,2	-2,1	-5,5	-2,8	-2,8
Ausl. Direktinvestitionen (in Mio. USD)	1459	1471	2328	1097	4410	1987	1653	1453	1617	1941
HUF/USD (Jahresdurchschnitt)	74,7	79,0	92,0	105,1	125,7	152,6	186,8	214,5	237,3	282,2
HUF/EUR (Jahresdurchschnitt)	96,7	106,5	110,2	126,6	166,0	196,8	211,5	238,9	252,8	260,0
Devisenreserven in Mrd. USD	3,9	4,4	6,7	6,7	12,0	9,7	8,4	9,3	11,0	11,2
Bruttoauslandsverschuldung (in Mrd. USD)	22,63	22,03	24,36	28,28	31,59	27,21	24,50	28,58	31,18	29,80
Arbeitslosenquote in %	8,2	13,4	14,0	10,7	10,2	9,9	8,7	7,8	7,0	6,0
Investitionen (in % des BIP)	20,9	19,9	18,9	20,1	20,0	21,6	22,2	23,6	23,2	23,3
Basisrate p.a.	22,0	21,8	20,8	23,8	27,8	25,5	21,3	18,9	15,7	11,4

Datenquelle: Standard & Poor's DRI, PlanEcon (2001a), FERI.

Die verbesserten wirtschaftlichen Rahmenbedingungen, ein begrenztes Haushaltsdefizit, der wohl größte und fortschrittlichste Finanzmarkt in der Region sowie die rasante Beschleunigung des Privatisierungstempos förderten nach 1995 die Attraktivität Ungarns als Investitionsstandort und den Zustrom ausländischer Direktinvestitionen. In den letzten Jahren war Ungarn damit bei den Direktinvestitionen pro Kopf der Bevölkerung unangefochtener Spitzenreiter der Region.

3.2 Währungsstrategie mit hohem diskretionären Spielraum

3.2.1 Ausgangssituation

Ungarn besaß im Vergleich zu anderen MOEL die längste Reformtradition. Das staatliche Bestreben, die planwirtschaftliche Grundordnung durch Liberalisierungsmaßnahmen um dezentrale Anreizmechanismen zu ergänzen, geht bis auf das Jahr 1968 zurück.[331] Mit der damaligen Implementierung des *'Neuen Ökonomischen Mechanismus'* waren Elemente wie eine partielle Liberalisierung des Handels mit dem Westen, institutionelle Reformanstrengungen sowie die Einführung eines einheitlichen kommerziellen Wechselkurses verknüpft. Die damalige Umorientierung in währungspolitischen Gesichtspunkten führte bis Anfang der 80er Jahre zu einer graduellen Vereinheitlichung des parallelen Touristenwechselkurses sowie des offiziellen Wechselkurses.

Die Preise übernahmen aufgrund der frühen Reformanstrengungen zwar im Grundsatz eine eingeschränkte Lenkungsfunktion, jedoch fand dies innerhalb einer planwirtschaftlichen Grundordnung mit zentralistischen Entscheidungsprozessen statt. Aus diesen Maßnahmen läßt sich lediglich der gradualistische Charakter für den im Jahr 1990 eingeleiteten Reformansatz begründen, jedoch per se keine wesentliche Erleichterung bei der Implementierung marktwirtschaftlicher Elemente ableiten. Die Ökonomie war Ende der 80er Jahre durch einen hohen ausländischen Verschuldungsgrad gekennzeichnet, wobei sich die gesamten externen Verbindlichkeiten auf 21,3 Mrd. US-Dollar beliefen.[332] Der angemessenen Bedienung dieser Auslandsverbindlichkeiten wurde von der neuen demokratischen Regierung höchste Priorität eingeräumt. Verschiedene Liberalisierungsmaßnahmen, vor allem im Zusammenhang mit der angestrebten Inländer-Konvertibilität, wurden aufgeschoben. Gleichzeitig bestand in Ungarn angesichts tiefgreifender Zahlungsbilanzkrisen während der 80er Jahre eine hohe Sensibilisierung für die Auswirkungen außenwirtschaftlicher Ungleichgewichte.

Bereits während der 80er Jahre erfolgte innerhalb dieser vergleichsweise progressiven Reformtradition mit marktwirtschaftlichen Ansätzen eine Stabilisierung des Forint gegenüber einem Korb aus elf westlichen Währungen. Dabei führten die planwirtschaftlichen Behörden periodische Abwertungen des offiziellen Wechselkurses zum Ausgleich der Inflationsdifferenzen durch. Die Entwicklung des realen Wechselkurses stellte zu diesem Zeitpunkt innerhalb fester, aber anpassungsfähiger Wechselkurse die zentrale Determinante für monetäre Entscheidungen dar. Die Wechselkurspolitik räumte bis 1990 der preislichen Wettbewerbsfähigkeit ungarischer Exporte und einer Verbesserung der

---

[331] Vgl. Fröhlich (1992), S. 61; Stippler (1998), S. 174f.
[332] Dies entsprach einer Schuldendienstquote von über 40%.

159

Zahlungsbilanzposition oberste Priorität ein. Vor diesem Hintergrund erfolgten zwischen Januar 1989 und Juni 1990 nominale Abwertungen von insgesamt 25% gegenüber dem Währungskorb.

3.2.2 Strategie regelmäßiger diskretionärer Abwertungsschritte (Phase 1)

Der Beginn der Systemtransformation wurde im Sommer 1990 eingeläutet, als das Demokratische Forum die Regierungsverantwortung übernahm, und im September das Programm der 'Nationalen Erneuerung' vorgestellt wurde. Ungarn wählte einen gradualistischen Reformansatz, indem sich die außenwirtschaftliche Öffnung sowie die binnenwirtschaftliche Preisliberalisierung über einen längeren Zeitraum erstreckte. Gleichzeitig verfolgten die Währungshüter zu Transformationsbeginn eine moderate Unterbewertungsstrategie des realen Wechselkurses und verzichteten auf nominale Eingangsabwertungen in der Größenordnung Polens oder Tschechiens.

Die Wechselkurspolitik erhielt ab 1990 zwar eine im Grundsatz veränderte Bedeutung angesichts der voranschreitenden außenwirtschaftlichen Liberalisierung, jedoch war sie im Gegensatz zu Tschechien oder Polen durch eine weniger dogmatische Umsetzung charakterisiert. Die Währungshüter hielten im Kern an dem seit Anfang der 80er Jahre bestehenden Regime fest, indem der Forint gegenüber einem Währungskorb bei limitierter Stufenflexibilität ('adjustable peg') fixiert wurde. Die Verteidigung eines Wechselkurszieles war jedoch nicht die zentrale Determinante des Reformprogrammes, da die Währungshüter ein großes Maß an diskretionärem Spielraum innerhalb des Wechselkurssystems behielten.[333] Der Wechselkurs übte im Gegensatz zu Tschechien oder Polen keine explizite Ankerfunktion aus. Bei der Entscheidung, ein stufenflexibles Wechselkursregime zu wählen, spielten folgende Überlegungen eine zentrale Rolle:[334]

- Die Währungshüter entschieden sich vor allem angesichts außenwirtschaftlicher Gesichtspunkte gegen eine reine Festkursstrategie. Zwar hätte durch die Anbindung an eine glaubwürdige Ankerwährung die Inflationsrate relativ zügig auf ein moderates Niveau zurückgeführt werden können, jedoch wurde aufgrund des weiterhin bestehenden Inflationsdifferentials und der entsprechenden, ungleichgewichtigen realen Aufwertung eine dauerhafte Verschlechterung der außenwirtschaftlichen Position befürchtet.
- Ungarn wählte vor allem deshalb kein managed floating, da angesichts unterentwickelter Märkte und Finanzmarktinstitutionen sowie den weitreichenden Liberalisierungsmaßnahmen eine starke Volatilität des nominalen und realen Wechselkurses erwartet wurde.
- Durch die Wahl fester, aber anpassungsfähiger Wechselkurse verfolgten die Währungshüter eine Doppelstrategie. Zum einen strebte man die interne und externe Stabilisierung des Forint gegenüber einem Korb westlicher Währungen an. Zum anderen versuchte man durch diskretionäre Abwertungsschritte, die Wettbewerbsfähigkeit ungarischer Exporte zu verbessern.

[333] Vgl. Fröhlich (1992), S. 62.
[334] Vgl. Gáspár (1995), S. 15f.; Szapáry/Jakab (1998), S. 694f.

Wie in der Tabelle B-5 zusammengefaßt, erfolgten von 1990 bis 1995 insgesamt 22 diskretionäre Abwertungsschritte zur Stabilisierung des realen Wechselkurses, die insgesamt einem Wertverlust des Forint gegenüber dem jeweiligen Währungskorb von 87,7%
entsprachen. Zwar kann die Währungsstrategie im Hinblick auf die Leistungsbilanzent-
wicklung der Jahre 1991 und 1992 als durchaus erfolgreich angesehen werden, jedoch
ergaben sich unbefriedigende Erfolge bei der Inflationsreduktion angesichts sich ver-
stärkender Inflationserwartungen.

Tabelle B-5: Diskretionäre Abwertungen des Forint zwischen 1990-1995

Datum	Nominale Abwertung (%)	Datum	Nominale Abwertung (%)
31. Januar 1990	1,0	29. September 1993	4,5
06. Februar 1990	2,0	03. Januar 1994	1,0
20. Februar 1990	2,0	16. Februar 1994	2,6
07. Januar 1991	15,0	13. Mai 1994	1,0
08. November 1991	5,8	10. Juni 1994	1,2
16. März 1992	1,9	05. August 1994	8,0
24. Juni 1992	1,6	11. Oktober 1994	1,1
09. November 1992	1,9	29. November 1994	1,0
12. Februar 1993	1,9	03. Januar 1995	1,4
26. März 1993	2,9	14. Februar 1995	2,0
07. Juni 1993	1,9	13. März 1995	9,0
09. Juli 1993	3,0		

Datenquelle: National Bank of Hungary (2001c).

Darüber hinaus sind zwei zusätzliche Defizite der bestehenden Währungsstrategie zu
nennen:[334]

Abwertungserwartungen: Nach erfolgter diskretionärer Abwertung spekulierten die
Wirtschaftssubjekte nach einiger Zeit auf eine erneute Wechselkurskorrektur. Dementsprechend wurden Umschichtungen in der Portfoliohaltung vorgenommen, Importzah-
lungen vorgezogen und die Repatriierung von Exporteinnahmen verzögert.
Abwertungshöhe: Das Ausmaß des jeweiligen Abwertungsschrittes unterlag einer breiten politischen Diskussion zwischen Regierung und Zentralbank. Der fehlende wechselkurspolitische Automatismus (wie etwa bei einem crawling peg) führte neben einer Ver-
zögerung der notwendigen Entscheidung dazu, daß die ex-post durchgesetzte Abwertungshöhe deutlich unter dem Inflationsdifferential zu den Hauptpartnerländern lag.[335]
Damit wurde die originäre Intention der Währungsstrategie, eine Stabilisierung des realen Wechselkurses herbeizuführen, verfehlt.

Innerhalb der wechselkurspolitischen Doppelstrategie eines Systems stufenflexibler
Wechselkurse, bei dem die Preisniveaustabilisierung nicht explizit in den Dienst der

---

[334] Vgl. auch Szapáry/Jakab (1998), S. 695f.; Stephan (1999), S. 153f.
[335] Aus politischer Sicht wurde eine nominale Abwertung als höchst unattraktives Instrument und als
Indikator für eine verfehlte Wirtschaftspolitik angesehen.

Wechselkurspolitik gestellt wurde, erfolgte am 26. Februar 1990 zunächst eine Anbindung gegenüber einem handelsgewichteten Korb aus elf Währungen.[337] Der Währungskorb wurde am 14. März 1991 bei modifizierter Gewichtung auf noch neun Währungen reduziert.[338] Auf diese Weise wurde den veränderten Handelsbeziehungen im Zuge des Zusammenbruchs der Wirtschaftsgemeinschaft osteuropäischer Staaten Rechnung getragen.[339] Das wirtschaftspolitische Umfeld des Zeitraumes 1991-92 war durch das Bestreben geprägt, die ausländische Verschuldung nicht weiter ansteigen zu lassen. Die Leistungsbilanz konnte – gestärkt durch eine vor allem 1991 nach außenwirtschaftlichen Aspekten ausgerichtete Wechselkurspolitik – einen leichten Überschuß aufweisen. Der Bestand an Devisenreserven nahm weiter zu. Im Dezember 1991 wurde durch die Implementierung eines neuen Notenbankgesetzes eine de jure unabhängige Wechselkurspolitik der Zentralbank möglich, wobei de facto weiterhin eine Absprache mit der Regierung durchgeführt werden mußte. Am 9. Dezember erfolgte eine erneute Modifizierung des Währungskorbes, indem dieser mit dem US-Dollar (50%) und der European Currency Unit (ECU) (50%) nur noch zwei Währungen beinhaltete. Die Zusammenstellung ist im Vorfeld der für März 1992 angesetzten Unterzeichnung des EU-Assoziierungsvertrages als Signal der ungarischen Integrationsbereitschaft zu sehen.

Die erste diskretionäre Kurskorrektur des Jahres 1992 wurde am 16. März durchgeführt. Dieser Schritt spiegelte mit einem nominalen Abwertungssatz von 1,9% gegenüber dem Währungskorb sowie der Einführung einer geringen Bandbreite von plus/minus 0,3% am 1. Juli eine Verände-rung der bestehenden Währungsstrategie wider. Der bisherige Politikansatz der Währungshüter gelegentlicher, aber hoher Abwertungsschritte wurde durch zahlreiche, geringere Wechselkursanpassungen ersetzt. Die spekulativen Erwartungen weiterer Abwertungen sollten begrenzt sowie die Stabilität des Devisenmarktes gestärkt werden. Die modifizierte Strategie war durch die Überlegung geprägt, daß eine solche 'aktive' Wechselkurspolitik zur Reduktion der Inflationserwartungen beitragen würde.[340] Im Jahresverlauf 1992 konnte jedoch entgegen dieser realen Aufwertungsstrategie keine durchgreifende Verlangsamung der inländischen Preissteigerung herbeigeführt werden. Vielmehr wurde eine Erhöhung der Inflationsrate angesichts der Anpassungsmaßnahmen öffentlich kontrollierter Preise sowie der Steueränderungen verzeichnet. Aufgrund der Konjunkturverlangsamung in zentralen Absatzmärkten ungarischer Exportgüter sowie der wechselkursinduzierten Verschlechterung der preislichen Wettbewerbsfähigkeit, sah sich Ungarn seit Ende 1992 mit einem hohen Handels- und Leistungsbilanzdefizit konfrontiert (s. Tabelle B-4). Vor dem Hintergrund einer sich beschleunigenden Inflation sowie verschlechternder außenwirtschaftlichen Position erhöhte sich der Druck auf die Wechselkurspolitik.

---

[337] Die Struktur des Währungskorbes orientierte sich wie folgt an den Handelsanteilen: USD 42,6%; DEM 25,6%; ATS 10,4%; CHF 4,9%; ITL 3,8%; FRF 3,5%; GBP 2,9%; SEK 2%; NLG 1,7%; FIM 1,5%; BEC 1,1%.

[338] Die modifizierte Struktur war wie folgt: USD 50,9%; DEM 23,1%; ATS 8,1%; CHF 3,9%; ITL 3,5%; FRF 3,6%; GBP 2,7%; SEK 1,5%; NLG 2,7%.

[339] Der Rat für gegenseitige Wirtschaftshilfe (RGW bzw. CMEA) wurde 1949 als Wirtschaftsgemeinschaft mit Sitz in Moskau gegründet. Mitgliedstaaten waren Bulgarien, DDR, Kuba, Polen, Rumänien, UdSSR, Ungarn, Vietnam, Mongolei, Tschechien und Nordkorea. Im Januar 1991 wurde die Auflösung der Gemeinschaft zum Juni 1991 beschlossen.

[340] Vgl. Gáspár (1995), S. 16.

Bevor im Jahr 1995 eine Kehrtwende eingeleitet wurde, entwickelte sich die Wechsel-kurspolitik in einem gesamtwirtschaftlichen Umfeld, das durch verstärkte Ungleichge-wichte in der Leistungsbilanz und dem Staatshaushalt gekennzeichnet war. Die Folge war ein sukzessiver Glaubwürdigkeitsverlust des bestehenden Wechselkurssystems.

Am 2. August 1993 erfolgte eine Modifizierung des Währungskorbes, indem die Wäh-rungshüter bei unveränderter Gewichtung den ECU durch die DEM ersetzten. Auf diese Weise wollte Ungarn einerseits einen verstärkten Volatilitätsimport angesichts der be-stehenden Krise des Europäischen Währungssystems (EWS) vermeiden, und anderer-seits der gestiegenen Bedeutung Deutschlands als zentralem Handelspartner Rechnung tragen. Bereits am 16. Mai 1994 wurde eine Korrektur dieser Entscheidung herbeige-führt, indem eine Neugewichtung vorgenommen und der ECU wieder aufgenommen wurde (ECU 70%; USD 30%). Während aus politischen Erwägungen durch die höhere ECU-Gewichtung ein Signal der schnellen Reformbereitschaft und EU-Orientierung gegeben werden sollte, entsprachen die Währungshüter aus ökonomischen Erwägungen der gestiegenen EU-Ausrichtung des Außenhandels.

Als ersten Indikator für die sinkende Glaubwürdigkeit des bestehenden, stufenflexiblen Wechselkurssystems und den im Folgejahr durchgeführten Kurswechsel der Währungs-strategie ist die in drei Stufen erfolgte Bandbreitenerweiterung anzusehen: Nach einer Erhöhung der Schwankungsbreite auf plus/minus 0,5% vom 1. Juni 1994 sowie auf plus/minus 1,25% vom 5. August 1994 fand zum Jahresende am 22. Dezember 1994 eine abschließende Bandbreitenerweiterung auf plus/minus 2,25% statt. Den Marktkräf-ten sollte mehr Spielraum übertragen werden, nachdem sich die Rahmen- und Struktur-bedingungen des Devisenmarktes weiterentwickelt hatten.[341]

Einen weiteren Indikator für den anstehenden Kurswechsel bildeten im Jahresverlauf 1994 die Häufung diskretionärer Abwertungsschritte (s. Tabelle B-5). Auch eine einma-lige, hohe nominale Abwertung am 5. August 1994 blieb ohne die erhoffte, bremsende Wirkung auf die dynamische Importnachfrage und insofern auf das gestiegene Un-gleichgewicht im Außenwirtschaftssektor. Der Leistungsbilanz galt mittlerweile die al-leinige Priorität der Zentralbank.[342]

Folgende Entwicklungen forcierten die Abkehr vom bestehenden Wechselkurssystem:[343]

- *Beschleunigende Abwertungserwartungen*: Das sich verschärfende Leistungsbilanz-defizit sowie die unveränderte Fiskalpolitik bewirkten eine rasche Beschleunigung der Abwertungserwartungen. Der Forint kam unter deutlichen Spekulationsdruck.[344]
- *Inkonsistenz zwischen Fiskalpolitik und Makrosituation*: Die Absicht der Wechsel-kurspolitik, eine graduelle Inflationsverlangsamung herbeizuführen, wurde durch die Kombination aus dynamischer Inlandsnachfrage sowie ansteigender Staatsverschul-dung untergraben.

---

[341] Vgl. Stephan (1999), S. 154; OECD (1995), S. 67.
[342] Vgl. OECD (1995), S. 64.
[343] Vgl. OECD (1995), S. 64f.; Gáspár (1995), S. 17f.
[344] Die Zentralbank intervenierte, indem sie zwischen Dezember 1994 und Februar 1995 1,4 Mrd. USD verkaufte.

- *Funktionsfähigkeit des Wechselkursregimes*: Das System fester, aber anpassungsfähiger Wechselkurse war nicht mehr in der Lage, eine hinreichende Ankerfunktion für inländische Variablen zu bilden und damit deren Wachstum zu begrenzen.

3.2.3 Währungspolitischer Kurswechsel durch crawling band (Phase 2)

Im März 1995 wurde das Wechselkursregime nach langem Zögern innerhalb eines umfangreichen Stabilisierungs- und Reformprogrammes durch ein passives crawling band ersetzt. Der 'Borkos-Plan'[345] bildete den ersten, umfangreicheren Reformansatz und beinhaltete – begleitet von einer restriktiven Geldpolitik der Zentralbank – die folgenden drei Kernelemente:[346]

- *Wechselkurspolitik*: In Verbindung mit einer diskretionären Abwertung des Forint am 13. März 1995 in der Höhe von 9% wurde ein System gleitender Abwertungen implementiert. Der Forint wurde in der Folgezeit monatlich gegenüber dem Währungskorb (ECU 70%; USD 30%) um zuvor angekündigte 1,9% abgewertet. Der automatische Anpassungsmechanismus erfolgte innerhalb einer Bandbreite von plus/minus 2,25% um die gleitende Parität.
- *Fiskalpolitik*: Neben deutlichen Maßnahmen auf der Einnahmenseite (Erhöhungen von Konsum- und Mehrwertsteuer; Einführung eines vorübergehenden[347] Import-Zuschlags von 8%) zielte das Reformprogramm vor allem auf die nachhaltige Begrenzung der Ausgabenseite ab. Die ungarischen Staatsausgaben sollten real um mehr als 15% zurückgeführt werden.
- *Lohnpolitik*: Das Reformprogramm beinhaltete eine Verpflichtung der Regierung, die nominalen Lohnerhöhungen durch Implementierung von Kontrollen zu begrenzen. So durften beispielsweise Lohnerhöhungen in denjenigen Unternehmen, die zum überwiegenden Teil noch im Staatseigentum waren, nicht mehr als 10% betragen.[348]

Durch Implementierung dieser Reformmaßnahmen näherte sich die Wirtschaftspolitik dem policy-mix an, der in anderen MOEL (Polen und Tschechien) bereits zu Transformationsbeginn durchgesetzt worden war. Gleichzeitig wurden umfangreiche Strukturreformen umgesetzt, die sich auf die Liberalisierung von Kapitaltransaktionen, die Privatisierung von Unternehmen sowie auf Maßnahmen im sozialen Bereich konzentrierten. Die im März 1995 implementierten Entscheidungen hatten einen schnellen und positiven Einfluß auf die Wirtschaft. Die drastische Reduktion der Staatsausgaben in Verbindung mit der veränderten Währungsstrategie führte zu einer Verbesserung der internen und externen Ungleichgewichte: Bis 1996 hatte sich das Defizit im Staatshaushalt und in der Leistungsbilanz (in Prozent zum BIP) mehr als halbiert.

Die modifizierte Währungsstrategie war ein wesentliches Element des erfolgreichen Stabilisierungsprogrammes. Das crawling band bewirkte nicht nur, daß die preisliche Wettbewerbsfähigkeit ungarischer Exportgüter verbessert wurde, sondern fungierte auch

---

[345] Das Programm trägt den Namen des damaligen ungarischen Finanzministers Lajos Borkos.
[346] Vgl. OECD (1995), S. 67ff.; Szapáry/Jakab (1998), S. 696ff.; Oblath (1998), S. 189ff.
[347] Der Importzuschlag lief im Juli 1997 aus.
[348] Vgl. OECD (1995), S. 56f.

als nominaler Anker der Geldpolitik. Eine Reduktion der konstanten Abwertungsrate des Forint kündigte die Zentralbank jeweils mehrere Wochen vor der eigentlichen Umsetzung an, so daß den Märkten ein ausreichender Zeitraum zur Anpassung garantiert war. Nach Umsetzung des Reformprogrammes wurde die monatliche Abwertungsrate bereits am 29. Juni um 0,6 Prozentpunkte auf 1,3% zurückgeführt. Insgesamt werteten die Währungshüter den Forint im Jahr 1995 um fast 30% ab. Der wechselkurspolitische Kurswechsel des Jahres 1995 trug wesentlich zur wiederhergestellten Glaubwürdigkeit der Wirtschaftspolitik bei. Die Abwertungserwartungen der Wirtschaftssubjekte (und Spekulationen gegen den Forint) konnten deutlich reduziert werden.[349]

Die gestärkte Glaubwürdigkeit in die Wechselkurspolitik spiegelte sich in den Folgemonaten in rasch ansteigenden Kapitalzuflüssen wider. Zum einen kam es zu einer Umschichtung derjenigen Kapitalanlagen, die im Vorfeld des implementierten Stabilisierungsprogrammes angesichts der Abwertungserwartungen sowie einer möglichen Zahlungsbilanzkrise abgezogen wurden. Zum anderen stellte nach Ansicht vieler ausländischer Anleger, die ihre Investitionsentscheidung zuvor verschoben hatten, die Umsetzung der Reformmaßnahmen eine unabdingbare Voraussetzung für Portfolio- und Direktinvestitionen dar.[350] Ein Großteil dieser Kapitalzuflüsse wurde durch signifikant hohe Risikoprämien getrieben: Dabei bestimmt die Höhe der konstanten Abwertungsrate den zinspolitischen Spielraum. Falls der spread zwischen in- und ausländischen Zinssätzen, bereinigt durch die konstante Abwertungsrate, höher ist als das unterstellte Währungsrisiko,[351] fließt Kapital nach Ungarn. Dementsprechend erfolgte die graduelle Zinsreduktion unter Berücksichtigung von zwei nicht-komplementären Zielvorstellungen: Einerseits sollten die Realzinsen hoch genug sein, um die inländischen Wirtschaftssubjekte zum Sparen in heimischer Währung anzuregen. Andererseits sollten die Realzinsen nicht zu hoch ausfallen, um den Zufluß von spekulativem Kapital und die entsprechenden Sterilisierungskosten zu begrenzen. Die ansteigenden Kapitalimporte bewirkten einen Aufwertungsdruck des Forint und ein Wechselkursniveau, das sich in den Folgemonaten weitgehend an der stärkeren Bandbreite bewegte.

Zum Jahresbeginn 1996 wurde die monatliche Abwertungsrate angesichts eines zurückgehenden außenwirtschaftlichen Ungleichgewichts auf 1,2% reduziert. Nachdem im weiteren Jahresverlauf der Preisdruck und die Inflationsraten geringer ausfielen, als dies von der Zentralbank erwartet wurde, erfolgte 1996 keine weitere Verringerung der Abwertungsrate.[352] Indem der Forint weiterhin an der stärkeren, oberen Seite des gleitenden Bandes notierte, nahm das Vertrauen der Marktteilnehmer in den Forint sukzessiv zu. Die Währungshüter führten regelmäßig obligatorische Interventionen durch, um den Forint innerhalb der vorgegebenen Bandbreite von plus/minus 2,25% zu halten. Am 1. Januar 1997 erfolgte eine weitere Änderung des Währungskorbes, indem bei unveränderter

---

[349] Vgl. Szapáry/Jakab (1998), S. 699; National Bank of Hungary (1995), S. 61f.

[350] Vgl. Oblath (1998), S. 191.

[351] Es ist vorgesehen, daß die Zentralbank nur obligatorische Interventionen an den Bandrändern tätigt.

[352] Vgl. National Bank of Hungary (1996), S. 95. Dementsprechend betrug die im Rahmen des crawling peg durchgeführte Abwertung im Jahresverlauf 1996 gegenüber dem Währungskorb 15,8%. Die tatsächliche Abwertung des nominalen effektiven Wechselkurses (unter Berücksichtigung des Aufwertungseffektes) betrug nur 12,3%.

Gewichtung der ECU erneut durch die D-Mark ersetzt wurde. Die Zentralbank begründete diese Entscheidung mit technischen Schwierigkeiten im Zuge einer ECU-Fixierung und mit einer stärkeren Marktorientierung des Währungskorbes.

3.2.4 Geregelte Zurückführung der konstanten Abwertungsraten (Phase 3)

Das Jahr 1997 war aus monetärer Sicht durch die explizite Ankündigung der Zentralbank geprägt, eine kontinuierliche Disinflationsstrategie zu verfolgen:[353] Das im Mai 1997 von der Regierung verabschiedete, mittelfristig angelegte Programm beinhaltete unter dem bestehenden Wechselkurssystem eine angestrebte Reduktion der Inflationsraten auf jahresdurchschnittlich 18% in 1997 und 13%-14% in 1998. Als zentrales Instrument der Währungshüter zur Einhaltung dieser Zielvorgaben wurde die Kombination aus glaubwürdigem crawling band sowie einer angekündigten Zurückführung der Abwertungsraten angesehen. Dementsprechend erfolgte eine Reduktion der monatlichen Rate, mit welcher der Forint automatisch gegenüber dem Währungskorb abgewertet wurde, zum 1. April 1997 zunächst auf 1,1% und zum 15. August 1997 auf 1%.

Von drei Unterbrechungen abgesehen notierte der Forint im Jahresverlauf 1997 weiter unmittelbar am stärkeren Bandende: Neben einer erhöhten Wechselkursvolatilität Ende Februar angesichts der Unsicherheiten innerhalb des Bankensektors, bewirkte die tschechische Finanzkrise Mitte Mai einen grundsätzlichen Vertrauensverlust in mittel- und osteuropäische Währungen. Der Forint sah sich mit einer zweiwöchigen Schwächung konfrontiert und bewegte sich rund 25 Basispunkte in Richtung der zentralen Parität. Da die Forint-Abwertung lediglich einen vorübergehenden Charakter besaß, und dieser Entwicklung keine Verschlechterung der inländischen Fundamentaldaten zugrunde lag, wurden die Ansteckungseffekte – im Sinne einer Abschwächung des Interventionsdrucks am starken, oberen Bandende – durchaus als positiv angesehen.

Einen weiteren Wertverlust mußte der Forint Mitte Oktober 1997 im Zuge der Asienkrise hinnehmen, als das Investorenvertrauen für Anlagen in Schwellen- und Transformationsländern einen drastischen Einbruch erlitt: Der Forint sah sich mit einer dreimonatigen Schwächung gegenüber dem Währungskorb konfrontiert. In diesem Zeitraum notierte der Forint im Durchschnitt rund 50 Basispunkte unter dem stärkeren Bandende, ohne dabei die zentrale Parität zu überschreiten.

Die Ende November bekanntgegebene Senkung der Abwertungsrate auf 0,9% zum 1. Januar 1998 stand in keinem unmittelbaren Zusammenhang zu den transitorischen Ansteckungseffekten der Asienkrise. Vielmehr bildete die Senkung einen weiteren Schritt innerhalb der sukzessiven Zurückführung der konstanten Abwertungsraten, um so die Inflationserwartungen zu begrenzen. Im Jahresverlauf 1998 konnte dann auch eine nachhaltige Verlangsamung der Inflationsrate verzeichnet werden. Gleichzeitig verschlechterte sich die Leistungsbilanz erstmals wieder nach Implementierung des umfangreichen Reformprogrammes vom März 1995. Offensichtlich hielten die Währungshüter – trotz einer importinduzierten Verschlechterung der außenwirtschaftlichen Position – an der graduellen Absenkung der konstanten Abwertungsraten fest. Dies ist als Anzeichen dafür zu betrachten, daß im Gegensatz zur ersten Transformationshälfte der Ab-

---

[353] Vgl. National Bank of Hungary (1997), S. 41ff.

senkung der Inflationsraten auf einstellige Werte nun die eindeutige Priorität der Wechselkurs- und Geldpolitik eingeräumt wurde.

In Absprache zwischen Regierung und Zentralbank wurde dementsprechend am 15. Juni 1998 die monatliche Abwertungsrate auf zunächst 0,8% und am 1. Oktober 1998 auf 0,7% reduziert. Die Vorankündigungen erfolgten jeweils ein halbes Jahr vor der tatsächlichen Umsetzung, um bereits im voraus die Inflationserwartungen sowie Lohnsteigerungen zu bremsen. Die zentrale Herausforderung des Jahres 1998 bildete jedoch die russische Rubelkrise im August.

Diese hatte aus währungspolitischer Sicht folgende Auswirkungen auf Ungarn:[354]

- *Wechselkurseffekt*: Angesichts der Ansteckungseffekte im Zusammenhang mit den Vertrauensverlusten in mittel- und osteuropäische Währungen wertete der Forint rund 4,5% ab.[355] Die ungarische Währung bewegte sich vom stärkeren zum schwächeren Bandende. Die Zentralbank reagierte im September auf den deutlichen Wertverlust erstmals seit dem währungspolitischen Kurswechsel 1995 mit einer Zinserhöhung um einen Prozentpunkt.

- *Kapitalabzug*: Die russische Finanzkrise bewirkte, daß zwischen August bis Oktober Wertpapiere im Wert von rund 1 Mrd. USD aus Ungarn abgezogen wurden. Indem der ungarische Aktienmarkt innerhalb von zwei Monaten eine Halbierung des zugrundeliegenden Wertes hinnehmen mußte, war er angesichts seines vergleichsweise hohen Entwicklungsgrades stärker vom Kapitalabzug betroffen als andere MOEL.

- *Devisenreserven*: Die Kapitalabflüsse bewirkten einen deutlichen Rückgang der Währungsreserven (8,8 Mrd. USD im September 1998), die vor der Rußlandkrise sukzessiv auf ein beachtliches Niveau von 9,7 Mrd. USD angestiegen waren.

Bereits im November 1998 erholte sich der Forint und notierte gegenüber dem Währungskorb fest um die zentrale Parität. Zum Jahreswechsel 1998/99 sahen sich die Währungshüter angesichts steigender Kapitalzuflüsse und einem Wechselkurs, der sich erneut am stärkeren Bandende bewegte, mit der Herausforderung konfrontiert, den Aufwertungsdruck durch obligatorische Interventionen und Zinssenkungen zu begrenzen. In diesem Kontext sind auch die Ansteckungseffekte im Zuge der Brasilienkrise Ende Januar 1999 zu bewerten: Indem der Forint gegenüber dem Währungskorb vorübergehend schwächer notierte und sich in Richtung der zentralen Parität bewegte, wurde der auf den Währungshütern lastende Interventionsdruck reduziert. Der geld- und wechselkurspolitische Spielraum war nur von temporärer Dauer, da der Forint im Frühjahr wieder das stärkere Ende der Schwankungsbreite erreichte und dort im Jahresverlauf weiter notierte. Diese Entwicklung bewirkte im April 1999 eine breite Diskussion zwischen Finanzminister und Zentralbank, die bestehende Bandbreite von plus/minus 2,25% zu erweitern, um den Aufwertungserwartungen der Marktteilnehmer zu begegnen.[356]

---

[354] Vgl. National Bank of Hungary (1998), S. 40ff.; OENB (1998, II), S. 12f.; Begg/Wyplosz (1999), S. 17f.

[355] Der Abwertungseffekt fiel aufgrund der kleineren Bandbreite nur halb so gering aus (Polen 9,3%, Tschechien 7,7%).

[356] Während die Regierungsseite eine deutliche Ausweitung der Schwankungsbreite forderte, vertrat die Zentralbank eine vorsichtigere Sichtweise.

167

Tabelle B-6: Die ungarische Wechselkurspolitik im Zeitverlauf

Datum	Änderung	Wechselkurssystem
bis 1990	Eingangsabwertungen; Vereinheitlichung der parallelen Wechselkurse	feste Wechselkurse gegenüber Währungskorb
01.01.1990 - 14.01.1995	In diesem Zeitraum erfolgten 22 diskretionäre Abwertungen der Zentralbank (insgesamt 87,7%).	
26.02.1990	Modifizierung des Währungskorbes: USD 42,6%; DEM 25,6%; ATS 10,4%; CHF 4,9%; ITL 3,8%; FRF 3,5%; GBP 2,9%; SEK 2%; NLG 1,7%; FIM 1,5%; BEC 1,1%	System fester, aber anpassungsfähiger Wechselkurse gegenüber Korb aus westlichen Währungen
14.03.1991	Währungskorb: USD 50,9%; DEM 23,1%; ATS 8,1%; CHF 3,9%; ITL 3,5%, FRF 3,6%; GBP 2,7%; SEK 1,5%; NLG 2,7%	s.o.
09.12.1991	Währungskorb: ECU 50%; USD 50%	s.o.
01.07.1992	Einführung einer Bandbreite um den festen, aber anpassungsfähigen Wechselkurs von +/- 0,3%	System fester, aber anpassungsfähiger Wechselkurse gegenüber Währungskorb
02.08.1993	Währungskorb: DEM 50%; USD 50%	s.o.
16.05.1994	Währungskorb: ECU 70%; USD 30%	s.o.
01.06.1994	Erweiterung der Bandbreite auf +/- 0,5%	s.o.
05.08.1994	Erweiterung der Bandbreite auf +/- 1,25%	s.o.
22.12.1994	Erweiterung der Bandbreite auf +/- 2,25%	s.o.
16.03.1995	Diskretionäre Abwertung gegenüber Währungskorb um 9%; crawling band mit monatlichen Abwertungs-raten von 1,9% gegenüber modifiziertem Währungs-korb (ECU 70%; USD 30%)	crawling band gegenüber Währungskorb mit monatlichen Abwertungsraten von 1,9%
29.06.1995	Reduktion der monatlichen Abwertungsrate auf 1,3%	crawling band mit monatlichen Abwertungsraten von 1,3%
02.01.1996	Reduktion der monatlichen Abwertungsrate auf 1,2%	crawling band mit monatlichen Abwertungsraten von 1,2%
01.01.1997	Währungskorb: DEM 70%; USD 30%	crawling band
01.04.1997	Reduktion der monatlichen Abwertungsrate auf 1,1%	crawling band mit monatlichen Abwertungsraten von 1,1%
15.08.1997	Reduktion der monatlichen Abwertungsrate auf 1%	crawling band mit monatlichen Abwertungsraten von 1%
01.01.1998	Reduktion der monatlichen Abwertungsrate auf 0,9%	crawling band mit monatlichen Abwertungsraten von 0,9%
15.06.1998	Reduktion der monatlichen Abwertungsrate auf 0,8%	crawling band mit monatlichen Abwertungsraten von 0,8%
01.10.1998	Reduktion der monatlichen Abwertungsrate auf 0,7%	crawling band mit monatlichen Abwertungsraten von 0,7%
01.01.1999	Reduktion der monatlichen Abwertungsrate auf 0,6%; Währungskorb: EUR 70%; USD 30%	crawling band mit monatlichen Abwertungsraten von 0,6%
01.07.1999	Reduktion der monatlichen Abwertungsrate auf 0,5%	crawling band mit monatlichen Abwertungsraten von 0,5%
01.10.1999	Reduktion der monatlichen Abwertungsrate auf 0,4%	crawling band mit monatlichen Abwertungsraten von 0,4%
01.01.2000	Euro fungiert als alleinige Ankerwährung	crawling band gegenüber Euro
01.05.2000	Reduktion der monatlichen Abwertungsrate auf 0,3%	crawling band gegenüber Euro mit Abwertungsraten von 0,3%

168

Im Jahresverlauf 1999 setzten die Währungshüter die sukzessive Reduktion der Abwertungsrate fort, indem diese am 1. Januar zunächst auf 0,6%, am 1. Juli auf 0,5% und schließlich am 1. Oktober auf 0,4% verringert wurde.[357] Das Jahr 2000 begann mit einem deutlichen währungspolitischen Signal, indem der Euro mit Wirkung zum 1. Januar als alleinige Ankerwährung im Rahmen des crawling band fungierte. Dieser Schritt wurde nicht nur angesichts einer weiter gestiegenen Handelsverflechtung mit Euroland durchgeführt, sondern gilt zudem als währungspolitischer Beitrag zur Vorbereitung eines zukünftigen EU-Beitritts. Am 1. April erfolgte trotz eines gestiegenen Inflationsdrucks eine Reduktion der monatlichen Abwertungsrate auf 0,3%.[358]

3.3 Bewertung der ungarischen Wechselkurspolitik

Ungarn war das einzige Land, das keine wechselkurspolitische Kombination aus hoher Eingangsabwertung und anschließendem flexiblen oder festen Wechselkursregimen wählte. Vielmehr entsprach die Währungsstrategie einem graduellen Reformansatz, der in zwei Perioden zu unterteilen ist: Die Währungshüter entschieden sich in den ersten fünf Jahren für ein System fester, aber anpassungsfähiger Wechselkurse, gefolgt von einem crawling band mit sukzessiv reduzierten Abwertungsraten. Für die Bewertung der Währungsstrategie ergibt sich ein dreigeteiltes Bild:

Angemessene Regimewahl zu Transformationsbeginn: Die hohe ausländische Verschuldung stellte zu Beginn eine tiefgreifende Restriktion für alle Entscheidungen der Wirtschaftspolitik dar. Die Währungsstrategie beinhaltete somit eine außenwirtschaftliche Ausrichtung. In Anbetracht der sukzessiven Liberalisierung von Importen und Preisen war die Wirtschaft auch nach Transformationsbeginn mit weiteren Preiserhöhungen konfrontiert. Die Preiseffekte und außenwirtschaftlichen Überlegungen sprachen gegen ein rigides Festkursregime, das bei positivem Inflationsdifferential gegenüber den Partnerländern eine Verschlechterung der Wettbewerbsfähigkeit bedeutet hätte.[359]

Inkonsistenter policy-mix in erster Transformationsphase: Begleitet durch einen inkonsistenten policy-mix aus Geld- und Fiskalpolitik war die Währungsstrategie nicht in der Lage, den trade-off zwischen Inflationsreduktion und Exportförderung bis 1995 angemessen zu lösen. So wirkte das wachsende Haushaltsdefizit und dessen teilweise Monetisierung in Verbindung mit der dynamischen Inlandsnachfrage der inflationsbremsenden Wechselkurspolitik entgegen. Eine ähnliche Wirkung implizierte die Mitte 1992 durchgesetzte Lockerung der Stabilisierungspolitik, indem eine Zinssenkung sowie Abschwächungen der Liquiditätsbeschränkungen im Bankensektor erfolgten. Die Währungsstrategie regelmäßiger Abwertungsschritte bewirkte, daß sich die Inflationserwartungen verfestigten, und der Abwertungs- und Inflationsdruck anstieg. Auch später waren die diskretionären Abwertungen kein angemessenes Mittel, um die außenwirtschaftlichen Ziele nachhaltig zu verfolgen. Vielmehr erhöhte sich in den Monaten vor dem

---

[357] Dies wurde von einer technischen Anpassung des Währungskorbes begleitet: Zum 1. Januar 1999 ersetzten die ungarischen Währungshüter bei unveränderter Gewichtung die D-Mark durch den Euro: EUR 70%, USD 30%.
[358] Eine Einordnung der jüngsten wechselkurspolitischen Entscheidungen erfolgt im Teil C.
[359] Vgl. die Argumentation in Gáspár (1995), S. 15.

Regimewechsel der Spekulationsdruck, und die Glaubwürdigkeit der stufenflexiblen Strategie nahm rapide ab.

Erfolgreiches crawling band in zweiter Transformationsphase: Das System gleitender Abwertungen leistete während der vergangenen sechs Jahre einen wesentlichen Beitrag, die preisliche Wettbewerbsfähigkeit Ungarns zu sichern, die Inflation zwischenzeitlich auf einstellige Raten zurückzuführen sowie die Glaubwürdigkeit der Wechselkurspolitik wiederherzustellen und aufrechtzuerhalten. Das crawling band unterstützte die im März 1995 eingeleiteten, weitreichenden Reformmaßnahmen, indem das Regime zugleich die notwendige Flexibilität und Glaubwürdigkeit auf sich vereinte.[360] Das System bildete vor allem einen verbindlichen nominalen Anker für die geldpolitischen Entscheidungen. Gleichzeitig trugen die im voraus angekündigten, sukzessiven Senkungen der Abwertungsraten dazu bei, daß sich die Märkte rechtzeitig auf die Maßnahmen einstellen konnten. Schließlich bedeutete die Einführung einer Schwankungsbreite einen zentralen geldpolitischen Spielraum für die Zentralbank, als sich der Aufwertungsdruck auf den Forint im Zuge rasch ansteigender Kapitalzuflüsse erhöhte. Die vergleichsweise geringe Bandbreite erwies sich bei verschiedenen externen Schocks (Krisen in Tschechien, Asien, Rußland und Brasilien) als ausreichend und nachhaltig. Die Entschlossenheit der Währungshüter, obligatorische Interventionen sowie Zinsanpassungen durchzuführen, trug dazu bei, daß die Glaubwürdigkeit der Bandbreiten nicht untergraben wurde. Wie noch in Teil C eingehender thematisiert wird, verfolgte Ungarn im Gegensatz zu Polen am Ende der 90er Jahre eine stärker wechselkursorientierte Geldpolitik, indem länger an den engen Bandbreiten festgehalten wurde. Erst im Mai 2001 erhielt die ungarische Geldpolitik durch eine Erweiterung des Zielkorridors einen deutlich höheren zinspolitischen Spielraum, um den nach oben zeigenden Inflationstrend zu stoppen.

4. Die tschechische Krone

4.1 Makroökonomische Rahmenbedingungen

Indem die Ökonomie bereits 1993 wieder auf einen positiven Wachstumspfad zurückkehrte, fiel die Transformationsrezession in Tschechien im Ländervergleich relativ kurz aus (Abbildung B-3). Bei der Ausgestaltung der Wirtschaftspolitik standen der Markt und die Gestaltung makroökonomischer Parameter im Vordergrund. Gute volkswirtschaftliche Leistungsdaten in Verbindung mit einem festen Wechselkursregime ließen Tschechien nach Überwindung der anfänglichen Transformationskrise zum Primus unter den MOEL werden: Zu diesem Bild trugen in der ersten Hälfte der 90er Jahre vor allem der ausgeglichene Staatshaushalt, moderate Inflationsraten, stabile Wechselkurse, niedrige Arbeitslosigkeit sowie die schnelle Voucher-Privatisierung bei.

Die Verschärfung der gesamtwirtschaftlichen Situation 1997 kann im Grundsatz auf die Vernachlässigung von mikroökonomischen Parametern und insofern der unternehmerischen Ebene zurückgeführt werden. Während die Wirtschaftspolitik lange Zeit an dem policy-mix aus strikter Inflationsreduktion, festen Wechselkursen und rascher Privatisierung festhielt, konnte sich die Effizienz tschechischer Unternehmen nicht im gleichen

---

[360] Vgl. Szapáry/Jakab (1998), S. 714.

Tempo verbessern wie die von Unternehmen anderer Viségrad-Staaten. Die Währungs- und Finanzkrise in Verbindung mit den Folgen des sehr restriktiven Stabilisierungspa- ketes (s. Abschnitt 4.2.4) führten die Wirtschaft in der zweiten Hälfte der 90er Jahre in eine erneute Rezession, die erst im zweiten Halbjahr 1999 beendet war. Seitdem befin- det sich die Wirtschaft wieder auf Wachstumskurs. Das Jahr 1997 markiert insofern ei- nen deutlichen Wendepunkt in der Wirtschaftspolitik, indem umfangreiche Korrektur- maßnahmen mit einem Schwerpunkt auf strukturelle Probleme (vor allem Reformen im Finanzsektor und im Privatisierungsprozeß) eingeleitet wurden.

Abbildung B-3:   *Ausgewählte Fundamentaldaten im Zeitablauf der Transformation (Tschechien)*

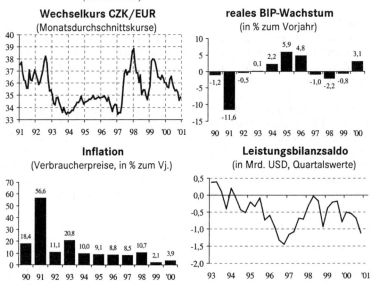

Datenquelle: FERI, Standard Poor's DRI.

Die Fremdwährungsliquiditätslage hat sich in den letzten Jahren durch die Verbesserung der außenwirtschaftlichen Position wieder deutlich entspannt (s. Tabelle B-7). Während im ersten Quartal 1997 eine dramatische Leistungsbilanzverschlechterung der endgültige Auslöser für die anschließenden Austeritätsmaßnahmen war, fiel das Leistungsbilanzde- fizit angesichts der schwächeren Binnennachfrage in den beiden Folgejahren mit etwa 2% des BIP sehr moderat aus. Gleichzeitig konnte das Defizit in der Leistungsbilanz während der letzten drei Jahre stets durch starke Zuflüsse ausländischer Direktinvesti- tionen (8-10% des BIP) gegenfinanziert werden. Damit zählt die tschechische Außen- handelsposition derzeit zu den stabilsten in der betrachteten Ländergruppe. Demgegen- über gilt eine nachhaltige Reform der öffentlichen Haushalte als Schlüsselaufgabe für die Wirtschaftspolitik. Vor dem Hintergrund eines in den letzten Jahren sukzessiv ange- stiegenen Budgetdefizits wird die Regierung von ausländischen Institutionen gedrängt, die Staatsfinanzen zu konsolidieren und transparenter zu gestalten.

Tabelle B-7: Ausgewählte Indikatoren des tschechischen Transformationsprozesses

Tschechien	1991	1992	1993	1994	1995	1996	1997	1998	1999	2000
Reales BIP-Wachstum (% z. Vj.)	-11,6	-0,5	0,1	2,2	5,9	4,8	-1,0	-2,2	-0,2	3,1
Inflation (ΔCPI in % zum Vj.)	56,6	11,1	20,8	10,0	9,1	8,8	8,5	10,7	2,1	3,9
Leistungsbilanzsaldo (% zum BIP)	1,2	-1,0.	1,4	-1,7	-2,6	-7,3	-6,2	-2,4	-1,90	4,0
Handelsbilanzsaldo (Mrd. USD)	1,6	-0,6	0,4	-0,7	-3,4	-5,5	-4,7	-2,5	-1,9	-3,2
Staatsbudget (% des BIP)	0,6	-3,1	0,5	-1,1	-2,5	-2,3	-2,3	-2,4	-4,0	-3,4
Ausl. Direktinvestitionen (Mio. USD)	k.A.	983	563	749	2526	1276	1275	2641	6324	4595
CZK/USD (Jahresdurchschnitt)	29,48	28,29	29,16	28,78	26,55	27,14	31,71	32,27	34,60	38,63
CZK/EUR (Jahresdurchschnitt)	38,17	38,15	34,91	34,66	35,07	35,01	35,90	35,96	36,85	35,60
Devisenreserven in Mrd. USD	k.A.	k.A.	3,8	6,1	13,8	12,4	9,7	12,5	12,8	12,5
Bruttoauslandsverschuldung (Mrd. USD)	k.A.	k.A.	9,3	10,8	16,5	20,8	21,3	24,0	22,6	21,3
Arbeitslosenquote in %	4,1	2,6	3,5	3,2	2,9	3,5	5,2	7,5	9,4	8,9
Investitionen (% des BIP)	24,1	27,9	28,4	28,7	32,0	31,8	30,8	28,3	26,4	27,5
Diskontsatz p.a.	k.A.	k.A.	8,63	8,13	9,08	10,08	12,17	11,79	5,96	5,00

Datenquelle: Standard & Poor's DRI, FERI, PlanEcon (2001a), EBRD (2000a, b).

4.2 Kriseninduzierter Kurswechsel der Währungsstrategie

4.2.1 Ausgangssituation

Im Vergleich zu den anderen Visegrád-Staaten war die makroökonomische Ausgangsbasis in Tschechien[361] deutlich günstiger. Die Planwirtschaft zeichnete sich durch eine Tradition solider makroökonomischer Rahmenbedingungen aus. Während sich die Währungshüter in Ungarn und Polen mit einer hohen ausländischen Verschuldung, hohen Inflationsraten und steigender Staatsverschuldung konfrontiert sahen, war das Geld- und Währungswesen in Tschechien durch eine hohe interne Disziplin gekennzeichnet:[362] Der Staatshaushalt war während der 80er Jahre weitgehend ausgeglichen, und die Staatsschulden betrugen zu Transformationsbeginn nur rund ein Prozent des BIP. Die versteckte Inflation wurde in den Jahren vor Reformbeginn auf lediglich 2,5% im Jahresdurchschnitt geschätzt. In Tschechien fiel der monetäre Überhang, der in Planwirtschaften typischerweise infolge eines unzureichenden Güterangebots und einer entsprechend starken Akkumulation von Ersparnissen entsteht, vergleichsweise gering aus.

Darüber hinaus stellten sich – die im Vergleich zu anderen MOEL in Tschechien mit wenig Einfluß ausgestatteten Gewerkschaften und regionalen Verwaltungseinheiten – als transformationsfördernd heraus: Der neue, demokratische Regierungsapparat konnte die umfangreichen und einschneidenden Reformen in den verschiedenen Politikbereichen vergleichsweise zügig durchsetzen. Die positiven Ausgangsbedingungen im monetären Bereich bedeuteten jedoch nicht, daß dort eine umfangreiche Umorientierung ausbleiben konnte. Vielmehr spiegelt die Entwicklung das Ergebnis einer im Ländervergleich wesentlich tiefgreifender zentralistisch gelenkten Wirtschaftsplanung wider. Der

---

[361] Zur Vereinfachung wird im folgenden von Tschechien gesprochen, obgleich die Tschechische Republik vor 1992 ein Teil der Tschechoslowakei war.

[362] Vgl. OECD (1991), S. 13ff.; Fröhlich (1992), S. 57; Horvarth/Jonas (1998), S. 1.

Anteil des Privatsektors fiel äußerst gering aus, und die Bedingungen konnten im marktwirtschaftlichen Sinne nicht als gleichgewichtiger Wirtschaftsprozeß charakterisiert werden.[363]

Tschechien entschied sich für ein Big-Bang-Programm. Bevor jedoch zu Beginn des Jahres 1991 die umfangreichen Wirtschaftsreformen umgesetzt werden konnten, erfolgten im Jahresverlauf 1990 drei Eingangsabwertungen, um auf dem Weg zur internen Konvertibilität der Krone einen realistischen Außenwert sowie eine Vereinheitlichung von kommerziellen Wechselkursen und Touristenkursen herzustellen. Indem der offizielle Wechselkurs am 8. Januar 1990 von 15 CZK/USD auf 17 CSK/USD, am 15. Oktober 1990 auf 24 CZK/USD sowie am 28. Dezember 1990 auf 28 CZK/USD abgewertet wurde, betrug der nominale Wert der Krone gegenüber dem US-Dollar nur noch die Hälfte. Diese Abwertungsstrategie zum unmittelbaren Transformationsbeginn sollte der Industrie ausreichende Wettbewerbsvorteile liefern und eine Umorientierung des Handels zu westlichen Absatzmärkten induzieren. Durch die starken Eingangsabwertungen erfolgte eine Angleichung des offiziellen Wechselkurses an den parallelen Schwarzmarktkurs, der zu dieser Zeit rund 34 CZK/USD betrug. Die Währungshüter entschieden sich im Gegensatz zu Polen nicht für eine vollständige Beseitigung der Parallelmarktprämie.[364]

4.2.2 Absicherung des Reformprogrammes durch ein Festkursregime (Phase 1)

Nachdem das Jahr 1990 im Grundsatz durch einen politischen Liberalisierungsprozeß gekennzeichnet war, setzte der wirtschaftliche Reformprozeß zum Jahresbeginn 1991 mit einer 'Schocktherapie' ein. Das monetäre Kernelement des Übergangs von der Kommando- zur Marktwirtschaft bildete die feste Wechselkursanbindung. Indem der Wechselkurs eine Schlüsselfunktion als nominaler Anker für das Preisniveau erhielt, sollte das Hauptziel der jungen Wirtschaftspolitik – die Verhinderung eines Inflationsanstieges im Zuge der umfangreichen Preisliberalisierung – abgesichert werden.
Aus monetärer Sicht implizierten die zum 1. Januar implementierte, makroökonomische Stabilisierung sowie die radikale außenwirtschaftliche Öffnung folgende Maßnahmen:

- *Festkursregime*: Die Krone wurde bei einer Parität von 28 CZK/USD fest an einen Korb aus fünf Währungen (u.a. DEM 45,52%, USD 31,34%)[365] innerhalb eines engen Schwankungsbandes von plus/minus 0,5% gebunden. Durch die Fixierung gegenüber einem Währungskorb vermieden es die Behörden, in der Öffentlichkeit eine einzige Ziffer zum Beurteilungsmaßstab der Wirtschaftspolitik zu machen.[366]

---

[363] Vgl. Fröhlich (1992), S. 57.
[364] Vgl. Stippler (1998), S. 162f. sowie Diehl/Schweickert (1997), S. 63f.
[365] Die vollständige Zusammenstellung des Währungskorbes war wie folgt (Gewichtung entsprach der Bedeutung der jeweiligen Länder als Handelspartner): DEM 45,52%; USD 31,34%; ATS 12,35%; GBP 4,24%; CHF 6,55%.
[366] Vgl. Fröhlich (1992), S. 59.

• *Interne Konvertibilität*: Die zu Jahresbeginn 1991 eingeleiteten Reformmaßnahmen umfaßten die Einführung der Inländerkonvertibilität für Leistungsbilanztransaktionen, die um einige Bestandteile der externen Konvertibilität ergänzt wurden. Diese Liberalisierungsmaßnahmen stützte die Regierung mit Hilfe einer Importabgabe in Höhe von 20% auf Konsumgüter ab.[367]

• *Lohnkontrollen*: Zwar bildete das Festkursregime einen nominalen Anker für die Lohnpolitik, jedoch entschloß sich die Regierung, zusätzlich zur Absicherung des Stabilisierungsprogrammes Lohnkontrollen einzuführen. Diese basierten auf Steuerzuschlägen, falls bestimmte leistungsbezogene Grenzwerte der Lohnerhöhungen überschritten wurden. Mit Hilfe einer solchen Ankerbildung sollte die Glaubwürdigkeit der Währungsstrategie gestärkt werden.[368]

• *Preisliberalisierung*: Im Rahmen des Reformprogrammes erfolgte zum 1. Januar eine umfangreiche Liberalisierung staatlich administrierter Preise. Diese Maßnahme beinhaltete Güter, die zu dieser Zeit insgesamt rund 80-90% des tschechischen BIP ausmachten.[369]

Die interne und externe Stabilisierung durch das Reformpaket kann als erfolgreich gewertet werden und stellt ein Lehrbuchbeispiel der Wechselkursstabilisierung dar. Die Preisliberalisierung bewirkte einen zwangsläufigen Inflationsschub. Die Anpassungsinflation fiel zwar im ersten Quartal 1991 mit 35% gegenüber dem Vorquartal sehr stark aus, jedoch verringerte sie sich bereits im zweiten Quartal und galt Mitte 1991 als abgeschlossen. Die Wechselkursbindung ist nicht automatisch als glaubwürdig anzusehen. Vielmehr sind eine ausreichende monetäre Kontraktion und eine rasche Preisanpassung im Privatsektor die unabdingbaren Voraussetzungen für die Glaubwürdigkeit des nominalen Ankers. Nur unter diesen Umständen ist die Erreichung der gewünschten Stabilisierung und die Vermeidung tiefgreifender realer Anpassungskosten möglich.[370] Den Währungshütern gelang die Durchführung eines solchen konsistenten Reformprogrammes: Nach den starken Eingangsabwertungen wurde die Geld- und Wechselkurspolitik in den Dienst der Preisniveaustabilisierung gestellt. Die Verwendung eines stabilen Wechselkurses als nominalen Anker bei der Inflationsbekämpfung wurde über eine restriktive Geld- und Fiskalpolitik in Verbindung mit den erwähnten Lohnkontrollen abgesichert. Die inflationären Impulse angesichts der Preisliberalisierung zu Jahresbeginn, der Rückwirkungen des während der 80er Jahre aufgestauten Geldüberhangs sowie der Eingangsabwertungen im Jahr 1990 mußten begrenzt werden, um eine Inflationsspirale zu verhindern. Zum einen zielten die fiskalpolitischen Maßnahmen im ersten Reformjahr auf einen ausgeglichenen Staatshaushalt ab.[371] Zum anderen strebten die geldpolitischen Maßnahmen eine Begrenzung des Geldmengenwachstums über Kreditplafondierungen der Geschäftsbanken sowie deutliche Zinserhöhungen an.[372]

---

[367] Die Importabgabe wurde graduell bis zum Jahresende 1992 abgebaut.
[368] Vgl. Gáspár (1995), S. 9.
[369] Vgl. Horvath/Jonas (1998), S. 11.
[370] Vgl. Schweickert/Nunnenkamp/Hiemenz (1992), 19f.
[371] Die Regierung entschied sich etwa für eine durchgreifende Subventionssenkung. Tatsächlich konnte Tschechien 1991 einen Budgetüberschuß von 0,6% des BIP erwirtschaften. Vgl. OECD (1991), S. 35f.
[372] Vgl. Stippler (1998), S. 165; Kutan/Brada (1999), S. 6.

Tschechien konnte im Gegensatz zu den anderen MOEL auf eine diskretionäre Wechselkursanpassung der festen Parität im Reformprozeß verzichten: Neben einer mit der Wechselkursfixierung einher gegangenen Unterbewertung der Krone zu Transformationsbeginn trug die erreichte Inflationsreduktion dazu bei, daß in den ersten beiden Reformjahren die preisliche Wettbewerbsfähigkeit tschechischer Exporte aufrecht erhalten werden konnte. Die realen Aufwertungen verliefen im Ländervergleich langsamer, so daß die anfängliche Unterbewertungsstrategie in Ergänzung mit der vorübergehenden Importabgabe zunächst nicht konterkariert wurde.

Gleichzeitig gelang Tschechien im Zuge der außenwirtschaftlichen Öffnung nicht nur die Reorientierung des Außenhandels, sondern auch die Bewältigung des Zusammenbruchs der CMEA.[373] Um die außenwirtschaftlichen Verflechtungen adäquat abzubilden, entschied sich Tschechien im Januar 1992 für eine leichte Revision des Währungskorbes zugunsten des US-Dollars.[374]

Mit einer ersten größeren Herausforderung sah sich die Wechselkurspolitik im Zusammenhang mit der Disintegration von Tschechien und der Slowakei konfrontiert. Während die politische Union mit Wirkung zum 1. Januar 1993 aufgekündigt wurde, erfolgte der monetäre und ökonomische Bruch am 8. Februar 1993.[375] Die monetären Rahmenbedingungen im ersten Quartal 1993 waren durch eine hohe Unsicherheit geprägt: Während für inländische Unternehmen der entscheidende Unsicherheitsfaktor in der Frage lag, zu welchem Zeitpunkt und in Verbindung mit welchem Abwertungssatz sich die slowakische Währung abspaltet, sahen ausländische Investoren vor allem die grundsätzliche Stabilität der tschechischen Krone gefährdet.[376] Angesichts vorübergehend ansteigender Kapitalabflüsse geriet die tschechische Krone unter Abwertungsdruck. Die Zentralbank war in der Lage durch Interventionen auf dem Devisenmarkt die zentrale Parität der Krone zu verteidigen und die starken Abwertungserwartungen bis April 1993 zurückzuführen. Das Vertrauen ausländischer Investoren in die Nachhaltigkeit des Strukturwandels erlebte lediglich einen transitorischen Einbruch, indem bereits im zweiten Quartal 1993 eine steigende Dynamik beim Zufluß ausländischer Direktinvestitionen verzeichnet wurde. Tschechien führte in diesem Zeitraum nur eine geringfügige Änderung der Währungsstrategie durch, als am 3. Mai 1993 unter Beibehaltung der engen Bandbreiten eine Umschichtung des Währungskorbes zugunsten der zwei führenden Leitwährungen (DEM 65%; USD 35%) erfolgte. Dieser Schritt sollte neben der Anpassung an die leicht veränderte Außenhandelsverflechtung eine für die Marktteilnehmer transparentere Berechnung gewährleisten.

---

[373] Vgl. Stippler (1998), S. 171.
[374] Die Struktur des Währungskorbes lautet: USD 49,07%; DEM 36,15%; ATS 8,07%; CHF 3,79%; FRF 2,92%.
[375] Dies wurde am 19. Januar beschlossen. Eine ausführliche Analyse der tschechoslowakischen Disintegration aus währungspolitischer Sicht bieten Fidrmuc/Horvath/Fidrmuc (1999).
[376] Vgl. OECD (1994), S. 77f.; Czech National Bank (1993), S. 24.

4.2.3 Signifikante Steigerung der Nettokapitalimporte (Phase 2)

Die Entwicklungen nach der Abspaltung der Slowakischen Republik markieren einen deutlichen Wendepunkt der monetären Rahmenbedingungen, in deren Mittelpunkt das rigide Festkursregime stand, an dem bis zum Mai 1997 festgehalten wurde: Einerseits trug die Währungsstrategie mit dem Wechselkurs als nominaler Anker durch ein transparentes Stabilisierungsziel zur raschen Inflationsreduktion bei. Andererseits wurde durch das bestehende Festkurssystem in Verbindung mit weiterhin signifikant hohen Zinsdifferenzen sowohl spekulatives als auch investives Kapital angezogen. Ausländische Investoren sahen das Wechselkursrisiko auch künftig als gering an.[377] Da die Inflationsraten trotz der nachhaltigen Stabilisierungserfolge doch noch höher ausfielen als bei den westlichen Handelspartnern, sah sich Tschechien mit einem realen Aufwertungstrend konfrontiert. Da dieser Aufwertungstrend nur zum Teil auf eine entsprechende Veränderung des gleichgewichtigen realen Wechselkurses zurückzuführen war (s. Kap. VI), bedeutete diese Entwicklung eine Verringerung der preislichen Wettbewerbsvorteile. Die durch die Fortschritte im Transformationsprozeß induzierten Kapitalimporte erschwerten angesichts der Monetisierung durch Devisenmarktinterventionen die Zurückführung des Inflationsdifferentials und damit des ungleichgewichtigen Aufwertungstrends.[378] Aus Sicht der Wechselkurspolitik kann das Dilemma der Zentralbank – Antiinflationspolitik durch Festkursstrategie versus Kapitalzuflüsse – bis zum endgültigen, kriseninduzierten Wendepunkt der Währungsstrategie 1997 in zwei Zeiträume unterteilt werden:[379]

Der *Zeitraum zwischen 1994 und 1995* ist durch eine fortschreitende Liberalisierung der Kapitalbilanz und eine signifikant starke Steigerung der Kapitalzuflüsse gekennzeichnet. Der im Vergleich zu anderen MOEL weit vorangeschrittene Wegfall von Kapitalverkehrsbeschränkungen erfolgte in einem gesamtwirtschaftlichen Umfeld, das sich zu diesem Zeitpunkt durch solide reale Wachstumsraten, moderate Preissteigerungsraten sowie einen ausgeglichenen Staatshaushalt auszeichnete. Insgesamt sind die folgenden angebotsseitigen pull-Faktoren für den massiven Zustrom von ausländischem Kapital nach Tschechien in dieser Phase zu nennen:[380]

• Zunehmende Aufwertungserwartungen der Krone
• Festkursregime in Verbindung mit positivem Zinsspread gegenüber westlichen Währungen
• Voranschreitende Liberalisierung der tschechischen Kapitalbilanz sowie vollständige Leistungsbilanzkonvertibilität der Krone seit September 1995
• Wachstumsbeschleunigung und voranschreitender Privatisierungsprozeß unter Beteiligung westlicher Investoren
• Verbesserte Einstufung der makroökonomischen und politischen Stabilität Tschechiens durch ausländische Analysten

[377] Vgl. Begg (1998), S. 16.
[378] Vgl. Jarchow/Rühmann (1997), S. 356f.
[379] Vgl. Horvarth/Jonas (1998), S. 21ff.
[380] Vgl. Czech National Bank (1995), S. 27.

Indem die Expansion der Geldmenge M2 angesichts der starken Kapitalzuflüsse deutlich über den Zielgrößen lag, erhöhte sich der Druck auf die Geld- und Wechselkurspolitik. Zum einen begegnete die Zentralbank dieser Entwicklung mit hohen Sterilisierungsmaßnahmen (1995: rd. 4 Mrd. USD), um das rigide Festkurssystem zu stützen. Zum anderen implementierten die Währungshüter am 24. April 1995 zur Verlangsamung der kurzfristigen, spekulativen Kapitalimporte eine Steuer in der Höhe von 0,25% auf Transaktionen mit ausländischen Devisen für Banken sowie andere Teilnehmer am Devisenmarkt. Diese Mechanismen erwiesen sich als nicht ausreichend, um eine Verlangsamung der kurzfristigen Kapitalzuflüsse zu erreichen. Darüber hinaus trug auch die Fiskalpolitik, die über einen restriktiveren Ansatz die inländische Überschußnachfrage sowie entsprechende Überhitzungsanzeichen hätte dämpfen müssen, zu diesem Zeitpunkt zu keiner Begrenzung der Nettokapitalzuflüsse bei. Vielmehr beschleunigten sich die Portfolioinvestitionen weiter, so daß 1996 der Kapitalbilanzüberschuß weit über dem Leistungsbilanzdefizit von 7,3% des BIP lag.[381]

Der *Zeitraum zwischen 1996 und 1997* ist durch eine Eintrübung des gesamtwirtschaftlichen Umfeldes in Tschechien mit zurückgehenden realen Wachstumsraten sowie einer drastischen Erhöhung des Leistungsbilanzdefizits gekennzeichnet. Obgleich die bestehende Festkursstrategie ursprünglich zur Preisniveaustabilisierung implementiert wurde, verhinderte das Wechselkurssystem nun maßgeblich einen schnelleren Inflationsabbau. Die hohen Sterilisierungsmaßnahmen konnten angesichts der gestiegenen Kapitalmobilität keine Aufblähung der inländischen Geldmenge verhindern. Bei ausbleibender Reaktion der Fiskalpolitik entschieden sich die Währungshüter, das bestehende Schwankungsband um die zentrale Parität am 28. Februar 1996 auf plus/minus 7,5% zu erweitern. Durch diese Maßnahme sollte das Wechselkursrisiko für Portfolioanlagen erhöht und somit das Volumen kurzfristiger Kapitalimporte reduziert werden.[382]

Gleichzeitig konnte ein größerer Spielraum für die Geldpolitik geschaffen werden, um über eine Rückführung der moderaten Inflationsraten das Ausmaß der ungleichgewichtigen realen Aufwertung zu begrenzen. Auf den Devisenmärkten wurde zunächst die erwünschte Wirkung erzielt: In der Folgezeit sank der Anteil an 'hot money', und die Krone wertete ohne Interventionen innerhalb des Schwankungsbandes ab.[383] Im Mai 1996 erfolgte ein geldpolitischer Kurswechsel, indem die Zentralbank durch Zinserhöhungen auf einen restriktiveren Kurs einschwenkte. Zwar sollte dies einerseits die dynamische Importnachfrage zügeln und die Handelsbilanz entschärfen. Andererseits trugen die höheren Realzinsen zu erneut ansteigenden Kapitalzuflüssen sowie einer aufwertenden Krone bei.[384] In den Folgemonaten sah sich die Krone mit einem anhaltenden Aufwertungstrend konfrontiert und notierte weitgehend in der stärkeren Bandhälfte.

---

[381] Vgl. Kutan/Brada (1999), S. 6.

[382] Vgl. Czech National Bank (1996), S. 39.

[383] Allein die Kapitalabflüsse innerhalb von drei Tagen nach Erweiterung der Bandbreiten betrugen rd. 600 Mio. USD, vgl. Koch (1997), S. 11.

[384] Vgl. Begg (1998), S. 18.

4.2.4 Tschechische Währungskrise im Mai 1997 (Phase 3)

Das Jahr 1997 war aus monetärer Sicht durch die Währungskrise[385] im Mai geprägt, an deren Ende die Aufgabe des Festkursregimes und der Übergang zu einem managed floating stand. Die Ökonomie war im Vorfeld der Währungskrise durch eine deutliche Verschlechterung der gesamtwirtschaftlichen Rahmenbedingungen gekennzeichnet: Während sich das Leistungsbilanzdefizit weiter drastisch auf mehr als 1,4 Mrd. US-Dollar im ersten Quartal ausweitete, wurden die Wachstumsprognosen für diesen Zeitraum angesichts eines deutlich sinkenden Wachstumsbeitrages von Seiten des Außenhandels kontinuierlich nach unten korrigiert. Der reale BIP-Zuwachs im ersten Quartal lag schließlich nur bei 1,5%[386], nachdem im Vorquartal noch ein Wachstum von 4,5% verzeichnet werden konnte. Dieser Wachstumseinbruch wurde von deutlich zurückgehenden Steuereinnahmen begleitet, so daß sich das Haushaltsdefizit im ersten Quartal auf 2,2% des BIP (Q4 1996: 0,5%) deutlich verschlechterte. Gleichzeitig verringerte sich der Bestand an Devisenreserven von 12,35 Mrd. US-Dollar am Jahresende 1996 sukzessiv bis auf 9,95 Mrd. US-Dollar im Mai. Schließlich lagen die Steigerungsraten der Reallöhne deutlich über dem Wachstum der Arbeitsproduktivität. Insgesamt spiegelte diese Konstellation mit einer drastischen Verschlechterung der Fundamentalfaktoren während der ersten Monate 1997 ein offenkundiges Risikopotential für die Entstehung einer Währungskrise wider.[387]

Angesichts dieser massiven Eintrübung der gesamtwirtschaftlichen Rahmenbedingungen entstanden Unstimmigkeiten innerhalb der Regierung über eine angemessene Reaktion der Wirtschaftspolitik. Zudem kam es zu einem offenen Dissens zwischen Regierung und Zentralbank, als die Währungshüter zur Umsetzung einer expansiveren Geldpolitik aufgefordert wurden.[388] Die Entwicklungen induzierten ein hohes Maß an Unsicherheit auf den Devisenmärkten. Es erfolgte zunehmend eine Substitution von in Kronen denominierten Wertanlagen in Auslandswährung. Dem Aufwertungstrend der Krone, der durch starke Kapitalzuflüsse gestützt wurde, folgte ab der zweiten Februarhälfte ein sukzessiver Wertverlust innerhalb der bestehenden Schwankungsbreite. Der Eintrübung des wirtschaftlichen Umfeldes wurde von Regierungsseite erstmals am 16. April begegnet, indem ein Stabilisierungspaket mit kurz- und mittelfristigen Maßnahmen verabschiedet wurde (*The correction of economic policy and other transformation measures*).[389]

---

[385] Eichengreen/Rose/Wyplosz (1995) definieren eine Währungskrise wie folgt: *"A situation which entails a speculative attack which causes the exchange rate to depreciate or forces the authorities to defend it by radically raising interest rates or expending reserves."* Vgl. auch Deutsche Bundesbank (1999), S. 18f. Wie noch gezeigt wird, sind beide Bedingungen für eine Währungskrise im Falle Tschechiens erfüllt.

[386] Angaben als Wachstumsraten gegenüber dem Vorjahr.

[387] Vgl. Ohr (1998a), S. 252f. für Früherkennungs-Indikatoren einer Währungskrise.

[388] Vgl. Dedek (1997), S. 25.

[389] Vgl. OECD (1998), S. 15f.

Das Programm enthielt unter anderem die folgenden Kernelemente:

• Reduzierung der Staatsausgaben um 25,5 Mrd. CZK
• Zinslose Bardepotpflicht (6 Monate) von 20% des Wertes ausgewählter Konsumgüterimporte
• Beschleunigung der Privatisierungsmaßnahmen von strategisch wichtigen Unternehmen

Zwar wurde durch das Stabilisierungsprogramm der Abwertungsdruck vorübergehend reduziert, jedoch sahen die Finanzmärkte in den implementierten Maßnahmen im Grundsatz eine ungenügende Gegensteuerung mit geringer Glaubwürdigkeit.[390] Die Reaktion der Marktteilnehmer ist vor allem in Verbindung mit dem von Regierungsseite anvisierten Wachstumseffekt dieses ersten Maßnahmenpaketes zu sehen. Zwar erfolgte die Implementierung in Abstimmung mit der Zentralbank, jedoch wurden die divergierenden Zielvorstellungen von Regierung (Wachstumsförderung) und Zentralbank (Inflationsreduktion und Entschärfung des außenwirtschaftlichen Ungleichgewichts) von den Märkten als widersprüchlich aufgefaßt.[391]

Insgesamt sind für das 'timing' der Währungskrise folgende vier Entwicklungen relevant:

• Interne Spannungen sowie steigende politische Instabilität
• Verschlechternde Fundamentaldaten der tschechischen Ökonomie
• Abwertungserwartungen in- und ausländischer Spekulanten
• Ansteckungseffekte im Zuge der in Thailand beginnenden Asienkrise

Der Beginn der Währungskrise wird mit dem 15. Mai 1997 markiert, als die Krone innerhalb der Schwankungsbreite zeitweise 5% unter die zentrale Parität fiel. Für den plötzlichen Kapitalabzug waren nicht nur die schlechten Fundamentaldaten verantwortlich, sondern auch die Erkenntnis der ausländischen Investoren über strukturelle, mikroökonomische Defizite der Ökonomie. Im Vordergrund der Betrachtung standen der Zustand des schwachen Bankensystems sowie der noch unzureichend reformierte Unternehmenssektor. Es bildeten sich selbst erfüllende Erwartungen der privaten Anleger, indem bezweifelt wurde, daß in Zukunft finanzielle Verluste abgesichert sein würden.[392]

Die Zentralbank reagierte zunächst neben deutlichen Zinserhöhungen sowie direkten liquiditätsabsorbierenden Maßnahmen mit starken, nicht sterilisierten Devisenmarktinterventionen (s. Tabelle B-8). Auf diese Weise gelang es den Währungshütern, den Wechselkurs der Krone innerhalb der vorgegebenen Bandbreite von plus/minus 7,5% zu

---

[390] Vgl. Smídková et al. (1998), S. 8.

[391] Dedek (1997), S. 26 formuliert diesen Widerspruch wie folgt: *"While the government was stressing the growth objective behind the stabilisation programme, the central bank supported it primarily as a more balanced mix of restrictive policies that better served disinflation objectives on the background of a large external imbalance. Many commentators would agree that the growth rhetoric of the government was one of the reasons why the package failed in averting the speculative attack because markets suspected the government of not being honest about fulfilling austerity measures while pressing on the central bank for interest rate cuts".*

[392] Vgl. Buch/Heinrich (1997); Mishkin (1999).

halten.[392] Nach einigen Tage stellte sich jedoch heraus, daß keine Erwartungsänderung der Wirtschaftssubjekte eintrat. Während die massive Schwächung der Krone zu Krisenbeginn durch internationale Devisenmarktspekulanten – und dabei vor allem durch verschiedene US-amerikanische hedging funds – ausgelöst wurde, traten nun inländische Devisenmarktakteure an deren Stelle.

Tabelle B-8: Chronologie der tschechischen Währungskrise 1997

Datum	Maßnahme	Datum	Maßnahme
11.02.	Steigende Nachfrage nach CZK: Krone notiert auf stärkerer Seite der Parität.	16.05.	CNB erhöht Lombardsatz von 14% auf 50%. Weitere Devisenmarktinterventionen der CNB.
12.03.	Premierminister Klaus kritisiert die inländische Geldpolitik als zu restriktiv.	19.05.	CNB setzt Limit von 45% für Repos, um Liquidität zu begrenzen. CZK gewinnt an Wert bis 2,8% unter zentrale Parität.
25.03.	Premierminister Klaus schließt Abwertung der CZK aus.	20.05.	Gefolgt von anderen Instituten erhöht größte tschechische Bank 'prime lending rate' auf 24,7%. CNB begrenzt Zugang zu Lombard-Fenster.
11.04.	CNB gibt Senkung des Mindestreservesatzes von 11,5% auf 9,5% zum 8.5.97 bekannt.	21.05.	Liquiditätszufluß von Seiten der CNB, durch 'reverse repos' zu durchschnittlichem Zinssatz von 106%; CZK wertet nominal auf.
16.04.	Die Regierung verabschiedet ein umfangreiches Paket an Stabilitätsmaßnahmen, um die CZK zu stärken. Premierminister Klaus spricht sich erneut für expansivere Geldpolitik aus.	22.05.	CZK kommt unter Druck und wertet am Morgen bis 6,2% unter zentrale Parität ab; CNB schließt Lombard-Fenster und erhöht einwöchige Repo-Rate auf 75%; CZK erholt sich am Nachmittag leicht; Flucht in ausländische Währung.
02.05.	Statistikamt revidiert Wachstumsprognose von 4-5% nach unten auf 3-3,5%.	23.05.	CNB hält an Liquiditätsentzug fest; CZK wertet bis 1% unter zentrale Parität auf.
12.05.	Statistikamt veröffentlicht Daten zur Industrieproduktion des Q1, die Verlangsamung bestätigen.	26.05.	CZK notiert 2% unter der Parität. Am Abend geben CNB und Regierung bekannt, daß die Bandbreite von +/- 7,5% durch eine managed floating ersetzt wird. Erhöhung des Diskontsatzes auf 13%.
14.05.	CZK erreicht neuen Tiefstand, 3,88% innerhalb der Bandbreite.	27.05.	CZK wertet bis 12% unter die zentrale Parität ab und schließt bei 10,7% unter der Parität.
15.05.	Devisenmarktintervention der CNB, da Wertverlust der CZK von 5,25% unter die zentrale Parität.		

Quelle: Horvath/Jonás (1998), S. 40, Czech National Bank (1997), S. 99ff.

---

[392] Vgl. Horvath/Jonás (1998), S. 32f.; Smídková et al. (1998), S. 27ff.

Die Währungsturbulenzen verschärften sich, indem die heimischen Wirtschaftssubjekte einen hohen Anteil der in Inlandswährung gehaltenen Geldanlagen in Fremdwährung umtauschten und sich mit Importgütern eindeckten. Insgesamt betrug der Wert des zuvor in Landeswährung denominierten Kapitals, das von juristischen Personen im Mai 1997 in Fremdwährung umgetauscht wurde, rund 40 Mrd. CZK. Die inländischen Wirtschaftssubjekte hatten an diesem Kapitalabfluß mit 60% einen maßgeblichen Anteil und sind als wesentlicher Bestandteil der spekulativen Attacke zu sehen.

Der Erfolg einer Abwehrstrategie, die auf anhaltenden Devisenmarktinterventionen zur dauerhaften Stützung einer Währung basiert, ist äußerst begrenzt:[394] Im vorliegenden Fall sahen sich die Währungshüter im Zeitablauf angesichts der erwähnten Kapitalflucht mit einem drastisch reduzierten Volumen Devisenreserven sowie mit den Wirkungen nicht-sterilisierter Interventionen auf dem Geldmarkt konfrontiert.[395] Gleichzeitig bestand die Gefahr, daß das steigende Zinsniveau in Verbindung mit umfangreichen Liquiditätsbeschränkungen zu einer schwerwiegenden Krise im – noch immer unterentwickelten und mit einem hohen Volumen notleidender Kredite belasteten – Bankensektor führen könnte. Im Verlauf der Währungskrise wurde der Lombardsatz von 14% auf 50% und der entsprechende Repo-Satz auf 75% angehoben.

Die Währungshüter waren in der Woche nach Ausbruch der Währungskrise nicht in der Lage, durch eine Kombination aus äußerst restriktiver Geldpolitik sowie umfangreichen Interventionen auf dem ausländischen Devisenmarkt eine Umkehr der Abwertungserwartungen herbeizuführen. Diese Entwicklung führte zu einer krisseninduzierten Neubewertung der Währungsstrategie: Am 26. Mai 1997 wurde die Freigabe der Krone und damit die Aufgabe des langjährigen Festkursregimes zugunsten eines managed floatings mit der D-Mark als Referenzwährung und einem Geldmengenziel bekanntgegeben. Zwar verfolgte die Zentralbank innerhalb des neuen Wechselkurssystems kein implizites oder explizites Wechselkursniveau, jedoch kündigten die Währungshüter an, daß eine Parität der Krone gegenüber der D-Mark zwischen durchschnittlich 17-19,5 CZK/DEM angemessen sei.[396] Im Falle starker Abweichungen der Krone von diesem Korridor sind Interventionen auf dem Devisenmarkt vorgesehen. Neben einer wechselkurspolitischen Neuausrichtung implementierte die Regierung ein zweites Maßnahmenpaket zur Stabilisierung der Wirtschaft.

Abgesehen von einem expliziten 'Schuldeingeständnis' der Regierung sowie der Bestätigung, daß für den Ausbruch der Währungskrise strukturelle Determinanten verantwortlich waren, enthielt das zweite Stabilisierungsprogramm die folgenden Kernelemente:[397]

- Beschleunigte Umsetzung der im April verabschiedeten Strukturreformen
- Verzicht auf Lohnerhöhungen im öffentlichen Sektor für 1998; Appell an den Privatsektor, moderate Lohnerhöhungen vorzunehmen
- Kürzungen von öffentlichen Investitionen und Sozialausgaben (16,9 Mrd. CZK)
- Reduktion staatlich finanzierter Importausgaben

---

[394] Vgl. Ohr (1998a), S. 246f.
[395] Vgl. Smídková et al. (1998), S. 33.
[396] Die Ankündigung der Maßnahmen erfolgte am 28. Mai 1997. Vgl. OECD (1998), S. 18.
[397] Vgl. OECD (1998), S. 17.

Die Implementierung der strengen Austeritätspolitik wurde im Vergleich zum Stabilisierungspaket im Vormonat von den Märkten als glaubwürdig und der Situation angemessen empfunden. Vor allem bestand kein offener Dissens zwischen Regierung und Zentralbank über die Reformstrategie. Gleichzeitig verhinderte neben der vergleichsweise raschen Neuausrichtung der Währungsstrategie zugleich die Ankündigung eines angestrebten Wechselkurskorridors durch die Währungshüter ein höheres Abwertungs-Overshooting. Die Krone notierte am 27. Mai 1997 lediglich rund 10% unter der ehemaligen Parität. Die Wechselkursvolatilität fiel in den Folgewochen nach der Währungskrise vergleichsweise gering aus, und die Glaubwürdigkeit der Geld- und Wechselkurspolitik auf den Märkten schien wiederhergestellt. Im Juni wurde eine graduelle Zurückführung der Zinssätze und der Liquiditätsbeschränkungen durchgeführt. Die Absenkung erfolgte unter Berücksichtigung der tagesaktuellen Situation auf den Devisenmärkten: Expansivere geldpolitische Maßnahmen erfolgten nur, wenn keine größere Gefahr für die Währungsstabilität drohte.[398]

Insgesamt zeigt die Währungskrise die Anfälligkeit einer offenen Volkswirtschaft mit einem schwachen Bankensystem und nicht reformierten Unternehmenssektor (Lohnerhöhungen > Produktivitätssteigerungen) auf plötzliche Änderungen der Investoreneinschätzung in Verbindung mit einem Festkursregime. Der Ursprung der Währungskrise lag jedoch nicht per se in der starren Wechselkursbindung, die das Wechselkursrisiko für spekulative Kapitalanlagen reduzierte sowie angesichts einer weiterhin bestehenden Inflationsdifferenz gegenüber den Ländern der Ankerwährungen zu einer realen Aufwertung der Krone und einer verschlechterten preislichen Wettbewerbsfähigkeit führte. Vielmehr lag ein inkonsistenter policy-mix aus zu expansiver Fiskalpolitik und zu restriktiver Geldpolitik vor, der zu einem kontinuierlichen Anstieg kurzfristiger Kapitalzuflüsse beitrug. Es ist wahrscheinlich, daß auch bei einem managed floating eine deutliche nominale Abwertung der Krone – und insofern eine Währungsturbulenz – erfolgt wäre: Innerhalb einer überhitzenden Ökonomie im Jahresverlauf 1996 hätte die Zentralbank ihren äußerst restriktiven geldpolitischen Kurs nicht verlassen, so daß die Krone wohl nominal und real aufgewertet und sich das Handels- und Leistungsbilanzdefizit auch in diesem Fall drastisch ausgeweitet hätte.[399]

Die Notwendigkeit einer fiskalpolitischen Kehrtwende in dieser Phase war unabhängig von der Frage des Wechselkursregimes gegeben. Zwar dürften die realwirtschaftlichen Anpassungskosten durch die beschriebene kriseninduzierte Aufgabe des Festkursregimes höher ausgefallen sein als im Rahmen einer Währungsturbulenz bei flexiblen Wechselkursen, jedoch kann das gewählte Regime abschließend per se nicht als autonome Krisenursache identifiziert werden.

---

[398] Vgl. Smídková et al. (1998), S. 36ff. Im August wurde auch die Bardepotpflicht für Konsumgüter aufgehoben.
[399] Vgl. Begg (1998), S. 24f.

4.2.5 Flexible Währungsstrategie mit direktem Inflationsziel (Phase 4)

Die nominale Abwertung der Krone im ersten Halbjahr 1997 sowie die deutliche Lohn-
zurückhaltung trugen zu einer Trendumkehr in der außenwirtschaftlichen Entwicklung
bei. Generell gilt, daß Tschechiens Außenhandel angesichts struktureller Charakteristika
stark auf Wechselkursschwankungen reagierte. Das Defizit in der Leistungsbilanz
konnte 1997 erstmals wieder zurückgeführt werden.[400] Aus wechselkurspolitischer Sicht
wurde der weitere Jahresverlauf durch die Bekanntgabe eines direkten Inflationszieles
am 22. Dezember (mit Wirkung zum 1. Januar 1998) geprägt. Die Geldpolitik orientierte
sich am Verlauf der sogenannten Netto-Inflationsrate[401], die bis Jahresende 1998 auf
6,0% (plus/minus 0,5%) und bis zum Jahresende 2000 auf 4,5% (plus/minus 1%) zurückgeführt werden sollte. Bei der Implementierung des direkten Inflationszieles spielten zwei Schlüsselüberlegungen eine entscheidende Rolle:[402]

• *Wiederherstellung eines nominalen Ankers*: Seit der kriseninduzierten Aufgabe des
  Festkursregimes verfügte die Geldpolitik über keinen direkten und für die Märkte
  transparenten nominalen Anker. Das Inflationsziel implizierte eine Konkretisierung
  der geldpolitischen Strategie und eine klare Orientierung für die Inflationserwartungen.

• *Trägheit moderater Inflationsraten*: Seit 1994 konnte keine weitere Zurückführung
  der Preissteigerungsraten erreicht werden. Vielmehr nahm der Inflationsdruck im
  zweiten Halbjahr 1997 zu. Die Einführung des Inflationszieles sollte dazu beitragen,
  die Trägheit der Inflationsraten zu überwinden und dem Disinflationsprozeß einen
  erneuten Schub zu verleihen.

1998 glitt die Ökonomie in eine Rezession ab. Trotz der geldpolitischen Lockerung
konnte die frei floatende Krone im Jahresverlauf nominal deutlich an Wert gewinnen. Im
Juli 1998 intervenierte die Zentralbank, um den nominalen Aufwertungstrend zu bremsen. Insgesamt betrug der Wertgewinn der Krone gegenüber der Referenzwährung angesichts eines noch immer deutlich positiven Zinsdifferentials, steigenden Direktinvestitionen sowie einer verbesserten Leistungsbilanz rund 10%. Aufgrund der nicht sehr be-
deutenden Handelsverflechtungen mit Rußland (1997: 3,4% der Exporte) fielen die direkten Ansteckungseffekte im Zuge der Rußlandkrise im August 1998 gering aus.

Mit Beginn der EWU zum 1. Januar 1999 paßten die Währungshüter – die dem flexiblen
Wechselkurssystem zugrundeliegende – Referenzwährung an und ersetzten die D-Mark
durch den Euro. Nachdem bereits Ende 1998 das von der Zentralbank gesetzte Inflationsziel mit 1,7% rezessionsbedingt deutlich unterschritten wurde, lag die Zielgröße auch

---

[400] Der Wertverlust der CZK gegenüber der DEM betrug 1997 rd. 13% und gegenüber dem USD rd.
21%. Das Handelsbilanzdefizit fiel auf 8,5% des BIP ('96: 10,3%). Auf der Importseite spielten vor
allem die nachlassende Inlandsnachfrage und höhere Importpreise eine Rolle. Tschechische Exporte
verzeichneten eine Beschleunigung.

[401] Vgl. Czech National Bank (1998), S. 45; OECD (1998), S. 30: *"The Bank will be targeting net inflation, defined as the rate of increase of consumer prices excluding administered prices and the impact
of indirect taxes increases, which it hopes to reduce to a rate of 6 plus or minus 0,5 per cent by the end
of 1998 and 4,5 per cent by the end of 2000".* Vgl. Krzak/Ettl (1999).

[402] Vgl. Coats (2000), Krzak/Ettl (1999) für eine Analyse der geldpolitischen Strategie in Tschechien.

im Dezember 1999 mit 1,5% signifikant unter dem Zielkorridor (4% bis 5%). Am 8. April 1999 erweiterten die Währungshüter diese kurzfristige Perspektive der Inflationssteuerung um eine langfristige Komponente, indem ein Inflationsziel von 1-3% für das Jahr 2005 verkündet wurde.[403] Dieses Signal sollte intern eine weitere Stabilisierung der Inflationserwartungen auch im mittelfristigen Kontext bewirken. Zudem sollte im Hinblick auf die EU-Erweiterung extern eine glaubwürdige Verpflichtung der monetären Konvergenz eingegangen werden.

Tabelle B-9: Die tschechische Wechselkurspolitik im Zeitverlauf

Datum	Änderung	Wechselkurssystem
08.01.1990	Vereinheitlichung von kommerziellem und nicht-kommerziellem Wechselkurs; Diskretionäre Abwertung in Höhe von 16,3%: 17 CSK/USD	
15.10.1990	Diskretionäre Abwertung in Höhe von 55,2%: 24 CSK/USD	
28.12.1990	Diskretionäre Abwertung in Höhe von 15,9%: 28 CSK/USD	
01.01.1991	Anbindung der Krone an einen Währungskorb (DEM 45,52%; USD 31,34%; ATS 12,35%; GBP 4,24%; CHF 6,55%) innerhalb eines Schwankungsbandes von +/- 0,5%	Feste Wechselkursbindung an Währungskorb bei Schwankungsbreite von +/- 0,5%
01.01.1992	Modifizierung des Währungskorbes: USD 49,07%; DEM 36,15%; ATS 8,07%; CHF 3,79%; FRF 2,92%	s.o.
01.02.1993	Auflösung der Währungsunion zwischen Tschechien und Slowakei	s.o.
03.05.1993	Währungskorb: DEM 65%; USD 35%	s.o.
28.02.1996	Erweiterung der Bandbreiten auf +/- 7,5%	Feste Wechselkursbindung an Währungskorb bei Schwankungsbreite von +/- 7,5%
26.05.1997	Tschechische Währungskrise mit Wechsel des Wechselkursregimes: Managed floating mit der DEM als Referenzwährung (angestrebte Bandbreite zwischen 18 und 19,5 CZK/DEM) und Geldmengenziel	Managed floating mit der D-Mark als Referenzwährung
01.01.1998	Übergang von Geldmengen- zu direktem Inflationsziel: 'Netto-Inflationsrate' bis Ende 1998: 6 +/-0,5%; 'Netto-Inflationsrate' bis Ende 2000: 4,5 +/-1%	s.o.
01.01.1999	Als Referenzwährung wird die DEM durch den EUR ersetzt	Managed floating mit EUR als Referenzwährung

---

[403] Vgl. Czech National Bank (1999b). Im Jahr 2005 ist mit einer Konvergenz der Nettoinflationsrate und der Veränderungsrate des Konsumentenpreisindizes zu rechnen.

4.3 Bewertung der tschechischen Wechselkurspolitik

Der Verlauf der tschechischen Wechselkurspolitik im Transformationsprozeß ist wesentlich durch den kriseninduzierten Regimewechsel des Jahres 1997 geprägt. Wie in Abschnitt 4.2.4 argumentiert wurde, hätte zwar eine frühzeitige Freigabe der Krone die realwirtschaftlichen Anpassungskosten im Zuge der Währungskrise verringern können, jedoch wäre es wohl auch innerhalb eines managed floatings in Anbetracht des inkonsistenten policy-mix aus Geld- und Fiskalpolitik zu einer tiefgreifenden Währungsturbulenz gekommen.

Für eine Gesamtbewertung der Währungsstrategie im vergangenen Jahrzehnt sind die folgenden drei Aspekte zu nennen, die auf einen erfolgreichen Verlauf der Wechselkurspolitik hindeuten:

Inflationserwartungen: Die Festkurspolitik konnte während der ersten fünf Transformationsjahre einen bemerkenswerten Stabilisierungserfolg verzeichnen. In Verbindung mit einer straffen Geldpolitik sowie günstigen Ausgangsbedingungen (geringe Auslandsverschuldung, ausgeglichener Staatshaushalt) konnten die Preissteigerungsrate erheblich gesenkt und die Inflationserwartungen mit dem Wechselkurs als nominaler Anker deutlich zurückgeführt werden. Gleichzeitig gelang es, in den ersten Jahren ein externes Gleichgewicht durchzusetzen, das vor allem mit Hilfe einer deutlich unterbewerteten realen Wechselkursposition in Ergänzung mit der Importabgabe abgesichert wurde.

Lohnpolitik: Tschechien war länger als andere MOEL in der Lage, an der Festkursstrategie festzuhalten und ohne Wechselkursanpassungen die Wettbewerbsfähigkeit zu garantieren: Neben der restriktiven Geldpolitik und breiten Reformmaßnahmen im Fiskalsektor trat eine relativ hohe Arbeitskräftemobilität sowie Reallohnflexibilität an die Stelle des Wechselkurses als Anpassungsinstrument. Die Eigenschaften des Arbeitsmarktes waren in den ersten fünf Reformjahren das Resultat einer restriktiven Lohnpolitik, moderater Lohnnebenkosten, einer aktiven Arbeitsmarktpolitik und eines vorangeschrittenen Privatisierungsprozesses.[404]

Wechselkurspolitische Weitsicht: Es ist der raschen Reaktion der Währungshüter im Zuge der Spekulationswelle im Mai 1997 mit dem Übergang zu einem kontrollierten floating sowie einer strikten Austeritätspolitik zu verdanken, daß kein asiatischer Krisenverlauf erfolgte. Die Abkehr von Überlegungen, nach der korrektiven Abwertung im Zuge der Kursfreigabe erneut eine feste Wechselkursanbindung zu implementieren, ist als vorausschauender Ansatz der Wechselkurspolitik zu werten. Die in Verbindung mit einem direkten Inflationsziel ambitionierte Währungsstrategie stellte sowohl angesichts der verbliebenen Strukturprobleme als auch der Integration in die wechselkurspolitische Ordnung Europas einen sinnvollen Ansatz dar.

Die Erfolge der Festkursstrategie in der ersten Hälfte der 90er Jahre und die danach erfolgte Flexibilisierung werden jedoch durch einige grundsätzliche Kritikpunkte relativiert:

---

[404] Vgl. Diehl/Schweickert (1997), S. 70f.

Fehlende exit-Strategie: Das feste Wechselkursregime trug zwar zu einer raschen internen Stabilisierung mit moderaten Inflationsraten bei, jedoch stellte sich der Ansatz als unzureichend heraus, um eine vollkommene Konvergenz der Inflationsraten Tschechiens und seiner Haupthandelspartner zu bewirken.[404] Wie auch in Kapitel VI analysiert, stellte die Entwicklung teilweise einen ungleichgewichtigen realen Aufwertungstrend dar. Den zentralen Erklärungsgrund für die kriseninduzierte Aufgabe des Regimes bildete die gesunkene preisliche Wettbewerbsfähigkeit der tschechischen Ökonomie. Die ambitionierte Liberalisierung der Kapitalbilanz sowie die Einführung der vollen Konvertibilität der Krone in Verbindung mit einem inkonsistenten policy-mix aus restriktiver Geld- und expansiver Fiskalpolitik beschleunigten die Passivierung der Außenwirtschaftsposition.[405] Zwar sollte durch die umfangreiche Liberalisierung der Zugang zu den internationalen Kapitalmärkten rasch verbessert und der Transformationsprozeß beschleunigt werden, jedoch wurde im Rahmen der starren Wechselkursbindung das Wechselkursrisiko für spekulative Anlagen aus dem Ausland gering gehalten: Die kurzfristigen Kapitalimporte stiegen rapide an. Die Währungshüter waren nicht in der Lage, angesichts der neuen außenwirtschaftlichen Bedingungen eine angemessene Flexibilisierungsstrategie zu implementieren, um bereits einige Monate vor der Währungskrise die Aufgabe des Festkursregimes durchzusetzen.

Insgesamt gilt, daß ein striktes Wechselkursziel in Kombination mit einem angemessenen policy-mix aus restriktiver Fiskal-, Lohn- und Geldpolitik durchaus eine signifikante Beschleunigung des Stabilisierungsprozesses bewirken kann. Bleiben angemessene Anpassungsmaßnahmen bei sich drastisch verändernden Rahmenbedingungen aus (Verschlechterung der preislichen Wettbewerbsfähigkeit und damit Eintrübung von Fundamentaldaten angesichts deutlich sinkender Exporte; Differenzen zwischen Regierung und Zentralbank über geeignete Reaktion der Geld- und Fiskalpolitik, die zu Unsicherheiten auf den Märkten führte; Ansteckungseffekte aus Thailand), entfaltet die Festkursstrategie wie in Tschechien eine kontraproduktive Wirkung: Die realen Anpassungskosten im Zuge eines kriseninduzierten Regimewechsels fallen dann oft höher aus, als der vorherige Nutzen einer festen Wechselkursanbindung.

Mikroökonomische Stabilitätsanforderungen: Wie auch die Asienkrise verdeutlicht hat, bilden makroökonomische Fundamentaldaten alleine einen ungenügenden Indikatorenkatalog für die Bewertung des Entwicklungsgrades und der Stärke einer Wirtschaft. Vielmehr stellt die Frage der strukturellen Anpassungsfortschritte einer Ökonomie (u.a. Entwicklungsgrad des Banken- und Finanzsektors) im Aufholprozeß eine zentrale Determinante für die Fähigkeit dar, eine konsistente Makropolitik durchzusetzen. Die beschriebenen Entwicklungen in Tschechien wurden zusätzlich durch ein mikroökonomisches Umfeld verstärkt, das durch ein unterentwickeltes Bankensystem mit fehlenden Regulierungen und einem unzureichenden System der Unternehmenskontrolle gekennzeichnet war.[406]

---

[404] Vgl. Dedek (1997), S. 32.

[405] Vgl. Buch/Heinrich/Pierdzioch (1999), S. 123ff.

[406] Vgl. Ohr (1998a), S. 251f.; Buch/Heinrich (1997), S. 21; Buch (1999b), S. 102ff. Diese mikroökonomischen Determinanten einer Währungskrise werden bereits einer 'dritten Generation' von Modellansätzen zugeordnet.

Direktes Inflationsziel: Die Aufgabe des Festkursregimes 1997 erforderte die Implementierung eines neuen nominalen Ankers. Die Währungshüter wählten ein direktes Inflationsziel. Die Entscheidung ist im Grundsatz als angemessen und vorausschauend zu bewerten. Die neue Währungsstrategie stellt jedoch insofern eine ambitionierte Wahl dar, indem (wie am Ende von Kapitel IV ausgeführt) die Inflationsentwicklung in Transformationsökonomien angesichts des noch unvollendeten Prozesses der relativen Preisanpassung noch schwer zu kontrollieren ist. Der veröffentlichte Inflationskorridor wurde in den ersten beiden Jahren nach Implementierung deutlich unterschritten. Bezüglich der Ausgestaltung ist die Wahl der Zielgröße als Kritikpunkt zu nennen:[408] Die gegenüber dem Konsumentenpreisindex um regulierte Preise bereinigte Nettoinflationsrate trug als Zielgröße zu einer geringeren Transparenz und Glaubwürdigkeit der Strategie bei. Die Wirtschaftssubjekte bilden ihre Inflationserwartungen im allgemeinen auf Basis des gängigen, zum Teil stark divergierenden Konsumentenpreisindizes.

5. Die estnische Krone

5.1 Makroökonomische Rahmenbedingungen

Der dramatische Produktionsrückgang im Verlauf der estnischen Transformationskrise wurde von zwei zentralen externen Schocks verschärft: Zum einen sah sich der baltische Staat mit der Auflösung der Sowjetunion und demzufolge mit dem Einbruch des wichtigsten Exportmarktes (rd. 90% der gesamten Exporte) in den Jahren 1990 und 1991 konfrontiert (Nachfrageschock). Zum anderen erfolgte im Jahr 1992 mit dem drastischen Anstieg der russischen Exportpreise für Erdöl und andere Rohstoffe zur Anpassung an das Weltmarktniveau ein Energiepreisschock (Angebotsschock).[409] Insgesamt bewirkten die Rahmenbedingungen in Verbindung mit dem tiefgreifenden institutionellen Vakuum einen kumulierten Rückgang des BIP um rund 50% (bezogen auf das Niveau von 1990). Nach einer vierjährigen starken Transformationsrezession kehrte die Volkswirtschaft erst 1995 auf einen positiven, nachhaltigen Wachstumspfad zurück (s. Abbildung B-4). Dieser wurde nur durch die unmittelbaren Nachwirkungen der Rußlandkrise im August 1998 unterbrochen. Estland fungierte während des makroökonomischen Aufholprozesses – der vom Dienstleistungssektor angetrieben wurde – unter den baltischen Staaten als Wachstumsführer.

Nach dem Zusammenbruch der Planwirtschaft und erfolgter Preisliberalisierung sah sich Estland 1992 mit einer Hyperinflation konfrontiert. Durch die Implementierung eines currency boards konnte in Verbindung mit einer restriktiven Geld- und Fiskalpolitik eine sukzessive Stabilisierung der Verbraucherpreise erreicht werden. 1999 verzeichnete die Wirtschaft nach moderaten Inflationsraten in den beiden Vorjahren mit 3,3% erstmals Steigerungsraten in der Größenordnung westeuropäischer Industrieländer. Eine frühere und dauerhafte Angleichung der Inflationsraten an diejenigen der Ankerwährung konnte vor allem angesichts der anhaltenden relativen Preisanpassung sowie der durch Inflationserwartungen gestützten Trägheit der Preise nicht erlangt werden.

---

[408] Vgl. beispielsweise die Ausführungen von Krzak/Ettl (1999), Clinton (2000) sowie Smidková/Hrncir (2000) für eine ausführliche Bewertung dieser geldpolitischen Strategie in Tschechien.
[409] Vgl. Krzak (1997), S. 23f.

Abbildung B-4: *Ausgewählte Fundamentaldaten im Zeitablauf der Transformation (Estland)*

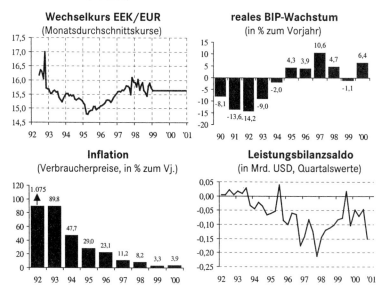

Datenquelle: FERI; Standard Poor's DRI.

Mit einem importbedingten Leistungsbilanzdefizit, das durch umfangreiche Kredite aus dem Ausland finanziert wurde, zeigte sich auch in Estland ein für Transformationsökonomien typisches Charakteristikum. Vor allem in den letzten Jahren wurden umfangreiche Technologiegüter aus dem Westen importiert, um den Modernisierungs- und Restrukturierungsprozeß der Wirtschaft weiter voranzutreiben.

Tabelle B-10: Ausgewählte Indikatoren des estnischen Transformationsprozesses

Estland	1991	1992	1993	1994	1995	1996	1997	1998	1999	2000
Reales BIP-Wachstum (% z.Vj.)	-13,6	-14,2	-9,0	-2,0	4,3	3,9	10,6	4,7	-1,1	6,4
Inflation (ΔCPI in % zum Vj.)	210,6	1075	89,8	47,7	29,0	23,1	11,2	8,2	3,3	3,9
Leistungsbilanzsaldo (% z. BIP)	k.A.	3,3	1,8	-7,3	-4,8	-10,1	-12,0	-9,8	-5,7	-6,9
Handelsbilanzsaldo (Mrd. USD)	k.A.	k.A.	-0,2	-0,4	-0,7	-1,1	-1,5	-1,5	-1,2	-1,1
Staatsbudget (in % des BIP)	5,2	-0,3	-0,7	1,3	-1,3	-1,9	2,2	-0,3	-4,7	-0,7
Ausl. Direktinvestitionen (in Mio. USD)	k.A.	k.A.	156	212	199	111	130	574	233	401
EEK/USD (Jahresdurchschnitt)	k.A.	12,11	13,22	12,98	11,47	12,05	13,90	14,10	14,60	16,98
EEK/EUR (Jahresdurchschnitt)	k.A	16,33	15,83	15,63	15,15	15,54	15,74	15,71	15,55	15,64
Devisenreserven in Mrd. USD	k.A	k.A	0,4	0,4	0,6	0,6	0,8	0,8	0,9	0,8
Bruttoauslandsverschuldung (Mrd. USD)	k.A	0,058	0,154	0,186	0,286	0,405	0,642	0,782	1,076	k.A.
Arbeitslosenquote in %	k.A	k.A	6,5	7,6	9,7	10,0	9,7	9,9	12,3	13,7
Investitionen (% des BIP)	k.A	20,9	24,4	27,0	26,0	26,7	27,9	29,1	25,2	24,0
Kurzfristzinsen p.a.	k.A	k.A	k.A	5,7	4,9	3,5	6,4	11,7	4,6	4,5

Datenquelle: Standard & Poor's DRI; FERI.

Die Außenhandelsposition ist angesichts ihrer Größenordnung als Achillesferse der Wirtschaftsentwicklung anzusehen (s. Tabelle B-10). Für die nächsten Jahre vereinbarte die Regierung mit dem IWF einen Zielwert von 5,5% des BIP zur Stabilisierung des außenwirtschaftlichen Defizits.

5.2 Abgabe der monetären Souveränität durch das currency board

5.2.1 Unabhängigkeit und Währungsreform

Aus monetärer Sicht wurde der erste wesentliche Schritt zur Unabhängigkeit Estlands von der damaligen Sowjetunion durch die Gründung einer eigenen Zentralbank zum Jahresbeginn 1990 eingeleitet. Zunächst fielen der Zentralbank lediglich Geschäftsbankentätigkeiten zu, da sie eine Filiale der sowjetischen 'Gosbank' bildete.[410] Nach der Auflösung der Sowjetunion erfolgte im August 1991 schließlich die Unabhängigkeitserklärung der baltischen Staaten, wobei der Rubel zunächst als inländische Währung beibehalten wurde. Die wiedererlangte Selbständigkeit Estlands wurde von einem Zusammenbruch der alten zentralistischen Wirtschaftsstrukturen begleitet. Der Strukturbruch war mit tiefgreifenden gesamtwirtschaftlichen Ungleichgewichten in realer und monetärer Hinsicht verbunden:[411] Neben einer Überschußnachfrage nach ausländischen Devisen und Gütern sowie der Hyperinflation stellten sich die außenwirtschaftlichen Implikationen des Zusammenbruchs der Sowjetunion (und der CMEA) als wesentliches Problem für die Wirtschaft dar. Dieser schwerwiegende externe Schock bedeutete nicht nur den Zusammenbruch der Wirtschaftsbeziehungen nach Osten, sondern vielmehr einen realen Produktionseinbruch von rund 50%.[412] Die anfänglich hohen Preissteigerungsraten waren jedoch nicht die Folge einer expansiven Geld- oder Fiskalpolitik, sondern vielmehr Ergebnis der Liberalisierung fester Preise, der Abwertung des russischen Rubels sowie der Handelsschocks im Zusammenhang mit dem Zusammenbruch der Sowjetunion.

Zudem war der Zeitraum nach der Unabhängigkeitserklärung durch eine tiefgreifende Bargeldknappheit im Wirtschaftskreislauf gekennzeichnet. Diese entstand, da Rußland zunächst noch das Monopol für die Bargeldemittierung besaß, und die estnischen Behörden lediglich Buch- und Kreditgeld ausgeben konnten. Während die Geldmenge M2 im ersten Halbjahr 1992 um fast 40% sowie die Preise um 450% anstiegen, verzeichnete die Bargeldmenge nur eine Steigerung von 12%.[413] Mit Wirkung zum 20. Juni 1992 entschloß sich Estland als erster Nachfolgestaat der ehemaligen Sowjetunion den Rubel im Rahmen einer breiten Währungsreform durch eine eigene Währung, der Krone, zu ersetzen.[414] Gleichzeitig erfolgte die Vereinheitlichung der parallelen Wechselkurse.

---

[410] Vgl. Buch et al. (1995), S. 74.

[411] Vgl. Karp/Siebke (1999), S. 2.

[412] Rund zwei Drittel der estnischen Produktion wurden nach Angaben sowjetischer Statistiken exportiert. Davon nahm die Sowjetunion rund 95% ab. Vgl. Viksnins (2000), S. 214; Krzak (1997), S. 23f.

[413] Vgl. Buch et al. (1995), S. 74.

[414] Die Grundzüge der umfangreichen Währungsreform mit dem Stichtag 20. Juni 1992 waren wie folgt (vgl. Schrader/Laaser (1994), Karp/Siebke (1999)): Jeder estnische Einwohner konnte einmalig 1500 Rubel zu einem Kurs von 10:1 zwischen Rubel und Kronen umtauschen. Zu einem Kurs von 50:1 wurden private Bargeldbestände von über 1500 Rubel sowie die Bestände von ausländischen Wirtschafts-

5.2.2 Monetäre Stabilisierung durch ein currency board

Das Kernstück der monetären Neuausrichtung im Juni 1992 bildete die Implementierung eines modifizierten currency board als Währungssystem der Republik Estland. Die beiden zentralen Ziele der Wechselkurspolitik zu dieser Zeit bestanden in der Herstellung von Glaubwürdigkeit und Stabilität. Die gesetzliche Basis für das Wechselkurssystem bildeten zwei Säulen:[415] Zum einen legte das 'Law of the Central Bank of Republic of Estonia' die Grundlagen für die Funktionsfähigkeit der Zentralbank fest. Dabei wurde der Notenbank im Grundsatz die gleiche Unabhängigkeit und Rechte für die geldpolitische Umsetzung der Währungsstrategie zugebilligt wie anderen westlichen Zentralbanken. Zum anderen legte das 'Law of the Republic of Estonia on the Security for Estonian Kroon' strikte Vorgaben für die Zentralbank fest, die den geldpolitischen Spielraum innerhalb des currency boards deutlich einschränken sollten. Durch das Währungsamt sollte neben einem schnellen internationalen Reputationsaufbau für die neue Landeswährung sowie einer anhaltenden Disziplinierung der Fiskalpolitik eine nationale Stabilitätskultur geschaffen werden.[416]

Die drei Eckpfeiler der neuen Währungsstrategie waren wie folgt:

- *Ankerwährung*: Feste Wechselkursanbindung der Krone an die D-Mark bei einer Parität von 8 EEK/DEM. Gleichzeitige Freigabe des Wechselkurses gegenüber anderen Währungen
- *Regelgebundene Geldpolitik*: Schöpfung und Vernichtung von Zentralbankgeld ausschließlich im Tausch gegen D-Mark
- *Liberalisierung*: Unbeschränkte Konvertibilität der Krone für Leistungsbilanztransaktionen

Obgleich Deutschland zu diesem Zeitpunkt nicht der Haupthandelspartner Estlands war, wurde die D-Mark angesichts ihrer Bedeutung als internationale Leitwährung sowie der Stabilitätskultur innerhalb der deutschen Wirtschaft gewählt.[417] Mit der festen, institutionell abgesicherten Wechselkursanbindung an eine stabile Währung konnte ein Hauptziel der Reformpolitik – Stabilisierung der Inflationsraten – entscheidend erleichtert werden: Indem die strikten Regeln des Währungsamtes den diskretionären Spielraum der Geldpolitik wesentlich beschnitten und gleichzeitig vor politischem Druck schützten, wurde der Währungsbehörde ein hohes Maß an Glaubwürdigkeit verliehen. Die inländische Preissteigerungsrate wurde künftig weitgehend exogen bestimmt (wobei die Inflationsraten nur allmählich zurückgeführt werden konnten). Die Wechselkursschwankungen gegenüber anderen Währungen verliefen etwa parallel zu denjenigen der D-Mark.

---

subjekten umgetauscht. Sämtliche Preise, Löhne und Gehälter sowie Bargeldbestände von Banken und Unternehmen wurden ohne Obergrenze zu einem Kurs von 10:1 umgetauscht. Die Bankkonten privater Haushalte wurden auch zum Kurs von 10:1 unbegrenzt umgetauscht. Insgesamt wurden innerhalb der Währungsreform rd. 32 Mrd. Rubel in EEK umgetauscht. Indem die Erstausgabe der EEK einem Volumen von rd. 677,7 Mio. EEK entsprach, betrug die Erstausstattung von Kronen pro Kopf rd. 150 EEK.
[415] Vgl. National Bank of Estonia (1996), S. 54f.
[416] Vgl. Fuhrmann (1999), S. S. 5; Pautola/Backé (1998), S. 78f.
[417] Es wurden auch die schwedische Krone und die finnische Markka als Ankerwährungen diskutiert.

Im Gegensatz zum idealtypischen Währungsamt übernimmt die estnische Zentralbank die Koordination der Geldpolitik und die Versorgung des Bankensektors mit Liquidität. Das currency board wurde in die Zentralbank integriert, die wiederum mit der Emissionsabteilung und der Bankenabteilung aus zwei selbständigen Elementen bestand.

Das modifizierte Währungsamt weist im Gegensatz zu einem reinen, orthodoxen[418] currency board auch heute noch die folgenden Merkmale auf (s. auch Abbildung B-11):[419]

Einlagen: Der Deckungspflicht durch die Währungsreserven unterliegt nicht nur zu 100% die Bargeldmenge, sondern auch die Einlagen der Geschäftsbanken bei der Zentralbank.

Abhängigkeit von der Regierung: Trotz der per Gesetz verankerten, weitgehenden Unabhängigkeit der Zentralbank verfügt die Regierung de jure über die Entscheidungsgewalt in wechselkurspolitischen Fragen. Eine Paritätsanpassung (Abwertung) des festen Wechselkurses gegenüber der D-Mark kann ausschließlich vom Parlament durchgesetzt werden.[420] Darüber hinaus ist eine Kreditvergabe der Zentralbank an die Regierung per Gesetz untersagt.

Mindestreservepolitik: Das begrenzte geldpolitische Instrumentarium sieht eine gesetzliche Verpflichtung der Geschäftsbanken vor, eine zinslose Mindestreserve bei der Zentralbank zu halten. Der relevante Mindestreservesatz für Sicht-, Termin- und Spareinlagen sowie Fremdwährungseinlagen beträgt einheitlich 10%. Diese Auflage stellt weniger ein wirkungsvolles Instrument der Geld- und Kreditpolitik im Sinne von währungs- und konjunkturpolitischen Maßnahmen dar, sondern dient vielmehr der Liquiditätsstärkung des Geschäftsbankensektors.

Kredite an Geschäftsbanken: Die Zentralbank übernimmt eine begrenzte lender-of-last-resort-Funktion, indem die Gewährung von Liquiditätskrediten an Geschäftsbanken durch die Zentralbank unter zwei Bedingungen möglich ist. Zum einen muß eine Überschußreserveposition (Überdeckung der monetären Basis) vorliegen.[421] Zum anderen muß angesichts der Liquiditätsprobleme eine Gefahr für das Bankensystem bestehen.

Einlagezertifikate: Die Zentralbank gibt seit Juni 1993 an die Geschäftsbanken sogenannte 'certificates of deposit' mit einem Nennwert von 100 Tausend EEK sowie einer Laufzeit von 28 Ta-gen aus. Nach dem Willen der Währungshüter soll damit die Entstehung eines Interbanken-Markts unterstützt werden, indem die Überschußreserven der Banken handelbar gemacht würden. Diese Maßnahme erschien vor allem angesichts einer mangelnden Glaubwürdigkeit der Geschäftsbanken untereinander als angebracht. Zu Reformbeginn hatte dieses Vertrauensdefizit etwa dazu geführt, daß die Banken über eine überschüssige, zinslose Reservehaltung verfügten.

---

[418] Das reine, orthodoxe currency board gilt in der Diskussion als Referenzmodell. Zu currency boards vgl. Williamson (1995); Balino/Enoch (1997); Ghosh/Gulde/Wolf (1998); Pautola/Backé (1998).

[419] Vgl. u.a. Buch et al. (1995), S. 77ff.; Dale (1997), S. 30ff.

[420] Demgegenüber kann entsprechend des 'Law on the Security of the Estonian Kroon' eine nominale Aufwertung auch von der Zentralbank beschlossen werden. Vgl. Pautola/Backé (1998), S. 78f.

[421] Für entsprechende Mittel darf die Zentralbank nur auf diejenige Überschußreserve zurückgreifen, die nicht zur Deckung der Geldbasis dient. Vgl. Buch et al. (1995), S. 7; Cavalcanti/Oks (1998), S. 1f.

Geldpolitik: Die Instrumente der Mindestreservepolitik, der eingeschränkten Kreditvergabe an Geschäftsbanken und der Einlagezertifikate werden gemäß des Zentralbankgesetzes um weitere Steuerungsmechanismen ergänzt: Im Grundsatz stehen der Notenbank beim Vorliegen einer Überschußreserve zusätzlich die Instrumente der Offenmarktpolitik, eine aktive Refinanzierungspolitik sowie uneingeschränkt die Festlegung von Kreditobergrenzen für die Geschäftsbanken zur Verfügung.[422] Die Zentralbank verfolgt jedoch keine diskretionären, geldpolitischen Maßnahmen und verzichtet weitgehend auf einen Einsatz des genannten Instrumentenkataloges. Im Vordergrund stehen die vorgegebenen Richtlinien des currency boards, die den geldpolitischen Spielraum bewußt einschränken. Die Währungsstrategie bewertet die Zentralbank wie folgt:[423]

On the everyday level of implementing monetary policy the currency board framework means that in regulating the liquidity of the money market the main emphasis is on the movement of capital between domestic and foreign markets initiated by the market agents and the resulting foreign exchange purchase and sale transactions between commercial banks and the central bank. The aim is to guarantee the conformity of the implementation of monetary policy with the existing rules and thereby increase the credibility of the national currency.

Das inländische Geldangebot wird wie in anderen festen Wechselkursregimen endogen durch den Zufluß ausländischen Kapitals bestimmt. Eine Schöpfung bzw. Vernichtung von Zentralbankgeld ist nur durch den direkten Tausch gegen die Ankerwährung zulässig. Sowohl die Bargeldmenge als auch die Einlagen der Geschäftsbanken sind vollständig durch Devisenreserven gedeckt. Durch die Orientierung an diese strikten Regeln des Währungsamtes soll Vertrauen geschafft, die Inflation bekämpft sowie eine Senkung des Zinsniveaus herbeigeführt werden.

Tabelle B-11: Idealtypisches und estnisches currency board im Vergleich

Merkmal	Idealtypisches currency board	Modifiziertes currency board in Estland
Wechselkursregelung		
• Fixierung der Wechselkurse	Ja	Ja
• Paritätsänderung	---	Ja (durch das Parlament)
Deckungspflicht		
• Bargeld	100%	100%
• Einlagen der GB bei Zentralbank	---	100%
Geldpolitisches Instrumentarium		
• Mindestreservepolitik	Nein	Ja
• Offenmarktpolitik	Nein	Ja (eingeschränkt)
• Zinsfestlegung	Nein	Ja (eingeschränkt)
Bankenaufsicht		
• Aufsichtsbehörde	Nein	Ja
• lender of last resort	Nein	Nein (Ausnahmen)

Quelle: Karp/Siebke (1999), S. 9.

---

[422] Vgl. Krzak (1997), S. 41f.; Buch et al. (1995), S. 77.
[423] Vgl. National Bank of Estonia (1996), S. 54.

Die Krone stellte sich seit der Anbindung an die D-Mark 1992 als stabilisierender Faktor für die wirtschaftliche Transformation heraus. Das currency board bildete aus monetärer Hinsicht das Kernelement zur makroökonomischen Konsolidierung und Zurückführung der Hyperinflation auf moderate Preissteigerungsraten. Aus dem Blickwinkel der Wechselkurspolitik sind die folgenden fünf Entwicklungen während des Transformationsprozesses hervorzuheben:

Unterbewertung der Krone: Im Zuge der Währungsreform und der Einführung einer eigenen Währung erfolgte eine Eingangsabwertung, die bewußt sehr hoch ausfiel. Die Behörden orientierten sich an dem existierenden Schwarzmarktkurs zwischen Rubel und D-Mark.[424] Mit Hilfe der realen Unterbewertungsstrategie sollte ein ausreichender, künstlicher Wettbewerbsvorteil für die heimische Industrie geschaffen und die Funktionsfähigkeit des rigiden Wechselkurssystems gestützt werden. Der wechselkurspolitische trade-off wurde gelöst, indem sich Estland – nach einer auf außenwirtschaftliche Gesichtspunkte ausgerichteten Währungsstrategie zu Transformationsbeginn – durch das currency board nachdrücklich für eine zielorientierte Disinflationsstrategie entschied.

Bankenkrise: Ein wesentliches Charakteristikum von Währungsämtern ist, daß der inländische Bankensektor eine große Anpassungslast beim Auftreten externer Schocks trägt. Indem die Zentralbank im Krisenfall nicht ihre Funktion als 'lender of last resort' erfüllen kann, sind die Refinanzierungsmöglichkeiten für die Geschäftsbanken durch die Notenbank begrenzt. Dies wird im Falle Estlands zusätzlich verstärkt, da der Bankensektor sehr stark von der Kreditaufnahme auf den internationalen Kapitalmärkten abhängig ist: So waren beispielsweise in der zweiten Hälfte der 90er Jahre ein Drittel der gesamten Verbindlichkeiten des Bankensektors ausländischer Natur. Bereits im November 1992 kam es zu einer tiefgreifenden Bankenkrise, in deren Verlauf es zur Schließung von drei Großbanken kam, da deren Bilanzpositionen nicht durch Stützungskredite verbessert werden konnten.[425] Im Zuge der kriseninduzierten Bankenreform erfolgte eine erste Konsolidierungswelle innerhalb des Bankensektors, indem sich die Gesamtzahl im Februar 1993 von rund 40 auf 22 reduzierte. Eine zweite Konsolidierungswelle wurde durch die Turbulenzen an den internationalen Finanz- und Kapitalmärkten in der Phase 1997 bis 1999 angestoßen.[426] In diesem Zeitraum halbierte sich die Gesamtzahl auf 6 Banken bis zum Jahresende 1999, wobei der Bankensektor mittlerweile durch schwedische Kreditinstitute dominiert wird. Die Rolle des currency boards ist von zwei Seiten zu beleuchten:
Einerseits beinhaltete das Währungsamt einen strikten Zwang für die Reaktion der Zentralbank und den Regierungsbehörden, so daß eine Vielzahl der Banken für insolvent erklärt werden mußten. Andererseits trug das Wechselkurssystem – durch dessen disziplinierende Wirkung auf die Fiskalpolitik angesichts der induzierten harten Budgetbeschränkung – ganz wesentlich zur Restrukturierung des ineffizienten Bankensystems bei.[427] Der ausgabenpolitische Spielraum der Regierung wurde aufgrund des bestehenden Währungsamtes begrenzt und die Versuchung reduziert, eine expansivere und liqui-

---

[424] Vgl. Karp/Siebke (1999), S. 11.

[425] Insgesamt betrug die Bilanzposition dieser drei Großbanken rund 30% der gesamten Geldmenge.

[426] Vgl. Buch et al. (1995), S. 7f.; Pautola/Backé (1998), S. 80f; Lepik (2000).

[427] Vgl. Lopez-Claros/Garibaldi (1998), S. 15f.; Krzak (1997), S. 35ff.

ditätsfördernde Fiskalpolitik zu verfolgen.[428] Insofern konnte das currency board auch in dieser Hinsicht einen stabilitätspolitischen Erfolg verzeichnen.

Tabelle B-12: Die estnische Wechselkurspolitik im Zeitverlauf

Datum	Änderung	Wechselkurssystem
01.01.1990	Gründung einer estnischen Zentralbank von dem Obersten Sowjet der estnischen Sowjetrepublik. Die Zentralbank blieb zunächst eine Filiale der sowjet. Gosbank.	Estland Bestandteil der Rubelzone
01.08.1991	Unabhängigkeit Estlands	s.o.
20.06.1992	Währungsreform: Verlassen der Rubelzone und Einführung einer eigenen estnischen Währung, der Krone (EEK). Vereinheitlichung der parallelen Wechselkurse.	s.o.
06/1992	Implementierung eines currency boards: Die EEK wurde zu einem Kurs von 8 EEK/DEM an die DEM gebunden; Freigabe der Wechselkurse gegenüber anderen Ländern.	currency board gegenüber DEM
05/1994	Aufhebung der letzten Kapitalverkehrsbeschränkungen; Volle Konvertibilität der Leistungs- und Kapitalbilanz.	s.o.
01.01.1999	Erweiterung der Ankerwährung: Die Eesti Pank behandelt den EUR und die DEM gleich, die Umrechnung entspricht der fixierten DEM/EUR Parität: 15,64664 EEK/EUR.	currency board gegenüber dem EUR

Kapitalzuflüsse: Wie die anderen Baltischen Staaten auch, wies Estland ab 1994 das Problem eines hohen und steigenden Leistungsbilanzdefizits sowie starker Kapitalimporte in Verbindung mit einem festen Wechselkursregime auf. Nach der Aufhebung der letzten Beschränkungen im Mai 1994 war die Krone vollständig für Transaktionen der Leistungs- und Kapitalbilanz konvertibel. Während in den ersten Transformationsjahren die Direktinvestitionen als wesentliche Determinante der dynamischen Kapitalimporte auftraten, hatte sich seit Ende 1995 die Struktur des Kapitalverkehrs grundlegend geändert: Mit einem Anteil von über 50% am Gesamtüberschuß der Kapitalverkehrsbilanz überwog nun die Abhängigkeit von kurzfristigen Portfolioinvestitionen sowie Verschuldung.[429] Dies implizierte die Gefahr einer Finanz- und Bankenkrise. Falls die ausländischen Investoren das spekulative Kapital plötzlich abziehen und ein tiefgreifender Liquiditätsentzug entsteht, steigen die Marktzinsen im Bankensektor rasch an und untergraben die Stabilität des Banken- und Wechselkurssystems. Der Erfolg einer gezielten Spekulationswelle gegen die Krone, wie etwa im November 1997, und damit die Gefährdung des bestehenden Wechselkurssystems, ist trotz der außenwirtschaftlichen Ungleichgewichte als gering anzusehen:[430] Der Devisenmarkt ist vergleichsweise klein und bei einer spekulativen Attacke stehen der Zentralbank finanzielle Mittel aus dem Reservestabilisierungsfond zur Verfügung. Gleichzeitig ist den Akteuren auf den internationalen Devisenmärkten bewußt, daß die mit einer Aufgabe des currency boards verbundenen Exit-Kosten sehr hoch sind. Zum einen bestünde die Gefahr, daß angesichts des

---

[428] Dennoch ist in emerging markets eine gewisse 'lender of last resort' Funktion der Währungshüter zu befürworten, um auf diese Weise Problemen des heimischen Finanzsektors zu einem frühen Zeitpunkt zu begegnen und etwaige Ansteckungseffekte zu verhindern. Vgl. Lopez-Claros/Garibaldi (1998), S. 15.
[429] Vgl. Karp/Siebke (1999), S. 14f.
[430] Vgl. Deutsche Bank Research (2000b), S. 6.

hohen ausländischen Kreditvolumens im Bankensystem eine Bankenkrise droht. Zum anderen beruht neben dem politischen Glaubwürdigkeitsverlust das zentrale Risiko auf einem drastischen Overshooting im Falle einer Flexibilisierung des Wechselkurssystems.

5.3 Bewertung der estnischen Wechselkurspolitik

Das langjährige currency board bildete den entscheidenden Stabilitätsfaktor während des Transformationsprozesses. Indem eine klare und transparente Währungsstrategie vorgegeben und gleichzeitig die monetäre Unabhängigkeit von der Regierung garantiert wurde, trug das 1992 implementierte Währungsamt ganz entscheidend zur Anpassung der Inflationserwartungen bei und unterstützte die Lohn- und Preisdisziplin. Innerhalb dieses währungspolitischen Umfeldes wurde trotz der ungünstigen Ausgangsbedingungen die makroökonomische Konsolidierung entscheidend unterstützt.

Wie in anderen vergleichbaren Fällen hat sich auch in Estland gezeigt, daß das currency board seit 1992 vor allem in drei Punkten erfolgreich war: in der Reduktion der Inflationsraten, der Senkung des Zinsniveaus sowie der Unterstützung der Haushaltsdisziplin.

Inflationsentwicklung: Das Reformprogramm wurde im gesamten Transformationsprozeß von einer sinkenden Inflationsrate begleitet. In den ersten drei Jahren verhinderte die graduelle Freigabe der zuvor administrativ festgelegten Preise sowie die Angleichung der Preise handelbarer Güter an das Weltmarktniveau eine schnellere Reduktion der Preissteigerungsraten. Eine Absenkung auf einstellige Inflationsraten gelang trotz des Glaubwürdigkeitsimports erst 1998, da vor allem die anhaltend starke Inlandsnachfrage sowie hohe Kapitalzuflüsse preissteigernd wirkten.

Zinsentwicklung: Abgesehen von niedrigen Realzinsen deutet die Umschichtung von in Fremdwährung denominierten Bankeinlagen hin zu in Kronen denominierten Titeln auf eine breite Glaubwürdigkeit der währungspolitischen Strategie hin. Die Interbank-Zinssätze wichen in den ersten Jahren durchschnittlich weniger als 50 Basispunkte von den Interbank-Sätzen in Deutschland ab. Das sinkende Zinsniveau bewirkte eine ansteigende Kreditvergabe, die wiederum zu einem nachfrageinduzierten Inflationsimpuls führte.[431]

Haushaltsdisziplin: Die zentrale Determinante des erfolgreichen Stabilisierungsprozesses der Ökonomie ist in der Unabhängigkeit des geld- und währungspolitischen Instrumentariums von der Finanzierung des Staatshaushaltes zu sehen. Die strikte Trennung bewirkte zunächst, daß die Monetisierung von Budgetdefiziten sowie Bankkrediten ausgeschlossen und die Glaubwürdigkeit der Währungshüter zügig gestärkt wurde. Dieser Stabilitätsgewinn durch die strikte Unabhängigkeit der Haushaltsfinanzierung von der Zentralbankpolitik trug wesentlich dazu bei, daß etwa während des gesamtwirtschaftlichen Ungleichgewichts 1997 (hohes Leistungsbilanzdefizit sowie Abhängigkeit von spekulativem kurzfristigem Kapital) kein kriseninduzierter Regimewechsel erfolgen mußte. Dies steht im deutlichen Gegensatz zu anderen MOEL, wo eine lockere Fiskalpolitik zur Verschärfung der jeweiligen Krisensituation beitrug.

---

[431] Vgl. Karp/Siebke (1999), S. 10.

195

Inwieweit es nach erfolgreicher Stabilisierung der estnischen Wirtschaft angemessen erscheint, eine exit-Strategie für den Übergang zu einem flexibleren Wechselkursregime zu finden, wird in Teil C dieser Arbeit diskutiert.

6. Der slowenische Tolar

6.1 Makroökonomische Rahmenbedingungen

Slowenien hatte als höchst entwickelte und offene Teilrepublik des ehemaligen Jugoslawiens eine günstige Ausgangsposition und konnte den bisherigen Transformationsprozeß ohne gravierende Schwierigkeiten hinter sich bringen. Die kleine, offene Volkswirtschaft kehrte wie Polen bereits im Jahr 1993 nach überstandener Transformationsrezession auf einen nachhaltig positiven Wachstumspfad mit realen BIP-Steigerungsraten von rund 3% bis 5% zurück. Dank der starken Expansionsraten konnte die Wirtschaft – die unter den MOEL zu den reichsten zählt – bis 1999 bei der Erzeugung von Gütern und Dienstleistungen das Niveau der Vortransformationszeit erreichen.

Abbildung B-5:   *Ausgewählte Fundamentaldaten im Zeitablauf der Transformation (Slowenien)*

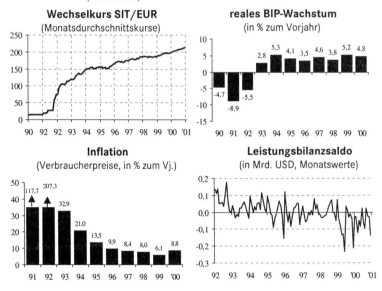

Datenquelle: FERI; Standard Poor's DRI.

Nachdem sich Slowenien während der Transformationskrise noch mit dreistelligen Steigerungsraten der Verbraucherpreise konfrontiert sah, konnte die Inflationsrate 1996 bereits dauerhaft auf Werte unter der 10%-Marke zurückgeführt werden (s. Abbildung B-5). In den letzten beiden Jahren verharrte die Preissteigerungsrate aufgrund externer Faktoren (Einführung einer Mehrwertsteuer, Ölpreisanstieg, Abwertung der Landeswährung) auf vergleichsweise hohem Niveau. Zur frühen monetären Stabilisierung trug neben der strikten Geldmengenpolitik der unabhängigen Zentralbank das frühzeitig verabschiedete Stabilisierungsprogramm der Regierung bei, das als Kernelement die Vermeidung von Haushaltsdefiziten beinhaltete. Die Privatisierung der ehemaligen Staatsbetriebe verlief deutlich zögerlicher als in Polen oder Tschechien. Noch immer sind 80 vor allem große Unternehmen mehrheitlich im Staatsbesitz, und der Anteil des Staates an der Bruttowertschöpfung liegt bei über 40%. Den inländischen Finanzsektor beherrschen zwei staatliche Großbanken. Während ausländische Investoren mit umfangreichen Beschränkungen konfrontiert wurden, und auf diese Weise der Zustrom von frischem Kapital sowie moderner Technologie verhindert wurde, unterstützte die Regierung die Übernahme von Unternehmensteilen durch inländische Betriebsangehörige.

Die außenwirtschaftliche Entwicklung Sloweniens bildete über Jahre hinweg einen wichtigen Stabilitätsfaktor und war durch eine ausgeglichene Leistungsbilanz gekennzeichnet. Dabei ist das slowenische Handelsvolumen mit den großen EU-Staaten seit Transformationsbeginn – gemessen an der Einwohnerzahl – fast viermal so hoch wie das anderer MOEL. Die Außenhandelsstruktur glich unterdessen derjenigen Westeuropas und förderte damit die dynamische Exportentwicklung. Eine außenwirtschaftliche Kehrtwende stellte sich jedoch im Jahr 1999 ein, als mit rund 4% des BIP erstmals ein beträchtliches Leistungsbilanzdefizit angesichts einer deutlichen Ausweitung des Handelsbilanzdefizits (hohe Importdynamik) verzeichnet wurde (s. Tabelle B-13).

Tabelle B-13: Ausgewählte Indikatoren des slowenischen Transformationsprozesses

Slowenien	1991	1992	1993	1994	1995	1996	1997	1998	1999	2000
Reales BIP-Wachstum (in % z. Vj.)	-8,9	-5,5	2,8	5,3	4,1	3,5	4,6	3,8	5,2	4,8
Inflation (ΔCPI in % zum Vj.)	117,7	207,3	32,9	21,0	13,5	9,9	8,4	8,0	6,1	8,9
Leistungsbilanzsaldo (% zum BIP)	k.A	7,12	1,18	3,76	-0,12	0,17	0,19	-0,8	-3,9	-3,0
Handelsbilanzsaldo (Mrd. USD)	-0,3	0,8	-0,2	-0,3	-1,0	-0,9	-0,8	-1,1	-1,5	-1,4
Staatsbudget (in % des BIP)	k.A	k.A	k.A	k.A	0,1	0,2	-1,2	-0,8	-0,6	-0,9
Ausl. Direktinvestitionen (in Mio. USD)	-41	113	111	131	183	188	340	250	143	133
SIT/USD (Jahresdurchschnitt)	27,6	81,3	113,2	128,8	118,5	135,4	159,7	166,1	181,8	222,7
SIT/EUR (Jahresdurchschnitt)	35,7	109,6	135,6	155,1	156,5	174,6	180,8	185,1	193,6	205,2
Devisenreserven in Mrd. USD	k.A	0,7	0,80	1,5	1,8	2,3	3,3	3,6	3,2	3,2
Bruttoauslandsverschuldung (Mrd. USD)	k.A	1,741	1,873	2,258	2,970	4,010	4,176	4,959	5,491	6,217
Arbeitslosenquote in %	8,2	11,6	14,5	14,4	13,9	13,9	14,4	14,5	13,6	11,7
Investitionen (in % des BIP)	20,6	18,6	18,8	19,7	21,2	22,6	23,5	24,6	26,9	26,5
Diskontsatz p.a.	k.A	25,00	20,33	16,17	11,50	10,00	10,00	10,00	8,00	8,67

Datenquelle: Standard & Poor's DRI, PlanEcon (2001a), FERI.

6.2 Flexible Währungsstrategie

6.2.1 Unabhängigkeit und Einführung einer neuen Währung

Slowenien wählte als einziges Land der betrachteten MOEL von Beginn an eine flexible Währungsstrategie. Der slowenische Ansatz prägte damit ganz wesentlich die heterogene Zusammensetzung der wechselkurspolitischen Strategien der MOEL. Bei der Entscheidung, ein flexibles Wechselkursregime zu wählen, spielten historische Aspekte eine große Rolle: Getrieben durch tiefgreifende politische und ökonomische Ungleichgewichte begann Jugoslawien im Herbst 1990 auseinanderzufallen. Das Land hörte auf, als funktionierende Wirtschaftseinheit zu existieren.

Am 26. Juni 1991 verkündete Slowenien unilateral die Unabhängigkeit von Jugoslawien, die jedoch erst im Oktober 1992 von Jugoslawien anerkannt und endgültig vollzogen wurde. Aus monetärer Sicht begann der Transformationsprozeß am 25. Juni 1992 mit der Gründung einer eigenen Notenbank, der 'Bank of Slovenia' (BoS). Diese löste die vorherige 'National Bank of Slovenia' (NBS) ab, welche als Zweigstelle der jugoslawischen Zentralbank (NBY) fungierte. Mit der Gründung der BoS wurden unmittelbar die Refinanzierungsmöglichkeiten durch die jugoslawische Notenbank sowie der Ankauf ausländischer Devisen bei der NBY unterbunden.

Die Einführung einer eigenen Währung, dem Tolar, wurde bereits mit einer Regierungsentscheidung vom 15. April 1991 eingeleitet. Die Umsetzung erfolgte jedoch erst am 8. Oktober 1991, als der Tolar als neue Währungseinheit zu einem Umrechnungskurs von 1:1 gegen jugoslawische Dinar umgetauscht werden konnte.[432] Im Rahmen der Währungsreform wurden insgesamt 8,6 Milliarden Dinar in Tolar transferiert, wobei das Umtauschvolumen signifikant unter dem entsprechenden – von der ehemaligen NBS in Umlauf gebrachten – Bargeldbestand von 27 Milliarden Dinar lag.[433]

6.2.2 Graduelle Stabilisierung durch flexible Wechselkurse

Slowenien erlangte als erstes Land des ehemaligen Jugoslawiens seine monetäre Autonomie. Mit der Einführung des Tolar im Oktober 1991 erfolgte im Rahmen des monetären Neubeginns die Wahl einer geeigneten Währungsstrategie. Slowenien wählte im Gegensatz zu anderen MOEL keine Wechselkursstabilisierung mit Hilfe eines externen Ankers, sondern entschied sich vielmehr für ein managed floating mit der D-Mark als Referenzwährung. Slowenien verfolgt diese flexible Währungsstrategie, bei der implizit der reale Wechselkurs als wechselkurspolitische Zielgröße fungiert, bis heute. Der Ansatz, die Wechselkurspolitik nach der D-Mark auszurichten, wurde nicht explizit von den Währungshütern bekannt gegeben. Die erste Notierung der Währung legten die Behörden bei einem Kurs von 32 TLS/DEM gegenüber der D-Mark fest. Dabei erfolgte eine Orientierung an dem monatsdurchschnittlichen, realen Wechselkurs des Dinar im

---

[432] Für den Umtauschprozeß waren drei Tage vorgesehen. Der Umrechnungskurs von 1:1 zwischen Dinar und Tolar wurde gewählt, um technische Probleme bei der Einführung sowie Glaubwürdigkeitsverluste zu vermeiden. Vgl. Mencinger (1994), S. 108. Dabei wurden Barguthaben bis zu 20 Tsd. Dinar ohne Beschränkung umgetauscht.

[433] Für den Fehlbetrag war der anhaltende Abfluß inländischer Bargeldreserven in das Ausland verantwortlich. Vgl. für eine ausführlichere Beschreibung der Währungsreform Mencinger (1994), S. 108ff.

April 1988, der seinerzeit die Teilkonvertibilität der jugoslawischen Währung abgesichert hatte.[434] Bei der Entscheidung ein flexibles Wechselkurssystem zu wählen, spielten die folgenden Überlegungen eine Rolle:[435]

Devisenreserven: Als entscheidende Determinante bei der Wahl des Wechselkurssystems galt der sehr geringe Bestand an Devisenreserven. Im Krisenfall wären die der Zentralbank zur Verfügung stehenden Währungsreserven nicht ausreichend gewesen, um ein gewünschtes Kursniveau zu verteidigen. *Schocks:* Als kleine, offene Volkswirtschaft sah sich Slowenien vor allem zu Transformationsbeginn mit zahlreichen externen Schocks konfrontiert. Dabei wurde dem Wechselkurs als zusätzlichem Freiheitsgrad der Wirtschaftspolitik und damit als Schockabsorber Priorität eingeräumt. *Gleichgewichtskurs:* Die bereits erwähnten Schwierigkeiten bei der Bestimmung eines angemessenen Wechselkursniveaus innerhalb eines Festkursregimes wurden zusätzlich dadurch verschärft, daß Slowenien als neues Land keine historischen Erfahrungswerte über strukturelle Eigenschaften aufwies. *Inflation:* Die graduellen Reformabsichten der Regierung wären angesichts einer monatlichen Preissteigerungsrate von 21% im Oktober 1991 mit einer rigiden Anbindung des Tolar kollidiert und hätten die Glaubwürdigkeit der Währungspolitik in Frage gestellt. Gleichzeitig wurde befürchtet, daß angesichts der starken Exportabhängigkeit des Landes eine dauerhafte Überbewertung des Tolar den Transformationsprozeß deutlich verlangsamen könnte.

Die geld- und wechselkurspolitische Strategie basierte mit dem *'Law on the Bank of Slovenia'* sowie dem *'Law on the Foreign Exchange System'* auf zwei gesetzlichen Pfeilern. Das oberste und festgeschriebene Ziel der Währungshüter ist bis heute die Sicherung der Preisniveaustabilität, wobei als strategische und (damit langfristige) Orientierungsgröße die Inflationsrate in der Europäischen Union dient. Die implementierten Gesetze sahen zur Umsetzung dieser monetären Ziele für die Währungshüter die Unabhängigkeit von Regierungsvorgaben vor.[436] Während der Wechselkurs innerhalb des managed floatings endogen und im Grundsatz kaufkraftparitätisch bestimmt wurde, stellte das Geldangebot von Beginn an eine exogene Zielgröße der Zentralbank dar. Insofern orientierten sich die Währungshüter bereits zu Transformationsbeginn trotz unterentwickelter Finanz- und Kapitalmärkte an den monetären Mechanismen westlicher Industriestaaten. Als mittelfristiges Zwischenziel der Geldpolitik diente ab Oktober 1991 der Geldmenge M1 und ab Mai 1997 die Geldmenge M3.[437] Angesichts dieser geldpolitischen Zielsteuerung unterliegt die Wechselkurspolitik einer zenralen Restriktion: Der Umfang der Devisenmarktinterventionen zur Beeinflussung des Wechselkurses innerhalb des managed floatings (*'leaning-against-the-wind'*) wird in entscheidender Weise durch die Beschränkungen des Geldmengenzieles bestimmt.[438]

---

[434] Vgl. Mencinger (1994), S. 111.

[435] Vgl. Gáspár (1995), S. 18ff; Mencinger (1994), S. 107f.

[436] Vgl. 'Law on the Bank of Slovenia', Art. 2.

[437] Die Geldmenge M1 umfaßt das laufende Bargeld und in SIT denominierte Sichteinlagen bei inländischen Banken sowie der Zentralbank. Das Aggregat M3 umfaßt M1, in SIT denominierte Sparkonten und Sichteinlagen bei inländischen Kreditinstituten sowie der Zentralbank und ausländische Währungsguthaben bei inländischen Kreditinstituten von inländischen Nicht-Banken.

[438] Vgl. Bank of Slovenia (1997), S. 17.

Der Tolar wurde innerhalb der graduellen Liberalisierungsstrategie auf zwei unterschiedlichen Märkten flexibel gehandelt:[439] Zum einen existierte der flexible Wechselkurs für Leistungsbilanztransaktionen und zum anderen derjenige für Kapitalbilanztransaktionen. Nachdem die beiden Wechselkurse im April 1992 vorübergehend relativ
stark voneinander abgewichen waren (18%), kam es in der Folgezeit zu einer deutlichen
Konvergenz.

Die Monate nach Implementierung des flexiblen Wechselkurssystems waren durch einen
starken Abwertungstrend des Tolar gegenüber der Referenzwährung gekennzeichnet.
Diese Entwicklung kann durch die noch geringe institutionelle Glaubwürdigkeit der
Zentralbank, durch den geringen ausländischen Devisenbestand sowie durch die – im
Sinne des kaufkraftparitätisch bestimmten Wechselkursverlaufs – hohen Inflationsraten
erklärt werden.[440] Der anfänglichen Schwächung des Tolar folgten moderate Abwertungsraten gegenüber der Referenzwährung, die während der gesamten 90er Jahre unter
denjenigen der semi-flexiblen Wechselkurssysteme in Polen und Ungarn blieben. Neben
den deutlich gesunkenen Inflationserwartungen spielten die seit Ende 1993 ansteigenden
Kapitalimporte eine zentrale Rolle. Während sich Slowenien im ersten Jahr der Systemtransformation angesichts der ungewissen politischen Lage in den Nachbarländern mit
keinen wesentlichen Kapitalzuflüssen konfrontiert sah, verzeichneten diese in den Folgejahren einen deutlichen Anstieg von 230 Mio. US-Dollar in 1993 auf 810 Mio. US-
Dollar in 1995 (2,3% des BIP).

Als offene Volkswirtschaft zeigte sich Slowenien zunehmend anfällig auf Schwankungen der Kapitalflüsse. Die Zentralbank reagierte auf den zeitweiligen Aufwertungstrend
des Tolar zwar mit Devisenmarktinterventionen ('temporary repurchase agreements'),
jedoch fielen diese angesichts der hohen Sterilisierungskosten nicht höher und damit
wirkungsvoller aus.[441] Die mit den Interventionen verbundenen Sterilisierungskosten
können an der Reduktion des laufenden Überschusses der Zentralbank – 17 Mrd. SIT in
1992 auf 1 Mrd. SIT in 1994 – abgelesen werden.[442]

6.2.3 Abschirmung durch umfangreiche Kapitalverkehrskontrollen

Aus monetärer Sicht erfolgte die im slowenischen Transformationsprozeß herausragende
Maßnahme durch die Implementierung von breiten Kontrollen für den kurzfristigen Kapitalverkehr im Februar 1995. In den Jahren zuvor war bereits eine breite Liberalisierung
der Kapitalbilanz erfolgt. Durch die Kapitalverkehrskontrollen sollten nicht nur der Zustrom von kurzfristigem Kapital, sondern vielmehr auch die ungleichgewichtigen Bedingungen auf dem ausländischen Devisenmarkt stabilisiert werden.[443] Damit reagierten die
Währungshüter im Vergleich zu anderen MOEL auf die dynamischen Kapitalzuflüsse
am restriktivsten.

---

[439] Vgl. Mencinger (1994), S. 110.
[440] Vgl. Gáspár (1995), S. 19.
[441] Vgl. Bank of Slovenia (1995), S. 31.
[442] Vgl. Krzak/Schubert (1997), S. 49.
[443] Vgl. Bank of Slovenia (1995), S. 32; IMF (1998), S. 44f. Vgl. für die Motive von Kapitalverkehrskontrollen Johnston/Tamirisa (1998). Eine breite Diskussion bieten Ariyoushi/Habermeier et al. (2000).

Im einzelnen bestanden diese Kontrollen aus den folgenden Maßnahmen:[444]

- Zinslose Einlagepflicht von 40% auf kurzfristige Kredite aus dem Ausland mit einer Laufzeit von unter sieben Jahren[445]
- Notwendigkeit eines Treuhandkontos (*'custody account'*) bei einem slowenischen Kreditinstitut für sämtliche Portfolioinvestitionen
- Pflicht zur Registrierung von ausländischen Direktinvestitionen
- Unterbindung des Erwerbs slowenischer Grundstücke und Immobilien durch ausländische Wirtschaftssubjekte

Die für kurzfristige Portfolioanlagen entscheidende Komponente des implementierten Maßnahmenpaketes bestand in der zinslosen Einlagepflicht (*'unremunerated reserve requirement'* (URR)). Dieses restriktive Instrument wurde bereits in den Jahren 1991-98 in Chile mit eingeschränktem Erfolg angewandt.[446] In Slowenien mußten angesichts dieser Maßnahme 40% eines Finanzkredites, der bei ausländischen Wirtschaftssubjekten mit einer Fälligkeit von bis zu sieben Jahren aufgenommen wurde, in einem zinslosen Konto bei der Zentralbank für zwei Jahre gehalten werden. Unter Berücksichtigung der entgangenen, jährlichen Zinsen wurde – wie von den Behörden angestrebt – durch die Kapitalkontrollen vor allem der kurzfristige Kapitalverkehr finanziell belastet. Trotz dieser Tatsache sind die durchgesetzten Maßnahmen angesichts der selektiven Bemessungsgrundlage sowie der unilateralen Durchführung nicht als Tobin-Steuer im klassischen Sinne anzusehen.[447] Nach vierjähriger Geltungsdauer wurden die Vorschriften für kurzfristige Kapitalimporte am 1. Februar 1999 im Rahmen eines neuen Devisenverkehrsgesetzes wieder gelockert. Der Satz für die zinslose Einlageanforderung für kurzfristige Kredite wurde auf 0% reduziert und damit de facto aufgehoben. Die Zentralbank hat jedoch weiterhin das Recht, im Falle einer Gefährdung der Wechselkursstabilität bzw. des Zahlungsbilanzgleichgewichts, erneut Maßnahmen zur Beschränkung des kurzfristigen Kapitalverkehrs einzuleiten.

Die Implementierung der zinslosen, restriktiven Einlagepflicht durch die Behörden erfolgte zur Verfolgung zweier Ziele:[448] Zum einen wurde angestrebt, eine Strukturveränderung der Kapitalzuflüsse hin zu langfristigen Kapitalimporten zu erreichen. Während kurzfristige Kapitalimporte zu einem großen Anteil spekulativer Natur und damit sehr volatil sind, zeichnen sich langfristige Zuflüsse weitgehend durch ihren investiven Charakter aus. Zum anderen wurde angestrebt, durch die finanzielle Belastung von Kapitalimporten die aufgrund inländischer Geldangebotsschocks entstandene Volatilität nominaler und realer Wechselkurse zu reduzieren. Demzufolge können mit dem Anteil der langfristigen Kapitalimporte sowie der Volatilität der Wechselkurse zwei entscheidende Erfolgskriterien identifiziert werden.

---

[444] Vgl. IMF (2000b), S. 25.

[445] Die Fristigkeit wurde im August 1996 auf sieben Jahre erweitert. Zusätzlich wurde ein Satz von 10% auf Kredite mit einer Fristigkeit von über sieben Jahren erhoben.

[446] Für eine empirische Bewertung der Erfahrungen von URRs in Chile vgl. Valdés-Prieto/Soto (1998); Edwards (1999); De Gregorio/Edwards/Valdés (2000).

[447] Vgl. Buch/Heinrich/Pierdzioch (1999), S. 165f.

[448] Vgl. Buch/Hanschel (1999), S. 12.

Tabelle B-14: Entwicklung der slowenischen Kapitalzuflüsse

in Mio. USD	1994	1995	1996	1997	1998	1999	2000
Kapitalzuflüsse (netto, in % des BIP)	3,1	2,7	4,6	3,7	1,8	3,2	5,8
Ausländische Direktinvestitionen (netto)	131	183	188	340	250	143	133
Portfolio-Investitionen (netto)	-32,5	-14	637	236	90	343	189
Sonstige Investitionen (netto)	-188,7	368	-261	622	-95	178	396

Datenquelle: Bank of Slovenia (2000), IMF (1999c, 2001a).

Struktur der Kapitalimporte: Die Entwicklung der gesamten Nettokapitalzuflüsse spiegelte ab 1994 trotz der breiten Kapitalverkehrskontrollen keinen eindeutigen Trend wider: Nachdem im Jahr der Implementierung 1995 mit 2,7% des BIP zunächst ein Rückgang gegenüber dem Vorjahr (3,1% des BIP) verzeichnet wurde, erfolgte 1996 eine erneute Beschleunigung der Nettokapitalzuflüsse auf 4,6% des BIP. Die Dynamik ging in den Folgejahren zurück, bevor die slowenischen Nettokapitalzuflüsse im Jahr 2000 nach breiten Liberalisierungsmaßnahmen der Kapitalbilanz auf ein Rekordniveau von 5,8% des BIP anstiegen. Eine durch die Kapitalkontrollen erweiterte monetäre Autonomie der Währungshüter kann angesichts der umfangreichen Sterilisierungsaktivitäten (und damit ansteigenden Devisenreserven) bis 1997 als Reaktion auf den – durch die hohen Kapitalimporte induzierten – Aufwertungsdruck nicht bestätigt werden.[449] Der beschriebene Verlauf deutet auf den ersten Blick lediglich auf eine zögerliche Wirkung der implementierten Maßnahmen bezüglich des absoluten Volumens der Kapitalflüsse hin.

Aussagekräftiger für die Beurteilung der Kontrollen ist jedoch der Effekt auf die Struktur der Kapitalzuflüsse:

Nachdem sich die ausländischen Direktinvestitionen nach einem kontinuierlichen Anstieg 1997 im Vergleich zum Vorjahr nahezu verdoppelten, wurde mit 340 Mio. US-Dollar ein bisheriges Rekordniveau erreicht. Nach Implementierung zusätzlicher Maßnahmen im Bereich des kurzfristigen Kapitalverkehrs im Jahr 1997 war damit entgegen des mittel- und osteuropäischen Trends eine erneute Verlagerung der Kapitalimporte zugunsten investiver Kapitalanlagen zu erkennen (Rückgang der Portfolioinvestitionen in 1997 um 63%). In den Folgejahren 1998-2000 brachen die Direktinvestitionen relativ zum Niveau 1997 ein, obgleich im Jahr 1999 umfangreiche – von einer interministeriellen Arbeitsgruppe erarbeitete – Maßnahmen zur Steigerung der Standortattraktivität Sloweniens implementiert wurden.[450] Die Verbesserung der Rahmenbedingungen für ausländische Investoren, auch mit Blick auf die durchgeführten Liberalisierungsschritte des kurzfristigen Kapitalverkehrs, blieb zunächst ohne nachhaltige Wirkung.
Einen unmittelbaren Effekt hatte die Implementierung der URR und die damit verbundenen, zusätzlichen Finanzierungskosten auf die Struktur der Fristigkeit von Krediten, bei denen entgegen dem Trend in anderen MOEL eine Umschichtung auf langfristige

---

[449] Vgl. Buch (1999a), S. 8ff.
[450] Vgl. IMF (2000b), S. 23.

Titel verzeichnet wurde.[451] Gleichzeitig sank das Volumen aufgenommener Kredite durch slowenische Banken im Ausland im Jahr 1997 nach der erneuten Verschärfung der Kapitalverkehrskontrollen stark ab. Nach erfolgter Liberalisierung 1999 konnte das Kreditvolumen erneut einen Anstieg von 257 Mio. US-Dollar verzeichnen (gegenüber 41 Mio. US-Dollar in 1998).

Volatilität der Wechselkurse: Für den Zeitraum 1995-98, der durch die Kapitalverkehrs-kontrollen geprägt war, stellt Buch (1999a) eine signifikante Reduktion der Volatilität von nominalem und realem Wechselkursverlauf fest. In ihren empirischen Untersuchungen verweisen Buch (1999a) sowie Buch/Hanschel (1999) auf die entscheidende Rolle der Geld- und Wechselkurspolitik in dieser Phase als Reaktion auf die gestiegene Volatilität der Kapitalzuflüsse: Die Autoren gelangen zu der Erkenntnis, daß die Währungs-hüter auf Veränderungen der Kapitalimporte durch Interventionen am Devisenmarkt reagierten, um auf diese Weise angesichts der volatilen Kapitalzuflüsse den Wechselkurs zur Referenzwährung stabil zu halten. Damit fielen die Schwankungen der Wechselkur-se bei gestiegener Volatilität der Kapitalimporte im Zeitablauf geringer aus.

Tabelle B-15: Eckdaten der slowenischen Wechselkurspolitik

Datum	Änderung	Wechselkurssystem
26.06.1991	Unabhängigkeitserklärung Sloweniens; Errichtung einer eigenen Zentralbank (BoS)	
08.10.1991	Einführung einer eigenen Währung, dem Tolar (SIT); Einführung eines Systems flexibler Wechselkurse mit der DEM als alleiniger Referenzwährung; Eingangskurs von 32 SIT/DEM	Managed floating mit DEM als Referenzwährung
01.02.1995	Einführung von Kapitalverkehrskontrollen zur Reduzierung des kurzfristigen Kapitalverkehrs	s.o.
01.01.1999	Der EUR wird alleinige Referenzwährung	Managed floating mit EUR als Referenzwährung
01.02.1999	De facto Eliminierung der 1995 implementierten Kontrollen	s.o.

6.3 Bewertung der slowenischen Wechselkurspolitik

Ein knappes Jahrzehnt nach dem Zerfall Jugoslawiens gilt Slowenien angesichts seines strukturellen und makroökonomischen Aufholprozesses als Musterschüler unter den EU-Beitrittskandidaten. Im Transformationsprozeß hat die sehr restriktive Fiskalpolitik die währungspolitische Strategie bei den Stabilisierungsanstrengungen wirkungsvoll unter-stützt. Der Staatshaushalt ist seit der Unabhängigkeitserklärung 1991 praktisch ausgegli-chen. Der Fehlbetrag, der sich 1997 erstmals angesichts gesunkener Privatisierungsein-nahmen mit einem Defizit von 1,2% des BIP einstellte (1998: -0,8% des BIP), ist im internationalen Vergleich als durchaus moderat anzusehen.

---

[451] Vgl. IMF (2000b), S. 23; Buch/Hanschel (1999), S. 19f.; Buch (1999a), S. 12.

Innerhalb der betrachteten Ländergruppe stellt die slowenische Währungsstrategie eine angemessene Ausnahmeerscheinung dar: Angesichts geringer Devisenreserven sowie starker Exportabhängigkeit verfolgte Slowenien die Strategie eines managed floatings mit regelmäßigen Interventionen auf dem Devisenmarkt zur Stabilisierung des Wechselkurses gegenüber der D-Mark. Den wechselkurspolitischen trade-off zwischen Preisniveaustabilisierung und Exportförderung konnten die Währungshüter durch eine angemessene Kombination aus restriktiver Geld- und Fiskalpolitik innerhalb eines flexiblen Wechselkurssystems lösen. Die graduelle Reformstrategie beinhaltete nach der anfänglichen Stabilisierung der Inflationserwartungen nur eine sukzessive Inflationszurückführung. Die geldpolitische Autonomie und Flexibilität von Wechselkursänderungen hatte höchste Priorität. Slowenien war in der Lage, eine höhere ungleichgewichtige reale Aufwertung des Tolar zu verhindern und die außenwirtschaftliche Position zu sichern.

Die Ergänzung der Wechselkurspolitik durch umfangreiche Kontrollen für den kurzfristigen Kapitalverkehr ist einer geteilten Beurteilung zu unterziehen.

Die folgenden Aspekte sind dabei von entscheidender Relevanz:

• *Grundsätzliche Nachteile*: Die Existenz von breiten, über mehrere Jahre bestehenden Kapitalverkehrskontrollen ist mit grundsätzlichen Nachteilen verbunden. Zunächst ist die schwierige administrative Handhabung und regelmäßige Anpassung an Vermeidungstatbestände zu nennen. Desweiteren besteht die Möglichkeit, daß sich negative Auswirkungen auf Investitionen und Spareigung ergeben sowie die Durchführung einer angemessenen Geld- und Fiskalpolitik in Verbindung mit erforderlichen Strukturreformen eingeschränkt wird.[452] Kapitalverkehrskontrollen sind dauerhaft nicht in der Lage, eine angemessene Wirtschaftspolitik sowie Strukturpolitik im Bankensektor zu ersetzen.

• *Zielvorgaben der Kontrollen*: Die von den Währungshütern gesteckten Zielvorgaben der kurzfristigen Kapitalverkehrskontrollen wurden während der vierjährigen Geltungsdauer nur sehr eingeschränkt erfüllt. Die verfügbaren Daten können weder eine signifikante Reduktion der absoluten Kapitalimporte, noch eine Verlagerung spekulativer Kapitalflüsse hin zu ausländischen Direktinvestitionen nachweisen.

• *Abdämpfung internationaler Finanzkrisen*: Obgleich relativ zum Zeitraum vor der Implementierung wohl keine deutliche Reduktion der kurzfristigen Kapitalströme erfolgte, kann ein Verdienst der vorübergehenden Kontrollen in der Abschottung von Ansteckungseffekten im Zuge der im Geltungszeitraum erfolgten Währungs- und Finanzkrisen (und insofern von *zusätzlichen*, volatilen Kapitalströmen) gesehen werden. So wurde der Aktienmarkt und die Währung weit weniger durch die Folgen der Asien- und Rußlandkrise getroffen, als die Kapitalmärkte vergleichbarer Schwellen- und Transformationsländer.

• *Geldpolitischer Spielraum*: Die Kapitalverkehrskontrollen erhöhten den geldpolitischen Spielraum, den nominalen Wechselkurs durch Devisenmarktinterventionen zu beeinflussen und gleichzeitig den vorgegebenen Zielwert für das Geldmengenwachstum einzuhalten.

---

[452] Vgl. Bredemeier/Witte (1998), S. 195f.

VI. Länderspezifische Ergebnisse von Schätzungen des REER der MOEL

1. Einleitende Überlegungen

1.1 Inhaltliche Einordnung

In Teil A ist als wesentliches stilisiertes Faktum der Wechselkurspolitik im Transformationsprozeß der Aufwertungstrend des REER identifiziert worden (s. Abbildung A-1). Es wurde argumentiert, daß der reale Aufwertungsprozeß in den MOEL das erforderliche Nebenprodukt einer erfolgreichen Liberalisierungs- und Entwicklungsstrategie der Volkswirtschaften widerspiegelt ('fundamental view'). Diese Sichtweise soll nun durch die Analyse von existierenden Schätzergebnissen des REER sowie entsprechenden Aktualisierungen verifiziert und der Spielraum für die zukünftige Wechselkurspolitik untersucht werden. Dabei ist zu berücksichtigen, daß im Grundsatz keine exakte Bestimmungsmöglichkeit des REER vorliegt. Dies muß in die Beurteilung der Wechselkurspolitik und in die Formulierung von Handlungsempfehlungen einbezogen werden. Durch einen höheren Flexibilisierungsgrad des Wechselkursregimes kann beispielsweise der Schwankungsbreite von Schätzergebnissen des REER Rechnung getragen werden.[453]

Der reale Wechselkurs stellt eine Schlüsselvariable des Transformations- und Integrationsprozesses der MOEL dar. Indem der interne reale Wechselkurs das Verhältnis inländischer Preise handelbarer und nicht-handelbarer Güter innerhalb eines Landes bestimmt, kann er als Indikator für den Strukturwandel interpretiert werden. Der externe reale Wechselkurs entspricht dem um das Verhältnis des inländischen zum ausländischen Preisniveau deflationierten nominalen Wechselkurs. Demzufolge bestimmt der externe reale Wechselkurs die relative Profitabilität des Absatzes von Inlandsgütern auf dem Exportmarkt gegenüber dem heimischen Markt. Die Variable kann als Indikator der internationalen Wettbewerbfähigkeit einer Volkswirtschaft verwendet werden. Bei diesen Überlegungen ist zu berücksichtigen, daß sich die Wettbewerbfähigkeit eines Landes aus dem Zusammenspiel preislicher bzw. kostenmäßiger (reale Wechselkursentwicklung) sowie nicht-preislicher Faktoren (Produktqualität, Innovationsfähigkeit) ergibt. Dementsprechend spiegelt der reale Wechselkurs als Meßgröße zwar nicht die gesamte Konkurrenzsituation einer Volkswirtschaft wider, jedoch ist die Determinante als herausragende Komponente der internationalen Wettbewerbfähigkeit und demzufolge für die Wechselkurspolitik als entscheidende Zielvariable zu interpretieren.[454]

Eine reale Aufwertung der Landeswährung impliziert, daß der Absatz heimischer Güter auf dem Weltmarkt ceteris paribus erschwert wird, und die nationale Volkswirtschaft an Wettbewerbfähigkeit verliert. Dieser Aufwertungstrend kann jedoch gleichzeitig Veränderungen von realwirtschaftlichen Faktoren ('fundamentals') – wie etwa Produktivitätssteigerungen im Sektor für handelbare Güter – und damit einen gleichgewichtigen Prozeß widerspiegeln.

---

[453] Darauf verweisen eingehend auch Halpern/Wyplosz (2001), S. 6ff.
[454] Vgl. Deutsche Bundesbank (1994), S. 48f.

Vor diesem Hintergrund soll im vorliegenden Kapitel durch eine zeitnahe Aktualisierung existierender Studien analysiert werden, inwieweit für die Luxemburg-Beitrittsgruppe der tiefgreifende reale Aufwertungstrend der Landeswährungen eine Gefährdung der preislichen Wettbewerbsfähigkeit bedeutet hat, und welche Implikationen sich daraus für die Wechselkurspolitik ergeben.

1.2 Realer Aufwertungstrend im Ländervergleich

Idealerweise impliziert eine Wechselkurspolitik, die auf eine nachhaltige Außenwirtschaftsposition ausgelegt ist, einen realen Wechselkurs, der nicht allzu sehr von seinem Gleichgewichtswert entfernt ist. Im Gegensatz zum nominalen Wechselkurs existiert jedoch keine eindeutige Definition 'des' realen Wechselkurses als Maß für die internationale Wettbewerbsfähigkeit. In Verbindung mit empirischen Analysen gelten die folgenden als gängigste reale Wechselkursmaße:[455]

- *Preisorientierte Maße*: Deflationierung des nominalen Wechselkurses durch verschiedene Preisindizes
- *Strukturelle Maße*: Berechnung der Preisrelation zwischen handelbaren und nichthandelbaren Gütern als Maß für die intersektorale Allokation
- *Produktivitäts- und kostenorientierte Maße*: Bereinigung des nominalen Wechselkurses durch standardisierte Lohnstückkosten im Sektor für handelbare Güter
- *Lohnorientierte Maße*: Umrechnung nationaler Durchschnittslöhne in eine vergleichbare Währung (in der Regel US-Dollar)

Zur Illustration der realen Aufwertung während des Transformations- und Integrationsprozesses wird in Abbildung B-6 mit dem um inländische Konsumentenpreise deflationierten nominalen Wechselkurs auf preisorientierte Maße und in Abbildung B-7 auf lohnorientierte Maße zurückgegriffen. Die im Folgeabschnitt durchgeführten Schätzungen des REER verwenden angesichts der spezifischen Charakteristika dieser Ökonomien den auf Basis von Dollarlöhnen definierten realen Wechselkurs. Die zentrale Motivation, lohnorientierte Maße zur späteren Schätzung des REER zu verwenden, liegt vor allem in den zahlreichen Abgrenzungsunterschieden preisorientierter Meßzahlen zwischen einzelnen Ländern.

Die Entwicklung der realen Wechselkurse in Abbildung B-6 verdeutlicht den Aufwertungstrend mittel- und osteuropäischer Währungen. Die nach Transformationsbeginn unmittelbar einsetzende reale Aufwertung gegenüber den neuen, westlichen Handelspartnern war innerhalb der betrachteten Ländergruppe der MOEL-5 in Estland am stärksten ausgeprägt. Während des gesamten Transformationsprozesses (bis jeweils zum zuletzt verfügbaren Wert) betrug die reale Aufwertung des polnischen Zloty rund 84% und der tschechischen Krone rund 95%.[456] In Ungarn und Slowenien fiel die reale Aufwer-

---

[455] Vgl. Frensch (1997), S. 15; Lipschitz/McDonald (1992), S. 40ff.; Deutsche Bundesbank (1994), S. 49ff.; Maciejewski (1983).
[456] Die Prozentangaben bezeichnen jeweils die Veränderung des realen Wechselkurses von Transformationsbeginn bis zum Jahresende 2000. Dabei wurde der Transformationsbeginn in Tschechien zum Januar 1991, in Ungarn und Polen zum Januar 1990 und in Slowenien zum Oktober 1991 fixiert. Auf

tung mit rund 25% bzw. 16% deutlich geringer aus. Wie Abbildung B-7 zeigt, wird diese Rangordnung von der auf Dollarlöhnen basierenden realen Wechselkursentwicklung bestätigt. Bezüglich der Höhe des realen Aufwertungstrends ergeben sich jedoch gegenüber dem um inländische Konsumentenpreise deflationierten nominalen Wechselkurs – vor allem mit Blick auf Tschechien – deutliche Unterschiede.

Abbildung B-6: Reale Wechselkursentwicklung im Transformationsprozeß

Realer effektiver Wechselkurs

1990=100; handelsgewichtet und preisbereinigt

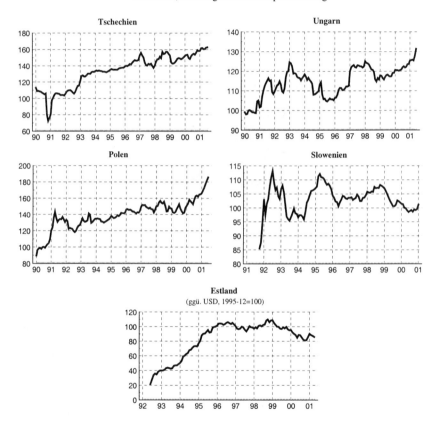

Datenquelle: J.P. Morgan, Standard & Poor's DRI.

---

eine Prozentangabe für Estland wurde verzichtet, da keine vergleichbare Zeitreihe für den realen *effektiven* Wechselkursverlauf verfügbar war.

Hinsichtlich der Aufwertungsdynamik während der einzelnen Transformationsphasen zeigt sich im Ländervergleich von Abbildung B-6 nur ein bedingt einheitliches Bild:

Den betrachteten Ländern ist gemein, daß der reale Aufwertungstrend im Jahr 1997 vorübergehend gestoppt wurde, und Polen sowie Tschechien sogar eine reale Abwertung ihrer Landeswährungen verzeichneten. Für diese Entwicklungen waren nur bedingt länderspezifische Charakteristika wie eine flexibilisierte Währungsstrategie sowie moderate Inflationsraten verantwortlich. Vielmehr trugen die im Zuge der Asienkrise entstandenen Ansteckungseffekte zu teilweise recht hohen nominalen (und realen) Abwertungen der mittel- und osteuropäischen Landeswährungen gegenüber westlichen Währungen bei.[457]

Abbildung B-7: Veränderung der monatlichen Dollarlöhne seit Transformationsbeginn

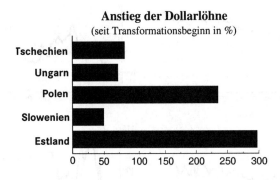

Datenquelle: International Labour Office (2000).

Die reale Wechselkursentwicklung in Tschechien ist seit Januar 1991 bis zur Freigabe des festen Wechselkursregimes im Mai 1997 durch einen signifikanten Aufwertungstrend gekennzeichnet. Nach der deutlichen nominalen sowie realen Abwertung der tschechischen Krone im Zuge der Finanzkrise 1997 sowie der anschließenden Asienkrise kehrte die Währung erneut auf einen stabilen realen Aufwertungspfad gegenüber den wichtigsten Handelspartnern zurück. Im mittelfristigen Trend zeigt sich in Polen, trotz der im Vergleich zu Tschechien wesentlich flexibleren und weitsichtigeren Wechselkurspolitik (s. Kapitel V), ein ähnliches Bild: Nachdem die polnische Wirtschaft im zweiten Halbjahr 1990 eine drastische Verschlechterung der Außenwirtschaftsposition verzeichnete, entschlossen sich die Währungshüter im Mai 1992 für eine deutliche nominale Abwertung. Diese bedeutete gleichzeitig eine Korrektur der hohen realen Aufwertung. Daran anschließend schwenkte der Zloty gegenüber den wichtigsten Handelspartnern wieder auf einen signifikanten realen Aufwertungspfad ein. Dieser war im Vergleich zu Tschechien durch einen wesentlich volatileren Verlauf gekennzeichnet.

Demgegenüber verzeichneten Ungarn und Slowenien im Transformationsprozeß länger anhaltende Phasen, in denen die inländischen Währungen auch real abwerteten. Dies

---

[457] Vgl. Orlowski (2000a), S. 146ff.

spiegelt zum Großteil die stärkere Orientierung der jeweiligen Geld- und Wechsel-kurspolitik am realen Wechselkursverlauf wider. Im Vergleich zu dem Ausgangsniveau Anfang der 90er Jahre werteten jedoch auch diese beiden mittel- und osteuropäischen Währungen insgesamt noch real auf. Die reale Wechselkursentwicklung in Estland zeigt gegenüber dem US-Dollar in den ersten fünf Jahren einen drastischen Aufwer-tungstrend, der sich im Jahresverlauf 1996 deutlich abschwächte. Seither stabilisierte sich die reale Wechselkursentwicklung in etwa auf dem Niveau von 1997, wobei zuletzt sogar ein realer Abwertungstrend verzeichnet wurde.

Folglich ist nicht fraglich, ob die Währungen seit dem Transformationsbeginn real auf-gewertet haben, sondern vielmehr ob sich die ursprüngliche reale Unterbewertung mitt-lerweile in eine signifikante Überbewertung der Währungen gegenüber dem jeweiligen REER gewandelt hat. Die alleinige Darstellung und Analyse der tatsächlichen realen Aufwertung kann diese Frage jedoch nicht beantworten, da – wie in Teil A dieser Arbeit theoretisch beschrieben wurde – auch von einer Aufwertung des REER im Zeitablauf der Transformation und Integration auszugehen ist.

2. Die Entwicklung des REER in ausgewählten Transformationsökonomien

2.1 Fragestellung

Die Analyse erfolgt vor dem theoretischen Hintergrund des Kapitels III. Es wurde fest-gestellt, daß bei der Beurteilung der realen Wechselkursentwicklung und damit der au-ßenwirtschaftlichen Position der Veränderungsprozeß des REER zu berücksichtigen ist. Da sich die MOEL während der Transformations- und Integrationsphase mit einem lan-gen und tiefgreifenden Strukturwandel konfrontiert sehen, unterliegt der REER einem nachhaltigen Aufwertungstrend. Diejenigen theoretischen Konzepte, die in ihrer Analyse einen konstanten REER unterstellen und dieses stilisierte Faktum des Transformations-prozesses ignorieren, kommen zu einem verzerrten Ergebnis bei der Berechnung etwai-ger realer Fehlbewertungen von mittel- und osteuropäischen Währungen.

Im vorliegenden Kapitel soll untersucht werden, inwieweit der beschriebene, drastische reale Aufwertungstrend im Sinne der in Teil A verwendeten Terminologie einen gleich-gewichtigen Prozeß widerspiegelt oder aber zu einer deutlich überbewerteten realen Wechselkursposition geführt hat ('fundamental vs. misalignment view'). Auf Grundlage der im folgenden vorgestellten Schätzergebnisse ist es möglich, die Entwicklung der langfristig gleichgewichtigen Dollarlöhne und der tatsächlichen realen Wechselkurse miteinander zu kontrastieren und sowohl ex-post Aussagen über die bisherige Wechsel-kurspolitik als auch Lehren für die künftige Wechselkurspolitik im Integrationsprozeß zu leisten.

Indem eine Analyse der vorliegenden Schätzergebnisse des REER im Zeitablauf sowie eine entsprechende Aktualisierung durchgeführt wird, stehen im Anschluß an eine Er-läuterung des methodischen Vorgehens (*Abschnitt 2.2*) drei Aspekte im Vordergrund:

210

- Inwieweit kann zu Transformationsbeginn empirisch eine reale Unterbewertung nachgewiesen werden? *(Abschnitt 2.3)*
- Inwieweit haben realwirtschaftliche Faktoren zu einem im Trend aufwertenden REER beigetragen? *(Abschnitt 2.4)*
- Inwieweit besteht eine reale Fehlbewertung der MOEL-Währungen, die bei der Integration in die währungspolitische Ordnung Europas zu berücksichtigen ist? *(Abschnitt 2.5)*

2.2 Methodisches Vorgehen

Die Verwendung lohnorientierter Maße für den Verlauf des realen Wechselkurses erfolgt angesichts der spezifischen Charakteristika der betrachteten Volkswirtschaften. Die Schätzung des REER in den MOEL ist insofern problematisch, da gewöhnlich Zeitreihenschätzungen unter Berücksichtigung 'ruhiger' Perioden durchgeführt werden, in denen unterstellt wird, daß der reale Wechselkurs im Gleichgewicht gewesen sei.[458] Eine solche Verfahrensweise ist aus den genannten Gründen für die Anwendung auf Transformationsökonomien nicht praktikabel.

Vor diesem Hintergrund wird in der vorliegenden Analyse auf insgesamt drei Studien zur Schätzung von gleichgewichtigen Dollarlöhnen zurückgegriffen (Halpern/Wyplosz (1997 und 1998), Krajnyák/Zettelmeyer (1998)), die in ihrer Vorgehensweise dieser Problematik gerecht zu werden versuchen. Alle Arbeiten wenden eine 'single equation' Schätzmethodik an und versuchen, die langfristigen Gleichgewichtskurse durch einen internationalen Querschnittsvergleich möglichst vieler Länder zu ermitteln. Auf Grundlage dieser Schätzergebnisse und unter Fortschreibung der jeweils verwendeten erklärenden Variablen ist es dann möglich, den Verlauf der tatsächlichen und langfristig gleichgewichtigen Dollarlöhne miteinander zu kontrastieren.

Als zentrale Übereinstimmung der drei Studien ergibt sich die Überlegung, daß die jeweiligen Lohnniveaus der MOEL eine Funktion der Arbeitsproduktivitäten sein sollten. Dementsprechend verwenden die Autoren diejenigen strukturellen Indikatoren als mögliche Determinanten der Dollarlöhne, die dem jeweiligen Entwicklungsgrad und insofern den Produktivitäten der betrachteten MOEL entsprechen. Demgegenüber ergeben sich wesentliche Unterschiede vor allem hinsichtlich der Schätzmethoden sowie der zugrundeliegenden Datensätze. Die wesentlichen konzeptionellen Unterschiede sollen im folgenden verdichtet herausgearbeitet werden:

1. Halpern/Wyplosz (1997):[459] Innerhalb eines internationalen Querschnittsvergleichs verwenden die Autoren Daten von 80 Entwicklungs- und Industrieländern zwischen 1970 und 1990 ('panel data'), um die Determinanten für den Verlauf langfristiger realer Wechselkurse am Beispiel der Dollarlöhne zu analysieren. Die entsprechende Auswahl der Zeitreihen orientiert sich an den in Abschnitt 3.2.2 (Kapitel III) hergeleiteten, der Regressionsanalyse zugrundeliegenden Gleichungen (28)-(30). Demzufolge berücksichtigen Halpern/Wyplosz (1997) in dem Querschnittsvergleich Daten zum BIP pro Kopf

---

[458] Vgl. Frensch (1997), S. 22.
[459] Der theoretische Hintergrund der Überlegungen von Halpern/Wyplosz (1997) wurde in Kap. III, Abschnitt 3.2.2 dargestellt.

eines Landes ($gdp_{i,t}$), welche die Arbeitsproduktivität widerspiegeln sollen. Als Maß für die Investitionen in Humankapital wird der Schüleranteil in Sekundarschulen am gesamten Jahrgang eines Landes ($school_{i,t}$) verwendet. Darüber hinaus fließt als weiterer Indikator für den Entwicklungsstand einer Volkswirtschaft das jeweilige Verhältnis der BIP-Anteile des Landwirtschafts- und Industriesektors ($agr_{i,t}$) in die Schätzung mit ein. Indem in der Tradition endogener Wachstumsmodelle die wachstumsfördernde Rolle von Staatsausgaben anerkannt wird, berücksichtigen die Autoren schließlich als weitere realwirtschaftliche Determinante die Höhe der Staatsausgaben (in Prozent zum BIP). Desweiteren verwenden Halpern/Wyplosz innerhalb des internationalen Querschnitts-vergleichs verschiedene Dummyvariablen[460] für bestimmte Ländergruppen (OECD, MOEL, Afrika, Lateinamerika). Auf diese Weise wird der Vermutung Rechnung getragen, daß für diese Regionen spezielle Annahmen hinsichtlich von Effekten der anderen Bestimmungsdaten auf die Schätzresultate bestehen. Beispielsweise ist anzunehmen, daß die Charakteristika der damaligen Planwirtschaften deutlich von denjenigen entwickelter Industrieländer abweichen: Diese Ländergruppe vereint etwa eine vergleichsweise hohe Humankapitalausstattung (hoher Dollarlohn) mit einer äußerst niedrigen Kapitalproduktivität (niedriger Dollarlohn).[461]

Als Grundlage der Schätzanalyse dient ein Regressionsmodell der folgenden Form:[462]

$$(44) \quad w_{\$i,t} = b_0 + b_1\, gdp_{i,t} + b_2\, school_{i,t} + b_3\, agr_{i,t} + b_4\, gov_{i,t} + b_5\, infl_{i,t} + b_6\, oecd_i +$$
$$\sum_{\tau=1}^{T} b_{\tau+9} moel_{i,t} + \sum_{\tau=1}^{T} b_{\tau+i}\, afr_{i,t} + \sum_{\tau=1}^{T} b_{\tau+i}\, latam_{i,t} + trend_i + \varepsilon_{i,t}$$

Die unter Anwendung der vorliegenden Regressionsgleichung resultierenden Koeffizienten verwenden Halpern/Wyplosz (1997) für 'out-of-sample' Schätzungen von gleichgewichtigen Dollarlöhnen in Transformationsökonomien.

2. Halpern/Wyplosz (1998):[463] Die Autoren wiederholen im Grundsatz die in Halpern/Wyplosz (1997) durchgeführte Schätzanalyse, wobei es ihnen nun angesichts des vorangeschrittenen Transformationsprozesses möglich ist, auf eine breitere Datenbasis (nach 1990) zurückzugreifen. Die Zeitreihen werden innerhalb des Querschnittsvergleichs auf einen Zeitraum von 1970 bis 1995 ausgedehnt. Wie zuvor werden jeweils Beobachtungen in einem Fünfjahresabstand für eine Gruppe von insgesamt 85 Ländern verwendet. Die Aktualisierung ermöglicht es den Autoren im Gegensatz zu der vorherigen Untersuchung, Daten der MOEL nach dem Systemumbruch Ende der 80er Jahre zu berücksichtigen. In der Regressionsanalyse werden die Dollarlöhne durch die folgenden sieben realwirtschaftlichen Variablen erklärt:

---

[460] Zum Begriff der Dummyvariablen vgl. das Kapitel III (Abschnitt 3.2.2).

[461] Vgl. Halpern/Wyplosz (1997), S. 446f.; Frensch (1997), S. 22.

[462] Die Variable 'trend' spiegelt einen üblichen Trendterm wider, wohingegen $\varepsilon_{i,t}$ eine Störvariable repräsentiert. Die Variable 'inf' steht für die Entwicklung der Inflationsrate in einem Land. Geht man realistischerweise davon aus, daß Inflation langfristig neutral ist, so dürfte diese Variable keinen Einfluß auf den REER haben. Halpern/Wyplosz (1997) berücksichtigen die Inflationsentwicklung dennoch in ihren Schätzungen, da die Preisentwicklung dauerhafte Effekte, wie etwa Marktunvollkommenheiten sowie einen steigenden Dollarisierungsgrad zur Folge haben kann.

[463] Vgl. zudem auch Begg/Halpern/Wyplosz (1999).

Die Autoren verwenden neben dem produktivitätsorientierten Maß des BIP pro Kopf ($gdp_{i,t}$) desweiteren mit dem 'dependency ratio' ($dep_{i,t}$) ein Maß für die demographische Struktur eines Landes. Zur geeigneten Abbildung der ökonomischen Effizienz und Produktqualität wird mit dem Verhältnis von Exporten und Importen zum BIP der volkswirtschaftliche Offenheitsgrad ($open_{i,t}$) berücksichtigt. Schließlich werden zwei Variablen zur ausländischen Verschuldungssituation als erklärende Variablen mit einbezogen und zwar die Nettoauslandsverschuldung des Bankensektors sowie der inländischen Nicht-Banken in Prozent des BIP ($assetb_{i,t}$ bzw. $assetn_{i,t}$). Die Menge der unabhängigen Variablen komplimentiert das dem inländischen Privatsektor zur Verfügung gestellte Kreditvolumen als Anteil am BIP ($credit_{i,t}$). Wie in der vorherigen Studie werden auch hier verschiedene Dummyvariablen für einzelne Ländergruppen verwendet, die je nach Klassifizierung einen höheren oder niedrigeren Effizienzgrad der öffentlichen und privaten Strukturen innerhalb des Länderkanons widerspiegeln.

Die sich aus der Schätzung des folgenden Regressionsmodells ergebenen Korrelationskoeffizienten verwenden die Autoren für die in den nächsten Abschnitten vorgestellten 'out-of-sample' Schätzungen gleichgewichtiger Dollarlöhne.

$$(45) \quad w_{\$i,t} = b_0 + b_1 \, gdp_{i,t} + b_2 \, dep_{i,t} + b_3 \, gov_{i,t} + b_4 \, open_{i,t} + b_5 \, assetb_{i,t} + b_6 \, assetnb_{i,t} + $$
$$b_7 \, credit_{i,t} + b_8 \, oecd_i + \sum_{\tau=1}^{T} b_{\tau+7} moel_{i,t} + \sum_{\tau=1}^{T} b_{\tau+5} fsu_{i,t} + trend_i + \varepsilon_{i,t}$$

3. Krajnyák/Zettelmeyer (1998): Die Autoren wählen in ihrer Studie zur Bestimmung gleichgewichtiger Dollarlöhne in Transformationsökonomien im Gegensatz zu Halpern/Wyplosz 'within sample'-Schätzungen. Der internationale Querschnittsvergleich von insgesamt 85 Ländern (inklusive 15 Transformationsstaaten) beschränkt sich damit auf den Zeitraum 1990-95.[464] Ein modelltheoretischer Ansatz zur Bestimmung gleichgewichtiger Dollarlöhne bildet die analytische Grundlage für die Auswahl der in der Schätzanalyse verwendeten fundamentals. Im einzelnen werden die folgenden drei erklärenden Variablen verwendet:

Zur Abbildung des volkswirtschaftlichen Entwicklungsstandes nutzen die Autoren den Anteil des Primären Sektors eines Landes am BIP ($agr_{i,t}$). Zudem fließt wie in den vorherigen Studien als Produktivitätsmaß das BIP pro Kopf in die Regressionsanalyse ($gdp_{i,t}$) mit ein. Schließlich nutzen auch Krajnyák/Zettelmeyer als Maß für die Humankapitalausstattung einer Volkswirtschaft den durchschnittlichen Anteil der Schüler in Sekundarschulen am gesamten Jahrgang ($school_{i,t}$). Bei der Bestimmung von Pro-Kopf-Einkommen verwenden die Autoren drei Berechnungsarten, indem das jeweilige BIP eines MOEL durch (1) die Bevölkerung, durch (2) die Beschäftigung und (3) durch die Arbeiterschaft eines Landes dividiert wird. Folglich ergeben sich drei geringfügig voneinander abweichende Ergebnisse der ermittelten Gleichgewichtslöhne.
Um innerhalb der Querschnittsanalyse die MOEL zu integrieren und zugleich entsprechende Verzerrungen zu vermeiden, werden auch hier zeitabhängige Dummyvariablen für die Transformationsökonomien mit einbezogen. Dabei erfolgt innerhalb der Gruppe

---

[464] Neben den Transformationsstaaten beinhaltet die Ländergruppe sämtliche OECD-Staaten, die meisten lateinamerikanischen Länder sowie einige afrikanische und asiatische Staaten.

der ehemaligen Planwirtschaften eine Differenzierung zwischen den MOEL sowie den Nachfolgestaaten der ehemaligen Sowjetunion, da der Transformationsbeginn in Verbindung mit ersteren länger zurückliegt. Insgesamt dient das folgende Regressionsmodell als Grundlage der Schätzung der jeweiligen Koeffizienten für gleichgewichtige Dollarlöhne von Krajnyák/Zettelmeyer (1998):

(46) $\quad w_{\$i,t} = b_0 + b_1\,agr_{i,t} + b_2\,gdp_{i,t} + b_3\,school_{i,t} + b_4\,oecd_i +$

$$\sum_{\tau=1}^{T} b_{\tau+4}\,moel_{i,t} + \sum_{\tau=1}^{T} b_{\tau+9}\,fsu_{i,t} + \mu_i + \varepsilon_{i,t}$$

Als Maße, welche die ökonomische Effektivität einer Transformationsökonomie beeinflussen, verwenden die Autoren zusammenfassend die in Abbildung B-8 umrissenen realwirtschaftlichen Faktoren als erklärende Variablen.

Abbildung B-8: Bestimmungsvariablen des REER in den MOEL

Quelle: Eigene Darstellung.

2.3 Reale Unterbewertungsstrategie zu Transformationsbeginn

In Teil A der vorliegenden Arbeit wurde als stilisiertes Faktum der Wechselkurspolitik im Transformationsprozeß die signifikant hohe Eingangsabwertung nach dem Zusammenbruch der planwirtschaftlichen Strukturen identifiziert. Das nominale Abwertungs-Overshooting der mittel- und osteuropäischen Währungen konnte in allen Ländern zugleich in eine reale Abwertung transformiert und damit eine – wenn auch nur vorübergehende – Entlastung der außenwirtschaftlichen Position erreicht werden. Die auf einem internationalen Querschnittsvergleich basierenden Schätzungen der Dollarlöhne im ersten Transformationsjahr (in Tabelle B-16) spiegeln das Ausmaß der anfänglich deutlichen realen Unterbewertung der Landeswährungen wider, indem die tatsächlichen und gleichgewichtigen Dollarlöhne miteinander kontrastiert werden. Wie angeführt, verwenden die Autoren Krajnyák/Zettelmeyer in ihren Schätzungen drei unterschiedliche Klassifizierungen für die Berechnung der inländischen Pro-Kopf-Einkommen, so daß sich jeweils ein Ergebniskorridor ergibt. Demgegenüber greifen Halpern/Wyplosz in ihrer multiplen Regressionsanalyse auf regionale Dummyvariablen zurück, die länderspezifische Charakteristika inkorporieren sollen. Dabei wurden bei den kurzfristigen Schätzungen bestehende Verzerrungen der inländischen Ökonomie berücksichtigt. Demgegenüber wurde innerhalb der langfristigen Berechnungen unterstellt, daß die marktwirtschaftlichen Reformen bereits erfolgreich implementiert wurden.

Tabelle B-16: Lohnspread zu Transformationsbeginn

	Jahr	Tatsächliche Dollarlöhne	Gleichgewichtige Dollarlöhne (= REER)		
			Krajnyák/ Zettelmeyer (1998)	Halpern/Wyplosz (1997)	
				kurzfristig	*mittelfristig*	*langfristig*
Tschechien	1990	170	417-511	280	402	934
Ungarn	1990	177	284-395	174	254	505
Polen	1990	100	298-344	181	241	545
Estland	1992	44	309-387	kA.	kA.	kA.
Slowenien	1992	533	k.A.	339	485	1184

Quelle: International Labour Office (2000), Standard & Poor's DRI für tatsächliche Dollarlöhne; Krajnyák/Zettelmeyer (1998); Halpern/Wyplosz (1998). Vgl. auch Buch/Heinrich/Pierdzioch (1999), S. 157.

In Tschechien, Polen sowie Estland lagen die Dollarlöhne zu Transformationsbeginn in beiden Studien deutlich unter den entsprechenden Gleichgewichtswerten, so daß – unabhängig von der Klassifizierung der Länder als 'normale' oder als Transformationsökonomien – bei Interpretation der Dollarlöhne als reale Wechselkurse eine signifikante reale Unterbewertung der Landeswährungen zu vermuten ist. Bei den von Halpern/Wyplosz unter Verwendung von Transformations-Dummyvariablen geschätzten kurzfristigen Gleichgewichtslöhnen, beträgt der tatsächliche Dollarlohn in Tschechien 60% und in Polen 55% relativ zu den jeweiligen Gleichgewichtswerten. In Estland beliefen sich die tatsächlichen Dollarlöhne im ersten Jahr der Systemtransformation lediglich auf 11%-14% der von Krajnyák/Zettelmeyer geschätzten Gleichgewichtswerte.

Ein abweichendes Bild zeigt sich für Ungarn sowie Slowenien: Unter Zugrundelegung der transformationsspezifischen, kurzfristigen Schätzung war die ungarische Dollarlohnposition zu Transformationsbeginn im Gleichgewicht. Falls jedoch berücksichtigt wird, daß Ungarn auf eine wesentlich längere Liberalisierungs- und Deregulierungsentwicklung zurückblicken konnte und vergleichsweise geringe zentralistische Strukturen aufwies, dürfte zu diesem Zeitpunkt auch der ungarische Forint relativ zum mittelfristigen Gleichgewichtswert als real unterbewertet gelten. Diese Vermutung wird durch die

Schätzungen von Krajnyák/Zettelmeyer in Tabelle B-16 bestätigt.[465] Die Schätzungen dieser beiden Autoren ergaben, daß 1990 die tatsächlichen Dollarlöhne zwischen 45% und 62% der entsprechenden Gleichgewichtswerte betrugen. Demgegenüber weisen sowohl die Schätzungen des kurzfristigen als auch mittelfristigen Gleichgewichtswertes für Slowenien bereits zu Transformationsbeginn auf eine reale Überbewertung der Landeswährung hin. Diese Aussage wird lediglich dadurch relativiert, daß in die entsprechende Regressionsgleichung für Slowenien Daten des gesamten ehemaligen Jugoslawiens eingeflossen sind.

Aus den vorliegenden Schätzergebnissen kann für den Länderkanon Tschechien, Polen sowie Estland recht gesichert und für Ungarn eingeschränkt abgeleitet werden, daß ein wesentlicher Teil des dargestellten realen Aufwertungstrends als eine Anpassungsreaktion der zuvor deutlich real unterbewerteten Inlandswährungen anzusehen ist.

2.4 Aufwertungstrend des REER während des Transformationsprozesses

Unter den gegebenen Unsicherheitsfaktoren der zuvor dargestellten Schätzergebnisse wurde die signifikante reale Unterbewertung der mittel- und osteuropäischen Landeswährungen empirisch nachgewiesen. Die Konvergenz der realen Wechselkurse an ihre mittel- bis langfristigen Gleichgewichtsniveaus ist somit als Korrektur der zuvor bestandenen realen Fehlbewertung und als Annäherung an einen internen und externen Gleichgewichtszustand der Ökonomien zu interpretieren.

Im folgenden soll auf der Grundlage bestehender Studien untersucht werden, inwieweit im Transformationsprozeß Veränderungen realwirtschaftlicher Faktoren und damit der ökonomi-schen Effektivität und Produktivität tatsächlich zu einem Aufwertungstrend des jeweiligen REER im Sinne der 'fundamental view' geführt haben. Es wird geprüft, ob sich die in Verbindung mit Abbildung A-1 formulierte Hypothese des realen Wechselkursverlaufs empirisch verifizieren läßt.

Zunächst erfolgt dies auf der Grundlage der in Abbildung B-9 zusammengefaßten Schätzergebnisse von **Halpern/Wyplosz (1997)**.[466] Wie bereits erwähnt, berücksichtigen die Autoren in ihrem Regressionsansatz einen Transformationsdummy. Auf diese Weise erhalten sie zwei gleichgewichtige Verläufe des als realer Wechselkurs interpretierten Dollarlohns, je nach Klassifizierung als 'normale' Volkswirtschaft oder als Transformationsökonomie. Dabei kann der mittelfristige Verlauf als Obergrenze und der kurzfristige Verlauf als Untergrenze aufgefaßt werden. Insofern unterstellen Halpern/Wyplosz, daß der tatsächliche REER innerhalb eines Bandes von kurz- und mittelfristigem Schätzergebnis liegt, wobei von einem sukzessiven Anstieg vom unteren zum oberen Gleichgewichtsverlauf auszugehen ist.[467]

---

[465] Vgl. auch IMF (2000a), S. 254ff.

[466] Die Arbeit von Halpern/Wyplosz (1997) ist als erste der wenigen Studien anzusehen, in der für den Transformationsprozeß umfangreichere Schätzungen zum REER durchgeführt wurden. Dabei verzichten die Autoren im Gegensatz zu ihrer im Jahr 1998 veröffentlichten Aktualisierung auf die Schätzung des REER in Estland.

[467] Vgl. Halpern/Wyplosz (1997), S. 449.

Abbildung B-9: Schätzergebnisse gleichgewichtiger Dollarlöhne von
Halpern/Wyplosz (1997)

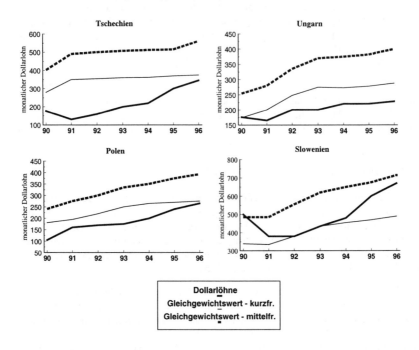

Quelle: Halpern/Wyplosz (1997), S. 450.

Auf Grundlage der Schätzergebnisse können folgende Aussagen getroffen werden:

• Nach dem realen Abwertungs-Overshooting zu Transformationsbeginn schlagen die tatsächlichen Dollarlöhne einen Konvergenzpfad zum gleichgewichtigen Verlauf ein. Es ist eine klar steigende Relation zwischen tatsächlichen und gleichgewichtigen realen Wechselkursen festzustellen. Der Annäherungsprozeß der tatsächlichen Dollarlöhne an die als REER interpretierten Gleichgewichtslöhne fällt sehr langsam aus.

• Der Konvergenzprozeß kann vor allem auch durch die sukzessive Preisliberalisierung nicht-handelbarer Güter erklärt werden. In den ersten Transformationsjahren liegen die Nominallöhne in den MOEL typischerweise unter denjenigen vergleichbarer Länder mit ähnlichen Einkommensstrukturen. Im Verlauf des weiteren Transformationsprozesses erfolgt dann eine unterschiedlich schnelle Anpassung, etwa von Preisen für öffentliche Leistungen. Die Inlandswährung wertet demzufolge real auf, ohne auf den internationalen Exportmärkten ceteris paribus einen Verlust ihrer preislichen Wettbewerbsfähigkeit hinnehmen zu müssen.

- Auf Basis der vorhandenen Daten kann keine reale Überbewertung der Landeswährungen durch den sukzessiven realen Aufwertungstrend nachgewiesen werden. Zwar wurde das Ausmaß des realen Abwertungs-Overshooting in allen Ländern kompensiert, jedoch konnte gleichzeitig in Anbetracht eines aufwertenden REER im Zeitablauf der Transformation der entsprechende Spielraum für die mittel- und osteuropäischen Währungen erweitert werden.
- Innerhalb der betrachteten MOEL verfügen diejenigen Länder, welche einen tiefgreifenderen und schnelleren Reform- und Stabilisierungsprozeß umgesetzt haben, über Dollarlöhne, die relativ nahe an den jeweiligen kurzfristigen Gleichgewichtswerten liegen (Polen, Tschechien). Demgegenüber weist Ungarn zum damaligen Zeitpunkt eine weiterhin signifikante Lücke zwischen tatsächlicher und gleichgewichtiger Dollarlohnentwicklung auf.

Halpern/Wyplosz (1998) verwenden – wie zuvor beschrieben – einen geringfügig erweiterten und aktualisierten Schätzansatz unter Berücksichtigung von drei verschiedenen Regionendummies, für die spezielle Annahmen hinsichtlich der Auswirkungen der erklärenden Variablen unterstellt werden. Dementsprechend erfolgen Schätzungen für den kurzfristigen (Transformationsdummy), mittelfristigen ('normale Ökonomie') sowie langfristigen ('OECD') Gleichgewichtsverlauf der Dollarlöhne. Die zuvor dargestellten Schätzergebnisse des REER in den MOEL werden in Anbetracht der aktuelleren Datenmenge sowie veränderten Schätzmethodik in einigen Aspekten relativiert. Der geschätzte Verlauf gleichgewichtiger Dollarlöhne (unter zusätzlicher Berücksichtigung von Estland) wurde in Abbildung B-10 zusammengefaßt.

In Ergänzung zu den vorherigen Schätzresultaten durch Halpern/Wyplosz (1997) ergeben sich die folgenden Erkenntnisse:

- Der geschätzte Verlauf gleichgewichtiger Dollarlöhne in Ungarn weist im Gegensatz zu den anderen Ländern im Zeitablauf keinen Anstieg, sondern eine moderate Verringerung auf. Dies wird von den Autoren mit einer deutlichen Reduktion der Staatsausgaben sowie einer Verschlechterung der ausländischen Verschuldungsposition auf länderspezifische Charakteristika zurückgeführt.
- Geht man davon aus, daß sowohl Polen als auch Ungarn eher noch als Transformationsland zu klassifizieren sind, so ergibt sich bei Interpretation der Dollarlöhne als reale Wechselkurse eine reale Überbewertung der Währungen. Im Gegensatz zu Ungarn waren die Märkte im Falle Polens angesichts der im bisherigen Transformationsprozeß erworbenen Glaubwürdigkeit eher bereit, ein reales Wechselkursniveau zu tolerieren, das nahe bzw. über den jeweiligen Gleichgewichtsniveaus lag. Die Schätzergebnisse legen in Verbindung mit der tschechischen Währungskrise im Mai 1997 die Schlußfolgerung nahe, daß weniger das preisliche Wettbewerbs*niveau* ein ursächlicher Faktor der massiven Eintrübung des außenwirtschaftlichen Umfeldes war.[468] Vielmehr ist zu vermuten, daß der rasche reale Aufwertungs*trend* der tschechischen Krone im Vorfeld der Währungskrise von entscheidender Relevanz war.

---

[468] Vgl. Begg/Wyplosz (1999), S. 14f. sowie 22f. Vgl. auch die Schätzergebnisse von Smídková (1998), die im Grundsatz die formulierte These bestätigt.

• Slowenien ist erneut getrennt von den anderen MOEL zu betrachten. Angesichts der in Kapitel V beschriebenen, weit besseren Ausgangsposition zu Transformationsbeginn weist die slowenische Wirtschaft Pro-Kopf-Einkommen auf, die im mittel- und osteuropäischen Ländervergleich mit deutlichem Abstand am höchsten sind. Demzufolge dürfte bei der Interpretation der zugrundeliegenden Dollarlöhne eine Orientierung an denjenigen Ergebnissen von Relevanz sein, die unter Verwendung der OECD-Dummyvariable geschätzt wurden. Trotz eines deutlich aufwertenden REER in Slowenien ist jedoch festzustellen, daß der reale Wechselkurs des Tolar offensichtlich einen Bereich erreicht hat, der auf eine reale Überbewertung der Landeswährung schließen läßt. Darauf deutet auch der sich seit Mitte der 90er Jahre verschlechternde Leistungsbilanzsaldo hin.

Abbildung B-10:   *Schätzergebnisse gleichgewichtiger Dollarlöhne von Halpern/Wyplosz (1998)*

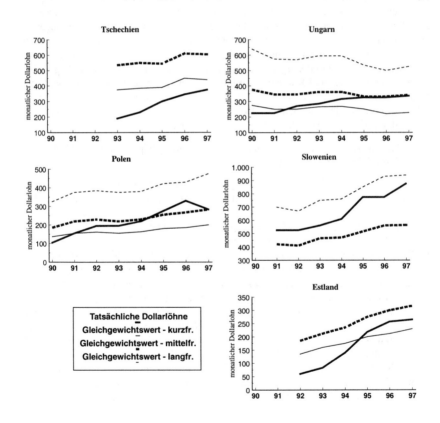

Quelle: Halpern/Wyplosz (1998), S. 29.

Der abschließende Schätzansatz von **Krajnyák/Zettelmeyer (1998)** bestätigt im Grundsatz die bislang dargestellten Erkenntnisse. Zwar berücksichtigen die Autoren bei der Herleitung des Regressionsmodells entsprechende regionale Dummyvariablen, jedoch werden diese bei Berech-nung der gleichgewichtigen Dollarlöhne ('fitted wages') gleich null gesetzt. Durch diese Vorgehensweise soll vermieden werden, daß die relevante Bezugsgröße zur Beurteilung einer fundamentalen Fehlbewertung der Landeswährung durch die durchschnittliche Fehlbewertung innerhalb der mittel- und osteuropäischen Ländergruppe bestimmt wird.[468] Der geschätzte Verlauf gleichgewichtiger Dollarlöhne in der ersten Hälfte der 90er Jahre ist in Abbildung B-11 zusammengefaßt.[469]

Abbildung B-11: Schätzergebnisse gleichgewichtiger Dollarlöhne von Krajnyák/Zettelmeyer (1998)

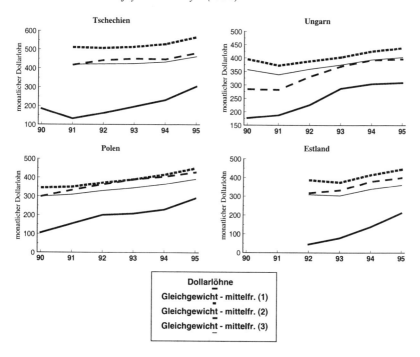

Quelle: Krajnyák/Zettelmeyer (1998), S. 339ff.

---

[468] Vgl. Krajnyák/Zettelmeyer (1998), S. 327: *"[...] comparing actual dollar wages in a transition economy with its fitted dollar wages including the transition dummy will tell us whether this economy's dollar wage is under- or overvalued relative to the average under- or overvaluation in the group of transition countries, not relative to the equilibrium dollar wage corresponding to its human and physical capital endowment".*

[469] Wie in Abschnitt 2.2 erläutert wurde, verwenden die Autoren bei der Berechnung von Pro-Kopf-Einkommen drei Maße, so daß sich unterschiedliche Verläufe der Gleichgewichtslöhne (1)-(3) ergeben.

Die Ergebnisse von Krajnyák/Zettelmeyer (1998) können wie folgt interpretiert werden:

- Die geschätzten Gleichgewichtslöhne spiegeln auch hier die formulierten Hypothesen eines realen Abwertungs-Overshooting zu Transformationsbeginn sowie eines später aufwertenden REER deutlich wider. Kontrastiert man den Verlauf tatsächlicher und gleichgewichtiger Dollarlöhne, so ergibt sich im Zeitablauf innerhalb eines Anpassungsprozesses ein sich verringernder Abstand und damit eine steigende Relation zwischen tatsächlichem und gleichgewichtigem realen Wechselkurs.
- Die Ergebnisse signalisieren, daß dieser Konvergenzprozeß des realen Wechselkurses Mitte der 90er Jahre noch nicht vollendet war. Vielmehr bestand bei Klassifizierung der betrachteten MOEL als 'normale' Ökonomien weiterhin ein signifikant hoher Abstand zum jeweiligen Gleichgewichtswert und damit eine bedeutende reale Unterbewertung der hier betrachteten mittel- und osteuropäischen Währungen.[471]
- Die zuvor formulierte These, nachdem die Finanz- und Devisenmärkte im Falle Polens ein reales Wechselkursniveau tolerieren, das im Vergleich zu Tschechien wesentlich näher am Gleichgewicht liegt, wird von Krajnyák/Zettelmeyer bestätigt.

Die Studien weisen somit vielfältige Gemeinsamkeiten in Methodik und Aussage auf. Bis zum Jahr 1996 kann auf Grundlage der Schätzergebnisse trotz des deutlichen realen Aufwertungstrends im Verlauf der Transformationsjahre keine signifikante reale Überbewertung der Währungen festgestellt werden. Als wesentliche empirische Erkenntnis ist der – angesichts von Veränderungen realwirtschaftlicher Faktoren – im Transformationsprozeß aufwertende REER anzusehen. Eine mögliche Fehlanalyse unter Anwendung der in Transformationsökonomien nur stark begrenzt operationalisierbaren Kaufkraftparitätentheorie (s. Teil A) kann abschließend anhand von Polen illustriert werden:

Abbildung B-12:[472] Wechselkurspolitischer Spielraum durch Aufwertung des REER

Polen

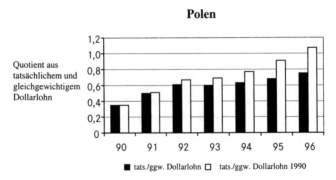

Quotient aus
tatsächlichem und
gleichgewichtigem
Dollarlohn

■ tats./ggw. Dollarlohn ☐ tats./ggw. Dollarlohn 1990

Quelle: Eigene Darstellung.

---

[471] Unter Zugrundelegung der Spezifizierung (1) betrug 1995 diese reale Unterbewertung zum geschätzten Gleichgewichtswert rd. 45% im Falle Tschechiens, rd. 30% im Falle Ungarns, rd. 35% im Falle Polens sowie rd. 50% im Falle Estlands.

[472] Die Werte bis 1995 beziehen sich auf die Spezifizierung (3) der in Krajnyák/Zettelmeyer (1998) durchgeführten Schätzungen. Für 1996 wurden die Schätzergebnisse durch die im folgenden Kapitel erläuterte Methodik ergänzt.

Die linken Balken in Abbildung B-12 spiegeln das Verhältnis von tatsächlichem und – von Krajnyák/Zettelmeyer (1998) geschätztem – gleichgewichtigen Dollarlohn für den Zeitablauf der Transformation wider. Ein Quotient von größer als eins würde gemäß der vorangegangenen Argumentation auf eine reale Überbewertung des polnischen Zloty hindeuten. Diese Entwicklung wird anhand der rechten Balken kontrastiert mit dem Verhältnis von tatsächlichem Dollarlohn und dem geschätzten gleichgewichtigen Dollarlohn im gewählten Basisjahr 1990. Damit wird in der Tradition der Kaufkraftparitätentheorie im Zusammenhang mit dem zweiten Quotienten unterstellt, daß der geschätzte gleichgewichtige Dollarlohn (REER) im Zeitablauf keinen Veränderungen unterliegt und konstant bleibt (s. Kap. III).

Wie dargestellt, hängt die Aussagekraft der Kaufkraftparitätentheorie ganz entscheidend von dem für die Beurteilung verwendeten Basiszeitraum ab: Im vorliegenden Fall Polens ergibt sich so für das Jahr 1996 immer noch eine vergleichsweise hohe reale Unterbewertung des Zloty von rund 25%, falls in den Schätzungen die Veränderungen von Fundamentalfaktoren berücksichtigt werden. Wird hingegen die Methodik der Kaufkraftparität, die keinen Veränderungsprozeß des REER unterstellt, zugrundegelegt, so wird für Polen bereits 1996 eine reale Überbewertung identifiziert.

Den auf Grundlage von internationalen Querschnittsvergleichen dieser Art erlangten Schätzergebnissen ist jedoch durchaus mit Vorsicht zu begegnen. In Ergänzung zu den bereits in Teil A erwähnten methodischen Defiziten von 'single equation' Modellen sind insbesondere die folgenden Kritikpunkte zu nennen:

Zunächst sollte nicht der Eindruck vermittelt werden, daß der REER eines Landes exakt zu bestimmen ist. Die jeweiligen Schätzungen dieser volkswirtschaftlichen Variable unterliegen einer hohen Unsicherheit, die in Transformationsstaaten angesichts des kurzen historischen Datenbestandes zusätzlich erhöht wird. Um dieser Tatsache Rechnung zu tragen, ist ein entsprechender Korridor von etwa 10% um die jeweils ermittelten Schätzergebnisse angebracht (s. Zielzonen-Diskussion). Die Aussagekraft der Ergebnisse wird zusätzlich durch die Vermutung vermindert, daß in den MOEL die in den Statistiken offiziell ausgewiesenen Monatslöhne in der Tendenz unter den tatsächlich empfangenen Löhnen liegen. Die Mutmaßung wird in der Literatur durch zwei Entwicklungen begründet:[473]
Zum einen ist der nicht-monetäre Anteil der Löhne vor allem in den ersten Transformationsjahren von größerer Bedeutung als in anderen, vergleichbaren Ländern. Zum anderen wird eine unterproportionale Berücksichtigung von Löhnen im Privatsektor angeführt. Diese Verzerrung wird hervorgerufen, indem die Daten überwiegend auf der Grundlage öffentlicher und privatisierter Unternehmen erfolgt, und neu etablierte Privatunternehmen in der Tendenz nur inadäquat berücksichtigt werden. Da jedoch die Löhne im privaten Wirtschaftssektor prinzipiell höher ausfallen, dürften die tatsächlichen Durchschnittslöhne über den in Statistiken ausgewiesenen Werten liegen.[474]

---

[473] Vgl. Krajnyák/Zettelmeyer (1998), S. 345f. sowie die Ausführungen von McGettigan (2000), S. 8f.
[474] Vgl. auch den modelltheoretischen Ansatz von Grafe/Wyplosz (1997).

Bei der Ergebnisinterpretation ist demzufolge zu berücksichtigen, daß der Verlauf des lohnorientierten realen Wechselkurses möglicherweise unterschätzt wird, und der Abstand zum ermittelten gleichgewichtigen Dollarlohn in der Realität geringer ausfällt. In Verbindung mit der angesprochenen Ergebnisunsicherheit könnte diese Erkenntnis eine Erklärung dafür liefern, weshalb sich etwa das Leistungsbilanzdefizit in Estland stärker von seinem langfristig finanzierbaren Wert entfernt als dies die präsentierten Ergebnisse vermuten ließen. In diesem Fall wäre das tatsächliche Ausmaß des außenwirtschaftlichen Ungleichgewichts höher als dies durch die Abweichung der tatsächlichen von den gleichgewichtigen Dollarlöhnen wiedergegeben wird.

2.5 Ausmaß der realen Fehlbewertung zwischen Transformation und Integration

Die Ergebnisse der drei dargestellten Studien zur Schätzung gleichgewichtiger Dollarlöhne während des Transformationsprozesses bestätigen trotz der konzeptionellen Unsicherheiten weitgehend die Vermutung, daß der reale Gleichgewichtskurs der MOEL angesichts von Änderungen interner und externer Gleichgewichtssituationen einem Aufwertungstrend unterliegt. Als zentrale Ursache dieser Entwicklung sind insbesondere hohe Produktivitätsänderungen zu sehen. Gleichzeitig ist in dem betrachteten Länderkanon bis zuletzt ein steigendes Verhältnis zwischen tatsächlichen und geschätzten gleichgewichtigen Dollarlöhnen zu beobachten.

Die vorangegangenen Aussagen der drei Studien beziehen sich auf einen Zeitraum bis maximal 1998. Im folgenden soll unter Verwendung des Regressionsmodells von Krajnyák/Zettelmeyer (1998) eine zeitnahe Aktualisierung der Schätzergebnisse des REER in den MOEL vorgenommen werden. Auf diese Weise wird untersucht, inwieweit der bisherige reale Aufwertungstrend der mittel- und osteuropäischen Währungen zu einer signifikanten Gefährdung der preislichen Wettbewerbsfähigkeit im Sinne des 'misalignment view' geführt hat, oder eventuell noch ein weiterer Spielraum vorhanden ist. Obgleich die entsprechenden Ergebnisse mit Bedacht zu interpretieren sind, können unter Zugrundelegung eines Korridors länderspezifische Implikationen für den Integrationsprozeß der MOEL in die währungspolitische Ordnung Europas formuliert werden.

Die ökonometrische Grundlage für die Aktualisierung der Ergebnisse für gleichgewichtige Dollarlöhne bilden die Korrelationskoeffizienten und die drei vorhandenen, erklärenden Variablen des Regressionsmodells von Krajnyák/Zettelmeyer (1998). Das Ergebnis der Regressionsanalyse repräsentieren die geschätzten Koeffizienten des Regressionsmodells, die Tabelle B-17 zu entnehmen sind. Die verschiedenen Werte der Koeffizienten geben einen Anhaltspunkt für die jeweilige Stärke des Zusammenhangs zwischen Regressand (Dollarlohn) und den einzelnen Regressoren (fundamentals). Je höher der Absolutbetrag des Regressionskoeffizienten ausfällt, desto stärker ist der zuvor vermutete Einfluß eines Regressors auf die abhängige Variable in Gleichung (46).

Tabelle B-17: Koeffizienten und Standardabweichungen der Schätzanalyse

$R^2 = 0{,}89$; N = 392	gdp	agr	school	oecd	cee90	cee91
Koeffizient	0,803	-0,092	0,121	0,641	-1,337	-1,146
Standardabweichung	0,101	0,063	0,134	0,158	0,253	0,230
	cee92	cee93	cee94	cee95	fsu92	fsu93
Koeffizient	-0,961	-0,816	-0,820	-0,680	-2,252	-1,811
Standardabweichung	0,228	0,228	0,227	0,227	0,228	0,230
	fsu94	fsu95	w_other	w_oecd	constant	-
Koeffizient	-1,272	-0,843	-0,360	-0,034	-1,289	-
Standardabweichung	0,232	0,231	0,165	0,213	0,858	-

Quelle: Krajnyák/Zettelmeyer (1998), S. 334f.

Aus den Ergebnissen der Schätzanalyse in Tabelle B-17 können folgende Schlußfolgerungen gezogen werden: Das Bestimmtheitsmaß R^2 der Schätzung, das den Anteil der erklärten Streuung an der gesamten Streuung als Maßstab der Güte des vorliegenden Regressionsmodells betrachtet, ist mit 0,89 sehr hoch. Demzufolge gehen 89% der gesamten Streuung auf die erklärenden Variablen zurück und lediglich 11% sind auf nicht in der Regressionsgleichung erfaßte Einflußgrößen (Residuen) zurückzuführen. Sämtliche geschätzte Koeffizienten weisen das aus ökonomischen Gesichtspunkten vermutete (und in Teil A hergeleitete) Vorzeichen auf. So führt etwa ein geringerer Anteil des Landwirtschaftssektors, was im Grundsatz mit einem höheren Entwicklungsgrad der Volkswirtschaft assoziiert wird, ceteris paribus zu höheren Dollarlöhnen.[475]

Das Regressionsmodell liefert somit hinsichtlich Bestimmtheitsmaß sowie jeweiliger Vorzeichen befriedigende Ergebnisse und muß nicht verworfen werden. Zur Prüfung der gesamten Regressionsfunktion gilt der F-Test als abschließendes Verfahren, indem er die statistische Signifikanz und damit die Vertrauenswahrscheinlichkeit in die Verläßlichkeit der Schätzergebnisse liefert. Während die Koeffizienten der Regressoren 'gdp' und 'agr' sowie sämtlicher Dummyvariablen als signifikant gelten können, weist der Koeffizient der erklärenden Variable 'schooling' ein nicht signifikantes Ergebnis auf. In Anbetracht der recht hohen Standardabweichungen der Koeffizienten gilt, daß die geschätzten gleichgewichtigen Dollarlöhne zum Zeitpunkt t grundsätzlich innerhalb eines Toleranzbandes um den Gleichgewichtswert zum Zeitpunkt t-1 sowie t+1 liegen.

Die Auswahl geeigneter Daten für die Regressoren wird wie folgt gestaltet:

- *Dollarlöhne*: Es werden Durchschnittslöhne des Verarbeitenden Gewerbes auf Monatsbasis gewählt. Die Löhne in Landeswährung werden dem 'Yearbook of Labour Statistics' entnommen und mit monatsdurchschnittlichen Wechselkursen des IWF in US-Dollar umgerechnet.
- *BIP pro Kopf*: Für die erklärende Variable werden auf Basis von Kaufkraftparitäten bereinigte BIP-Daten verwendet, wie sie vom IWF angeboten werden. Diese werden zum Teil mit realen Wachstumsraten und dem US-amerikanischen BIP-Deflator

---

[475] Zudem wird ein höheres Pro-Kopf-BIP und eine höhere Humankapitalausstattung in einem Land mit höheren Dollarlöhnen verbunden.

fortgeschrieben.[475] Zur Abbildung der Produktivität erfolgt eine Umrechnung in Pro-Kopf-Zeitreihen durch Bevölkerungsdaten.

- *Landwirtschaftssektor*: Die Bedeutung des Primären Sektors als Indikator für den Entwicklungsstand einer Volkswirtschaft fließt als prozentualer Anteil zum BIP in die Regressionsanalyse mit ein. Die Zeitreihen stammen aus verschiedenen Ausgaben des 'EBRD Transition Report', wobei die Datenauswahl unter Berücksichtigung eines einjährigen 'time-lag' erfolgte.

- *Schooling*: Es wird unterstellt, daß die Humankapitalausstattung (Anteil der Absolventen von Sekundarschulen an der Beschäftigtenzahl) der MOEL in den letzten Jahren etwa unverändert blieb. Somit können die von den Autoren zur Verfügung gestellten und unter Einbezug von Weltbankdaten konstruierten schooling-Variablen verwendet werden.

Durch Anwendung des Regressionsmodells in Gleichung (46) werden gleichgewichtige Dollarlöhne für 1996-2000 bestimmt, die mit der tatsächlichen Lohnentwicklung zu kontrastieren sind. Die Ergebnisse sind in folgender Abbildung B-13 zusammengefaßt:

Abbildung B-13: Tatsächlicher und geschätzter gleichgewichtiger Dollarlohn

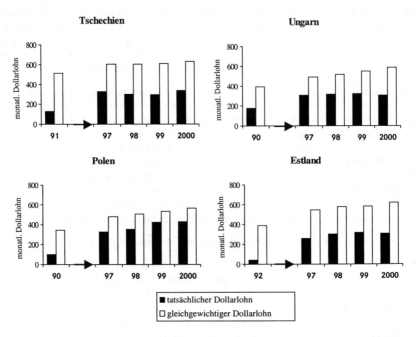

Quelle: Eigene Darstellung.

---

[475] Vgl. IMF (2001b).

Im Grundsatz ist es sehr schwierig zu entscheiden, ob und inwieweit die betrachteten Währungen nach der stetigen realen Aufwertungsphase gegen Ende der 90er Jahre über-bewertet waren oder sich noch immer auf der Rückkehr zu ihrem entsprechenden Gleichgewichtswert befinden. Die vorliegenden Schätzergebnisse signalisieren jedoch, daß sich der Abstand zwischen tatsächlichen und gleichgewichtigen Dollarlöhnen weiter verringert hat. Bei Klassifizierung der MOEL als 'normale' Volkswirtschaften ist auch zwischen Transformations- und Integrationsprozeß keine signifikante reale Überbewer-tung der Währungen festzustellen. Vielmehr deuten die Ergebnisse daraufhin, daß dank der beschleunigten und vertieften Reformmaßnahmen im Zuge der anvisierten EU-Integration Veränderungen realwirtschaftlicher Variablen zu weiterhin ansteigenden Gleichgewichtslöhnen geführt haben.

Der anhaltende Aufwertungsprozeß des REER in den MOEL bestätigt demnach in den letzten drei Jahren im Grundsatz die fundamental view. Demzufolge ist ein wesentlicher Anteil der in einigen Ländern verzeichneten trendmäßigen Verschlechterung der Lei-stungsbilanzposition als Gleichgewichtsreaktion auf realwirtschaftliche Veränderungen innerhalb der Ökonomie zu interpretieren. So konnte beispielsweise Ungarn nach den im Jahr 1995 eingeleiteten und 1996 intensivierten Reformbemühungen in den Folgejahren einen signifikanten Anstieg der Gleichgewichtslöhne verzeichnen. In den Jahren 1998-2000 lag lediglich in Polen innerhalb der betrachteten Ländergruppe eine deutliche Stei-gerung der tatsächlichen Dollarlöhne vor, die von einer kontinuierlichen Ausweitung des Leistungsbilanzdefizits begleitet wurde.[477]

Tabelle B-18: Produktivitätsentwicklung in der Industrie

Wachstum in %	1994	1995	1996	1997	1998	1999	2000
Tschechien							
Produktivität	14,8	11,1	9,6	11,1	5,6	2,2	4,9
Reallöhne	11,1	8,7	11,9	8,4	5,6	6,3	kA.
Ungarn							
Produktivität	15,3	9,8	3,3	11	12,5	9,6	11,7
Reallöhne	7,7	-3,8	-0,6	3,6	7,4	11,3	kA.
Polen							
Produktivität	14	7	10	12,1	4,7	9,5	8,1
Reallöhne	10,1	5,4	14,5	12,1	8,4	5,8	kA.
Estland							
Produktivität	2,5	-9,5	7,8	27,4	10	kA.	12,6
Reallöhne	26,9	14,1	7,7	11,5	10,7	kA.	kA.
Slowenien							
Produktivität	11,9	8,3	6,7	4,5	5,4	3,6	5,2
Reallöhne	9,8	4,6	7,3	6,2	5	6,2	kA.

Quelle: EBRD (2000b), S. 6f.; Daten für 2000 von Standard & Poor's DRI.

---

[477] Demgegenüber verzeichneten Estland und Ungarn in diesem Zeitraum zurückgehende Leistungsbi-lanzdefizite (relativ zum BIP). In Tschechien erfolgte ein Rückgang des Leistungsbilanzdefizits im Jahr 1999 und ein Anstieg in 2000. Vgl. auch das Kapitel VII (3.3).

Diese Vermutung wird durch die in Tabelle B-18 zusammengefaßten Daten zum Verlauf von Produktivität und Reallöhnen im Industriesektor bestätigt: Ein höheres Produktivitätswachstum in Ungarn während der letzten drei Jahre führte etwa zu einem gegenüber Tschechien stärker ansteigenden REER. Zudem verfügte Polen in den letzten Jahren weitgehend über Reallohn- und Produktivitätszuwächse, die deutlich auseinander klaffen. Diese Entwicklung deutet in Konsistenz zu den Schätzergebnissen auf einen geringeren wechselkurspolitischen Spielraum hin.

Frensch (1999) argumentiert, daß aufgrund einer unterschiedlichen impliziten Definition des REER und der damit verbundenen gleichgewichtigen Leistungsbilanzposition der reale Aufwertungstrend in den MOEL aus Sicht der misalignment view bereits früher zu einer realen Überbewertung führt, als dies die fundamental view unterstellt.[478] Die Definition eines im Aufholprozeß gleichgewichtigen Leistungsbilanzdefizits in der misalignment view ist stets an die dauerhafte Finanzierbarkeit geknüpft. Demgegenüber versteht die fundamental view unter einem Gleichgewichtskurs diejenigen Konvergenz-Leistungsbilanzpositionen, die ausreichende Kapitalimporte ermöglichen, um mit den EU-Staaten in einer angemessenen Geschwindigkeit aufzuschließen. Der REER dürfte in diesem Verständnis unter Konvergenzaspekten höher ausfallen.

Aus wechselkurspolitischer Sicht haben in den vergangenen drei Jahren beschleunigende Produktivitäts- und Qualitätsgewinne im Sektor für handelbare Güter und eine wesentlich flexibilisierte Wechselkurspolitik die Bedeutung der misalignment view im Grundsatz verringert. Der Veränderungsprozeß der realwirtschaftlichen Faktoren sollte sich auch am Ende der 90er Jahre fortsetzen: Im Zuge der sich überlappenden Transformations- und Integrationsphase der MOEL setzt die innerhalb der EU-Annäherung notwendige realwirtschaftliche Konvergenz den Abschluß des Übergangsprozesses zu einer wettbewerbs- und funktionsfähigen Marktwirtschaft voraus.[479] Dabei sind vertiefende Strukturreformen im Bereich der Privatisierung, des Bankensystems sowie der Finanzmärkte notwendig, um eine höhere Effizienz bei der Allokation der Faktoren Arbeit und Kapital zu erlangen. Es ist zu erwarten, daß der langfristige Gleichgewichtskurs auch während dieses Integrationspfads vergleichsweise hohen Änderungen unterliegen wird.

2.6 Wechselkurspolitische Lehren

Obgleich die Wirtschaftswissenschaften – wie in Teil A dieser Arbeit vorgestellt – über zahlreiche verfeinerte Analysetechniken verfügen, besteht keine Möglichkeit, den REER eines Landes exakt zu bestimmen. Diese Überzeugung wird im Kontext von Transformationsökonomien vor allem durch eine fehlende historische Datenbasis sowie tiefgreifende strukturelle Veränderungen zusätzlich verschärft, so daß konventionelle Schätzmethoden keine Anwendung finden können.

Die vorgestellten drei Studien sowie die erfolgte Aktualisierung bilden eine – in Anbetracht dieser bestehenden Defizite angemessene – Vorgehensweise, indem im Rahmen internationaler Querschnittsvergleiche Dollarlöhne als Maß für reale Wechselkurse ver-

---

[478] Vgl. Frensch (1999), S. 50ff.
[479] Vgl. Europäische Zentralbank (2000a), S. 46.

wendet werden. Die vorgestellten Ergebnisse sind jedoch auch hier lediglich als Orientierungs- und nicht als objektive Zielgrößen zu interpretieren. Demzufolge ist nach einer angemessenen wechselkurspolitischen Reaktion unter Berücksichtigung der Tatsache zu fragen, daß der REER als entscheidende Bezugsgröße nur unter Zugrundelegung einer Bandbreite zu schätzen ist.[480]

Durch die Analyse einiger MOEL kommen Roubini/Wachtel[481] zu der Schlußfolgerung, daß der reale Aufwertungstrend mittel- und osteuropäischer Währungen weitgehend zu einer signifikanten Verschlechterung der preislichen Wettbewerbsfähigkeit und damit der Leistungsbilanzsalden geführt hat. Im Sinne der misalignment view argumentieren die Autoren, daß die reale Aufwertung primär das Resultat einer Kombination aus festem Wechselkurssystem, moderaten Inflationsraten sowie hohen Kapitalzuflüssen ist.[482] Die reale Wechselkursentwicklung stellt nach dieser Sichtweise keine gleichgewichtige, nachhaltige Entwicklung dar. Die im vorliegenden Kapitel vorgestellten Schätzergebnisse relativieren den Standpunkt von Roubini/Wachtel. Dabei verweisen die vorherigen Ausführungen auf eine Reihe transformationsspezifischer Entwicklungen, die gleichzeitig noch weit in den monetären EU-Integrationsprozeß hinein relevant sind:

- Die Passivierung der Leistungsbilanzen in den MOEL ist das zwangsläufige Resultat eines erfolgreichen mikro- und makroökonomischen Aufholprozesses. Defizite in der Außenwirtschaftsposition können demzufolge unter bestimmten Bedingungen eine wohlfahrtssteigernde Wirkung haben.
- Die reale Wechselkursentwicklung stellt in dynamisch expandierenden Schwellen- und Transformationsländern ein Schlüsselaggregat dar, das den Verlauf verschiedener, anderer zugrundeliegender fundamentals auf sich vereint.[483] Ein zentraler Teil des zurückliegenden realen Aufwertungstrends besteht im Sinne eines gleichgewichtigen Prozesses in fundamentalen Einflüssen wie Produktivitätsänderungen und gesamtwirtschaftlichen Reallokationsprozessen.
- Der Spielraum für die mittel- und osteuropäische Wechselkurspolitik auf dem Weg in die währungspolitische Ordnung Europas kann durch eine Vertiefung und Beschleunigung der ausbleibenden Strukturreformen deutlich erhöht werden.
- Der Integrationspfad der MOEL gilt erst dann als abgeschlossen, wenn die erforderlichen Strukturreformen erfolgreich umgesetzt und ein Preis- und Lohnniveau erreicht wird, das dem westlichen EU-Standard entspricht. Bis zu diesem Zeitpunkt muß die Wechselkurspolitik auf den durch den realwirtschaftlichen Konvergenzprozeß weiterhin aufwertenden REER angemessen reagieren. Die MOEL werden sich demzufolge auch nach einem EU-Beitritt weiterhin mit einem realen Aufwertungstrend konfrontiert sehen.[484]

---

[480] Vgl. zu diesem Aspekt auch Williamson (1983).

[481] Vgl. Roubini/Wachtel (1998), S. 30f.

[482] Die Entwicklung in Polen widerspricht dieser Argumentation, da trotz einer frühzeitigen Flexibilisierung der Wechselkurspolitik eine sehr hohe reale Aufwertung des Zloty verzeichnet wurde.

[483] Vgl. Goldfajn/Valdés (1997), S. 6: *"The fact that the real exchange rate has systematically proven to be an important determinant of currency crises will be interpreted here as a sign that this relative price is a key variable of several other underlying fundamentals rather than the unique determinant of currency crises".*

[484] Vgl. auch Halpern/Wyplosz (2001), S. 19.

228

Aus diesen Erkenntnissen können die folgenden Auswirkungen auf die Wechselkurspolitik abgeleitet werden:

Passivierung der Außenwirtschaftsposition: Zunächst haben die Untersuchungen ergeben, daß höhere Leistungsbilanzdefizite im Verhältnis zum BIP per se noch keine Anfälligkeit der Transformationsökonomien für Finanzierungsprobleme oder Währungskrisen bedeuten müssen. Während die Defizite in der Außenwirtschaftsposition zu Reformbeginn die Folge der Anpassungskrise sind, ist in der zweiten Hälfte der 90er Jahre eine zweite Defizitphase zu erkennen: Nach erfolgter interner Stabilisierung sowie dem Übergang zu einem neuen Wachstumspfad begannen bei unterproportionaler Expansion der Ersparnisse die inländischen Investitionen, der Konsum und die Investitionsgüterimporte deutlich zu wachsen. Indem die meisten MOEL Nettoschuldnerstaaten sind, verstärkt der Zinsabfluß diese Entwicklung.

Strukturwandel: Reale Aufwertungen der mittel- und osteuropäischen Währungen sind während des Transformationsprozesses genau dann zu rechtfertigen, wenn vor allem über den Import von technologieintensiven Vor- und Zwischenprodukten nachhaltige Produktivitätssteigerungen induziert werden. Auf diese Weise wird eine Umstrukturierung der inländischen Wirtschaft zugunsten international wettbewerbsfähiger Branchen ermöglicht.[485]

Wechselkursregime: Tiefgreifende Veränderungsprozesse der fundamentalen Wirtschaftsfaktoren alleine bedingen noch nicht die Nachhaltigkeit eines bestehenden, rigiden Wechselkurssystems. Die Währungsstrategien müssen rechtzeitig und in einer angemessenen Weise um flexible Elemente erweitert werden, um eine reale Überbewertung der Landeswährungen zu vermeiden.

Wechselkurspolitische Integration: Eine frühzeitige Fixierung der Landeswährungen im EU-Integrationsprozeß ohne vorherige Vertiefung der institutionellen Reformen – vor allem im Bereich der inländischen Finanzmärkte und der Unternehmenskontrolle – würde die Gefahr von Ansteckungseffekten im Falle internationaler Währungs- und Finanzkrisen erhöhen.[486] Dabei erfordert eine erfolgreiche Integration in die internationalen Kapitalmärkte die Umsetzung umfangreicher makro- und mikroökonomischer Reformen. Wie in Teil C noch ausgeführt wird, sind bei der verbleibenden Liberalisierung des kurzfristigen Kapitalverkehrs durchaus ein zögerlicher Ansatz sowie Übergangsregelungen nach einem eventuellen EU-Beitritt überlegenswert.

Reales Aufwertungspotential: Gleichzeitig gilt für diejenigen Länder, deren Währungen relativ zum jeweiligen REER über einen Aufwertungsspielraum verfügen, daß sich im Falle einer festen Wechselkursbindung die Notwendigkeit eines anhaltend positiven Inflationsdifferentials ergibt. Das mittelfristige Ziel, Preisniveaustabilität auf dem Niveau Westeuropas zu erreichen, ist während des realen Konvergenzprozesses demzufolge nur über eine Flexibilisierung der Wechselkurspolitik (wie in Polen und Tschechien erfolgt) und nominale Aufwertungen der Landeswährungen möglich.

---

[485] Vgl. Stippler (1998), S. 82.
[486] Vgl. Orlowski (2000a), S. 164.

Teil C: Währungspolitische Szenarien nach Beginn der EWU

VII. Rahmenbedingungen der wechselkurspolitischen Integration

1. Einleitende Überlegungen

Die Stärkung des gemeinsamen Währungsraumes nach der Einführung des Euro zum 1. Januar 1999 bildet neben der angestrebten EU-Osterweiterung derzeit die zentrale Herausforderung des westeuropäischen Integrationsprozesses. Im Rahmen der künftigen Eingliederung beitrittswilliger MOEL in die währungspolitische Ordnung Europas steht der Beitritt in die Eurozone und damit die Aufgabe einer souveränen Geld- und Wechselkurspolitik als langfristiger Endpunkt. Dem in Teil B dargestellten heterogenen Verlauf der Wechselkurspolitik in den MOEL der ersten Beitrittsgruppe werden insofern durch die noch zu diskutierenden mittel- bis langfristigen wechselkurspolitischen Vorgaben von Seiten der EU gewisse Grenzen gesetzt. In der Zwischenzeit ist eine Intensivierung und Beschleunigung des nominalen und insbesondere realen Konvergenzprozesses erforderlich, der von einer individuellen Währungsstrategie begleitet werden muß.

In diesem Zusammenhang sind zwei zentrale Aspekte der bisherigen Ausführungen von entscheidender Bedeutung: Zum einen werden die jeweiligen Entscheidungen für eine Anbindungsstrategie in erster Linie von den spezifischen strukturellen Besonderheiten der Länder sowie von den Fortschritten im Übergangsprozeß bestimmt. Weder für den Transformations- noch für den Integrationsprozeß existiert eine eindeutige und für alle MOEL gleichermaßen optimale Währungsstrategie. Zum anderen kann der Erfolg des Transformationsprozesses nicht nur anhand makroökonomischer Kennzahlen abgelesen werden, sondern muß vielmehr durch angemessene mikroökonomische Reformen – wie etwa im Banken- und Unternehmenssektor – flankiert sein. Sowohl die Vorbereitungsphase der MOEL auf einen künftigen EU-Beitritt als auch die Phase als neue Mitgliedstaaten nach Implementierung des 'gemeinsamen EU-Besitzstandes'[487] implizieren einen hohen Anpassungsdruck für die nationalen Volkswirtschaften.

Der reale Konvergenzbedarf innerhalb der MOEL-5 ist weiterhin signifikant groß. Obgleich diese Ländergruppe im Vergleich zu Westeuropa hohe reale BIP-Wachstumsraten verzeichnet, wird es noch Jahre, wenn nicht Jahrzehnte dauern, bis die MOEL das durchschnittliche Einkommensniveau der EU erreichen werden. Die Problematik veranschaulicht Abbildung C-1: Diese kontrastiert die signifikant geringen Einkommensniveaus der MOEL sowohl mit dem derzeitigen EU-Durchschnitt, als auch mit Portugal als demjenigen EU-Mitgliedstaat mit dem zuletzt geringsten Einkommensniveau. Unterstellt man für die nächsten Jahre eine Trendwachstumsrate für die Pro-Kopf-Einkommen der MOEL von 5,5%, so würden die MOEL als Region erst im Jahr 2015 das *derzeitige* Einkommensniveau Portugals erreichen. Ferner könnten sie nur in einer sehr langfristigen Perspektive (Jahr 2022) und bei Zugrundelegung einer äußerst dynamischen Trendwachstumsrate von 7% an das *derzeitige* EU-Durchschnittsniveau aufschließen.[488]

---

[487] Vgl. zum sogenannten 'acquis communautaire' die Ausführungen in Abschnitt 2.1 (Kapitel VII).
[488] Indem die vorliegende Grafik als hypothetische Zielwerte die Pro-Kopf-Einkommen der EU und von Portugal aus dem Jahr 2000 zugrunde legt (und damit auf eine entsprechende Fortschreibung mit realistischen Trendwachstumsraten verzichtet wird), ist die Einkommenslücke der nächsten Jahre und inso-

230

Abbildung C-1: Realer Konvergenzbedarf der MOEL-5

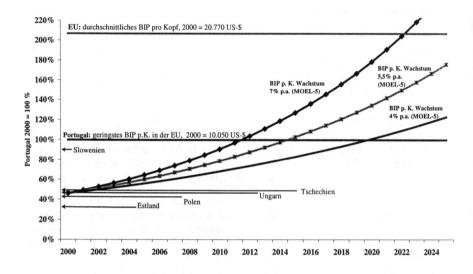

Quelle: Eigene Darstellung.
           Daten für 2000: Standard & Poor's DRI; ab 2001: eigene Berechnungen.

Die vorliegenden realen Einkommenslücken sind zugleich Ausdruck entscheidender struktureller Defizite in der notwendigen Umstrukturierung und Rekapitalisierung des Bankensystems, der Vervollständigung des Preisliberalisierungsprozesses, der Stärkung des Tertiären Sektors sowie in den Bereichen der Unternehmenskontrolle ('corporate governance').[489]

Ausgehend von der bisherigen Diskussion der MOEL können im wesentlichen die folgenden vier länderübergreifenden (zum Teil interdependenten) Charakteristika herausgearbeitet werden, die für den monetären Integrationsprozeß relevant sind:[490]

- *Starke und volatile Kapitalzuflüsse*: Die zunehmende Integration der mittel- und osteuropäischen Kapitalmärkte in die internationalen Kapitalmärkte zieht auch in den Folgejahren weiter ansteigende Kapitalimporte nach sich. Die durch eine abschließende Liberalisierung der Kapitalbilanzen induzierte steigende Kapitalmobilität wird wie in anderen emerging markets die Volatilität der Kapitalflüsse weiter erhöhen.

---

fern der dargestellte reale Konvergenzprozeß als pessimistischstes Szenario am unteren Rand einzuschätzen (Erklärung: Einkommensniveaus für EU und Portugal sind waagrecht und wurden nicht als steigende Kurve dargestellt!).

[489] Vgl. Halpern/Wyplosz (2001), S. 2.

[490] Vgl. Szapáry (2000), S. 5ff.; Halpern/Wyplosz (2001), S. 9ff.

- *Aufwertung des REER*: Die MOEL dürften auch künftig im Rahmen des realen Konvergenzprozesses hohe Produktivitätszuwächse im Sektor für handelbare Güter verzeichnen. Dies bewirkt im Sinne des Balassa-Samuelson Effektes einen gleichgewichtigen realen Aufwertungstrend der Währungen. Wie noch zu diskutieren sein wird, kann das reale Aufwertungspotential entweder durch höhere Preissteigerungsraten oder aber durch einen nominalen Aufwertungstrend der Landeswährung absorbiert werden. Diese Entwicklung führt wiederum zu Spannungen zwischen den mittelfristigen Zielen der Preis- und Wechselkursstabilität.
- *Offenheitsgrad*: Die außenwirtschaftliche Abhängigkeit der Beitrittskandidaten ist in den letzten Jahren weiter angestiegen und erhöht damit die Gefahr möglicher Ansteckungseffekte und externer Schocks. Gleichzeitig ist davon auszugehen, daß ein ungleichgewichtiger realer Aufwertungstrend und damit eine Verschlechterung der preislichen Wettbewerbsfähigkeit vergleichsweise schnell zu einer Eintrübung der Außenwirtschaftspositionen führt.
- *Vollendung des Preisliberalisierungsprozesses*: Als Folge von ausstehenden strukturellen Reform- und Liberalisierungsmaßnahmen in verschiedenen Wirtschaftsbereichen[491] sehen sich die meisten MOEL auch in Zukunft mit weiteren relativen Preisanpassungen und entsprechenden inflationären Rückwirkungen konfrontiert.

Diese Charakteristika verweisen bei der Wahl einer optimalen Währungsstrategie zur Integration in die währungspolitische Ordnung Europas auf drei – zum Teil miteinander schwer zu vereinbarende – zentrale Herausforderungen, auf die im Verlauf des Teiles C noch verstärkt eingegangen wird.

Diese können einleitend wie folgt zusammengefaßt werden:[492]

- Das Ziel, Wechselkursschwankungen bei weiter ansteigenden Kapitalflüssen zu minimieren.
- Das Ziel, eine Anpassung der realen Wechselkurse entsprechend des durch strukturelle Veränderungen vorgegebenen Aufwertungspotentials zu ermöglichen.
- Das Ziel, mittel- bis langfristig Preisstabilität auf dem Niveau der Eurozone herzustellen.

Im vorliegenden Kapitel soll nun zunächst die von Seiten der EU festgelegte Heranführungsstrategie für die Osterweiterung mit den damit verbundenen politischen und wirtschaftlichen Kriterien skizziert werden. Die verschiedenen Integrationsstufen bilden den zentralen Rahmen für die Herleitung einer optimalen Währungsstrategie. Darauf aufbauend erfolgt eine Analyse der jüngsten Wechselkurspolitik in Verbindung mit einer Darstellung der derzeitigen und künftigen mikro- und makroökonomischen Rahmenbedingungen innerhalb der MOEL.

Diesen Überlegungen sowie den in Teil C diskutierten währungspolitischen Optionen der MOEL liegen folgende *Annahmen* zugrunde:

---

[491] Hier vor allem in den Bereichen Energie, Transport, Telekommunikation sowie Gesundheitswesen.
[492] Vgl. Szapáry (2000), S. 6.

- Ein Beitritt der ersten MOEL erfolgt nicht vor dem 1. Januar 2004: In der vorliegenden Arbeit wird nicht das Ziel verfolgt, einen optimalen Beitrittstermin abzuleiten, sondern vielmehr die währungspolitische Integration nach- und vorzuzeichnen.

- Ein möglicher Beitritt der MOEL zur Eurozone kann lediglich am Ende eines längeren Konvergenzprozesses stehen: In der vorliegenden Arbeit bleibt eine Diskussion der Vor- und Nachteile eines vollständigen Beitritts der MOEL zur EWU unberücksichtigt.

- Die derzeitigen 'pre-ins'[493] der EWU (Dänemark, Großbritannien, Schweden) treten bis 2005 der EWU bei: In der vorliegenden Arbeit wird damit unterstellt, daß die Gruppe der pre-ins ab 2005 durch die MOEL dominiert wird.

2. Die stufenweise Heranführungsstrategie zur Integration der MOEL in die EU

2.1 Vom Kooperations- zum Beitrittsprozeß

Die Grundlage der Heranführungsstrategie an die EU bildet der 1992 im Rahmen des Vertrags von Maastricht verabschiedete Artikel O, der innerhalb der Neufassung des Vertrags über die Europäische Union im Jahr 1997 geringfügig modifiziert wurde. Im Artikel 49 (ex-Artikel O) der neuen, konsolidierten Fassung heißt es nun: *"Jeder europäische Staat, der die in Artikel 6 Absatz 1 genannten Grundsätze achtet [Freiheit, Demokratie, Achtung der Menschenrechte und Grundfreiheiten sowie Rechtsstaatlichkeit], kann beantragen, Mitglied der Union zu werden".*

Diesem Beschluß waren nach dem Systemumbruch Ende der 80er Jahre zunächst umfangreiche bilaterale Handels- und Kooperationsabkommen zwischen der Europäischen Gemeinschaft (EG) und den zehn MOEL vorausgegangen. Die Abkommen wurden durch finanzielle Unterstützungen im Rahmen des sog. Phare-Programmes der EG begleitet, das die Investitionsförderung sowie einen Beitrag zu den Reformanstrengungen der MOEL vorsah. Als grundlegende Rechtsinstrumente für die Beziehungen zwischen der EU und den zehn MOEL gelten die in den 90er Jahren sukzessiv abgeschlossenen Assoziierungsverträge ('Europa-Abkommen'). Die Abkommen sehen implizit eine asymmetrische Struktur vor, indem eine schnellere Liberalisierung von Seiten der EU als von Seiten der assoziierten Länder angestrebt wird. Im Kern erstrecken sich die Europa-Abkommen als umfangreiche Kooperationsmechanismen auf handelspolitische Bereiche, den politischen Dialog sowie auf sonstige Kooperationen, unter anderem in den Gebieten Industrie, Umwelt und Verkehr.[494] Die Europa-Abkommen schreiben zudem die Achtung der Menschenrechte, der Demokratie und der Rechtsstaatlichkeit fest und verankern gleichzeitig den Grundsatz der Marktwirtschaft. Die zentrale Motivation dieser Abkommen lag in dem Ziel, über den maximalen Zeitraum von zehn Jahren schrittweise eine Freihandelszone zwischen der EU und den assoziierten MOEL herzustellen.

Die erste konkrete Phase der von der EU festgelegten Heranführungsstrategie begann schließlich mit dem Europäischen Rat in Kopenhagen im Juni 1993 (s. auch Abbildung

---

[493] Vgl. das folgende Kapitel VIII für den Begriff der pre-ins.
[494] Vgl. Europäische Kommission (2000a), S. 17.

C-2) und dem Beschluß, daß *"die assoziierten mittel- und osteuropäischen Länder, die dies wünschen, Mitglieder der Europäischen Union werden können. Ein Beitritt kann erfolgen, sobald ein assoziiertes Land in der Lage ist, den mit einer Mitgliedschaft verbundenen Verpflichtungen nachzukommen und die erforderlichen wirtschaftlichen und politischen Bedingungen erfüllt"*.[495]

Abbildung C-2: Chronologischer Verlauf des Annäherungsprozesses

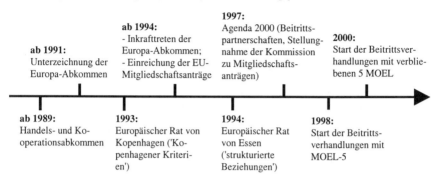

Quelle: Eigene Darstellung.

Indem der Europäische Rat damit verschiedene Kriterien als Voraussetzung für die EU-Mitgliedschaft formulierte (Kopenhagener Kriterien, s. Abschnitt 2.2 in Kap. VII), konnte die Basis für den angestrebten Erweiterungsprozeß gelegt werden.[496] Die Absicht der MOEL, der EU beizutreten, wurde durch die Einreichung der Mitgliedsanträge bekräftigt (s. Tabelle C-1).[497]

Tabelle C-1: Vereinbarungen zwischen MOEL und EU

	Unterzeichnung der Europa-Abkommen	Inkrafttreten der Europa-Abkommen	Datum der EU-Mitgliedschaftsanträge	Eröffnung der Beitrittsverhandlungen
Polen	16. Dezember 1991	1. Februar 1994	5. April 1994	
Ungarn	16. Dezember 1991	1. Februar 1994	31. März 1994	
Tschechien	6. Oktober 1993	1. Februar 1995	17. Januar 1996	30. März 1998
Estland	12. Juni 1995	1. Februar 1998	24. November 1995	
Slowenien	10. Juni 1996	1. Februar 1999	10. Juni 1996	

Quelle: Eigene Darstellung.

---

[495] Vgl. Europäische Union (2000), S. 1.

[496] Damit war die Osterweiterung der EU nicht mehr eine Frage des 'ob', sondern vielmehr nur noch eine Frage des 'wann'. Vgl. Europäische Kommission (2000a), S. 9.

[497] Der zugrundeliegende Artikel 49 des Vertrags über die EU sieht folgende Regelung vor: *"Er [der Europäische Staat] richtet seinen Antrag an den Rat; dieser beschließt einstimmig nach Anhörung der Kommission und nach Zustimmung des Europäischen Parlaments, das mit der absoluten Mehrheit seiner Mitglieder beschließt"*.

Darüber hinaus erfolgte Ende des Jahres 1994 bei dem Europäischen Rat in Essen die Verabschiedung einer umfassenden Strategie zur weiteren Heranführung der MOEL an die EU.[498] Die zentralen Instrumente dieser Vorgehensweise stellten zum einen die Schaffung sogenannter strukturierter Beziehungen zwischen den assoziierten Ländern und den Institutionen der EU zur Etablierung eines gemeinsamen Rahmens für künftige Verhandlungen dar. Zum anderen wurde als zentraler Bestandteil der Heranführungsstrategie die Vorbereitung der MOEL auf die Integration in den Binnenmarkt der EU innerhalb einer stufenweisen Übernahme des gemeinsamen Besitzstandes vorgesehen.

Die zweite Phase der Heranführungsstrategie begann im Dezember 1997 mit dem Europäischen Rat in Luxemburg, der einen 'allgemeinen Erweiterungsprozeß' initiierte: Auf Grundlage der Empfehlungen der EU-Kommission zu den Mitgliedschaftsanträgen der MOEL im Rahmen der im Sommer 1997 vorgestellten Agenda 2000 wurden Beitrittsverhandlungen mit Polen, Ungarn, Tschechien, Estland sowie Slowenien eingeleitet ('Luxemburg-Gruppe'). Diese bilden neben Zypern die 'erste Welle' beitrittswilliger Länder.[499] Der Europäische Rat in Helsinki vom Dezember 1999 beschloß darüber hinaus, den Prozeß der Beitrittsverhandlungen um die verbliebenen fünf MOEL ('zweite Welle' bzw. Helsinki-Gruppe) zu erweitern. Die neue Phase der intensivierten Heranführungsstrategie nach dem Luxemburg-Rat stützt sich neben den Europa-Abkommen (die weiterhin die Grundlage für die Beziehungen zur EU sind) auf sogenannte Beitrittspartnerschaften sowie auf eine umfangreiche Verstärkung der finanziellen Heranführungshilfen. Gleichzeitig besteht die intensivierte Strategie neben der Teilnahme an Programmen und Agenturen der EU aus einer analytischen Prüfung der Fortschritte des beitrittswilligen Staates bei der Umsetzung des gemeinsamen EU-Besitzstandes ('screening').[500] Die Beitrittspartnerschaften werden als zentraler Pfeiler der Heranführungsstrategie angesehen, indem sie auf Grundlage regelmäßiger Berichte die kurz- bis mittelfristigen Prioritäten für jedes MOEL zur Erfüllung der Beitrittskriterien festlegen.[501] Die regelmäßigen Berichte im Rahmen des Prüfungsverfahrens bilden zudem die Grundlage für den Inhalt und die Geschwindigkeit der Verhandlungsführungen mit den MOEL.

2.2 Wechselkurspolitische Aspekte der EU-Beitrittskriterien

Das Verfahren zur Osterweiterung unterscheidet sich ganz wesentlich von den bisherigen Erweiterungsrunden zur EU. Im Gegensatz etwa zu dem Heranführungsprozeß der Länder Griechenland, Spanien und Portugal in den 80er Jahren muß die EU bei der derzeitigen Heranführungsstrategie der MOEL der ernormen Dimension sowie den transformationsspezifischen Charakteristika Rechnung tragen: Dies erfolgt, indem die Verhandlungen mit den beitrittswilligen Staaten nach dem Prinzip der Differenzierung begonnen wurden, und die Erfüllung eines konkreten Kriterienkataloges gefordert wird.[502]

---

[498] Vgl. Europäisches Parlament (1998), S. 5ff.

[499] Mittlerweile verzichtet man in der offiziellen Terminologie auf die Begriffe der ersten und zweiten Welle von Beitrittskandidaten, da sonst ein unterschiedliches Beitrittstempo zur EU suggeriert würde.

[500] Vgl. Europäischer Rat (1997).

[501] Bereits heute gelten für die MOEL in einigen Bereichen Schlüsselbestimmungen des EU-Rechtsbestands (Liberalisierung des Handels; Wettbewerbsbestimmungen).

[502] Vgl. Jaks (2000), S. 87.

Den Ausgangspunkt dieser Verfahrensweise bilden die Kopenhagener Kriterien, die im Juni 1993 bei der Tagung des Europäischen Rats beschlossen wurden und als grundlegende Voraussetzungen für einen EU-Beitritt gelten. Diese beziehen sich auf politische, wirtschaftliche sowie institutionelle Gesichtspunkte und bilden zugleich den entscheidenden Rahmen für die weitere währungspolitische Integration der MOEL.

Die Beschlußfassung des Europäischen Rats in Kopenhagen sieht folgende Kriterien vor:

Als Voraussetzung für die Mitgliedschaft muß der Beitrittskandidat

- *eine institutionelle Stabilität als Garantie für demokratische und rechtsstaatliche Ordnung, für die Wahrung der Menschenrechte sowie die Achtung und den Schutz von Minderheiten verwirklicht haben;*
- *sie erfordert ferner eine funktionsfähige Marktwirtschaft sowie die Fähigkeit, dem Wettbewerbsdruck und den Marktkräften innerhalb der Union standzuhalten.*
- *Die Mitgliedschaft setzt außerdem voraus, daß die einzelnen Beitrittskandidaten die aus einer Mitgliedschaft erwachsenen Verpflichtungen übernehmen und sich auch die Ziele der politischen Union sowie der Wirtschafts- und Währungsunion zu eigen machen können.*

Im Gegensatz zu den an einer nominalen Konvergenz ausgerichteten Maastrichter Kriterien für die EWU-Mitgliedschaft[503], berücksichtigen die vorliegenden Kopenhagener Kriterien weitgehend die Fortschritte bei der realen und institutionellen Konvergenz. Neben den politischen Kriterien, die vor allem die Grundsätze der Demokratie und Rechtstaatlichkeit, die Wahrung der Menschenrechte sowie den Schutz der Minderheiten beinhalten, finden sich die für die monetäre Integration der MOEL relevanten Aspekte in den wirtschaftlichen Kriterien sowie vor allem in den sonstigen Verpflichtungen der EU-Mitgliedschaft.

Unter den *wirtschaftlichen Kriterien* steht zum einen der Nachweis der Existenz einer funktionsfähigen Marktwirtschaft im Vordergrund, der aus monetärer Sicht unter anderem eine hinreichende Entwicklung des inländischen Finanzsektors zur Förderung eines angemessenen Investitionsklimas, eine Liberalisierung von Preisen und Außenhandel sowie tragfähige Zahlungsbilanzen erfordert.[504] Zum anderen ist der Nachweis für die

---

[503] Die Erfüllung der im Vertrag von Maastricht festgelegten Konvergenzkriterien stellt keine Vorbedingung für den Beitritt der MOEL zur EU dar.

[504] Um den Nachweis für die Existenz einer funktionsfähigen Marktwirtschaft (erstes wirtschaftliches Kriterium) zu erbringen, ist insgesamt die Erfüllung folgender Bedingungen notwendig (vgl. Europäische Kommission (1997), 47f.; Wiehler (1998), S. 66f.):

- *Angebot und Nachfrage müssen durch das freie Spiel der Marktkräfte ausgeglichen werden; Preise und Außenhandel müssen liberalisiert sein.*
- *es darf keine nennenswerten Schranken für den Marktzugang und das Ausscheiden aus dem Markt geben.*
- *das Rechtssystem einschließlich der Regelung der Eigentumsrechte muß vorhanden sein; Gesetzen und Verträgen muß gerichtlich Geltung verschafft werden können.*
- *makroökonomische Stabilität einschließlich einer angemessenen Preisstabilität und tragfähiger öffentlicher Finanzen und Zahlungsbilanzen, muß erreicht sein.*

236

Fähigkeit zu erbringen, den ökonomischen Bedingungen innerhalb der EU standzuhalten. Unter dem Indikatorenkatalog zur Prüfung dieses Aspektes durch die Kommission befinden sich aus monetärer Sicht unter anderem das Volumen sowie die Art der Handelsverflechtungen beitrittswilliger MOEL mit den derzeitigen EU-Mitgliedstaaten.[505] Unter den *sonstigen Verpflichtungen der Mitgliedschaft* – und für die monetäre Integration der MOEL von entscheidender Relevanz – lassen sich die Ziele des Vertrags über die EU einschließlich der politischen Union und der Wirtschafts- und Währungsunion subsumieren. Angesichts der verschiedenen Ausgangspositionen, des wirtschaftlichen Übergangs und der Schwierigkeiten, einen konkreten Zeitrahmen für die reale und nominale Konvergenz der MOEL festzulegen, sieht die EU keinen einheitlichen währungspolitischen Integrationspfad für die Beitrittsländer vor. Es sollte vielmehr eine Pluralität der Ansätze angestrebt werden, um den länderspezifischen Charakteristika Rechnung zu tragen, ohne jedoch das Primat der Gleichbehandlung zu gefährden.[506]

Falls im Rahmen der Verhandlungen über den EU-Beitritt keine Übergangsregelungen beschlossen werden, müssen die Länder bereits im Zuge des Beitritts sämtliche im gemeinsamen Besitzstand definierten Anforderungen der Union erfüllen. In diesem Sinne muß der monetäre Integrationspfad der MOEL nach einem EU-Beitritt auf der Grundlage der im EG-Vertrag festgehaltenen Prinzipien erfolgen. Die MOEL sind bei einem Beitritt an Artikel 4 sowie Titel VII des Vertrags zur Gründung der Europäischen Gemeinschaft gebunden. Durch dieses Vorgehen soll gewährleistet werden, daß ein angemessener Rahmen für eine stabilitätsorientierte Geldpolitik, ein gesundes Finanzsystem sowie eine funktionierende Marktwirtschaft geschaffen werden.

- *es muß ein breiter Konsens über die wesentlichen Elemente der Wirtschaftspolitik bestehen.*
- *der Finanzsektor muß hinreichend entwickelt sein, um die Ersparnisse produktiven Investitionen zuzuführen.*

[505] Im einzelnen umfaßt der Indikatorenkatalog für das zweite wirtschaftliche Kriterium folgende Aspekte:

- *Existenz einer funktionsfähigen Marktwirtschaft mit einem ausreichenden Grad an makroökonomischer Stabilität, so daß die Wirtschaftsteilnehmer ihre Entscheidungen in einem Klima der Stabilität und Berechenbarkeit treffen können.*
- *Vorhandensein eines ausreichenden Maßes an Human- und Sachkapital einschließlich Infrastruktur (Energieversorgung, Telekommunikation, Transport usw.), Bildungswesen und Forschung zu angemessenen Kosten.*
- *Maß, indem staatliche Politik und Gesetzgebung die Wettbewerbsfähigkeit über handels- und wettbewerbspolitische Maßnahmen, staatliche Beihilfen, KMU-Förderung usw. beeinflussen.*
- *Das Volumen und die Art der Handelsverflechtungen mit den Mitgliedstaaten der Europäischen Union.*
- *Der Anteil der Kleinunternehmen innerhalb der Volkswirtschaft.*

[506] In diesem Sinne äußerte sich beispielsweise der Präsident der EZB, Wim Duisenberg, am 26. September 1999 im Rahmen einer Rede am Sitz der Fed in Washington. Vgl. Europäische Zentralbank (1999b).

Für die monetäre Integration der MOEL können im Zusammenhang mit der notwendigen Implementierung des gemeinsamen Besitzstandes die folgenden relevanten Aspekte identifiziert werden (s. Tabelle C-2 für einen zusammenfassenden Überblick):[507]

1. Wechselkurspolitik: Im Zuge des EU-Beitritts werden die MOEL zugleich formal in die Wirtschafts- und Währungsunion aufgenommen, ohne jedoch den Euro unmittelbar einzuführen (Kapitel 11 des acquis communautaire).[508] Demzufolge erhalten sie als *'Mitgliedstaaten, für die eine Ausnahmeregelung gilt'* und somit nicht an der dritten Stufe der EWU teilnehmen einen Sonderstatuts (Art. 122, Abs. 1 der konsolidierten Fassung des Vertrags zur Gründung der EG). Daraus ergibt sich, daß die MOEL nach dem EU-Beitritt ihre jeweilige Wechselkurspolitik gemäß dem Artikel 124 als eine Angelegenheit von gemeinsamen Interesse betrachten müssen. Die Verantwortung für die jeweilige Wechselkurspolitik verbleibt jedoch bei den nationalen Zentralbanken der MOEL. Nach ihrem Beitritt zur EU wird von den MOEL erwartet, daß sie dem WKM-2 beitreten.

2. Kapitalverkehrsgesetzgebung: Der EU-Beitritt erfordert zusätzlich eine vollständige Liberalisierung des Kapitalverkehrs (Kapitel 4 des acquis communautaire) in Übereinstimmung mit den Erfordernissen des freien Kapitalverkehrs innerhalb des Binnenmarktes. Dabei sind die Beschränkungen des Kapitalverkehrs entsprechend Artikel 56 sowohl im Innenverhältnis zwischen den Mitgliedstaaten als auch im Außenverhältnis gegenüber Drittstaaten verboten. Diese Bedingung ist aus Sicht der EU vor allem deshalb erforderlich, um anhand des Liberalisierungsgrades bewerten zu können, ob die beigetretenen MOEL dem Wettbewerbsdruck innerhalb des Binnenmarktes standhalten können.[509] Dennoch erscheint es vor dem Hintergrund vergangener Erweiterungsrunden (vgl. Süderweiterung in den 80er Jahren) denkbar, daß die EU-Organe den MOEL in dieser Frage Übergangsregelungen bei bestimmten Arten des Kapitalverkehrs gewähren dürften.[510]

3. Banken- und Finanzsektor: Die notwendige Implementierung des acquis communautaire im Zuge des EU-Beitritts sieht zudem vor, daß angemessene Rahmenbedingungen für stabile und effiziente Bankensysteme sowie Finanzmärkte geschaffen werden. Dies beinhaltet die Umsetzung der EU-Richtlinien zum Banken- und Finanzwesen und damit u.a. die Einführung einer funktionierenden Aufsichtsbehörde, ein gut funktionierendes Zahlungssystem sowie die Vermeidung der moral-hazard-Gefahr.[511]

---

[507] Die acquis communautaire wurde im Rahmen der Erweiterungsverhandlungen in 31 Kapitel unterteilt. Als für die Wechselkurspolitik relevante Kapitel erweisen sich dabei die Nummer 4 (Freier Kapitalverkehr), Nummer 11 (Wirtschafts- und Währungsunion) und Nummer 28 (Finanzkontrolle). Vgl. für eine Diskussion der Implikationen aus EU-Sicht Europäische Zentralbank (2000a), S. 49ff. sowie Europäische Zentralbank (1999a), S. 79ff.

[508] Eine "opt-out"-Klausel, wie sie im Falle Dänemarks sowie des Vereinigten Königreiches ausgehandelt wurde, ist nach heutigem Kenntnisstand für die MOEL ausgeschlossen.

[509] Vgl. Europäische Zentralbank (2000a), S. 51.

[510] Zur Notwendigkeit von Übergangsregelungen im Bereich des kurzfristigen Kapitalverkehrs s. Kapitel IX.

[511] Vgl. Europäische Zentralbank (2000a), S. 51.

Tabelle C-2: Relevante Aspekte im Bereich der EWU für die beitrittswilligen MOEL

Rechte und Verpflichtungen	Rechtsvor-schrift[512]		Ausschluß	Rechts-vorschrift
Wechselkurspolitik				
• Verpflichtung, die Wechselkurspolitik als Angelegenheit des gemeinsamen Interesses zu betrachten	Art. 124	•	Teilnahme an einheitlicher Wechselkurspolitik ggü. Drittstaaten	Art. 111 Art. 43 (Prot.)
• Teilnahme am WKM-2				
Staatsfinanzierung				
• Verbot von Überziehungs- und anderen Kreditfazilitäten der Zentralbanken für Regierungen	Art. 101			
• Keine bail-out Haftungsvorkehrung	Art. 103			
Unabhängigkeit der Zentralbank				
• Weisungsunabhängigkeit der nationalen ZB	Art. 108	•	Einheitliche Geldpolitik	
• Preisstabilität als oberstes Ziel der Geldpolitik	Art. 102	•	Teilnahme im EZB-Rat u. Direktorium	Art. 112 Art. 43 (Prot.)
• Amtszeit der Notenbankpräsidenten ≥ 5 Jahre	Art. 14 (Prot.)	•	Nominierung des Direktoriums	Art. 43 (Prot.)
• Restriktionen zur Entlassung eines Notenbankchefs	Art. 14 (Prot.)	•	Übertragung von Devisenreserven	Art. 30, 43 (Prot.)
• Teilnahme im ESZB	Art. 107	•	Aufteilung der EZB- Münz- u. Nettogewinne	Art. 32f., 43 (Prot.)
• Teilnahme im Erweiterten Rat der EZB	Art. 45 (Prot.)			
Liberalisierung von Kapitalflüssen				
• Liberalisierung ggü. EU- und Drittstaaten	Art. 56			
Finanzieller Beistand				
• Finanzieller Beistand aufgrund außergewöhnlicher Ereignisse	Art. 100			
• Beistand bei Zahlungsbilanzschwierigkeiten	Art. 119			
Koordination und Überwachung				
• Verpflichtung, die Wirtschaftspolitik als Angelegenheit des gem. Interesses zu betrachten	Art. 99			
• Grundzüge der Wirtschaftspolitik	Art. 99			
• Teilnahme im Wirtschafts- u. Finanzausschuß	Art. 114	•	Sanktionen bei übermäßigen Defiziten	Art. 104, 122
• Vermeidung übermäßiger öffentlicher Defizite	Art. 104			

Quelle: In Anlehnung an Temprano-Arroyo/Feldman (1998), S. 29.

4. Zentralbankgesetzgebung: Der EU-Beitritt erfordert darüber hinaus gemäß Artikel 109 des EG-Vertrags, daß die beitretenden Länder die einzelstaatlichen Rechtsvorschriften einschließlich der Satzung der jeweiligen Zentralbank an den Vertrag und an die Satzung des 'Europäischen Systems der Zentralbanken' (ESZB) anpassen. Diese Erfordernis beinhaltet demzufolge auch, daß die Rechtsgrundlagen für sämtliche (institutionellen, personellen sowie finanziellen) Aspekte der Zentralbankunabhängigkeit umgesetzt werden. Gleichzeitig sind zur Stärkung der funktionellen Abhängigkeit die sat-

---

[512] Die Rechtsvorschrift bezieht sich auf die konsolidierte Fassung des Vertrags zur Gründung der EU sowie auf das Protokoll über die Satzung des ESZB und der Europäischen Zentralbank (= (Prot)).

zungsgemäßen Ziele der MOEL-Zentralbanken auf das Ziel der Preisniveaustabilität auszurichten.[513] Aus institutioneller Sicht werden die Zentralbanken Teil des ESZB und damit im Erweiterten Rat der Europäischen Zentralbank (EZB) vertreten sein. Im Gegensatz zu den anderen Bereichen des acquis communautaire ist es jedoch explizit möglich, daß einzelne Aspekte in der Gesetzgebung erst vor dem endgültigen Beitritt zur dritten Stufe der EWU angepaßt werden. Dies betrifft die Satzungen der jeweiligen Zentralbanken, die bis zur endgültigen Euro-Einführung in Hinblick auf die Integration in das ESZB anzupassen sind.

5. *Wirtschaftspolitik:* Die MOEL müssen nach einem EU-Beitritt auch ihre Wirtschaftspolitik gemäß Artikel 99 *"als eine Angelegenheit des gemeinsamen Interesses betrachten"* und eine Koordinierung der Wirtschaftspolitiken zwischen den Mitgliedsländern durch die Teilnahme an den Gemeinschaftsverfahren gewährleisten. Gleichzeitig unterliegt die Wirtschaftspolitik den multilateralen Überwachungsmechanismen der Kommission: Diese beziehen sich auf die im Vertrag enthaltenen 'drei goldenen Regeln' für die öffentlichen Finanzen der EU-Mitgliedsstaaten:[514] Es ist sowohl die monetäre Finanzierung von Haushaltsdefiziten (Art. 101) und der privilegierte Zugang des öffentlichen Sektors zu den Fonds der Finanzinstitute (Art. 102) als auch die Haftung durch die EU oder ein Mitgliedsland (Art. 103) untersagt. Formal unabhängig von dem für die Eurozone relevanten Wachstums- und Stabilitätspakt werden die Mitgliedsländer gemäß Artikel 104 ersucht, Haushaltsdisziplin und damit übermäßige öffentliche Defizite zu vermeiden.

Die beitrittswilligen MOEL befinden sich in einem langfristigen Konvergenzprozeß zur EU. Die Erfüllung der anspruchsvollen Kopenhagener Kriterien und die Implementierung des gemeinsamen Besitzstandes in nationales Recht im Vorfeld des EU-Beitritts bedeutet eine deutliche Beschleunigung des wirtschaftlichen Aufholprozesses und stellt gleichzeitig eine große Herausforderung für die künftigen Mitgliedstaaten dar. Von Seiten der EU wurde deutlich gemacht, daß bei den Verhandlungen zur Osterweiterung eine Übernahme aller Elemente des acquis communautaire angestrebt wird, und insofern breite Ausnahmeregelungen zu minimieren sowie entsprechende 'opt-out'-Klauseln wie im Falle Dänemarks oder Großbritanniens auszuschließen sind.[515] Eine derartige Vorgehensweise kann jedoch – angesichts des im Zuge der zurückliegenden Europäischen Integration stark gestiegenen Umfangs und Anspruchs des gemeinsamen Besitzstandes – eine destabilisierende Wirkung für die Integration in die währungspolitische Ordnung nach sich ziehen. Beispielsweise stellt die Notwendigkeit der vollständigen Liberalisierung des Kapitalverkehrs eine mögliche Gefahrenquelle für das Betreben eines reibungslosen Integrationspfads der MOEL dar. Demzufolge scheint eine auf drei Säulen angelegte Vorgehensweise in den Verhandlungen zur Integration der MOEL auch zum jetzigen Zeitpunkt angemessen.

---

[513] Vgl. Europäische Zentralbank (2000a), S. 50.
[514] Vgl. Europäisches Parlament (1999), S. 8.
[515] Durch diese Vorgehensweise soll ein sog. 'acquis-picking' im Vorhinein vermieden werden.

240

Dabei ist nach dem Zeithorizont der Umsetzung von Bestandteilen des gemeinsamen Besitzstandes in der folgenden Weise zu differenzieren:[516]

- *direkte Implementierung von Bestandteilen*
- *Verschiebung der Implementierung nach einem EU-Beitritt*
- *Durchsetzung von Übergangsregelungen*

Aus den zuvor genannten Bedingungen lassen sich nun die Leitlinien und insofern die künftigen Phasen der monetären Integration beitrittswilliger MOEL ableiten. Dies geschieht im folgenden Kapitel zur Phaseneinteilung der Währungsintegration.

2.3 Dreistufiger Ansatz zur Währungsintegration

Auf Grundlage der angeführten rechtlichen Leitlinien können zugleich die relevanten Rahmenbedingungen für die sukzessive Integration der MOEL in die währungspolitische Ordnung Europas abgeleitet werden. Dieser Rahmen sieht einen dreistufigen Ansatz vor, der jeweils unterschiedliche Herausforderungen an die Wechselkurspolitik der MOEL stellt.[517] Ungeklärt bleibt bisher jedoch die Frage nach dem Zeitplan der jeweiligen Integrationsschritte. Die drei Stufen ergeben sich im Zuge der verschiedenen Integrationsschritte mit dem Beitritt zur EU, mit dem nicht notwendigerweise zeitgleichen Beitritt zum WKM-2 sowie mit dem lediglich in einer langfristigen Perspektive realistischen, vollständigen Beitritt zur dritten Stufe der EWU. Demzufolge sind für die Formulierung wechselkurspolitischer Optionen während des monetären Integrationsprozesses die in Abbildung C-3 zusammengefaßten *vier Phasen* von entscheidender Relevanz:

Abbildung C-3: Währungspolitische Integration der MOEL

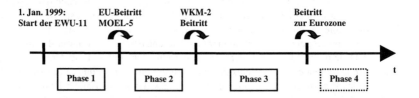

Quelle: Eigene Darstellung.

Im Gegensatz zu den Überlegungen der Europäischen Kommission sieht der vorliegende Integrationsrahmen eine zusätzliche sowie zeitlich deutlich abgegrenzte dritte Phase vor. Damit wird dem wahrscheinlichen und – wie noch zu analysieren sein wird – durchaus angemessenen Szenario Rechnung getragen, daß sich die MOEL nach dem EU-Beitritt nicht unmittelbar auch den Regeln des WKM-2 unterwerfen sollten.

---

[516] Vgl. für eine ähnliche Argumentation Piazolo (2000), S. 271f. Vgl. auch Deutsche Bank Research (2000a), S. 5.

[517] Vgl. Ecofin-Rat (2000).

Die *erste Phase* umfaßt ausgehend vom offiziellen Start der dritten Stufe der EWU am 1. Januar 1999 die Vorbereitungszeit auf einen EU-Beitritt der jeweiligen MOEL. Die Ausgestaltung der Wechselkurspolitik der MOEL unterliegt in diesem Zeitraum keinen formalen Vorgaben von Seiten der EU. Es wird explizit die Pluralität der währungspolitischen Heranführungsstrategien anerkannt.[518] Indem die MOEL in dieser Phase bei der Wahl ihrer Währungsstrategie vollkommen frei sind, können die währungspolitischen Rahmenbedingungen der MOEL demzufolge aus institutioneller Sicht im Grundsatz denjenigen anderer Schwellenländer gleichgesetzt werden.[519]

Die *zweite Phase* umfaßt den Zeitraum zwischen der Aufnahme der entsprechenden MOEL in die EU und der monetären Integration über den WKM-2. Zwar ist mit Beginn dieser Phase die Wechselkurspolitik der MOEL als Angelegenheit des gemeinsamen EU-Interesses anzusehen, jedoch bietet die Mitgliedschaft einen ausreichenden Spielraum für eine differenzierte Vorgehensweise bei der Wahl unterschiedlicher Währungsstrategien. Insbesondere sind nach dem aktuellen Stand keine der derzeit verwendeten Wechselkursregime inkompatibel mit den monetären Rahmenbedingungen einer EU-Mitgliedschaft. Diese Phase wird vor allem durch die Frage geprägt sein, wann für die jeweiligen MOEL aus länderindividuellen Überlegungen heraus ein Beitritt in den WKM-2 als sinnvoll zu erachten ist.

Die *dritte Phase* umfaßt den Zeitraum, in dem die Währungen der MOEL über den WKM-2 an den Euro gebunden werden. Der Zeitpunkt für die Teilnahme der MOEL an diesem multilateralen Integrationsmechanismus ist von der nominalen und realen Konvergenz der Ökonomien abhängig zu machen. Dieser Schritt bedeutet zugleich eine signifikante Zunahme der Restriktionen für die nationalen Wechselkurspolitiken.[520] Es ist notwendig, daß die länderspezifische Wirtschaftslage bei der Auslegung der WKM-Beitrittsbedingungen Berücksichtigung findet. Der WKM-2 basiert auf festen, aber anpassungsfähigen Paritäten der teilnehmenden Währungen gegenüber dem Euro mit einer Schwankungsbreite von maximal plus/minus 15%.

Die *vierte Phase* der in Abbildung C-3 zusammengefaßten monetären Heranführungsstrategie umfaßt den vollständigen Beitritt zur dritten Stufe der EWU und damit die Einführung des Euro als gesetzliches Zahlungsmittel in den MOEL. Dieser Schritt beschließt die währungspolitische Integration und impliziert eine vollständige Aufgabe der eigenständigen Geld- und Wechselkurspolitik. Nach heutigem Erkenntnisstand stellen die nominalen Maastrichter Konvergenzkriterien auch für die MOEL die relevante Prüfhürde für die Aufnahme in die Eurozone dar.[521]

Der dreistufige Ansatz zur Währungsintegration der MOEL bedeutet auf der einen Seite zwar einen sukzessiven Verlust an geld- und wechselkurspolitischer Souveränität, jedoch existiert hinsichtlich des Timings sowie der jeweiligen Ausgestaltung der Wechselkurspolitik bis zu der langfristigen Aufnahme in die Eurozone ein hohes Maß an län-

[518] Vgl. Europäische Zentralbank (1999c).
[519] Vgl. Bofinger/Wollmershäuser (2000), S. 3.
[520] Zur Kompatibilität von currency boards (etwa im Fall Estlands) mit dem WKM-2 siehe Kapitel VIII.
[521] Vgl. die spätere Diskussion über die Notwendigkeit ergänzender Konvergenzkriterien als Beitrittsvoraussetzung für die MOEL.

242

derspezifischer Gestaltungsfreiheit. Insbesondere ermöglicht dieser Rahmen eine Pluralität der Vorgehensweisen und trägt auf diese Weise den realen und monetären Differenzen zwischen den beitrittswilligen Staaten Rechnung.

Diese Notwendigkeit soll anhand von Abbildung C-4 verdeutlicht werden, in der die
dargestellte zeitliche Überlappung von Transformations- und Integrationsprozeß der
MOEL zusammengefaßt ist. Der Reformbedarf findet ausdrücklich nicht mit dem Erreichen funktionsfähiger Marktwirtschaften ein Ende, sondern wird durch die Umsetzung
des einheitlichen Besitzstandes und der realen sowie nominalen Konvergenzprozesse
auch künftig weiter hoch sein. Die Herausforderungen für die mittel- und osteuropäische
Wechselkurspolitik sollen unter Berücksichtigung des dargestellten, dreistufigen Integrationsprozesses in den folgenden Kapiteln diskutiert werden.

Abbildung C-4: Rahmenbedingungen während der Transformation und Integration

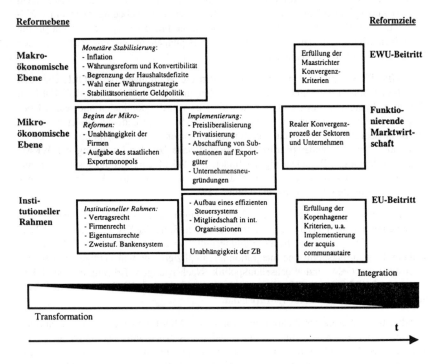

Quelle: In Anlehnung an Piazolo (2000), S. 265.

3. Mikro- und makroökonomische Rahmenbedingungen

3.1 Status-quo der Wechselkurspolitik in den MOEL

3.1.1 Auswirkungen der Euro-Einführung auf nationale Währungsstrategien

Der Übergang zur dritten Stufe der EWU mit der Einführung des Euro zum 1. Januar 1999 setzte nicht nur grundsätzlich neue monetäre Rahmenbedingungen innerhalb der teilnehmenden Volkswirtschaften, sondern stellte gleichzeitig eine entscheidende Veränderung für das Weltwährungssystem dar. Die Auswirkungen der Euro-Einführung sind außerhalb der EU in den Ländern Mittel- und Osteuropas am weitestgehenden.[521] Die offizielle Nutzung der jungen Einheitswährung als Anker-, Reserve- und Interventionswährung spielt bereits heute in den MOEL eine entscheidende Rolle. Wie in Abbildung C-5 abzulesen, nutzen derzeit sechs von zehn beitrittswilligen MOEL den Euro als Anker- bzw. Referenzwährung für die Geld- und Wechselkurspolitik.

Abbildung C-5: Bedeutung des Euro als Anker- und Referenzwährung

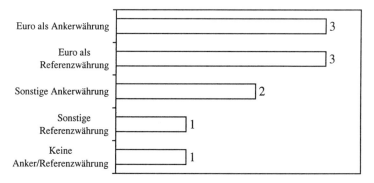

Verteilung der Wechselkursregime
aller zehn mittel- u. osteuropäischen Beitrittskandidaten
(Stand: April 2001)

- Euro als Ankerwährung: 3
- Euro als Referenzwährung: 3
- Sonstige Ankerwährung: 2
- Sonstige Referenzwährung: 1
- Keine Anker/Referenzwährung: 1

Quelle: Eigene Darstellung.

Die Euro-Einführung besitzt zahlreiche Rückwirkungseffekte auf die Volkswirtschaften Mittel- und Osteuropas, die durch verschiedene realwirtschaftliche und monetäre Zusammenhänge wirksam werden. Als entscheidende Voraussetzung für die mittel- bis langfristigen Auswirkungen der europäischen Einheitswährung auf die EU-Aspiranten gilt die Frage, inwieweit es den bestehenden EWU-Mitgliedstaaten sowie der EZB gelingt, den Euro als im *Binnenwert* (d.h. Preise) sowie im *Außenwert* (d.h. Wechselkurs) stabile Währung zu etablieren.

---

[521] Vgl. Ohr (1998b) für die Rolle des Euro in den MOEL. Vgl. auch Köhler/Wes (1999); Honohan/Lane (1999).

244

In den ersten beiden Jahren seit der Euro-Einführung ist der 'track record' zweigeteilt: Auf der einen Seite konnte innerhalb eines geldpolitischen Rahmens, in dem die EZB als neue Institution ein hinreichendes Maß an Reputation aufbauen mußte, die durch externe Einmalfaktoren[523] beschleunigten Preissteigerungsraten begrenzt werden. Auf der anderen Seite sieht sich die EWU mit einem überraschenden nominalen Abwertungstrend des Euro gegenüber dem US-Dollar konfrontiert, der wohl am ehesten mit den Defiziten auf der Angebotsseite vieler europäischer Ökonomien (geringe Flexibilität der Arbeitsmärkte und Sozialversicherungssysteme) sowie mit einem grundsätzlich mangelnden Vertrauen der Devisenmärkte in die junge Einheitswährung zu erklären ist.[524]

Die Geschwindigkeit der monetären Integration auf Seiten der MOEL wird entscheidend von der Attraktivität des Euro und insofern von dessen Binnen- und Außenstabilität abhängen. Auf Seiten der bestehenden EWU muß diese Attraktivität sukzessiv durch eine strikte Inflationskontrolle sowie durch die Implementierung günstiger Rahmenbedingungen für die Wirtschaft herbeigeführt werden. Für den Fall, daß mittel- bis langfristig die grundsätzliche Stabilität der europäischen Einheitswährung – von möglichen höheren Wechselkursschwankungen im Regime flexibler Wechselkurse abgesehen – nach innen und außen gewahrt bleibt,[525] sind mittelbare Auswirkungen der Euro-Einführung auf die MOEL in den folgenden beiden Bereichen denkbar:

- Durch den Start der dritten Stufe zur EWU sind die Anforderungen für die Teilnahme an der EU – angesichts der in stärkerem Maße wettbewerborientierten EU-Märkte – deutlich gestiegen. Die infolge der Einheitswährung erhöhte grenzüberschreitende Preistransparenz führt zu einer Wettbewerbsintensivierung sowie steigenden Skalenerträgen und erfordert auf diese Weise eine effizientere Ressourcenallokation. Dies gilt in besonderem Maße für international handelbare Güter und Dienstleistungen.[526]
- Die EU-Mitgliedstaaten sind mit weitem Abstand die bedeutendsten Handelspartner der beitrittswilligen MOEL. Die Einführung des Euro eröffnet den Teilnehmerstaaten angesichts der Eliminierung des intra-europäischen Wechselkursrisikos sowie der gesunkenen Transaktionskosten die Möglichkeit von mikro- und makroökonomischen Effizienzgewinnen. Diese könnten sich mittelbar über realwirtschaftliche Transmissionsmechanismen (Handel, Investitionen) auch in positiven Wachstumsbeiträgen innerhalb der MOEL niederschlagen.[527]

Im Gegensatz zu diesen eher mittelfristigen Effekten sahen sich die Währungshüter in den MOEL unmittelbar nach der Euro-Einführung mit der Notwendigkeit konfrontiert, ihre jeweilige Währungsstrategie zu überdenken und gegebenenfalls an die – durch die Euro-Einführung induzierten – Veränderungen im internationalen Währungssystem anzupassen. Die Auswirkungen auf die Währungsstrategien der MOEL können im einzelnen wie folgt zusammengefaßt werden:

---

[523] Zu diesen Einmalfaktoren zählen die massiven Ölpreissteigerungen und die Folgen der Tierseuchen.

[524] Vgl. zu dem Abwertungstrend des Euro der ersten zwei Jahre Ohr (2001b), S. 371ff.

[525] Die Stabilität des Euro im Binnen- und Außenwert ist jedoch keineswegs selbstverständlich. Auf die Analyse möglicher Szenarien soll jedoch an dieser Stelle verzichtet werden.

[526] Vgl. Jochimsen (1999), S. 49; Deutsche Bank Research (2000a), S. 5f.

[527] Vgl. Köhler/Wes (1999), S. 4ff.

- Die *polnischen* Währungshüter entschieden sich für eine grundlegende Modifizierung des Währungskorbes, indem zum 1. Januar 1999 sämtliche europäische Währungen durch den Euro ersetzt wurden (EUR 55%; USD 45%). Polen wählte aus Wettbewerbsaspekten angesichts des hohen Exportanteiles mit den USA keine Reduktion des Dollar-Anteiles.[527] Indem der Währungskorb jedoch zuvor mit dem Britischen Pfund und dem Schweizer Franken auch zwei nicht an der Eurozone teilnehmende Ankerwährungen enthielt, entsprach der Schritt einer Beschleunigung der Währungsintegration. Die seitdem erfolgte, sukzessive Flexibilisierung der Währungsstrategie mit der abschließenden Freigabe des Zloty im April 2000 erfolgte im Sinne eines vorausschauenden Ansatzes als Teil des künftigen Integrationsprozesses in die EU.

- Die *ungarischen* Währungshüter ersetzten zum 1. Januar 1999 zwar innerhalb des bestehenden crawling band gegenüber einem Währungskorb die D-Mark durch den Euro, verzichteten jedoch noch auf eine hundertprozentige Anbindung an die europäische Einheitswährung. Dieser Schritt erfolgte erst ein Jahr später zum 1. Januar 2000. Die Modifizierung der Währungsstrategie war neben dem offensichtlichen mittelfristigen Integrationsziel in die währungspolitische Ordnung Europas vor allem durch die sehr engen und weiter ansteigenden Handelsverknüpfungen mit Euroland sowie der im mittel- und osteuropäischen Ländervergleich mit rd. 18% geringsten in US-Dollar denominierten Auslandsschulden motiviert. Zuletzt erfolgte eine deutliche Flexibilisierung der ungarischen Währungsstrategie, indem Anfang Mai 2001 die Bandbreiten innerhalb des – noch bis 1. Oktober 2001 bestehenden – crawling band (monatlich konstante Abwertungsrate von 0,2% gegenüber dem Euro) von plus/minus 2,25% auf plus/minus 15% erweitert wurden. Diese Modifizierung bietet der ungarischen Geldpolitik einen deutlich höheren zinspolitischen Spielraum, um den nach oben zeigenden Inflationstrend zu stoppen. Die Maßnahme wurde Mitte Juni 2001 um ein 'implizites' Inflationsziel als nominaler Anker der Geldpolitik ergänzt: Die implizite Inflationssteuerung beinhaltet neben dem Ziel, die inländische Inflationsrate u.a. auf 7% zum Jahresende 2001 (plus/minus 1%) senken zu wollen, eine Wechselkursorientierung der Geldpolitik.

- Die *tschechischen* Währungshüter paßten das Wechselkurssystem an, indem die D-Mark innerhalb des bestehenden managed floatings als informelle Zielgröße durch den Euro als alleinige Referenzwährung für währungspolitische Entscheidungen ersetzt wurde. Seither erfolgte keine wesentliche Änderung der wechselkurspolitischen Ausrichtung Tschechiens.

- Die *estnischen* Währungshüter behandeln innerhalb des bestehenden currency boards seit Beginn der EWU die D-Mark als vorherige Ankerwährung und den Euro formal gleich. In der wechselkurspolitischen Praxis wird auf die modifizierte Parität von 15,64664 EEK/EUR zurückgegriffen. Die bestehende Inkonsistenz in Hinblick auf die Struktur der Außenhandelsverflechtung wurde durch diese Anpassung nicht be-

---

[527] Zudem spielte die Währungszusammensetzung von Auslandsschulden in Polen eine zentrale Rolle: Rund die Hälfte waren in US-Dollar denominiert (46% USD; 10% DEM, 1997). Bei einer Abwertung der Landeswährung gegenüber dem US-Dollar nimmt das Volumen der zu bedienenden Schulden zu.

hoben: Unter den wichtigsten fünf Handelspartnern sind mit Schweden, Lettland sowie Rußland drei Staaten nicht Mitglied der Eurozone.[528] Ein hoher Anteil des estnischen Handelsvolumens ist demzufolge trotz der festen Wechselkursbindung zum Teil hohen Wechselkursschwankungen ausgesetzt.

- Die *slowenischen* Währungshüter verfolgen bis heute eine flexible Währungsstrategie, bei der implizit der reale Wechselkurs als wechselkurspolitische Zielgröße fungiert. Die D-Mark wurde als Referenzwährung nach dem Start der dritten Stufe der EWU durch den Euro ersetzt. Das grundsätzliche Bestreben, eine Referenzwährung zum Bestandteil der geld- und wechselkurspolitischen Entscheidungen zu machen, erfolgte jedoch auf informeller Basis ohne explizite öffentliche Bekanntgabe.

Insgesamt löste die Euro-Einführung nicht nur unmittelbar in der Eurozone, sondern vielmehr auch mittelbar innerhalb der beitrittswilligen MOEL eine deutliche Beschleunigung der Währungsintegration aus. Im Grundsatz sahen sich diejenigen MOEL, deren Währungsstrategie zuvor eine Bindung oder Orientierung gegenüber einer – an der dritten Stufe der EWU teilnehmenden – Währung vorsah, mit der Notwendigkeit konfrontiert, die nationale Wechselkurspolitik anzupassen. Erfolgte die Anbindung innerhalb eines Währungskorbes, so wurde in den meisten Fällen gleichzeitig die Gelegenheit für eine vorausschauende Umorientierung der Währungsstrategie durch eine geringere Gewichtung außereuropäischer Währungen (US-Dollar) genutzt.

3.1.2 Die Strategien der Beitrittskandidaten zur monetären Integration

Für die hier analysierten MOEL ist der Euro jedoch nicht nur eine bedeutende internationale Währung und die Anbindung nicht nur ein Disziplinierungsmechanismus der inländischen Geldpolitik. Der Euro stellt in einer langfristigen Perspektive vielmehr eine potentielle nationale Währung und damit ein künftiges, gesetzliches Zahlungsmittel dar. Zwar liegen bisher nur sehr vereinzelt detaillierte Währungsstrategien der Beitrittskandidaten für die einzelnen monetären Integrationsschritte vor, jedoch zeichnen sich die – im folgenden dargestellten – Tendenzen und Überzeugungen in der Meinungsbildung zwischen Regierungen und Zentralbanken innerhalb des durch die EU vorgegebenen institutionellen Rahmens ab.[529] Es dominiert der Wille, langfristig der Eurozone vollständig beizutreten, jedoch verweisen die verfügbaren nationalen Standpunkte vor allem auf die Notwendigkeit eines stufenweisen Integrationsprozesses:

Die *polnische Währungsstrategie* zur langfristigen Integration in die Eurozone gilt unter den MOEL als am deutlichsten definiert. Die Ziele der Notenbank beinhalten im Rahmen der 'mittelfristigen Strategie der Geldpolitik 1999-2003' neben einer Integration der Wirtschaft in die EU zusätzlich einen Beitritt zur Eurozone. Aus wechselkurspolitischer Sicht sollte dies durch die befristete Freigabe des Zloty erfolgen, die durch eine sukzessive Flexibilisierung der Währungsstrategie erreicht wurde. Die Zentralbank strebt an, einen Eintritt in den WKM-2 zum gleichgewichtigen Wechselkurs durchzuführen. Die derzeitige freie Wechselkursfindung soll der Bestimmung des Gleichgewichtsniveaus

---

[528] 1999 gingen 18,8% der estnischen Exporte nach Schweden, 9,2% nach Rußland, 8,7% nach Lettland.
[529] Vgl. auch Europäisches Parlament (2000), S. 58ff.

dienen.[530] Die Integrationsziele werden von der währungspolitischen Priorität begleitet, ein mittelfristiges Inflationsziel von unter 4% in 2003 zu erreichen.

Die *ungarischen Währungshüter* streben seit einigen Jahren explizit in einem langfristigen Kontext den Beitritt zur Eurozone an. Es werden jedoch unterschiedliche Ansichten zwischen Zentralbank und Regierung über die monetäre Heranführungsstrategie deutlich. Die Regierung (in Person des ehemaligen Finanzministers Járai) vertrat lange Zeit die Meinung, mittelfristig die stufenweise Abwertung des Forint aufzugeben und die Landeswährung noch vor (oder spätestens nach) dem EU-Beitritt fest an den Euro zu binden.[531] Die Zentralbank verwies demgegenüber auf die Glaubwürdigkeit und Transparenz des bestehenden crawling band zur notwendigen Inflationsreduktion und strebte eine eher abwartende Haltung an. Der ehemalige Notenbank-Präsident Surányi war am Ende seiner Amtszeit der Ansicht, die aufstrebende Ökonomie solle nicht zu schnell den Euro übernehmen und vielmehr den Wechselkurs als flexibles Instrument der Geldpolitik weiter nutzen.[532] Nach dem jüngsten Wechsel an der Spitze der Zentralbank mit dem Amtsantritt des ehemaligen Finanzministers Járai im März 2001 verlautete, daß der Forint im Jahresverlauf 2002 vollständig freigegeben werde.[533] Diese – im Kontrast zu früheren Äußerungen als Regierungsmitglied stehende – Absicht bestätigt die sukzessive, aber entschlossene Annäherungsstrategie an den Euro durch die Zentralbank. Zuletzt machte der Notenbankpräsident im Juni 2001 im Rahmen der Einführung eines impliziten Inflationszieles deutlich, daß Ungarn einen vollständigen Beitritt zur Eurozone in den Jahren 2006/2007 anstrebe.[534]

Die *tschechische Regierung* bekundete zwar bereits im Rahmen des 1998 veröffentlichten Strategiepapiers zum EU-Beitritt (bis 2003) das Bestreben, langfristig auch der Eurozone beizutreten, etwaige Optionen oder ein spezifischer Zeitrahmen zur monetären Heranführung wurde jedoch seither nicht im Detail öffentlich thematisiert. Es wird nur auf die notwendige Unabhängigkeit der Währungspolitik im Vorfeld des EU-Beitritts verwiesen. Aus Sicht der Zentralbank stellt die 'faktische Währungsstabilität' eine entscheidende Bedingung für die künftigen makroökonomischen Rahmenbedingungen des Landes dar. Der ehemalige Notenbankchef Tosovsky spricht sich *für* einen zügigen Beitritt zur Eurozone und *gegen* eine vorgeschriebene, vorherige Mitgliedschaft im WKM-2 aus. Josef Tosovsky verweist vielmehr auf die Notwendigkeit, neben diesem 'orthodoxen Szenario' alternative monetäre Integrationspfade zu ermöglichen.[535]

Unter den MOEL haben die *estnischen Währungshüter* bezüglich der angestrebten Strategien für die künftige monetäre Integration neben Polen am deutlichsten Stellung bezogen. Die Zentralbank strebt an, das bestehende currency board mit der de facto Kopplung an den Euro auch in Zukunft als einen Eckpfeiler der inländischen Wirtschaftspolitik beizubehalten. Das Währungsamt trägt aus Sicht der Notenbank zu einem soliden währungspolitischen Rahmen während der EU-Integration bei. Dabei wird auf die hohe

---

[530] Vgl. Financial Times Deutschland vom 13. April 2000.
[531] Vgl. etwa Járai (1999), S. 67ff.
[532] Vgl. Frankfurter Allgemeine Zeitung vom 16. Dezember 2000.
[533] Vgl. Neue Zürcher Zeitung vom 5./6. Mai 2001.
[534] Vgl. National Bank of Hungary (2001b).
[535] Vgl. Handelsblatt vom 24. Dezember 1999.

Stabilität und Glaubwürdigkeit der estnischen Krone verwiesen, die durch eine – auf den Prinzipien des Währungsamtes basierenden – Geldpolitik in der Vergangenheit erreicht wurden.[536] Gleichzeitig lehnen die Währungshüter (entgegen von zum Teil veröffentlichten Einzelmeinungen) die vorzeitige unilaterale Euroisierung ab und weisen auf die Kompatibilität des currency boards mit den Strukturmerkmalen und Anforderungen des WKM-2 hin. Als strategisches, langfristiges Ziel mit oberster Priorität formulieren sowohl die Zentralbank als auch die Regierung eine Teilnahme an der Eurozone.

Die politische Grundlage für die Heranführungsstrategie aus der Sicht *Sloweniens* bildet das sogenannte 'Slovenia's national program for the adoption of the acquis communautaire'.[537] Im Kontext wechselkurspolitischer Implikationen wird darauf verwiesen, daß das derzeitige managed floating ein angemessenes Wechselkursregime darstellt bis nicht die – für eine stärkere Fixierung des Tolar notwendige – Stabilität und Konsolidierung der Wirtschaft erfolgt ist. Die grundsätzlichen Positionen der Zentralbank sowie der zuständigen Regierungsmitglieder zur mittel- bis langfristigen monetären Integration scheinen jedoch recht unterschiedlich zu sein. Die Notenbank strebt erst eine einseitige Euro-Fixierung sowie einen Beitritt zur Eurozone an, wenn die Wirtschaft eine nachhaltige makroökonomische Stabilität erzielt hat. Demgegenüber verweist der Premierminister in einer öffentlichen Erklärung auf die Bereitschaft Sloweniens, unmittelbar mit dem EU-Beitritt auch ein vollständiges Mitglied der Eurozone zu werden.[538]

Den Wechselkursarrangements der MOEL liegen zum heutigen Zeitpunkt neben einer bereits bestehenden ausgeprägten Euro-Orientierung gleichzeitig ein klarer Integrationswille der nationalen Währungshüter zugrunde. Ein entscheidendes Spiegelbild der gewonnenen Unabhängigkeit mittel- und osteuropäischer Notenbanken stellt der zum Teil offene Dissens zwischen Regierung und Zentralbank in geld- und währungspolitischen Aspekten dar. Demzufolge entstehen zum Teil auch sehr heterogene Sichtweisen bezüglich einer geeigneten Währungsstrategie zur monetären Integration der mittel- und osteuropäischen Währungen. Dabei kann im Grundsatz festgestellt werden, daß die nationalen Zentralbanken den jeweils nächsten wechselkurspolitischen Integrationsschritt erst anstreben, wenn eine nachhaltige makroökonomische Stabilität erreicht worden ist. Demgegenüber verweisen die Regierungen unter Berücksichtigung der politischen Dimension auf die Beschleunigung der monetären Integrationsschritte, um auf diese Weise möglichst rasch vollwertige Mitglieder der EU zu werden.

---

[536] Vgl. National Bank of Estonia (2000a).

[537] Vgl. Backé/Radzyner (1998), S. 54f.

[538] Dies steht im Widerspruch zu den Aussagen des Wirtschaftsministers, der eine Übernahme des Euro für das Jahr 2008 anstrebt. Vgl. Europäisches Parlament (2000), S. 60f.

3.2 Regionenspezifische Herausforderungen der Wirtschaftspolitik

Der monetäre Integrationswille aus Sicht der MOEL begründet sich auch in der Vorstellung, durch die Eingliederung in die EU und EWU eine rasche Konvergenz mikro- und makroökonomischer Kennzahlen mit der Stabilität Westeuropas zu erlangen. Die mittel- und osteuropäischen Volkswirtschaften konnten nach Überwindung der Transformationskrise seit Mitte der 90er Jahre im Durchschnitt weitaus dynamischere reale Wachstumsraten des BIP verzeichnen als die derzeitigen EU-Staaten. Auf diese Weise war es möglich, den relativen Abstand zu den westeuropäischen Einkommensniveaus deutlich zu verringern. Wie in Abbildung C-1 veranschaulicht, ist der reale Konvergenzbedarf dieser Länder jedoch noch immer signifikant hoch: Damit erscheint auf absehbare Zeit hinweg eine Angleichung der Lebensstandards mit denjenigen der derzeitigen EU-Mitgliedstaaten (trotz der als Folge umfangreicher Reform- und Modernisierungsmaßnahmen im Vergleich zur EU rund doppelt so hohen realen Wachstumsraten) unrealistisch.

Die ökonomischen Voraussetzungen der MOEL als Beitrittskandidaten unterscheiden sich nicht nur maßgeblich von denjenigen der EU, sondern auch von den jeweils bestandenen Disparitäten früherer EU-Erweiterungen. Seit Gründung der EG im Jahr 1957 wurde die EU insgesamt vier Mal erweitert. Die nachfolgende Tabelle C-3 greift diese Erweiterungsrunden und die relevanten Wirtschaftsdaten relativ zu der zum jeweiligen Beitrittsdatum bestehenden EU-Ländergruppe auf und kontrastiert sie mit den jüngsten Makrodaten der beitrittswilligen MOEL.

Ein Blick auf Tabelle C-3 verdeutlicht die einzigartige Herausforderung, vor der die EU durch die künftige Osterweiterung steht:

In Anbetracht der Anzahl der Bewerberländer, dem Gebiet sowie der Bevölkerung ist diese Erweiterungsrunde in Bezug auf ihren Umfang und ihre Vielfalt bisher einmalig. Darüber hinaus spiegeln die makroökonomischen Kennzahlen der MOEL auch relativ zu Bewerberländern früherer Erweiterungsrunden die zentrale Diskrepanz bezüglich der realen Konvergenz wider. Die Anpassungslast angesichts bestehender Einkommenslücken fiel zwar beispielsweise bei der EU-Süderweiterung mit Spanien, Portugal und Griechenland der 80er Jahre auch hoch aus, jedoch verweisen die Daten auf einen signifikant geringeren Rückstand der realen Konvergenz. *Nach* einem EU-Beitritt aller zehn MOEL würden auf Basis heutiger Daten die Bewerberländer rund 5% der volkswirtschaftlichen Leistung des dann vergrößerten EU-Wirtschaftsraumes ausmachen, jedoch deren Bevölkerung über 23%.

Tabelle C-3:[539] Die beitrittswilligen MOEL im Vergleich der EU-Erweiterungsrunden

	Bevölkerung (Mio.)	Fläche ('000 km²)	BIP nom. (Mrd. USD)	BIP nom. pro Kopf (USD)	Inflation (%)	Offenheitsgrad in % ((Ex+Im)/BIP)
Erweiterungsrunde 1973 (DK, IRL, GB)						
Beitrittskandidaten	64,3	358,2	217,0	3.374	9,3	41,5
Existierende EU	209,4	1279,8	885,5	4.229	8,1	47,2
Kandidaten/EU (%)	30,7	28,0	24,5	79,8	1,2	-5,6
Erweiterungsrunde 1981 (GR)						
Beitrittskandidat	9,7	131,9	44,5	4.575	24,5	37,8
Existierende EU	278,5	1.638,0	2.528,0	9.078	11,6	61,5
Kandidat/EU (%)	3,5	8,1	1,8	50,4	12,9	-23,7
Erweiterungsrunde 1986 (P, E)						
Beitrittskandidaten	48,5	597,1	275,0	5.667	9,2	26,4
Existierende EU	290,0	1.769,9	3.257,3	11.232	2,9	52,1
Kandidaten/EU (%)	16,7	33,7	8,4	50,5	6,3	-25,7
Erweiterungsrunde 1995 (A, SF, S)						
Beitrittskandidaten	22,0	870,9	605,1	27.521	2,1	100,6
Existierende EU	350,0	2.367,1	8.000,1	22.856	3,0	65,7
Kandidaten/EU (%)	6,3	36,8	7,6	120,4	-0,9	35,0
MOEL (2000)						
Beitrittskandidaten MOEL-5	62,4	536,4	284,3	4.556	8,8	77,0
MOEL-10	104,3	1076,9	368,1	3.529	13,7	35,3
Existierende EU	350,0	3237,9	7.796,1	20.734	2,4	63,3
MOEL-5/EU (%)	17,8	16,6	3,6	22,0	6,4	13,7
MOEL-10/EU (%)	27,9	33,3	4,7	17,0	11,3	-28,0
Nachrichtlich: Polen	38,7	304,4	162,7	4.240	10,1	43,0
Ungarn	10,0	92,3	47,4	4.740	9,8	127,6
Tschechien	10,3	77,3	50,8	4.932	3,9	122,0
Estland	1,4	42,3	4,9	3.500	4,0	153,1
Slowenien	2,0	20,1	18,5	9.250	8,8	101,6

Quelle: In Anlehnung an IMF (2000a), S. 149.[540]

---

[539] Anmerkung zu 'Kandidaten/EU': Der Quotient stellt das jeweilige Verhältnis der EU-Aspiranten zur bestehenden EU dar. Ausnahme bei Inflation und Offenheitsgrad, wo sich die Daten auf die jeweilige Differenz beziehen.

[540] Eigene Aktualisierungen und Erweiterungen mit Daten von Standard & Poor's DRI; World Bank (2001).

Neben den erheblichen realwirtschaftlichen Diskrepanzen zeigt sich ein ähnliches Bild hinsichtlich der nominalen Konvergenzfortschritte: Die Inflationsraten der mittel- und osteuropäischen Bewerberländer befinden sich überwiegend noch im zweistelligen Bereich. Die signifikanten Inflationsdifferentiale gegenüber der jetzigen EU sollten zwar in den nächsten Jahren zurückgehen (s. Abschnitt 3.4, Kap. VII), jedoch kann auch hier von einer vollständigen Konvergenz nur in einer sehr langfristigen Perspektive ausgegangen werden, da die Inflationsentwicklung in den Bewerberländern einen strukturellen Aspekt besitzt: Angesichts der noch nicht abgeschlossenen realwirtschaftlichen Transformation der mittel- und osteuropäischen Ökonomien und der damit einhergehenden strukturellen Veränderungen, sehen sich die Beitrittskandidaten auch künftig mit relativen Preisanpassungen in den Wirtschaftssektoren konfrontiert. Der entstehende Preisdruck wird innerhalb dieses Prozesses durch die sukzessive Angleichung der Nominallöhne an das Niveau Westeuropas sowie der verfestigten Inflationserwartungen weiter verstärkt.

Die Besonderheiten der wirtschaftlichen Entwicklung in den MOEL erschweren vielfältige Verhandlungsbereiche über einen EU-Beitritt. Zudem implizieren die nominalen und realen Divergenzen zwischen den MOEL sowie den derzeitigen EU-Mitgliedstaaten – wie noch zu sehen sein wird – vielfältige Restriktionen im Zuge der künftigen monetären Integration.[542] Die folgenden vier Wachstumstreiber determinieren die wirtschaftliche Leistungsfähigkeit der MOEL und damit den ökonomischen Rahmen für die Wechselkurspolitik im Verlauf des nächsten Jahrzehnts:[543]

- *EU-Mitgliedschaft*: Die Sicherheit eines absehbaren Beitritts zur EU bildet für die MOEL einen autonomen Bestimmungsfaktor der künftigen Wachstumsperspektiven. Dabei sind als zusätzliche Finanzierungsmittel für den Konvergenzprozeß vor allem die sich weiter beschleunigenden ausländischen Direktinvestitionen sowie die Finanztransfers von Seiten der EU entscheidend.
- *Investitionen in Humankapital*: Die MOEL verzeichnen nicht nur ein hohes Allgemeinbildungsniveau, sondern auch eine fortschreitende Intensivierung dieses Bildungsstandes. Im Sinne der endogenen Wachstumstheorie[544] ist zu erwarten, daß der Faktor Humankapital nachhaltig positive Auswirkungen auf das reale Einkommensniveau sowie das Wirtschaftswachstum haben wird.
- *Investitionen in den Kapitalstock*: Die MOEL befinden sich in einem anhaltenden Erneuerungsprozeß, in dem durch den Abbau ineffizienter Strukturen durch Privatisierungs- und Modernisierungsaktivitäten eine marktwirtschaftliche Produktionsstruktur mit einem modernen Kapitalstock angestrebt wird. Dieser Investitionsbedarf ist jedoch noch keinesfalls gedeckt. Vielmehr dürfte im Verlauf der nächsten Jahre – getrieben durch ausländische Direktinvestitionen und inländischen Anpassungsdruck – eine Intensivierung der Modernisierungsvorhaben mit positiven Wachstumseffekten erfolgen.

---

[542] Vgl. auch Jochem/Sell (2001), S. 5f.
[543] Vgl. Zukowska-Gagelmann (2000), S. 8f.
[544] Vgl. zur Rolle von Humankapital innerhalb der endogenen Wachstumstheorie etwa Barro/Sala-I-Martin (1995), S. 171ff.; Bretschger (1996), S. 106f.

- *Technologischer Fortschritt*: Einen entscheidenden Beitrag zum Wirtschaftswachstum liefern technologische Veränderungen innerhalb der MOEL und damit Produktivitätssteigerungen, die nicht einem einzelnen Produktionsfaktor, sondern vielmehr dem gesamten Produktionsprozeß zuzuschreiben sind. Diese werden vor allem durch Investitionsgüterimporte und ausländische Direktinvestitionen induziert.

Die Entwicklungspfade der heterogenen Ländergruppe auf dem Weg in die währungspolitische Ordnung Europas wird in den nächsten Jahren durch entscheidende mikro- und makroökonomische Unsicherheitsfaktoren geprägt. Diese Herausforderungen für die nationale Wirtschaftspolitik lassen sich in einem länderübergreifenden Kontext im Grundsatz auf die folgenden fünf zentralen Bereiche subsumieren, deren Bedeutung jedoch je nach Land unterschiedlich ist:

- *Kapitalverkehr*: Der dargestellte wirtschaftliche Aufholprozeß der MOEL impliziert einen anhaltenden Zeitraum hoher und volatiler Kapitalzuflüsse.
- *Leistungsbilanzen*: Das Spiegelbild der starken Kapitalimporte bilden hohe strukturelle Defizite der Leistungsbilanzen, indem die Investitionsgelegenheiten in mittel- und osteuropäischen Volkswirtschaften die heimischen Ersparnisse zum Teil deutlich übersteigen.
- *Inflation*: Trotz einstelliger Inflationsraten in einigen Ländern sehen sich die MOEL sowohl mit weiteren Erhöhungen administrierter Preise, als auch mit nachfrageseitigem Inflationsdruck über hohe Budgetdefizite, starke Lohnerhöhungen sowie einem zunehmend von der privaten Inlandsnachfrage getragenen Wirtschaftswachstum konfrontiert.
- *Fiskalpolitik*: Der Integrationsprozeß wird von zum Teil sehr ausgeprägten Budgetdefiziten begleitet. Die nationalen Fiskalpolitiken sehen sich zum einen mit umfangreichen Investitionen zur Implementierung des gemeinsamen Besitzstandes und zum anderen mit der Gratwanderung zwischen realwirtschaftlichem Aufholprozeß und Inflationssenkung konfrontiert.
- *Banken- und Finanzsektor*: Die Leistungsfähigkeit des Banken- und Finanzsektors in den MOEL nimmt aus monetärer Sicht eine Schlüsselrolle bei der Integration in die EU ein. Die Finanzmärkte sind teilweise noch immer wenig liquide und transparent. Gleichzeitig werden sie durch einen nur unvollständig restrukturierten Bankensektor belastet, der gravierende Defizite im Bereich der Bankengesetzgebung sowie der Bankenaufsicht aufweist.

Diese Faktoren determinieren in den kommenden Jahren in entscheidender Weise den mikro- und makroökonomischen Rahmen der Integration in die währungspolitische Ordnung Europas. Es wird deutlich, daß der strukturelle Konvergenzprozeß der MOEL von wesentlichen Unsicherheitsfaktoren begleitet wird. Die Situation der außen- und binnenwirtschaftlichen Stabilität (Leistungsbilanzen und Inflationskonvergenz) wird für ausgewählte MOEL in den folgenden beiden Abschnitten 3.3 und 3.4 aufgegriffen.

3.3 Reale Konvergenz und außenwirtschaftliche Stabilität

Die MOEL befinden sich in einem langfristigen Prozeß der wirtschaftlichen Konvergenz an die EU. Im Verlauf einer solchen Annäherung entstehen strukturelle Leistungsbilanzdefizite, indem die gesamtwirtschaftlichen Investitionen bei weitem die inländischen Ersparnisse übersteigen. Ein Blick auf die Leistungsbilanzsalden der fünf Beitrittskandidaten in Abbildung C-6 zeigt, daß die Defizite im Jahr 2000 von 3% des BIP (Slowenien) bis annähernd 7% des BIP (Estland) reichten. Dabei ist in den letzten drei Jahren mit Ausnahme von Tschechien und Slowenien angesichts einer dynamischen Exportentwicklung eine leichte Konsolidierung der Außenwirtschaftspositionen festzustellen. Eine entscheidende und weithin anerkannte Erkenntnis ist, daß hohe Leistungsbilanzdefizite keinesfalls als Zeichen wirtschaftlicher Erfolglosigkeit zu werten sind. Vielmehr kann ein außenwirtschaftlicher Fehlbetrag in den MOEL durchaus eine Stärke der betreffenden Ökonomie widerspiegeln, sofern das Leistungsbilanzdefizit die Bereitschaft ausländischer Investoren zur Finanzierung des Überschusses über inländische Ersparnisse bedeutet. Dem anzustrebenden Kapitalimport zur Beschleunigung des Modernisierungsprozesses innerhalb der MOEL und damit des Integrationspfads in die EU steht jedoch die Gefahr der hohen Leistungsbilanzdefizite gegenüber, durch eine plötzliche Umkehr der Kapitalströme eine Währungs- und Finanzkrise auszulösen.[545] Demzufolge ist entscheidend, inwieweit die ausländischen Investoren etwa die künftige Bedienung der Auslandsschulden anzweifeln und sich damit der Finanzierung des zusätzlichen Investitionsvolumens entziehen.

Abbildung C-6: Leistungsbilanzsalden der MOEL im Vergleich (in Prozent des BIP)

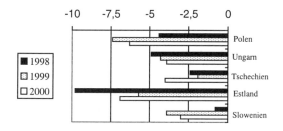

Datenquelle: Standard & Poor's DRI.

Im Kontext von Entwicklungs- und Schwellenländern wird das Überschreiten eines Referenzwerts von 5% des BIP bereits als Indikator für die Gefahr einer Zahlungsbilanzkrise gewertet. Im Gegensatz zu Entwicklungsländern besteht bei den beitrittswilligen MOEL der Rückstand gegenüber den führenden Industrieländern nicht im Humankapital, sondern vielmehr im physischen Kapital. Demzufolge kann die externe Verschuldung zur Finanzierung dieser Modernisierung durchaus gerechtfertigt sein, wenn die Importe größtenteils investiv eingesetzt werden und die Leistungsbilanzdefizite durch

---

[545] Vgl. Frensch (1999), S. 7ff.

entsprechend hohe Zuflüsse an ausländischen Direktinvestitionen abgedeckt werden. Somit stellt eine Passivierung der Leistungsbilanzen in den MOEL – wie in der empirischen Analyse von Kapitel VI festgestellt – das zwangsläufige Resultat eines erfolgreichen mikro- und makroökonomischen Konvergenzprozesses dar und kann wohlfahrtssteigernde Wirkungen besitzen.

Zur Beurteilung der 'Nachhaltigkeit' von Leistungsbilanzdefiziten stehen die folgenden beiden Aspekte im Analysemittelpunkt:[546]

Zum einen sind die *Ursachen des Leistungsbilanzdefizits* zu bewerten. Damit ist zu analysieren, inwieweit eine Passivierung der Leistungsbilanz auf ein rasches Wachstum der privaten Investitionen zurückzuführen ist und somit zukünftig zu Wachstum und Exporteinnahmen führen kann, oder ob der Fehlbetrag konsumtiver Herkunft ist. Zum anderen kommt der dauerhaften *Finanzierbarkeit der Leistungsbilanzdefizite* und insofern dem Zugang zu externen Ersparnissen eine Schlüsselrolle zu. Damit ist zu analysieren, inwieweit die entsprechenden Nettokapitalimporte überwiegend aus kurzfristigen und spekulativen Portfolioinvestitionen ('hot money') oder aber aus langfristig angelegten, ausländischen Direktinvestitionen bestehen.[547]

Im folgenden werden die Leistungsbilanzsalden der drei Viségrad-Staaten Polen, Ungarn und Tschechien betrachtet und auf ihre Nachhaltigkeit geprüft. In diesem Zusammenhang ist zunächst nach der *Ursache* der hohen Leistungsbilanzdefizite zu fragen: Ein Fehlbetrag in der Leistungsbilanz kann – ausgehend von einem ausgeglichenen Saldo – theoretisch sowohl zurückgehende Ersparnisse und damit eine steigende Konsumtätigkeit als auch ansteigende Investitionen widerspiegeln. Dabei ist nicht nur der Verlauf und Differenzbetrag dieser Komponenten, sondern gleichzeitig deren Absolutbetrag entscheidend.

In *Polen* steigen die Spar- und Investitionsquoten seit Überwindung der Transformationsrezession sukzessiv an. Die gesamtwirtschaftlichen Ersparnisse sind zwar mit 19,7% des BIP im Jahr 2000 die geringsten unter den Viségrad-Staaten, jedoch liegen sie noch immer nur geringfügig unter dem entsprechenden EU-Durchschnitt von rund 21%.[548] Bei einer polnischen Investitionsquote in der Höhe von fast 27% (zum Vergleich: EU 20% des BIP) sollte das hohe Leistungsbilanzdefizit in Polen in der Tendenz eher auf einen Investitionsboom als auf eine geringe Spartätigkeit (und damit einen hohen Konsum) zurückzuführen sein. Mit einer Investitionsquote auf hohem Niveau (und vor allem mit produktiven Investitionen innerhalb des Sektors für handelbare Güter)[549] werden im Grundsatz zukünftig höhere Exporte verknüpft, die dann wiederum zur Bedienung der hohen polnischen Auslandsschulden (2000: 67 Mrd. USD) verwendet werden können. Tatsächlich deutet das robuste Exportwachstum Polens der vergangenen Jahre darauf hin, daß hohe Investitionsgüterimporte trotz realem Aufwertungstrend des Zloty das Fundament für einen dynamischen Außenhandel bilden. Im Jahr 2000 wurde das Lei-

---

[546] Vgl. Deutsche Bank Research (2001a), S. 33f. sowie für eine ausführliche, theoretische Analyse im Kontext von Transformationsstaaten Roubini/Wachtel (1998).

[547] Vgl. auch Ohr (1998a), S. 252f.

[548] Daten zu den gesamtwirtschaftlichen Ersparnissen aus Economist Intelligence Unit (EIU) (2001a).

[549] Vgl. Frensch (1999), S. 8.

stungsbilanzdefizit dank einer weiter verbesserten Exportdynamik auf 6,3% des BIP reduziert. Die polnische Exportstruktur vollzieht einen erfolgreichen Wandel, indem mittlerweile nicht nur 70% der Exporte in EU-Mitgliedstaaten fließen, sondern die Exporte darüber hinaus überwiegend aus technologieintensiven Industrie- und Konsumgütern (und nicht mehr aus landwirtschaftlichen Produkten und Rohstoffen) bestehen.[550] Schließlich ist der polnische Finanz- und Bankensektor dank frühzeitiger Konsolidierung sowie hoher Direktinvestitionen vergleichsweise hoch entwickelt. Folglich besteht in Polen (im Gegensatz zu Tschechien) nicht das Problem einer ineffizienten Kapitalallokation, in dem der labile Bankensektor zu einer Senkung der inländischen Ersparnis sowie entsprechenden Steigerung der Investitionen beitragen würde.[551]

In *Tschechien* hat sich das Leistungsbilanzdefizit, das während der Rezessionsjahre 1998 und 1999 angesichts der schwachen Binnennachfrage mit 2,4% bzw. 1,9% des BIP äußerst moderat ausfiel, nach der Rückkehr auf einen stabilen Wachstumspfad im Jahr 2000 wieder auf 4,0% des BIP ausgeweitet. Dennoch gilt die Außenhandelsposition mittlerweile als stabilste unter den beitrittswilligen MOEL: Dies spiegelt auch die gesamtwirtschaftliche Sparquote wider, die in Tschechien mit über 26% im Jahr 2000 sehr hoch ausfällt. Die Investitionen sind 1998 nach Bewältigung der Währungs- und Finanzkrise in Folge eines umfangreichen Sparprogrammes der Regierung gegenüber Mitte der 90er Jahre auf hohem Niveau deutlich zurückgegangen. Erst im vergangenen Jahr 2000 erfolgte wieder ein deutlicher Anstieg der Investitionsquote auf rund 30%. Diese im Ländervergleich der MOEL sehr hohen gesamtwirtschaftlichen Investitionen dürften zum Teil auch die Folge eines noch nicht vollständig entwickelten Finanzsektors in Tschechien und damit das Ergebnis einer suboptimalen Kapitalallokation sein.[552] Durch die Implementierung weiterer Reformen in diesen Bereichen im Zuge des EU-Beitritts dürfte eine höhere Effizienz im Bankensektor dann ceteris paribus zu einer steigenden Ersparnis sowie einer geringeren Investitionsquote beitragen.

In *Ungarn* konnte das Leistungsbilanzdefizit vor dem Hintergrund eines dynamischen Exportwachstums (zum Großteil hochwertige Industrieprodukte) seit 1998 leicht, aber dennoch stetig auf 3,9% des BIP im Jahr 2000 reduziert werden. In der zweiten Hälfte der 90er Jahre hatte sich sowohl die gesamtwirtschaftliche Sparquote als auch die Investitionsquote sukzessiv erhöht. Die leichte Konsolidierung des bestehenden Leistungsbilanzdefizits kann in Ungarn auf eine deutliche Erhöhung der gesamtwirtschaftlichen Sparquote und damit auf eine Abschwächung des Konsumbooms bei geringerer Steigerung der Investitionen zurückgeführt werden: Während die gesamtwirtschaftlichen Ersparnisse 1998 noch bei 24,8% des BIP lagen, erreichten sie im Jahr 2000 bereits eine Quote von 27,3%.

---

[550] Vgl. Deutsche Bank Research (2001a), S. 18.
[551] Vgl. Frensch (1999), S. 9.
[552] Vgl. Frensch (1999), S. 9.

256

Neben den Ursachen der vorhandenen Leistungsbilanzdefizite ist zudem nach der *Finanzierung* der Fehlbeträge zu fragen, die per definitionem nur durch entsprechende Nettokapitalimporte oder aber in begrenztem Ausmaß durch Devisenreserven erfolgen kann:

Tabelle C-4: Struktur der Kapitalzuflüsse in Milliarden US-Dollar

in Mrd. USD	Polen			Ungarn			Tschechien		
	1998	1999	2000	1998	1999	2000	1998	1999	2000
Kapitalzuflüsse, netto									
- Direktinvestitionen	6,0	6,0	8,2	1,5	1,4	1,4	2,6	4,9	4,5
- Portfolioinvestitionen	1,2	1,1	2,8	2,0	2,0	-0,3	1,1	-1,4	-1,8
- Sonstige Investitionen	4,4	1,4	-3,2	-0,7	1,0	1,6	-0,8	-1,0	0,7
Devisenreserven	27,3	26,4	25,7	9,3	11,0	11,2	12,5	12,8	12,5
Auslandsverschuldung	59,2	64,1	67,0	27,3	29,3	29,7	24,1	22,9	20,7

Datenquelle: Deutsche Bank Research (2001a) 33f.; Standard & Poor's DRI.

In allen betrachteten MOEL konnten in den vergangenen Jahren die außenwirtschaftlichen Defizite zum überwiegenden Teil durch ausländische Direktinvestitionen finanziert werden. Indem Direktinvestitionen nicht die ausländische Verschuldungsquote eines Landes erhöhen, sondern vielmehr eine langfristige Anlageperspektive darstellen und einen Beitrag zur Entwicklung des inländischen Kapitalstocks liefern, sind diese gegenüber anderen Kapitalflüssen 'vorzuziehen'.[553] Dagegen besteht der zentrale Nachteil kurzfristig orientierter Kapitalimporte in dem spekulativen (und nicht investiven) Charakter und damit in der Möglichkeit, daß die Portfoliokapitalanlagen rasch wieder abgezogen werden können.

Zu der Bewertung der Finanzierbarkeit liefert Tabelle C-4 einen Überblick über die Struktur der zugrundeliegenden Nettokapitalflüsse der beitrittswilligen MOEL:

Die vorliegenden Daten verweisen darauf, daß ein sehr hoher Anteil der jeweiligen Kapitalströme aus langfristig orientierten Direktinvestitionen besteht.[554] Die Direktinvestitionsströme verfolgen in *Polen* sowie *Ungarn* entgegen des sonst üblichen volatilen Verlaufs einen eher stetigen Trend, der sich nicht ausschließlich an der Geschwindigkeit und Intensität des zugrundeliegenden Privatisierungs- und Reformfortschritts orientiert. Trotzdem bilden in Polen und Ungarn die Höhe der Portfolioinvestitionen durchaus ein nicht zu unterschätzendes Gefahrenpotential, wenn das kurzfristig liquidierbare Kapital angesichts von Stimmungsveränderungen innerhalb der Märkte oder contagion-Effekte plötzlich aus dem betreffenden MOEL abgezogen wird.

---

[553] Vgl. auch Roubini/Wachtel (1998), S. 7f.; Buch (1999b), S. 94f.

[554] Vgl. auch die Einschätzung in IMF (2000a), S. 157f. Ein weit überwiegender Teil der Direktinvestitionen stammen dabei aus der EU. Aus Sicht westeuropäischer Investoren spielen vor allem die Dynamik des örtlichen Absatzmarktes, die geographische Nähe, niedrige Produktionskosten sowie die relativ stabilen politischen und wirtschaftlichen Rahmenbedingungen eine entscheidende Rolle. Vgl. Deutsche Bank Research (2000a), S. 5.

Inwieweit die Leistungsbilanzdefizite der MOEL tatsächlich durch hohe Zuflüsse von Direktinvestitionen abgedeckt werden, kann mit Hilfe von Abbildung C-7 untersucht werden, welche die Struktur der Kapitalflüsse in Relation zum BIP der Jahre 1999 und 2000 zeigt.

In Polen ist im Verlauf beider Jahre das vergleichsweise hohe Leistungsbilanzdefizit mehr als zur Hälfte durch ausländische Direktinvestitionen gedeckt, während die kurzfristigen Kapitalzuflüsse einen relativ geringen – aber nicht zu unterschätzenden – Anteil ausmachen. Es ist damit zu erwarten, daß die Wachstumsperspektive Polens durch diesen Kapitaltransfer mit entsprechend investiver Verwendung weiter gestärkt wird. Der ungarische Finanzmarkt reagiert demgegenüber angesichts der höheren ausländischen Verflechtung wesentlich stärker auf internationale Entwicklungen: In den letzten beiden Jahren ist die Struktur der ungarischen Kapitalimporte bezüglich der kurzfristigen Portfolioinvestitionen sowie der sonstigen Investitionen wesentlich volatiler. Obgleich die Privatisierung in Ungarn weitgehend abgeschlossen ist, tragen die Direktinvestitionen in beiden Jahren deutlich zur Finanzierung des zurückgehenden Leistungsbilanzdefizits bei. Jedoch fällt der Beitrag – etwa im Vergleich zu Tschechien – deutlich geringer aus.

Abbildung C-7:[554] Struktur der Kapitalzuflüsse (in Prozent des BIP)

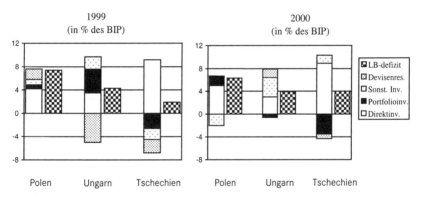

Quelle: In Anlehnung an IMF (2000a), S. 158. Daten: Tabelle C-5 ; Standard & Poor's DRI.

Schließlich liegt die Auslandsverschuldung mit Ausnahme von Polen (s. Tabelle C-4) zuletzt in der Größenordnung des jährlichen Exportvolumens, was im internationalen Vergleich durchaus keine Seltenheit darstellt.[555] Es ist im Falle Polens jedoch zu beach

---

[554] Anmerkung: Ein negativer Prozentanteil der Devisenreserven entspricht in der Darstellungsart einer Zunahme. Die sonstigen Investitionen, die Direktinvestitionen und die Portfolioinvestitionen sind als Nettogrößen zu verstehen.

[555] Im Jahr 2000 betrugen die Exportvolumina (Güterhandel) der hier betrachteten MOEL (in Mrd. USD): Polen 28,3; Ungarn 28,3; Tschechien 29,4. Vgl. auch Frensch (1999), S. 34.

ten, daß erhebliche Rückzahlungen und Umschuldungen und die damit einhergehenden, geringeren Verbindlichkeiten die Bedeutung der übrigen Kapitalflüsse überbewerten.[557]
Die mittelfristige Perspektive der ausländischen Direktinvestitionen zur Finanzierung der erheblichen Leistungsbilanzdefizite in den MOEL muß durchaus differenziert bewertet werden: Zum einen kann zukünftig angesichts der EU-Beitrittsperspektive mit weiteren Rekordzuflüssen an ausländischen Direktinvestitionen gerechnet werden. Ein Vergleich mit der zurückliegenden EU-Süderweiterung in den 80er Jahren zeigt, daß sowohl nach Festlegung des Integrationsdatums im Vorfeld der EU-Erweiterung, als auch nach dem tatsächlichen Beitritt die Direktinvestitionszuflüsse in die betreffenden Staaten noch einmal signifikant angestiegen sind.[558] Diese Aussicht erleichtert die künftige Finanzierbarkeit der außenwirtschaftlichen Defizite. Zum anderen ist zu betonen, daß selbst Nettokapitalimporte mit einem äußerst geringen Anteil an spekulativem Portfoliokapital als nicht unbedenklich einzustufen sind, wenn diese das bestehende Leistungsbilanzdefizit mehr als überkompensieren.[559] Bleibt im Falle einer frühen Euro-Anbindung der mittel- und osteuropäischen Währungen eine Sterilisierung der Kapitalzuflüsse durch die Zentralbanken aus, so kommt es zu einem Anstieg der inländischen Geldmenge und damit zu einer Erhöhung des Preisdrucks. Auf diese Weise kann sich die internationale Wettbewerbsfähigkeit verschlechtern. Eine Sterilisierung würde wiederum die Zinsen auf einem hohen Niveau halten und damit der anvisierten, im folgenden Kapitel analysierten, monetären Konvergenz entgegenwirken.

3.4 Monetäre Konvergenz

Die erheblichsten Konvergenzdefizite der mittel- und osteuropäischen Beitrittsstaaten bestehen derzeit im Bereich der Preisstabilität. Die Steigerungsraten der Konsumentenpreisindizes befanden sich in den meisten MOEL in jüngster Vergangenheit noch in zweistelliger Höhe und waren vor allem im zurückliegenden Jahr 2000 nicht mehr eindeutig rückläufig. Die Preisentwicklung während des Transformations- und Integrationsprozesses der MOEL hat – wie in Teil A theoretisch und Teil B empirisch dargelegt – vor allem angesichts von Produktivitätsveränderungen im Sinne des Balassa-Samuelson Effektes einen strukturellen Aspekt. Das heißt, daß die strukturelle Inflationsrate in den Übergangsökonomien – auch in der gleichen Phase des Konjunkturzyklus – signifikant über derjenigen Westeuropas liegt.[560]
Innerhalb der betrachteten MOEL sehen sich derzeit vor allem Polen, Ungarn und Slowenien mit anhaltend hohen Inflationsraten konfrontiert. Das Jahr 2000 war in allen drei Ländern durch eine deutliche Unterbrechung der Inflationskonvergenz angesichts exogener Preisschocks gekennzeichnet:[561] Der Effekt aufgrund rasant steigender internationaler Ölpreise, der die Preise für Energieträger trotz administrativer Preiskontrollen deutlich ansteigen läßt, wird zusätzlich durch die globale Schwäche des Euro verstärkt. Zudem verzeichnen die MOEL in 2000 angesichts einer schlechten Ernte und schlechten

---

[557] Vgl. Buch (1999b), S. 95.

[558] Vgl. Frensch (1999), S. 24f.; Buch/Heinrich/Pierdzioch (1999), S. 99f.

[559] Vgl. Roubini/Wachtel (1998), S. 8.

[560] Vgl. auch Europäisches Parlament (2000), S. 25.

[561] Vgl. etwa Deutsche Bank Research (2001a), S. 37ff.

Lieferkapazitäten in Kombination mit der konjunkturbedingt höheren Nachfrage einen signifikanten Preisanstieg für unverarbeitete Agrarprodukte und Lebensmittel.

Trotzdem ist die Inflationsentwicklung neben den externen Einflußfaktoren in jüngster Zeit in erster Linie durch strukturelle Charakteristika zu begründen. Die in den Abbildungen C-8 bis C-10 zusammengefaßte Preisentwicklung der letzten drei Jahre mit grundsätzlich höheren Steigerungsraten bei den Verbraucher- gegenüber den Produzentenpreisen ist ein Hinweis darauf, daß im Sinne der Balassa-Samuelson-Theorie die Preissteigerungsraten im Sektor für nicht-handelbare Güter tatsächlich höher ausfallen als im Sektor für handelbare Güter. Damit wäre die bestehende intersektorale Inflationslücke auf höhere Produktivitätssteigerungen im Sektor für handelbare Güter zurückzuführen. Insofern spiegeln die Inflationsdifferentiale Strukturveränderungen in der inländischen Produktion und Nachfrage wider. Wie sind die Preisentwicklungen der drei Volkswirtschaften jedoch im einzelnen zu interpretieren?

In *Polen* besteht auf Grundlage der *'mittelfristigen geldpolitischen Strategie für die Jahre 1999-2003'* der Zentralbank das offizielle Ziel der Geldpolitik in einer Reduktion der Inflationsraten. Als mittelfristiges direktes Inflationsziel wird eine Rate von unter 4% zum Jahresende 2003 anvisiert. Es wird explizit anerkannt, daß Preisstabilität eine essentielle Voraussetzung für langfristiges und nachhaltiges Wirtschaftswachstum bildet. Der polnische Disinflationsprozeß mit vorübergehend einstelligen Inflationsraten hat sich am Ende des ersten Quartals 1999 umgekehrt.

Abbildung C-8: Polnische Inflationsentwicklung

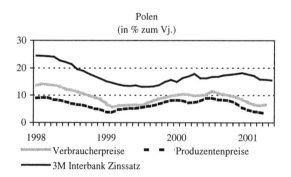

Quelle: FERI.

Im Jahr 2000 sieht sich die Volkswirtschaft im Regionenvergleich der MOEL am stärksten mit den Inflationseffekten nicht-monetärer Faktoren auf der Angebotsseite (Ölpreis, zögerliche Deregulierung, schlechte Ernte) und damit einer jahresdurchschnittlichen Steigerungsrate der Konsumentenpreise von 10,1% konfrontiert.[561] Obgleich die polnische Zentralbank seit Herbst 1999 mit einer deutlich restriktiven Geldpolitik auf den

---

[561] Vgl. Deutsche Bank Research (2001c), S. 13f.; Standard & Poor's DRI (2001a).

steigenden Preisdruck reagiert, kann das offizielle Inflationsziel von maximal 6,8% zum Jahresende 2000 mit einer tatsächlichen Inflationsrate von 8,5% zum zweiten Mal in Folge nicht erfüllt werden.

Der mittelfristige Inflationsausblick steht jedoch im deutlichen Kontrast zu der monetären Entwicklung der letzten beiden Jahre. Der Preisauftrieb in Polen ist im ersten Halbjahr 2001 deutlich rückläufig, so daß die Steigerungsraten der Verbraucherpreise zuletzt innerhalb des von der Zentralbank zum Jahresende anvisierten Zielkorridors von 6-8% liegen: Das Inflationsziel ist zum einen in Konsistenz mit dem anvisierten, mittelfristigen Konvergenzpfad (auf eine Rate von 4% am Jahresende 2003) getroffen worden. Zum anderen ist eine nicht zu ambitionierte Wahl angesichts der gesunkenen Glaubwürdigkeit auf den Märkten notwendig, um ein erneutes Überschießen des Zielwertes zu vermeiden.

Die Rückkehr zum monetären Konvergenzpfad wird durch folgende Entwicklungen determiniert:

• Verlangsamung der Binnennachfrage
• Auslaufen von angebotsseitigen Einmalfaktoren
• nominale Aufwertung des Zloty
• beschleunigte Liberalisierung des inländischen Lebensmittelmarktes

Die polnische Geldpolitik und insofern die Inflationsbekämpfung erfährt jedoch keine grundsätzliche Entlastung von der fiskalischen Seite. Indem das sog. ökonomische Defizit zuletzt noch einmal um 0,2 Prozentpunkte auf 1,8% des BIP erhöht wurde, verfolgt die Fiskalpolitik keinen restriktiven Ansatz wie in anderen MOEL. Ein weiterer Faktor, der belastend für die Inflationsbekämpfung wirkt, ist auch künftig in der Lohnentwicklung zu sehen. Trotz sektoraler Lohnleitlinien dürften die nominalen Lohnabschlüsse wie in der Vergangenheit angesichts einer rückwärts gerichteten Indexierung einen erheblichen Preisdruck auslösen und den Anstieg der Arbeitsproduktivität überkompensieren. Über das Jahr 2001 hinaus spricht jedoch insgesamt strukturbedingt vor allem die Preisentwicklung im Sektor für nicht-handelbare Güter für ein höheres Inflationsniveau im Vergleich zu Westeuropa. Das regionenspezifische Phänomen wird in Polen durch den nur schleppend voranschreitenden Restrukturierungs- und Privatisierungsprozeß verschärft.

In *Ungarn* ist das oberste Ziel der geldpolitischen Strategie, einen *dauerhaften* Rückgang der Inflationsraten herbeizuführen, um langfristig Preisniveaustabilität zu erreichen. Die Glaubwürdigkeit dieser Absicht wurde zuletzt durch die Einführung eines impliziten Inflationszieles verstärkt: Die Zentralbank strebt zunächst an, die inländische Inflationsrate bis zum Jahresende 2001 auf 7% und bis zum Jahresende 2002 auf 4,5% zurückzuführen. Diesem überaus ambitionierten Ziel liegt jeweils eine Toleranzspanne von plus/minus 1% zugrunde.

Unter den hier betrachteten MOEL-5 verzeichnet Ungarn zuletzt den stärksten Preisdruck mit Steigerungsraten der Verbraucherpreise von etwas über 10%. Damit ist die Inflationsrate in Ungarn – von transitorischen Schwankungen abgesehen – entgegen der geldpolitischen Zielvorgaben insgesamt seit Ende 1998 nicht mehr eindeutig rückläufig.

261

Wie in den anderen MOEL verstärken interne und externe Preisschocks wie der weltweite Anstieg der Energiepreisträger sowie die Preissteigerungen für Agrarprodukte die Inflationsbeschleunigung im Jahresverlauf 2000 deutlich.[562]

Abbildung C-9: Ungarische Inflationsentwicklung

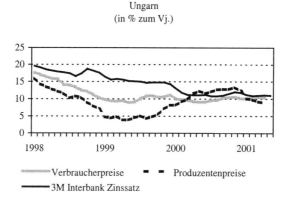

Ungarn
(in % zum Vj.)

▨▨▨ Verbraucherpreise　　▬ ▬ Produzentenpreise
▬▬ 3M Interbank Zinssatz

Quelle: FERI.

Der Preisdruck innerhalb der ungarischen Ökonomie wird jedoch nicht hauptsächlich durch volatile, kurzfristige Einflußfaktoren bestimmt: Vielmehr weist die Entwicklung der um Energieverteuerungen und Saisoneffekte bereinigten Basisinflationsrate darauf hin, daß sich die monetäre Konvergenz angesichts struktureller Aspekte auch mittelfristig verzögern dürfte: Die Basisinflationsrate liegt im März 2001 bei rd. 11% und erreicht damit ein zwei Jahre zurückliegendes Niveau. Die Preisstabilisierung in Ungarn wird auch zukünftig angesichts sich verfestigter Inflationserwartungen deutlich erschwert. Neben dem expansiven Finanzbudget der Regierung, das ein nachhaltiges Inflationsrisiko beinhaltet, spielen die sich verschlechternden Inflationserwartungen eine entscheidende Rolle für den nominalen Konvergenzpfad. Die zähen Inflationserwartungen sind Ausdruck der beschleunigten sektorübergreifenden Nominallohnerhöhungen (rd. 13% ggü. Vj. in 2000 und 2001). Damit sollten auch in den nächsten beiden Jahren die eng mit der Lohnentwicklung verknüpften Marktpreise für Dienstleistungen, die mit rd. 20% den höchsten Anteil am Warenkorb für den CPI besitzen, einen deutlichen Preisschub erfahren.

Zwar dürfte sich bei Ausbleiben weiterer Preisschocks die monetäre Konvergenz (Zinsen/Preise) durch einen steigenden Angebotsdruck wieder fortsetzen, jedoch besteht eine grundsätzliche Gefahr, daß sich die Inflationserwartungen angesichts der Trendumkehr bei der Preisentwicklung weiter verfestigen.[563] In einer mittelfristigen Perspektive werden voraussichtlich neben dem erwähnten Beharrungsvermögen der Verbraucherpreise

---

[562] Vgl. Deutsche Bank Research (2001d).
[563] Vgl. auch National Bank of Hungary (2001b), S. 15.

auch die ausstehenden Preisliberalisierungen bewirken, daß die monetäre Konvergenz in Ungarn unter den MOEL-5 am langsamsten erfolgen wird.

In *Slowenien* verfügt die Zentralbank mit der Stabilisierung des Preisniveaus sowie der Sicherung der Währungsstabilität über zwei zentrale geldpolitische Ziele. Das Inflationsniveau der EU fungiert als langfristiger, strategischer Orientierungspunkt der Notenbank. Die zurückliegende Preisentwicklung in Slowenien zeigt keinen einheitlichen Konvergenzpfad: Seit Mitte 1999 hat sich die Verbraucherpreisinflation wieder deutlich – trotz restriktiver Gegenmaßnahmen der Geldpolitik – auf zuletzt fast 10% beschleunigt. Als treibende Kräfte dieser Trendumkehr können mit der globalen Energieverteuerung, der Einführung einer Mehrwertsteuer sowie der Abwertung des Tolar vor allem externe Faktoren identifiziert werden.

Abbildung C-10: Slowenische Inflationsentwicklung

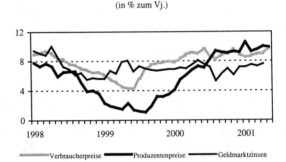

Slowenien
(in % zum Vj.)

Quelle: FERI.

Nachdem Anfang 1995 umfangreiche Kapitalverkehrskontrollen eingeführt worden sind (s. Kapitel V), erfolgt vier Jahre später eine breite Liberalisierung des Kapitalverkehrs. Die gestiegene Kapitalmobilität bedeutet für die Notenbank, daß der geldpolitische Spielraum, eine gleichzeitige Überwachung der Inflations- und Wechselkursentwicklung zu gewährleisten, signifikant eingeengt wird.[564] Zur Stabilisierung des realen Wechselkurses intervenierte die slowenische Notenbank in der Vergangenheit mehrfach auf dem Devisenmarkt. Die Interventionen stehen jedoch bei zunehmender Kapitalmobilität in Konflikt zu dem von den Währungshüter angestrebten Zielwert für das inländische Geldmengenwachstum. Zwar sollte Slowenien in Anbetracht einer entschlossenen restriktiven Geld- und Fiskalpolitik mittelfristig eine sukzessive Reduktion der noch hohen Inflationsraten erreichen, jedoch kann der Erfolg der zukünftigen Inflationsbekämpfung von den folgenden beiden Aspekten abhängig gemacht werden:[565]

---

[564] Vgl. Deutsche Bank Research (2001b), S. 23.
[565] Vgl. Standard & Poor's DRI (2001b), S. 189.

- *Importpreisentwicklung*: Als sehr kleine, offene Volkswirtschaft (Import- und Exportwert entsprechen rd. 94% des BIP) ist das inländische Preisniveau sehr stark von Schwankungen der Importpreise abhängig. Externe Preisschocks sowie die Entwicklung des Tolar gegenüber dem Euro sind demzufolge entscheidende Determinanten des nominalen Konvergenzpfads.

- *Preisliberalisierung*: Der slowenische Staat kontrolliert noch immer rd. 10-15% der inländischen Preise, so daß für die Inflationsbekämpfung mittelfristig die weitere Liberalisierung administrierter Preise belastend wirkt.

Die Notwendigkeit der Inflationskonvergenz bleibt auch in den nächsten Jahren die zentrale Herausforderung auf der wirtschaftspolitischen Agenda aller MOEL. Zwar haben in der jüngsten Vergangenheit vorübergehende Einmaleffekte im Zuge externer Preisschocks eine entscheidende inflationäre Rolle gespielt, jedoch stehen mittel- bis langfristig strukturelle Aspekte im Zusammenhang mit der nominalen Konvergenzgeschwindigkeit im Vordergrund. Die Wirtschaftsstrukturen der MOEL werden sich auch auf dem Weg in die währungspolitische Ordnung Europas weiterhin stark verändern, so daß eine entsprechende Anpassung der Preisrelationen erfolgen muß. Der auch zukünftig anhaltende Preisanstieg nicht-handelbarer Güter dürfte während des Integrationsprozesses der MOEL deren Preissteigerungsraten um mehrere Prozentpunkte über das Niveau in Euroland schieben. Der Preisdruck wird zudem durch die noch ausstehenden Preisliberalisierungen verstärkt. Insgesamt gilt, daß eine Vertiefung und Beschleunigung der notwendigen Strukturreformen die entscheidende Voraussetzung dafür bildet, dauerhaft ein Preis- und Lohnniveau zu erreichen, das dem jetzigen EU-Standard entspricht.

VIII. Der WKM-2 als multilateraler Integrationsmechanismus

1. Einleitende Überlegungen

1.1 Inhaltliche Einordnung

Die neuen, mittel- und osteuropäischen Mitgliedstaaten verpflichten sich durch ihren EU-Beitritt, ihre Wechselkurspolitik – wie im vorherigen Kapitel VII dargestellt – als eine Angelegenheit von gemeinsamen EU-Interesse zu behandeln. Zwar ist die Ausgestaltung der genauen Währungs- und Geldpolitiken während dieser Beitrittsphase noch immer weitgehend unklar, jedoch wird auf freiwilliger Basis von den MOEL ein Beitritt zum WKM-2 erwartet.

Die formale Grundlage dieser Empfehlung bildet die zweijährige Qualifikationsphase für das – dem langfristigen EWU-Beitritt zugrundeliegenden – Wechselkurskriterium: Das Maastricht-Kriterium der Wechselkursstabilität verlangt, daß *"ein Mitgliedsstaat die im Rahmen des Wechselkursmechanismus des Europäischen Wechselkurssystems vorgesehenen normalen Bandbreiten zumindest in den letzten zwei Jahren vor der Prüfung ohne starke Spannungen eingehalten haben muß"*.[566] Es gilt als unwahrscheinlich, daß den MOEL eine Verkürzung der formellen Qualifikationsphase – wie etwa im Falle Italiens und Finnlands – zugestanden wird. Insofern ist von einem Mindestzeitintervall zwischen EU und EWU-Beitritt von zwei Jahren auszugehen. Wie in Kapitel IX noch näher analysiert wird, sollte aus ökonomischen Erwägungen heraus im Falle der MOEL ein Zeitraum eingehalten werden, der deutlich über diesen zwei Jahren liegt. Der WKM-2 gilt demzufolge als orthodoxer Integrationsweg. Angesichts der spezifischen Bedürfnisse der MOEL stellt sich für einen reibungslosen Übergang in die Eurozone die Frage alternativer Übergangsoptionen, die in Kapitel IX noch näher diskutiert werden. Der Ecofin-Rat hat im Rahmen eines im November 2000 dem Europäischen Rat vorgelegten Berichts über Wechselkursaspekte der EU-Erweiterung seine Position deutlich gemacht und die Möglichkeit, currency boards als monetären Integrationsmechanismus auf dem Weg in die Eurozone beizubehalten, nicht grundsätzlich abgelehnt.

Trotz einzelner Vorgaben von Seiten der EU bezüglich kompatibler Wechselkursregime mit dem WKM-2 wird für die währungspolitische Integration der MOEL explizit eine Pluralität der Ansätze anerkannt. Dies soll jedoch ohne Gefährdung der angestrebten formalen Gleichbehandlung der MOEL erfolgen. Insofern können – von Zwischenlösungen abgesehen – die folgenden beiden Strategien nach dem EU-Beitritt der MOEL unterschieden werden:[567]

- *Minimalistischer Ansatz:* Bei dieser Währungsstrategie wird die zweijährige Qualifikationsphase lediglich im Sinne der Wechselkursstabilität als zwingend notwendige Stufe für den anvisierten Beitritt in die Eurozone betrachtet. Demzufolge würde eine Integration über den WKM-2 erst zwei Jahre vor der geplanten Übernahme des Euro als gesetzliches Zahlungsmittel erfolgen.

---

[566] Vgl. Art. 3 des Protokolls über die Konvergenzkriterien nach Art. 121 des Vertrags über die Gründung der EG.
[567] Vgl. Europäisches Parlament (2000), S. 32.

- *Ansatz der mittelfristigen Koppelung*: Bei dieser Währungsstrategie würden die MOEL eine Integration in den WKM-2 und damit eine Koppelung an den Euro recht zügig nach dem EU-Beitritt vollziehen. In diesem Fall dürfte die Mitgliedschaft der MOEL im WKM-2 deutlich länger dauern als der formal vorgeschriebene Mindestzeitraum von zwei Jahren.

Unabhängig vom jeweiligen Zeitpunkt des WKM-Beitritts durch die MOEL und der Dauer impliziert die monetäre Integration über dieses Wechselkurssystem vielfältige Veränderungen für die nationale Wechselkurspolitik. Zur Analyse der Implikationen und der optimalen Währungsstrategien soll im vorliegenden Kapitel neben den Zielen und Strukturmerkmalen des WKM-2 vor allem die Anwendung auf den monetären Integrationsprozeß diskutiert werden.

1.2 Ziele und Motive des WKM-2

Mit der Einführung des Euro zum 1. Januar 1999 entstand innerhalb der EU eine neue Situation. Die Mehrzahl der Mitgliedstaaten übertrugen ihre monetäre Souveränität der EZB ('ins'). Einige Staaten verfolgen bis auf weiteres weiterhin freiwillig bzw. unfreiwillig eine autonome Geldpolitik ('pre-ins'). Die monetäre Spaltung sollte durch ein – dem ehemaligen EWS ähnliches – Festkursregime zwischen dem Euro und den Währungen der nicht an der Eurozone teilnehmenden Staaten abgemildert werden. Die Europäische Kommission bezieht den Terminus der pre-ins ausschließlich auf diejenigen Mitgliedstaaten der EU, die nicht an der dritten Stufe der EWU teilnehmen (derzeit Dänemark, Schweden, Großbritannien). In Abgrenzung zu dieser Begriffsdefinition werden im vorliegenden Kontext unter die pre-ins mit den MOEL auch diejenigen Staaten subsumiert, die sowohl einen vollständigen Beitritt zur EU als auch zur EWU anstreben.

Die formale Grundlage des neuen Europäischen Wechselkurssystems (EWS-2) und des zugrundeliegenden Wechselkursmechanismus (WKM-2) wurde durch die Verabschiedung von zwei Vertragstexten geschaffen: Zum einen liegt dem WKM-2 die *'Entschließung des Europäischen Rates über die Einführung eines Wechselkursmechanismus in der dritten Stufe der Wirtschafts- und Währungsunion'* vom 16. Juni 1997 in Amsterdam zugrunde. Die Entschließung beinhaltet wesentliche Grundsätze und Ziele sowie grundlegende Strukturmerkmale des WKM-2. Zum anderen wurde am 1. September 1998 das endgültige Abkommen zwischen der EZB und den nationalen Zentralbanken der nicht an der Endstufe der Währungsunion teilnehmenden Staaten ratifiziert. Dieses Abkommen konkretisiert die operativen Verfahren des neuen Wechselkurssystems. Das grundsätzliche Motiv dieses Wechselkursmechanismus besteht darin, dem monetären Integrationsprozeß in Europa einen weiteren stabilitätspolitischen Stützpfeiler hinzuzufügen.[568]

Die Bedeutung dieses Bestrebens erhält im Kontext der monetären Integration beitrittswilliger MOEL eine zusätzliche Dimension.

---

[568] Vgl. Deutsche Bundesbank (1998), S. 25.

Vor diesem Hintergrund ergeben sich neben den offensichtlichen politischen Integrationsmotiven aus ökonomischer Sicht die folgenden Ziele des WKM-2:[570]

- *Unterstützung des nominalen Konvergenzprozesses*: Durch den 'Bezugsrahmen' einer festen Anbindung der Währungen der pre-ins an den Euro entsteht ein zusätzlicher Anreiz für die beitrittswilligen Staaten, die inländische Finanz-, Geld- und Wirtschaftspolitik stabilitätsorientiert auszurichten. Angesichts der disziplinierenden Effekte eines glaubwürdigen und institutionalisierten Festkurssystems kann der WKM-2 als Glaubwürdigkeitsanker des Stabilisierungspfads der pre-ins fungieren.
- *Stärkung und Absicherung des gemeinsamen EU-Binnenmarktes*: Mit Hilfe des WKM-2 wird angestrebt, hohe – zum Teil spekulativ verursachte – nominale und reale Wechselkursschwankungen zwischen dem Euro und anderen EU-Währungen zu vermeiden. Auf diese Weise soll die reibungslose Funktionsfähigkeit des EU-Binnenmarktes gestärkt und ein grundsätzlich stabiles wirtschaftspolitisches Umfeld für mehr Wachstum, Investitionen sowie Beschäftigung geschaffen werden.
- *Vermeidung kompetitiver Abwertungspolitik*: Obgleich die EU-Mitgliedstaaten ihre Währungspolitik als Angelegenheit gemeinsamen Interesses betrachten müssen, soll durch den WKM-2 erreicht werden, daß keine kompetitive (aktive und passive)[571] Abwertungspolitik der nicht an der Eurozone teilnehmenden Staaten verfolgt wird.

Insgesamt zielt der WKM-2 aus Sicht der EU darauf ab, die Stabilität der Währungen der pre-ins gegenüber dem Euro über einen längeren Zeitraum hinweg zu testen, indem diese in einem System fester Wechselkurse mit begrenzter Flexibilität an die Einheitswährung gebunden sind. Das Wechselkurssystem soll den MOEL beispielsweise einen Anreiz bieten, die nationalen Wirtschafts- und Währungspolitiken nach der internen und externen Stabilität der Eurozone auszurichten. Gleichzeitig ist die Implementierung eines Nachfolgesystems für das ehemalige EWS aus formalen Gründen der Gleichbehandlung notwendig, um etwa den beitrittswilligen MOEL die spätere formale Einhaltung des Maastrichter Wechselkurskriteriums zu ermöglichen.[572]

2. Zur Ausgestaltung des WKM-2

2.1 Grundsätze und Strukturmerkmale

Indem das jetzige EWS-2 die Nachfolgeregelung des im Jahr 1979 gegründeten EWS darstellt, basiert die konkrete Ausgestaltung auf dessen Kernelementen. Die Erfahrungen im Zuge der EWS-Krise in den Jahren 1992 und 1993 sowie die Tatsache, daß nach dem

---

[570] Vgl. für eine ausführliche Übersicht der Ziele des WKM-2 etwa Frenkel/Nickel (1999), S. 141ff.; Vehrkamp (1997), S. 154ff.; Saccomanni (1996), S. 385ff. Vgl. vor allem auch die Entschließung des Europäischen Rats über die Einführung des neuen WKM-2 vom 16. Juni 1997.

[571] Dabei ist unter einer aktiven kompetitiven Abwertungspolitik die gezielte Beeinflussung des Wechselkurses durch zinspolitische Maßnahmen (Zinssenkung) zu verstehen, um Wettbewerbsvorteile zu erlangen. Demgegenüber impliziert eine passive kompetitive Abwertungspolitik in diesem Kontext, daß die Währungshüter der nicht an der Eurozone teilnehmenden Staaten dem unterstellten latenten Abwertungsdruck gegenüber dem Euro (keine mikroökonomischen Effizienzgewinne durch Einheitswährung) nicht energisch genug entgegentreten. Vgl. Duijm (1997), S. 12f.

[572] Vgl. Frenkel/Nickel (1999), S. 141.

Start der dritten Stufe zur EWU eine signifikant neue währungspolitische Situation in Europa erreicht wurde, erfordern eine modifizierte Ausgestaltung des WKM-2 gegenüber der vorherigen Regelung.

Der WKM-2 basiert auf den folgenden drei *Grundsätzen*:[572]

- Die Teilnahme am Wechselkursmechanismus ist zwar für die nicht der Eurozone angehörenden EU-Staaten *freiwillig*, wird jedoch von denjenigen Mitgliedstaaten erwartet, für die keine Ausnahmeregelung gilt. Ein Mitgliedstaat, der zunächst dem Wechselkursmechanismus fern bleibt, kann dementsprechend zu einem späteren Zeitpunkt beitreten.

- Bei der Umsetzung des Wechselkursmechanismus steht der Kerngedanke im Vordergrund, das von der EZB sowie den meisten nationalen Zentralbanken verfolgte Ziel der *Preisstabilität* unter keinen Umständen zu gefährden. So entscheidet etwa das Ziel der Preisstabilität über die Rechtfertigung von Devisenmarktinterventionen.

- Durch die Möglichkeit einer individuellen Ausgestaltung, etwa der zugrundeliegenden Bandbreiten, soll ein hinreichendes Maß an *Flexibilität* gewährleistet sein, um Abweichungen bei der wirtschaftlichen Konvergenz sowie den Konvergenzstrategien zu berücksichtigen.

Diese drei entscheidenden Grundsätze des neuen WKM-2 finden sich in der konkreten Ausgestaltung der multilateralen Wechselkursregelung wieder. Dabei kann zwischen denjenigen Strukturmerkmalen, die sich aus dem ehemaligen EWS ableiten lassen und denjenigen, die sich aus der neuen währungspolitischen Situation in Europa ergeben, unterschieden werden.

Zu den zentralen Strukturmerkmalen des WKM-2, die sich in ähnlicher Form auch im ehemaligen EWS wiederfinden, zählen die folgenden:[573]

Bandbreiten: Es wurde vereinbart, daß für die Währungen der am WKM-2 teilnehmenden EU-Staaten ein bilateraler Leitkurs zum Euro mit einer Standardbandbreite für Wechselkursschwankungen von plus/minus 15% festgelegt wird. Abhängig von den jeweiligen Konvergenzfortschritten der pre-ins kann die Bandbreite innerhalb des WKM-2 auf Wunsch des Mitgliedstaates auch enger gewählt werden. Auf diese Weise soll den Märkten die Dauerhaftigkeit der bereits erlangten Konvergenz sowie die Bereitschaft zur Verteidigung des Leitkurses innerhalb geringerer Bandbreiten signalisiert werden.[574] Eine solch engere Wechselkursanbindung kann in unterschiedlicher Weise vorgenommen werden: Es können engere Zielkorridore durch einen Antrag auf förmliche Festlegung vereinbart und veröffentlicht oder engere Wechselkursbindungen auf informellen, vertraulichen Vereinbarungen basieren, die dann bei Bedarf durch intramarginale Devisenmarktinterventionen gestützt werden.

[572] Vgl. Entschließung des Europäischen Rats zur Einführung des neuen WKM-2 vom 16. Juni 1997.
[573] Vgl. Entschließung des Europäischen Rats zur Einführung des neuen WKM-2 vom 16. Juni 1997.
[574] Vgl. Deutsche Bundesbank (1998), S. 22.

Interventionen: Beim Erreichen des unteren bzw. oberen Interventionspunktes sieht das Abkommen koordinierte und automatische *obligatorische* Interventionen der EZB und der beteiligten nationalen Zentralbank in unbegrenzter Höhe vor. Es wird angestrebt, durch das gleichzeitige Eingreifen beider beteiligter Notenbanken symmetrische Liquiditätseffekte zu erzeugen, die wiederum den Ausgleich der Zahlungsbilanzen beschleunigen sollen.[576] In diesem Zusammenhang wird jedoch explizit betont, daß die Stützungskäufe lediglich als ergänzende sowie unterstützende Maßnahme anzusehen sind. Es sollten vielmehr finanz- und geldpolitische Instrumente zur Beschleunigung der Konvergenzfortschritte und damit zur Begrenzung der Wechselkursvolatilität eingesetzt werden. In diesem Kontext wird explizit die flexible Verwendung von Zinsänderungen durch die pre-ins als zentrales Anpassungs- und Steuerungsinstrument anerkannt. Darüber hinaus sind *intramarginale* Interventionen innerhalb der Schwankungsbreite möglich, um frühzeitig einer fundamental unbegründeten Wechselkursentwicklung entgegenzuwirken. Diese können entweder einseitig oder aber auch durch koordinierte Absprachen zwischen der nationalen Zentralbank und der EZB erfolgen. Beim Überschreiten bestimmter Interventionshöchstbeträge ist die vorherige Zustimmung für die intramarginalen Stützungskäufe der – die Interventionswährung emittierenden – Notenbank erforderlich.

Finanzierung von Stützungskäufen: Um den Interventionsvorhaben auf den Märkten die notwendige Glaubwürdigkeit zu verleihen, stehen automatisch abrufbare 'sehr kurzfristige Finanzierungsfazilitäten' zur Verfügung. Auf diese Weise wird sichergestellt, daß jeder Teilnehmer am Wechselkurssystem auf einen ausreichenden Betrag an Partnerwährung zurückgreifen kann und somit über einen entscheidenden Mechanismus zur Abwehr spekulativer Attacken verfügt. Das jeweilige Verfahren unterscheidet sich je nach Interventionsform: Liegen *intramarginale* Stützungskäufe vor, so stehen den Zentralbanken der pre-ins diese Finanzierungen bis zu einer festgelegten Obergrenze zur Verfügung.[577] Demgegenüber hat die EZB im Zusammenhang mit intramarginalen Interventionen keine Zugriffsmöglichkeit auf diese Kreditfazilitäten. Liegen andererseits *obligatorische* Stützungskäufe vor, so ist die Finanzierung volumenmäßig im allgemeinen unbeschränkt. Die reguläre Laufzeit des entsprechenden Kredites beträgt drei Monate und ist bis zu zwei Mal verlängerbar. Grundsätzlich gilt, daß für die Interventionen zunächst in einem angemessenen Umfang vorhandene, eigene Devisenreserven Verwendung finden sollten.

Darüber hinaus wird dem neuen ökonomischen und institutionellen Umfeld in Europa nach Beginn der dritten Stufe der EWU Rechnung getragen, indem – für den neuen WKM-2 charakteristischen – zusätzliche Strukturmerkmale implementiert wurden:

'Nabe-Speichen'-Struktur: Der Wechselkursmechanismus basiert auf festen, aber anpassungsfähigen Leitkursen der Währungen der pre-ins gegenüber dem Euro. Die europäische Einheitswährung nimmt explizit die Rolle als Ankerwährung ein. Im strikten Ge-

---

[576] Dieses Interventionssystem ähnelt dem des ehemaligen EWS; vgl. Ohr (1996b), S. 205f.

[577] Diese Höchstbeträge errechnen sich aus der doppelten Höhe der für die Notenbank früher innerhalb des kurzfristigen Währungsbeistandes abrufbaren Summe. Damit ergeben sich die folgenden Beträge ('Plafonds'): Dänemark 520 Mio. EUR; Schweden 990 Mio. EUR.

gensatz zu dem sogenannten Paritätengitter innerhalb des ehemaligen EWS sind die entsprechenden Leit- und Interventionskurse damit ausschließlich gegenüber dem Euro definiert. Damit wird der asymmetrische und euro-zentrische Charakter des WKM-2 mit dem Euro als institutionalisierte Leitwährung anerkannt.[578] Der Euro ist diejenige Währung, an der die künftige nominale Konvergenz von Währungen der pre-ins ausgerichtet werden soll. Folglich sind bei Zugrundelegen der Standardschwankungsbreite (plus/minus 15%) zwischen den teilnehmenden Währungen Schwankungen von über 35% möglich (s. Tabelle C-5). Vor diesem Hintergrund können bei Bedarf bilaterale Vereinbarungen unter den pre-ins über zusätzliche Schwankungsbänder zwischen ihren Währungen und getrennte Interventionsmechanismen getroffen werden. Wie noch zu diskutieren sein wird, ist dies im Kontext der Währungen beitrittswilliger MOEL eine überlegenswerte Option.

Tabelle C-5:[579] Zahlenbeispiel für die Schwankungsbreite der 'Kreuzrate'

Einheiten Währung B zu EUR		0,85	1,00	1,15
Einheiten Währung A zu EUR		unterer Interventionspunkt	unterstellter Leitkurs	oberer Interventionspunkt
0,85	unterer Interventionspunkt	1,00	0,85	0,74
1,00	unterstellter Leitkurs	1,18	1,00	0,87
1,15	oberer Interventionspunkt	1,35	1,15	1,00

Quelle: Frenkel/Nickel (1999), S. 142.

Aussetzen der Interventionen: Im Gegensatz zum vorherigen EWS-1 ist eine Aussetzung der obligatorischen Interventionen sowohl auf Seiten der EZB als auch auf denen der nationalen Zentralbanken vorgesehen, wenn diese im Widerspruch zu den Zielen der jeweiligen Geldpolitiken angesichts der mit den Interventionen einhergehenden Liquiditätswirkung stehen.[580] Die Möglichkeit, daß die EZB Interventionen sowie Interventionsfinanzierungen verweigern kann, stellt ein zentrales Merkmal des WKM-2 dar. Damit wird anerkannt, daß Devisenmarktinterventionen zur Verteidigung der Schwankungsbreiten keine ultima ratio darstellen. Vielmehr steht auf Seiten der EZB das satzungsgemäße Ziel der Preisniveaustabilität und auf Seiten der pre-ins die nominale und reale Konvergenz mit Hilfe von wirtschafts- und geldpolitischen Maßnahmen im Vordergrund (um auf diese Weise die Wechselkursentwicklung zu stabilisieren).

---

[578] Vgl. auch Saccomanni (1996), S. 392.

[579] Die Zahlen spiegeln die mögliche Schwankungsbreiten bei alternativen hypothetischen Leitkursen der Währungen A und B gegenüber dem Euro wider. Die fiktiven Wechselkurse in dem Tableau geben jeweils die Kreuzraten an und entsprechen damit dem Wechselkurs der Währung A gegenüber einer Einheit der Währung B.

[580] Damit ergibt sich faktisch eine asymmetrische Interventionsverpflichtung zu Lasten der pre-ins-Zentralbanken, da diese bei einer Gefährdung der Preisstabilität im Euroraum (und insofern bei einem unterstellten Aufwertungstrend des Euro gegenüber der pre-ins-Währung) alleine handeln müssen.

Realignments: Zur Vermeidung tiefgreifender Wechselkursverzerrungen im Falle fundamentaler Veränderungen innerhalb der am WKM-2 teilnehmenden Länder soll sichergestellt werden, daß die zugrundeliegenden Leitkurse rechtzeitig und zügig angepaßt werden. Um diesen Anspruch zu verwirklichen, haben sämtliche – an dem gemeinsamen Verfahren zur Festlegung der Leitkurse beteiligten – Institutionen (EZB, nationale Zentralbanken, EU Kommission) die Initiativbefugnis, ein vertrauliches Verfahren zur Überprüfung der Leitkurse einzuleiten. Das vorrangige Ziel dieser Handhabung ist es, die Diskussion um die Notwendigkeit etwaiger Realignments zu 'entpolitisieren' und zugleich zu beschleunigen. Die abschließende Entscheidungsgewalt über eine Änderung der zugrundeliegenden Leitkurse liegt weiterhin bei den nationalen Finanzministern.

Überwachung: Die Überwachungs- und Koordinationsfunktion des WKM-2 obliegt dem Erweiterten Rat der EZB.[581] Dabei soll die Funktionsweise des Wechselkurssystems vor allem hinsichtlich der Tragfähigkeit der Wechselkursbeziehungen zwischen dem Euro und den Währungen der pre-ins überwacht werden.

Die dargestellten Strukturelemente des WKM-2 bilden eine angemessene Grundlage für eine stabilitätsorientierte Ausrichtung der Wirtschafts- und Währungspolitik auf Seiten der pre-ins. In Anbetracht der Tatsache, daß der Wechselkursmechanismus ein Schlüsselelement für die monetäre Integration der verschiedenen MOEL darstellen wird, sollen im Abschnitt 3 die Vorteile und die Defizite des WKM-2 aus Sicht der beitrittswilligen MOEL diskutiert werden.

2.2 Bewertung

Durch die Implementierung des WKM-2 ist es gelungen, die zentralen institutionellen Mängel des früheren WKM zu beheben und einer hinreichenden Systemflexibilität sowie der besonderen Stellung der EZB Rechnung zu tragen. Der WKM-2 ist damit weniger krisenanfällig als sein Vorgängersystem. Die zentralen Defizite des ehemaligen EWS können unter die folgenden beiden Konstruktionsmängel subsumiert werden:[582]

- *Realignmentkompetenz*: Die Tatsache, daß die nationalen Regierungen der Mitgliedsländer die alleinige Autorität für mögliche Leitkursänderungen besaßen, verhinderte im Falle einer Verschiebung fundamentaler Wirtschaftsdaten zwischen den teilnehmenden Staaten zügige und angemessene Leitkursanpassungen. Politische Überlegungen standen im Vordergrund der Entscheidungsprozesse und verhinderten oftmals 'geräuschlose' – in Anbetracht realer Wechselkursverschiebungen erforderliche – Realignments.
- *Interventionszusagen*: Dem symmetrischen Interventionsmechanismus zwischen den teilnehmenden Zentralbanken konnte vor allem in Anbetracht des bestehenden – de facto asymmetrischen – Saldenausgleichs keine nachhaltige Glaubwürdigkeit verliehen werden. Die Schwachwährungsländer sahen sich vermehrt mit einer ungleichen

---

[581] Dem Erweiterten Rat der EZB gehören der Präsident sowie der Vizepräsident der EZB, die nationalen Notenbankpräsidenten der an der Eurozone teilnehmenden Länder sowie die Notenbankpräsidenten der am WKM-2 teilnehmenden Staaten an.
[582] Vgl. Gros/Thygesen (1992), S. 100ff.; Vehrkamp (1997), S. 158f.; Ohr (1996b), S. 208ff.

Verteilung der Anpassungslast im Zusammenhang mit dem Sterilisationsverhalten der EWS-Staaten konfrontiert. Das Wechselkurssystem konnte durch den sukzessiven Glaubwürdigkeitsverlust keine wirkungsvolle Abschirmung vor – realwirtschaftlich unbegründeten – spekulativen Attacken bieten.

Das Abkommen zum WKM-2 zwischen der EZB und den nationalen Zentralbanken der 1998 nicht der Eurozone angehörenden EU-Mitgliedstaaten greift diese institutionellen Defizite auf:

Erstens erfolgt mit der Übertragung einer Initiativbefugnis sowohl an die EZB als auch an die nationalen Notenbanken eine wesentliche Entpolitisisierung und Flexibilisierung der Leitkursanpassungen und eine Beschleunigung der jeweiligen Anpassungsprozeduren. Gleichzeitig impliziert diese Regelung – wie im Vorfeld der Verhandlungen in der Literatur vermehrt gefordert – eine Übertragung von Wechselkursverantwortung an die EZB.[583] Auf diese Weise wird die Gefahr einer Stabilitätsgefährdung des Euro reduziert, indem die EZB die Korrektur von wechselkursinduzierten Wettbewerbsvorteilen auf Seiten der pre-ins angesichts fundamental fehlbewerteter Leitkurse verlangen kann. Die Bedeutung dieser Verfahrensweise erhält vor allem durch den absehbaren WKM-Beitritt der MOEL zusätzliche Bedeutung: Wie noch zu diskutieren sein wird, dürften die zum Eurokern weiterhin bestehenden Inflationsdifferentiale innerhalb rigider Wechselkurssysteme stets dann zu Verzerrungen führen, wenn eine entsprechende Anpassung der zugrundeliegenden Wechselkursparitäten ausbleibt.

Zweitens steht explizit das Ziel der Preisniveaustabilität bei der Entscheidung über Interventionsmaßnahmen im Vordergrund. Es ist zu erwarten, daß angesichts der strukturellen Charakteristika beitrittswilliger mittel- und osteuropäischer Staaten vergleichsweise hohe nominale und reale Wechselkursvolatilitäten innerhalb des WKM-2 entstehen. Durch die 'opt-out' Möglichkeit der EZB bei Devisenmarktinterventionen wird nicht nur sichergestellt, daß die Stabilitätsinteressen der Eurozone gewahrt bleiben, sondern vielmehr auch die Anreize für eine Konvergenzbeschleunigung auf Seiten der MOEL verstärkt werden. Die monetäre Integration der MOEL innerhalb des WKM-2 sollte nicht auf Basis einer Interventionsstrategie von Seiten der EZB, sondern statt dessen durch eine Konvergenzstrategie der MOEL stattfinden.

Drittens tragen die automatisch und sehr kurzfristig abrufbaren Kreditlinien dazu bei, daß die Glaubwürdigkeit der eingegangenen obligatorischen (automatischen und volumenmäßig unbegrenzten) Interventionsverpflichtung gestärkt wird. Der Finanzierungsmechanismus weist zwar lediglich technische Veränderungen gegenüber dem entsprechenden Vorgängermodell auf, jedoch wird auch hier die Möglichkeit eröffnet, die sehr kurzfristige Finanzierung bei Gefährdung des Stabilitätszieles auszusetzen.

Viertens implizieren die festgelegten Standardbandbreiten von plus/minus 15% einen wesentlichen Flexibilitätsgewinn gegenüber den ursprünglichen Regelungen des EWS. Es wird den MOEL ermöglicht, die jeweilige strukturelle Entwicklung ihrer Ökonomie mit der erforderlichen Preis- und Wechselkursstabilität in Einklang zu bringen. Gleichzeitig werden die – vor dem Hintergrund des dann liberalisierten Kapitalverkehrs

---

[583] Vgl. Schäfer (1996); Duijm (1997); Saccomanni (1996).

erhöhten – Spekulationsrisiken entscheidend gedämpft. Den länderspezifischen Charakteristika wird zudem durch die Möglichkeit auf Seiten der pre-ins Rechnung getragen, unter Berücksichtigung individueller Konvergenzfortschritte eine engere Wechselkursbindung an den Euro zu vereinbaren. Das Verfahren, eine engere als die übliche Standardbandbreite zu wählen, wird insofern in seiner Bedeutung zusätzlich aufgewertet, indem es auf informeller Basis erfolgen kann. Infolgedessen wird den pre-ins die Gelegenheit sogenannter *'bands within bands'* eröffnet. Dabei werden informell engere Bänder innerhalb eines angekündigten breiten Schwankungsbandes durch (in der offiziellen Terminologie dann formal so bezeichnete) intramarginale Devisenmarkt-interventionen verteidigt.[584]

Allerdings weisen die beschriebenen Konstruktionsmerkmale des WKM-2 auch entscheidende Defizite auf:

So kann beispielsweise das angestrebte Ziel einer vollständigen Entpolitisierung der Leitkursanpassungen nicht erreicht werden. Indem neben den Zentralbanken noch immer politische Institutionen wie die Europäische Kommission das Recht besitzen, ein vertrauliches Verfahren zur Überprüfung der Leitkurse einzuleiten, und dieses zusätzlich durch den Ministerrat zu billigen ist, bleiben die Zentralbanken in ihrer geld- und wechselkurspolitischen Autonomie eingeschränkt.[585] Darüber hinaus besteht auf Seiten der pre-ins wie im Vorgängersystem ein Konflikt zwischen dem Ziel der Preisniveaustabilisierung einerseits und der Wechselkursstabilisierung andererseits: Indem durch volumenmäßig unbeschränkte Devisenmarktinterventionen angestrebt wird, den Wechselkurs innerhalb des Schwankungsbandes zu halten, wird gleichzeitig durch die expansiven Geldmengeneffekte (wenn die Landeswährung gegenüber dem Euro einem nominalen Aufwertungstrend unterliegt) das nominale Konvergenzziel konterkariert.[586] Die Vorteile eines euro-zentrischen Wechselkurssystems mit festgesetzten Leitkursen gegenüber dem Euro werden durch die hohen bilateralen Schwankungsbreiten zwischen den Währungen der pre-ins relativiert. Dieses Argument gewinnt insbesondere dann an Bedeutung, wenn mehrere, durch hohe realwirtschaftliche Verflechtungen gekennzeichnete, MOEL dem WKM-2 beitreten. Wie noch zu analysieren sein wird, ist in diesem Fall die Möglichkeit zusätzlicher bilateraler Abkommen in Erwägung zu ziehen.

Insgesamt kann festgestellt werden: Dem WKM-2 liegen zwar einige der grundsätzlichen Einschränkungen fester Wechselkursregime zugrunde (s. Kap. IV), jedoch bildet die beschriebene Systemflexibilität sowie die geringere Krisenanfälligkeit durch eine fortgeschrittene Entpolitisierung der Leitkursanpassungen eine hinreichende Stabilitätsgarantie für die EZB und trägt gleichzeitig den erforderlichen Konvergenzbemühungen der pre-ins Rechnung.

---

[584] Vgl. etwa Labhard/Wyplosz (1996) für eine Untersuchung der Schwankungsbreiten innerhalb des ehemaligen EWS nach dessen Krise 1993.

[585] Vgl. Frenkel/Nickel (1999), S. 144.

[586] Vgl. Calmfors (1997), S. 281; Saccomanni (1996), S. 399.

3. Anwendung auf die monetäre Integration der beitrittswilligen MOEL

3.1 Beurteilung der Systemflexibilität des WKM-2

Nach heutigem Kenntnisstand ist von einer Integration der beitrittswilligen MOEL über den bestehenden WKM-2 auszugehen. Es ist jedoch zu erwarten, daß die beitrittswilligen MOEL im Vergleich zu den derzeitigen drei pre-ins (Dänemark, Großbritannien, Schweden) dann noch immer einen signifikanten Rückstand im Bereich des nominalen und realen Konvergenzprozesses verzeichnen werden. Demzufolge sind bei der Beurteilung der Frage, inwieweit der WKM-2 in seiner derzeitigen Ausgestaltungsform einen adäquaten Integrationsmechanismus für die MOEL darstellt, andere bzw. erweiterte Beurteilungskriterien zu beachten.

Grundsätzlich kann vor dem Hintergrund der Analyse in Abschnitt 2 festgestellt werden, daß der Wechselkursmechanismus hinreichend flexibel ist und gleichzeitig den individuellen (und einem Veränderungsprozeß unterliegenden) Bedingungen der MOEL Rechnung trägt. Eine im Grundsatz ausreichende Flexibilität des WKM-2 für die MOEL wird in erster Linie durch die folgenden systemimmanenten Elemente sichergestellt:

- *Prinzip der Freiwilligkeit*: Die Entscheidung über einen angemessenen Zeitpunkt für die Vertiefung der monetären Integration durch einen Beitritt zum WKM-2 liegt ausschließlich auf Seiten der künftigen mittel- und osteuropäischen EU-Mitgliedstaaten. Gleichzeitig können die pre-ins bei systembedingten Verzerrungen der realen Wechselkurse den WKM-2 etwa zugunsten eines managed floatings mit einem geldpolitischen Inflationsziel verlassen. Diese Entscheidung würde jedoch lediglich vorübergehenden Charakter besitzen, da eine mindestens zweijährige, ununterbrochene Teilnahme am WKM-2 aus formalen Gründen für den abschließenden Beitritt in die dritte Stufe der EWU notwendig ist.
- *Anspruch rechtzeitiger und entpolitisierter Leitkursanpassungen:* Die Möglichkeit von Änderungen des zentralen Leitkurses bildet einen entscheidenden Flexibilitätsmechanismus. So könnte es unter Umständen zur Vermeidung dauerhafter realer Wechselkursverzerrungen angebracht sein, das angesichts von Produktivitätszuwächsen und damit fundamentaler Veränderungen entstehende reale Aufwertungspotential über eine Anpassung des nominalen Wechselkurses zu absorbieren. Eine Anpassung der zugrundeliegenden Parität kann darüber hinaus angemessen sein, um später einen adäquaten Einstiegskurs für den Beitritt zur Eurozone zu finden. Erfolgt eine nominale Aufwertung und damit eine Leitkursanpassung nach oben, so bleibt davon im Gegensatz zu einer Abwertung das Maastrichter Wechselkurskriterium (zweijährige Wechselkursstabilität innerhalb des WKM-2) unberührt.
- *Große Bandbreiten*: Die Standardschwankungsbreite von plus/minus 15% gewährt den pre-ins die notwendige Flexibilität während des realen Aufholprozesses, um außenwirtschaftliche Anpassungen zu ermöglichen. Dieser Spielraum bietet gleichzeitig die Gelegenheit, daß die erforderlichen Anpassungen der Währungen der pre-ins gegenüber dem Euro zur Korrektur eventueller realer Fehlbewertungen weitgehend durch Bewegungen innerhalb des Zielbandes und insofern ohne Leitkursanpassungen

erfolgen können.[587] Auf diese Weise werden die mit öffentlichen Realignments ein-hergehenden Glaubwürdigkeitsprobleme der nationalen Wechselkurspolitik und da-mit spekulativ induzierte Wechselkursschwankungen vor entsprechenden Leitkur-sänderungen reduziert.

- *Individuelle Bandbreiten:* Auf individueller Basis besteht die Möglichkeit von enge-ren Wechselkursbindungen innerhalb des WKM-2 zwischen den Währungen der MOEL und dem Euro. Indem diese Vereinbarungen zusätzlich auf informeller Basis erfolgen können, wird auch in dieser monetären Integrationsstufe unter den gegebe-nen Restriktionen dem Pluralitätsprinzip der Wechselkursregime Rechnung getragen.

Insgesamt ist zu erwarten, daß die Geld- und Wechselkurspolitik der MOEL durch den Beitritt in den WKM-2 einen deutlichen Glaubwürdigkeitsgewinn erlangt. Neben der dargestellten Systemflexibilität wird dies vor allem durch die Tatsache bewirkt, daß durch den Leitkurs zwischen den Landeswährungen der Beitrittskandidaten und dem Euro eine stabilitätsorientierte Ausrichtung der jeweiligen Wirtschafts- und Währungs-politik gefördert wird. Wie im folgenden Kapitel noch diskutiert wird, dürfte das modi-fizierte Referenzsystem angesichts eines Glaubwürdigkeitsimports der Eurozone in Ver-bindung mit der Zusage automatischer, unbegrenzter Devisenmarktinterventionen mögli-chen spekulativ verursachten Wechselkursbewegungen entgegenwirken.

Trotzdem muß die monetäre Heranführungsstrategie auf Basis einer glaubwürdigkeits-fördernden Konvergenzstrategie der MOEL und nicht auf Basis einer integrationsorien-tierten Interventionspolitik der EZB erfolgen. Gleichzeitig ist zu beachten, daß der WKM-2 weder eine notwendige noch hinreichende externe Konditionierung für den In-tegrationsprozeß der MOEL darstellt.[588] Wie noch analysiert wird (s. Kap. IX), bildet eine einseitige Konditionierung der Wechselkurspolitik durch bilaterale Leitkurse ge-genüber dem Euro nicht per se einen Anreiz für den notwendigen realwirtschaftlichen Aufholprozeß der MOEL und die Beschleunigung der Strukturreformen. Angesichts der regionenspezifischen Charakteristika der MOEL erscheint es sinnvoll, die Systemflexi-bilität in dieser Phase um restriktive Elemente im Sinne klarer Zielvorgaben und Anreize bezüglich der Haushaltskonsolidierung, der Finanz- und Kapitalmärkte, der Arbeits-marktreformen sowie der de facto Zentralbankunabhängigkeit zu erweitern.

3.2 Überlegungen zur geeigneten Wahl der Bandbreiten

Der WKM-2 sieht für die pre-ins zunächst eine Standardschwankungsbreite von plus/minus 15% vor, die abhängig vom jeweiligen Konvergenzgrad nach Absprache mit den relevanten EU-Institutionen reduziert werden kann. Die MOEL erhalten durch diese Möglichkeit innerhalb des WKM-2 einen wesentlichen Entscheidungsspielraum. Eine überwiegende Mehrzahl der beitrittswilligen MOEL dürfte für einen bestimmten Zeit-raum nach dem EU-Beitritt die Flexibilität der Standardbandbreiten benötigen. Diese Erfordernis – wie später noch im jeweiligen Länderkontext zu analysieren ist – kann auf die folgenden zentralen regionenspezifischen Charakteristika zurückgeführt werden:[589]

---

[587] Vgl. auch Kempa (1998), S. 543.
[588] Vgl. Begg/Halpern/Wyplosz (1999), S. 53f.
[589] Vgl. auch Lavrac (1999), S. 117; Temprano-Arroyo/Feldman (1998), S. 30.

- *Aufwertungstrend des REER*
- *signifikante Inflationsunterschiede gegenüber der Eurozone*
- *hohe Kapitalzuflüsse*
- *asymmetrische Schocks*

Wie noch in Kapitel IX eingehender ausgeführt wird, erscheint es angemessen, daß im Zusammenhang mit den MOEL nach einem WKM-2-Beitritt in Anlehnung an die vorherige Diskussion des Zielzonen-Ansatzes der gesamte Korridor um den vereinbarten Leitkurs (fiktiver Gleichgewichtswert) als *Zielwert der inländischen Wechselkurspolitik* fungieren sollte. Vor diesem Hintergrund soll nun die Frage der optimalen Bandbreite für die Währungen der MOEL im Zeitablauf untersucht werden. Als zentrale Aussagen der Theorie der Wechselkurszielzonen kann im Sinne des unterstellten s-förmigen Wechselkursverlaufes zusammengefaßt werden, daß die Existenz von glaubwürdigen Bandbreiten stabilisierend wirkt, indem nicht nur die Wechselkursschwankungen an den Bandrändern aufgefangen, sondern vielmehr auch in der Zielzone gedämpft werden.[589]

Diese Überlegung kann auf die künftige Wechselkursdynamik der mittel- und osteuropäischen Währungen übertragen werden: Dabei ist entscheidend, daß eine Bewegung der Währung weg von der vereinbarten, zentralen Parität nicht notwendigerweise als realwirtschaftlich ungerechtfertigte Fehlentwicklung zu interpretieren ist. Vielmehr ist es notwendig, daß die MOEL die jeweiligen Bandbreiten des WKM-2 als Zielzone für ihre Wechselkurspolitik betrachten, um die Autonomie der inländischen Geld- und Wechselkurspolitik bis zu einem bestimmten Grad zu wahren.

Angesichts der obligatorischen Interventionsverpflichtung der beteiligten Zentralbanken und der EZB auf automatischer und unbegrenzter Basis dürfte sich auch im Kontext der MOEL eine hohe Glaubwürdigkeit der Währungsbänder einstellen.[590] Wie in Abbildung C-11 zusammengefaßt, kann insofern zwischen drei Wechselkursdynamiken je nach individuellem Glaubwürdigkeitsgrad des zugrundeliegenden Währungsbandes differenziert werden (Modifizierung von Abbildung A-10). Dabei ist das Ausmaß der Glaubwürdigkeit als eigenständiger Ausgangspunkt nominaler und somit auch realer Wechselkursschwankungen anzusehen. Die Variable m bezeichnet in der Tradition der monetären Theorie flexibler Preise (und in Anlehnung an Kap. IV) die inländische Geldmenge und stellt in dem Modellrahmen von Krugman (1991) aus Vereinfachungsgründen die alleinige Fundamentalgröße dar. Somit hängen die Erwartungen einer nominalen Wechselkursänderung und insofern die Wechselkursentwicklung von der Geldmenge m ab.[591]

Die nominalen Wechselkursdynamiken können wie folgt unterschieden werden:

- Die *Funktion f(m)* spiegelt den flexiblen – durch fundamentale Faktoren bestimmten – Verlauf des Wechselkurses in einem System ohne Bandbreiten wider. In der Tradition der monetären Theorie flexibler Preise liegt dann bei einer *exogenen* Geldmengenentwicklung eine lineare Abhängigkeit zwischen dem Nominalkurs und den Fundamentalfaktoren vor.

---

[589] Vgl. den Abschnitt 2.3.4 des Kapitels IV sowie Ritter (2000), S. 109f.
[590] Vgl. auch Kempa (1998), S. 542.
[591] Vgl. auch Willms (1995), S. 186f.

- Die *Funktion g(m)* stellt die in Teil A näher beschriebene Wechselkursentwicklung innerhalb des Zielkorridors dar. Dabei wirken sich die Bänder in Verbindung mit einer glaubwürdigen Ankündigung unbegrenzter Devisenmarktinterventionen bereits stabilisierend in der Zielzone selbst aus: Die induzierte Glaubwürdigkeit der Wechselkursbänder bildet einen Stabilisierungsmechanismus der Wechselkurserwartungen und -entwicklungen. Die Fundamentalvariable (Geldmenge) kann ohne Interventionen der Zentralbank in einem breiteren Bereich als der Nominalkurs schwanken.[592]
- Die *Funktion g'(m)* zeigt den nominalen Wechselkursverlauf einer Währung, deren Bandbreiten von den Devisenmarktakteuren als unglaubwürdig eingeschätzt wird. Insofern liegt ein – gegenüber der frei schwankenden Währung – wesentlich volatilerer Verlauf des Nominalkurses vor. Veränderungen der Erwartungen zukünftiger Wechselkursschwankungen und der zugrundeliegenden Fundamentalfaktoren haben damit einen größeren Effekt auf den Verlauf des aktuellen Wechselkurses.[593]

Abbildung C-11: Glaubwürdigkeit des Wechselkursbandes

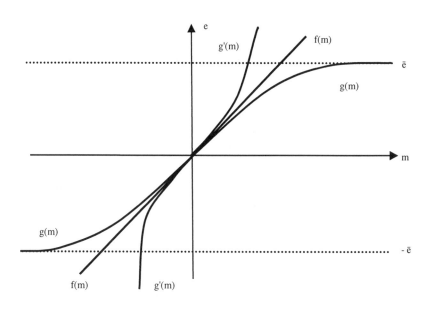

Quelle: Ritter (2000), S. 110.

---

[592] Vgl. etwa Gärtner (1997), S. 237.
[593] Damit wird unterstellt, daß der aktuelle Wechselkurs durch dessen erwartete Änderungsrate und Fundamentalfaktoren bestimmt wird. Vgl. auch die Zielzonen-Diskussion in Kapitel IV.

Wie in Abbildung C-11 zu erkennen ist, würde bei einer isolierten Betrachtung des Zielzonen-Konzeptes dieser beschriebene Stabilisierungsgrad bei geringeren Bandbreiten ceteris paribus zunehmen.

Tatsächlich existieren jedoch entscheidende Vor- und Nachteile enger und hoher Schwankungsbreiten innerhalb der Zielzone des WKM-2:[594]

- Durch die Wahl breiter Bänder kann ein Großteil erforderlicher Anpassungen der nominalen Wechselkurse angesichts realer Wechselkursverzerrungen durch Bewegungen innerhalb des Zielzonenbandes erfolgen. In diesen Fällen ist keine Neufestsetzung der Wechselkurszielzonenparität notwendig. Auf diese Weise können zusätzlich – durch Devisenmarktspekulationen erzeugte – Wechselkursschwankungen im Vorfeld der antizipierten Leitkursanpassungen vermieden werden.

- Darüber hinaus eröffnen breite Währungsbänder die Option, daß durch eine Überlagerung der neuen sowie modifizierten Zielzone eine diskrete Wechselkursanpassung vermieden werden kann. Das Ausmaß einer erwarteten Leitkursänderung dürfte geringer als die gesamte Schwankungsbreite ausfallen. Dementsprechend erfordert eine nachfolgende Anpassung des zentralen Leitkurses ceteris paribus um so seltener eine erneute Marktkursänderung, je höher die Bandbreite gewählt wird.[595] Eine derartige Überlagerung wirkt insofern stabilisierend auf Wechselkurs- und Zinsentwicklung. Das Ausmaß spekulativ verursachter Wechselkursschwankungen wird reduziert, indem die Devisenmarktakteure in diesem Fall lediglich mit einem geringen Spekulationsgewinn rechnen können.[596]

- Die Ermittlung einer gleichgewichtigen Parität (vor allem in Hinblick auf einen möglichen Einstiegskurs zur EWU) wird im Falle breiter Bänder erleichtert, indem mehr auf direkt vorhandene Marktinformationen zurückgegriffen werden kann.

- Durch die Wahl enger Bänder werden größere kurzfristige Wechselkursschwankungen vermieden und gleichzeitig der geldpolitische Disziplinierungsdruck auf die Zentralbanken der pre-ins erhöht.

- Engere Bänder weisen jedoch den Nachteil auf, daß bei bestehenden Inflationsdifferenzen der MOEL gegenüber der Eurozone (*nominaler* Konvergenzbedarf) und einem weiterhin existierenden Aufwertungstrend des REER in den MOEL (*realer* Konvergenzbedarf) rechtzeitige und in der Höhe angemessene Verschiebungen der Zielzonen notwendig sind, um Glaubwürdigkeitsverluste zu vermeiden. Gleichzeitig steigt die Interventionsverpflichtung beteiligter Zentralbanken.

Diese grundsätzlichen Aspekte verweisen darauf, von einer zu raschen Verengung der zulässigen Standardschwankungsbreite der Währungen der pre-ins gegenüber dem Euro abzusehen. Vielmehr ist der Spielraum des WKM-2 vollständig auszunutzen. Diese Sichtweise wird durch folgende Überlegung verstärkt:

---

[594] Vgl. Kempa (1998), S. 542f.; Duijm (1997), S. 20f.; De Grauwe (1994), S. 163f.; De Grauwe (1997), S. 107f.
[595] Vgl. Duijm (1997), S. 21.
[596] Vgl. De Grauwe (1997), S. 107.

279

Die Wahl einer festen Wechselkursanbindung mit minimalen Bandbreiten impliziert bei vollständiger Kapitalmobilität, daß sich die Geldpolitik der beitrittswilligen MOEL völlig an den geldpolitischen Vorgaben der EZB orientieren muß.[597] Indem die Notenbanken der pre-ins bei sehr engen Währungsbändern die direkte Kontrolle über das inländische Geldangebot sowie das Zinsniveau verlieren, muß die volkswirtschaftliche Anpassungsreaktion bei asymmetrischen Schocks über die nicht ausreichend flexiblen Güter- und Arbeitsmärkte der MOEL erfolgen. Eine solche Entwicklung würde jedoch angesichts der kontraktiven Wirkung den realen Konvergenzanstrengungen der pre-ins widersprechen.

Demgegenüber eröffnen weitere Bänder im Rahmen des WKM-2 bis zu einem bestimmten Grade durchaus die Möglichkeit einer eigenständigen Geldpolitik und insofern einer (eingeschränkten) Kontrolle der nationalen Zinssätze. Dieser geldpolitische Spielraum kann zur konsequenten und individuellen Förderung des Konvergenzprozesses eingesetzt werden. Als zentrale Voraussetzung dieses Arguments ist wiederum die Glaubwürdigkeit der Bandbreiten zu sehen.

Das Argument bezieht sich auf die Überlegung, die Bandbreite auf Seiten der pre-ins gezielt zur Steuerung nominaler Abwertungserwartungen innerhalb der Schwankungsbreiten einzusetzen. Der Ansatz hat folgenden theoretischen Hintergrund:[598]

Den Ausgangspunkt bildet die Gleichgewichtsbedingung der *ungedeckten Zinsparität*, die in der Terminologie von Kapitel IV wie folgt zusammengefaßt werden kann:

$$(47) \qquad i_t - i_t^* = EW_t e_{t+1} - e_t \ ,$$

mit i* als ausländischem Zinssatz.

Die ungedeckte Zinsparität impliziert in ihrer allgemeinen Interpretation, daß der Inlandszinssatz für vergleichbare Finanzaktiva dem Auslandszinssatz zuzüglich der erwarteten nominalen Wechselkursveränderungen entspricht.[599] Das Zinsdifferential zwischen dem pre-in und der Eurozone stimmt bei Zugrundelegung der monetären Theorie mit der erwarteten Ab- bzw. Aufwertungsrate der Währung des pre-in gegenüber dem Euro überein. Überträgt man diese Überlegung auf das Konzept der Zielzonen und insofern auf die Wirkungszusammenhänge innerhalb des WKM-2, so kann die erwartete Wechselkursentwicklung in zwei Komponenten unterteilt werden: Der Zinsspread zwischen den beitrittswilligen MOEL sowie der Eurozone entspricht der Summe aus erwarteter Abwertungsrate der pre-in-Währung innerhalb des festgelegten Bandes einerseits und erwarteter Veränderung des Bandes selbst (und damit der Wahrscheinlichkeit einer Leitkursanpassung) andererseits.

Durch die Unterteilung erhält man aus Gleichung (47) den modifizierten Zusammenhang (Variable $v_t = e_t - c_t$ sei als prozentuale Abweichung des nominalen Wechselkurses e von der Wechselkurszielzonenparität c_t definiert):[600]

[597] Vgl. die Ausführungen zum Zielzonen-Konzept in Kapitel IV dieser Arbeit.
[598] Vgl. für die folgenden Ausführungen die Arbeiten von Svensson (1992), S. 137f.; Wellink/Knot (1996), S. 87ff.
[599] Vgl. etwa Burda/Wyplosz (1993), S. 615ff.; Willms (1995), S. 116f.
[600] Vgl. für eine ähnliche Darstellungsweise auch Wellink/Knot (1996), S. 87f.

(48) $i_t - i_t^* = [EW_t v_{t+1} - v_t] - [EW_t c_{t+1} - c_{t+1}]$

Welche Auswirkungen haben diese Überlegungen auf die Möglichkeit der MOEL, während des monetären Integrationsprozesses innerhalb des WKM-2 zunächst nicht die vollständige Kontrolle über die inländische Geldpolitik aufgeben zu müssen?

Es sei zunächst die Randlösung einer *Bandbreite von null* betrachtet: In diesem Fall wäre die erwartete Abwertungsrate der Landeswährung innerhalb des Bandes gleich null, so daß der Zinsspread zwischen dem pre-in und Euroland nur noch der Wahrscheinlichkeit einer Leitkursanpassung entspräche. Demzufolge verliert die pre-in-Zentralbank bei vollständiger Kapitalmobilität im WKM-2 die Kontrolle über das inländische Geldangebot sowie das Zinsniveau. Sollten die Notenbanken der MOEL ein höheres Zinsniveau als das durch die ungedeckte Zinsparität vorgegebene ansteuern, so würde dies einen Nettokapitalimport nach sich ziehen. Die steigenden Kapitalzuflüsse reduzieren dann über einen Anstieg der inländischen Liquidität das Zinsniveau des pre-in und konterkarieren damit die ursprüngliche Initiative der nationalen Notenbank.

Es sei nun der Fall *höherer Bandbreiten* betrachtet: Die pre-ins können bei bestehenden Bandbreiten durchaus vorübergehend einen bestimmten geldpolitischen Spielraum beibehalten, um etwa auf asymmetrische Schocks individuell durch entsprechende Anpassungen der Zinssätze zu reagieren. In diesem Fall ist in Abgrenzung zu der obigen Argumentation die erwartete Abwertungsrate der pre-in-Währung innerhalb der Zielzone nicht mehr stets gleich null. In Anlehnung an die Zielzonen-Diskussion in Kapitel IV steht vielmehr die erwartete Abwertungsrate innerhalb der Bandbreite in einem negativen Verhältnis zu der tatsächlichen Wechselkursentwicklung ('mean reversion'). Es sei der Fall unterstellt, daß sich die Währung infolge einer Zinssenkung und damit durch die geldpolitische Steuerung der Zentralbank in Richtung der unteren, schwächeren Bandbreite bewegt. Unterstellt man die Gültigkeit der in Kapitel IV dargestellten Zusammenhänge innerhalb einer glaubwürdigen Zielzone, so gilt als zentrale Aussage:

Nominale Wechselkursschwankungen werden angesichts einer obligatorischen *glaubwürdigen* Interventionsverpflichtung der Zentralbanken nicht nur an den Bandrändern aufgefangen, sondern vielmehr angesichts der Wechselkursänderungserwartungen auch innerhalb des Zielkorridors gedämpft.[602] Im vorliegenden Fall würde in diesem Modellrahmen ein Wechselkurs am unteren Rand des Zielkorridors den Marktteilnehmern signalisieren, daß ein weiterer Wertverlust der Landeswährung verhindert wird. Die Spekulation der Devisenmarktakteure auf einen weiteren Wertverlust würde sich nicht auszahlen, so daß vermehrt wieder eine Nachfrage nach Landeswährung generiert und insofern eine Realisierung der bisherigen Gewinne erfolgen würde.[603] Die Wechselkursspekulation wirkt demzufolge am Bandende (ohne faktische Durchführung der Interventionen) stabilisierend, indem der Wechselkurs nominal aufwertet und in der Zielzone gehalten werden kann.

Die Notenbank ist damit in der Lage, eine erwartete Aufwertung der Landeswährung innerhalb des Bandes zu erzeugen, so daß das geringere inländische Zinsniveau tatsäch-

---

[602] Dies gilt nur bei 'lauten' Zielzonen, d.h. die entsprechenden Vereinbarungen sind der Öffentlichkeit bekannt. Vgl. für eine kritische Einordnung des Zielzonen-Konzeptes auch Kapitel IV.

[603] Vgl. Ohr (2001a), S. 66ff.

lich aufrechterhalten werden kann (s. Gleichung (47)). Dementsprechend können die Zentralbanken der beitrittswilligen MOEL innerhalb des WKM-2 bei hinreichend hohen Bandbreiten die inländischen Zinsen über die erwartete Wechselkursentwicklung innerhalb der Zielzone autonom steuern. Dieser Spielraum erhöht sich ceteris paribus mit der Höhe der zugrundeliegenden Bandbreiten.

Neben dem beschriebenen Nutzen des geldpolitischen Spielraumes innerhalb des WKM-2 mit relativ hohen Bandbreiten kann es jedoch zugleich vorteilhaft sein, eine zu starke Ausnutzung der hohen Bandbreiten zu vermeiden. Auf diese Weise kann im Grundsatz die Glaubwürdigkeit des WKM-2 gestärkt werden, indem zu vermuten ist, daß die Erwartungen möglicher Leitkursanpassungen eine Funktion von v_t (Abweichung des Wechselkurses von der zentralen Parität) und damit endogen sind.[604] Im Falle eines nachhaltigen Glaubwürdigkeitsverlustes wären die pre-ins nicht wie angestrebt mit einem niedrigeren, sondern vielmehr mit einem höheren Zinsniveau konfrontiert.

Die Überlegungen bilden den Ausgangspunkt für eine währungspolitische Übergangsoption: Eine etwaige Zwischenlösung besteht darin, informelle Absprachen zwischen der EZB und den MOEL-Zentralbanken über Schwankungsbänder innerhalb der offiziell vereinbarten hohen Bandbreiten zu treffen. Damit können wesentliche Vorteile enger und breiter Bandbreiten miteinander kombiniert werden, ohne auf die Flexibilität des WKM-2, den geldpolitischen Spielraum sowie die stabilisierende Wirung glaubwürdiger Bänder verzichten zu müssen. Diese informelle Absprache sollte jedoch nicht unmittelbar nach dem Eintritt in den WKM-2 erfolgen.
In der ersten Phase dürfte angesichts der noch tiefgreifenden strukturellen Veränderungsprozesse nach vollständiger Implementierung des gemeinsamen EU-Besitzstandes (s. Kap. VII) noch ein hoher Aufwertungstrend des REER bestehen. Der graduelle Verzicht auf nominale Wechselkursanpassungen durch eine sukzessive Verengung der breiten Zielzonen-Bänder der Währungen der pre-ins sollte erst erfolgen, wenn der Einfluß der für den Aufwertungsbedarf der realen Wechselkurse kausalen Faktoren an Dynamik verliert.[605] Der Entscheidung über eine Verengung der Bandbreiten sollte dann eine Phase vorausgehen, in der bereits auf informeller Basis dieser Schritt vorgezogen und damit ein etwaiger Interventionsbedarf getestet wurde. Insgesamt wäre die in Abbildung C-12 zusammengefaßte sukzessive Verengung der Bandbreiten auf dem Weg der MOEL in die dritte Stufe der EWU angemessen.[606]

In einem länderübergreifenden Kontext[607] ist den wirtschaftspolitischen Entscheidungsträgern als Währungsstrategie innerhalb des WKM-2 demnach anzuraten, in mehreren Schritten (t_1, t_2 etc.) eine graduelle Verengung der Zielzone vorzunehmen, deren Geschwindigkeit sich vor allem an dem – im Zeitablauf sinkenden – Aufwertungstrend des REER orientieren sollte. Eine raschere Umsetzung der für den realen Konvergenzprozeß notwendigen Reformmaßnahmen ermöglicht dementsprechend einen schnelleren Ver-

---

[604] Vgl. Wellink/Knot (1996), S. 89.
[605] Vgl. Ritter (2000), S. 112.
[606] Die Option einer Leitkursanpassung wurde in der vorliegenden Darstellung nicht berücksichtigt. Es ist jedoch durchaus davon auszugehen, daß die Wechselkurszielzonenparität bei Eintritt in das WKM-2 nicht dem späteren Eintrittskurs in die dritte Stufe der EWU entspricht.
[607] Für eine Untersuchung der jeweiligen MOEL-5 vgl. das Kapitel IX.

zicht des nominalen Wechselkurses als Anpassungsmechanismus und eröffnet damit die Möglichkeit einer Verengung der Schwankungsbreiten.

Abbildung C-12: Sukzessive Verengung der Bandbreiten innerhalb des WKM-2

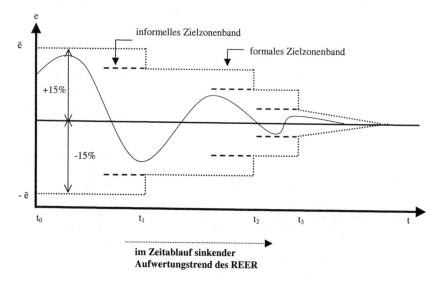

Quelle: In Anlehnung an Ritter (2000), S. 113.

Insgesamt sollte die Währungsstrategie in dieser Phase der monetären Integration demzufolge

- von einer zu raschen Verengung der zulässigen Standardschwankungsbreite der Währungen der pre-ins gegenüber dem Euro absehen.
- über informelle Absprachen zur Höhe der Bandbreiten die künftige Verengung der Zielzone vorbereiten.
- den Schwerpunkt auf die nominalen und realen Konvergenzbemühungen legen, um mittel- bis langfristig auf eine Anpassung der nominalen Wechselkurse gegenüber dem Euro verzichten zu können.

Trotzdem stellt ein monetärer Integrationspfad dieser Art innerhalb des WKM-2 noch keine hinreichende Bedingung dar, die Akteure auf den internationalen Finanzmärkten von der angestrebten Wechselkursstabilität der Währungen der pre-ins im Vorfeld eines EWU-Beitritts zu überzeugen. Wie in Kapitel IX noch näher zu analysieren sein wird, ist es daher überlegenswert, zusätzliche stabilitätsorientierte Maßnahmen für die pre-ins zu implementieren. Zunächst sollen jedoch die – vor allem im Kontext von Estland diskutierten – alternativen monetären Integrationsformen geprüft werden, inwiefern diese mit dem WKM-2 kompatibel sind.

3.3 Kompatibilität alternativer Wechselkursregime mit dem WKM-2

3.3.1 Das currency board

Die monetäre Integration der MOEL über eine mindestens zweijährige Mitgliedschaft im WKM-2 stellt – wie erläutert – den rechtlich derzeit vorgegebenen Weg dar. Noch bevor von Seiten der EU-Organe explizit deutlich gemacht wurde, daß der WKM-2 als für die MOEL relevante, 'natürliche' Integrationsform anzusehen ist, war losgelöst von der hier betrachteten Kompatibilitätsfrage verschiedener Anbindungskonzepte vereinzelt eine Debatte über alternative Gestaltungskonzepte für die währungspolitische Anbindung vorausgegangen.[608]

Vor dem Hintergrund der spezifischen Bedürfnisse und Ländercharakteristika wurde zuletzt wiederholt diskutiert, inwieweit alternative Wechselkurssysteme – und dabei vor allem ein System völlig fester Wechselkurse – im Widerspruch zu den Vereinbarungen des WKM-2 und damit zu dem Wechselkurskriterium des Maastrichter Vertrags stehen. Als entscheidender Hintergrund dieser Diskussion sind die bestehenden Währungsämter in den MOEL zu sehen. Einzelne Literaturbeiträge gehen sogar noch einen Schritt weiter, indem sie in Zeiten hoher Kapitalmobilität für alle MOEL eine Integration über die Implementierung von Währungsämtern fordern.[609]

Wie bereits in Kapitel VII angedeutet, sehen die estnischen Währungshüter in dem currency board einen entscheidenden Eckpfeiler der vergangenen und künftigen Wirtschaftspolitik. Die estnische Zentralbank vertritt dabei die Ansicht, daß das Wechselkurssystem einen soliden währungspolitischen Rahmen für die Vorbereitung zum Beitritt in die dritte Stufe der EWU darstellt.[610] Die Währungshüter streben an, die Stabilität der Krone durch eine Währungspolitik zu sichern, die auf einem festen Wechselkursregime und den Prinzipien eines Währungsamtes basiert:[611]

Therefore, the monetary policy framework based on the currency board principle remains generally unchanged in the medium perspective, Eesti Pank is firmly convinced that currency board principle is the best strategy when approaching the EMU.

In diesem Zusammenhang wird vor allem auf die Voraussetzungen für die nachhaltige Funktionalität eines currency boards verwiesen, die durch Estland weitgehend erfüllt wird.[612] Estland ist eine sehr kleine, offene Volkswirtschaft, die angesichts der hohen außenwirtschaftlichen Verflechtungen von einem Wechselkursziel nachhaltig profitiert. Zudem besitzt die estnische Ökonomie nicht nur eine hinreichende Flexibilität zur Absorption externer Schocks, sondern hat vielmehr auch deutliche Fortschritte bei der Entwicklung eines gesunden und anpassungsfähigen Finanzsektors gemacht.

---

[608] Vgl. beispielsweise Kath (1998), S. 151ff.; Calmfors (1997), S. 295ff.

[609] Vgl. etwa Sherman (2000), S. 17. Mundell (1999), S. 18 befürwortet als Alternativoption für alle MOEL-5 eine Integration über Währungsämter vor der langfristigen Übernahme des Euro. Diese Option stellt aus seiner Sicht die beste Testmöglichkeit dar, ob die MOEL für einen vollständigen Beitritt zur EWU und damit zur vollkommenen Aufgabe einer eigenen Geld- und Währungspolitik bereit sind.

[610] Vgl. National Bank of Estonia (2000a). Vgl. auch Europäisches Parlament (2000), S. 59.

[611] Vgl. National Bank of Estonia (2000c).

[612] Vgl. National Bank of Estonia (2000b).

Im Vordergrund der Überlegungen zur Kompatibilität von Währungsämtern mit den formalen Vorgaben des WKM-2 steht die Unsicherheit etwaiger theoretischer 'exit-Strategien':[613] Zum einen wäre es denkbar, zu einer Währungsstrategie mit einer unabhängigen Zentralbank innerhalb eines flexiblen Wechselkursregimes zurückzukehren. In Anbetracht der langjährigen Arbeitsweise des estnischen Währungsamtes ist diese Strategie jedoch mit einer hohen Unsicherheit behaftet, indem die Volkswirtschaft unter anderem nicht mehr die im Zuge von Wechselkursschwankungen induzierten Transmissionsmechanismen ausreichend zur Verfügung stellt. Ein derartiger Übergang dürfte mit hohen Abwertungserwartungen sowie einem destabilisierenden Überschießen der Währungen verbunden sein. Dies steht im Widerspruch zu dem anvisierten nominalen Konvergenzpfad der MOEL. Zum anderen ist der direkte Übergang in die Währungsunion als alternative exit-Strategie zu nennen, die aus theoretischer Sicht als logischer Folgeschritt für die Währungsintegration eines Landes mit einem Währungsamt gelten kann. Dementsprechend ist zu klären, inwieweit die beschriebenen flexibleren Elemente des WKM-2 mit einer Fortführung des currency boards in Einklang zu bringen sind und damit während der Integration in die währungspolitische Ordnung Europas auf einen zweimaligen Regimewechsel in den MOEL, die über ein funktionsfähiges currency board verfügen, verzichtet werden kann.

Nachdem sich die EU-Institutionen lange zu der Kompatibilitätsfrage nicht oder nur sehr vage geäußert haben,[614] wurde schließlich eine erste ausführlichere Erklärung des EZB-Rats im April 2000 veröffentlicht.[615] Darin wird darauf hingewiesen, daß ein currency board kein gleichwertiges Substitut zum WKM-2 und der obligatorischen zweijährigen, abwertungsfreien Mitgliedschaft darstellt, die der Konvergenzprüfung für eine Aufnahme in die Eurozone vorausgehen muß. Im Einzelfall ist es jedoch nach eingehender Prüfung denkbar, daß ein currency board mit dem Euro als Ankerwährung als einseitiges Instrument der Wechselkursstabilisierung innerhalb des WKM-2 gebilligt wird. Die EZB verweist in diesem Zusammenhang auf die unbedingte Notwendigkeit, daß in diesem Fall eine gemeinsame Übereinstimmung zwischen EZB und der beteiligten nationalen Notenbank über die zu fixierende bilaterale Parität zum Euro herbeizuführen ist.

In diesem Sinne äußerte sich darüber hinaus im November 2000 der Ecofin-Rat mit der Veröffentlichung einer ersten ausführlicheren Erklärung. Im Rahmen eines – dem Europäischen Rat vorgelegten – Berichts über Wechselkursaspekte der EU-Erweiterung machte der Ecofin Rat neben dieser Kompatibilitätsfrage von currency boards zudem deutlich, daß die folgenden alternativen Währungsstrategien in Abgrenzung zu den Strukturelementen des WKM-2 'unerwünscht' seien:[616]
Nach Auffassung des Ecofin-Rats sind zum heutigen Zeitpunkt vollständig flexible Wechselkurse, ein System gleitender Abwertungen sowie Festkursregime mit vom Euro

---

[613] Vgl. Eichengreen/Masson (1998); Avramov (2000).

[614] Vgl. etwa die Äußerungen von Tommaso Padoa-Schioppa (Mitglied des Direktoriums der EZB) im November 1999 (EZB Pressekonferenz nach dem Helsinki Seminar zur EU-Erweiterung): *"At this point in time, the debate about the answer to your question [... whether the countries with a currency board will necessarily have to adopt ERM II] has not really started and is in fact envisaged as taking place at a fairly distant time from now."*

[615] Vgl. Europäische Zentralbank (2000b).

[616] Vgl. Ecofin-Rat (2000). Vgl. auch Deutsche Bundesbank (2001), S. 106.

abweichenden Ankerwährungen eindeutig inkompatibel zu den Systemvoraussetzungen des WKM-2.

Im folgenden wird untersucht, inwieweit das existierende currency board mit den Anforderungen des Maastrichter Wechselkurskriteriums vereinbar ist und insofern als geeignete Übergangsoption für die estnische Wechselkurspolitik gelten kann. Die formale Grundlage der folgenden Überlegungen bildet das Abkommen über die Funktionsweise eines Wechselkursmechanismus in der dritten Stufe der EWU von 1998. Darin heißt es, daß

> *die wechselkurspolitische Zusammenarbeit noch enger gestaltet werden [kann], z.B. durch Ermöglichung einer entsprechend engeren Wechselkursanbindung zwischen dem Euro und den teilnehmenden, nicht dem Euro-Währungsgebiet angehörenden Währungen [...].*

Demzufolge liegt bei der Interpretation des zugrundeliegenden Vertragstextes durchaus die Vermutung nahe, daß eine rigidere Wechselkursfixierung – als die durch die Standardschwankungsbreite des WKM-2 vorgegebene – innerhalb des breiteren Definitionsspielraumes der formalen Vereinbarungen einzuordnen ist. Dementsprechend ist es vorstellbar, ein bestehendes festes Wechselkursregime weitgehend beizubehalten, indem beispielsweise der feste Wechselkurs eines Währungsamtes innerhalb des bestehenden WKM-2 als zentraler Leitkurs mit einer entsprechenden Schwankungsbreite von plus/minus 0% interpretiert wird. Gleichzeitig können angesichts der spezifischen Wirkungsweise des rigiden Wechselkurssystems einzelne Strukturmerkmale des WKM-2 nicht auf ein currency board übertragen werden. Für die pre-ins sind wie erläutert intramarginale Devisenmarktinterventionen sowie die flexible Anwendung von Zinsänderungen als zentrale Anpassungs- und Steuerungsinstrumente vorgesehen, die jedoch nicht mit der Regelbindung eines Währungsamtes vereinbar sind. Aus rein formalen Überlegungen heraus dürfte jedoch die Kompatibilität von currency boards mit dem Abkommen zum WKM-2 durchaus gegeben sein. Ein abschließendes Urteil ist jedoch erst unter Einbezug der konkreten Grundsätze und Ziele des Wechselkursmechanismus möglich, die auch der Beurteilung durch die EU-Institutionen im Rahmen der Einzelfallbeurteilung zugrundegelegt werden dürften.

Das allgemeine Bestehen des WKM-2 begründet sich in dem zentralen Motiv, die Wirtschafts- und Währungspolitik der pre-ins zu disziplinieren und zur Konvergenzförderung nach der Stabilität der Eurozone auszurichten. Unter Berücksichtigung der konkreten Ziele des WKM-2 sind zur Prüfung der Kompatibilität mit den Systemelementen eines currency boards die folgenden drei Aspekte einer Einzelprüfung zu unterziehen:[617]

1. *Herausbildung eines gleichgewichtigen Wechselkurses für den Beitritt zur Eurozone*
2. *Beschleunigung und Erleichterung des nominalen Konvergenzprozesses*
3. *Reibungsloser Ablauf des EU-Binnenmarktes*

Ad (1): Ein Motiv des WKM-2 ist die Überzeugung, daß sich die Währungen der pre-ins innerhalb eines flexibleren Wechselkursregimes vor dem Beitritt zur Eurozone einem angemessenen Wechselkurs annähern, der dann den adäquaten Einstiegskurs für die

---

[617] Vgl. auch Gulde/Kahkonen/Keller (2000), S. 16ff.; Avramov (2000).

Aufnahme in die Eurozone bildet. Indem jedoch diese Festlegung übereinstimmend durch die beteiligten Zentralbanken, der EZB sowie den Regierungen der Mitgliedstaaten erfolgen muß, entsteht ein – vom Devisenmarkt unabhängiger – diskretionärer Entscheidungsspielraum. Dies wird durch die Tatsache verstärkt, daß die Strukturmerkmale des vorliegenden WKM-2 den pre-ins zwar eine hohe Flexibilität garantieren, jedoch ausdrücklich nicht die Charakteristika eines vollständig flexiblen Wechselkursregimes widerspiegeln: Vielmehr erfolgt die monetäre Integration über ein System fester, aber anpassungsfähiger Wechselkurse, das explizit den Einsatz intramarginaler sowie obligatorischer Devisenmarktinterventionen vorsieht. Die Herausbildung des gleichgewichtigen Wechselkurses auf dem Devisenmarkt durch das freie Spiel der Marktkräfte ist insofern nur eingeschränkt möglich. Diese Sichtweise wird zum einen dadurch verstärkt, daß Estland ohne Tradition einer geldpolitischen Unabhängigkeit nur über ein unzureichendes geldpolitisches Instrumentarium verfügt, um eine marktgerechte Geldpolitik durchzuführen. Zum anderen dürfte bei Aufgabe eines funktionsfähigen und glaubwürdigen currency board eine zeitlich befristete Mitgliedschaft innerhalb des WKM-2 im Sinne des erwähnten minimalistischen Ansatzes mit vergleichsweise hohen nominalen Wechselkursschwankungen verbunden sein. Eine solche Entwicklung wird zusätzlich durch den erforderlichen freien Kapitalverkehr sowie erhöhte spekulative Devisengeschäfte verstärkt.

Ad (2): Wie in den Teilen A und B analysiert, sehen sich die MOEL auch im Verlauf der monetären Annäherung an den Euro mit einem Aufwertungstrend des REER konfrontiert. Wie theoretisch und empirisch dargelegt, spiegelt dieses Gleichgewichtsphänomen das Ergebnis eines erfolgreichen Liberalisierungs- und Integrationsprozesses wider, das in relative Preisänderungen umzusetzen ist. Im Gegensatz zu einem System fester, aber anpassungsfähiger Wechselkurse innerhalb von Schwankungsbreiten kann das reale Aufwertungspotential der estnischen Währung nicht durch eine nominale Aufwertung absorbiert werden, wenn die feste Wechselkursanbindung innerhalb des bestehenden currency board beibehalten wird. Demzufolge müßte der – durch Veränderungen von zugrundeliegenden Fundamentaldaten induzierte – reale Aufwertungstrend durch höhere Preissteigerungsraten im Sektor für nicht-handelbare Güter und damit höhere Inflationsraten absorbiert werden. Es besteht in diesem Zeitraum ein trade-off zwischen Wechselkursstabilität und dem nominalen Konvergenzziel, die Inflationsrate nachhaltig zu reduzieren. Halpern/Wyplosz (2001) schätzen in einem ähnlichen, allgemeineren Kontext, daß sich die MOEL in dieser Phase bei Konstanz der nominalen Wechselkurse mit einer Inflationsrate konfrontiert sehen, die rund 3,5 Prozentpunkte über derjenigen in Euroland liegt.[618] Wie in Teil B als zentrale Lehre der Wechselkurspolitik für den Integrationsprozeß angeführt wurde, kann das mittelfristige Ziel, Preisniveaustabilität auf dem Niveau Eurolands zu erreichen, während des realen Konvergenzprozesses demzufolge nur über eine Flexibilisierung der Wechselkurspolitik sowie nominale Aufwertungen der Landeswährungen erreicht werden.

Eine Absorption des realen Aufwertungstrends über die inländischen Preise steht zudem im Widerspruch zu dem erklärten Ziel des WKM-2, den nominalen Konvergenzprozeß zu beschleunigen und gleichzeitig zu erleichtern. Unter Berücksichtigung des geschätz-

---

[618] Vgl. Halpern/Wyplosz (2001), S. 20.

ten realen Aufwertungspotentials der estnischen Krone (s. Teil B) ist angesichts dieses Zielkonfliktes eine formelle Mitgliedschaft Estlands im WKM-2 unter Beibehaltung des strikten currency-board-Regimes aus stabilitätspolitischen Überlegungen heraus nicht als unproblematisch anzusehen. Das Maastrichter Wechselkurskriterium bezieht sich jedoch lediglich auf eine zweijährige abwertungsfreie Zeit der am WKM-2 teilnehmenden Währungen. Dementsprechend ist aus formalen Gesichtspunkten heraus eine Anpassung des Leitkurses und damit eine nominale Aufwertung der Landeswährung gegenüber dem Euro durchaus mit den Systemvorgaben kompatibel. Eine derartige Perspektive kann jedoch von Glaubwürdigkeitsverlusten des stabilen Währungsamtes in Estland sowie von Devisenmarktspekulationen begleitet werden, die wiederum eine Bedrohung für die nominalen und realen Konvergenzfortschritte bedeuten. Das Risiko einer spekulativen Attacke auf die estnische Krone wird jedoch angesichts der sehr begrenzten Transaktionsvolumina des estnischen Devisenmarktes sowie umfangreicher Mittel aus einem Reservestabilisierungsfond zur Verteidigung der Krone als gering eingeschätzt.[619]

Ad (3): Indem ein Währungsamt die Landeswährung durch einen festen Wechselkurs an eine Ankerwährung bindet und Zentralbankgeld nur durch den Tausch gegen die Reservewährung geschöpft und vernichtet werden kann, besteht keine Gefahr einer kompetitiven Abwertungspolitik. Die Glaubwürdigkeit des currency boards erfordert eine disziplinierende Fiskalpolitik sowie ein stabiles Finanzsystem und eine strenge Bankenaufsicht. Die Regelbindung dieses Wechselkurssystems induziert mit der stabilitätsorientierten Ausrichtung der inländischen Wirtschaftspolitik sowie der starken Begrenzung des diskretionären Spielraumes der Geldpolitik wesentliche Ziele des WKM-2. Desweiteren liefert ein Währungsamt angesichts der systembedingten Stabilität des nominalen Wechselkurses gegenüber der Ankerwährung (dem Euro) eine entscheidende Voraussetzung für die reibungslose Funktionsfähigkeit des EU-Binnenmarktes. Der Vertrauensgewinn mit Hilfe eines Währungsamtes durch die strikte Regelbindung ist jedoch mit der Gefahr verbunden, durch Verzerrungen des realen Wechselkurses eine vorübergehende Verschlechterung der preislichen Wettbewerbsfähigkeit und damit der Leistungsbilanz hinnehmen zu müssen.

Insgesamt zeigt sich bei der Frage, ob es nach heutigem Kenntnisstand für Estland angemessen erscheint, die festen Wechselkurse des Währungsamtes aufzugeben, um im Zuge des späteren Beitritts zur Eurozone zu völlig festen Wechselkursen zurückzukehren, ein differenziertes Bild.

Zum einen kann während des realen Konvergenzprozesses Preisstabilität auf dem Niveau Eurolands nur über eine Flexibilisierung der Wechselkurspolitik und nominale Aufwertungen der Landeswährungen erreicht werden. Die Erkenntnis, daß das Währungsamt unter diesen Umständen den nominalen Konvergenzprozeß nicht angemessen unterstützt, spricht nach dem EU-Beitritt Estlands zunächst für eine Aufgabe des bestehenden currency board und für eine formale Übernahme der orthodoxen Systemelemente des WKM-2. Zum anderen kann das currency board in Anlehnung an die Beurteilung der EZB sowie des Ecofin-Rats aus rein formalen Gesichtspunkten im Grundsatz als mit den Motiven des WKM-2 kompatibel gelten, da explizit eine engere wechselkurspoliti-

---

[619] Vgl. Deutsche Bank Research (2000b).

sche Zusammenarbeit innerhalb der Zielvorgaben des Mechanismus vorgesehen ist. Eine Rückkehr zu einer deutlich flexibleren Währungsstrategie würde den länderspezifischen Charakteristika sowie dem Glaubwürdigkeitsgewinn dieses Wechselkurssystems in den letzten neun Jahren nicht Rechnung tragen. Insbesondere würden auf diese Weise die im Verlauf des letzten Jahrzehnts durch das Währungsamt erlangten makroökonomischen Stabilisierungsfortschritte gefährdet. Diese bilden jedoch erst die Voraussetzung für wachstumsfördernde, strukturelle Reformmaßnahmen.[619] Eine solche Währungsstrategie würde zum einen der Erkenntnis genügen, nach der abhängig von länderspezifischen Charakteristika eine Pluralität der monetären Integrationsformen möglich sein sollte. Zum anderen würde auf diese Weise das currency-board-System als eine Vorstufe zur Währungsunion anerkannt werden.

Dennoch sind die folgenden Prämissen bei einer Integration über ein currency board als einseitiges Instrument der Wechselkursstabilisierung innerhalb des WKM-2 zu berücksichtigen:

Die EZB darf keine Interventionsverpflichtung zur Stützung einer Parität gegenüber der estnischen Krone ohne Bandbreiten eingehen. Die Verantwortung für die Funktionsfähigkeit des currency boards innerhalb des WKM-2 liegt ausschließlich bei Estland selbst.

- Die währungspolitische Philosophie der Einzelfallprüfung auf Seiten der verantwortlichen EU-Institutionen muß beibehalten werden. Das currency-board darf auch weiterhin nicht als gleichwertiges Substitut für die Teilnahme am WKM-2 gelten.

- Die zugrundeliegende, zentrale Wechselkursparität der Krone zum Euro ist im gegenseitigen Einvernehmen zwischen der EZB sowie den estnischen Währungshütern zu bestimmen.

- Vor dem Eintritt in die EWU ist zu prüfen, ob die bilateralen Leitkurse aus realwirtschaftlicher Sicht angemessen sind.

- Estland muß weiterhin die für ein glaubwürdiges currency-board-System erforderlichen Systemvoraussetzungen und damit dessen Funktionsfähigkeit – vor allem in Anbetracht steigender Kapitalflüsse – durch eine angemessene Wirtschaftspolitik sicherstellen. Diese Notwendigkeit beinhaltet vor allem eine disziplinierte Fiskalpolitik, ein stabiles Finanzsystem sowie vertiefende Strukturreformen.

---

[619] Vgl. Gulde/Kahkonen/Keller (2000), S. 22. Eine eher ablehnende Haltung vertritt dagegen Backé (1999), S. 59.

3.3.2 Die 'Euroisierung'

Als alternative wechselkurspolitische Option zu der stufenweisen Integration über das WKM-2 wird neben der Beibehaltung bestehender currency boards mit dem Euro als Ankerwährung zusätzlich die vorzeitige Abschaffung der inländischen Währung und die einseitige Einführung des Euro als Landeswährung und insofern als Buch- und Bargeld diskutiert (*'Euroisierung'*).[621]
Diese Überlegungen beziehen sich vor allem auf diejenigen Länder, deren Währungen bisher innerhalb eines currency-board-Systems fest an eine Ankerwährung gebunden sind. Dementsprechend konzentrieren sich die nachfolgenden Ausführungen innerhalb der MOEL-5 auf Estland, deren Währungshüter sich die wechselkurspolitische Option einer Euroisierung weiterhin offen lassen wollen. In der theoretischen, länderunabhängigen Diskussion einer vollständigen Euroisierung steht der Wegfall des Währungsrisikos im Vordergrund der Überlegungen. Befürworter verweisen auf den Wegfall von unvorhergesehenen, hohen nominalen Abwertungen durch die einseitige Einführung einer stabilen Fremdwährung (US-Dollar, Euro) und auf das – um die entsprechende Risikoprämie – reduzierte Zinsniveau.

Im Zusammenhang mit der wechselkurspolitischen Option einer einseitigen Euroisierung innerhalb der MOEL stehen zwei Fragen im Zentrum der Analyse:

1. *Ist eine Euroisierung kompatibel mit dem stufenweisen monetären Integrationsansatz der EU?*
2. *Ist eine Euroisierung unabhängig von politischen Erwägungen ökonomisch vorzuziehen?*

Ad (1): Verschiedene Organe der EU haben zuletzt ausdrücklich betont, daß eine Euroisierung von Ländern, die der EU und der EWU beitreten wollen, aus Sicht der Gemeinschaft unerwünscht wäre.[622] Insbesondere würde die vorzeitige Einführung des Euro im Widerspruch zu dem durch die EU identifizierten stufenweisen Integrationsansatz der nationalen Währungspolitiken stehen. Nach Auffassung des Ecofin-Rats sollte die Euro-Einführung ausschließlich über den herkömmlichen Beitritt zur EWU und dem in diesem Zusammenhang nachzuweisenden Konvergenzprozeß erfolgen. Diese Überzeugung wird sowohl von Seiten der EZB als auch von den nationalen Zentralbanken der an der Eurozone beteiligten Länder geteilt.

---

[621] Die Option der *Euroisierung* in den MOEL wurde bereits frühzeitig von Frankel/Wyplosz (1995) aufgegriffen. In einem (hypothetischen) Literaturbeitrag regten die Autoren angesichts der monetären Instabilitäten in den MOEL zu diesem Zeitpunkt sowie der schleppenden Integrationsfortschritte in Westeuropa zur EWU an, den Euro (damals: ECU) zunächst in einem oder mehreren MOEL einzuführen. Calmfors (1997), S. 295f. schlägt statt eines Beitritts zum WKM-2 der MOEL eine vorzeitige Teilnahme in der Eurozone als assoziierte Mitglieder vor. Die MOEL würden zwar dieselben Verpflichtungen wie die vollständigen Mitglieder der EWU tragen müssen, ohne jedoch sämtliche Rechte (keine Teilnahme an geldpolitischen Entscheidungsgremien) zu haben.

[622] Vgl. Deutsche Bundesbank (2001), S. 105f.; Ecofin Rat (2000).

Die zentrale Systemvoraussetzung für die einseitige Euro-Einführung ist, daß die heimische Geldbasis[623] mindestens durch die offiziellen Devisenreserven gedeckt ist. Estland verfügte Ende 1999 über Devisenreserven in der Höhe von rund 13,3 Mrd. Kronen, während die Geldmenge M0 insgesamt 11,5 Mrd. Kronen umfaßte. Demzufolge ist die – alleine aufgrund des currency-board-Systems erforderliche – Deckung der Geldbasis gegeben.

Im Gegensatz zu der Beibehaltung eines bestehenden Währungsamtes ist die einseitige Euroisierung eines beitrittswilligen MOEL nach heutiger Erkenntnis als inkompatibel anzusehen. Eine vorzeitige Abschaffung der Landeswährung und Einführung der europäischen Einheitswährung als gesetzliches Zahlungsmittel steht im Widerspruch zu den zugrundeliegenden ökonomischen Grundsätzen der EWU und damit auch des monetären Integrationsprozesses innerhalb des WKM-2. Diese Grundsätze sehen die Einführung des Euro als Schlußpunkt der nominalen und realen Konvergenzprozesse innerhalb eines mulilateralen Rahmens vor.[624] Insofern ist eine vorzeitige Euroisierung ohne Erfüllung der Maastrichter Konvergenzkriterien nicht kompatibel zu dem stufenweisen monetären Integrationsprozeß, der zunächst die Vollendung des ökonomischen Aufholprozesses (gestützt durch eine eigene Landeswährung) und daran anschließend die Aufnahme in die EWU vorsieht. Die Verantwortung für die praktische Realisierung der Euroisierung liegt damit alleine auf Seiten der MOEL. Das ESCB darf sowohl bei der Umsetzung als auch bei der späteren Aufrechterhaltung keinerlei geldpolitische Verantwortung übernehmen, da die EZB ihre Geld- und Währungspolitik nach den Interessen innerhalb der Eurozone – und nicht nach den angebundenen MOEL – ausrichten muß.[625]

Ad (2): Die obigen Ausführungen lassen vermuten, daß die wechselkurspolitische Option der einseitigen Euroisierung für beitrittswillige Länder aus politischer Sicht eher unrealistisch erscheint. Prinzipiell ist es jedoch nicht möglich, einen Drittstaat daran zu hindern, eine Fremdwährung einseitig als Landeswährung zu übernehmen, wenn sich dieser durch eine Euroisierung ökonomische Vorteile verspricht.[626] Die nachstehenden Überlegungen einer einseitigen Euroisierung erfolgen in Abgrenzung zu einem currency-board-System, das nicht nur als Vorstufe angesehen werden kann, sondern vielmehr eine praktische Anwendung auf die Währungsstrategie in Estland erlaubt. Eine Euroisierung ist im Gegensatz zum Währungsamt als nahezu permanente und unumkehrbare Entwicklung einzuschätzen. Dieser Tatsache verdankt die Euroisierung ihre größere Glaubwürdigkeit, indem eine Aufhebung wesentlich komplizierter als die Modifizierung eines bestehenden Währungsamtes ist. Im Gegensatz zu den weitgehend kurz- bis mittelfristig anfallenden Nachteilen können einige entscheidende Vorteile erst langfristig erlangt werden.

---

[623] Die Geldbasis entspricht hier dem Bargeldumlauf im Nichtbankensektor sowie den Zentralbankeinlagen der Geschäftsbanken. Eine Euroisierung kann natürlich erst nach der Euro-Bargeldeinführung im Jahr 2002 erfolgen.

[624] Vgl. Ecofin Rat (2000).

[625] Vgl. Deutsche Bank Research (2000a), S. 16.

[626] Vgl. Deutsche Bank Research (2000a), S. 16; Deutsche Bank Research (2000b), S. 6: Estlands Finanzminister hat jedoch erklärt, daß Estland den Euro nicht ohne EU-Zustimmung übernehmen würde.

Bei der Diskussion ökonomischer Nutzen und Kosten einer vorzeitigen Einführung des Euro in Estland sind vor allem die folgenden Aspekte relevant:[626]

Etwaige *Vorteile einer Euroisierung* für Estland sind in den folgenden Bereichen zu vermuten:

Gefahr einer Währungskrise gebannt: Nach der einseitigen Übernahme einer stabilen Fremdwährung entfällt zunächst die direkte Gefahr einer Währungs- und Zahlungsbilanzkrise. Das inländische Finanzsystem wäre dann grundsätzlich vor spekulativen Attacken auf die Landeswährung geschützt, deren Intensität und Häufigkeit sich angesichts der rasant ansteigenden Kapitalmobilität auch zukünftig weiter rapide erhöhen wird. Im allgemeinen wird eine vollständige Euroisierung und die Aufgabe der Landeswährung von den Marktteilnehmern als unumkehrbare Währungsstrategie interpretiert, die – im Gegensatz zu einem currency board – keinerlei Anreize für Devisenspekulationen bietet. Bei Berücksichtigung dieses Arguments hat die einseitige Euroisierung eine stabilisierende Wirkung auf die estnische Ökonomie.

Geringeres Zinsniveau: Die Überlegung der Währungshüter, eine Euroisierung der Wirtschaft durchzuführen, ist vor allem durch die Auffassung geprägt, daß auf diese Weise die Inlandszinsen rasch und dauerhaft auf das niedrigere Niveau der Eurozone sinken würden.[627] Das geringere Zinsniveau sollte nicht nur zu einem investitions- und konsuminduzierten Wachstumsschub, sondern vielmehr auch zu einer Verringerung des Schuldendienstes und damit zu einer Entlastung der staatlichen Haushaltsposition führen. Die Differenz der estnischen Inlandszinsen zu denjenigen in Euroland ist jedoch bereits heute minimal, so daß dieser Effekt gering ausfiele.

Wegfall wechselkursbedingter Transaktions- und Informationskosten: Durch eine einseitige Einführung des Euro würden neben Transaktionskosten im Zusammenhang mit Devisengeschäften gleichzeitig nominale Wechselkursschwankungen gegenüber dem Euro entfallen. Beide Aspekte sollten aufgrund der verbesserten Rahmenbedingungen für die Exportwirtschaft zu höheren Handelsvolumina und somit zu steigenden Wachstumsbeiträgen des Außenhandels führen. Im Falle Estlands ist dieser Aspekt angesichts der stabilen Wechselkurse zum Euro im Rahmen des Währungsamtes jedoch kein entscheidendes Argument.

Geringere Inflation: Schließlich wird mit der Euroisierung die Erwartung verbunden, die monetäre Stabilität im Inland weiter zu erhöhen, indem per definitionem kein Zentralbankgeld mehr geschöpft werden kann. Der diskretionäre Spielraum der nationalen Geldpolitik entfällt vollständig. Zwar besitzen die estnischen Währungshüter innerhalb des modifizierten Währungsamtes de jure die eingeschränkte Möglichkeit für diskretionäre, geldpolitische Maßnahmen. Dieser Spielraum wird jedoch de facto nicht ausgenutzt (s. Kap. V). Insgesamt ist damit nicht notwendigerweise von einem signifikanten monetären Stabilitätsgewinn und geringeren Inflationsraten auszugehen.

---

[626] Vgl. für folgende Ausführungen vor allem Berg/Borensztein (2000); Wójcik (2000), S. 48ff.

[627] Die estnischen Zinsen würden jedoch nur um das Ausmaß der – an ein Abwertungsrisiko geknüpften – Risikoprämie sinken. Es würde weiterhin ein Zinsspread angesichts eines Ausfallrisikos bestehen.

Demgegenüber sind etwaige Nachteile und Risiken einer einseitigen Euro-Einführung eng mit den folgenden Aspekten verknüpft:

Verlust der geld- und wechselkurspolitischen Unabhängigkeit: Die nationalen Währungshüter verzichten – ähnlich wie unter einem Währungsamt – bei einer einseitigen Euroisierung auf eine eigenständige Geld- und Währungspolitik, indem eine vollständige Anlehnung an die Vorgaben der Eurozone erfolgt. Damit kann weder auf inländische noch auf ausländische Störungen individuell reagiert werden.

Lender of last resort: Im Falle einer einseitigen Euro-Einführung entfällt die Möglichkeit der inländischen Währungshüter, die lender-of-last-resort-Funktion wahrzunehmen. Demzufolge kann bei einer rapide ansteigenden Nachfrage nach Bargeld eine Krise des Bankensystems nicht durch die Liquiditätsunterstützung der Zentralbank abgewendet werden. Im Falle des modifizierten Währungsamtes in Estland kann die Notenbank eine begrenzte lender-of-last-resort-Funktion übernehmen, indem unter restriktiven Bedingungen Liquiditätskredite an Geschäftsbanken gewährt werden.

Verlust von Seignorage: Durch die einseitige Übernahme des Euro partizipieren die MOEL nicht mehr am Münzgewinn, der durch das Monopol des Staates zur Schöpfung von Zentralbankgeld entsteht.[629] Diese Kosten sind zweigeteilt: Zum einen entstehen unmittelbare Bestandskosten, da die Währungshüter im Zuge der Euroisierung die inländische Geldbasis 'zurückkaufen' müssen. Zum anderen muß das Land auf zukünftig entstehende Münzgewinne verzichten, die durch die sukzessive Erhöhung der Geldbasis angesichts einer steigenden Geldnachfrage entstehen würden. Insgesamt entfällt damit die Möglichkeit, durch Seignorage einen Teil der öffentlichen Defizite zu finanzieren, so daß der wirtschaftspolitische Entscheidungsspielraum eingeschränkt wird.

Die Frage, inwieweit eine vollständige Euroisierung bzw. Dollarisierung von Nutzen sein kann, ist in der Literatur abschließend nicht eindeutig beantwortet worden. Die vorgestellten Vor- und Nachteile sind angesichts der unterschiedlichen Fälligkeit sowie Gewichtung nur sehr schwer miteinander zu kontrastieren. Im Falle Estlands kann jedoch festgestellt werden, daß die aufgeführten Vorteile einer einseitigen Einführung des Euro zum größten Teil bereits unter dem bestehenden currency board existieren. Insbesondere ist bereits die Differenz der Inlandszinsen zu denjenigen in Euroland minimal. Darüber hinaus wären bei einer möglichen Euroisierung sowohl die entfallende lender-of-last-resort-Funktion als auch die ausbleibende Seignorage von Bedeutung. In Estland war die – durch ein glaubwürdiges Währungsamt gestützte – Krone ein wesentlicher Stabilitätsfaktor für den wirtschaftlichen Aufholprozeß der vergangenen Jahre. Zudem ist zu berücksichtigen, daß eine einseitige Euroisierung (ähnlich wie ein Währungsamt) keinen geeigneten Lösungsansatz für die Wiederherstellung einer gleichgewichtigen Außenwirtschaftsposition darstellt.

---

[629] Vgl. etwa Willms (1995), S. 204f. Jochem/Sell (2001), S. 93f. betonen, daß im Falle des modifizierten currency boards in Estland gegenüber einem reinen Währungsamt angesichts der unverzinslichen Mindestreservepflicht durchaus Münzgewinne entstehen.

3.4 Fazit

Nach heutigem Erkenntnisstand steht grundsätzlich fest, daß der neue WKM-2 den herkömmlichen Integrationspfad für die beitrittswilligen MOEL darstellt, innerhalb dessen
die mittel- und osteuropäischen Währungen ihre Stabilität mindestens zwei Jahre lang
ohne Abwertung der jeweiligen Zielzonenparität unter Beweis stellen müssen. Aus der
Analyse des WKM-2 in Hinblick auf die MOEL können im wesentlichen die folgenden
grundsätzlichen *zehn Thesen* zusammenfassend abgeleitet werden, die in Kapitel IX als
Rahmenbedingungen für die individuellen Wechselkursoptionen in dieser Integrationsphase gelten werden:

- Die Verbundlösung über das neue WKM-2 stellt mittelfristig eine angemessen monetäre Integrationsform für die beitrittswilligen MOEL dar, indem der Mechanismus
  als hinreichend flexibel gelten kann und im Grundsatz die individuellen Charakteristika dieser Länder berücksichtigt. Wie in Kapitel IX noch weiter ausgeführt, ist jedoch ein Beitritt unmittelbar nach der Aufnahme in die EU nicht ratsam.

- Im Vordergrund des Systems muß eine glaubwürdigkeitsfördernde Konvergenzstrategie der MOEL und keine integrationsorientierte Interventionsstrategie der EZB stehen. Vor dem Hintergrund der regionenspezifischen Herausforderungen in dieser
  Phase ist etwa bei Existenz eines zu hohen Spannungspotentials auch die Möglichkeit eines exits und die vorübergehende Rückkehr der MOEL zu einem managed
  floating in Betracht zu ziehen.

- Der WKM-2 kann im Kontext der MOEL per se nicht als ausreichender Stabilisierungsmechanismus und als 'Allheilmittel' für den realen und nominalen Aufholprozeß gelten. Der WKM-2 stellt etwa keine ausreichende externe Konditionierung für
  den Integrationsprozeß der MOEL dar. Die erläuterte Systemflexibilität sollte daher
  um explizite wirtschaftspolitische Zielvorgaben und insofern um restriktive Elemente
  erweitert werden.

- In Anbetracht der Unterschiede hinsichtlich der Ausgangspositionen beim wirtschaftlichen Reformprozeß sowie der Konvergenzgeschwindigkeit ist von einer einheitlichen Vorgehensweise abzusehen. In den Fragen des Beitrittszeitpunkts sowie
  dem Anbindungsgrad ist damit ein Einzellandansatz anzustreben.

- Innerhalb der euro-zentrischen Nabe-und-Speichen-Struktur des WKM-2 erscheinen
  frühzeitige bilaterale Abkommen innerhalb der MOEL über zusätzliche Schwankungsbänder zwischen den Währungen sowie gesonderte Interventionsmechanismen
  als angemessen.

- Die MOEL sollten nach einem Beitritt zum WKM-2 die hohen Standardschwankungsbreiten nutzen, um sich auf diese Weise einen – zwar beschränkten – Spielraum in der inländischen Geld- und Wechselkurspolitik zu bewahren. Gleichzeitig
  kann dadurch der Realkursänderungsbedarf durch eine Aufwertung des nominalen
  Wechselkurses und insofern durch eine Veränderung der Preise handelbarer Güter
  erfolgen.

- Ausgehend von der Standardschwankungsbreite ist in mehreren Schritten eine sukzessive Verengung der Zielzone anzustreben, deren Geschwindigkeit sich vor allem an dem im Zeitablauf sinkenden Aufwertungstrend des REER orientieren sollte. Als Determinanten der individuellen Bandbreiten spielt darüber hinaus die jeweilige Dominanz monetärer oder realer Einflußfaktoren eine Rolle. Überwiegen im Integrationsprozeß monetäre Schocks, sollten ceteris paribus engere Bandbreiten gewählt werden, während im Falle dominierender realer Schocks die Reduktion der Standardschwankungsbreite zu verzögern ist.[630]

- Die Währungshüter der MOEL sollten explizit die Möglichkeit informeller Absprachen mit der EZB über Schwankungsbänder innerhalb der offiziell vereinbarten Bandbreiten ausschöpfen, um damit unter anderem die Glaubwürdigkeit einer künftigen Bandverengung zu stärken.

- Die Kompatibilität des estnischen currency boards mit den Motiven des WKM-2 kann aus rein formalen Gesichtspunkten als gegeben angesehen werden. Es scheint nicht ratsam, durch eine außerordentlich strikte Auslegung des Maastrichter Wechselkurskriteriums die Aufgabe eines funktionsfähigen und glaubwürdigen Währungsamtes von EU-Seite zu erzwingen.

- Sowohl aus ökonomischen wie aus politischen Erwägungen heraus scheint eine einseitige Euroisierung einzelner MOEL nicht vorteilhaft. Insbesondere steht eine vorzeitige Einführung des Euro als gesetzliches Zahlungsmittel im Widerspruch zu den ökonomischen Grundsätzen der EWU und demzufolge auch zum stufenweisen Integrationsprozeß des WKM-2.

---

[630] Vgl. auch die Ausführungen in Kapitel IV sowie Kempa (1998), S. 543f.

IX. Indikatorenschema zur Analyse alternativer Währungsstrategien

1. Einleitende Überlegungen

Die zentralen Rahmenbedingungen für die Währungsstrategien der beitrittswilligen MOEL und damit für die Formulierung wechselkurspolitischer Optionen bildet der dreistufige Ansatz zur Währungsintegration (s. Abbildung C-4). Dabei ist – vor dem Hintergrund von länderspezifischen Charakteristika bezüglich der Ausgangspositionen beim wirtschaftlichen Konvergenzprozeß sowie der Geschwindigkeit bei der nominalen und realen Konvergenz – zunächst von einer einheitlichen Vorgehensweise bei der Wahl geeigneter Währungsstrategien abzusehen.

Im vorliegendem Kapitel werden bei der Herleitung angemessener Heranführungsstrategien der Währungen an den Euro die beschriebenen regionenspezifischen Eigenschaften sowie länderindividuellen Reformfortschritte einbezogen. Dabei steht der Übergangscharakter der Wechselkurspolitik in den MOEL während der nächsten zehn Jahre im Mittelpunkt der Überlegungen.

Welche Währungsstrategie auf dem Weg zu einer langfristigen Einbindung in die dritte Stufe der EWU gilt als optimal für die mittel- und osteuropäischen Volkswirtschaften? Die Beantwortung dieser Frage basiert unter anderem auf den in Kapitel IV diskutierten Vor- und Nachteilen alternativer Wechselkursregime. Zwar sind verschiedene Wechselkurssysteme bei der Integration in die währungspolitische Ordnung Europas auszuschließen und ein sukzessiver Verlust an geld- und währungspolitischer Souveränität absehbar, jedoch besteht hinsichtlich des Timings sowie der jeweiligen Ausgestaltung bis zur Aufnahme in die Eurozone noch immer ein hohes Maß an länderspezifischer Gestaltungsfreiheit. Ein vertrautes Dilemma der Wechselkurspolitik ist darin zu sehen, daß keine Währungsstrategie aus ökonomischen Überlegungen heraus in allen Belangen einer anderen vorzuziehen ist:[631]

Frühe Literaturbeiträge von Mundell (1961), McKinnon (1963) und Kenen (1969) verweisen bei der Diskussion fester versus flexibler Wechselkurse auf die volkswirtschaftlichen Kosten, die durch den Verlust des Wechselkurses als Anpassungsinstrument in Folge länderspezifischer Nachfrageschocks entstehen. Im Vordergrund der Analyse stehen realwirtschaftliche Faktoren zur Bestimmung eines angemessenen Wechselkursregimes. Während sich nachfolgende Arbeiten in der Tradition von Poole (1970) zunächst auf die Analyse der Art und Herkunft von auf eine Ökonomie einwirkenden Schocks konzentrieren, betonen Barro/Gordon (1983) und anschließende Literaturbeiträge die Möglichkeit, durch eine Wechselkursbindung an eine stabile Ankerwährung die Glaubwürdigkeit der Geldpolitik zu erhöhen. Schließlich verweisen jüngere Arbeiten im Kontext liberalisierter Kapitalbilanzen auf die Unvereinbarkeit stabiler Wechselkurse, geldpolitischer Unabhängigkeit sowie freien Kapitalverkehrs.[632] Die Wahl der geeigneten Systemflexibilität hängt dabei von den relativen Kosten und Nutzen dieser drei wirtschaftspolitischen Ziele und insofern von strukturellen Determinanten innerhalb einer Volkswirtschaft ab.

---

[631] Vgl. Frankel (1999), S. 14ff., von Hagen/Zhou (2001), 2ff. und das Kapitel IV.
[632] Siehe Abbildung A-8 in Teil A.

Die Analyse greift diese Überlegungen zur Wahl der Währungsstrategie auf: Die optimale Währungsstrategie umfaßt neben der Regimewahl vor allem die Bestimmung einer eventuell zugrundeliegenden Ankerwährung, gegebenenfalls die Höhe der Bandbreiten sowie die Frage des Fortbestandes von Einschränkungen für den kurzfristigen Kapitalverkehr. Die Untersuchung integriert mikro- und makroökonomische Faktoren mit Hilfe eines Indikatorenkataloges. Die Zusammenstellung des Indikatorenkataloges erfolgt sowohl unter Einbezug der in Kapitel IV diskutierten, traditionellen und modernen, Kriterien für die Wahl einer optimalen Währungsstrategie als auch unter Berücksichtigung von Kriterien, die den regionenspezifischen Charakteristika zwischen Transformations- und Integrationsprozeß gerecht werden.

In diesem Kontext ist neben den diskutierten Lehren der Wechselkurspolitik im Transformationsprozeß vor allem die folgende (in Teil A theoretisch und in Teil B empirisch diskutierte) Vermutung relevant: Die Währungen der MOEL sind auch künftig aufgrund fundamentaler Einflußfaktoren wie Produktivitätsveränderungen und gesamtwirtschaftlichen Reallokationsprozessen mit einem Aufwertungstrend des REER konfrontiert. Durch die Berücksichtigung dieses Gleichgewichtsphänomens und des damit verbundenen Realkursänderungsbedarfs soll der besonderen wirtschaftlichen Situation der MOEL zwischen Transformation und Integration Rechnung getragen werden. Die reale Wechselkursentwicklung stellt auch künftig für die dynamisch expandierenden EU-Aspiranten ein Schlüsselaggregat für die optimale Wahl der monetären Heranführungsstrategien dar, das durch den Verlauf zahlreicher realwirtschaftlicher Variablen geprägt wird. Angesichts dieses Realkursanpassungsbedarfs sind die nominale Wechselkursstabilität und die Preisstabilität auf dem Niveau Eurolands in absehbarer Zukunft zwei nicht miteinander kompatible Ziele. Die Erkenntnis bildet eine zentrale Restriktion für die künftige Wechselkurspolitik. In diesem Kontext können vor dem Hintergrund eines aufwertenden REER insgesamt vier Fälle differenziert werden:[632]

Diejenigen Währungen der MOEL, die relativ zum zugrundeliegenden REER über einen Aufwertungsspielraum verfügen, können den Realkursänderungsbedarf je nach Verfügbarkeit der Politikparameter entweder über eine Erhöhung des nominalen Wechselkurses [Fall (1)], durch eine Erhöhung der Preise im Sektor für nicht-handelbare Güter [Fall (2)] oder aber durch eine Kombination aus beiden Maßnahmen [Fall (3)] absorbieren. Verfügen die nationalen Währungshüter hingegen gleichzeitig über ein Inflations- und Wechselkursziel[633], so daß keine Absorption durch relative Preisänderungen stattfinden kann, so muß die Anpassung über realwirtschaftliche Veränderungen erfolgen [Fall (4)]. Diese würde jedoch im Widerspruch zu dem notwendigen Aufholprozeß der MOEL und den erforderlichen Reformmaßnahmen stehen. Insgesamt bildet die beeinträchtigte Anpassungsfähigkeit eine deutliche Restriktion für die inländischen Wirtschaftspolitiken im Verlauf der monetären Integration.

---

[632] Vgl. in einem ähnlichen Kontext Ritter (2000), S. 104f.; Halpern/Wyplosz (2001), S. 7; EBRD (2000a), S. 52.

[633] Vgl. Diskussion im Zusammenhang mit den monetären Maastrichter Konvergenzkriterien in Kapitel X (Wechselkurs- und Preisniveaustabilität).

Die Erkenntnis kann durch eine Modifikation des in Kapitel IV vorgestellten magischen Dreiecks der Wechselkurspolitik noch einmal veranschaulicht werden. Während die Seiten in der nachfolgenden Abbildung C-13 die drei wirtschaftspolitischen Ziele im Integrationsprozeß – Wechselkursstabilität, Preisniveaustabilität sowie realwirtschaftlichen Aufholprozeß – kennzeichnen, liefern die Spitzen der Triangel eine Zustandsbeschreibung der ökonomischen Effekte der gewählten Wirtschaftspolitik. Der Pfeil verweist auf die angeführte Erkenntnis, nach der Preisniveaustabilität in den MOEL bei gegebenem Anpassungsbedarf der realen Wechselkurse sowie realwirtschaftlichen Konvergenzzielen lediglich über eine nominale Aufwertung der Landeswährungen erfolgen kann. Dies entspricht dem obigen Fall (1).

Abbildung C-13: Das modifizierte magische Dreieck der MOEL-Wirtschaftspolitik

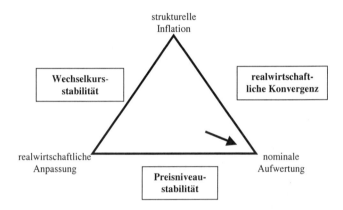

Quelle: Eigene Darstellung.

Durch die Anwendung des Indikatorenschemas soll für die MOEL der ersten Beitrittsgruppe eine angemessene monetäre Heranführungsstrategie aufgezeigt werden, die individuell von den monetären und realwirtschaftlichen Umständen des Landes und Zeitpunktes abhängig ist. Die Wahl des Wechselkursregimes ist ähnlich zum bisherigen Transformationsprozeß mehr denn je ein dynamischer Entscheidungsprozeß, der sich nicht nur an den Vorgaben der EU, sondern vielmehr auch an den strukturellen Veränderungsprozessen innerhalb der Ökonomien orientieren muß.

Bevor die Ausführungen über länderindividuelle Handlungsempfehlungen in diesem Kontext erfolgen, soll im folgenden Abschnitt zunächst die Struktur und Vorgehensweise des zugrundeliegenden Schemas aus verschiedenen Einzelindikatoren vorgestellt werden.

2. Zusammensetzung des zugrundeliegenden Indikatorenschemas

2.1 Methodische Vorgehensweise

Der Zweck des Indikatorenschemas ist es, durch eine Kombination aus quantitativen und qualitativen Kriterien die Formulierung einer optimalen und individuellen Strategie für die Währungsintegration der EU-Aspiranten empirisch zu stützen. Dabei finden neben den grundsätzlichen Aspekten der Diskussion fester versus flexibler Wechselkurse vor allem auch regionenspezifische Charakteristika der beitrittswilligen MOEL Berücksichtigung. Die Konstruktion des Schemas erfolgt insofern unter Anwendung der in den Teilen A und B dieser Arbeit herausgearbeiteten theoretischen bzw. empirischen Zusammenhänge, jedoch wird auf eine vergleichsweise einfache Konstruktion zurückgegriffen, um eine möglichst hohe Transparenz zu garantieren.

Dem Indikatorenschema zur Identifizierung eines – aus ökonomischen Überlegungen heraus – angemessenen Integrationsszenarios liegen insgesamt zwanzig gleichgewichtete Variablen zugrunde, die sich auf monetäre, realwirtschaftliche sowie politische Bereiche beziehen. Die verwendeten Indikatoren können in drei Untergruppen gegliedert werden:

- *Gruppe 1: Geld- und Fiskalpolitik*
- *Gruppe 2: Realwirtschaft*
- *Gruppe 3: Außenwirtschaft*

Die im folgenden angewandte Analysesystematik besteht aus einer dreistufigen Vorgehensweise, die in Abbildung C-14 zusammengefaßt ist:

Abbildung C-14: Dreistufige Vorgehensweise zur Analyse optimaler Währungsstrategien

Quelle: Eigene Darstellung.

Der geeigneten Auswahl der zugrundeliegenden Indikatorenmenge *(Stufe 1)* schließt sich eine qualitative Klassifizierung der einzelnen Indikatoren an *(Stufe 2)*. Der Klassifikation liegt ein Bewertungsschema mit Benchmark-Werten (Richtwerten) zugrunde, das den Flexibilisierungsbedarf konkretisiert *(Stufe 3)*.

Die Auswertung des Indikatorenschemas soll jedoch nicht zu einem konstanten Zeit-punkt t erfolgen, sondern vielmehr im Rahmen einer zweimaligen Analyse durchgeführt werden. Auf diese Weise soll den – für diese EU-Aspiranten spezifischen – Strukturver-änderungen Rechnung getragen werden. Folglich wird angestrebt, unter Einbezug von vorhandenen Prognosewerten makroökonomischer Indikatoren und einer geeigneten Fortschreibung bisheriger Trendverläufe, die sukzessive Währungsintegration der MOEL *vor-* und *nicht nachzu*zeichnen.

2.2 Struktur des Indikatorenkataloges

Dem Indikatorenkonzept liegt das nachfolgend erläuterte Klassifizierungsschema zu-grunde. Die Klassifikation der Indikatoren erfolgt durch eine Unterteilung in jeweils fünf Kategorien: Die Punkteskala für die Indikatoren reicht von 1 bis 5, wobei ein höhe-rer Wert ceteris paribus auf einen höheren Flexibilitätsbedarf der inländischen Wechsel-kurspolitik hinweist. Die jeweilige Punktezuweisung erfolgt in Abhängigkeit von fest-gelegten Benchmark-Werten.

Im einzelnen werden innerhalb der drei Untergruppen die folgenden Indikatoren ver-wendet:

Gruppe 1: Geld- und Fiskalpolitik

Inflation *(INFL)*

Der Preisdruck spielt eine zentrale Rolle zur Beurteilung der Tragfähigkeit einer festen Wechselkursbindung, da mit zunehmendem Inflationsdifferential zwischen den MOEL und der Eurozone bei unzureichenden Produktivitätssteigerungen die Notwendigkeit einer Wechselkurskorrektur zur Wiederherstellung der preislichen Wettbewerbsfähigkeit größer wird.
⇒ Benchmark: Zielwert der EZB;

1. Die jährlichen Steigerungsraten der Verbraucherpreise befinden sich auf dem Durch-schnittsniveau der Eurozone. Die umfassende Liberalisierung der inländischen Preise ist abgeschlossen, so daß der Anteil administrierter Preise am Konsumentenpreisindex mit demjenigen der Mitgliedstaaten der Eurozone vergleichbar ist.
2. Die Inflationsraten liegen am oberen Rand etablierter EU-Staaten, und die umfassen-de Preisliberalisierung ist nahezu abgeschlossen.
3. Die Steigerungsraten des Konsumentenpreisindex sind rückläufig, jedoch liegen sie noch immer über denjenigen derzeitiger EU-Mitgliedstaaten. Es konnten große Fort-schritte bei der Liberalisierung staatlich administrierter Preise erzielt werden.
4. Der Preisdruck in den MOEL ist noch immer signifikant hoch und übersteigt die Preissteigerungsraten der Eurozone bei weitem.
5. Die inländischen Verbraucherpreise können nur zeitweilig auf einstellige Steige-rungsraten reduziert werden. Eine schnellere Reduktion wird durch die ausstehende Anpassung des relativen Preisniveaus sowie verfestigte Inflationserwartungen verzö-gert.

Fiskalpolitik *(FISKAL)*
Der Verlust einer souveränen Geld- und Wechselkurspolitik durch eine feste Wechselkursanbindung verstärkt die Notwendigkeit einer flexiblen und nachhaltigen Fiskalpolitik. Ein signifikant hohes Haushaltsdefizit erschwert nicht nur notwendige Anpassungsmaßnahmen etwa durch die Steuerpolitik, sondern erhöht zugleich die Gefahr einer
Zahlungsbilanzkrise.

$\Rightarrow$ Benchmark: Das Maastrichter-Kriterium des Haushaltsdefizits (3% des BIP);

1. Grundlegende Reformen des staatlichen Haushalts sind abgeschlossen, und das
   staatliche Budget weist keine Neuverschuldung auf.
2. Der staatliche Haushalt weist lediglich eine geringfügig öffentliche Neuverschuldung
   auf, und das Defizit liegt signifikant unter dem Maastrichter Kriterium.
3. Das Land verzeichnet eine deutliche Neuverschuldung, die jedoch noch immer unter
   der durch den Maastrichter Konvergenztest vorgegebenen 3%-Marke (relativ zum
   BIP) liegt.
4. Das Budgetdefizit ist signifikant hoch und liegt über der 3%-Marke. Die Fiskalpolitik kann nicht zur Entlastung der inländischen Geldpolitik beitragen, und die hohe
   Neuverschuldung stellt einen möglichen Krisenfaktor für die Volkswirtschaft dar.
5. Der Integrationsprozeß der MOEL wird durch eine äußerst hohe Neuverschuldung
   belastet. Das Haushaltsdefizit bietet in der Praxis keinen Spielraum für die notwendigen Investitionen und Reformen.

Devisenreserven *(DR)*
Die Verfügbarkeit von Devisenreserven bildet einen Anhaltspunkt für die Fähigkeit der
nationalen Zentralbank, auf den Devisenmärkten zur Beeinflussung des nominalen
Wechselkurses zu intervenieren. Zugleich wird die Glaubwürdigkeit einer bestehenden
Wechselkursanbindung auf den Märkten ceteris paribus durch höhere Devisenbestände
verstärkt.

$\Rightarrow$ Benchmark: Devisenbestand in Prozent der Auslandsverschuldung entspricht 30%;[634]

1. Die Zentralbank kann auf einen hohen Bestand an Devisenreserven zurückgreifen,
   um eventuell zur Korrektur und Stützung des Wechselkurses zu intervenieren.
2. Die Glaubwürdigkeit der Wechselkurspolitik wird durch hohe Währungsreserven
   gestärkt.
3. Die Währungshüter können auf ein ausreichendes Volumen an Devisenreserven zurückgreifen.
4. Die Reservehaltung kann nicht von Devisenzuflüssen profitieren, die stärker als das
   Leistungsbilanzdefizit ausfallen. Die Währungsreserven sind gering.
5. Die Währungshüter verfügen über keine nennenswerten Devisenreserven.

---

[634] Durch die Zugrundelegung dieser Relation kann die Finanzierbarkeit der bestehenden Auslandsschulden abgebildet werden. Dabei werden üblicherweise Werte von deutlich unter 30% als kritisch
angesehen.

Geld- und Wechselkurspolitik *(GELD)*
Indem die Erwartungen bezüglich der künftigen Wechselkursentwicklung das Verhalten der Devisenmärkte beeinflussen, ist entscheidend, inwieweit die Währungshüter durch ihre zurückliegende Geld- und Währungsstrategie die Glaubwürdigkeit der Märkte gewinnen können.
⇒ Benchmark: Zinsspread gegenüber Euroland;[635]

1. Die inländische Währungspolitik gilt im Ländervergleich als überaus glaubwürdig, und der Zinsspread langfristiger Anlagetitel ist gering.
2. Die Währungshüter konnten in der Vergangenheit durch eine angemessene und mit den strukturellen Entwicklungen kompatible Geld- und Wechselkurspolitik die Glaubwürdigkeit der Märkte gewinnen.
3. Die inländische Währungspolitik konnte im Verlauf der Transformation den Aufholprozeß unterstützen. Sie gilt in der Wahrnehmung der Devisenmärkte jedoch nicht als vollständig glaubwürdig.
4. Die Währungshüter des betrachteten Landes konnten in der Vergangenheit nicht die notwendige Reputation auf den Märkten gewinnen.
5. Die Glaubwürdigkeit der Währungspolitik auf den internationalen Devisen- und Finanzmärkten ist gering. Es besteht ein signifikant hoher Zinsspread.

Auslandsverschuldung *(VERSCH)*
Ein hohes Ausmaß der externen Finanzierung der MOEL relativ zur inländischen Wirtschaftskraft verweist auf die Notwendigkeit nominaler Wechselkursstabilität, da in diesem Fall das Land in verstärktem Maße von einer – durch die Wechselkursbindung induzierten – geringeren Risikoprämie im Zinsniveau profitiert.
⇒ Benchmark: Auslandsverschuldung von 60% des BIP;[636]

1. Das betrachtete Land zählt angesichts der Aufnahme umfangreicher Auslandskredite in den letzten Jahrzehnten zu den hochverschuldetsten Ländern der mittleren Einkommenskategorie.
2. Das Land verfügt über ein hohes Ausmaß der externen Finanzierung relativ zum inländischen BIP und gilt als hoch verschuldet.
3. Die externen Verbindlichkeiten stellen keine zentrale Restriktion für den staatlichen Haushalt und damit für die Wirtschaftspolitik dar.
4. Die Auslandsverschuldung ist im Vergleich zum internationalen Standard von Schwellenländern gering.
5. Der ausländische Schuldenstand ist zu vernachlässigen. Die Finanzierung des Leistungsbilanzdefizits erfolgt überwiegend durch Direkt- und Portfolioinvestitionen.

---

[635] Alternativ kann auch der Dollarisierungsgrad eines Landes als Glaubwürdigkeitsindikator dienen. Die Intensität der Währungssubstitution von Landes- in Drittwährung (US-Dollar, D-Mark) bildet einen Anhaltspunkt für die Erwartungen der Wirtschaftssubjekte über eine Abwertung der Landeswährung.
[636] Im internationalen Ländervergleich gilt eine Auslandsverschuldung von 60% des BIP als signifikant hoch. Eine hohe – vor allem kurzfristige – Auslandsverschuldung beinhaltet auch Gefahren für eine Volkswirtschaft, die angesichts der vergleichsweise hohen langfristigen Verschuldungskomponenten in den MOEL an dieser Stelle bei der Klassifizierung jedoch vernachlässigt wurden.

Lohnentwicklung *(LOHN)*

Die Lücke zwischen dem inländischen Lohnniveau und demjenigen der EU gilt als Indikator dafür, inwieweit der Integrationspfad der MOEL nach erfolgreicher Umsetzung der notwendigen Strukturreformen abgeschlossen ist und damit auf den Wechselkurs als Anpassungsmechanismus verzichtet werden kann.

⇒ Benchmark: EU-Durchschnitt der Bruttomonatslöhne;

1. Die Bruttomonatslöhne in der betrachteten Volkswirtschaft sind hoch und entsprechen den Durchschnittslöhnen innerhalb der derzeitigen EU.

2. Angesichts überdurchschnittlicher Lohnsteigerungen wird ein Lohnniveau (in Euro) erreicht, das demjenigen etablierter EU-Mitgliedstaaten an der südeuropäischen Peripherie entspricht.

3. Die realen Anpassungsmaßnahmen innerhalb der Volkswirtschaft sind vorangeschritten, und das Euro-Lohnniveau liegt etwa bei der Hälfte des EU-Durchschnitts.

4. In der betrachteten Ökonomie besteht weiterhin ein hoher Bedarf für beschleunigte Privatisierungs- und Reformmaßnahmen im Unternehmenssektor. Die Bruttomonatslöhne liegen bei rund einem Viertel des entsprechenden EU-Durchschnittsniveaus.

5. Die realen Konvergenzfortschritte entwickeln sich nur sehr schleppend, und die Bruttomonatslöhne liegen mit unter 20% des EU-Durchschnittslohns auf einem signifikant niedrigen Niveau.

Bankenreform- und Finanzmarktliberalisierung[638] *(BANK)*

Ein weiterer Indikator für die Fähigkeit tragfähiger fester Wechselkursanbindungen ist im Entwicklungsrückstand des inländischen Banken- und Finanzsektors zu sehen. Unzureichend leistungsfähige Finanzsysteme gefährden etwa durch fehlende Kontrollmechanismen ein System fester Wechselkurse.

⇒ Benchmark: EBRD-Transformationsschema (4+);[639]

1. Es existiert eine vollständige Übereinstimmung der Bankengesetzgebung und Regulierungen mit den BIZ-Standards. Sämtliche Instrumente für einen effizienten Bankenwettbewerb sind vorhanden.

2. Die BIZ-Standards werden weitgehend eingehalten. Es ist eine deutliche Annäherung an die international übliche Bankengesetzgebung erfolgt.

3. Es konnten deutliche Fortschritte bei der Etablierung einer funktionsfähigen Bankensanierung und -aufsicht verzeichnet werden. Die Zinsliberalisierung gilt als weitgehend abgeschlossen.

4. Signifikante Liberalisierungsfortschritte wurden im Zusammenhang mit den Zinssätzen sowie der Kreditvergabe durchgesetzt.

5. Es sind wenig Fortschritte, die über die Errichtung eines zweistufigen Bankensystems hinausgehen, festzustellen.

---

[638] Vgl. EBRD (2000a), S. 15; Jochem/Sell (2001), S. 157ff.

[639] *Erläuterung*: Die Grundlage dieses Indikators bildet das Klassifizierungsschema der EBRD. Das Schema mißt anhand von strukturellen Indikatoren jährlich den Fortschritt der Beitrittskandidaten im Transformationsprozeß. Als Benchmark dient bei diesem Indikator der Höchstwert (4+) des EBRD-Schemas (Punkteskala 1-4). Vgl. etwa EBRD (2000a), S. 15.

Bedeutung des Euro *(EUR)*
Erfüllt der Euro bereits in dominierendem Maße gegenüber dem US-Dollar die wesentlichen Funktionen einer internationalen Leitwährung (Transaktions-, Fakturierungs- und Anlagewährung), steigen ceteris paribus die Vorteile einer frühzeitigen Anbindung an die Eurozone.
⇒ Benchmark: Währungszusammensetzung von Auslandsschulden;

1. Der Euro nimmt in den MOEL als Leitwährung eine herausragende Stellung ein und gilt mit steigender Tendenz als bedeutendste Transaktions-, Fakturierungs- und Anlagewährung.
2. Der US-Dollar konnte weitgehend als internationales Geld aus der Zahlungsmittelfunktion sowie aus der Verwendung als Fakturierungswährung verdrängt werden.
3. Die Bedeutung des Euro als Vehikel- und Denominationswährung in den MOEL entspricht in etwa derjenigen des US-Dollar.
4. Trotz einer relativ hohen außenwirtschaftlichen Verflechtung erfüllt die europäische Einheitswährung in dem betrachteten Land im Gegensatz zum US-Dollar nicht in dominierendem Maße die Funktionen einer internationalen Leitwährung.
5. Der US-Dollar gilt in dem betrachteten Land als dominantes internationales Geld.

Gruppe 2: Realwirtschaft

Arbeitsmobilität *(ARBEIT)*
Verfügt das Land über eine vergleichsweise hohe Arbeitsmarktflexibilität und -mobilität, kann im Falle asymmetrischer Schocks ein großer Teil der notwendigen Anpassungsreaktionen über Mengenveränderungen oder relative Preisveränderungen erfolgen. Damit kann eher auf den nominalen Wechselkurs als Anpassungsmechanismus verzichtet werden.
⇒ Benchmark: Länder-Durchschnitt nach 'International Institute for Management Development' (*'labor regulations'*);[640]

1. Die Mobilität des Faktors Arbeit ist sowohl aus sektoraler als auch aus regionaler Sicht außergewöhnlich hoch. Innerhalb des Arbeitsmarktes bestehen nur unwesentliche Mobilitätshemmnisse.
2. Die Arbeitsmobilität gilt im internationalen Vergleich als hoch, so daß die Rahmenbedingungen für eine Beschleunigung der intersektoralen Reallokation von vergleichsweise unproduktiven Arbeitskräften des ehemaligen Staatssektors hin zu produktiveren Verwendungen gegeben sind.
3. Die Arbeitsmarktflexibilität im Inland bietet die notwendigen Voraussetzungen für den Reallokationsprozeß weg von unproduktiven Beschäftigungsverhältnissen. Jedoch gilt die Faktormobilität im internationalen Vergleich eher als durchschnittlich.
4. Die sektorale und regionale Mobilität des Faktors Arbeit ist vergleichsweise gering.
5. Die Arbeitsmarktflexibilität und die Mobilität des Faktors Arbeit fallen angesichts umfangreicher Mobilitätshemmnisse äußerst gering aus. Es bestehen starke Restriktionen im Bereich der Migration zwischen den MOEL und der EU.

---

[640] Vgl. International Institute for Management Development (2001), S. 428.

Diversifikationsgrad *(DIV)*
Externe Schocks können sich im Falle äußerst heterogener Produktions- und Exportstrukturen der Volkswirtschaften gegenseitig kompensieren oder haben nur eine geringe Gesamtbedeutung. Demzufolge sinkt der Anpassungsbedarf durch eine nominale Wechselkursveränderung bei gleichzeitigem Anstieg der sektoralen Anpassungsfähigkeit.
⇒ Benchmark: Sektorale Verteilung der Exporte;

1. Die inländischen Produktions- und Exportstrukturen sind sehr stark diversifiziert und damit nur in geringem Maße von einzelnen Preis- und Mengenveränderungen auf dem Weltmarkt betroffen.
2. Parallel zur zunehmenden außenwirtschaftlichen Verflechtung mit der EU hat sich auch die Exportstruktur gewandelt. Das Inland entwickelte sich von einem Exporteur vornehmlich landwirtschaftlicher Güter und Rohstoffe zu einem Produzenten und Exporteur von breit diversifizierten Industrie- und Konsumgütern.
3. Die Volkswirtschaft weist angesichts einer diversifizierten Produktionsstruktur eine ausreichende Anpassungsfähigkeit und zugleich einen durchschnittlichen Anpassungsbedarf auf.
4. Der Anteil von wenig diversifizierten Gütern und Rohstoffen in der Produktions- und Exportpalette überwiegt deutlich.
5. Die Volkswirtschaft ist in ihrer Produktions- und Exportpalette nur geringfügig diversifiziert.

Produktivitätsentwicklung *(PROD)*
Die Veränderung der technischen Effizienz mittel- und osteuropäischer Produktionsstrukturen bildet einen Indikator dafür, über welche Dynamik der realwirtschaftliche Aufholprozeß verfügt. Höhere Produktivitätssteigerungen der MOEL gegenüber Euroland weisen auf einen höheren Realanpassungsbedarf und ceteris paribus auf die Notwendigkeit flexibler Wechselkursregime hin.
⇒ Benchmark: Produktivitätswachstum in der Eurozone;

1. Die Steigerungsraten der Produktivität sind mit den Zuwächsen etablierter Marktwirtschaften innerhalb der EU vergleichbar. Die technische Effizienz der zugrundeliegenden Produktionsstrukturen der Volkswirtschaft entspricht denjenigen westlicher Industrieländer.
2. Es existieren lediglich geringe Produktivitätsunterschiede zwischen der betrachteten Ökonomie und der Eurozone. Die Wirkungen des Balassa-Samuelson-Effektes sind klein.
3. Die Produktivitätszuwächse übersteigen diejenigen in den etablierten Industrieländern.
4. Der dynamische realwirtschaftliche Aufholprozeß der Volkswirtschaft impliziert hohe Produktivitätszuwächse. Die technische Effizienz der Produktionsstrukturen liegt noch deutlich unterhalb derjenigen in etablierten Ökonomien der EU.
5. Die Produktionsstrukturen in der Ökonomie sind noch wenig effizient, und der Balassa-Samuelson-Effekt sehr ausgeprägt. Die Produktivitätszuwächse liegen verstärkt im zweistelligen Bereich.

Reale Wechselkursentwicklung *(RW)*

Indem die Entwicklung des realen Wechselkurses traditionelle Determinanten in sich vereint (Vaubel-Argument)[641], deutet eine geringe kurz- bis mittelfristige Volatilität auf einen ebenfalls geringen Anpassungsdruck im Zuge externer Schocks hin.

⇒ Benchmark: Konstanz des realen Wechselkurses;

1. Der reale Wechselkurs der Inlandswährung gegenüber dem Euro ist kurz- bis mittelfristig konstant.
2. Es ist keine signifikante kurz- bis mittelfristige Volatilität des realen Wechselkurses der Landeswährung gegenüber dem Euro festzustellen.
3. Die kurz- bis mittelfristigen Schwankungen des realen Wechselkurses der Inlandswährung sind höher als diejenigen westlicher Industrieländer.
4. Die Varianz des realen Wechselkurses der Ökonomie ist im Ländervergleich signifikant hoch.
5. Der reale Wechselkurs zwischen Landeswährung und Euro weist sehr hohe kurz- bis mittelfristige Schwankungen auf, die einen deutlichen Anpassungsbedarf der Ökonomie vermuten lassen.

Realer gleichgewichtiger Wechselkurs *(REER)*

Mit zunehmendem Aufwertungstrend des REER wird der trade-off zwischen den Zielen der Wechselkurs- und Preisstabilität verschärft. Eine Absorption des Realanpassungsbedarfs kann über eine Veränderung der Binnengüterpreise oder aber des nominalen Wechselkurses erfolgen.

⇒ Benchmark: Übereinstimmung von realem Wechselkurs und geschätztem REER;

1. Die für eine reibungslose Integration in die EU erforderlichen Strukturreformen wurden in den Volkswirtschaften umgesetzt. Das inländische Preis- und Lohnniveau entspricht dem westlichen EU-Standard, und der REER unterliegt keinem Aufwertungsprozeß durch fundamentale Einflußfaktoren.
2. Der REER verzeichnet eine trendmäßige Aufwertung, die aber mittelfristig ausläuft.
3. Ein hoher Anteil der in dem Land verzeichneten, trendmäßigen Verschlechterung der Außenwirtschaftsposition ist als Gleichgewichtsreaktion auf realwirtschaftliche Veränderungen innerhalb der Volkswirtschaft und damit auf eine signifikante Aufwertung des REER zurückzuführen.
4. Angesichts der dynamischen, realen gleichgewichtigen Wechselkursänderung im Rahmen des Aufholprozesses ergibt sich ein umfassender Realkursänderungsbedarf.
5. Als Folge realwirtschaftlicher Veränderungen im Zuge einer Vertiefung und Beschleunigung ausbleibender Strukturreformen unterliegt der REER einem tiefgreifenden Aufwertungsprozeß.

Konjunkturzyklus *(KONJ)*

Ein synchroner Konjunkturverlauf zwischen den MOEL und der Eurozone würde ceteris paribus die Notwendigkeit nominaler Wechselkursanpassungen zur Korrektur von konjunkturbedingten Defiziten in der Leistungsbilanz vermindern.

⇒ Benchmark: Reales BIP-Wachstum in Euroland (Abweichungen der letzten 5 Jahre);

---

[641] Vgl. zum Vaubel-Argument auch den Abschnitt 2.4 in Kapitel IV der vorliegenden Arbeit.

1. Das beitrittswillige Land und Euroland verfügen über einen gleichgerichteten Konjunkturverlauf.

2. Die Konjunkturentwicklung der MOEL und des Eurolands verläuft von entsprechenden time-lags abgesehen im mittelfristigen Trendverlauf synchron.

3. Die Konjunkturzyklen zwischen den MOEL und Euroland entwickeln sich angesichts der steigenden Integrationsbemühungen von Seiten der EU-Aspiranten in zunehmendem Maße symmetrisch.

4. Die Binnenkonjunkturen innerhalb Eurolands und dem beitrittwilligen MOEL verlaufen zwar nicht parallel, jedoch erfolgen durch die vergleichsweise hohe Außenhandelsverflechtung realwirtschaftliche spill-over-Effekte mit Rückwirkungen auf den Konjunkturverlauf.

5. Die EU-Aspiranten und Euroland verfügen über keine gleichgerichteten Konjunkturzyklen.

Privatsektor *(PRIVAT)*
Die Privatisierungsfortschritte innerhalb der beitrittswilligen Staaten bilden einen weiteren Indikator für die Dynamik gesamtwirtschaftlicher Reallokationsprozesse und insofern für die Entwicklung des Transformationsprozesses.
⇒ Benchmark: Anteil des Privatsektors am inländischen BIP in der EU;

1. Das beitrittswillige Land verfügt über eine Eigentümerstruktur, die führenden Industrienationen entspricht. Der Privatsektor hat einen Anteil am inländischen BIP von mehr als 80%.

2. Der Privatisierungsprozeß wesentlicher Großunternehmen befindet sich in der Endphase.

3. Der Privatisierungsprozeß ist fortgeschritten, und die Mehrzahl der Unternehmen des Landes befindet sich in privater Hand.

4. Der Privatsektor verfügt lediglich über einen Anteil von rund 60% am BIP.

5. Das Land verfügt über wenig Privateigentum innerhalb der verschiedenen Wirtschaftssektoren, und der Privatisierungsprozeß befindet sich im Anfangsstadium.

Gruppe 3: Außenwirtschaft

Offenheitsgrad *(OFFEN)*
Bei zunehmender Außenhandelsverflechtung der Ökonomie verlieren nominale Wechselkursanpassungen zur Korrektur relativer Preisverhältnisse im Inland an Bedeutung, da sich in steigendem Maße das Inlandspreisniveau an den Auslandspreisen orientiert.
⇒ Benchmark: Offenheitsgrad;

1. Die kleine, sehr offene Volkswirtschaft sieht sich mit einer raschen Liberalisierung des Außenhandels konfrontiert. Bei äußerst geringer Bedeutung des Binnengütersektors weist das Land eine sehr hohe Außenhandelsverflechtung mit westlichen Märkten auf.

2. Bei einer vollständig liberalisierten Leistungsbilanz gilt die Ökonomie als offen und exportorientiert. Das Inlandspreisniveau wird überwiegend durch die Entwicklung der Auslandspreise bestimmt.

3. Der Binnengütersektor trägt – bei vorhandener Exportorientierung – den größten Anteil an der Gesamtproduktion der betreffenden Volkswirtschaft.
4. Die Volkswirtschaft gilt als binnenorientiert mit lediglich geringen Import- und Exportquoten.
5. Es bestehen in einigen Bereichen quantitative und administrative Außenhandelsbeschränkungen und Exportzölle. Die außenwirtschaftliche Verflechtung der Volkswirtschaft ist – bei hoher Bedeutung des Binnengütersektors – lediglich gering.

Schockausbreitung *(SCHOCK)*[642]

Wenn auftretende exogene Störungen in zunehmendem Maße gleichzeitig in den MOEL und Euroland wirksam werden und insofern gleichgerichteter Natur sind, steigt die Attraktivität einer festen Wechselkursanbindung zwischen diesen Ländern.

⇒ Benchmark: Gleichverteilung asymmetrischer und symmetrischer Schocks;

1. Die Störungen zwischen den pre-ins und der Eurozone sind ähnlich. Damit ist eine einheitliche geldpolitische Reaktion ceteris paribus vorteilhaft.
2. Es überwiegen symmetrische exogene Schocks zwischen den MOEL und Euroland.
3. Die auftretenden Störungen sind gleichermaßen symmetrischer und asymmetrischer Herkunft.
4. Die zwischen den MOEL und der Eurozone auftretenden exogenen Störungen sind überwiegend asymmetrischer Natur.
5. Es dominieren exogene Schocks, die sich asymmetrisch auf die entsprechenden Volkswirtschaften auswirken und damit die Notwendigkeit von unterschiedlichen Anpassungsprozessen erhöhen.

Kapitalverkehrsliberalisierung *(KAPITAL)*[643]

Mit zunehmender Kapitalmobilität wird die dauerhafte Aufrechterhaltung institutionell nicht abgesicherter fester Wechselkursregime schwerer.

⇒ Benchmark: Unbeschränkter Kapitalverkehr nach EU-Standard;

1. Im Bereich des kurzfristigen Kapitalverkehrs bestehen umfassende Kontrollen.
2. Es ist eine vorsichtige, sukzessive Öffnung des Kapitalverkehrs erfolgt (Liberalisierung der Kapitalimporte vor den Kapitalexporten).
3. Im Rahmen der stufenweisen Öffnung wird eine umfangreiche Liberalisierung der Kapitalimporte bei bestehenden Restriktionen im Bereich der kurzfristigen Kapitalabflüsse erreicht.
4. Der Liberalisierung des kurzfristigen Kapitalimports schließen sich wesentliche Elemente des Kapitalexportes an.
5. Es bestehen keine Beschränkungen des Kapitalverkehrs sowie des Erwerbs von Grund und Boden durch Ausländer.

---

[642] Für die Bewertung und Klassifizierung des Indikators SCHOCK dienen die Ergebnisse von Jochem/Sell (2001), S. 33ff.
[643] Als Grundlage der Klassifizierung dienen die Ausführungen und Einschätzungen von Jochem/Sell (2001), S. 160 und S. 217.

Politische Zielsetzung *(POL)*

Moderne Determinanten verweisen auf die Integrationsbereitschaft der politischen Entscheidungsträger und damit auf die Bereitschaft zu einer vereinheitlichten wirtschaftspolitischen Willensbildung. Die Wahl eines flexibleren Wechselkurssystems ist etwa vorzuziehen, wenn die politischen Glaubwürdigkeitsverluste etwaiger Leitkursanpassungen hoch ausfallen.

⇒ Benchmark: Homogenitätsgrad der politischen Willensbildung (Länder-Durchschnitt) nach 'International Institute for Management Development';[643]

1. Die Zentralbank und die Regierungsvertreter stimmen in ihrer mittel- und langfristigen Währungsstrategie des Landes im Rahmen einer einheitlichen Willensbildung überein.
2. Die Integrationsabsichten der relevanten Entscheidungsträger sind von Einzelaspekten abgesehen sehr homogen.
3. Die Regierung macht die Priorität für eine Beschleunigung des realen Konvergenzprozesses deutlich.
4. Es besteht ein offener Dissens zwischen Regierung und Zentralbank in geld- und währungspolitischen Aspekten: Während sich die von politischen Weisungen de jure unabhängige Zentralbank für eine graduelle und langfristig orientierte Währungsintegration ausspricht, streben die politischen Entscheidungsträger eine rasche Übernahme des Euro an.
5. Es besteht zwischen Regierung und Notenbank nur eine geringe Bereitschaft zur vereinheitlichten politischen Willensbildung, die auf eine gewisse Instabilität des Integrationsprozesses hindeutet.

Außenhandelsstruktur *(HANDEL)*

Ein zentrales Charakteristikum des Transformationsprozesses ist die zunehmende Reorientierung des Außenhandels in Richtung westeuropäischer Märkte. Mit zunehmendem Grad dieser Außenhandelsentwicklung ist eine feste Euro-Anbindung ceteris paribus vorzuziehen.

⇒ Benchmark: Außenhandel mit Eurozone = 100%;

1. Die nationale Exportwirtschaft steht vollständig im europäischen Wettbewerb, und der Außenhandel des EU-Aspiranten konzentriert sich auf die Länder innerhalb der Eurozone. Die Transaktionen innerhalb der Leistungsbilanz sind vollständig konvertibel.
2. Die Außenhandelsströme der Volkswirtschaft konnten rasch und dauerhaft auf die Länder der Eurozone umgelenkt werden. Die Importe und Exporte mit der Eurozone machen den weit überwiegenden Teil des gesamten Handelsvolumens aus.
3. Bei weiterhin signifikant hoher Bedeutung von Rußland und anderen MOEL im Außenhandel dominieren die Länder der Eurozone als Abnehmer- und Lieferländer von Gütern und Dienstleistungen.
4. Der Handel mit Drittländern außerhalb Eurolands hat volumenmäßig eine gleich große Bedeutung.

---

[643] Vgl. International Institute for Management Development (2001), S. 414 und 416.

5. Trotz umfassender Liberalisierungsmaßnahmen konnte keine rasche Umlenkung der Außenhandelsströme in Richtung westlicher Industrieländer erlangt werden, so daß die Bedeutung Rußlands und anderer MOEL für die Exportwirtschaft noch immer hoch ist.

Das dargestellte Klassifizierungsschema stellt den zweiten Schritt im Rahmen der in Abbildung C-14 zusammengefaßten, dreistufigen Vorgehensweise zur Analyse einer optimalen Währungsstrategie dar. Die Einordnung der zwanzig gleichgewichteten Einzelindikatoren in insgesamt fünf Kategorien wird im nächsten Schritt operationalisiert, indem sich der qualitativen Beschreibung für die einzelnen Länder eine quantitative Berechnung anschließt. Die jeweilige Punktezuweisung (1-5) findet insofern unter Zugrundelegung von Benchmark-Intervallen statt: In Abhängigkeit der jeweiligen Abweichung vom festgelegten Benchmark-Wert wird dem Land für den betrachteten Indikator eine Punktzahl zugewiesen, die Ausdruck für den notwendigen Flexibilitätsbedarf der nationalen Wechselkurspolitik ist. Die länderindividuelle Punktezuweisung, Klassifizierung und genaue Auswertung des Indikatorenschemas wurde im *Anhang dieser Arbeit* zusammengefaßt. Das beschriebene Vorgehen der dritten Stufe erfolgt insofern nach folgender, beispielhafter Systematik:

Es werde der Einzelindikator *'LOHN'* betrachtet, der die Konvergenz der inländischen Lohnentwicklung mit derjenigen der EU mißt und damit eine Aussage über die Fortschritte bei der Umsetzung notwendiger Strukturreformen trifft. Eine starke Divergenz der Bruttomonatslöhne (in Euro) zu denjenigen innerhalb der EU würde dann angesichts eines weiterhin hohen strukturellen Anpassungsbedarfs für eine zunehmende Flexibilität der Währungsstrategie sprechen. Unter Zugrundelegung der durchschnittlichen Bruttomonatslöhne für das Jahr 2000 ergeben sich nach der obigen Systematik die in Tabelle C-6 zusammengefaßten fünf Benchmark-Intervalle.

Tabelle C-6: Beispiel für die dritte Stufe des Indikatorenschemas

Brutto-Monatslöhne	Benchmark (BM)	BM-Intervall 1	BM-Intervall 2	BM-Intervall 3	BM-Intervall 4	BM-Intervall 5
in %	100	80-100	60-80	40-60	20-40	< 20
in EUR	1814	1451-1814	1088-1451	726-1088	363-726	< 363

Quelle: Eigene Darstellung.

Für Polen ergibt sich beispielsweise mit einem durchschnittlichen Bruttomonatslohn von 527 Euro im Jahr 2000 in dieser Systematik eine signifikant hohe Divergenz gegenüber dem verwendeten Benchmark-Wert und damit innerhalb des Indikatorenschemas eine Zuweisung von vier Flexibilitätspunkten. Unter Berücksichtigung dieses Einzelindikators sollte damit auf den Wechselkurs als Anpassungsmechanismus zunächst nicht verzichtet und ceteris paribus eine flexible Währungsstrategie beibehalten werden. Diese Methodik wird bei der in den folgenden Kapiteln zugrundeliegenden Anwendung des Indikatorenschemas für sämtliche zwanzig Einzelindikatoren und für alle fünf MOEL durchgeführt und ausgewertet (s. auch Anhang).

Es wird versucht, die dreistufige Vorgehensweise transparent, aber zugleich durch eine theoretisch fundierte Indikatorenauswahl und Anwendung zu gestalten. Indem eine Vielzahl von ökonomischen Determinanten zur Wahl eines angemessenen Wechselkursregimes Verwendung finden, soll die Aussagekraft des Ergebnisses erhöht werden: Wie noch zu sehen sein wird, würde die isolierte Betrachtung eines alleinigen Indikators unter Umständen ein verzerrtes und einseitiges Bild über die wirtschaftlichen Vorteile einer bestimmten Währungsstrategie bieten. Allerdings liegen zwischen verschiedenen Kriterien zum Teil Überschneidungen, Interdependenzen sowie vereinzelt auch widersprüchliche Implikationen vor, die bei der Bewertung der Aussagekraft des Indikatorenschemas zu berücksichtigen sind (s. Kap. IV). Gleichzeitig besteht im Zusammenhang mit der Auswertung des Indikatorenschemas für den Zeitraum *nach* einem EU-Beitritt angesichts einfließender Prognosewerte von zugrundeliegenden Makro- und Mikrovariablen wohl der größte Unsicherheitsfaktor. Insgesamt stellt die Verfahrensweise jedoch ein angemessenes Schema dar, um die volkswirtschaftlichen Kosten einer Währungsstrategie für eine Ökonomie zu identifizieren und diese gleichzeitig mit anderen Ländern zu kontrastieren.

3. Monetäre Integration vor dem EU-Beitritt

3.1 Anwendung des Indikatorenschemas

Die nachfolgenden Betrachtungen beziehen sich zunächst auf die derzeit voranschreitende, erste Phase der Währungsintegration. Dieser Zeitraum umfaßt die Vorbereitungszeit der MOEL bis zu einem EU-Beitritt. In dieser Phase unterliegt die Wechselkurspolitik keinen formalen Vorgaben von Seiten der EU (s. Kap. VII). Die Optionen für die monetäre Heranführungsstrategie der EU-Aspiranten umspannen dementsprechend in dieser Vor-Beitrittsphase aus theoretischer Sicht das gesamte Spektrum wechselkurspolitischer Strategien von flexiblen bis hin zu festen Wechselkursen. Die monetäre Integration in dem Zeitraum kann jedoch unter Vernachlässigung verschiedener unrealistischer Strategien auf der Grundlage dreier Wechselkursregelungen erfolgen:

- *flexible Wechselkurse in Form eines managed floatings*
- *System gleitender Abwertungen mit einem realen Wechselkursziel*
- *feste Wechselkurse (herkömmliche unilaterale Anbindung oder currency board)*

Die Auswertung des beschriebenen Indikatorenschemas zur Bestimmung einer angemessenen monetären Heranführungsstrategie wird nachfolgend sukzessiv für die fünf MOEL separat dargestellt und analysiert. Unter Berücksichtigung aktuell verfügbarer Daten (d.h. die Datenbasis bezieht sich weitgehend auf das Jahr 2000) werden die Ergebnisse des Indikatorenschemas in den Abbildungen C-15 bis C-20 zusammengefaßt (s. Anhang für Datengrundlage). Die auf Basis dieser Ergebnisse resultierenden Implikationen für die länderindividuellen Integrationspfade der nationalen Wechselkurspolitiken bis zum EU-Beitritt werden *im anschließenden Abschnitt 3.2 diskutiert*.

Polen: Abbildung C-15 zeigt die Auswertung des Indikatorenkataloges für die polnische Wechselkurspolitik unter Einbezug der angeführten zwanzig Einzelindikatoren. Es erfolgt eine graphische Unterteilung der drei Indikatorengruppen. Die empirischen Analyseergebnisse verweisen angesichts länderspezifischer Charakteristika zunächst auf einen signifikant hohen Flexibilitätsbedarf der polnischen Währungsstrategie.

Abbildung C-15: Ergebnisse des Indikatorenschemas für Polen

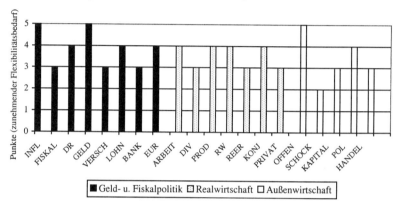

Quelle: Eigene Darstellung (s. Anhang).

Die mit einer festen Wechselkursbindung verbundenen, volkswirtschaftlichen Kosten sind im Falle Polens als noch signifikant hoch einzustufen. Die Belastungen für die Wirtschaft können innerhalb aller drei Gruppen – Geld- und Fiskalpolitik, Real- und Außenwirtschaft – als ähnlich verteilt angesehen werden. Den Schwerpunkt des wechselkurspolitischen Flexibilitätsbedarfs bilden neben dem weiterhin hohen Inflations- und Zinsdifferential im Vergleich zu Euroland zusätzlich die deutlichen Produktivitätssteigerungen der Volkswirtschaft. Diese drei Indikatoren weisen in dem dargestellten Klassifizierungsschema alle eindeutig auf die Notwendigkeit flexibler Wechselkurse hin.

Diese Einschätzung wird zudem durch die folgenden Charakteristika verstärkt:

- Die geringen Bruttomonatslöhne lassen auf einen weiterhin hohen realen Anpassungsbedarf der Ökonomie schließen.
- Angesichts relativ geringer Devisenreserven (in Prozent der Auslandsverschuldung) würde die Aufrechterhaltung einer Wechselkursfixierung deutlich erschwert werden.
- Die geringe Flexibilität des Arbeitsmarktes erschwert die Anpassungsfähigkeit der Wirtschaft bei externen Schocks, wenn der nominale Wechselkurs nicht mehr als Anpassungsmechanismus zur Verfügung steht.
- Die hohen kurzfristigen Schwankungen des realen Wechselkurses deuten zudem auf einen vergleichsweise hohen Anpassungsdruck der polnischen Volkswirtschaft hin.
- Die Entwicklung der realen Wachstumsraten in Polen und Euroland verdeutlicht einen nicht synchronen Konjunkturverlauf.

- Die polnische Volkswirtschaft ist binnenorientiert, so daß nominale Wechselkursänderungen im Vergleich zu kleinen, offenen Ländern durchaus über die Möglichkeit relativer Preisanpassungen verfügen.
- Der Integrationsprozeß wird durch keine einheitliche politische Willensbildung gestützt.

Ungarn: Wie im Falle Polens verweist die Auswertung des Indikatorenkataloges auch für die Währungsstrategie Ungarns auf einen deutlichen – wenn auch geringeren – Flexibilitätsbedarf. Die in Abbildung C-16 zusammengefaßten Ergebnisse zeigen, daß entgegen der vorherigen Analyse für Polen der Schwerpunkt von – mit einer festen Wechselkursbindung verbundenen – volkswirtschaftlichen Kosten im monetären Bereich der Geld- und Fiskalpolitik einzuordnen ist.

Abbildung C-16: Ergebnisse des Indikatorenschemas für Ungarn

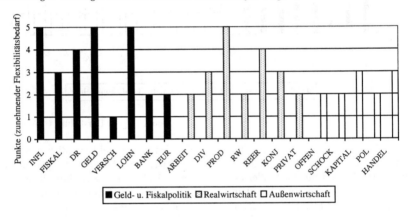

Quelle: Eigene Darstellung (s. Anhang).

Die Kontrastierung mit den festgelegten Benchmarks verweist im Falle Ungarns vor allem in den folgenden Bereichen auf die Notwendigkeit flexibler Wechselkurse:

- Im Vergleich zu Euroland liegen weiterhin deutliche Differenzen der inländischen Zins-, Lohn- und Inflationsniveaus vor.
- Die inländische Geld- und Wechselkurspolitik wird durch ein signifikant hohes Haushaltsdefizit eingeengt.
- Die ungarische Zentralbank verfügt über einen vergleichsweise geringen Bestand ausländischer Devisenreserven.
- Die deutlichen Produktivitätssteigerungen verweisen auf eine hohe Dynamik des realwirtschaftlichen Aufholprozesses.
- Das gegenüber dem Gleichgewichtswert deutliche reale Aufwertungspotential des ungarischen Forint signalisiert die Notwendigkeit flexibler Wechselkurse.

Bei Wahl einer flexiblen Währungsstrategie kann die Absorption des realen Aufwertungspotentials in Ungarn über eine Aufwertung des nominalen Wechselkurses bei gleichzeitiger Reduktion des inländischen Preisdrucks und damit ohne Beeinträchtigung des realwirtschaftlichen Konvergenzprozesses erfolgen.

Tschechien: Im Gegensatz zu den beiden anderen Viségrad-Staaten Polen und Ungarn signalisieren die in Abbildung C-17 zusammengefaßten Ergebnisse für Tschechien einen geringeren Flexibilisierungsbedarf der Währungsstrategie. Dieser erstreckt sich durch alle drei Gruppen des vorliegenden Indikatorenschemas und spiegelt sich in einer niedrigeren Summe aller zwanzig Einzelindikatoren wider. Dabei fallen die mit einer festen Wechselkursbindung verbundenen ökonomischen Kosten vor allem dank der deutlichen Erfolge im Bereich der monetären Konvergenz, der gesunden Wirtschaftsstruktur sowie der deutlich intensivierten realwirtschaftlichen Verflechtung mit Euroland geringer aus als in den beiden anderen MOEL. Diese Entwicklung steht beispielsweise im Kontrast zu den ökonomischen Rahmenbedingungen der tschechischen Ökonomie im Vorfeld des kriseninduzierten Regimewechsels von Mai 1997 (s. Kap. V).

Abbildung C-17: Ergebnisse des Indikatorenschemas für Tschechien

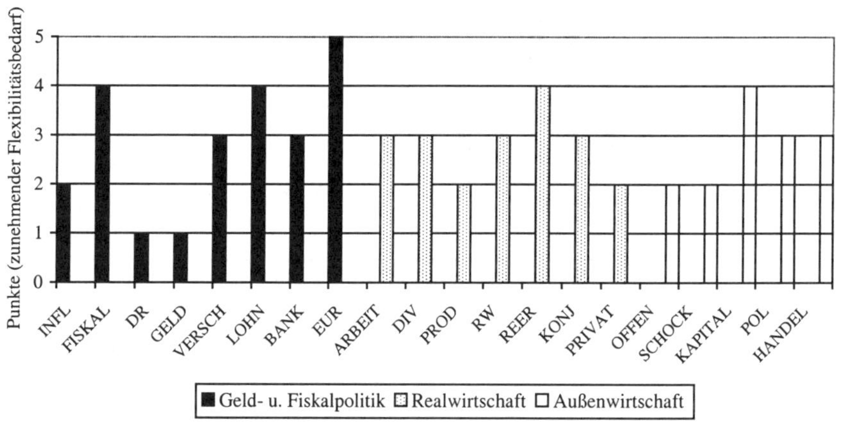

Quelle: Eigene Darstellung (s. Anhang).

Zwar signalisieren die Ergebnisse aus Abbildung C-17, daß eine Annäherung an den Euro im Ländervergleich schneller erfolgen könnte, jedoch wird diese Einschätzung durch einige Indikatoren relativiert. Dies trifft neben der vorangeschrittenen Liberalisierung des kurzfristigen Kapitalverkehrs sowie einer noch immer hohen Bedeutung des US-Dollars als Anlagewährung auf drei Charakteristika zu:

- signifikantes reales Aufwertungspotential in Relation zu dem geschätzten REER
- hohe Neuverschuldung der tschechischen Regierung
- signifikant hoher Anpassungsbedarf des inländischen Lohnniveaus

Estland: Die in Abbildung C-18 zusammengefaßte Auswertung des Indikatorenkataloges für Estland weist bei gegebenen länderspezifischen Unterschieden eine ähnliche Tendenz wie die vorangegangenen Ergebnisse für Tschechien auf. Im Vergleich zu Ungarn und Polen ist auf Grundlage des Indikatorenschemas ein deutlich geringerer Flexibilisierungsbedarf der estnischen Währungsstrategie festzustellen. Vielmehr verweisen sowohl die überwiegende Zahl der klassischen Kriterien im Bereich der Außenwirtschaft als auch die monetären Indikatoren darauf, daß die ökonomischen Kosten in Verbindung mit der bestehenden Festkursstrategie tatsächlich als relativ gering einzuschätzen sind.

Eine wesentliche Restriktion bildet jedoch auch im Falle Estlands der erwähnte realwirtschaftliche Anpassungsbedarf (s. Indikatoren REER, LOHN), der angesichts hoher Produktivitätssteigerungen auf ein auch zukünftig strukturell begründetes Inflationsdifferential gegenüber Euroland verweist.

Abbildung C-18: Ergebnisse des Indikatorenschemas für Estland

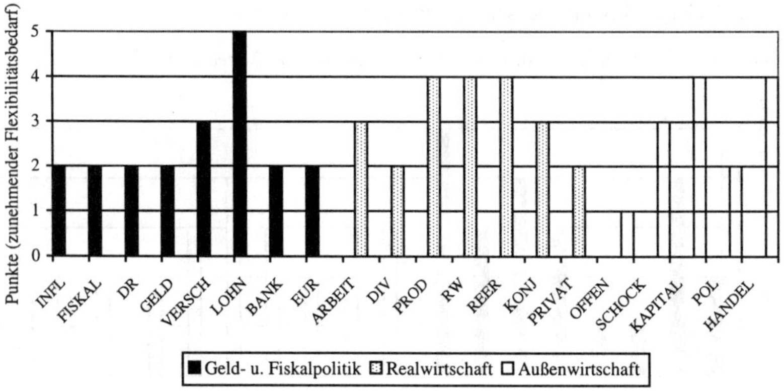

Quelle: Eigene Darstellung (s. Anhang).

Slowenien: Die Auswertung des Indikatorenkataloges für den Integrationspfad Sloweniens im Vorfeld eines EU-Beitritts zeigt ein ähnliches Bild wie im Falle Ungarns. Die vorliegenden Resultate aller drei Indikatorengruppen in Abbildung C-19 verweisen aus volkswirtschaftlicher Sicht auf die Notwendigkeit eines flexiblen Wechselkurssystems und bestätigen damit die derzeitige Währungsstrategie Sloweniens. Neben Polen ist auf Grundlage des Indikatorenschemas dieser Flexibilisierungsbedarf für die slowenische Ökonomie am größten. Wie in Abbildung C-19 zu erkennen, kann diese Erkenntnis u.a. auf den noch immer vergleichsweise hohen inländischen Preisdruck Sloweniens, auf die geringe Flexibilität des slowenischen Arbeitsmarktes sowie auf den relativ geringen Privatsektor zurückgeführt werden. Gleichzeitig ist in Anlehnung an die in Teil B vorgestellten Schätzergebnisse des REER für Slowenien der reale Anpassungsbedarf des Tolar im Vergleich zu anderen MOEL gering.

Für eine frühzeitige Fixierung des Tolar gegenüber dem Euro sprechen auf Grundlage des Indikatorenschemas lediglich drei Aspekte:

- Das slowenische Haushaltsdefizit gilt nach internationalen Maßstäben als relativ gering.
- Die vergleichsweise geringe Bedeutung des US-Dollar als Anlagewährung würde ceteris paribus die Vorteile einer Euro-Anbindung erhöhen.
- Die Volatilität des realen Wechselkurses ist angesichts zum Teil umfangreicher Eingriffe der slowenischen Zentralbank gering.

Abbildung C-19: Ergebnisse des Indikatorenschemas für Slowenien

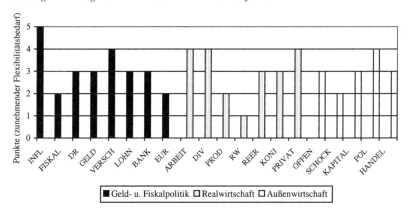

Quelle: Eigene Darstellung (s. Anhang).

Insgesamt zeichnen die vorliegenden Ergebnisse des Indikatorenschemas unter Berücksichtigung zahlreicher Einzelindikatoren innerhalb der betrachteten MOEL ein heterogenes Bild für die angemessene Wahl der Währungsstrategie vor dem EU-Beitritt. Es wird deutlich, daß bis auf den 'Sonderfall' Estland mit einem bestehenden currency board keiner der EU-Aspiranten aus volkswirtschaftlicher Sicht eine vorzeitige unilaterale Währungsanbindung an den Euro einrichten sollte. Gleichzeitig können hinsichtlich des Flexibilitätsbedarfs differenzierte Aussagen getroffen werden: Während dieser vor allem in Polen, aber auch in Slowenien sowie Ungarn angesichts verschiedener länderspezifischer Charakteristika weiterhin sehr hoch ist, zeigen die Ergebnisse für Tschechien, daß umfangreiche Strukturreformen und der makroökonomische Kurs nach der Währungskrise 1997 eine schnellere Annäherung an den Euro ermöglichen.

Die Abbildung C-20 faßt diese Gesamtergebnisse für die MOEL der Luxemburg-Erweiterungs-gruppe abschließend zusammen:

Abbildung C-20: Gesamtergebnisse des Indikatorenschemas nach Ländern

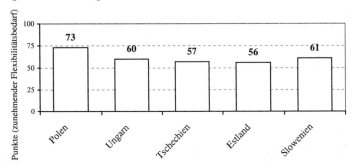

Quelle: Eigene Darstellung (s. Anhang).

Die praktische Umsetzung der Erkenntnisse erfolgt in Abschnitt 3.2. Auf Basis der Ergebnisse des Indikatorenschemas werden die aktuellen Währungsstrategien beurteilt und die Notwendigkeit eventueller Modifizierungen im Vorfeld des EU-Beitritts aufgezeigt.

3.2 Alternative Integrationsszenarien vor dem EU-Beitritt

Die Auswertung des Integrationsschemas verweist zum einen auf die Notwendigkeit, dem weitgehend hohen währungspolitischen Flexibilitätsbedarf der MOEL Rechnung zu tragen. Zum anderen zeigt sie, daß keine einheitliche Sichtweise für eine optimale monetäre Heranführungsstrategie der MOEL vor dem EU-Beitritt existiert. Während in der Phase nach dem EU-Beitritt die wirtschaftliche Konvergenz mit den etablierten Mitgliedstaaten im Vordergrund der Wirtschafts- und Währungspolitik stehen wird, sollten die Anstrengungen der EU-Aspiranten in der Vor-Beitrittsphase vor allem durch das Bestreben geprägt sein, die für einen EU-Beitritt notwendigen Aufnahmebedingungen und damit die Kopenhagener-Kriterien zu erfüllen (s. Kapitel VII).

Folglich stehen aus monetärer Sicht vier Mindestanforderungen an die EU-Aspiranten im Mittelpunkt, wenn in den Bereichen keine Übergangsregelungen vereinbart werden:

- *die vollständige Liberalisierung des Kapitalverkehrs*
- *eine auf Haushaltsdisziplin ausgelegte Fiskalpolitik, die übermäßige Defizite vermeidet*
- *die vollständige Unabhängigkeit nationaler Zentralbanken*
- *eine deutlich stärkere Marktorientierung des Banken- und Finanzsektors*

In der hier betrachteten ersten Phase der währungspolitischen Heranführungsstrategie hat auf Seiten der MOEL die Umsetzung und Implementierung des umfangreichen gemeinsamen EU-Besitzstandes Priorität. Dabei bildet der notwendige Abbau kurzfristiger Kapitalverkehrskontrollen eine wesentliche Restriktion für die Währungsstrategien.

In Anlehnung an das dargestellte magische Dreieck der Wechselkurspolitik (Abbildung A-8) nehmen mit steigender Dynamik der Kapitalzuflüsse sowie andauernden strukturellen Veränderungen innerhalb der MOEL die Gefahren rigider Vorgaben für die Wechselkurspolitik zu.[644] Die mangelnde Anpassungsfähigkeit der Währungen im Rahmen fester Wechselkurse bildete in der Vergangenheit nicht selten (etwa in Tschechien 1997) den Nährboden für Währungs- und Finanzkrisen. Das Interesse ausländischer Investoren an den MOEL wird im Vorfeld des EU-Beitritts – insbesondere nach Bekanntgabe eines definitiven Beitrittstermins von Seiten der EU – weiter drastisch wachsen. An dieser Stelle soll auf zwei – für die Währungsstrategien relevante – Effekte dieser hohen Kapitalimporte (Portfolio- und Direktinvestitionen) hingewiesen werden:

Zum einen steigern die Direktinvestitionen, die vermehrt in den Sektor der handelbaren Industriegüter fließen, die dortige Produktivität. Es erfolgt eine weitere Beschleunigung der Aufwertung des zugrundeliegenden REER.[645] Der Anpassungsbedarf des realen Wechselkurses und insofern die Notwendigkeit einer flexiblen Wechselkursregelung steigen. Zum anderen ist zu erwarten, daß sich die Kapitalimporte (Portfolioinvestitionen und Kredite) auch in Zukunft je nach globaler Stimmungslage der Investoren durch eine zum Teil hohe Volatilität auszeichnen. Führen etwa negative Erwartungen der Anleger als Folge globaler Ansteckungseffekte, Glaubwürdigkeitsprobleme oder auch fundamental begründeter Entwicklungen zu einem raschen Abzug des in den MOEL angelegten kurzfristigen (und zumeist spekulativen) Kapitals, so besteht die Gefahr, daß die feste Parität angesichts sinkender Devisenreserven nicht mehr verteidigt werden kann. Die Gefahr einer Währungs- und Finanzkrise durch spekulative Kapitalflüsse kann nur mit einem System vollkommen flexibler Wechselkurse deutlich reduziert werden. In diesem Fall ist die Möglichkeit einer anhaltenden realen Fehlbewertung und damit das spekulative Potential sehr gering.

Nach der gängigen Argumentation in Verbindung mit den Erfahrungen der 90er Jahre, wonach im Kontext liberalisierter Kapitalbilanzen, stabile Wechselkurse, geldpolitische Unabhängigkeit sowie freier Kapitalverkehr miteinander unvereinbar sind, so würde aus theoretischer Sicht für die MOEL folgen: Bei sukzessiv ansteigender Kapitalmobilität bis zum EU-Beitritt ergibt sich die Wahl zwischen einem institutionell abgesicherten festen Wechselkursregime (also einem currency board o.ä.) ohne autonome Geldpolitik auf der einen Seite des Spektrums und einem System flexibler Wechselkurse auf der anderen Seite ('bipolar view'). Diese Argumentation wurde im allgemeinen Kontext der Schwellenländer vielfach herangezogen sowie umfangreich empirisch wie theoretisch diskutiert.[646] Im Zusammenhang mit dem monetären Integrationsprozeß der EU-Aspiranten liegen jedoch sowohl länder- und regionenspezifische Charakteristika als auch besondere politisch institutionelle Rahmenbedingungen vor, die in den Überlegungen zu berücksichtigen sind. In diesem Sinne entspricht mittel- bis langfristig eine einfache Wahl zwischen den Ecklösungen wechselkurspolitischer Alternativen nicht den ökonomischen und politischen Realitäten in Europa. Wie ist diese Erkenntnis zu begründen?

---

[644] Vgl. in einem ähnlichen Kontext auch Ohr (2001a), S. 104.

[645] Vgl. auch die Argumentation in Kapitel III sowie Halpern/Wyplosz (2001), S. 20.

[646] Vgl. für eine Diskussion etwa Frankel (1999), S. 6ff., Fischer (2001), Obstfeld/Rogoff (1995).

Die MOEL können – wie in den vorherigen Kapiteln dargestellt – nicht mit Schwellenländern gleichgesetzt werden, die teilweise nur äußerst zögerlich die Implementierung
notwendiger Strukturreformen umsetzen und vor allem *nicht* durch das Leitbild der
realwirtschaftlichen und monetären Integration geprägt werden.[647] Im Kontext der
MOEL muß vielmehr bei bestehender, hoher realer und nominaler Divergenz zwischen
Euroland und den EU-Aspiranten die Realität des angestrebten Integrationspfads berücksichtigt werden. Aus monetärer Sicht bestimmt die in Kapitel VII zusammengefaßte,
dreistufige Heranführungsstrategie an den Euro die Rahmenbedingungen, selbst wenn
die vollständige Teilnahme an der Eurozone für die MOEL als Endpunkt der Integration
lediglich in einer sehr langfristigen Perspektive denkbar erscheint.[648]

In diesem Sinne geht es bei der Analyse einer angemessenen Währungsstrategie für die
MOEL zwischen Transformations- und Integrationsprozeß auch vor dem EU-Beitritt
nicht um eine isolierte Punktentscheidung. Zwischenlösungen sind nicht kategorisch
auszuschließen. Die Überlegungen müssen vielmehr im Gesamtkontext der monetären
Heranführungsstrategie eingeordnet und mögliche Restriktionen von Seiten der EU-
Institutionen integriert werden: Neben dem EU-Beitritt und den damit zusammenhängenden Anforderungen an die Wirtschafts- und Währungspolitiken der MOEL bilden
folglich die Teilnahme am WKM-2 sowie langfristig die Übernahme des Euro die zentralen Eckpfeiler dieses Prozesses. Gleichzeitig muß die 'bipolar view' insofern abgeschwächt werden, daß wechselkurspolitische Zwischenlösungen nicht per se ausgeschlossen werden können, sondern auch die Glaubwürdigkeit und Konsistenz der institutionellen Rahmenbedingungen zu berücksichtigen sind. Die Auffassung einer notwendigen Modifikation teilt in einem allgemeineren Kontext des Politiktrilemmas zuletzt
auch Fischer (2001).[649]

Die jüngste Flexibilisierung der Währungsstrategien, die vor allem innerhalb der Viségrad-Staaten stattgefunden hat, ist Ausdruck der beiden folgenden Überlegungen:

- Die im Rahmen der Auswertung des Indikatorenkataloges (s. Abschnitt 3.1) analysierten *strukturellen und monetären Charakteristika* der Länder verdeutlichen einen
  zum Teil hohen Flexibilitätsbedarf der Währungen.
- Die Flexibilisierung dient den Währungen innerhalb eines *weitsichtigen Ansatzes* der
  freien Wechselkursfindung. Vor dem Hintergrund einer mittelfristigen Teilnahme am
  WKM-2 soll eine marktgerechte Bestimmung des jeweiligen Gleichgewichtskurses
  erreicht werden.

Das oberste Bestreben der Zentralbanken, im Inland Preisstabilität auf dem Niveau der
Eurozone herzustellen, kann im Grundsatz durch eine direkte oder indirekte Währungsstrategie erfolgen. Die indirekte Strategie stützt sich entweder auf eine feste Wechsel-

---

[647] Dies gilt etwa für die Schwellenländer Südostasiens nach der Währungs- und Finanzkrise 1997.
[648] Siehe zu dieser Frage auch das folgende Kapitel X.
[649] Vgl. Fischer (2001), S. 3f.: *"For countries open to capital flows, it leaves open a wide range of arrangements running from free floating to a variety of crawling bands with wide ranges, and then very
hard pegs sustained by a highly credible policy commitment, notably currency boards and the aban-
donment of a national currency, but also, exceptionally, less formal arrangements that have been dem-
onstrated to be very hard, as in the Netherlands and Austria pre-EMU."*

kursanbindung zwischen der jeweiligen Landeswährung und dem Euro oder auf die Kontrolle der Wachstumsrate eines inländischen Geldmengenaggregats. Demgegenüber umfaßt die direkte Strategie eine unmittelbare Inflationssteuerung, bei der die angekündigten Inflationsziele als disziplinierende Anker der Geldpolitik fungieren.[650] Die Vorteile einer direkten Inflationssteuerung gegenüber einem Geldmengenziel sind vor allem darin zu sehen, daß die Unsicherheit der instabilen Verbindung zwischen der Zielgröße Inflation sowie der Steuerungsgröße Geldmenge vor dem Hintergrund einer schwankenden Geldnachfrage entfällt. Die Instabilität der Geldnachfrage im Transformations- und Integrationsprozeß ist insbesondere auf die anhaltenden Preisschocks – etwa im Zuge der voranschreitenden Liberalisierung administrierter Preise – sowie auf die umfangreichen Reformmaßnahmen im Banken- und Finanzsektor zurückzuführen.[651]

Bevor eine Analyse der künftigen währungspolitischen Optionen erfolgt, kann insgesamt länderübergreifend festgestellt werden, daß die eingangs in diesem Abschnitt aufgezählten wirtschaftspolitischen Mindestanforderungen im Vorfeld eines EU-Beitritts durch eine flexible Wechselkursregelung mit einem direkten Inflationsziel angemessen erfüllt werden können:

- *Kapitalverkehr:* Durch die Flexibilisierung des Wechselkurssystems wird die Risikoprämie angesichts steigender Wechselkursschwankungen erhöht. Im Gegensatz zu staatlich implementierten Kapitalverkehrskontrollen können damit spekulative Kapitalflüsse auf eine marktgerechte Weise reduziert werden.[652] Die Gefahr in Verbindung mit dem notwendigen Abbau der kurzfristigen Kapitalverkehrskontrollen wird begrenzt.[653]

- *Zentralbanken:* Das flexible Wechselkurssystem mit einem Inflationsziel kann zur Stärkung der Zentralbanken beitragen. Im Falle fester Wechselkurse erfolgt zwar eine externe Disziplinierung der Geldpolitik, die jedoch systembedingt zugleich einer Begrenzung des entsprechenden Handlungsspielraumes entspricht. Demgegenüber kann die Notenbank bei flexiblen Wechselkursen ihre heimische Geldpolitik autonom in den Dienst binnenwirtschaftlicher Ziele stellen. Darüber hinaus ist eine notwendige Bedingung für die konsistente Verfolgung eines direkten Inflationszieles die vollständige Unabhängigkeit der Notenbank.

- *Banken- und Finanzsektor:* Es ist nicht zu erwarten, daß die Weiterentwicklung des inländischen Banken- und Finanzsektors durch die zunehmenden Wechselkursrisiken des flexiblen Wechselkurssystems gebremst werden. Vielmehr wurden etwa in Tschechien nach Einführung des managed floatings hohe Direktinvestitionen verzeichnet, die auch das Bankensystem sowie den Finanzsektor in seiner Wettbewerbs-

---

[650] Vgl. den Abschnitt 3.2 in Kapitel IV für eine Erläuterung der Systemvoraussetzungen einer direkten Inflationssteuerung. Vgl. zudem Europäisches Parlament (2000), S. 36 sowie Orlowski (2000a) für eine ausführliche Diskussion direkter Inflationsziele in Transformationsökonomien.
[651] Vgl. Jonáš (2000), S. 19.
[652] Vgl. für dieses Argument auch Ohr (2001a), S. 90; Corker et al. (2000), S. 16.
[653] Vor allem in Polen, Ungarn und Slowenien steht die Liberalisierung zahlreicher Komponenten des kurzfristigen (und zum Teil mittel- bis langfristigen) Kapitalverkehrs noch aus. Vgl. auch Europäische Kommission (2000b).

fähigkeit stärkten. Eine mit den realwirtschaftlichen Faktoren konsistente Währungs-strategie ist gleichsam die Voraussetzung für einen gesunden Konsolidierungsprozeß des inländischen Finanzsystems. Zudem schützen flexible Wechselkurse das Banken-system vor einer erhöhten Abhängigkeit ausländischer Finanzierungsquellen.[654]

Aufbauend auf diesen grundsätzlichen Erkenntnissen sollen im folgenden Abschnitt län-derindividuell die Währungsstrategien der beitrittswilligen MOEL auf ihre Konsistenz im Vorfeld des EU-Beitritts untersucht werden.

3.2.1 Beibehaltung der konsequenten Flexibilisierungsstrategie in Polen

Die polnische Wirtschaft zählte unter den MOEL nach der makroökonomischen Stabili-sierung durch eine 'Schocktherapie' zu Transformationsbeginn angesichts einer beein-druckenden Wirtschaftsdynamik der vorangegangenen Jahre sowie eines rapiden Struk-turwandels Ende der 90er Jahre zu den erfolgreichsten MOEL.[655] Die Währungshüter verfolgen eine graduelle Flexibilisierung der Währungsstrategie, die zuletzt eine pro-gressive Erweiterung der Bandbreiten bei der zugrundeliegenden Wechselkursanbindung sowie eine schrittweise Verlangsamung der konstanten Abwertungsraten beinhaltete. Der angemessene Ansatz mündete in einer befristeten, vollständigen Freigabe des Zloty im April 2000. Als nominaler Anker der Geldpolitik fungiert nunmehr ein direktes In-flationsziel, das eine mittelfristige Steigerungsrate der Verbraucherpreise von unter 4% in 2003 beinhaltet.[656]

Die Erkenntnisse des vorgestellten Indikatorenschemas verweisen für Polen wie darge-stellt auf einen signifikant hohen Flexibilitätsbedarf im Vorfeld des EU-Beitritts. Die mit einer festen Wechselkursbindung verbundenen, volkswirtschaftlichen Kosten werden auf Basis realer und monetärer Kriterien als wesentlich eingestuft. Die Kriterien berück-sichtigen zugleich die erwähnten Mindestanforderungen für einen EU-Beitritt, die in die Beurteilung des Wechselkursregimes mit einfließen (s. etwa Kriterien KAPITAL, BANK). Die Ergebnisse weisen dementsprechend zunächst auf eine Beibehaltung des managed floatings in der derzeitigen ersten Phase des monetären Integrationspfads in Verbindung mit einem angemessenen Inflationsziel hin. Dieser Währungsansatz kann jedoch nicht als Allheilmittel für die Herstellung der nominalen und realen Konvergenz gelten. Im einzelnen ist diese Strategie wie folgt zu bewerten:

* Die Entscheidung der vollständigen Wechselkursfreigabe stellt einen weitsichtigen und konsequenten Ansatz dar: Zum einen markiert sie den Endpunkt einer vorange-gangenen sukzes-siven Flexibilisierungsstrategie, und zum anderen verfolgt sie das Bestreben in Antizipation der zunehmenden währungspolitischen Integration, eine Bewertung des Gleichgewichtswertes gegenüber dem Euro herbeizuführen.

---

[654] Vgl. Sherman (2000), S. 14.

[655] Vgl. auch das Kapitel V und Europäisches Parlament (2000), S. 59f.; De Broeck/Koen (2000), S. 4ff.

[656] Das direkte Inflationsziel wurde bereits im Januar 1999 implementiert.

- Die exit-Strategie einer vollständigen Zloty-Freigabe wurde in einer Phase umgesetzt, in der eine Stabilisierung des Zloty gegenüber dem Euro erlangt werden konnte. Die Devisenmärkte werteten diesen Schritt im Grundsatz als Vertrauensbeweis für die Landeswährung.[657]

- Die Wechselkursfreigabe gilt als deutliche Erleichterung für die nationale Geldpolitik: Die Zentralbank kann die verschiedenen geldpolitischen Instrumente vollständig zur Verfolgung des obersten Zieles – einer mittelfristigen Zurückführung der verfestigten Inflationserwartungen – einsetzen. Die Notenbank wurde von der Verpflichtung zu (eventuell) inflationsfördernden Devisenmarktinterventionen entbunden. Gleichzeitig wird an das modifizierte Regime die Erwartung geknüpft, eine Abkehr von der vorherigen Hochzinspolitik zu erlangen. Diese hatte angesichts der damit verbundenen kurzfristigen Kapitalimporte zu einer Stärkung der Landeswährung und Beeinträchtigung der Außenwirtschaftsposition geführt.

- Die abschließende Freigabe des Zloty verringerte durch das gestiegene Wechselkursrisiko noch einmal die Anreize für Devisenspekulationen internationaler Anleger. Damit wurde von Seiten der Währungshüter eine Begrenzung der kurzfristigen Kapitalimporte erhofft.

Die wechselkurspolitische Realität in der ersten Phase der monetären Heranführungsstrategie und seit dem Regimewechsel zeigt jedoch die nicht zu vernachlässigenden Nachteile des bestehenden Wechselkurssystems eines managed floatings auf: Die hohen nominalen und realen Wechselkursschwankungen des polnischen Zloty verdeutlichen, in welchem Maße sich die Wirtschaftspolitik zunehmend den Schwankungen der internationalen Finanzmärkte ausgesetzt hat.[658] Dabei trugen umfangreiche Kapitalzuflüsse – angezogen von der sehr restriktiven Zinspolitik Polens – seit der zweiten Jahreshälfte 2000 zu einer deutlichen Stärkung des Zloty bei.

Der monetäre Konvergenzprozeß von Preisen und Zinsen erfolgt in einem Umfeld zunehmend liberalisierter Kapitalmärkte. Um das Vertrauen der Landeswährung zu stärken und eine höhere Glaubwürdigkeit des Integrationspfads zu erreichen, muß das von den polnischen Währungshütern verfolgte direkte Inflationsziel, das als nominaler Anker für die inländische Geldpolitik fungiert, stärker an den monetären Realitäten der Ökonomie ausgerichtet werden. Zwar reduziert ceteris paribus ein geringeres, glaubwürdiges Inflationsziel die Erwartungen der Marktteilnehmer, jedoch bewirkt ein wiederholtes Überschießen des festgesetzten Zielwertes, daß die angestrebten Effekte des nominalen Ankers vollständig verschwinden. Demzufolge müssen innerhalb des ambitionierten direkten Inflationszieles drei Aspekte inkorporiert werden:

- der hohe strukturelle Preisdruck, u.a. angesichts anhaltender Produktivitätsdifferenzen,[659]
- die Rigiditäten der inländischen Preise,
- die ausstehenden Anpassungen staatlich administrierter Preise.

[657] Vgl. Financial Times Deutschland vom 13. April 2000.
[658] Dies war etwa im Zusammenhang mit den Finanzschwierigkeiten in Argentinien Mitte des Jahres 2001 der Fall. Vgl. Deutsche Bank Research (2001c), S. 13.
[659] Vgl. für eine Schätzung des zugrundeliegenden Balassa-Samuelson Effektes auch Égert (2001).

Zusammenfassend sind für die monetäre Integrationsphase im Vorfeld des EU-Beitritts folgende Erkenntnisse von Bedeutung:

Die polnische Währungsstrategie, die sich in der Vergangenheit durch einen graduellen Flexibilisierungscharakter ausgezeichnet hat, bildet angesichts der monetären, realwirtschaftlichen sowie politischen Rahmenbedingungen eine angemessene Vorbereitung auf den EU-Beitritt. Bis zu der Einbindung Polens in die EU ist mit keiner signifikanten Veränderung der internen Wirtschaftsbedingungen zu rechnen, die eine grundlegende Modifizierung des gegenwärtigen Wechselkursregimes (und damit eine frühzeitige Anbindung an den Euro) rechtfertigen würden.[660] Das derzeitige managed floating stellt eine angemessene Strategie für die strukturellen Veränderungen innerhalb der Ökonomie und damit für den Aufwertungstrend des REER in den nächsten Jahren dar. Neben dem konsistenten Wechselkursregime wird für eine schnellere Reduktion des bestehenden Preisdrucks in Polen als wesentlicher Erfolgsgarant entscheidend sein, inwieweit eine Beschleunigung der notwendigen strukturellen Reformmaßnahmen und Umsetzung des gemeinsamen EU-Besitzstandes in Verbindung mit einer restriktiveren Fiskalpolitik möglich sind.

3.2.2 Fortführung der Flexibilisierung der ungarischen Währungsstrategie

Als relativ kleine, offene Volkswirtschaft hängt die ungarische Preis- und Wechselkursentwicklung in einem starken Maße von den außenwirtschaftlichen Rahmenbedingungen ab. Den Währungshütern gelang es in diesem Umfeld in der zweiten Hälfte der 90er Jahre mit Hilfe einer wechselkursorientierten Geldpolitik neben einer deutlichen Reduktion der Inflationserwartungen und der Zinsen, auch die externe Wechselkursstabilität des Forint gegenüber dem Euro zu sichern. Damit konnte das Vertrauen ausländischer Investoren nachhaltig gewonnen und umfangreiche Kapitalimporte verzeichnet werden. Neben umfassenden strukturellen Reformen sowie einer zurückhaltenden Fiskalpolitik wurden die entsprechenden währungspolitischen Rahmenbedingungen dieser Entwicklung durch ein straffes System gleitender Abwertungen mit sukzessiver Zurückführung der monatlichen Abwertungsrate (zuletzt 0,2%) bei einer Schwankungsbreite von plus/minus 2,25% gegenüber dem Euro bestimmt. Zusätzlich bestehen relativ breite Restriktionen im Bereich des kurzfristigen Kapitalverkehrs.

Trotz nachhaltiger Konvergenzerfolge der letzten Jahre trugen die Währungshüter den veränderten internen und externen Herausforderungen durch eine grundlegende Änderung des Wechselkursregimes Rechnung: Anfang Mai 2001 ging Ungarn von einer effektiv festen Wechselkursbindung innerhalb des crawling pegs zu einer deutlich flexibleren Währungsstrategie über, indem das Schwankungsband auf plus/minus 15% er-

---

[660] Freytag (2001) argumentiert hingegen, daß Polen im Vorfeld des EU-Beitritts auf eine autonome Geld- und Währungspolitik verzichten und statt dessen vorübergehend ein currency board implementieren sollte. Freytag verweist darauf, daß die Kosten im Zusammenhang mit dem Verlust des Wechselkurses als Anpassungsinstrument durch die Stabilitätsgewinne sowie durch die beschleunigte Integration in die währungspolitische Ordnung Europas überkompensiert werden. Die Argumentation bezieht jedoch nicht den nachhaltigen realen Anpassungsbedarf des Zloty, die strukturelle Inflationskomponente sowie den – aufgrund realwirtschaftlicher und monetärer Indikatoren bestehenden – Flexibilitätsbedarf der nationalen Wechselkurspolitik mit ein.

weitert wurde. Dieser Schritt erfolgte in einem – durch dynamische Wachstumsraten sowie einer stabilen Außenwirtschaftsposition – gekennzeichneten Umfeld. Der Regimewechsel wird durch die Erkenntnisse des Indikatorenschemas nahezu vollständig bestätigt. Die Ergebnisse verweisen auf einen deutlichen Flexibilitätsbedarf der Währungsstrategie im Vorfeld des EU-Beitritts, der jedoch geringer ausfiel als für den polnischen Zloty. Insofern erscheint es angemessen, daß Ungarn zunächst nicht vollständig auf die Ankerfunktion des nominalen Wechselkurses verzichtet.

Insgesamt hatte der Regimewechsel während der derzeitigen ersten Phase der monetären Heranführungsstrategie drei Hauptgründe:[661]

• Angesichts der verfestigten Inflationserwartungen wurde angestrebt, der Zentralbank mehr geldpolitischen Handlungsspielraum (u.a. Zinserhöhungspotential) zur Reduzierung des inländischen Preisdrucks zu übertragen.
• Die weitaus größere Schwankungsbreite ist erforderlich, um die in Hinblick auf die Anforderungen des EU-Beitritts geplante, weitreichende Liberalisierung des (kurzfristigen) Kapitalverkehrs umsetzen zu können. Die Spekulationsrisiken wurden durch die Möglichkeit höherer Wechselkursschwankungen deutlich gesteigert.
• Schließlich bildet die Entscheidung eine vorbereitende und weitsichtige Maßnahme im Vorfeld des EU-Beitritts sowie einer möglichen Integration über den WKM-2.

In dem vorherigen System gleitender Abwertungen verzeichnete die ungarische Wirtschaft zuletzt erneut zweistellige, steigende Preissteigerungsraten.[662] Das starre Wechselkurssystem stellte keinen angemessenen nominalen Anker der Geldpolitik mehr dar und trug den veränderten realwirtschaftlichen Entwicklungen nicht mehr ausreichend Rechnung. Vor dem Hintergrund einer wesentlich flexibilisierten Währungsstrategie sowie steigender Kapitalmobilität wählte Ungarn im Juni 2001 demzufolge mit einem impliziten Inflationsziel zugleich einen modifizierten geldpolitischen Anker.[663] Die offizielle Begriffsverwendung einer *impliziten* Inflationssteuerung umfaßt das Betreben der Zentralbank, neben einem ambitionierten Inflationsziel zugleich eine Wechselkursorientierung der Geldpolitik zu verfolgen. Diese Vorgehensweise stellt insofern im Vergleich zu den direkten Inflationszielen Polens und Tschechiens eine schwächere Form dar, indem die geldpolitischen Entscheidungen nicht ausschließlich der transparenten Inflationsreduktion untergeordnet werden. Auf diese Weise kann der anzustrebende, graduelle Charakter der Währungsintegration auf dem Weg zur unterstellten, endgültigen Freigabe gewährleistet werden. Gleichzeitig müssen die Währungshüter nicht vollständig auf die nominale Ankerfunktion des Wechselkurses verzichten und können eine signifikant höhere Volatilität des Forint auf den Devisenmärkten vermeiden.

Die Zentralbank strebt als mittelfristiges Inflationsziel eine Rate von jahresdurchschnittlich 2% in 2004 an. Das Ziel wurde zwar durch eine Toleranzspanne von plus/minus 1%

---

[661] Vgl. u.a. National Bank of Hungary (2001a); J.P. Morgan (2001).
[662] Vgl. das Kapitel VII.
[663] Vgl. für eine Darstellung der Zielwerte das Kapitel VII (Abschnitt 3.1.1).

geringfügig entschärft,[664] jedoch ist es angesichts weiter anhaltender relativer Preisanpassungen, externer Schocks sowie des strukturellen Preisdrucks als überaus ambitioniert einzuordnen.

Die währungspolitische Strategie ist in der ersten Phase konsistent mit den Erkenntnissen des ausgewerteten Indikatorenschemas. Verschiedene Faktoren verweisen jedoch im Vorfeld des EU-Beitritts auf die Notwendigkeit einer vollständigen Freigabe des ungarischen Forint und damit auf eine erneute Modifikation des Wechselkursregimes:

- ein in Relation zum REER hohes reales Aufwertungspotential des Forint,
- das Bestreben einer beschleunigten Zurückführung des strukturellen Preisdrucks,
- die geplante, vollständige Liberalisierung des kurzfristigen Kapitalverkehrs,
- die marktgerechte Bestimmung eines nachhaltigen Gleichgewichtskurses.

Diese Strategie sollte jedoch zuvor um die Aufhebung der monatlich konstanten Abwertungsrate von 0,2% ergänzt werden: Die Fortdauer der – wenn auch geringen – nominalen Abwertungsschritte stellt innerhalb der modifizierten Währungsstrategie ein in sich nicht konsistentes Element dar, auf das aus Glaubwürdigkeitsgründen des Systems verzichtet werden sollte.[665] Dies ist insbesondere für das wahrscheinliche Szenario der Fall, wenn im Zuge weiter zunehmender Kapitalimporte der Forint dauerhaft am stärkeren Bandende notieren sollte.

3.2.3 Tschechien mit sukzessiv steigender Wechselkursorientierung

Die Wechselkurspolitik im Transformationsprozeß Tschechiens wurde entscheidend durch den kriseninduzierten Regimewechsel im Mai 1997 geprägt, nachdem die feste Währungsanbindung in den ersten fünf Transformationsjahren zu einem bemerkenswerten Stabilisierungserfolg beigetragen hatte. Im Zuge der Währungs- und Finanzkrise löste ein managed floating das bisherige Festkursregime ab und wurde um ein direktes Inflationsziel als nominaler Anker der Geldpolitik ergänzt.

Nach überwundener dreijähriger Rezession kehrte die tschechische Wirtschaft im Jahr 2000 wieder auf einen stabilen Wachstumspfad zurück. Tschechien führte damit unter den MOEL als erstes Land ein geldpolitisches Inflationsziel ein (s. Kap. V). Die Geldpolitik orientiert sich dabei am Verlauf der Nettoinflationsrate, die u.a. bis zum Jahr 2005 auf 2% reduziert werden soll. Diesem Zielwert liegt ein Toleranzintervall von plus/minus 1% zugrunde. Damit streben die Währungshüter in Tschechien mittelfristig eine Inflationsrate auf dem Niveau Eurolands an. Im Gegensatz zu Ungarn verfolgt Tschechien eine relativ strikte Version des direkten Inflationszieles, indem die Geldpolitik bisher ausschließlich nach dem Disinflationsprozeß ausgerichtet ist und damit offiziell keine Wechselkursorientierung verfolgt. So beinhaltet die offizielle Stellungnahme

---

[664] Je größer die Toleranzspanne des zugrundeliegenden Inflationszieles ausfällt, desto eher wird zudem eine stärker wechselkursorientierte Geldpolitik ermöglicht, die Bestandteil der impliziten Inflationssteuerung in Ungarn ist. Vgl. auch Orlowski (2000b), S. 8 sowie den folgenden Abschnitt 3.2.3.

[665] Der Notenbank-Präsident Zsigmond Járai machte deutlich, daß die konstante Abwertungsrate erst dann abgeschafft würde, wenn die inländische Inflationsrate unter 7% gefallen sei, um weiterhin die ungarische Exportseite zu stärken. Vgl. Economist Intelligence Unit (2001b).

der tschechischen Zentralbank zur geldpolitischen Strategie keine Äußerungen zur Rolle der Wechselkurspolitik.[666]

Zwar konnte rezessionsbedingt zuletzt der Preisdruck signifikant reduziert werden, jedoch besteht auch künftig in Tschechien angesichts der noch umzusetzenden Strukturreformen, vor allem in den Bereichen des Banken- und Finanzsektors sowie des Staatshaushaltes, ein strukturelles Inflationspotential. Damit ist auch mittel- bis langfristig ein – durch den realwirtschaftlichen Aufholprozeß induziertes – Inflationsdifferential gegenüber Euroland zu erwarten.

Die Auswertung des Indikatorenschemas für die tschechische Wechselkurspolitik im Vorfeld des EU-Beitritts stützt zwar im Grundsatz die derzeitige Währungsstrategie, verweist jedoch unter Bewertung der mit einer Festkursstrategie verbundenen, volkswirtschaftlichen Kosten auf einen im Vergleich zu den beiden anderen Viségrad-Staaten geringeren Flexibilitätsbedarf der Landeswährung. In Anlehnung an diese Erkenntnisse dürfte angesichts der monetären Konvergenzfortschritte, der gesunden Wirtschaftsstruktur sowie der hohen realwirtschaftlichen Verflechtungen mit Staaten der Eurozone bereits in der Vor-Beitrittsphase zur EU ein Übergang zu einer stärker wechselkursorientierten Geldpolitik angemessen sein.

Inwiefern sollte demnach die Währungsstrategie in Tschechien modifiziert werden?

Im folgenden wird argumentiert, eine stärker wechselkursorientierte Geldpolitik in Tschechien durch die Implementierung eines *dynamischen* direkten Inflationszieles unter Beibehaltung des bestehenden flexiblen Wechselkursregimes durchzusetzen. Ein solcher Ansatz würde bei hinreichender monetärer Konvergenz im Vorfeld des EU-Beitritts eine signifikante Erweiterung des – dem Inflationsziel zugrundeliegenden – Toleranzbandes beinhalten. Dieses Vorgehen entspräche einer weniger strikten und somit flexibleren Variante des bisherigen direkten Inflationszieles. Damit wäre die Zentralbank in zunehmendem Maße in der Lage, neben dem Disinflationsprozeß gleichzeitig eine Wechselkursorientierung der Geldpolitik zu verfolgen, ohne jedoch verfrüht eine Wechselkursbindung gegenüber dem Euro einzugehen.[667]

Wie ist dieser zusätzliche Spielraum der Zentralbank bei einem flexibleren Inflationsziel gegenüber einer strikteren Version zu begründen? Zur Erklärung seien zunächst die zentralen Unterschiede dieser geldpolitischen Konzepte genannt:[668]

- *Striktes direktes Inflationsziel*: Die Notenbank verfolgt innerhalb ihrer geldpolitischen Strategie ausschließlich das Ziel, die inländische Inflationsrate möglichst eng an einem zuvor definierten und unter Umständen veröffentlichten Wert zu halten. Beim Einsatz der verschiedenen geldpolitischen Instrumente berücksichtigt die Zentralbank keine anderen gesamtwirtschaftlichen Ziele. Dies impliziert unter Umständen den recht hohe Wechselkurs- und Zinsschwankungen.

[666] Vgl. Czech National Bank (1999b). Vgl. auch Wollmershäuser/Bofinger (2001), S. 2.
[667] Die Ausführungen basieren auf einer allgemeineren Darstellung durch Orlowski (2000b).
[668] Vgl. Svensson (1997), S. 7ff.

- *Flexibles direktes Inflationsziel*: Indem das direkte Inflationsziel durch ein Toleranz-band flexibilisiert wird, kann die Notenbank neben der Inflationsreduktion gleich-zeitig eine Steuerung anderer Variablen wie etwa der Wechselkursentwicklung ver-folgen.

Abbildung C-21: Das direkte Inflationsziel im Zeitablauf des Integrationsprozesses

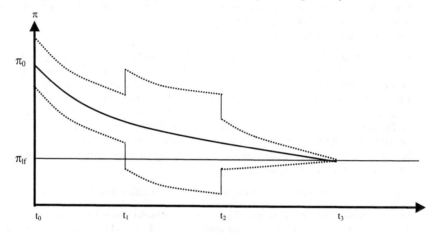

Quelle: In Anlehnung an Orlowski (2000b), S. 14.

Die Überlegungen im Zusammenhang mit der beschriebenen Heranführung der tsche-chischen Krone an den Euro in der Vor-Beitrittsphase sind in Abbildung C-21 zusam-mengefaßt: Diese soll den – innerhalb des dynamischen Inflationszieles angestrebten – hypothetischen Disinflationspfad im Zeitablauf widerspiegeln.

Dabei bezeichnet π_0 diejenige Inflationsrate, die bei der Implementierung des direkten Inflationszieles zum Jahresbeginn 1998 (Zeitpunkt t_0) bestand. Die Währungshüter wählten im Januar 1998 eine relativ strikte Version des direkten Inflationszieles, das eine starke Verpflichtung zur Preisniveaustabilisierung und Konvergenz der Zinssätze beinhaltete.[669] Die Variable π_{lfr} stellt die Preissteigerungsrate in Tschechien unter Be-rücksichtigung der langfristig bestehenden strukturellen Inflationskomponente dar (Zeit-punkt t_3). Demzufolge fällt π_{lfr} höher aus als die derzeitige Inflationsrate in der Eurozo-ne. Schließlich bezeichnet der Zeitpunkt t_2 den Beitritt Tschechiens zum WKM-2 und t_3 den (nur langfristig sinnvollen) Beitritt zur Eurozone.

Das dynamische Inflationsziel würde nun in Anlehnung an die Ergebnisse des Indikato-renschemas eine Ausweitung des zugrundeliegenden Toleranzbandes vorsehen. Diese Flexibilisierung des Inflationszieles sollte im Verlauf der derzeitigen ersten Phase der Heranführungsstrategie bei hinreichender monetärer Konvergenz (Inflationsrate rd. 4%) erfolgen und bis zu einem eventuellen Beitritt zum WKM-2 andauern (Zeitraum t_1-t_2).

---

[669] Vgl. auch die Einschätzung von Orlowski (2000b), S. 22.

Die Restriktionen im Zuge einer späteren Integration über das WKM-2 erfordern dann ein möglichst graduelles Auslaufen des bestehenden Inflationszieles und gleichzeitig einen Übergang zu einer wechselkursorientierten Geldpolitik.

Innerhalb dieses Ansatzes muß jedoch gewährleistet werden, daß das flexible Inflationsziel seine Wirkung als nominaler Anker der Geldpolitik nicht vollständig verliert. Außerdem ist zu berücksichtigen, daß die Inflationserwartungen der Marktteilnehmer nicht stabilisiert werden können, wenn die Flexibilität des Systems zu hoch ist. Ein derartiger Fall könnte eintreten, wenn das zugrundeliegende Toleranzband zu breit wäre oder aber ein zu weiter Zielhorizont gewählt würde.[670] Damit ist der trade-off zwischen höherer Flexibilität und geringerer Glaubwürdigkeit bei der Wahl der zugrundeliegenden Toleranzbänder zu berücksichtigen. Zudem muß das jeweilige Inflationsziel von Seiten der Fiskalpolitik unbedingt eine glaubhafte politische Unterstützung erfahren.

Die Implementierung eines solchen dynamischen und flexiblen Inflationszieles in Tschechien trägt trotz dieser Einschränkungen zusammenfassend drei zentralen Erkenntnissen Rechnung:

- Tschechien verfügt als kleine, offene Ökonomie mit vorangeschrittener Konvergenz im monetären und außenwirtschaftlichen Bereich über einen geringeren Flexibilisierungsbedarf der Währungsstrategie als die anderen Viségrad-Staaten.
- Eine vorzeitige Euro-Anbindung noch vor dem EU-Beitritt ist vor dem Hintergrund weiter ansteigender Kapitalimporte, realwirtschaftlicher Veränderungen (und damit eines aufwertenden REER) sowie verbleibender Strukturreformen im Banken- und Finanzsektor nicht angemessen.
- Eine geld- und währungspolitische Zwischenlösung bildet die Implementierung eines dynamischen und damit flexibleren Inflationszieles, das in zunehmendem Maße den Einsatz geldpolitischer Instrumente zur Stabilisierung des nominalen Wechselkurses ermöglicht. Dieser Ansatz könnte im Extremfall später ein 'shadowing' des Euro ermöglichen.

3.2.4 Fortführung des currency-board-Systems in Estland

Das currency board in Estland stellte seit dessen Einführung im Juni 1992 den zentralen Eckpfeiler im Rahmen des inländischen makroökonomischen Konsolidierungs- und Stabilisierungsprozesses dar.[671] Das institutionell abgesicherte, feste Wechselkurssystem bildete zugleich den Garant für eine umfangreiche und rasche Liberalisierung der Leistungs- und Kapitalbilanz. Estland hat mittlerweile in den Bereichen Außenwirtschaft sowie Kapitalverkehr den EU-Standard erreicht.

Die vorherigen Erkenntnisse des Indikatorenschemas für die derzeitige erste Phase der monetären Heranführungsstrategie haben für die estnische Wechselkurspolitik ergeben, daß die volkswirtschaftlichen Kosten in Verbindung mit der verfolgten Festkursstrategie im Ländervergleich der MOEL tatsächlich als geringer einzuschätzen sind. Dabei waren vor allem die klassischen sowie monetären Indikatoren ausschlaggebend.

---

[670] Vgl. zu diesem Aspekt auch Svensson (1997), S. 13f.
[671] Vgl. auch das Kapitel V.

Welche Strategie erscheint vor dem Hintergrund dieser Ergebnisse sowie der – durch die EU vorgegebenen – Rahmenbedingungen im Vorfeld des EU-Beitritts angemessen?

Wie im vorherigen Kapitel VIII analysiert, sollte sowohl aus ökonomischen als auch aus politischen Erwägungen heraus, während der Vor-Beitrittsphase auf eine *Euroisierung* – und damit auf eine unilaterale, vorzeitige Einführung des Euro als gesetzlichem Zahlungsmittel – in Estland verzichtet werden. Diese währungspolitische Option ist auf Seiten Estlands diskutiert worden. Offizielle Äußerungen der zuständigen EU-Organe machen jedoch unmißverständlich deutlich, daß ein derartiger Regimewechsel nicht mit dem stufenweisen monetären Integrationsansatz der EU vereinbar sei. Im Gegensatz dazu wird betont, daß das modifizierte Währungsamt in Estland im Grundsatz mit den Zielen des WKM-2 kompatibel sei. Eine solche Erkenntnis beinhaltet für den Integrationspfad Estlands wesentliche Rückwirkungseffekte für die Entscheidung über eine exit-Strategie: Indem eine spätere Integration innerhalb des WKM-2 aus formalen Gesichtspunkten heraus möglich erscheint, sollte die Aufgabe eines funktionsfähigen und glaubwürdigen currency boards und eine vorübergehende Flexibilisierung der Währungsstrategie in der hier betrachteten Vor-Beitrittsphase vermieden werden.

Eine solche Vorgehensweise hat jedoch einen wesentlichen Nachteil: Die estnische Ökonomie verfügt noch immer über einen signifikant hohen realen Konvergenzbedarf (s. Abbildung C-18), der auch in den nächsten Jahren zu einer Trendaufwertung des REER angesichts fundamentaler Einflußfaktoren wie Produktivitätsänderungen sowie gesamtwirtschaftlicher Reallokationsprozesse führen wird. Innerhalb des rigiden Festkursregimes eines currency boards besteht keine Möglichkeit, den realen Anpassungsbedarf der Krone über eine nominale Aufwertung gegenüber dem Euro zu absorbieren. Dies entspricht dem Fall (2) zu Kapitelbeginn: Demzufolge muß in Estland eine Absorption des Realkursanpassungsbedarfs über die Preise des Sektors nicht-handelbarer Güter erfolgen. Damit sollten sich in den nächsten Jahren Preissteigerungsraten des Konsumentenpreisindizes ergeben, die signifikant über denjenigen in Euroland liegen werden.

Eine konsequente Zurückführung der Inflationsraten wird unter den gegebenen währungspolitischen Rahmenbedingungen und ohne Verlangsamung des realen Aufholprozesses erschwert. Das Dilemma wird in seiner Bedeutung jedoch durch die folgenden Aspekte relativiert:

Zunächst verfügt der estnische Arbeitsmarkt über eine – im internationalen Kontext vergleichsweise – hohe Flexibilität.[672] Diese sollte eine Abschwächung der notwendigen realwirtschaftlichen Kontraktion bei gleichzeitiger Verfolgung fester Wechselkurse und einer Inflationsreduktion ermöglichen. Darüber hinaus konnte in der Vergangenheit für die Preise im Sektor für handelbare Güter sowie für die Löhne im Privatsektor eine signifikante Kointegration mit der konjunkturellen Entwicklung festgestellt werden.[673] Damit dürfte eine Preis- und Lohnstarrheit im Falle Estlands ausgeschlossen sein, so daß die realwirtschaftliche Kontraktion geringer als in anderen MOEL ausfallen würde. Ein

---

[672] Vgl. die Einschätzung durch International Institute for Management Development (2001).
[673] Vgl. auch National Bank of Estonia (1999), S. 5.

wesentlicher Grund für die Beibehaltung des currency boards im Vorfeld des EU-Beitritts ergibt sich schließlich aus der hohen Unsicherheit im Zusammenhang mit einer möglichen exit-Strategie Estlands:[674] Der vorübergehende Übergang zu einer flexiblen Währungsstrategie impliziert die Gefahr einer überschießenden Wechselkursentwicklung der Landeswährung relativ zu dem hypothetischen Gleichgewichtswert. Diese Entwicklung wird durch fehlende geldpolitische Transmissionserfahrungen innerhalb eines flexiblen Wechselkurssystems induziert. Zudem besteht die Möglichkeit, daß bei einer vorherigen Bekanntgabe der Freigabe dies mit umfangreichen Spekulationen auf den Devisenmärkten gegen die Krone verbunden wäre.

Mit diesen beiden Entwicklungen wären wohl stärker kontraktive Auswirkungen auf die estnische Ökonomie verbunden, als dies die fehlende Absorptionsmöglichkeit des realen Aufwertungspotentials innerhalb eines Währungsamtes nach sich zieht.

3.2.5 Geringfügige Modifizierung der slowenischen Währungsstrategie

Die slowenische Wirtschaft nimmt unter den EU-Aspiranten angesichts ihres strukturellen und makroökonomischen Konvergenzprozesses eine Spitzenposition ein. Im bisherigen Transformationsprozeß hat die disziplinierende Fiskalpolitik die Geld- und Währungspolitik bei deren Stabilisierungsbemühungen wirkungsvoll und angemessen unterstützt. Für Slowenien hatte seit Transformationsbeginn die geldpolitische Autonomie sowie die Wechselkursflexibilität oberste Priorität. Die Strategie eines managed floatings beinhaltete regelmäßige Devisenmarktinterventionen zur Stabilisierung des Wechselkurses gegenüber der D-Mark. Der flexible Währungsansatz wurde zwischen Transformations- und Integrationsprozeß in seinen Zielvorgaben nur unwesentlich modifiziert, wobei nach dem Beginn der konkreten Beitrittsverhandlungen mit der EU in 1997 die zuvor vernachlässigten Strukturreformen an Priorität und damit an Dynamik gewannen.

Das außenwirtschaftliche Umfeld in Slowenien wird mit steigender Intensität durch die teilweise Liberalisierung der im Transformationsprozeß implementierten (kurzfristigen) Kapitalverkehrskontrollen und damit durch die Herausforderungen der höheren Kapitalmobilität geprägt. Zwar wurden zuletzt deutliche Liberalisierungsfortschritte erzielt, jedoch besteht – auch im Regionenvergleich der MOEL – noch erheblicher Angleichungsbedarf. Im Juni 2000 legte die Zentralbank einen Liberalisierungszeitplan vor, der eine Beseitigung von Beschränkungen für 'bestimmte' Kapitalströme zwischen Ende 2000 und Ende 2002 vorsieht.[675] Angesichts dieser Rahmenbedingungen wurde der geldpolitische Spielraum zuletzt eingeschränkt, den Tolar gegenüber dem Euro durch Devisenmarktinterventionen zu beeinflussen und gleichzeitig den Zielwert des inländischen Geldmengenwachstums und damit den Preisdruck zu kontrollieren.[676]

Die auf Grundlage des vorgestellten Indikatorenschemas gewonnenen Erkenntnisse für eine angemessene Währungsstrategie in Slowenien verweisen auf einen hohen Flexibilisierungsbedarf der Wechselkurspolitik. Die volkswirtschaftlichen Kosten in Verbindung mit einem Festkursregime sind im Grundsatz als relativ hoch einzuschätzen. Damit wür-

---

[674] Vgl. Avramov (2000), S. 1f.
[675] Vgl. Europäische Kommission (2000b), S. 43f.
[676] Vgl. auch Deutsche Bank Research (2001b), S. 23.

de die Beibehaltung des managed floatings aus ökonomischen Überlegungen heraus eine angemessene Entscheidung im Vorfeld des EU-Beitritts darstellen. Dabei bilden – wie angesprochen – die beiden Indikatoren KAPITAL und INFL die zentralen Determinanten des monetären Umfeldes in der Vor-Beitrittsphase. Diese spiegeln die veränderten monetären Rahmenbedingungen in Slowenien wider: Slowenien ist bestrebt, bei steigender Kapitalmobilität die noch recht hohen Inflationsraten sukzessiv zurückzuführen.

Das veränderte Umfeld verweist jedoch innerhalb des flexiblen Wechselkurssystems auf die Notwendigkeit, die folgende geringfügige Modifizierung der slowenischen Geld- und Währungsstrategie durchzuführen: Die Zentralbank sollte im Vorfeld des EU-Beitritts graduell dazu übergehen, auf verstärkte Devisenmarktinterventionen mit dem Motiv der Stabilisierung der Landeswährung gegenüber dem Euro zu verzichten. Wie bereits im Kontext anderer MOEL argumentiert, können durch das dann steigende Wechselkursrisiko die Anreize für kurzfristige und spekulative Kapitalimporte reduziert und damit marktgerecht die Wirkungen der bisherigen Kapitalkontrollen teilweise kompensiert werden. Die Ausführungen zu den Strategien im Vorfeld des EU-Beitritts sollen nun um die währungspolitischen Perspektiven nach einem Beitritt erweitert werden.

4. Wechselkurspolitische Optionen nach einem EU-Beitritt

4.1 Anwendung des Indikatorenschemas

Die nachfolgenden Ausführungen beschäftigen sich mit der – in Abbildung C-4 zusammengefaßten – *zweiten und dritten Phase* der monetären Heranführungsstrategie an den Euro. Diese beiden Phasen umfassen bei der Analyse wechselkurspolitischer Optionen den Zeitraum nach einem EU-Beitritt der MOEL, wobei eine Differenzierung zwischen dem Zeitraum der monetären Integration außerhalb des WKM-2 (Phase 2) sowie innerhalb des WKM-2 (Phase 3) erfolgt. Demzufolge steht neben der Formulierung eines angemessenen Integrationspfads der nationalen Währungsstrategien nach dem EU-Beitritt vor allem auch die Frage im Mittelpunkt der Analyse, *ob, wann und unter welchen Rahmenbedingungen* ein Beitritt zum multilateralen Integrationsmechanismus des WKM-2 angemessen erscheint. Wie zuvor betont, soll durch die explizite Berücksichtigung der Phase 2 der Überzeugung Rechnung getragen werden, daß ein zeitgleicher Beitritt zur EU als auch zum WKM-2 nur in Einzelfällen optimal erscheint.

Die in Kapitel VII herausgearbeiteten Restriktionen für die Wechselkurspolitiken nach dem EU-Beitritt, die sich aus der Implementierung des acquis communautaire ergeben, bilden die relevanten Rahmenbedingungen für die folgenden Ausführungen:

- *Wirtschafts- und Währungspolitiken der MOEL*:
  Angelegenheit gemeinsamen Interesses.
- *Kapitalverkehrsgesetzgebung*:
  vollständige Liberalisierung des Kapitalverkehrs.
- *Freiwilligkeitsregelung des WKM-2*:
  Ein Beitritt ist erwünscht, jedoch nicht vorgeschrieben.
- *Banken- und Finanzsektor*:
  Umsetzung der EU-Richtlinien zum Banken- und Finanzwesen.

Es bestehen damit für die MOEL im Zuge des EU-Beitritts keine unmittelbaren Konsequenzen für eine Modifizierung der verwendeten Wechselkursregime: Nach heutigem Kenntnisstand gelten zunächst keine der derzeitigen Währungsstrategien der EU-Aspiranten als inkompatibel mit den monetären Rahmenbedingungen einer EU-Mitgliedschaft. Insofern sind für die Auswertung des Indikatorenschemas die drei – im Zuge der ersten Phase genannten – Wechselkursregelungen (flexible Wechselkurse, System gleitender Abwertungen, currency board) relevant.

Trotzdem besitzt die Währungspolitik der MOEL in der zweiten Phase der Heranführungsstrategie einen Übergangscharakter, indem ein Beitritt zum WKM-2 von Seiten der EU-Organe grundsätzlich erwartet wird. Neben dem vorübergehenden Charakter der Wechselkursregime sind die dann veränderten Rahmenbedingungen bei der Formulierung einer geeigneten Währungsstrategie zu berücksichtigen, die sich auf Seiten der MOEL durch die umfangreichen strukturellen als auch monetären Veränderungen in Verbindung mit der Implementierung des gemeinsamen Besitzstandes ergeben werden. Die nachfolgende Auswertung des Indikatorenschemas für den Zeitraum nach dem EU-Beitritt basiert auf der Überzeugung, daß die grundlegenden Faktoren des Transformationsprozesses (funktionsfähige Marktwirtschaft, dynamischer privater Unternehmenssektor etc.) in den Beitrittsländern dann umgesetzt worden sind. Dennoch werden weiterhin signifikant hohe regionenspezifische Unterschiede bezüglich der nominalen und realen Voraussetzungen innerhalb der Ökonomien bestehen, welche den monetären Integrationsprozeß der MOEL nach dem EU-Beitritt erschweren. Die anhaltenden strukturellen Anpassungsmaßnahmen – auch im Zusammenhang mit der Eingliederung in den gemeinsamen EU-Binnenmarkt – sollten in dieser Phase einen Aufwertungstrend des REER induzieren.

Die Anwendung des Indikatorenschemas auf den Zeitraum nach einem EU-Beitritt erfordert den Einbezug vorhandener Prognosewerte (s. auch Anhang). Auf diese Weise soll die künftige Währungsintegration auf Basis der institutionellen Rahmenbedingungen und der aufgeführten Einzelindikatoren vorgezeichnet werden. Als realistischer Prognosezeitpunkt wird im folgenden das Jahr 2005 gewählt. Nach heutigen Erkenntnissen sollte dann die betrachtete Luxemburg-Gruppe in die EU aufgenommen worden sein.

Für das Verfahren wird ein *Basisszenario* unterstellt, das in den nächsten fünf Jahren einen dynamischen Wachstumspfad mit realen BIP-Zuwachsraten von jahresdurchschnittlich 4,5 - 5,5% für die EU-Aspiranten enthält. Die MOEL würden dann doppelt so schnell wachsen wie Euroland. Damit liegen dem Szenario keine tieferen politischen und ökonomischen Rückschläge, etwa durch starke exogene Schocks oder einer Revision der öffentlichen Meinungsbildung bezüglich der Westintegration, zugrunde.

Als zentrale Treiber der Wirtschaftsdynamik werden folgende Entwicklungen unterstellt:

- *eine Beschleunigung der Direktinvestitionen und damit ein weiterer Produktivitätsschub*
- *Transferzahlungen aus dem Strukturfonds der EU*
- *ein sinkendes Zinsniveau*
- *zunehmende Außenhandelsverflechtung mit der bestehenden EU*

Die Auswertung des Indikatorenschemas zur Herleitung eines angemessen Flexibilitäts-grades der Wechselkurspolitik, deren Gesamtergebnisse in Abbildung C-22 zusammen-gefaßt sind, erfolgt wie zuvor separat für die einzelnen MOEL. Eine *Auswertung der resultierenden Implikationen* wird auf Basis dieser Erkenntnisse in Abschnitt 4.2 durch-geführt. Im Bereich der quantitativen Einzelindikatoren wird innerhalb des Indikatoren-schemas auf Prognosewerte (u.a. Standard & Poor's DRI, PlanEcon) sowie im Bereich der qualitativen Indikatoren weitestgehend auf eine geeignete Fortschreibung zurückge-griffen. Die Anwendung des Indikatorenkataloges (s. auch Anhang) verweist – wie Ab-bildung C-22 zu entnehmen – für alle MOEL auf einen noch vorhandenen, jedoch deut-lich abnehmenden Flexibilitätsbedarf der Wechselkurspolitik im Zeitablauf der künfti-gen Integration. Für den Zeitraum nach dem EU-Beitritt dürften damit die mit einem Festkursregime verbundenen volkswirtschaftlichen Kosten geringer ausfallen als noch im zuvor betrachteten Vor-Beitrittszeitraum.

Abbildung C-22: Gesamtergebnisse des Indikatorenschemas nach dem EU-Beitritt[677]

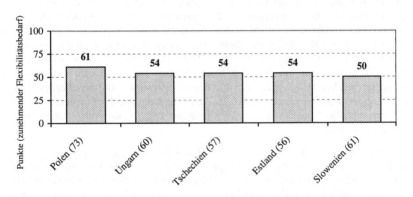

Quelle: Eigene Darstellung (s. Anhang).

Die Ergebnisse signalisieren eine höhere Homogenität der optimalen Währungsstrategie, die im deutlichen Kontrast zu der Wechselkurspolitik im Zeitablauf des zurückliegenden Transformationsprozesses steht. Trotz der auch zukünftig bestehenden länderspezifi-schen Charakteristika sowie vorhandener Unterschiede innerhalb der MOEL bezüglich der nominalen und realen Konvergenzfortschritte ist zu erwarten, daß der EU-Beitritt und die Implementierung des gemeinsamen Besitzstandes auch eine strukturelle Anglei-chung unter den MOEL selbst induziert.[678]

---

[677] Anmerkung: Ergebnisse des Indikatorenschemas für 2000 (Kap. 3.1) befinden sich in Klammern.
[678] Vgl. auch den folgenden Abschnitt 4.2.

333

Abbildung C-23: Ergebnisse des Indikatorenschemas nach dem EU-Beitritt

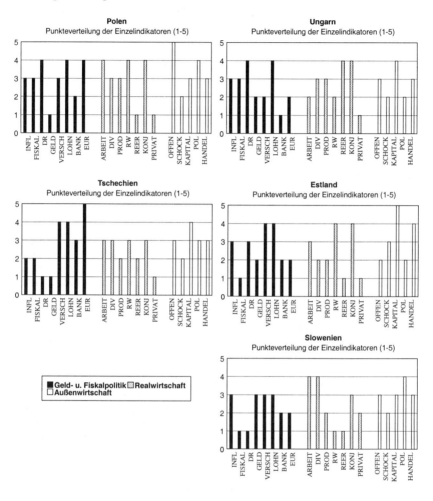

Quelle: Eigene Darstellung (s. Anhang).

Im einzelnen ergeben sich auf Basis der in Abschnitt 2 aufgeführten Systematik für die fünf MOEL die in Abbildung C-23 zusammengefaßten Ergebnisse der zwanzig Einzelindikatoren für den Zeitraum nach einem EU-Beitritt (s. auch Anhang). In einem länderübergreifenden Kontext sind drei Erkenntnisse hervorzuheben:

- Der im Zeitablauf der Integration sinkende Flexibilitätsbedarf der Währungen kann auf einen Rückgang der Einzelindikatoren in allen drei Untergruppen zurückgeführt werden.

- Der sinkende Flexibilitätsbedarf der Währungsstrategien im künftigen Integrationsprozeß wird vor allem durch die prognostizierten Konvergenzerfolge im monetären Bereich sowie die steigende Angleichung der Wirtschaftsstrukturen mit denjenigen in Westeuropa induziert.

- Die dauerhafte Aufrechterhaltung institutionell nicht abgesicherter Festkursregime wird jedoch erschwert, indem zunächst unterstellt wird, daß nach dem EU-Beitritt keine Übergangsregelungen im Bereich der Liberalisierung kurzfristiger Kapitalimporte getroffen werden.

Trotz der höheren Homogenität optimaler Währungsstrategien im Zeitablauf der Integration lassen sich auf Basis der Ergebnisse in Abbildung C-23 verschiedene länderspezifische Unterschiede ableiten, die bei der konkreten Umsetzung der Erkenntnisse in Abschnitt 4.2 noch von Relevanz sein werden:

So verweisen die Einzelindikatoren darauf, daß der Flexibilitätsbedarf im Falle *Polens* langsamer zurückgeht als in den anderen vier MOEL. Dies ist vor allem auch auf länderspezifische Charakteristika, wie den deutlich geringeren Offenheitsgrad, zurückzuführen. Die Kontrastierung mit den zuvor definierten Benchmarks verdeutlicht für *Ungarn* bei gesunkenem Flexibilitätsbedarf im Bereich der Geld- und Fiskalpolitik sowie der Außenwirtschaft, daß im realwirtschaftlichen Bereich nach dem EU-Beitritt noch immer die Vorteile einer flexibleren Wechselkursregelung überwiegen dürften. Dies kann vor allem mit dem weiterhin vorhandenen realen Aufwertungspotential des Forint begründet werden. Für die *estnische* Wirtschaft verweist die Auswertung des Indikatorenschemas unter den MOEL angesichts länderspezifischer Charakteristika (hoher Offenheitsgrad, Zinskonvergenz, Privatisierungsfortschritte) auf einen geringen Flexibilitätsbedarf der Wechselkurspolitik. Für die Wechselkurspolitik in *Slowenien* sollte sich bei einer konsequenten Umsetzung der – zunächst Ende der 90er Jahre verschleppten und damit noch ausstehenden – Reformmaßnahmen die volkswirtschaftlichen Kosten einer engeren Währungsanbindung deutlich reduzieren lassen. Wie Abbildung C-23 verdeutlicht, stimmen diese Verzichtskosten im Gegensatz zu der Vor-Beitrittsphase (gradueller Verlust des nominalen Wechselkurses als Anpassungsinstrument) mit denjenigen in Estland nahezu überein.

Die Umsetzung der vorliegenden Erkenntnisse des Indikatorenschemas erfolgt in Abschnitt 4.2, indem auf länderindividueller Basis die monetären Integrationsszenarien vorgezeichnet werden.

4.2 Monetäre Integrationsszenarien nach dem EU-Beitritt

Die nachfolgende Analyse umfaßt die zweite und dritte Phase der monetären Integration der fünf MOEL. Nach erfolgter Implementierung des gemeinsamen Besitzstandes durch die neuen EU-Mitgliedstaaten ist zu erwarten, daß als langfristiges Ziel der Beitritt in die EWU im Vordergrund der Wirtschaftspolitik stehen wird. Aus einer rein formalen Betrachtungsweise heraus verpflichten sich die neuen Mitgliedstaaten durch den EU-Beitritt zur Einführung der Einheitswährung zu einem späteren Datum.[679] Wie in Kapitel X noch diskutiert wird, stellt die Übernahme der europäischen Einheitswährung aus ökonomischen Gesichtspunkten lediglich eine langfristig sinnvolle Option für die MOEL dar. Die Perspektive eines EWU-Beitritts hat trotzdem wesentliche Rückwirkungseffekte auf die nationalen Währungsstrategien: Die Wechselkurspolitik der MOEL ist dann keine isolierte Einzelentscheidung mehr, sondern innerhalb eines mittel- bis langfristig orientierten, konsistenten Rahmens zu integrieren.

4.2.1 Fragestellung und Grundsätze der Wechselkurspolitik

Unter Berücksichtigung der vorangegangenen Erkenntnisse des Indikatorenschemas sowie dieser langfristigen Perspektive werden im folgenden Kapitel drei zentrale Fragestellungen für die Währungsintegration der MOEL nach dem EU-Beitritt diskutiert:

- *Ist eine Modifizierung der Währungsstrategie nach dem Beitritt zur EU für einzelne MOEL aus ökonomischen Überlegungen heraus angemessen?*
- *Zu welchem Zeitpunkt sollte aus Sicht der MOEL eine Integration über das bestehende WKM-2 erfolgen?*
- *Wie sollten die Bandbreiten innerhalb des WKM-2 sowie sonstige Aspekte einer Teilnahme gestaltet werden?*

Den zeitlichen Ausgangspunkt der folgenden Ausführungen bildet somit die Aufnahmen der hier betrachteten MOEL der sogenannten Luxemburg-Gruppe. Die Analysen in Abschnitt 3 haben ergeben, daß die EU-Aspiranten *während des Beitrittsprozesses* graduell zu einer deutlichen Flexibilisierung ihrer Wechselkursstrategien übergehen sowie bestehende flexible Wechselkurssysteme beibehalten sollten. Insgesamt wurde betont, daß innerhalb der sukzessiven Heranführungsstrategie nach heutiger Erkenntnis die Wechselkurspolitiken optimalerweise die folgenden zentralen Elemente beinhalten sollten:

Polen: managed floating, *direktes* Inflationsziel
Ungarn: managed floating, *implizites* Inflationsziel
Tschechien: managed floating, *dynamisches* Inflationsziel
Estland: currency board mit dem Euro als Ankerwährung
Slowenien: managed floating, zunehmender Verzicht auf Devisenmarktinterventionen

Die Auswertung des Indikatorenschemas für den Nach-Beitrittszeitraum ergab, daß der Flexibilisierungsbedarf der Vor-Beitrittsphase, erstens, für alle MOEL abnimmt und, zweitens, mit fortlaufender Dauer des monetären Integrationsprozesses eine zunehmende Homogenität der als optimal eingeschätzten Währungsstrategien festzustellen ist. Die

---

[679] Vgl. Europäische Zentralbank (2000a), S. 48.

graduelle Angleichung sollte in erster Linie das Resultat einer Beschleunigung der strukturellen Reformmaßnahmen sein, die wiederum aus der Implementierung des EU-Besitzstandes, der Beendigung des Transformationsprozesses und aus einer Konvergenz der wirtschaftspolitischen Zielvorstellungen innerhalb der MOEL selbst folgt. Dennoch darf dieses Szenario nicht über die Notwendigkeit einer Pluralität der Ansätze hinweg täuschen, wie etwa das Beispiel Estlands verdeutlicht hat.

Für die Analyse der wechselkurspolitischen Optionen nach dem EU-Beitritt können auf Basis der bisherigen Erkenntnisse fünf Grundsätze formuliert werden (s. auch Abbildung C-24):

Grundsatz 1: Durch eine *progressive und stufenweise Heranführungsstrategie* an den Euro muß den realen und nominalen Diskrepanzen gegenüber Euroland Rechnung getragen werden.

Grundsatz 2: Der *Aufwertungstrend des REER* hält auch nach Beendigung des Transformationsprozesses und damit nach der Herstellung marktwirtschaftlicher Strukturen weiter an.[680] Solange sich die MOEL in einem langfristigen Konvergenzprozeß befinden, besitzen die inländischen Inflationsraten eine strukturelle Komponente. Werden die realwirtschaftlichen Veränderungen von Seiten der Wechselkurspolitik nicht angemessen berücksichtigt und insofern der reale Aufwertungsprozeß unterdrückt, steigt die Gefahr einer Destabilisierung des Integrationsprozesses: Indem die internationalen Anleger eine nominale Aufwertung der Landeswährung antizipieren, nimmt das Volumen spekulativ orientierter Kapitalimporte kurzfristig zu.

Grundsatz 3: Die *Wechselkurspolitik ist per se kein Garant* für eine reibungslose Integration. Vielmehr ist es notwendig, daß eine konsistente Koordination von Geld- und Fiskalpolitik, die Garantie eines leistungsfähigen Banken- und Finanzsektors sowie eine Fortführung der konsequenten Liberalisierungs- und Reformansätze erreicht werden.

Grundsatz 4: Die derzeitigen *wechselkurspolitischen Vorgaben von Seiten der EU stellen keine ausreichende Konditionierung* für eine reibungslose Integration dar. Die vorliegenden Regelungen sollten vielmehr um zusätzliche Zielvorgaben während der verschiedenen Integrationsschritte erweitert werden. Wie noch ausgeführt wird, könnte die Systemflexibilität des WKM-2 um restriktive Elemente, etwa in Form wirtschaftspolitischer Kriterien, ergänzt werden.

Grundsatz 5: Für den Integrationspfad der MOEL ist auch nach dem EU-Beitritt ein *Einzellandansatz* anzustreben. Obgleich eine Angleichung der strukturellen und monetären Bedingungen innerhalb der MOEL (und damit auch der mit einem Festkursregime verbundenen ökonomischen Kosten) durch die gemeinsame Implementierung des acquis communautaire festzustellen ist, muß die Geschwindigkeit und Intensität der monetären Integration anhand objektiver Kriterien im Einzelfall geprüft werden.

---

[680] So tragen etwa auch der anhaltende Privatisierungsprozeß, die Liberalisierungs- und Deregulierungsmaßnahmen, die Reformen der Steuersysteme sowie Arbeitsmärkte zu einer Aufwertung des REER bei.

337

Abbildung C-24: Grundsätze für die Wechselkurspolitik nach dem EU-Beitritt

Grundsatz 1:
Stufenweise, progressive Integrationsstrategie

Grundsatz 2:
Keine Unterdrückung des realen Aufwertungstrends

Grundsatz 3:
Konsistente Währungsstrategie kein Garant für reibungslosen Integrationspfad

Grundsatz 4:
Zusätzliche externe Konditionierung der verschiedenen Integrationsschritte

Grundsatz 5:
Wettbewerb der Integrationskonzepte durch Prinzip des Einzellandansatzes

Quelle: Eigene Darstellung.

4.2.2 Implementierung von wirtschaftspolitischen Leitlinien

Die zuvor formulierten Grundsätze bilden den Rahmen für die nachfolgende Analyse der wechselkurspolitischen Optionen nach dem EU-Beitritt. Zunächst erfolgt dies in einem länderübergreifenden Kontext, indem währungspolitische Leitlinien für die MOEL sowie konkrete Kriterien für die einzelnen Integrationsstufen formuliert werden. Anschließend sollen die Erkenntnisse auf den Einzelfall der MOEL übertragen und länderindividuelle Heranführungsstrategien nach dem EU-Beitritt aufgezeigt werden.

Das Beitrittsprinzip der Freiwilligkeit im Kontext des WKM-2 beinhaltet im Gegensatz zu den anderen beiden Stufen der monetären Heranführungsstrategie *keine* – durch objektive Kriterien determinierte – externe Konditionierung (EU-Beitritt: Kopenhagener Kriterien; EWU-Beitritt: Maastrichter Konvergenzkriterien). Im Grundsatz wird diese 'Lücke' durch die Bestrebung der EU-Institutionen – auch im Rahmen früherer Erweiterungsrunden – bedingt, daß ein zeitgleicher Beitritt zur EU sowie dem jeweils existierenden Wechselkursmechanismus erfolgen kann. Im Falle der MOEL wird damit vorausgesetzt, daß die Erfüllung der Kopenhagener EU-Beitrittskriterien zugleich die notwendige Voraussetzung für eine reibungslose Teilnahme am WKM-2 bildet. Dies ist jedoch nicht notwendigerweise der Fall.

Durch die Formulierung qualitativer Leitlinien für den Beitritt zum WKM-2 soll daher neben den zeitlich abgesetzten Integrationsstufen auch den regionenspezifischen Charakteristika Rechnung getragen werden. Zugleich sollen die Leitlinien eine formale Gleichbehandlung der verschiedenen MOEL garantieren sowie durch die externe Konditionierung eine transparente Zielgröße für die nationalen Wirtschaftspolitiken bilden. Diese Aspekte müßten noch im Vorfeld des EU-Beitritts innerhalb der laufenden Verhandlungen zur Osterweiterung vereinbart und im Beitrittsvertrag niedergelegt werden.

Im Jahr 1999 verwies EZB-Präsident Willem Duisenberg in einer allgemeineren Form auf die Notwendigkeit von spezifischen Kriterien für jede Integrationsstufe:[681]

> *Equal treatment should be a key feature of the accession process. Objective and uniform criteria should apply both to accession, and to participation in ERM II and adoption of the euro. These criteria, related to each step of the process, should be implemented in a strict and effective manner, in order to provide the countries concerned with the external constraints necessary to bring their economies in line with the respective standards and the final goal of EMU, while also avoiding any discrimination.*

Wie kann der optimale Beitrittszeitpunkt der neuen EU-Mitgliedstaaten zum WKM-2 determiniert werden?

Zunächst ist zu betonen, daß der Übergang von flexiblen Wechselkursen hin zu einer Integration über das WKM-2 durchaus eine signifikante Änderung der wechselkurspolitischen Rahmenbedingungen und folglich nicht nur eine formale Neuerung der Währungsstrategie darstellt. Die Autonomie der inländischen Geld- und Wechselkurspolitik wird auch im Falle hoher Bandbreiten eingeschränkt; die Währungshüter sehen sich angesichts der dann vollständig liberalisierten Kapitalverkehrsbilanzen mit steigenden Interventionsanforderungen konfrontiert; der in einigen MOEL weiterhin bestehende Realanpassungskursbedarf angesichts realwirtschaftlicher Veränderungen innerhalb der Ökonomie erfordert bei dem bestehenden Bestreben, das Inflationsniveau Eurolands zu erreichen, einen kontinuierlichen nominalen Aufwertungstrend.

Bei der ökonomischen Beurteilung eines angemessenen Beitrittszeitraumes stehen zunächst die in Kapitel VIII formulierten Ziele des multilateralen Integrationsmechanismus im Vordergrund: Der WKM-2 wurde implementiert, um eine monetäre Spaltung innerhalb der EU zwischen den ins und pre-ins der EWU zu verhindern. Der Mechanismus soll die pre-ins bei ihrem nominalen Konvergenzprozeß unterstützen. Insbesondere soll der gemeinsame EU-Binnenmarkt gestärkt und abgesichert sowie eine kompetitive Abwertungspolitik vermieden werden. In Anlehnung an diese Ziele sprechen sich die EU-Institutionen verstärkt für einen raschen Beitritt der MOEL zum WKM-2 nach der Aufnahme in die EU aus.

Dieses Bestreben wird weitgehend von den derzeitigen EU-Aspiranten geteilt. Dabei verknüpfen die mittel- und osteuropäischen Währungshüter mit einer raschen Eingliederung in den multilateralen Integrationsmechanismus die Erwartung, einen nachhaltigen Glaubwürdigkeitsgewinn ihrer Wechselkurspolitik, eine Beschleunigung des monetären Konvergenzprozesses sowie eine Intensivierung der Integrationsbemühungen zu erlangen. Trotz dieser berechtigten Hoffnungen sowohl auf Seiten der MOEL als auch auf Seiten der EU-Institutionen müssen auch im Vorfeld und Verlauf dieses Integrationsschrittes die regionenspezifischen Charakteristika der MOEL berücksichtigt werden. Zwar stellt der WKM-2 mittelfristig eine angemessene monetäre Integrationsform dar. Es sind jedoch verschiedene Voraussetzungen für eine reibungslose Mitgliedschaft zu erfüllen. Die Standardvorgehensweisen früherer Erweiterungsrunden können nicht auf

---

[681] Vgl. Europäische Zentralbank (1999b).

die neuen EU-Mitgliedstaaten übertragen werden. Vielmehr muß die Frage im Mittelpunkt der Überlegungen stehen, inwieweit die Beitrittsländer die strukturellen Entwicklungen ihrer Ökonomien mit dem Ziel der Preis- und Wechselkursstabilität in Einklang bringen können. Insofern müssen die folgenden Aspekte Berücksichtigung finden:[682]

- Die MOEL befinden sich in einem langfristigen Prozeß der realen und nominalen Konvergenz.
- Die Reformstaaten verfügen über neu geschaffene soziale Marktwirtschaften und modernisierte Staatsverwaltungen.
- Nach der Implementierung des gemeinsamen EU-Besitzstandes sehen sich die MOEL mit den verschärften Wettbewerbsbedingungen des gemeinsamen Binnenmarktes konfrontiert.

Bei der Entscheidung über einen geeigneten Zeitpunkt zur Eingliederung in den WKM-2 muß demzufolge ein angemessener Mittelweg zwischen zwei Vorgehensweisen gefunden werden: Zum einen sollte der WKM-Beitritt nicht an zu restriktive Bedingungen geknüpft und zum anderen die monetäre Integration nicht vorschnell durchgeführt werden. Der gemeinsame Besitzstand muß zunächst vollständig implementiert und solide realwirtschaftliche Bedingungen erreicht worden sein. Das heißt, einem Beitritt müßte zunächst die nachhaltige Durchsetzung der notwendigen makroökonomischen Strukturreformen vorangehen (u.a. Öffnung der Kapitalmärkte, Vollendung der Preisliberalisierung), die durch angemessene mikroökonomische Maßnahmen unterstützt werden (angemessenes Niveau der Arbeitsmarktflexibilität; Umstrukturierung und Liberalisierung der Finanzsysteme).[683]

Das heißt, für die MOEL sind im Grundsatz auch noch nach dem Beitritt zur EU flexible Wechselkurssysteme vorteilhaft. Auf diese Weise können sich die Währungen in den EU-Binnenmarkt einfinden, indem eine sukzessive (nominale) Aufwertung ermöglicht wird.[684] Würden die Währungshüter dem – in Abbildung C-24 formulierten – Grundsatz 2 nicht folgen und den aufwertenden REER ignorieren, so wäre nicht nur die Gefahr zusätzlicher spekulativer Kapitalimporte gegeben, sondern gleichzeitig die eines erhöhten Preisdrucks: Erfolgt beispielsweise eine Orientierung an dem dargestellten Ansatz der Kaufkraftparitätentheorie, so würden die weiterhin bestehenden positiven Inflationsdifferentiale eine nominale Abwertung implizieren, die wiederum inflationsfördernd wirken. Eine derartige, zeitlich befristete Heranführungsstrategie außerhalb der Systemvorgaben des Wechselkursmechanismus reduziert insofern die Gefahr, daß die MOEL durch eine zu frühe Bindung an den Euro innerhalb des WKM-2 die Interventionsanforderungen trotz bestehender hoher Bandbreiten stabilitätsgefährdend überhöhen.[685]

Wie können diese Überlegungen jedoch operationalisiert werden?

---

[682] Vgl. zu diesem Aspekt auch Jochimsen (1997), S. 14.
[683] Vgl. Europäisches Parlament (2000), S. 50.
[684] Vgl. Jochimsen (1997), S. 14f.; Halpern/Wyplosz (2001), 19f.
[685] Vgl. Schäfer (1999), S. 150.

In Anlehnung an die vorherigen Ausführungen zur fehlenden externen Konditionierung sollte sich der Beitritt zum WKM-2 der neuen Mitgliedstaaten an festgelegten Leitgrößen und nicht an strikten, quantitativen Kriterien orientieren. Diese könnten dann als Leitlinien fungieren, die nicht nur eine Orientierungsfunktion für die MOEL selbst, sondern vielmehr auch für die internationalen Märkte beinhalten sollten. Auf diese Weise würde eine externe Konditionierung entstehen, ohne jedoch einen formalen, quantitativen Kriterienkatalog (wie es etwa im Falle der EWU-Konvergenzkriterien der Fall ist) umsetzen zu müssen.

1. *Preissteigerungsrate*: Für eine reibungslose Teilnahme am WKM-2 ist der Abbau heimischer Inflationsschocks von wesentlicher Bedeutung. Das Mitgliedsland sollte über einen längeren Zeitraum den Nachweis erbracht haben, daß die Inflationsraten ein definiertes Zielband nicht überschreiten (2-3 Prozentpunkte um die Preissteigerungsrate in Euroland).

2. *Kapitalverkehr:* Die vollständige Liberalisierung der Kapitalverkehrsbilanzen sollte bereits einige Zeit vor dem angestrebten WKM-2-Beitritt erfolgt sein. Die dann höhere Kapitalmobilität dürfte vor allem in den ersten Monaten zu einer deutlich stärkeren nominalen und realen Wechselkursvolatilität führen. Die Geldpolitik besitzt bei flexibleren Wechselkursen einen größeren Spielraum zur Reaktion auf diese Schwankungen.

3. *Realkursanpassungsbedarf:* Die relativen Produktivitätssteigerungen im Industriegegenüber dem Dienstleistungssektor gelten als Anhaltspunkt für die Existenz des Balassa-Samuelson Effektes und damit für die Bedeutung realwirtschaftlicher Veränderungen. Diese tragen zur Aufwertung des REER bei und determinieren den Realanpassungsbedarf einer Wirtschaft. Die Anpassung kann bei einem flexiblen Wechselkursregime – und damit außerhalb des WKM-2 – schneller und ohne relative Preisanpassungen erfolgen. Als operationalisierbarer Maßstab für die Bewertung der realwirtschaftlichen Veränderungen könnten die entsprechenden Durchschnittswerte der sektoralen Produktivitätssteigerungen innerhalb der EU dienen.

Die vorangegangenen Überlegungen werden nun um eine länderübergreifende Analyse der monetären Heranführungsstrategie in der zweiten und dritten Phase erweitert.

4.2.3 Länderübergreifende Integrationsszenarien

Die Auswertung des Indikatorenschemas für den Zeitraum nach dem EU-Beitritt der MOEL hat ergeben, daß noch immer ein Flexibilitätsbedarf der Währungen vorhanden ist. Dieser nimmt jedoch im Zeitablauf ab. Im vorangegangenen Kapitel wird darauf hingewiesen, daß ein zeitgleicher Beitritt der MOEL zur EU als auch zum WKM-2 aus wechselkurspolitischen Überlegungen heraus nicht notwendigerweise angemessen erscheint. Vielmehr wird argumentiert, daß nach erfolgter Implementierung des acquis communautaire sowie der Eingliederung in den gemeinsamen EU-Binnenmarkt eine zeitlich abgesetzte Phase mit flexiblen Wechselkursen im Grundsatz vorzuziehen ist.

Eine vorzeitige Anbindung der Währungen an den Euro innerhalb oder auch außerhalb des WKM-2 – vom Sonderfall Estland (s. Abschnitt 4.2.4) abgesehen – ist in dieser Phase nach heutigem Ermessen nicht optimal. Um die Strategie einer sukzessiven Heranführung an den Euro fortzuführen, sollten diejenigen MOEL, die innerhalb eines flexiblen Wechselkurssystems ein direktes Inflationsziel verfolgen, nach dem EU-Beitritt eine stärker wechselkursorientierte Geldpolitik einschlagen. Um jedoch die strukturellen Entwicklungen mit der Währungsstrategie in Einklang zu bringen, sollte dies weiterhin innerhalb eines managed floatings erfolgen. Eine derartige, graduelle Modifizierung der Währungsstrategie im Vorfeld eines Beitritts zum WKM-2 kann durch eine der folgenden Vorgehensweisen (bzw. eine entsprechende Kombination derselben) erreicht werden:

- *informelles, unilaterales 'shadowing' des Euro*
- *informelle Bandbreiten*
- *dynamisches Inflationsziel*

Eine solche, sukzessiv zunehmende Wechselkursorientierung der Geldpolitik ermöglicht den neuen Mitgliedstaaten eine weiche Landung im WKM-2 und zugleich die Herausbildung einer angemessenen, unter den verschärften Bedingungen des gemeinsamen EU-Binnenmarktes wettbewerbsfähigen, zentralen Parität für eine Integration über das WKM-2.

Eine solche Vorgehensweise hätte für die neuen Mitgliedstaaten je nach vorangegangener Währungsstrategie unterschiedliche Implikationen:

- Diejenigen Länder, die beim EU-Beitritt ein managed floating mit einem direkten Inflationsziel verfolgen, sollten dann zu einem dynamischen Inflationsziel und insofern zu einer verstärkten Wechselkursorientierung ihrer Geldpolitik übergehen.

- Diejenigen Länder, die beim EU-Beitritt ein managed floating mit einem dynamischen Inflationsziel verfolgen und im Vergleich der MOEL über geringere Inflationsraten verfügen, sollten innerhalb des flexiblen Wechselkursregimes eine faktische Stabilisierung der Parität gegenüber dem Euro und insofern ein 'shadowing' der künftigen Ankerwährung anstreben.

- Diejenigen Länder, die nach der Aufnahme in die EU über ein flexibles Wechselkursregime verfügen, sollten rechtzeitig im Vorfeld des WKM-Beitritts innerhalb der zunehmend wechselkursorientierten Geldpolitik informelle Schwankungsbänder implementieren.

Die graduell ansteigende Wechselkursorientierung der nationalen Geldpolitik trägt zum einen den strukturellen Reformbemühungen sowie den veränderten makroökonomischen Rahmenbedingungen (Liberalisierung der Kapitalbilanzen) Rechnung und ermöglicht zum anderen später einen konsistenten Übergang in den WKM-2. Diese Überlegungen für die zweite Phase der monetären Heranführungsstrategie können wie in Abbildung C-25 dargestellt in die vorangegangene Systematik von Abbildung C-12 (s. Kapitel VIII) integriert werden.

Abbildung C-25: *Zunehmende Wechselkursorientierung der Geldpolitik nach EU-Beitritt*

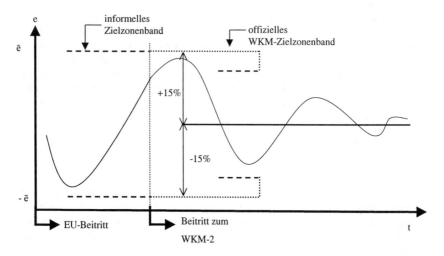

Quelle: Eigene Darstellung.

Abbildung C-25 faßt die zunehmende Euro-Orientierung der inländischen Geld- und Wechselkurspolitik innerhalb flexibler Wechselkurse im Vorfeld des WKM-2-Beitritts zusammen. Die rechtzeitige Implementierung informeller Bänder ermöglicht eine angemessene Vorbereitung auf die späteren Restriktionen des Wechselkursmechanismus, ohne dabei jedoch dem Druck der Devisenmärkte ausgesetzt zu sein. Trotzdem sollten sich die Währungshüter in dieser Phase an der Erfüllung der – für einen WKM-2 vorgeschlagenen – monetären Leitlinien orientieren. Die informellen Bandbreiten dürfen nicht zu eng ausfallen, um eine Absorption des Realanpassungsbedarfs der Landeswährungen über eine nominale Aufwertung zu ermöglichen, ohne gleichzeitig eine Beschleunigung der strukturellen Inflationskomponenten zu verzeichnen (und damit wiederum den Beitritt zum WKM-2 zu verzögern).

Nachdem in einem länderübergreifenden Kontext zunächst wechselkurspolitische Optionen für die zweite Phase der monetären Heranführungsstrategie formuliert wurden, soll nun die *dritte Phase* und damit die wechselkurspolitischen Aspekte im Zusammenhang mit einer WKM-2-Teilnahme analysiert werden. Wie in Kapitel VIII dargestellt, besteht der WKM-2 bei einer Standardschwankungsbreite von plus/minus 15% aus festen, aber anpassungsfähigen Leitkursen der Währungen der pre-ins gegenüber dem Euro. Im Zusammenhang mit den neuen Mitgliedstaaten sollte das System als Wechselkurszielzone interpretiert werden: Der Wechselkurs sollte innerhalb der gesamten Schwankungsbreite frei und flexibel bestimmt werden, so daß der Verlauf in der Zielzo-

ne einer angemessenen Wechselkursentwicklung entspricht.[686] Innerhalb der Systemvorgaben des WKM-2 besteht die Möglichkeit intramarginaler Interventionen, so daß
sich die Wechselkursparität im Bereich des Zielkorridors in der Praxis wohl eher unter
den währungspolitischen Bedingungen eines managed floatings als unter völlig flexiblen
Wechselkursen entwickelt.

Die MOEL sehen sich aus Sicht der Geld- und Wechselkurspolitik bei einer Integration
in den WKM-2 mit folgenden zentralen Änderungen und Restriktionen konfrontiert:[687]

• Die MOEL nehmen nun erstmals an einem Währungsverbund teil, der durch ein
glaubwürdiges, institutionalisiertes Festkurssystem gekennzeichnet ist. Die geld- und
währungspolitische Autonomie wird damit nicht nur durch das feste Wechselkurssystem per se, sondern zudem auch von den Entscheidungskompetenzen auf Seiten der
EU-Organe eingeschränkt. So haben die EU-Institutionen beispielsweise die Initiativbefugnis, ein vertrauliches Verfahren zur Leitkursänderung zu veranlassen.
• Obgleich der Wechselkursmechanismus über entscheidende Flexibilitätselemente
verfügt, stellt der Beitritt dennoch – aufbauend auf den formulierten Erkenntnissen
vorangegangener Abschnitte – angesichts der Bindung an den Euro eine wechselkurspolitische Kehrtwende und eine zunehmende Begrenzung der geldpolitischen
Unabhängigkeit dar.
• Die Währungen der MOEL nehmen nun an einem eurozentrischen und asymmetrischen Wechselkurssystem mit einer 'Nabe-Speichen'-Struktur teil: Die Systemvorgaben bedingen explizit eine Ausrichtung der nominalen Konvergenz am Euro.
• Interventionen auf den Devisenmärkten zur Stabilisierung der Landeswährung besitzen nun einen leicht modifizierten Charakter, indem obligatorische Interventionen an
den Bandrändern einem koordinierten Automatismus zwischen den beteiligten Notenbanken (pre-in-Zentralbank, EZB) unterliegen. Die Glaubwürdigkeit des Inter-
ventionsvorhabens wird zudem durch die Möglichkeit gestärkt, daß die MOEL auf
umfangreiche Finanzierungsfazilitäten zurückgreifen können.

In Kapitel VIII wurde trotz verschiedener restriktiver Systemmerkmale des WKM-2 darauf hingewiesen, daß der neue Wechselkursmechanismus im Grundsatz hinreichend flexibel ist und gleichzeitig eine individuelle Vorgehensweise der MOEL vor dem Hintergrund realwirtschaftlicher Veränderungen ermöglicht. Die Systemmerkmale bilden jedoch noch keine hinreichende Bedingung für eine reibungslose Integration über den
WKM-2:

Um die Glaubwürdigkeit des Integrationsprozesses zu stärken, müssen diese durch angemessene inländische wirtschafts- und geldpolitische Maßnahmen unterstützt werden.
Neben der Formulierung von monetären und realwirtschaftlichen Leitlinien als Voraussetzung für einen WKM-2-Beitritt erscheint es angemessen, die dargestellte Systemflexibilität um restriktive Elemente nicht nur im Bereich der Währungspolitik, sondern
vielmehr auch in anderen Politikbereichen zu ergänzen. Die externe Konditionierung
von Seiten der EU-Institutionen, die den nominalen und realen Konvergenzprozeß der

---

[686] Vgl. zu diesem Aspekt Ohr (2001a), S. 66.
[687] Vgl. auch Kapitel VIII.

MOEL sowie die institutionelle Stabilität des Wechselkursmechanismus stärken soll, müßte auf drei Eckpfeilern basieren und sollte durch einen transparenten Screening-Prozeß von Seiten der EU begleitet werden:[688]

- *Überwachung der staatlichen Verschuldungsposition innerhalb des Stabilitätspaktes*
- *Kontrolle der Finanz- und Kapitalmärkte*
- *Förderung von Arbeitsmarktreformen*

Aus währungspolitischer Sicht ist neben der Einigung auf eine zentrale WKM-Parität zwischen den mittel- und osteuropäischen Währungshütern einerseits und den EU-Institutionen andererseits vor allem die Festlegung der zugrundeliegenden Schwankungsbreiten von Bedeutung.

In Abhängigkeit von den länderspezifischen Konvergenzfortschritten können auf Wunsch der MOEL innerhalb des WKM-2 die offiziellen Standardbandbreiten von plus/minus 15% durch einen Antrag auf förmliche Festlegung reduziert werden. Die Wahl eines angemessenen Korridors ist individuell zu bestimmen, wobei eine sukzessive Verengung der Bandbreiten im Zeitablauf der Mitgliedschaft innerhalb des WKM-2 angebracht zu sein scheint. Es wurde argumentiert, daß sich die Geschwindigkeit der schrittweise durchzuführenden Reduktion der Schwankungsbänder vor allem an dem – im Integrationsprozeß sinkenden – Aufwertungsprozeß des REER orientieren sollte.

Zu Beginn ist jedoch der systemimmanente Spielraum des WKM-2 vollständig auszunutzen. Nach erfolgter Integration der Währung in den WKM-2 sollten die Devisenmärkte und Zentralbanken durch eine vorzeitige, informelle Bandbreitenreduktion auf eine künftige offizielle Verengung der Zielkorridore (und den damit zusammenhängenden steigenden Anbindungsgrad an den Euro) vorbereitet werden. Eine vertrauliche Vereinbarung über engere Wechselkursanbindungen ist explizit in der Entschließung des Europäischen Rats zum WKM-2 vorgesehen. Durch ein zeitliches Vorziehen der Bandbreitenverengung auf informeller Basis ist es möglich, den etwaigen Interventionsbedarf auf den Devisenmärkten zu testen und auf diese Weise den geeigneten Zeitpunkt für eine offizielle Bandbreitenverringerung zu determinieren. Als zusätzliche Orientierungsleitlinie dient der angeführte Screening-Prozeß während der WKM-Mitgliedschaft. Angesichts der regionenspezifischen Charakteristika sollte bei der Beurteilung des Integrationsgrades (und damit der Geschwindigkeit der Bandbreitenverengung) nicht der Fortschritt bei der Erfüllung der nominalen Maastrichter Konvergenzkriterien im Vordergrund stehen. Vielmehr sind zu diesem Zeitpunkt vor allem auch die innerhalb des erwähnten Screening-Prozesses angeführten, realwirtschaftlichen Kriterien relevant.

Eine derartige Fortsetzung der progressiven, graduellen Heranführungsstrategie an den Euro innerhalb des multilateralen Wechselkursmechanismus wurde bereits innerhalb der Diskussion des WKM-2 in Kapitel VIII vorgestellt. Der in Abbildung C-12 zusammengefaßte Rahmen kann demzufolge als *gemeinsamer monetärer Integrationspfad* für die neuen Mitgliedstaaten (außer Estland) gelten, wobei nicht von einem zeitgleichen Erreichen der verschiedenen Integrationsstufen auszugehen ist.[689]

---

[688] Vgl. auch die Ausführungen von Begg/Halpern/Wyplosz (1999), S. 53f.
[689] Vgl. dazu auch den folgenden Abschnitt 4.2.4.

Die beschriebene, länderübergreifende Heranführungsstrategie berücksichtigt zusammenfassend die folgenden Aspekte:

- *Geldpolitischer Spielraum*: Die breiten Standardschwankungsbreiten ermöglichen bis zu einem gewissen Grad durchaus eine eigenständige Geldpolitik.

- *Informelle Bandbreiten*: Indem vertrauliche Vereinbarungen über engere Bandbreiten getroffen werden, können wesentliche Vorteile eines engeren und breiteren Korridors miteinander kombiniert werden.

- *Glaubwürdigkeit*: Die sukzessive Verringerung der offiziellen Schwankungsbreiten in Verbindung mit einer vorherigen informellen Verengung trägt dazu bei, die Glaubwürdigkeit der Landeswährung zu stärken, indem ein etwaiger Interventionsbedarf innerhalb einer geringeren Schwankungsbreite getestet wird.

- *Screening*: Ein transparentes Monitoring der aufgeführten monetären und realwirtschaftlichen Leitlinien von Seiten der EU-Institutionen soll nicht nur durch die externe Konditionierung die Systemstabilität des WKM-2 garantieren, sondern vielmehr in Ergänzung zu den wechselkurspolitischen Aspekten einen zusätzlichen Anreiz für die Beschleunigung notwendiger Reformen bieten.

Die Flexibilität des WKM-2 sollte demzufolge solange wie möglich ausgenutzt werden. Wie bereits in Kapitel VIII argumentiert, ist es überlegenswert, die graduelle Heranführungsstrategie der neuen Mitgliedstaaten, die eine sukzessive Reduzierung des geldpolitischen Spielraumes beinhalten sollte, um ein zusätzliches Element zu erweitern:

Während die hohen Standardbandbreiten einen relativ hohen Flexibilitätsgrad der Landeswährungen gegenüber dem Euro ermöglichen, könnten unter den neuen mittel- und osteuropäischen pre-ins selbst bilaterale Vereinbarungen über engere Wechselkurskorridore vereinbart werden. Die Möglichkeit, diese Form der währungspolitischen Koordination umzusetzen, sieht die – dem WKM-2 zugrundeliegende – Entschließung der EG explizit vor.[690] Eine derartige Zusammenarbeit nach einem Beitritt zum WKM-2 hätte das übergeordnete Ziel, die bilateralen Fluktuationen zwischen den Währungen der pre-ins deutlich zu begrenzen.

Die folgenden, zentralen Aspekte sprechen im Grundsatz für die Implementierung ergänzender, bilateraler Bandbreiten zwischen den mittel- und osteuropäischen pre-ins:

- Durch geringere Bandbreiten zwischen den Währungen der MOEL könnten wechselkursinduzierte Verzerrungen innerhalb der Gruppe der pre-ins deutlich reduziert werden. In Kapitel VIII wurde gezeigt, daß bei Zugrundelegung der Standardschwankungsbreite von plus/minus 15% zwischen den Währungen der pre-ins sogar Schwankungen der nominalen Parität von über 35% möglich sind. Durch eine währungspolitische Kooperation dieser Art könnte die Region im Wettbewerb des Binnenmarktes insgesamt ein höheres Handels- und Investitionsvolumen verzeichnen.

- Die betrachteten MOEL sehen sich im Grundsatz mit weitgehend gleichgerichteten exogenen Störfaktoren konfrontiert. Zudem haben die Ergebnisse des Indikatorenschemas gezeigt, daß sich der Flexibilitätsbedarf der mittel- und osteuropäischen Wechselkurspolitik im Zeitablauf der monetären Integration untereinander angleicht.

---

[690] Eine clubtheoretische Diskussion dieser Möglichkeit bieten Jochem/Sell (2001), S. 56ff.

- Die engere währungspolitische Koordination dient zudem den Währungshütern als Vorbereitung einer engeren Anbindung an den Euro innerhalb des WKM-2 und damit einer deutlichen Reduktion des zunächst vereinbarten Zielkorridors.

Abbildung C-26: Bilaterale Zusatzvereinbarungen der MOEL innerhalb des WKM-2

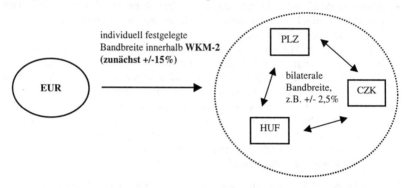

Quelle: Eigene Darstellung.

Eine derartige Zusatzvereinbarung über die WKM-2-Strukturelemente hinaus würde nach heutiger Erkenntnis vor allem für die drei Viségrad-Staaten Polen, Ungarn sowie Tschechien angemessen erscheinen. Diese Länder stellen aus politischen sowie ökonomischen Überlegungen heraus die homogenste Gruppe dar. Als entscheidende Voraussetzung für die Funktionalität dieses Ansatzes gilt eine hinreichende Homogenität der wirtschafts- und währungspolitischen Ziele innerhalb der Länder. Dabei ist die in Abbildung C-26 dargestellte Koordination nicht nur als kurzfristige, sondern durchaus als *längerfristige Regelung* zu betrachten. Auf diese Weise kann der – aus ökonomischer Sicht lediglich langfristig sinnvollen – Aufnahme in die Eurozone Rechnung getragen und gleichzeitig die Stabilität des gemeinsamen EU-Binnenmarktes unterstützt werden. In der praktischen Umsetzung könnte die währungspolitische Kooperation zwischen diesen drei MOEL die folgenden Elemente enthalten:

- Die internen Vereinbarungen unter den pre-ins sollten auf relativ engen Bandbreiten von etwa plus/minus 2,25% basieren.
- Die bilaterale Kooperation kann in Absprache mit den EU-Organen auf informeller oder formeller Basis erfolgen.
- Die Regelung würde ein gemeinsames Eingreifen der beteiligten Zentralbanken der pre-ins bei spekulativen Attacken vorsehen. Die Stabilität der Währung ist jedoch weiterhin hauptsächlich von der Wirkungsweise des WKM-2 abhängig.
- Neben den währungspolitischen Aspekten sollte die Kooperation auch eine Koordination von relevanten Fragen der Wirtschaftspolitik beinhalten, um die Glaubwürdigkeit des zeitlich begrenzten Verbundes zu stärken. Eine solche Vorgehensweise könnte etwa unter den Restriktionen des WKM-2 im bilateralen Innenverhältnis der beteiligten MOEL auf informeller Basis eine indikatororientierte Koordination der Wechselkurspolitik enthalten.

4.2.4 Länderindividuelle Heranführungsstrategien

Der vorliegende Abschnitt versucht, die bisherigen Erkenntnisse über die Formulierung eines länderindividuellen Integrationspfads im Rahmen der zweiten und dritten Stufe der monetären Heranführungsstrategie an den Euro umzusetzen. Angesichts des zugrunde-liegenden (mittelfristigen) Zeithorizontes der beiden Phasen und den damit zusammen-hängenden ökonomischen und politischen Unwägbarkeiten beschränken sich die folgen-den, länderspezifischen Ausführungen auf Leitlinien und damit auf angemessene Eck-punkte möglicher Währungsstrategien.

Die Ergebnisse des verwendeten Indikatorenschemas in Verbindung mit der vorange-gangenen Analyse haben ergeben, daß der Flexibilitätsbedarf der Wechselkurspolitiken im Zeitablauf des Integrationsprozesses sinkt, und optimale Währungsstrategien inner-halb der MOEL zunehmend homogener werden. Es wurde betont, daß der WKM-2 an-gesichts der modifizierten Systemmerkmale einen angemessenen Integrationsmechanis-mus darstellt, dessen Flexibilität jedoch vollständig ausgenutzt und der um objektive Leitlinien zur Frage des optimalen Beitrittszeitpunktes ergänzt werden sollte. Zudem wurde im Rahmen des graduellen Integrationsansatzes als zentrales Element der Wäh-rungspolitik innerhalb des WKM-2 die Umsetzung informeller, geringerer Zielkorridore angeregt, um auf diese Weise eine Sensibilisierung der Devisenmärkte und insofern eine Vorbereitung der offiziellen Reduktion herbeizuführen.
Aufbauend auf den bisherigen Ausführungen kann ein zentraler Faktor für die Ge-schwindigkeit, mit der die Landeswährungen in einem langfristigen Kontext an den Euro herangeführt werden sollen, identifiziert werden: Der Spielraum für die Wechselkurspo-litik und insofern die Möglichkeit, die Landeswährungen innerhalb der Systemvorgaben des WKM-2 zu integrieren, kann durch eine Vertiefung und Beschleunigung der aus-bleibenden Strukturreformen deutlich erhöht werden.

Welche Währungsstrategien erweisen sich vor dem Hintergrund dieser vorangegangenen Überlegungen für die einzelnen MOEL nach dem Beitritt zur EU als angemessen?

Die *polnischen* Währungshüter sollten nach dem EU-Beitritt in Anlehnung an die Er-kenntnisse des Indikatorenschemas zunächst nicht auf eine eigenständige Geld- und Wechselkurspolitik verzichten, sondern vielmehr an der konsequenten Flexibilisierungs-strategie festhalten. Diese mündete im Verlauf der ersten Phase der monetären Heran-führungsstrategie in einer vollständigen Freigabe der Landeswährung in Verbindung mit einem direkten Inflationsziel. Die Aufnahme in die EU stellt jedoch einen geeigneten Zeitpunkt dar, in Ergänzung zur Inflationsreduktion bei hinreichender monetärer Kon-vergenz eine stärkere Wechselkursorientierung der Geldpolitik umzusetzen. Wie bereits im Kontext von Tschechien zu einem früheren Zeitpunkt der Heranführungsstrategie dargestellt, kann eine derartige Vorbereitung auf den späteren WKM-2-Beitritt durch eine Dynamisierung des direkten Inflationszieles erreicht werden:
Dabei wird das Inflationsziel durch eine Erweiterung des angesteuerten Inflationskorri-dors flexibilisiert und auf diese Weise eine informelle Steuerung anderer makroökono-mischer Variablen, wie der Wechselkursentwicklung, ermöglicht. Damit könnte die – in Verbindung mit den hohen Zuflüssen von potentiell volatilem Portfoliokapital entste-henden – Wechselkursvolatilität reduziert werden.

Die mit einem Festkursregime verbundenen volkswirtschaftlichen Kosten dürften in den nächsten Jahren auch in Polen sinken. Jedoch fallen sie im mittel- und osteuropäischen Ländervergleich für die große, binnenorientierte Wirtschaft auch nach dem EU-Beitritt noch immer am höchsten aus (s. Abbildung C-22). Diese Einschätzung verweist im Falle Polens auf die Notwendigkeit, eine behutsame Integration in den WKM-2 auf Basis der formulierten Leitlinien und Grundsätze anzustreben. Eine solche Strategie sollte später in der zweiten Phase innerhalb des managed floatings informelle Bandbreiten von plus/minus 15% gegenüber dem Euro beinhalten, die eine marktgerechte und im Zuge liberalisierter Kapitalbilanzen risikominimierende Währungsstrategie darstellt. Polen sollte angesichts des Flexibilitätsbedarfs erst nach den anderen vier MOEL und vor allem erst nach einer zeitlich deutlich abgesetzten zweiten Phase dem WKM-2 beitreten.

Die Umsetzung des acquis communautaire in Polen sowie die Teilnahme am gemeinsamen EU-Binnenmarkt führen im weiteren Zeitablauf zu einer zusätzlichen Angleichung der optimalen Währungsstrategien mit denjenigen der anderen MOEL. Die strukturellen Charakteristika der Volkswirtschaft sind bezüglich der Wahl eines angemessenen monetären Integrationspfads endogen: Innerhalb des Binnenmarktes nimmt etwa mit der Intensität der Handelsverflechtungen zwischen den EU-Staaten zugleich die Korrelation der Einkommensentwicklungen und der Konjunkturzyklen zu.[691] Nach dem Beitritt zum WKM-2 dürfte vor diesem Hintergrund auch Polen allmählich auf einen gemeinsamen, monetären Integrationspfad im Sinne der Abbildung C-12 einschwenken: Dieser sollte zunächst eine längere Phase umfassen, in welcher die Flexibilität des WKM-2 vollständig ausgenutzt wird, gefolgt von einer sukzessiven Reduktion des Zielkorridors. Diesen einzelnen Reduktionsschritten sollte optimalerweise jeweils eine Phase vorausgehen, in der die künftigen Bandbreiten auf informeller Basis durchgesetzt und damit getestet würden.

Die *ungarischen* Währungshüter dürften – wie zuvor argumentiert – unter den betrachteten EU-Aspiranten im unmittelbaren Vorfeld des Beitritts als letztes der in dieser Arbeit betrachteten MOEL (abgesehen von Estland) zu einer vollständigen Freigabe der Landeswährung übergehen. Dieser unterstellten vollständigen Flexibilisierung ist in der ersten Phase der monetären Heranführungsstrategie ein managed floating in Verbindung mit einem impliziten Inflationsziel vorausgegangen, das eine begrenzte Wechselkursorientierung der Geldpolitik zugelassen hat.

Die vollständige Freigabe des Forint sollte aus ökonomischen Überlegungen heraus (hohes Aufwertungspotential des Forint, struktureller Preisdruck, marktgerechte Bestimmung eines Gleichgewichtskurses) ohne regelmäßige Interventionen der Zentralbank zur Sicherung einer faktischen Wechselkursstabilität für einen bestimmten Zeitraum aufrechterhalten werden. Insofern sollte diese Währungsstrategie zunächst auch nach dem EU-Beitritt verfolgt werden. Auf diese Weise kann der geldpolitische Spielraum zur Bekämpfung des Inflationsdrucks aufrechterhalten werden. Die ungarische Wirtschaft dürfte auch in den kommenden Jahren über im Regionenvergleich sehr verfestigte Inflationserwartungen verfügen, die zunächst in Verbindung mit einem direkten Inflationsziel zurückgeführt werden müssen. Es ist zu erwarten, daß dieser Prozeß bis in die zweite Phase der monetären Heranführungsstrategie reichen wird.

---

[691] Vgl. auch Kapitel IV.

Für diese zweite Phase hat die Auswertung des Indikatorenschemas für Ungarn auf einen gesunkenen Flexibilitätsbedarf der Wechselkurspolitik verwiesen. Dieser läßt sich vor allem auf die unterstellte Entwicklung verschiedener Einzelindikatoren im monetären und außenwirtschaftlichen Bereich zurückführen. Der unmittelbare Übergang zu einer festen Wechselkursanbindung innerhalb der Systemvorgaben des WKM-2 erscheint im Falle Ungarns ökonomisch (auch im Sinne der formulierten Leitlinien) nicht sinnvoll: Der dann erst kürzlich vollständig liberalisierte Kapitalverkehr sowie realwirtschaftliche Veränderungen innerhalb der Ökonomie, die auf einen noch hohen Realkursanpassungsbedarf hindeuten, verweisen noch immer auf die Notwendigkeit flexibler Wechselkurse (s. Abbildung C-23). In Übereinstimmung mit dem Ansatz eines graduellen Integrationspfads sollten die Währungshüter in der Folgezeit der zweiten Phase jedoch zu einer stärker wechselkursorientierten Geldpolitik übergehen. Dabei könnte ein informelles Schwankungsband gegenüber dem Euro verteidigt werden. Eine solche Regelung würde den realwirtschaftlichen Konvergenzbemühungen Rechnung tragen und gleichzeitig eine weiche Landung in das WKM-2 ermöglichen.

Nach einer zeitlich abgesetzten zweiten Phase der monetären Heranführungsstrategie bietet der WKM-2 auch im Falle Ungarns die notwendige Systemflexibilität, um sowohl den monetären als auch realwirtschaftlichen Konvergenzprozeß weiter zu beschleunigen. Zum einen trägt die Glaubwürdigkeit des institutionell abgesicherten WKM-2 dazu bei, eine nachhaltige Stabilisierung der ungarischen Inflationserwartungen sowie geringe Risikoprämien in den Nominalzinsniveaus[692] zu erlangen. Zum anderen ermöglichen die flexiblen Elemente (breiter Zielkorridor, Leitkursanpassungen) eine Berücksichtigung des realwirtschaftlichen Veränderungsprozesses. In Konsistenz mit den Erkenntnissen des Indikatorenschemas sollte die ungarische Währungsstrategie im Gegensatz zu Polen bereits unmittelbar nach dem Beitritt zum WKM-2 auf informeller Basis ein engeres Band verteidigen, um die nominale Ankerfunktion des Wechselkurses zu stärken. Dieser Vorgehensweise würde sich dann bei gegebenen Konvergenzfortschritten eine sukzessive Verengung des offiziell vereinbarten Zielkorridors anschließen.

Die *tschechischen* Währungshüter sollten in Anlehnung an die in Abschnitt 3.2.3 aufgeführte Argumentation bereits vor dem EU-Beitritt und damit in der ersten Phase eine stärker wechselkursorientierte Geldpolitik verfolgen, nachdem Tschechien seit 1997 über eine weitgehend flexible Währungsstrategie verfügt. Es wurde argumentiert, daß diese Modifizierung der Wechselkurspolitik durch die Implementierung eines dynamischen direkten Inflationszieles innerhalb eines flexiblen Wechselkursregimes durchzuführen sei. Die Erkenntnisse im Zusammenhang mit dem Indikatorenschema verweisen auf eine Fortsetzung dieser kontinuierlich stärkeren Wechselkursorientierung geldpolitischer Entscheidungsprozesse. Angesichts des wirtschaftlichen Aufholprozesses sowie weiterhin notwendiger Strukturreformen dürfte sich eine Inflationsrate einstellen, die rund 2-3 Prozentpunkte über dem Niveau von Euroland liegt. Unter Berücksichtigung dieser strukturellen Inflationskomponente sollten die Währungshüter keine 'aggressive' Inflationsbekämpfung verfolgen.[693]

---

[692] Vgl. auch Kempa (1998), S. 548.
[693] Vgl. Deutsche Bank Research (2001e), S. 12.

Damit könnte im Gegensatz zu den anderen MOEL in Tschechien bereits nach Aufnahme in die EU ein *hybrides* Wechselkurssystem implementiert werden: Dieses sollte neben der Begrenzung des bereits vergleichsweise geringen Inflationsdrucks unter Anwendung des verfügbaren geld- und wirtschaftspolitischen Instrumentariums zugleich ein shadowing des Euro und damit eine faktische Wechselkursstabilität beinhalten.[694] Trotzdem gilt für Tschechien als Ökonomie im Aufholprozeß, daß angesichts anhaltender realwirtschaftlicher Veränderungen zu diesem Zeitpunkt nicht gleichzeitig das Erlangen von Preis- und Wechselkursstabilität möglich ist. Zwar ist auch im Falle Tschechiens ein zeitgleicher Beitritt zur EU und zum WKM-2 nicht ratsam, jedoch erscheint unter Berücksichtigung der formulierten Leitlinien im Ländervergleich der MOEL nach heutiger Erkenntnis eine vorzeitige Eingliederung in den multilateralen Wechselkursmechanismus aus ökonomischen Gesichtspunkten als durchaus angemessen: Neben dem bereits heute weitgehend liberalisierten Kapitalverkehr[695] und dem dann erreichten monetären Konvergenzniveau sollte eine fortgeschrittene realwirtschaftliche Integration erreicht worden sein. Diese Integration dürfte u.a. zu einem zunehmend synchronen Konjunkturzyklus gegenüber der Eurozone führen.[696]

Insgesamt ist festzustellen, daß die in Teil B beschriebenen Ereignisse im Zusammenhang mit dem kriseninduzierten Regimewechsel vom Mai 1997 zwar einerseits den realen Aufholprozeß der Wirtschaft signifikant zurückgeworfen haben. Andererseits wurde jedoch durch die Implementierung eines managed floatings mit einem direkten Inflationsziel frühzeitig ein angemessener währungspolitischer Rahmen für die späteren Integrationsschritte gewählt. Innerhalb der angeführten progressiven Heranführungsstrategie sollten die Währungshüter in Konsistenz mit den Erkenntnissen des Indikatorenschemas im Vergleich zu den anderen MOEL eine stärker wechselkursorientierte Strategie verfolgen: Diese sollte schon frühzeitig nach einem Beitritt zum WKM-2 bei gegebenem Spielraum die implizite Verteidigung eines deutlich engeren Bandes beinhalten.

Die *estnischen* Währungshüter verfügen innerhalb der MOEL über den wohl ambitioniertesten monetären Integrationswillen. Dabei soll aus Sicht Estlands das Währungsamt zu einem soliden währungspolitischen Rahmen während der EU-Integration beitragen. In Kapitel VIII wurde der Frage nachgegangen, inwieweit es für Estland in einer der drei Phasen angemessen erscheint, die absolut festen Wechselkurse des currency boards zugunsten einer flexibleren Regelung aufzugeben, um im Zuge eines langfristigen Beitritts zur EWU zu vollständig festen Wechselkursen zurückzukehren. Die Ausführungen zeichneten ein differenziertes Bild. Jedoch wurde darauf hingewiesen, daß eine außerordentlich strikte Auslegung des Maastrichter Wechselkurskriteriums und damit eine erzwungene Aufgabe des funktionsfähigen und glaubwürdigen currency boards von EU-Seite als nicht angemessen erscheint.

Wie sollte eine solche Vorgehensweise in die monetäre Heranführungsstrategie Estlands integriert werden?

---

[694] Vgl. zu diesem Argument auch Masson (1999), S. 22f.

[695] Vgl. zu einer Einschätzung auch Europäische Kommission (2000b), S. 53.

[696] Vgl. Deutsche Bank Research (2001e), S. 12.

Die zweite Phase sollte sich auch im Falle Estlands zeitlich deutlich von der dritten Phase absetzen. Mit der unterstellten Beibehaltung des Währungsamtes ist nach der Eingliederung Estlands in den gemeinsamen Binnenmarkt garantiert, daß keine Wechselkursschwankungen und damit verzerrte Wettbewerbsbedingungen vorliegen. In dieser Phase sollte die realwirtschaftliche Konvergenz Estlands im Vordergrund der Wirtschaftspolitik stehen, bevor zu einem deutlich späteren Zeitpunkt der formale Beitritt in den WKM-2 mit einer lediglich langfristigen Beitrittsperspektive zur Eurozone möglich wird.

Zwar ist das currency board aus rein formalen Gesichtspunkten heraus kompatibel mit den Motiven und Systemelementen des WKM-2, jedoch wurde betont, daß im Falle eines Beitritts Estlands eine Ergänzung um zusätzliche Restriktionen notwendig erscheint (s. Kapitel VIII):

Nach einem Beitritt Estlands zum WKM-2 innerhalb des bestehenden currency boards sollte lediglich eine einseitige Interventionsverpflichtung zur Verteidigung der 'Bandbreiten' von plus/minus 0% bestehen, indem die EZB (bzw. die Zentralbanken der preins) von der Notwendigkeit obligatorischer Interventionen entbunden werden. Damit könnte die Sonderregelung im Falle Estlands berücksichtigt und zugleich die Systemstabilität des WKM-2 gestärkt werden: Im Rahmen eines Zielkorridors von null wären im Grundsatz sämtliche Devisenmarktinterventionen obligatorischer Natur. In Anlehnung an die Systemvorgaben des WKM-2 müßten beispielsweise bei entsprechend hohen Verkäufen estnischer Kronen sowohl die EZB als auch die estnischen Währungshüter unbegrenzt intervenieren. Rohde/Jannsen (2000) argumentieren in einem ähnlichen Kontext, daß Estland nach einem Beitritt zum WKM-2 deutlich stärker im Fokus der Devisenmärkte und spekulativer Devisengeschäfte stehen würde.[697] Im Gegensatz zu dem – in währungspolitischer Hinsicht eher isolierten – Transformationsprozeß Estlands könnte innerhalb des multilateralen Integrationsmechanismus die Interventionsanforderung auf Seiten der EZB bewirken, daß die Spekulanten auf den Devisenmärkten in zunehmendem Maße die feste, bandbreitenlose Parität testen.

Wird ein derartiges, sinnvolles Szenario unterstellt, bei dem Estland mittelfristig nicht auf das bestehende Währungsamt verzichtet, würde auch in Zukunft eine zusätzliche Restriktion der Wirtschaftpolitik Bestand haben: In Anbetracht des noch ausstehenden realen Konvergenzprozesses Estlands (s. Abbildung C-1) besteht auch in den kommenden Jahren ein hoher Realkursänderungsbedarf, der in Estland nicht über eine Aufwertung des nominalen Wechselkurses absorbiert werden kann. Die inländische Inflationsrate wird dann mittel- bis langfristig über eine strukturelle Komponente verfügen. Gleichzeitig dürfte ein Großteil der Anpassungen über realwirtschaftliche Veränderungen erfolgen. Diese Veränderungen sollten jedoch – angesichts einer vergleichsweise hohen Anpassungsflexibilität der estnischen Märkte – den realen Aufholprozeß der Ökonomie nicht signifikant bremsen.

Die *slowenischen* Währungshüter verfügen unter den betrachteten EU-Aspiranten über die längste Erfahrung mit der geldpolitischen Koordination innerhalb eines managed floatings. Slowenien verzichtete zu Transformationsbeginn 1992 im Gegensatz zu den anderen MOEL auf eine Wechselkursstabilisierung mit Hilfe eines externen Ankers und verfolgte vielmehr eine flexible Währungsstrategie mit dem realen Wechselkurs als im-

---

[697] Vgl. Rohde/Janssen (2000), S. 178f.

plizite Zielgröße. Im Zusammenhang mit der slowenischen Wechselkurspolitik im Vorfeld des EU-Beitritts wurde argumentiert, daß angesichts der zunehmenden Liberalisierungsschritte im Bereich des kurzfristigen Kapitalverkehrs auf größere Devisenmarktinterventionen verzichtet werden sollte, um das Wechselkursrisiko zu erhöhen.

Die Auswertung des Indikatorenschemas für den Zeitraum nach einem EU-Beitritt hat für Slowenien auf einen deutlich gesunkenen Flexibilisierungsbedarf der Wechselkurspolitik verwiesen. Es wurde unterstellt, daß die seit Eröffnung der Beitrittsverhandlungen konsequent umgesetzten Reform- und Liberalisierungsmaßnahmen fortgesetzt werden. In der zweiten Phase der monetären Heranführungsstrategie erscheint es angemessen, innerhalb des bestehenden managed floatings eine sukzessiv zunehmende Wechselkursorientierung zu verfolgen. Vor dem Hintergrund der dann erst kürzlich durchgeführten Liberalisierungsschritte auf Seiten des kurzfristigen Kapitalverkehrs sowie einer vergleichsweise hohen strukturellen Inflationsrate ist insbesondere keine unmittelbare Integration über den WKM-2 ratsam. Vielmehr sollte eine graduelle Heranführung an die wechselkurspolitischen Restriktionen als künftiges WKM-2-Mitgliedsland erfolgen. Dies kann erfolgen, indem Slowenien von einer faktischen Stabilisierung des realen Wechselkurses gegenüber dem Euro zu einer Verteidigung impliziter Bandbreiten sowie einem unilateralen shadowing übergeht.

Obgleich verschiedene Einzelindikatoren auf die Verzichtskosten einer festen Währungsanbindung verwiesen haben, erscheint nach heutigem Kenntnisstand insgesamt eine – im Ländervergleich der neuen Mitgliedstaaten – rasche Integration über den WKM-2 und damit eine vergleichsweise kurze zweite Phase angebracht. Diese Einschätzung ist vor allem auf drei Aspekte zurückzuführen:

• Die slowenische Wirtschaft verfügt innerhalb der MOEL über die mit Abstand höchste strukturelle Konvergenz.
• Von Seiten der monetären und fiskalischen Kriterien sollte sich weiterhin ein sinkender Flexibilitätsbedarf einstellen.
• Slowenien sollte auch weiterhin durch das Bestreben von einer hohen gesamtwirtschaftlichen Stabilität geprägt sein.

Slowenien wird im Regionenvergleich der neuen Mitgliedstaaten auch nach dem EU-Beitritt über ein signifikant höheres reales Konvergenzniveau verfügen (s. Abbildung C-1). Es ist zu erwarten, daß fundamentale Einflußfaktoren sowie gesamtwirtschaftliche Reallokationsprozesse über eine geringere Dynamik als in den anderen MOEL verfügen, und damit der REER einem deutlich verringerten Aufwertungstrend unterliegt. Der Realkursanpassungsbedarf und die notwendige Absorption über Preise oder Wechselkurse dürfte dementsprechend geringer ausfallen. Mittelfristig erscheint damit innerhalb des WKM-2 eine vergleichsweise rasche Verengung der offiziellen Bandbreiten möglich. Dennoch sollte auch die slowenische Währungsstrategie in der dritten Phase eine graduelle Heranführung an den Euro verfolgen und insofern die Reduktion des vereinbarten Zielkorridors durch vorherige, informelle Absprachen vorbereiten.

Die beschriebenen, länderindividuellen Währungsstrategien verweisen trotz deutlicher Unterschiede bezüglich Ausgestaltung und Geschwindigkeit der Integration im Sinne des zunehmenden Homogenitätsgrades auf einen länderübergreifenden monetären Integrationspfad. Die Währungsstrategien sind zusätzlich unter Berücksichtigung von vier Aspekten zu sehen:

- *Verzicht auf minimalistischen Ansatz*: Indem argumentiert wurde, daß die MOEL einen graduellen Integrationspfad mit der sukzessiven Reduktion des Zielkorridors innerhalb einer lediglich langfristigen EWU-Beitrittsperspektive verfolgen sollten, ist der minimalistische Ansatz im Grundsatz abzulehnen. Dieser sieht im Sinne des Maastrichter Wechselkurskriteriums in der zweijährigen Qualifikationsphase des WKM-2 lediglich eine zwingend notwendige Stufe für den angestrebten, späteren Beitritt zur Eurozone.[698]

- *Exit-Möglichkeit*: Indem der WKM-2 nicht über unwiderrufliche Systemelemente verfügt, sollten die Mitgliedstaaten etwa im Falle kriseninduzierter Wechselkursschwankungen oder hoher realer Anpassungskosten bei exogenen Störungen, die Möglichkeit eines Austritts in Erwägung ziehen. Eine solche Vorgehensweise würde zwar die währungspolitische Heranführung an den Euro bremsen, jedoch gegebenenfalls der wirtschaftspolitischen Priorität dieser Länder Rechnung tragen, nach der eine nachhaltige Beschleunigung des realen Aufholprozesses im Mittelpunkt steht.

- *Wechselkursanpassungen*: Ist eine Absorption des Realkursanpassungsbedarfs nicht mehr innerhalb des jeweils zugrundeliegenden Zielkorridors möglich, so muß zur Vermeidung von tiefgreifenden Wechselkursverzerrungen eine zügige und rechtzeitige Anpassung der Leitkurse erfolgen. Eine nominale Aufwertung der zentralen Parität wäre konsistent mit dem Maastrichter Konvergenzkriterium der zweijährigen Wechselkursstabilität.[699]

- *Übergangsregelungen im monetären Bereich*: Wie in Kapitel VII dargelegt, erfordert der EU-Beitritt im Grundsatz eine vollständige Liberalisierung der jeweiligen Kapitalbilanzen in Übereinstimmung mit den Erfordernissen des freien Kapitalverkehrs innerhalb des Binnenmarktes. Das entsprechende EU-Weißbuch sieht vor, daß in Ausnahmesituationen bestehende Restriktionen im Bereich des kurzfristigen Kapitalverkehrs auch nach einem EU-Beitritt vorübergehend aufrechterhalten werden können.[700] Diese Frage ist Bestandteil der derzeitigen Beitrittsverhandlungen. Aus wirtschaftspolitischer Sicht würde ein Fortbestand der Kontrollen im Bereich des kurzfristigen Kapitalverkehrs nach dem EU-Beitritt den geldpolitischen Spielraum der MOEL-Zentralbanken erhöhen, zugleich den nominalen Wechselkurs als auch das Geldmengenwachstum (und insofern die inländischen Inflationsraten) beeinflussen zu können. Eine vollständige Liberalisierung sollte jedoch im Einklang mit den formulierten Leitlinien rechtzeitig vor einer mittelfristigen Integration in den WKM-2 erfolgen.

---

[698] Siehe Kapitel VIII.
[699] Vgl. etwa auch die Argumentation von Kopits (1999), S. 36f.
[700] Vgl. auch Buch (1999b), S. 106.

Insgesamt ist festzustellen, daß innerhalb des EU-Binnenmarktes flexible Wechselkurse im Gegensatz zu Kapitalverkehrskontrollen durch das induzierte Wechselkursrisiko eine weitaus marktgerechtere Form für eine begrenzte Abschirmung gegen spekulative Devisengeschäfte darstellen. Zwar sind innerhalb des Binnenmarktes exzessive Wechselkursschwankungen zwischen den Währungen der pre-ins und dem Euro zu vermeiden. Jedoch wäre die Funktionalität des Binnenmarktes durch die langfristige Beibehaltung von Kapitalverkehrskontrollen stärker in Frage zu stellen. Es sollte grundsätzlich gelten, daß die Geschwindigkeit der monetären Heranführung an den Euro davon abhängig zu machen ist, inwieweit die MOEL mit den beschriebenen Herausforderungen und wirtschaftspolitischen Restriktionen zurecht kommen. Im Sinne dieser Konvergenzstrategie sollte der Übergang in die dritte Phase (WKM-2-Beitritt) erst deutlich *nach* einer Liberalisierung der Kapitalbilanzen erfolgen.

Zusammenfassend ergeben sich für die zweite und dritte Phase der Heranführungsstrategie – trotz der steigenden Homogenität optimaler Währungsstrategien unter den MOEL selbst – bezüglich der Geschwindigkeit der monetären Integration drei Kategorien:

Kategorie 1 ('zügiger Weg'):	Tschechien, Slowenien
Kategorie 2 ('langsamer Weg'):	Polen, Ungarn
Kategorie 3 ('Sonderweg'):	Estland

Die abschließenden Bemerkungen bündeln die länderübergreifenden sowie länderspezifischen Erkenntnisse für die optimale Heranführungsstrategie der fünf mittel- und osteuropäischen Währungen an den Euro und versuchen, eine zeitliche Einordnung der verschiedenen Phasen aufzuzeigen.

5. Fazit: Optimales Timing und Sequencing der monetären Heranführungsstrategie

In Kapitel IX wurde auf Basis eines Indikatorenschemas sowie unter Berücksichtigung der monetären Rahmenbedingungen im Sinne des dreistufigen Integrationsansatzes versucht, länderübergreifende sowie länderindividuelle Aspekte einer angemessenen monetären Heranführungsstrategie an den Euro aufzuzeigen. Dabei wurde betont, daß sich die EU-Aspiranten angesichts andauernder realwirtschaftlicher Veränderungen innerhalb der Ökonomien zwischen Transformations- und Integrationsprozeß auch künftig mit einem zum Teil hohen Realkursanpassungsbedarf und insofern mit einer entscheidenden Restriktion für die Wirtschaftspolitik konfrontiert sehen.

In einem *länderübergreifenden* Kontext können für die drei Phasen der monetären Heranführungsstrategie die folgenden Aspekte und Handlungsempfehlungen zusammengefaßt werden (vgl. auch Abbildung C-27):

- Die EU-Aspiranten müssen ihre Wechselkurspolitik stetig, sowohl an den Strukturveränderungen innerhalb der Ökonomie als auch an den sich verändernden Erfordernissen des Integrationsprozesses, anpassen.

- Im Verlauf des Integrationsprozesses sinkt der notwendige Flexibilitätsbedarf der inländischen Wechselkurspolitik. Zudem erfolgt eine Angleichung der mit einem Festkursregime verbundenen, volkswirtschaftlichen Kosten innerhalb der MOEL.

- Flexible Wechselkurse bilden sowohl *vor* als auch *nach* dem EU-Beitritt – jedoch mit abnehmender Tendenz – sinnvolle währungspolitische Rahmenbedingungen. Es kann insbesondere eine adäquate Einbindung in die neue Wettbewerbssituation des EU-Binnenmarktes erfolgen, indem eine sukzessive nominale Aufwertung der Landeswährung ermöglicht wird.

- Eine Regimewahl im Sinne der 'bipolar view' entspricht nicht den ökonomischen sowie politischen Realitäten des Heranführungsprozesses. Vielmehr sind vor dem Hintergrund einer progressiven und graduellen Integrationsstrategie die flexiblen Wechselkurssysteme um zusätzliche Elemente, wie etwa einem dynamischen Inflationsziel sowie informeller Zielkorridore zu erweitern. Es ist vor allem eine zeitlich abgesetzte, zweite Phase der Währungsintegration erforderlich, die eine graduell ansteigende Wechselkursorientierung der inländischen Geldpolitik beinhalten sollte.

- Die Währungsintegration muß auf Basis einer Konvergenzstrategie der MOEL erfolgen. Die verschiedenen Integrationsstufen sind an die Erfüllung wirtschaftspolitischer Leitlinien zu knüpfen, um eine zusätzliche externe Konditionierung zu erlangen. Dabei sollte nicht die Geschwindigkeit der monetären Heranführung an den Euro im Vordergrund der Wirtschaftspolitik stehen, sondern vielmehr die Frage, inwieweit die neuen Mitgliedstaaten in der Lage sind, sich den neuen Herausforderungen und wirtschaftspolitischen Restriktionen zu stellen.

- Sobald die MOEL eine hinreichende Konvergenz erreicht haben, bildet der WKM-2 einen angemessenen und flexiblen Integrationsmechanismus. Indem anerkannt wird, daß eine Aufnahme in die Eurozone lediglich eine sehr langfristige Option darstellt, bildet die Mitgliedschaft im WKM-2 einen längerfristigen Rahmen, der gegebenenfalls um Vereinbarungen über engere bilaterale Schwankungsbreiten sowie wirtschaftspolitische Leitlinien zwischen den MOEL ergänzt werden sollte. Trotzdem ist die Möglichkeit eines vorübergehenden Austritts in Erwägung zu ziehen, wenn die realen Anpassungskosten im Falle exogener Schocks den Aufholprozeß der neuen Mitgliedstaaten nachhaltig zurückzuwerfen drohen.

- Trotz einer zunehmenden Homogenität unter den neuen EU-Mitgliedstaaten bezüglich angemessener Währungsstrategien existiert keine einzelne, optimale Heranführungsstrategie. Vielmehr müssen, wie etwa der Fall Estlands beweist, länderindividuelle Charakteristika sowie zurückliegende Erfahrungen der jeweiligen Wechselkurspolitik Berücksichtigung finden, die dann eine Pluralität der Ansätze erforderlich machen.

356

Abbildung C-27:   *Die Wechselkurspolitik zwischen Transformations- und Integrationsprozeß*

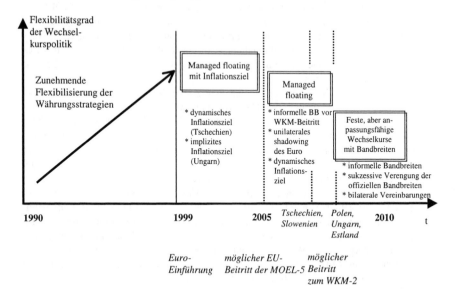

Quelle: Eigene Darstellung.

Bei einer *länderindividuellen Betrachtungsweise* der monetären Heranführungsstrategie sind die folgenden Aspekte eines angemessenen Integrationspfads zusammenfassend hervorzuheben:

Polen gilt innerhalb der betrachteten MOEL als das Land, das unter Anwendung des dargestellten Indikatorenschemas über den höchsten Flexibilisierungsbedarf der Wechselkurspolitik verfügt. Im einzelnen sollte der Integrationspfad der polnischen Ökonomie aus wechselkurspolitischer Sicht durch die folgenden Elemente gekennzeichnet sein:

- Im Vorfeld des EU-Beitritts ist an der konsequenten Flexibilisierungsstrategie des Transformationsprozesses und dem managed floating mit einem direkten Inflationsziel festzuhalten.
- Das sehr ambitionierte Inflationsziel muß nach den strukturellen Realitäten der Ökonomie im Aufholprozeß ausgerichtet werden, da sonst ein nachhaltiger Glaubwürdigkeitsverlust der Geldpolitik entstehen könnte.
- Zwar sollte die Geldpolitik auch nach dem EU-Beitritt zunächst nicht auf eine eigenständige Geldpolitik verzichten, jedoch ist bei hinreichender monetärer Konvergenz eine sukzessiv zunehmende Wechselkursorientierung geldpolitischer Entscheidungsprozesse angemessen.

- Ein Beitritt zum WKM-2 sollte erst nach einer zeitlich deutlich abgesetzten zweiten Phase erfolgen, die angesichts des noch bestehenden Flexibilitätsbedarfs länger ausfallen dürfte als in anderen MOEL und im weiteren Verlauf eine Implementierung informeller Bandbreiten enthalten sollte.

- Polen sollte im WKM-2 zunächst die verfügbaren Flexibilitätselemente vollständig ausnutzen, bevor ein Einschwenken auf den dargestellten Integrationspfad mit graduell reduzierten Bandbreiten möglich ist. Zusätzlich ist eine Implementierung von geringeren, bilateralen Schwankungsbreiten zwischen den Viségrad-Staaten denkbar.

Ungarn hat zuletzt durch die Implementierung eines breiten Schwankungsbandes und der Aufgabe automatisierter monatlicher Abwertungsschritte eine Umkehr der zugrundeliegenden Währungsstrategie umgesetzt, die während der zweiten Hälfte der 90er Jahre durch die Ausrichtung nach einem möglichst stabilen nominalen Wechselkurs gekennzeichnet war. Im einzelnen erscheint für Ungarn eine monetäre Heranführungsstrategie mit den folgenden Kernelementen angemessen:

- Im direkten Vorfeld des EU-Beitritts sollte eine konsequente Fortführung der Flexibilisierungsstrategie mit einer vollständigen Freigabe des Forint umgesetzt werden.

- In der Zwischenzeit ist ein gradueller Übergang von dem bestehenden impliziten zu einem direkten Inflationsziel in Erwägung zu ziehen.

- In der zweiten Phase der monetären Heranführungsstrategie sollte – je nach Zeitpunkt der zurückliegenden, unterstellten Freigabe des Forint – zunächst an dem managed floating festgehalten werden, bevor durch die Implementierung eines engeren informellen Zielkorridors eine weiche Landung im WKM-2 ermöglicht wird.

- Nach dem Beitritt zum WKM-2 ist innerhalb des formulierten Integrationspfads relativ zu Polen eine entschlossenere Wechselkursorientierung der Geldpolitik im Rahmen eines auf informeller Basis vereinbarten, engeren Zielkorridors angemessen.

Tschechien verfolgte als erstes MOEL ein managed floating in Verbindung mit einem direkten Inflationsziel. Die Auswertung des Indikatorenschemas verwies im Vorfeld des EU-Beitritts auf einen sinkenden Flexibilitätsbedarf der inländischen Währungsstrategie:

- In der Vor-Beitrittsphase zur EU erscheint ausgehend von der derzeitigen Währungsstrategie ein Übergang zu einer stärker wechselkursorientierten Geldpolitik adäquat. Die Modifizierung könnte durch die Implementierung eines dynamischen direkten Inflationszieles und einer Erweiterung des Inflationszielbandes erreicht werden. Damit wird ein verstärkter Einsatz der geldpolitischen Instrumente zur Stabilisierung des nominalen Wechselkurses ermöglicht.

- Nach dem EU-Beitritt könnte diese geld- und wechselkurspolitische Strategie innerhalb eines hybriden Wechselkurssystems ein striktes shadowing des Euro und insofern eine faktische Wechselkursstabilität gegenüber dem Euro beinhalten.

- Bei gleichzeitiger Orientierung an den formulierten Leitlinien für den geeigneten Zeitpunkt eines WKM-2-Beitritts erscheint für Tschechien eine zügige Eingliederung in den multilateralen Integrationsmechanismus durchaus realistisch. Eine derartige Strategie würde dann im Ländervergleich der MOEL zugleich ein recht rasches Einschwenken auf den gemeinsamen Integrationspfad innerhalb des WKM-2 beinhalten.

Estland verfügt bezüglich der Euro-Annäherung über einen Sonderstatus innerhalb der betrachteten MOEL. Es wurde argumentiert, daß die mit einem transitorischen Verlassen des glaubwürdigen und stabilitätsorientierten currency board verbundenen Kosten und Risiken höher ausfallen als die Verzichtskosten in Verbindung mit dem bestehenden rigiden Festkursregime:

- Die fehlende Absorptionsmöglichkeit des realen Aufwertungspotentials der Ökonomie im Aufholprozeß innerhalb des Festkursregimes dürfte teilweise durch die vergleichsweise hohe Flexibilität innerhalb der Wirtschaft kompensiert werden.
- Die Integration über den WKM-2 könnte innerhalb des Währungsamtes unter Auslegung eines Zielkorridors von plus/minus 0% durchgeführt werden, wobei lediglich eine einseitige obligatorische Interventionsverpflichtung zur Verteidigung der Parität bestehen sollte.

Slowenien verfügt seit Transformationsbeginn über flexible Wechselkurse, die jedoch auf informeller Basis regelmäßige Interventionen zur Stabilisierung des Tolar beinhalteten:

- Im Vorfeld des EU-Beitritts sollte Slowenien vor dem Hintergrund verbleibender Liberalisierungsschritte im Bereich des kurzfristigen Kapitalverkehrs dazu übergehen, auf verstärkte Interventionen zu verzichten, um das Wechselkursrisiko zu erhöhen und insofern das Volumen spekulativer Kapitalflüsse zu senken.
- In der zweiten Phase der Heranführungsstrategie sollte die Währungsstrategie zur Vorbereitung auf die monetären Restriktionen des WKM-2 eine weitsichtige Verteidigung impliziter Bandbreiten sowie in der Endphase ein unilaterales shadowing des Euro beinhalten.
- In einer mittelfristigen Perspektive erscheint es angemessen, daß Slowenien innerhalb des WKM-2 ähnlich wie Tschechien bei Konsistenz der zugrundeliegenden Fundamentaldaten eine vergleichsweise rasche Verengung der offiziellen Bandbreiten durchführen sollte.

X. Ausblick

1. Langfristige Perspektive der MOEL als EWU-Aspiranten

1.1 Auswirkungen einer erweiterten EWU auf die Stabilität des Euro

Die Wechselkurspolitik der MOEL zwischen Transformation und Integration sieht sich mit sich ständig verändernden Rahmenbedingungen, Zielen und Spannungsfeldern konfrontiert. Während im Verlauf des Übergangsprozesses von einer Plan- zu einer Marktwirtschaft die makroökonomische Stabilisierung sowie außenwirtschaftliche Öffnung mit wechselnder Priorität zu bewerkstelligen sind, wird der Integrationswille während des Aufholprozesses zu den westlichen Industrieländern durch die Implementierung umfangreicher Strukturreformen und Liberalisierung der Kapitalbilanzen geprägt.

Die währungspolitischen Perspektiven der MOEL über die beschriebene dritte Phase der monetären Heranführungsstrategie hinaus wird im Grundsatz von der Bestrebung bestimmt, nach der Erfüllung der Maastrichter Konvergenzkriterien vollständig der EWU beitreten zu können. Aus rein *formaler* Sicht des EG-Vertrags werden die mittel- und osteuropäischen Mitgliedstaaten verpflichtet, zu einem späteren Zeitpunkt den Euro als gesetzliches Zahlungsmittel einzuführen. Es wurde von Seiten der EU-Institutionen darauf hingewiesen, daß nach heutiger Erkenntnis den MOEL keine 'opt-out'-Klausel zugebilligt werde.

Im Verlauf der vorliegenden Arbeit wurde jedoch auf die regionenspezifischen Charakteristika der neuen Mitgliedstaaten im Aufholprozeß verwiesen. Es wurde betont, daß eine Erweiterung der bestehenden EWU um die mittel- und osteuropäischen EU-Aspiranten unter Berücksichtigung ökonomischer Gesichtspunkte lediglich in einem langfristigen Kontext angemessen erscheint. Dies gilt sowohl aus Sicht der bestehenden EU als auch der beitrittswilligen MOEL. Eine Erweiterung der EWU um die MOEL unmittelbar nach Erfüllung der (monetären) Maastrichter Konvergenzkriterien und damit zum frühestmöglichen Zeitpunkt würde ein hohes Wagnis darstellen.

Diese These bezieht sich zum einen auf die MOEL selbst und damit auf die volkswirtschaftlichen Verzichtskosten einer eigenständigen Geldpolitik sowie eines Wechselkurses als Instrument der Wirtschaftspolitik, die bereits im Zusammenhang mit dem WKM-2 angesprochen wurden. So können etwa die Auswirkungen länderspezifischer negativer Störungen nicht mehr durch währungspolitische Reaktionen abgefedert werden, so daß die Anpassung über die Realwirtschaft erfolgen muß.

Zum anderen besteht auf Seiten der existierenden EWU durchaus die Gefahr, daß die interne und externe Stabilität des Euro gefährdet wird. Diese Möglichkeit kann vor allem auf die folgenden beiden Aspekte zurückgeführt werden:

- *Verteilungskonflikte*: Es ist auch in einigen Jahren noch davon auszugehen, daß zwischen den derzeitigen Mitgliedstaaten der EWU und den MOEL deutlich divergierende Einkommens- und Lohnkostenniveaus sowie Produktivitätszuwächse bestehen. Die Heterogenität der ökonomischen Strukturbedingungen verweist auf ein hohes Spannungspotential in einem gemeinsamen Währungsraum mit unwiderruflich fixierten Wechselkursen. Infolge steigender Einkommenstransfers und eines höheren Zinsniveaus besteht die Gefahr, daß negative spill-over-Effekte im Sinne realwirtschaftlicher Verzerrungen auf Seiten der etablierten EWU-Mitglieder entstehen.[701]

- *Stabilität des Euro*: Als weithin anerkanntes Charakteristikum internationaler Devisenmärkte gilt, daß vor allem die zugrundeliegende Psychologie das Marktverhalten bestimmt, und damit oft keine – auf Fundamentaldaten basierende – Anlage- und Devisenstrategie existiert. Zwar ist das ökonomische Gewicht der MOEL im Vergleich der bestehenden EWU sehr gering, doch besteht die Möglichkeit, daß bei unzureichender realer Konvergenz der EWU-Aspiranten und damit hohen Anpassungskosten in zunehmendem Maße ein Vertrauensverlust gegenüber der ohnehin jungen Einheitswährung entsteht.

Es ist festzustellen, daß die Euro-Stabilität im Falle eines Beitritts der MOEL in die EWU bei zu hohen realwirtschaftlichen Diskrepanzen im Vergleich zu den etablierten Mitgliedstaaten gefährdet ist. Wie im folgenden Abschnitt argumentiert, sollte zur Abschwächung dieser Möglichkeit eine Modifizierung der monetären Maastrichter Kriterien erfolgen.

1.2 Zur Modifizierung der Maastrichter Konvergenzkriterien

Die Auswirkungen einer EWU-Erweiterung um die derzeitigen EU-Aspiranten Mittel- und Osteuropas können nicht vollständig durch eine ausschließliche Annäherung der – im Rahmen der Maastrichter Konvergenzkriterien festgelegten – Wirtschaftsindikatoren eingegrenzt werden.[702] Aus formaler Sicht ist die reale Konvergenz der Ökonomie eines beitrittswilligen Staates bisher weder eine Voraussetzung für den EU-Beitritt noch für die Aufnahme in die EWU.

Im vorliegenden Abschnitt wird argumentiert, daß eine Erweiterung des zu erfüllenden Kriterienkataloges für eine Aufnahme in die EWU um realwirtschaftliche Aspekte drin-

---

[701] Vgl. auch Eikenberg/Zukowska-Gagelmann (2001), S. 8.

[702] Die Konvergenzkriterien sind im Vertrag von Maastricht in Artikel 109j sowie im Protokoll nach Artikel 121 des Vertrags zur Gründung der Europäischen Gemeinschaften zusammengefaßt:

Inflationskriterium: Ein Mitgliedstaat muß eine anhaltende Preisstabilität und eine während des letzten Jahres vor der Eintrittsprüfung gemessene durchschnittliche Inflationsrate aufweisen, die um nicht mehr als 1,5 Prozentpunkte über derjenigen der höchstens drei preisstabilsten Mitgliedstaaten liegt.

Fiskalische Kriterien: Ein Mitgliedstaat muß eine auf Dauer tragbare Finanzlage der öffentlichen Hand aufweisen. Diese Bedingung ist erfüllt, wenn das jährliche Budgetdefizit nicht über 3% des nominalen BIP sowie die Gesamtverschuldung der öffentlichen Hand nicht über 60% des nominalen BIP liegt. Es besteht ein Ermessensspielraum, indem ein Mitgliedstaat die beiden Obergrenzen nicht strikt einhalten muß, wenn er sich im Vergleich zu den Vorjahren dem jeweiligen Kriterium deutlich annähert, und eine Konvergenz an die Grenzwerte glaubhaft ist.

Wechselkurskriterium: Ein Mitgliedstaat muß mindestens zwei Jahre vor der Konvergenzprüfung am Wechselkursmechanismus des EWS teilnehmen und in dieser Zeit die normalen Bandbreiten ohne Abwertung einhalten.

Zinskriterium: Die nominalen langfristigen Zinssätze dürfen im Verlauf eines Jahres vor dem Konvergenztest den Durchschnitt der langfristigen Zinssätze in den höchstens drei EU-Ländern mit den niedrigsten Inflationsraten nicht um mehr als zwei Prozentpunkte überschreiten.

gend notwendig erscheint.[703] Durch eine Modifizierung der Beitrittskriterien könnte insbesondere der Versuch unternommen werden, das Ausmaß der strukturellen Inflationskomponenten hinreichend abzubilden. Die Analysen in der vorliegenden Arbeit haben ergeben, daß sich die MOEL auch zukünftig angesichts von Reallokationsprozessen sowie realwirtschaftlichen Veränderungen mit einer signifikant hohen strukturellen Inflation konfrontiert sehen.

Den Ausgangspunkt der Überlegungen bildet die Überzeugung, daß eine Erfüllung der nominalen Konvergenzkriterien nicht notwendigerweise mit einer hinreichend hohen realen Konvergenz gleichzusetzen ist. Diese Auffassung wird durch Tabelle C-7 gestützt, die den derzeitigen monetären Konvergenzstand unter Berücksichtigung der Maastrichter Beitrittskriterien zusammenfaßt. Zwar konnte beispielsweise Tschechien im Jahr 1999 (mit Ausnahme des nicht dargestellten Wechselkurskriteriums) nahezu alle notwendigen monetären Konvergenzkriterien erfüllen, jedoch betrug das tschechische Pro-Kopf-Einkommen lediglich ein Viertel von dem des entsprechenden Euroraum-Durchschnitts (s. Abbildung C-1). Um das Spannungspotential innerhalb des gemeinsamen Währungsraumes zu minimieren und damit die Funktionsfähigkeit zu gewährleisten, ist von entscheidender Bedeutung, daß eine geringe Diskrepanz der Einkommensniveaus zwischen den 'ärmeren' und 'reicheren' Mitgliedern eines solchen Clubs besteht.[704] Eine derartige Homogenität innerhalb der erweiterten EWU ist eine notwendige, wenn auch nicht hinreichende Bedingung für die Existenz eines optimalen Währungsraumes. Wie in Abbildung C-1 zu Beginn des Teiles C dargestellt, ist dieser reale Konvergenzprozeß lediglich innerhalb einer sehr langfristigen Perspektive und unter Zugrundelegung einer äußerst dynamischen Trendwachstumsrate realistisch.

Tabelle C-7: Maastrichter Konvergenzkriterien und die MOEL

	Inflationsrate in %		Haushaltsdefizit in % des BIP		Schuldenstand in % des BIP		Zinsen in %
	1999	2000	1999	2000	1999	2000	2000
Referenzwert	**2,0**	**2,8**	**3,0**	**3,0**	**60,0**	**60,0**	**7,5**
Polen	7,3	10,1	2,0	2,2	43,0	41,8	11,2
Ungarn	10,0	9,8	2,8	2,8	80,7	76,3	8,0
Tschechien	2,1	3,9	4,0	6,3	29,0	29,2	7,2
Estland	3,3	4,0	-4,7	-0,7	10,5	11,0	--
Slowenien	6,1	8,8	0,7	1,4	24,3	25,0	--

Quelle: Deutsche Bank Research (2001f), S. 29; Standard & Poor's DRI.

---

[703] Bundesbank-Präsident Ernst Welteke äußerte sich in einem vergleichbaren Kontext in ähnlicher Weise, indem er Anfang Dezember 2000 vor den Gefahren einer EU-Osterweiterung für die Währungsstabilität in der Eurozone warnte. Vor allem halte er die Maastrichter Konvergenzkriterien für nicht ausreichend, um die realwirtschaftliche Entwicklung abzubilden.

[704] Vgl. auch Deutsche Bundesbank (2001), S. 107. Vgl. auch die Ausführungen über die Absorptionsmöglichkeiten des Realkursänderungsbedarfs zu Beginn des Kapitels IX (Abschnitt 1).

Die bestehenden Konvergenzkriterien wurden Anfang der 90er Jahre für die Integration der etablierten Industrieländer Westeuropas in die dritte Stufe der EWU konzipiert. Eine strikte Übertragung des Kriterienkataloges auf die mittel- und osteuropäischen Ökonomien im realwirtschaftlichen Aufholprozeß erscheint ausgehend von den in dieser Arbeit formulierten Überlegungen nicht angemessen. Zwar wird von Seiten der Europäischen Kommission bei der Beurteilung der Konvergenzfortschritte über die eigentlichen Kriterien hinaus zusätzlich die Entwicklung realwirtschaftlicher Variablen berücksichtigt, jedoch stellen diese Indikatoren ohne quantifizierbare Mindestwerte keine abschließend relevanten und rechtsverbindlichen Beitrittskriterien dar. Diese zusätzlichen Variablen können gemäß Artikel 109j wie folgt unterteilt werden:

- *die Ergebnisse bei der Integration der Märkte*
- *der Stand und die Entwicklung der Leistungsbilanzen*
- *die Entwicklung bei den Lohnstückkosten*
- *die Entwicklung anderer Preisindizes*

Um die interne und externe Stabilität des Euro zu garantieren, ist vielmehr eine Ergänzung der Kriterien um explizite und rechtsverbindliche realwirtschaftliche Bedingungen notwendig. Zugleich soll sichergestellt werden, daß im Gegensatz zu der politisch notwendigen EU-Erweiterung eine Ausweitung des bestehenden Euroraumes ausschließlich unter Einbezug objektiver ökonomischer Kriterien erfolgt.[705] Realwirtschaftliche Kriterien können darüber hinaus zur Abschwächung des sogenannten 'weighing-in'[706] Syndroms im Vorfeld eines möglichen Beitritts der MOEL zur EWU beitragen: Unter dem 'weighing-in' Syndrom wird der Versuch verstanden, im relevanten Zeitraum der monetären Kriterienüberprüfung durch äußerst restriktive geld- und fiskalpolitische Maßnahmen die – im Vergleich zum Stabilitätskriterium zu hohe – strukturelle Inflationsrate *vorübergehend* unter die vorgegebene Höchstgrenze zu senken. Dabei werden hohe reale Anpassungskosten in Kauf genommen. Eine Ergänzung des Maastrichter Kriterienkataloges – etwa um die Konvergenz der Pro-Kopf-Einkommen – könnte diesen Konflikt nun entschärfen, indem der Anreiz für eine transitorische Bekämpfung der strukturellen Inflation durch die Geld- und Fiskalpolitik deutlich abgeschwächt wird.

Die strukturelle Inflationsdifferenz relativ zu den etablierten EWU-Ländern kann ausschließlich durch eine Vertiefung und Beschleunigung der notwendigen Strukturreformen und damit des realwirtschaftlichen Aufholprozesses nachhaltig reduziert werden. Die Fortschritte in diesem Bereich können am besten durch eine Ergänzung der Maastrichter Kriterien um Indikatoren der Einkommenshöhen berücksichtigt werden. Eine derartige Modifizierung der Maastrichter Kriterien ist aus politischer Sicht im Rahmen der Beitrittsverhandlungen mit den MOEL – und damit vor der EU-Osterweiterung – umzusetzen und in den entsprechenden Vertragsprotokollen rechtsverbindlich festzulegen. In Anlehnung an die vorangegangenen Argumente könnten die bestehenden Rechtsnormen um die folgenden quantitativen Konvergenzkriterien ergänzt werden:[707]

---

[705] Vgl. zu diesem Aspekt auch Eikenberg/Zukowska-Gagelmann (2001), S. 14.

[706] Vgl. Szapáry (2000), S. 13ff.

[707] Bofinger (2000) verweist demgegenüber auf das geringe ökonomische Gewicht der MOEL und spricht sich gegen derartige 'Abwehrkonditionen' für Osteuropa aus.

- *Pro-Kopf-Einkommen*: Die Einkommensniveaus der MOEL bilden einen Indikator für die ökonomische Leistungsfähigkeit eines Landes sowie für die Frage, inwieweit vor dem Hintergrund realwirtschaftlicher Anpassungen die inländische Inflationsrate über eine strukturelle Komponente verfügt, und damit ein Spannungspotential innerhalb des gemeinsamen Währungsraumes bestehen würde.[708]
- *Finanzsektor*: Die Leistungsfähigkeit des inländischen Finanzsektors nimmt in Zeiten globalisierter und liberalisierter Märkte eine Schlüsselstellung bei der monetären Integration ein und stellt damit eine wesentliche strukturpolitische Herausforderung für die MOEL dar. Eine Orientierung sollte an der internationalen Bankengesetzgebung und Regulierung gemäß der BIZ-Standards erfolgen.[709]

Diese ergänzenden Kriterien für Ökonomien im Aufholprozeß sind zudem unter Berücksichtigung der beiden nachfolgenden Aspekte zu sehen:

- *Die bestehenden Maastrichter Kriterien dürfen nicht 'aufgeweicht' werden*: Eine formale Erhöhung des relevanten Inflationswertes, die von einigen Autoren im Zusammenhang mit dem strukturell bedingten, höheren Preisdruck innerhalb der MOEL zuletzt vorgeschlagen wurde, ist auszuschließen.[710] Eine solche Abschwächung der monetären Beitrittskriterien würde die Stabilität des Euro angesichts von Glaubwürdigkeitseinbußen zunächst im Außenverhältnis und nach einem Beitritt zur EWU angesichts der unzureichenden monetären Konvergenz gleichzeitig im Innenverhältnis schwächen.

- *Das bestehende Wechselkurskriterium ist eng auszulegen*: Die vom Maastrichter Vertrag für einen EWU-Beitritt vorgesehene zweijährige Teilnahme am WKM-2 ohne nominale Abwertungen sollte unter Berücksichtigung der engen Bandbreiten (plus/minus 2,25%) interpretiert werden. Zusätzlich erscheint eine Verlängerung der zugrundeliegenden Testperiode vorteilhaft. Durch diese beiden Restriktionen wird die Möglichkeit verstärkt, innerhalb des rigiden Wechselkurssystems die realwirtschaftlichen Folgen einer festen Währungsanbindung und den eventuell notwendigen Anpassungsbedarf vor einem endgültigen Beitritt zum Euroraum zu testen.[711]

Zusammenfassend ist für den langfristigen währungspolitischen Rahmen der MOEL festzuhalten, daß eine frühzeitige Einbindung der mittel- und osteuropäischen Währungen in die EWU nach heutiger Erkenntnis bei noch unzureichenden realen Konvergenzfortschritten für beide Seiten mit grundlegenden Risiken verbunden ist: Auf der einen Seite sehen sich die Mitgliedstaaten mit einer Gefährdung der Preisstabilität im Euroraum sowie einer möglichen Schwächung des Euro-Außenwertes konfrontiert. Auf der anderen Seite könnten die realwirtschaftlichen Anpassungskosten und die vollständige Abgabe einer unabhängigen Geldpolitik in einem gemeinsamen, äußerst heterogenen Währungsraum den Aufholprozeß der MOEL nachhaltig schwächen.

---

[708] Vgl. auch Sell (2001), S. 11f. sowie Siebert (2001), S. 14.
[709] Vgl. zur finanzwirtschaftlichen Integration der MOEL auch Caesar/Heinemann (2001).
[710] Vgl. für einen solchen Vorschlag etwa Égert (2001), S. 19 sowie Szapáry (2000).
[711] Vgl. auch Eikenberg/Zukowska-Gagelmann (2001), S. 14.

Angesichts der länderspezifischen Charakteristika und vor allem aufgrund deutlich geringerer Einkommensniveaus erscheint im Zuge der monetären Integration der MOEL auch über die Mitgliedschaft im WKM-2 hinaus im Vergleich zu den etablierten EWU-Staaten ein Sonderweg angemessen. Eine Anbindung der mittel- und osteuropäischen Währungen an einen (in binnen- und außenwirtschaftlicher Hinsicht) starken Euro innerhalb des WKM-2 (mit der dargestellten Systemflexibilität) ist gegenüber einer verfrühten Eingliederung in den dann geschwächten Euroraum aus ökonomischer Sicht eindeutig vorzuziehen.

2. Die Wechselkurspolitik zwischen Transformations- und Integrationsprozeß

2.1 Anwendungsmöglichkeiten auf die MOEL der 'Helsinki-Erweiterungsgruppe'

Wie in Kapitel VII dargestellt wurde, nahm die EU im Februar 2000 auch mit den verbliebenen fünf MOEL Beitrittsverhandlungen auf. Diese Länder der Helsinki-Erweiterungsgruppe (Bulgarien, Lettland, Litauen, Rumänien sowie die Slowakei) wurden im Jahr 1998 – angesichts ihrer Defizite bei der Erfüllung der für die Aufnahme von Beitrittsverhandlungen festgelegten Kriterien – zunächst nicht bei der Eröffnung konkreter Verhandlungen berücksichtigt.

Der – gegenüber den in dieser Arbeit betrachteten MOEL-5 der Luxemburg-Gruppe – zeitlich versetzte Beginn von Beitrittsverhandlungen ist zwar damit auf aktuelle institutionelle und strukturelle Mängel zurückzuführen, jedoch kann daraus nicht per se ein späterer Beitrittstermin zur EU abgeleitet werden.

In diesem Zusammenhang betonte der Rat von Helsinki explizit in seinen Schlußfolgerungen, daß

die jetzt in den Verhandlungsprozeß einbezogenen Bewerberstaaten die Möglichkeit haben werden, innerhalb eines angemessenen Zeitraums mit den bereits in Verhandlungen stehenden Ländern aufzuholen, sofern sie ausreichende Fortschritte bei ihren Vorbereitungen erzielt haben.[712]

Zum heutigen Zeitpunkt ist lediglich auszuschließen, daß Bulgarien und Rumänien im Rahmen eines umfassenden Beitrittsszenarios in die EU aufgenommen werden. Als durchaus realistisches Szenario gilt in diesem Kontext eine Osterweiterung der zwei Geschwindigkeiten, bei der zunächst ein 'großer Konvoi' mit einer Gruppe von acht MOEL (alle mittel- und osteuropäischen EU-Aspiranten außer Bulgarien und Rumänien) zu einem vergleichsweise frühen Datum (ca. 2005/06) aufgenommen werden. Unabhängig von dem – zugleich durch politische Erwägungen motivierten – EU-Beitrittsdatum liegt auch innerhalb der gesamten MOEL eine relativ hohe reale Einkommenslücke vor. Diese Aussage bestätigt Abbildung C-28, welche die Einkommensniveaus der verbliebenen MOEL mit dem Durchschnitt der in dieser Arbeit betrachteten Luxemburg-Erweiterungsgruppe kontrastiert. Dabei wird vereinfachend das Pro-Kopf-Einkommen als realwirtschaftlicher Indikator für die Strukturreife der Ökonomien berücksichtigt.

---

[712] Vgl. Europäischer Rat (1999).

Abbildung C-28: Reale Einkommenslücke der Helsinki-Erweiterungsgruppe

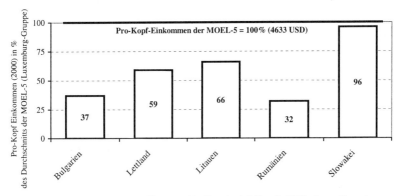

Datenquelle: Standard & Poor's DRI, eigene Berechnungen.

Die Mehrzahl der mittel- und osteuropäischen Ökonomien innerhalb der Helsinki-Erweiterungsgruppe liegt in ihrem realen Konvergenzprozeß signifikant hinter den – in der vorliegenden Arbeit betrachteten – MOEL-5. So verfügte beispielsweise Rumänien im Jahr 2000 über ein Pro-Kopf-Einkommen von lediglich 32%, Bulgarien von nur 37% sowie Lettland von 59% des Durchschnitts der fünf Beitrittskandidaten der Helsinki-Gruppe. Die Slowakei verfügt hingegen bereits heute über ein reales Einkommensniveau, das dem Durchschnittsniveau der Luxemburg-Gruppe in etwa entspricht und sogar deutlich über demjenigen Estlands liegt.

Der reale und nominale Konvergenzprozeß der MOEL an das westeuropäische Niveau ist demnach unter den zehn beitrittswilligen Staaten differenziert zu sehen. Eine zügige Homogenisierung der realwirtschaftlichen Bedingungen innerhalb der Ökonomien ist unrealistisch, da sich einzelne MOEL noch inmitten des Transformationsprozesses befinden. Die Volkswirtschaften einiger Länder der Helsinki-Gruppe (u.a. Bulgarien, Rumänien, Lettland) verfügen insofern über ein deutlich geringeres Entwicklungsstadium mit zentralen Implikationen für die Währungsstrategien.

Es ist davon auszugehen, daß sich auch die MOEL der Helsinki-Gruppe – in Abhängigkeit des realwirtschaftlichen Konvergenzprozesses – bei einer entsprechenden Zeitverzögerung mit den in dieser Arbeit hergeleiteten Herausforderungen der inländischen Wirtschafts- und Wechselkurspolitik konfrontiert sehen. Diese Überlegung ist insbesondere im Zusammenhang mit dem – angesichts fundamentaler Einflüsse aufwertenden – REER gültig, der je nach Dynamik eine wesentliche Restriktion für die inländische Wirtschaftspolitik darstellt.

Daraus ergibt sich die folgende Feststellung: Im Bereich der Wechselkurspolitik ist es im Grundsatz möglich, die länderübergreifenden Erkenntnisse des Transformations- und Integrationsprozesses der in dieser Arbeit betrachteten MOEL-5 unter Berücksichtigung einer angemessenen Zeitverzögerung auf die restlichen MOEL zu *übertragen.*

Die aktuellen Wechselkurspolitiken von Ländern der *Helsinki-Gruppe* verfügen im Vergleich zu der Luxemburg-Gruppe über eine stärkere Heterogenität der gewählten Währungsstrategien sowie über eine geringere Euro-Orientierung. Wie in Tabelle C-8 zusammengefaßt, verwenden derzeit mit Bulgarien und der Slowakei nur zwei der fünf MOEL aus der Helsinki-Erweiterungsgruppe den Euro als Anker- bzw. Referenzwährung.[713] Während Bulgarien, Litauen und Lettland sehr strikte Wechselkursbindungen mit einem drastisch eingeengten Spielraum der Geldpolitik verfolgen, betreiben Rumänien und die Slowakei ein managed floating.

Tabelle C-8: Wechselkursregime von Ländern der Helsinki-Erweiterungsgruppe

Stand: August 2001	Wechselkursregime	Anker- bzw. Referenzwährung
Bulgarien	Currency board	EUR
Lettland	Feste Wechselkursbindung	SDR
Litauen	Currency board	USD
Rumänien	Managed floating	USD
Slowakei	Managed floating	EUR

Quelle: Deutsche Bank Research (2001f), S. 11.

Die *aktuelle* Wechselkurspolitik dieser Länder und damit die Frage, inwieweit eine Beschleunigung der monetären Integration in die währungspolitische Ordnung erfolgen sollte, muß sich an den realwirtschaftlichen Realitäten dieser Ökonomien orientieren: In den meisten Staaten muß zunächst die ökonomische Grundlage für einen EU-Beitritt geschaffen werden. Für Länder wie Bulgarien, Rumänien oder auch Litauen ist eine Modifizierung der Währungsstrategie mit Blick auf die in Kapitel IX für die MOEL-5 (der Luxemburg-Gruppe) beschriebene dreistufige Heranführungsstrategie eindeutig verfrüht. Wie auch von Seiten der EU-Kommission im November 2000 im Rahmen der regelmäßigen Berichterstattung zu den Konvergenzfortschritten festgestellt wurde, verfügen diese drei Länder noch nicht über funktionsfähige Marktwirtschaften. Die Geldpolitik sollte dort ausschließlich im Dienst der nachhaltigen Preisstabilisierung stehen und die Umsetzung notwendiger Strukturreformen von Seiten der Wirtschaftspolitik beschleunigt werden. Es ist zudem zu prüfen, ob angesichts stärkerer Verflechtungen und fortgeschrittener Beitrittsverhandlungen eine Modifizierung der Anker- bzw. Referenzwährung hin zum Euro angemessen erscheint.

In Anlehnung an die im vorherigen Kapitel zusammengefaßten Aspekte sind für die währungspolitischen Perspektiven der im vorliegenden Abschnitt betrachteten Helsinki-Erweiterungsgruppe je nach länderindividuellem Fortschritt im Bereich der Strukturreformen vor allem die folgenden beiden Erkenntnisse relevant. Diese verweisen *vor einem Beitritt zur EU* und insofern in einer *mittelfristigen Perspektive* auch für die vorliegenden fünf MOEL auf die Notwendigkeit eines hohen wechselkurspolitischen Spielraumes:

---

[713] Litauen plant jedoch innerhalb des bestehenden currency boards im Februar 2002 eine Umstellung der Ankerwährung auf den Euro.

- *Realer Aufwertungstrend*: In den nächsten Jahren ist vor allem in Ländern, die derzeit über eine geringe Strukturkonvergenz verfügen (Bulgarien, Rumänien) mit einer Beschleunigung des realen Aufwertungstrends der Landeswährungen zu rechnen. Dieser Gleichgewichtsprozeß stellt sich angesichts fundamentaler Einflußfaktoren – wie einer vertieften Umstrukturierung der Wirtschaft zugunsten wettbewerbsfähiger Branchen und institutioneller Reformen – ein. In Anlehnung an Abbildung A-1 sollte in einigen dieser MOEL noch ein signifikant hoher Anpassungsbedarf des realen Wechselkurses an den aufgrund von Strukturveränderungen selbst aufwertenden REER vorliegen.

- *Kapitalverkehr*: Die Wechselkurspolitiken dieser MOEL sind durch die Herausforderungen der sukzessiven Kapitalverkehrsliberalisierung geprägt. Derzeit verzeichnen Bulgarien und Rumänien (im Vergleich zu den zuvor betrachteten MOEL der Luxemburg-Gruppe) – u.a. angesichts institutioneller Unsicherheiten – relativ geringe Kapitalzuflüsse. Mit zunehmender außenwirtschaftlicher Liberalisierung sowie einer gestärkten Beitrittsperspektive zur EU sollte eine deutliche Beschleunigung der zufließenden Direktinvestitionen aber auch der kurzfristigen Portfolioinvestitionen erfolgen. Die Direktinvestitionen tragen dann zu Produktivitätssteigerungen und einem erhöhten Anpassungsbedarf der realen Wechselkurse bei.

Die Intensivierung der Beitrittsverhandlungen und die sukzessive Übernahme des acquis communautaire erfordern einen weitsichtigen Ansatz der Wechselkurspolitik, der – wie in Verbindung mit den MOEL der Luxemburg-Gruppe argumentiert – eine sukzessive Flexibilisierung der Währungsstrategie und damit eine marktgerechte Bestimmung eines nachhaltigen Gleichgewichtskurses enthalten sollte. Bulgarien und Rumänien verfügen dabei im Vergleich zu den anderen acht MOEL über eine um mehrere Jahre versetzte Beitrittsperspektive. Nach dem EU-Beitritt sollte sich für die MOEL der Helsinki-Erweiterungsgruppe in Anlehnung an obige Argumentation eine graduelle Angleichung des Flexibilisierungsbedarfs der nationalen Wechselkurspolitik als Resultat der beschleunigten strukturellen Reformmaßnahmen (Implementierung des acquis communautaire, Beendigung des Transformationsprozesses, Konvergenz der wirtschaftspolitischen Zielvorstellungen) einstellen. Demzufolge ist – unter Berücksichtigung einer deutlichen Zeitverzögerung gegenüber den in dieser Arbeit betrachteten MOEL-5 – ein Einschwenken auf den in Kapitel IX vorgezeichneten monetären Integrationspfad angemessen. Dieser sollte durch eine stärkere Wechselkursorientierung der inländischen Geldpolitik geprägt sein.

2.2 Ganzheitlicher Ansatz der Währungsintegration

In der vorliegenden Arbeit wurde der Versuch unternommen, durch einen *ganzheitlichen* Ansatz einen konsistenten und breiten Rahmen für die zurückliegenden und zukünftigen Herausforderungen der mittel- und osteuropäischen Wechselkurspolitiken zu präsentieren. Der Wechselkurs stellt im Verlauf des Transformations- und Integrationsprozesses sowohl bei der Stabilisierung der Ökonomien als auch bei deren Heranführung an die etablierten westeuropäischen Staaten eine entscheidende volkswirtschaftliche Variable dar. Die Wechselkurspolitik steht in diesem Zeitraum im Spannungsfeld der tiefgreifenden Reformmaßnahmen, die zum einen auf die Stabilisierung der inländischen Makrovariablen und zum anderen auf die stufenweise Integration des Landes in die westliche Wirtschaftsordnung abzielen.

Die angemessene Wahl der zugrundeliegenden Wechselkurssysteme unterliegt in diesem Zeitraum im Vergleich zu anderen Schwellen- oder Industrieländern einer signifikant hohen Dynamik. Obgleich innerhalb der MOEL eine hohe Vielfalt wechselkurspolitischer Strategien zu beobachten war und ist, kann dennoch länderübergreifend der folgende Pfad der Wechselkurspolitik herausgearbeitet werden: Während zu Transformationsbeginn weitgehend feste Wechselkursbindungen an eine westliche Währung zur Stabilisierung der inländischen Wirtschaft gewählt wurden, konnte im weiteren Verlauf des Transformationsprozesses eine langsame Flexibilisierung der Währungsstrategien beobachtet werden. Diesem Prozeß schließt sich in vielen beitrittswilligen MOEL eine Freigabe der Landeswährung an, gefolgt von einer graduellen Heranführung der Inlandswährungen an den Euro mit zunehmender Abgabe einer eigenständigen Geldpolitik.

Wie anhand von theoretischen und empirischen Studien belegt, kann aus währungspolitischer Sicht der Aufwertungstrend des zugrundeliegenden REER als entscheidendes Kennzeichen des Transformations- und Integrationsprozesses identifiziert werden. Ein wesentlicher Anteil der beobachtbaren realen Aufwertung der Inlandswährungen besteht – im Sinne einer gleichgewichtigen und nachhaltigen Entwicklung – in fundamentalen Einflußfaktoren wie Produktivitätsänderungen und gesamtwirtschaftlichen Reallokationsprozessen. Die Passivierung der Außenwirtschaftspositionen ist insofern als zwangsläufiges Resultat eines konsequenten und umfangreichen mikro- und makroökonomischen Aufholprozesses anzusehen.

In diesem Zusammenhang können für den Transformations- und Integrationsprozeß aus wechselkurspolitischer Sicht zehn regionenspezifische Prämissen identifiziert werden:

- *Bei Existenz von strukturellen Hemmnissen sowie Angebotsrestriktionen bildet eine nominale Abwertungsstrategie kein geeignetes und wirkungsvolles Instrument zur Exportförderung:* Der Erfolg von wechselkurspolitischen Maßnahmen ist vielmehr von den fundamentalen Bedingungen der MOEL im Vorfeld der Abwertung sowie von der Gestaltung der flankierenden Maßnahmen auf Seiten der inländischen Wirtschaftspolitik abhängig.

- *Die Kaufkraftparitätentheorie bildet einen ungeeigneten Maßstab für die Bewertung der realen Wechselkursposition in Staaten, die sich im Aufholprozeß befinden:* Es besteht die Gefahr, eine reale Fehlbewertung zu identifizieren, obgleich lediglich eine

Veränderung der zugrundeliegenden ökonomischen Struktur vorliegt. Im Rahmen einer gesamtwirtschaftlichen Sichtweise bei der Definition gleichgewichtiger Wechselkurse sind vielmehr sämtliche Komponenten der außenwirtschaftlichen Zahlungsbilanzposition zu berücksichtigen.

- *Die Wechselkurspolitik in den MOEL muß sich gemäß der 'fundamental view' auf einen –angesichts realwirtschaftlicher Veränderungen in den Ökonomien – aufwertenden REER einstellen:* Der entstehende Realkursanpassungsbedarf impliziert, daß die nominale Wechselkursstabilität sowie die Preisstabilität auf dem Niveau Westeuropas mittel- bis langfristig zwei nicht miteinander kompatible Ziele der Wechselkurspolitik darstellen.

- *Anhand von mikro- und makroökonomischen Faktoren innerhalb eines Indikatorenschemas wurde gezeigt, daß die MOEL über einen signifikant hohen Flexibilitätsbedarf der inländischen Währungsstrategien verfügen:* Die betrachteten MOEL können lediglich in einer sehr langfristigen Perspektive (über das Jahr 2020 hinaus) sowie bei Zugrundelegung einer äußerst dynamischen Trendwachstumsrate an das derzeitige durchschnittliche Einkommensniveau der EU aufschließen. Eine vorzeitige Anbindung an den Euro und insofern eine Übertragung der geldpolitischen Souveränität an die EZB ist – vom Sonderfall Estland abgesehen – angesichts dieser realwirtschaftlichen Differenzen nicht angemessen.

- *Die monetäre Heranführungsstrategie an den Euro muß über eine sukzessiv zunehmende Wechselkursorientierung der inländischen Geldpolitik verfügen:* Der stufenweise Charakter der Währungsintegration kann dann über die Implementierung eines dynamischen Inflationszieles, die Vereinbarung informeller Bandbreiten sowie über ein informelles, unilaterales 'shadowing' des Euro erfolgen.

- *Einem Beitritt zum WKM-2 muß zunächst die nachhaltige Umsetzung der notwendigen makro- und mikroökonomischen Strukturreformen vorangegangen sein:* Dementsprechend ist eine zeitlich abgesetzte Phase mit flexiblen Wechselkursen nach der Implementierung des acquis communautaire und der Eingliederung in den gemeinsamen EU-Binnenmarkt angemessen. In diesem Zeitraum wird dann eine nominale Aufwertung der Landeswährungen gegenüber dem Euro ermöglicht.

- *Zwar sind die Systemmerkmale des bestehenden WKM-2 im Kontext der MOEL als hinreichend flexibel einzuordnen, jedoch kann der multilaterale Wechselkursmechanismus für die Länder im Aufholprozeß nicht als ausreichender Stabilitätsrahmen gelten:* Sowohl im Zusammenhang mit dem optimalen Beitrittszeitpunkt, als auch während der Mitgliedschaft im WKM-2 ist eine externe Konditionierung durch wirtschaftspolitische Leitlinien im monetären und realwirtschaftlichen Bereich sinnvoll.

- *Die Glaubwürdigkeit der zugrundeliegenden Bänder im WKM-2 kann als eigenständiger Ausgangspunkt nominaler und somit auch realer Wechselkursschwankungen gelten:* Die offizielle Verengung der Wechselkursbänder sollte zuvor durch informelle Absprachen über engere Bandbreiten auf den Devisenmärkten im Rahmen einer glaubwürdigkeitsfördernden Konvergenzstrategie 'getestet' und vorbereitet werden. Die systemimmanente Flexibilität des WKM-2 sollte solange wie möglich ausgenutzt und zudem um bilaterale Zusatzvereinbarungen über engere bilaterale Schwankungsbreiten zwischen den MOEL selbst ergänzt werden.

- *Anhand des Indikatorenschemas wurde festgestellt, daß mittelfristig nicht nur der Flexibilitätsbedarf der Landeswährungen – wenn auch zögerlich – sinkt, sondern zusätzlich eine steigende Homogenität der optimalen Währungsstrategien erfolgen dürfte:* Dabei wird mittel- bis langfristig vor allem durch die Implementierung des gemeinsamen Besitzstandes der EU eine strukturelle Angleichung auch innerhalb der Beitrittskandidaten selbst induziert.

- *Die Vorgaben von Seiten der EU sind im Zusammenhang mit der monetären Integration der MOEL in die währungspolitische Ordnung in verschiedenen Bereichen als unzureichend zu bewerten:* Der rechtsverbindliche Rahmen im monetären Bereich wurde für westeuropäische Industrieländer und nicht für Ökonomien geschaffen, die sich über Jahrzehnte hinaus in einem realen Aufholprozeß befinden. Diese Defizite beziehen sich vor allem auf fehlende Leitlinien im Kontext eines angemessenen WKM-2-Beitrittszeitpunktes, auf die fehlende externe Konditionierung nach einem Beitritt zum WKM-2 und damit auf die Notwendigkeit expliziter wirtschaftspolitischer Zielvorgaben sowie auf die erforderliche Ergänzung der Maastrichter Konvergenzkriterien um realwirtschaftliche Indikatoren.

Die Herausforderungen auf Seiten der MOEL im Zuge der monetären Integration in die währungspolitische Ordnung Europas sind nicht zu unterschätzen. Die MOEL sollten demnach zukünftig einen stufenweisen Annäherungsprozeß verfolgen. Im Zentrum dieses Pfades muß neben den beschriebenen Elementen insbesondere das Leitbild einer glaubwürdigkeitsorientierten Konvergenzstrategie der MOEL stehen. Diese Strategie sollte durch die Überzeugung geprägt sein, daß die monetäre Integrationsgeschwindigkeit davon abhängen muß, inwieweit die jungen Mitgliedstaaten mit den verschiedensten Anforderungen der EU-Mitgliedschaft sowie wirtschaftspolitischen Restriktionen zurecht kommen.

Anhang:

Indikatorenschema (Kapitel IX)

1. Struktur des Indikatorenschemas
2. Auswertung für das Jahr 2000
3. Auswertung für das Jahr 2005

Einzelindikatoren (#20)	Art*	Abkürzung	Benchmark (BM) Beschreibung	BM Betrag	BM-Intervall 1	BM-Intervall 2	BM-Intervall 3	BM-Intervall 4	BM-Intervall 5
Gruppe 1: Geld- u. Fiskalpolitik									
Inflation	+	INFL	Zielwert der EZB	2%	<2%	2-4%	4-6%	6-8%	>8%
Fiskalpolitik	+	FISKAL	Maastricht-Kriterium Budgetdefizit	3%	0%	0-1,5%	1,5-3%	3-4,5%	>4,5%
Devisenreserven	-	DR	Devisenbestand in % der Auslandsverschuldung	30%	>60	50-60	40-50	30-40	<30
Geld- u. Wechselkurspolitik	+	GELD	Euroland-Geldmarktzinsen	4,40%	4,40-6,40%	6,40-8,40%	8,40-10,40%	10,40-12,40%	>12,40%
Auslandsverschuldung	+	VERSCH	Auslandsverschuldung in % des BIP	60%	>60%	45-60%	30-45%	15-30%	<15%
Lohnentwicklung	-	LOHN	EU-Bruttomonatslöhne (in EUR)	100%	80-100%	60-80%	40-60%	20-40%	<20%
Bankenreform- u. Finanzmarktlib.	-	BANK	EBRD transition indicators	4+	4+	4 (-)	3 (+/-)	2 (+/-)	1 (+/-)
Bedeutung des Euro	-	EUR	Währungszusammensetzung von Auslandsschulden	USD	0-15%	15-30%	30-45%	45-60%	>60%
Gruppe 2: Realwirtschaft									
Arbeitsmobilität	-	ARBEIT	Länderdurchschnitt nach IMD	4,8	8-10	6-8	4-6	2-4	0-2
Diversifikationsgrad	-	DIV	Sektorale Verteilung der Exporte	Exportstrukturen	sehr stark diversifiziert	deutlich diversifiziert	diversifiziert	wenig diversifiziert	nicht diversifiziert
Produktivitätsentwicklung	+	PROD	Produktivitätswachstum in der Eurozone	3,00%	0-3%	3-6%	6-9%	9-12%	>12%
Reale Wechselkursentwicklung	+	RW	Konstanz des realen Wechselkurses	Varianz der letzten 6 J.	0	gering	durchschnittlich	hoch	sehr hoch
REER	+	REER	Übereinstimmung von RW und geschätztem REER	100%	>100%	100-80%	80-60%	60-40%	<40%
Konjunkturzyklus	-	KONJ	Reales BIP-Wachstum in EWU (Abweichung d. letzten 5 J.)	0 PP	0 PP	0-5 PP	5-10 PP	10-15 PP	> 15 PP
Privatsektor	-	PRIVAT	Anteil Privatsektor am BIP in %	80,00%	>80%	70-80%	60-70%	50-60%	<50%
Gruppe 3: Außenwirtschaft									
Offenheitsgrad	-	OFFEN	Offenheitsgrad in %	((Ex+Im/2)/BIP	>75%	60-75%	45-60%	30-45%	<30%
Schockausbreitung	-	SCHOCK	asymmetrische u. symmetrische Schocks	Gleichverteilung	symmetrisch	überwiegend sym.	sym. u. asym.	überw. asym.	asymmetrisch
Kapitalverkehrsliberalisierung	+	KAPITAL	EU-Standard	4+	1 (+/-)	2 (+/-)	3 (+/-)	4 (-)	4+
Politische Zielsetzung	+	POL	Homogenitätsgrad der polit. Willensbildung	5,84	>7 / sehr homogen	6-7 / homogen	5-6 / Durchschnitt	4-5 / Dissens	<4 / hoher Dissens
Außenhandelsstruktur	-	HANDEL	Außenhandel mit der Eurozone (Ex+Im)/2	100%	>90%	70-90%	50-70%	30-50%	<30%

)* Einfluß des Indikators auf Flexibilitätsbedarf der Wechselkurspolitik

1. Struktur des Indikatorenschemas

Anhang

Indikator		Polen 2000	Polen Punkte	Ungarn 2000	Ungarn Punkte	Tschechien 2000	Tschechien Punkte	Estland 2000	Estland Punkte	Slowenien 2000	Slowenien Punkte	Bemerkung (Quellen etc.)
Geld- u. Fiskal-politik	INFL	10,0%	5	9,8%	5	3,9%	2	3,9%	2	8,9%	5	Standard & Poor's DRI
	FISKAL	2,2%	3	2,8%	3	3,4%	4	0,7%	2	0,9%	2	PlanEcon (2001a, b)
	DR	38,4%	4	37,7%	4	60,4%	1	56,3%	2	50,0%	3	Standard & Poor's DRI, eigene Berechnungen
	GELD	21,5%	5	12,6%	5	5,8%	1	7,6%	2	8,7%	3	PlanEcon (2001a, b)
	VERSCH	38,1%	3	63,0%	1	43,0%	3	36,7%	3	30,0%	4	PlanEcon (2001a, b)
	LOHN	527 (29%)	4	337 (19%)	5	380 (21%)	4	303 (17%)	5	1028 (57%)	3	DBR (2001f), S. 29; EU-Durchschnitt in 2000: 1814 EUR
	BANK	3+	3	4	3	3+	3	4-	3	3+	3	EBRD (2000a), S. 14
	EUR	46,0%	4	18,5%	2	77,9%	5	22,4%	2	18,1%	2	Daten für 1997: DBR (2000a), S. 7; BoS (1998), S. 21
Realwirtschaft	ARBEIT	2,9	4	7,3	2	5,4	3	5,6	3	2,7	4	Int. Institute for Management Development (IMD) (2001), S. 428
	DIV	9/64/27	3	10/70/20	3	5/74/21	3	0/66/34	2	0/81/19	4	Daten für 1999: Sektoren (1/2/3); IMD (2001), S. 384
	PROD	9,6%	4	17,2%	5	5%	2	10,1%	4	4,6%	2	Standard & Poor's DRI, Produktivität i. Verarbeitenden Gewerbe
	RW	24,4	4	1,4	2	9,6	3	19,6	4	0,9	1	FERI, eig. Berechnungen der Varianz auf Basis von Monatsdaten
	REER	77%	3	52%	4	54%	4	50%	4	79%	3	Eigene Schätzungen (s. Kapitel VI)
	KONJ	12,8 PP	4	7,6 PP	3	9,0 PP	3	9,6 PP	3	9,0 PP	3	Standard & Poor's DRI, eigene Berechnungen
	PRIVAT	70%	3	80%	2	80%	2	77%	4	60%	4	DBR (2001f), S. 29.
Außenwirt-schaft	OFFEN	21,5%	5	63,8%	2	61,0%	2	76,5%	1	50,8%	3	Standard & Poor's DRI, eigene Berechnungen
	SCHOCK	üb. gl.	2	üb. gl.	2	üb. gl.	2	sy. u. asy.	3	üb. gl.	2	überwiegend gleichgerichtet (üb.gl.), symmetrisch u. asymmetrisch (sy. u. asy.), Sell/Jochem (2001), S. 33ff.
	KAPITAL	3	3	3+	3	4-	4	4	4	3-	3	Sell/Jochem (2001), S. 160.
	POL	4,1	4	6,5	2	5,3	3	6,2	2	4,7	3	IMD (2001), S. 414 u. 416; Mittelwert zweier Indikatoren
	HANDEL	57,9%	3	64,9%	3	60,9%	3	39,7%	4	62,4%	3	IMF (2000c)
Summe aller Indikatoren			73		60		57		56		61	

2. Auswertung des Indikatorenschemas für das Jahr 2000 (Phase 1)

Anhang

Indikator	Polen 2005	Polen Punkte	Ungarn 2005	Ungarn Punkte	Tschechien 2005	Tschechien Punkte	Estland 2005	Estland Punkte	Slowenien 2005	Slowenien Punkte	Bemerkung (Quellen etc.)
Geld- u. Fiskalpolitik											
INFL	4,5%	3	4,0%	3	3,7%	2	5,0%	3	4,1%	3	Standard&Poor's DRI, Economist Intelligence Unit (2001a)
FISKAL	2,2%	3	2,7%	3	0,4%	2	0%	1	-0,2%	1	PlanEcon (2001)
DR	30,0%	4	35,9%	4	114,6%	1	47,8%	3	74,2%	3	Standard & Poor's DRI
GELD	5,7%	1	8,0%	2	5,5%	1	8,0%	2	8,7%	3	PlanEcon (2001)
VERSCH	37,6%	3	45,0%	2	27,9%	4	27,8%	4	30,7%	3	PlanEcon (2001)
LOHN	796 (39%)	4	531 (26%)	4	529 (26%)	4	466 (23%)	4	1189 (58%)	3	DBR (2001f), S. 29, Steigerungsraten von EIU, eig. Berech.
BANK	4-	4	4+	1	3	3	4	2	4-	3	Werte von 2000 plus 1 Klassifizierungspunkt.
EUR	46,0%	4	18,5%	2	77,9%	5	22,4%	2	18,1%	2	konstante Fortschreibung, s. Bemerkungen für 2000
Realwirtschaft											
ARBEIT	2,9	4	7,3	2	5,4	3	5,6	3	2,7	4	konstante Fortschreibung, s. Bemerkungen für 2000
DIV	9/64/27	3	10/70/20	3	5/74/21	3	0/66/34	2	0/81/19	4	konstante Fortschreibung, s. Bemerkungen für 2000
PROD	6,3%	4	7,0%	2	4,6%	2	5,9%	2	5,9%	2	Standard & Poor's DRI, Produktivität i. Verarbeitenden Gewerbe
RW	24,4	4	1,4	2	9,6	3	19,6	4	0,9	1	konstante Fortschreibung, s. Bemerkungen für 2000
REER	129%	4	57%	4	80%	2	118%	1	115%	1	geeignete Fortschreibung des Trends vergangener Schätzungen
KONJ	10,1 PP	4	10,2 PP	4	10,0 PP	3	13,4 PP	4	9,4 PP	3	Standard & Poor's DRI
PRIVAT	83%	1	85%	1	85%	1	86%	1	79%	2	angemessene, eigene Fortschreibung, s. Bemerkungen für 2000
Außenwirtschaft											
OFFEN	18,7%	5	57,0%	3	52,5%	3	60,3%	2	55,0%	3	Standard & Poor's DRI
SCHOCK	üb. gleichg.	2	üb. gleichg.	2	üb. gleichg.	2	sym. u. asym.	3	üb. gleichg.	3	konstante Fortschreibung, s. Bemerkungen für 2000
KAPITA	3+	3	4-	4	4	4	4+	5	3	3	Werte von 2000 plus 1 Klassifizierungspunkt.
POL	4,1	4	6,5	2	5,3	3	6,2	2	4,7	4	konstante Fortschreibung, s. Bemerkungen für 2000
HANDEL	57,9%	3	64,9%	3	60,9%	3	39,7%	4	62,4%	3	konstante Fortschreibung, s. Bemerkungen für 2000
Summe aller Indikatoren		61		54		54		54		50	

3. Auswertung des Indikatorenschemas für das Jahr 2005 (Phase 2)

Anhang

Literaturverzeichnis

Aghevli, B. B./Khan, M./Montiel, P. (1991): Exchange rate policies in developing countries: Some analytical issues, IMF Occasional Paper No. 78, Washington.

Ahlers, T. O./Hinkle, L. E. (1999): Estimating the equilibrium real exchange rate empirically: Operational approaches, in: L. E. Hinkle/P. J. Montiel (Hrsg.), Exchange rate misalignment - concepts and measurement for developing countries, New York, S. 293-358.

Aizenman, J./Hausmann, R. (2000): Exchange rate regimes and financial-market imperfections, NBER Working Paper No. 7738, Cambridge/Mass.

Alexander, S. S. (1952): Effects of a devaluation on a trade balance, in: IMF Staff Papers, Vol. 2, No. 2, Washington, S. 263-278.

Altmann, J. (1994): Ist die Europäische Union ein optimaler Währungsraum?, in: Wirtschaftsdienst Nr. 6, S. 312-315.

Argy, V. (1990): Choice of the exchange rate regime for a smaller economy - a survey of some key issues, in: V. Argy/P. de Grauwe (Hrsg.): Choosing an exchange rate regime - the challenge for smaller industrial countries, IMF, Washington, S. 6-23.

Ariyoshi, A./Habermeier, K. et al. (2000): Capital controls - country experiences with their use and liberalization, IMF Occasional Paper No. 190, Washington.

Avramov, R. (2000): Exit strategies from currency board arrangements - currency boards - experiences and prospects, Seminar organized by Eesti Pank, www.ee/epbe/index.html.en.

Bacchetta, P./van Wincoop, E. (1998): Does exchange rate stability increase trade and capital flows?, CEPR Discussion Paper No. 1962, London.

Backé, P. (1999): Exchange rate regimes in Central and Eastern Europe - a brief review of recent changes, current issues and future challenges, in: OENB, Focus on Transition No. 2, Wien, S. 47-67.

Backé, P./Radzyner, O. (1998): Introduction of the Euro - implications for Central and Eastern Europe - the case of Hungary and Slovenia, in: OENB, Focus on Transition No. 1, Wien, S. 47-71.

Baffes, J./Elbadawi, I. A./O'Connell, S. A. (1999): Single-equation estimation of the equilibrium real exchange rate, in: L. E. Hinkle/P. J. Montiel (Hrsg.): Exchange rate misalignment - concepts and measurement for developing countries, New York, S. 405-466.

Balassa, B. (1964): The purchasing-power parity doctrine - a reappraisal, in: Journal of Political Economy, Vol. 72, No. 1, S. 584-596.

Baldwin, R. E./Krugman, P. (1989): Persistent trade effects of large exchange rate shocks, in: Quarterly Journal of Economics, Vol. 104, No. 4, S. 635-654.

Balino, T. J. T./Enoch, C. (1997): Currency board arrangements, issues and experiences, in: IMF Occasional Paper No. 151, Washington.

Bank of Slovenia (div. Jg.): Annual report, Ljubljana.

376

Barro, R./Gordon, D. (1983): A positive theory of monetary policy in a natural model, in: Journal of Political Economy, Vol. 91, No. 4, S. 589-610.

Barro, R./Sala-I-Martin, X. (1995): Economic growth, Cambridge/Mass.

Baumol, W. J./Bowen, W. G. (1966): Performing arts - the economic dilemma, The Twentieth Century Fund, New York.

Bayoumi, T. (1994): A formal model of optimum currency areas, in: IMF Staff Papers, Vol. 41, No. 4, Washington, S. 537-554.

Bayoumi, T./Clark, P./Symansky, S./Taylor, M. (1994): The robustness of equilibrium exchange rate calculations to alternative assumptions and methodologies, in: J. Williamson (Hrsg.): Estimating equilibrium exchange rates, Institute for International Economics, Washington, S. 19-59.

Begg, D. (1998): Pegging out: Lessons from the Czech exchange rate crisis, CEPR Discussion Paper No. 1956, London.

Begg, D./Halpern, L./Wyplosz, C. (1999): Monetary and exchange-rate policies, EMU and Central and Eastern Europe, Forum Report of the Economic Policy Initiative No. 5, CEPR, London.

Begg, D./Wyplosz, C. (1999): Why untied hands are fundamentally better, http://heiwww.unige.ch/~wyplosz.

Berg, A./Borensztein, E. (2000): The pros and cons of full dollarization, IMF Working Paper No. 50, Washington.

Berg, A./Sachs, J. D. (1992): Structural adjustment and international trade in Eastern Europe: The case of Poland, in: Economic Policy, Vol. 14/15, No. 7, S. 117-174.

Bernanke, B. S./Laubach, T./Mishkin, F. S./Posen, A. S. (1999): Inflation targeting - lessons from the international experience, Princeton.

Beveridge, S./Nelson, C. R. (1981): A new approach to decomposition of economic time series into permanent and transitory components - with particular attention to the measurement of the business cycle, in: Journal of Monetary Economics, Vol. 7, S. 151-174.

Black, S. W. (1994): On the concept and usefulness of the equilibrium rate of exchange, in: J. Williamson (Hrsg.): Estimating equilibrium exchange rates, Institute for International Economics, Washington, S. 279-292.

Blejer, M. I./Frenkel, J.A./Leiderman, L./Razin, A. (1997): Optimum currency areas - new analytical and policy developments, IMF, Washington.

Blejer, M. I./Ize, A./Leone, A. M./Werlang, S. (Hrsg.): Inflation targeting in practice - strategic and operational issues and application to emerging market economies, Washington.

Bofinger, P. (1996): Vertiefung und Osterweiterung der EU - Optionen für die Währungsordnung einer EU der Zwanzig, in: DIW Vierteljahreshefte zur Wirtschaftsforschung Nr. 1, S. 75-81.

Bofinger, P. (2000): Abwehrkonditionen für Osteuropa wären schädlich, in: Die Welt vom 7. Dezember 2000.

Bofinger, P./Wollmershäuser, T. (2000): Options for the exchange rate policies of the EU accession countries (and other emerging market economies), Würzburg Economic Papers No. 13, Würzburg.

Brabant, J. M. van (1985): Eastern European exchange rates and exchange policies, in: Jahrbuch der Wirtschaft Osteuropas, Bd. 2, S. 123-172.

Brada, J. C. (1998): Introduction: Exchange rates, capital flows, and commercial policies in transition economies, in: Journal of Comparative Economics, Vol. 26, No. 4, S. 613-620.

Bredemeier, S./Witte, U. (1998): Integration der mittel- und osteuropäischen Reformländer in die europäischen Finanzmärkte, in: C. Lange/A. Rohde/H.M. Westphal (Hrsg.): Monetäre Aspekte der europäischen Integration, Institut für Empirische Wirtschaftsforschung, Bd. 35, Berlin, S. 189-199.

Bretschger, L. (1996): Wachstumstheorie, München.

Breuer, J. B. (1994): An assessment of the evidence on purchasing power parity, in: J. Williamson (Hrsg.): Estimating equilibrium exchange rates, Institute for International Economics, Washington, S. 245-277.

Brüstle, A./Milton, A.-R. (1998): Wechselkurse und Außenhandel in vier Transformationsländern, in: RWI-Mitteilungen, Jg. 49, Nr. 1-2, S. 103-119.

Buch, C. M. (1999a): Chilean-type capital controls: A building block of the new international financial architecture?, Kieler Diskussionsbeiträge Nr. 350.

Buch, C. M. (1999b): Auslandskapital und Transformation - Sind Währungskrisen vermeidbar?, in: Die Weltwirtschaft, Heft 1, Institut für Weltwirtschaft an der Universität Kiel, S. 90-110.

Buch, C. M./Hanschel, E. (1999): The effectiveness of capital controls - the case of Slovenia, Kiel Working Papers No. 933.

Buch, C. M./Heinrich, R. P. (1997): The end of the Czech miracle? Currency crisis reveals need for institutional reforms, Kiel Discussion Papers No. 301.

Buch, C. M./Koop, M. J./Schweickert, R./Wolf, H. (1995): Währungsreformen im Vergleich - Monetäre Strategien in Rußland, Weißrußland, Estland und der Ukraine, Kieler Studien Nr. 269, Tübingen.

Buch, C. M./Heinrich, R. P./Pierdzioch, C. (1999): Foreign capital and economic transformation: risks and benefits of free capital flows, Kieler Studien Nr. 295, Tübingen.

Burda, M./Wyplosz, C. (1993): Macroeconomics - a European text, Oxford.

Caesar, R./Heinemann, F. (Hrsg.) (2001): EU-Osterweiterung und Finanzmärkte, ZEW Wirtschaftsanalysen Bd. 57, Baden-Baden.

Calmfors, L. (Hrsg.) (1997): EMU - a Swedish perspective, London.

Calvo, G. A. et al. (1994): Targeting the real exchange rate - theory and evidence, IMF Working Paper No. 22, Washington.

Calvo, G. A./Reinhart, C. M. (2000): Fear of floating, NBER Working Paper No. 7993, Cambridge/Mass.

Caramazza, F./Aziz, J. (1998): Fixed or flexible? Getting the exchange rate right in the 1990s, IMF Economic Issues No. 13, Washington.

Cassel, G. (1922): Money and foreign exchange after 1914, New York.

Cavalcanti, C./Oks, D. (1998): Estonia: The challenge of financial integration, World Bank Working Paper No. 1946, Washington.

Chang, R./Velasco, A. (2000): Exchange-rate policy for developing countries, in: AEA Papers and Proceedings, Vol. 90, No. 2, S. 71-75.

Cheung, Y.-W./Lai, K. S. (1993): A fractional cointegration analysis of purchasing power parity, in: Journal of Business and Economic Statistics, Vol. 11, S. 103-112.

Choudhry, T. (1999): Purchasing power parity in high-inflation Eastern European countries: Evidence from fractional and Harris-Inder cointegration tests, in: Journal of Macroeconomics, Vol. 21, No. 2, S. 293-308.

Christoffersen, P. F./Wescott, R. F. (1999): Is Poland ready for inflation targeting? IMF Working Paper No. 41, Washington.

Clark, P. B./Bartolini, L./Bayoumi, T./Symansky, S. (1994), Exchange rates and economic fundamentals - a framework for analysis, IMF Occasional Paper No. 115, Washington.

Clark, P. B./Laxton, D. (1997): Phillips curves, Phillips lines and the unemployment costs of overheating, IMF Working Paper No. 17, Washington.

Clark, P. B./MacDonald, R. (1998): Exchange rates and economic fundamentals - a methodological comparison of BEERs and FEERs, IMF Working Paper No. 67, Washington.

Clinton, K. (2000): Strategic choices for inflation targeting in the Czech Republic, in: W. Coats (Hrsg.): Inflation targeting in transition economies: The case of the Czech Republic, Czech National Bank and Monetary and Exchange Affairs Department of the IMF, Washington, S. 165-183.

Coats, W. (Hrsg.) (2000): Inflation targeting in transition economies: The case of the Czech Republic, Czech National Bank and Monetary and Exchange Affairs Department of the IMF, Washington.

Cooper, R. N. (1971a): An assessment of currency devaluation in developing countries, in: G. Ranis (Hrsg.): Government and economic development, Yale, S. 472-515.

Cooper, R. N. (1971b): Currency devaluation in developing countries, in: Essays in International Finance No. 86, Princeton, S. 3-31.

Copeland, L. (1989): Exchange rates and international finance, Wokingham.

Corden, M. W. (1994): Exchange rate policy in developing countries, in: IMF (Hrsg.): Approaches to exchange rate policy - choices for developing and transition countries, Washington, S. 65-89.

Corker, R./Beaumont, C./van Elkan, R./Iakova, D. (2000): Exchange rate regimes in selected advanced transition economies - coping with transition, capital inflows, and EU accession, IMF Policy Discussion Paper No. 3, Washington.

Croce, E./Khan, M. S. (2000): Monetary regimes and inflation targeting, in: IMF Finance and Development, Vol. 37, No. 3, www.imf.org/external/pubs/ft/fandd/2000/09/croce.htm.

Czech National Bank (div. Jg.): Annual report, Prag.

Czech National Bank (1999b): CNB monetary strategy - document approved by the board of the CNB on 8 April 1999, www.cnb.cz/en/archiv/dms.htm.

Dale, R. (1997): Currency boards, in: Bank of Finland (Hrsg.): Review of Economies in Transition No. 3, S. 20-33.

De Broeck, M./Koen, V. (2000): The 'Soaring Eagle': Anatomy of the Polish take-off in the 1990s, IMF Working Paper No. 6, Washington.

De Grauwe, P. (1994): The economics of monetary integration, London.

De Grauwe, P. (1997): Exchange rate arrangements between the ins and outs, in: P. Masson/T. Krueger (Hrsg.): EMU and the international monetary system, Washington, S. 97-121.

De Gregorio, J./Edwards, S./Valdés, R. O. (2000): Controls on capital inflows - do they work?, NBER Working Paper No. 7645, Cambridge/Mass.

De Gregorio, J./Giovannini, A./Wolf, H. C. (1994): International evidence on tradables and nontradables inflation, in: European Economic Review, Vol. 38, No. 6, S. 1225-1244.

Debelle, G. (1997): Inflation targeting in practice, IMF Working Paper No. 35, Washington.

Debelle, G./Masson, P./Savastano, M./Sharma, S. (1998): Inflation targeting as a framework for monetary policy, IMF Economic Issues No. 15, Washington.

Dedek, O. (1997): Echoing the European monetary integration in the Czech Republic, CNB Working Paper No. 80, Prag.

Deutsche Bank Research (2000a): Osteuropa und die EWU, Wirtschaftsbeziehungen und Beitrittsperspektiven, EWU Monitor Nr. 82, Frankfurt.

Deutsche Bank Research (2000b): Ein unerschöpfliches Thema, doch die baltischen Wechselkursregime halten, aktueller Länderbericht Juni, Frankfurt, S. 6-8.

Deutsche Bank Research (2001a): Monitor EU-Erweiterung Mittel- und Osteuropa, Nr. 4, Frankfurt.

Deutsche Bank Research (2001b): Slowenien - stärkere Öffnung birgt Risiken, in: Perspektiven, Frankfurt, S. 21-23.

Deutsche Bank Research (2001c): Polen - Wachstumssorgen, in: Perspektiven, Frankfurt, S. 12-14.

Deutsche Bank Research (2001d): Ungarn - Konvergenz, besser spät als nie, in: Aktuelle Themen 26. April, Frankfurt, S. 9-12.

Deutsche Bank Research (2001e): Tschechien - ein Blick nach vorn auf Inflation und Zinsen, in: Aktuelle Themen, 2. Februar, Frankfurt, S. 10-12.

Deutsche Bank Research (2001f): Monitor EU-Erweiterung Mittel- und Osteuropa, Nr. 5, Frankfurt.

Deutsche Bundesbank (1994): Reale Wechselkurse als Indikator der internationalen Wettbewerbsfähigkeit, in: Monatsbericht Mai, Frankfurt, S. 47-60.

Deutsche Bundesbank (1998): Die technische Ausgestaltung des neuen europäischen Wechselkursmechanismus, in: Monatsbericht Oktober, Frankfurt, S. 19-25.

Deutsche Bundesbank (1999): Zur Bedeutung von Fundamentalfaktoren für die Entstehung von Währungskrisen in Entwicklungs- und Schwellenländern, in: Monatsbericht April, Frankfurt, S. 15-28.

Deutsche Bundesbank (2001): Geschäftsbericht 2000, Frankfurt.

Devarajan, S. (1999): Estimates of real exchange rate misalignment with a simple general-equilibrium model, in: L. E. Hinkle/P. J. Montiel (Hrsg.): Exchange rate misalignment - concepts and measurement for developing countries, New York, S. 359-380.

Diehl, M./Schweickert, R. (1997): Wechselkurspolitik im Aufholprozeß, Kieler Studien Nr. 286, Tübingen.

Dornbusch, R. (1976): Expectations and exchange rate dynamics, in: Journal of Political Economy, Vol. 84, No. 2, S. 1161-1176.

Dornbusch, R. (1994): Exchange rate policies in economies in transition, in: R. C. Barth/C. H. Wong (Hrsg.): Approaches to exchange rate policy choices for developing and transition economies, Washington, S. 235ff.

Duijm, B. (1997): Auf dem Weg zum EWS II, in: List Forum für Wirtschafts- und Finanzpolitik, Bd. 23, Heft 1, S. 10-27.

Dumke, R. H./Sherman, H. (2000): Exchange rate options for EU applicant countries in Central and Eastern Europe, in: B. Granville (Hrsg.): Essays on the world economy and its financial system, published for the Tokyo Club by The Royal Institute for International Affairs.

Dvorsky, S. (2000): Measuring central bank independence in selected transition countries, in: OENB, Focus on Transition No. 2, Wien, S. 77-95.

EBRD (2000a): Transition report - employment, skills and transition, London.

EBRD (2000b): Transition report update, London.

Ecofin-Rat (2000): Exchange-rate strategies for accession countries - council conclusions, 2301st council meeting, 7. November, Brüssel.

Economist Intelligence Unit (2001a): The EIU viewswire, http://www.viewswire.com.

Economist Intelligence Unit (2001b): Central bank changes forint regime, country briefing Hungary, 4. Mai, http://www.viewswire.com.

Edwards, S. (1986): Are devaluations contractionary?, in: Review of Economics and Statistics, Vol. 68, S. 501-508.

Edwards, S. (1988): Exchange rate misalignment in developing countries, World Bank Occasional Paper No. 2, Washington.

Edwards, S. (1989): Real exchange rates, devaluation, and adjustment - exchange rate policy in developing countries, Cambridge/Mass.

Edwards, S. (1994): Real and monetary determinants of real exchange rate behavior - theory and evidence from developing countries, in: J. Williamson (Hrsg.): Estimating equilibrium exchange rates, Institute for International Economics, Washington, S. 61-92.

Edwards, S. (1996): The determinants of the choice between fixed and flexible exchange rate regimes, NBER Working Paper No. 5756, Cambridge/Mass.

Edwards, S. (1999): On crisis prevention: Lessons from Mexico and East Asia, NBER Working Paper No. 7233, Cambridge/Mass.

Edwards, S./Savastano, S. (1999): Exchange rates in emerging economies: What do we know? What do we need to know?, NBER Working Paper No. 7228, Cambridge/Mass.

Edwards, S./van Wijnbergen, S. (1989): Disequilibrium and structural adjustment, in: H. B. Chenery/T.N. Srinivasan: Handbook of Development Economics, Vol. 2, S. 1482-1533.

Égert, B. (2001): Estimating the impact of the Balassa-Samuelson effect on inflation during the transition - does it matter in the run-up to EMU?, http://seminar2001.bg.univ.gda.pl/papers/Egert.pdf

Eichengreen, B. (1999): Kicking the habit - moving from pegged rates to greater exchange rate flexibility, in: The Economic Journal, Vol. 109, S. C1-C14.

Eichengreen, B./Masson, P. (1998): Exit strategies - policy options for countries seeking greater exchange rate flexibility, IMF Occasional Paper No. 168, Washington.

Eichengreen, B./Masson, P./Savastano, M./Sharma, S. (1999): Transition strategies and nominal anchors on the road to greater exchange-rate flexibility, Princeton Studies in International Finance No. 213.

Eichengreen, B./Rose, A./Wyplosz, C. (1995): Exchange market mayhem: The antecedents and aftermath of speculative attacks, in: Economic Policy, Vol. 21, S. 249-312.

Eikenberg, K./Zukowska-Gagelmann, K. (2001): Euro for the east - nicht ohne reale Konvergenz, HypoVereinsbank Europa-Studien, März, München.

Elbadawi, I. A. (1994): Estimating long-run equilibrium real exchange rates, in: J. Williamson (Hrsg.): Estimating equilibrium exchange rates, Institute for International Economics, Washington, S. 93-132.

Elborgh-Woytek, K. (1998): Optimale Währungsräume in der Transformation, Frankfurt.

Europäische Kommission (1997): Bulletin der Europäischen Union Nr. 7/8, Brüssel.

Europäische Kommission (2000a): Die Europäische Union - Erweiterung, eine historische Gelegenheit, Brüssel.

Europäische Kommission (2000b): Regular reports from the commission on progress towards accession by each of the candidate countries, 8. November, http://europa.eu.int/comm/enlargement/report_11_00/index.htm.

Europäische Union (2000): Strategiepapier zur Erweiterung, Bericht über die Fortschritte jedes Bewerberlandes auf dem Weg zum Beitritt, Brüssel.

382

Europäische Zentralbank (1999a): EU enlargement - some views from the ECB, Speech by Dr. Willem F. Duisenberg, Bank of Greece, 15. Oktober, http://www.ecb.int.

Europäische Zentralbank (1999b): The past and future of European integration: a central banker's perspective, Speech by Dr. Willem F. Duisenberg, Fed Washington, 26. September, http://www.ecb.int.

Europäische Zentralbank (1999c): Helsinki seminar on the accession progress, Pressemitteilung der EZB vom 12. November, http://www.ecb.int.

Europäische Zentralbank (1999d): Der Balassa-Samuelson-Effekt, in: Monatsbericht Oktober, Frankfurt, S. 45-46.

Europäische Zentralbank (2000a): Das Eurosystem und die EU-Erweiterung, in: Monatsbericht Februar, Frankfurt, S. 42-54.

Europäische Zentralbank (2000b): ECB press conference - introductory statement by W. F. Duisenberg, C. Noyer, 13. April, http://www.ecb.int.

Europäischer Rat (1997): Schlußfolgerungen des Vorsitzes, Luxemburg, 12. und 13. Dezember, http://ue.eu.int/presid/conclusions.htm.

Europäischer Rat (1999): Schlußfolgerungen des Vorsitzes, Helsinki, 10. und 11. Dezember, http://ue.eu.int/presid/conclusions.htm.

Europäischer Rat (2001): Schlußfolgerungen des Vorsitzes, Stockholm, 23. und 24 März, http://ue.eu.int/presid/conclusions.htm.

Europäisches Parlament (1998): Die Heranführungsstrategie für die Erweiterung der Europäischen Union, Arbeitsgruppe des Generalsekretariats Task-Force 'Erweiterung', Themenpapier Nr. 24, Luxemburg.

Europäisches Parlament (1999): Die Wirtschafts- und Währungsunion (WWU) und die Erweiterung der Europäischen Union, Arbeitsgruppe des Generalsekretariats Task-Force 'Erweiterung', Themenpapier Nr. 34, Luxemburg.

Europäisches Parlament (2000): Die WWU und die Erweiterung: Überblick über die politischen Aspekte, Generaldirektion Wissenschaft, Arbeitsdokument Reihe Wirtschaftsfragen Nr. 10, Luxemburg.

Faruqee, H./Debelle, G. (1998): Saving-investment balances in industrial countries: An empirical investigation, in: P. Isard/H. Faruqee (Hrsg.): Exchange rate assessment - extensions of the macroeconomic balance approach, IMF Occasional Paper No. 167, Washington, S. 35-55.

Faruqee, H./Isard, P./Masson, P. (1999): A macroeconomic balance framework for estimating equilibrium exchange rates, in: R. MacDonald/J. L. Stein (Hrsg.): Equilibrium exchange rates, Amsterdam, S. 103-133.

FERI Online Explorer: Economic Databases, Bad Homburg.

Fidrmuc, J./Horvath, J./Fidrmuc, J. (1999): The stability of monetary unions - lessons from the breakup of Czechoslovakia, in: Journal of Comparative Economics, Vol. 27, No. 4, S. 753-781.

Financial Times Deutschland (2000): Märkte deuten Freigabe des Zloty als Vertrauensbeweis für Währung, 13. April 2000.

Fischer, S. (1977): Stability and exchange rate systems in a monetarist model of the balance of payments, in: R. Z. Aliber (Hrsg.): The political economy of monetary reform, London, S. 59-73.

Fischer, S. (2001): Distinguished lecture on economics in government - exchange rate regimes - is the bipolar view correct?, in: Journal of Economic Perspectives, Vol. 15, No. 2, S. 3-24.

Fischer, S./Sahay, R. (2000): The transition economies after ten years, IMF Working Paper No. 30, Washington.

Flood, R. P. (1979): Capital mobility and the choice of exchange rate systems, in: International Economic Review, Vol. 20, No. 2, S. 405-416.

Flood, R. P. /Bhandari, J. S./Horne, J. P. (1989): Evolution of exchange rate regimes, in: IMF Staff Papers, Vol. 36, No. 4, Washington, S. 810-835.

Frankel, J. A. (1999): No single currency regime is right for all countries or at all times, NBER Working Paper No. 7338, Cambridge/Mass.

Frankel, J. A./Rose, A. K. (1997a): Is EMU more justifiable ex post than ex ante?, http://haas.berkeley.edu/~arose/EMU.pdf.

Frankel, J. A./Rose, A. K. (1997b): The endogeneity of the optimum currency area criteria, NBER Discussion Paper No. 5700, Cambridge/Mass.

Frankel, J. A./Wyplosz, C. (1995): A proposal to introduce the ECU first in the east, Centre for International and Development Economics Research Working Papers No. C95-055.

Frankfurter Allgemeine Zeitung (2000): Ungarn will sich mit der Übernahme des Euro Zeit lassen, 16. Dezember 2000.

Frenkel, J. A. (1981): The collapse of purchasing power parities during the 1970s, in: European Economic Review, Vol. 16, S. 145-165.

Frenkel, J. A./Helliwell, J. F. (1980): A synthesis of monetary and Keynesian approaches to short-run balances-of-payments theory, in: The Economic Journal, Vol. 90, No. 2, S. 582-592.

Frenkel, M./Nickel, C. (1999): EWS II: Der neue europäische Wechselkursmechanismus, WiSt Wirtschaftswissenschaftliches Studium Nr. 3, S. 141-144.

Frensch, R. (1997): Wechselkurs- und Leistungsbilanzentwicklungen in Tschechien und der Slowakei, Osteuropa-Institut Working Papers No. 204, München.

Frensch, R. (1999): Monetäre außenwirtschaftliche Entwicklungen in Mittel- und Osteuropa, Osteuropa-Institut Working Papers No. 221, München.

Freytag, A. (2001): Getting fit for the EU, a currency board for Poland, in: T. Moser/B. Schips (Hrsg.): EMU, financial markets and the world economy, London, S. 231-251.

Friedman, M. (1953): Essays in positive economics, Chicago.

Fröhlich, H.-P. (1992): Währungspolitische Reformen in Osteuropa, Institut der deutschen Wirtschaft, Beiträge zur Wirtschafts- und Sozialpolitik Nr. 197, Köln.

Fröhlich, H.-P. (1993): Währungspolitische Weichenstellungen in Osteuropa, WiSt Wirtschaftswissenschaftliches Studium Nr. 1, S. 15-21.

Fröhlich, H.-P. (1994): Wechselkurspolitik in den osteuropäischen Reformstaaten - erste praktische Erfahrungen, in: W. Filc/K. Köhler (Hrsg.): Integration oder Desintegration der Weltwirtschaft?, Berlin, S. 169-189.

Froot, K./Rogoff, K. (1995): Perspectives on PPP and the long-run real exchange rate, in: G. Grossman/K. Rogoff (Hrsg.): Handbook of international economics, Vol. 3, Amsterdam, S. 1647-1688.

Fuhrmann, W. (1985): Zur Verbindung von Elastizitätenansatz und J-Kurve, in: Jahrbuch für Nationalökonomie und Statistik, Bd. 200, Nr. 3, S. 229-238.

Fuhrmann, W. (1999): ... eine Theorie des Currency Boards?, Referat für die Tagung: Ausschuß für Geldtheorie und Geldpolitik, 26.-27. Februar, Frankfurt.

Funke, N. (1993): Timing and sequencing of reforms - competing views, Kiel Working Papers No. 552.

Gärtner, M. (1997): Makroökonomik flexibler und fester Wechselkurse, Berlin.

Gáspár, P. (1995): Exchange rate policies in economies in transition, Hungarian Academy of Sciences, Working Papers No. 56, Budapest.

Ghei, N./Kamin, S. B. (1999): The use of the parallel market rate as a guide to setting the official exchange rate, in: L. E. Hinkle/P. J. Montiel (Hrsg.): Exchange rate misalignment - concepts and measurement for developing countries, New York, S. 497-538.

Glen, J. D. (1992): Real exchange rates in the short, medium, and long run, in: Journal of International Economics, Vol. 33, S. 147-166.

Ghosh, A. R./Gulde, A.-M./Ostry, J. D./Wolf, H. C. (1996): Does the exchange rate regime matter for inflation and growth, IMF Economic Issues No. 2, Washington.

Ghosh, A. R./Gulde, A.-M./Wolf, H. C. (1998): Currency boards -the ultimate fix?, IMF Working Paper No. 8, Washington.

Goldfajn, I./Valdés, R. O. (1997): Are currency crises predictable?, IMF Working Paper No. 159, Washington.

Grafe, C./Wyplosz, C. (1997): The real exchange rate in transition economies, http://heiwww.unige.ch/~wyplosz.

Greene, J. E./Isard, P. (1996): Currency convertibility and economies in transition, in: J. A. Frenkel/M. Goldstein (Hrsg.): Functioning of the international monetary system, Washington, S. 644-680.

Gröner, H./Smeets, H.-D. (1991): Transformation der Außenwirtschaft: Zur Öffnung und Weltmarktintegration geschlossener Volkswirtschaften, in: K.-H. Hartwig/H. J. Thieme, (Hrsg.): Transformationsprozesse in sozialistischen Wirtschaftssystemen, Berlin, S. 357-405.

Gros, D./Thygesen, N. (1992): European monetary integration - from the European monetary system to European monetary union, London.

Guitián, M. (1994): The choice of an exchange rate regime, in: R. C. Barth/C. H. Wong (Hrsg.): Approaches to exchange rate policy choices for developing and transition economies, IMF, Washington, S. 13-36.

Gulde, A./Kahkonen, J./Keller, P. M. (2000): Pros and cons of currency board arrangements in the lead-up to EU accession and participation in the Euro zone, IMF Policy Discussion Paper No. 1, Washington.

Habermeier, K. F./Mesquita, M. (1999): Long-run exchange rate dynamics - a panel data study, IMF Working Paper No. 50, Washington.

Hagen von, J./Zhou, J. (2001): The choice of exchange rate regimes of transition economies, Zentrum für Europäische Integrationsforschung, Bonn.

Halpern, L./Wyplosz, C. (1997): Equilibrium exchange rates in transition economies, in: IMF Staff Papers, Vol. 44, No. 4, Washington, S. 430-461.

Halpern, L./Wyplosz, C. (1998): Equilibrium exchange rates in transition economies - further results, http://heiwww.unige.ch/~wyplosz.

Halpern, L./Wyplosz, C. (2001): Economic transformation and real exchange rates in the 2000s - the Balassa-Samuelson connection, http://heiwww.unige.ch/~wyplosz.

Handelsblatt (1999): Zur Erfüllung der Maastrichter Kriterien muss Prag die Finanzpolitik konsolidieren, 24. Dezember 1999.

Hanson, J. A. (1983): Contractionary devaluation, substitution in production and consumption, and the role of the labor market, in: Journal of International Economics, Vol. 14, S. 179-189.

Haque, N. U./Montiel, P. J. (1999): Long-run real exchange rate changes in developing countries: Simulations from an econometric model, in: L. E. Hinkle/P. J. Montiel (Hrsg.): Exchange rate misalignment - concepts and measurement for developing countries, New York, S. 381-404.

Hartmann, D. (1975): Die monetäre Analyse der Abwertungs- und Wachstumseffekte auf die Zahlungsbilanz - eine Untersuchung auf der Grundlage des monetären Ansatzes der Zahlungsbilanztheorie, Gießen.

Hinkle, L. H./Nsengiyumva, F. (1999a): External real exchange rates - purchasing power parity, the Mundell-Fleming model, and competitiveness in traded goods, in: L. E. Hinkle/P. J. Montiel (Hrsg.): Exchange rate misalignment - concepts and measurement for developing countries, New York, S. 41-112.

Hinkle, L. H./Nsengiyumva, F. (1999b): The two-good internal RER for tradables and nontradables, in: L. E. Hinkle/P. J. Montiel (Hrsg.): Exchange rate misalignment - concepts and measurement for developing countries, New York, S. 113-174.

Hoen, H. W. (1998): The transformation of economic systems in central Europe, Cheltenham.

Honohan, P./Lane, P. R. (1999): Pegging to the Dollar and the Euro, Trinity Economic Paper Series, Technical Paper No. 6, Dublin.

Horvath, J./Jonás, J. (1998): Exchange rate regimes in the transition economies - case study of the Czech Republic: 1990-1997, ZEI Working Papers No. B11, Bonn.

IMF (1997): Exchange rate arrangements and economic performance in developing countries, in: IMF World Economic Outlook, Washington, S. 78-97.

IMF (1998): Republic of Slovenia - recent economic developments, IMF Staff Country Report No. 98, Washington.

IMF (1999a): Exchange rate arrangements and currency convertibility - development and issues, IMF World Economic and Financial Surveys, Washington.

IMF (1999b): Republic of Poland - selected issues, IMF Staff Country Report No. 32, Washington.

IMF (1999c): Republic of Slovenia - statistical appendix, IMF Staff Country Report No. 23, Washington.

IMF (2000a): World Economic Outlook - Focus on transition economies, World Economic and Financial Surveys, Washington.

IMF (2000b): Republic of Slovenia - Selected issues, IMF Staff Country Report No. 56, Washington.

IMF (2000c): Direction of trade statistics yearbook, Washington.

IMF (2001a): Republic of Slovenia - Staff report for the 2001 Article IV consultation, IMF Country Report No. 76, Washington.

IMF (2001b): WEO database, http://www.imf.org/external/pubs/ft/weo/2001/02/data/index.htm.

International Institute for Management Development (2001): The world competitiveness yearbook, Lausanne.

International Labour Office (2000): Yearbook of labor statistics, Genf.

Isard, P. (1977): How far can we push the law of one price?, in: American Economic Review, Vol. 67, No. 5, S. 942-948.

Isard, P. (1995): Exchange rate economics, Cambridge.

Isard, P./Mussa, H. (1998): A methodology for exchange rate assessment, in: P. Isard/H. Faruqee (Hrsg.): Exchange rate assessment - extensions of the macroeconomic balance approach, IMF Occasional Paper No. 167, Washington, S. 4-24.

Jaks, J. (2000): Osterweiterung der EU - Herausforderung für die Beitrittsländer aber auch für die Europäische Union, in: R. H. Hasse/ K.-E. Schenk/A. Wass von Czege (Hrsg.): Erweiterung und Vertiefung der Europäischen Union, Schriftenreihe des Europa-Kollegs zur Integrationsforschung, Bd. 27, Hamburg, S. 87-93.

Járai, Z. (1999): Europe Emerging, in: Banking on the Euro, 9. European Banking Congress, Frankfurt, S. 67-70.

Jarchow, H.-J./Rühmann, P. (1988): Monetäre Außenwirtschaft, Bd. 1, Stuttgart.

Jarchow, H.-J./Rühmann, P. (1997): Monetäre Außenwirtschaft, Bd. 2, Stuttgart.

Jeanne, O./Rose, A. K. (1998): A microeconomic analysis of exchange rate regimes, http://www.haas.berkeley.edu/~arose.

Jochem, A./Sell, F. L. (2001): Währungspolitische Optionen für die Mittel- und Osteuropäischen Beitrittskandidaten zur EU, Schriften zur angewandten Wirtschaftsforschung, Bd. 88, Tübingen.

Jochimsen, R. (1997): Probleme und Perspektiven der monetären Integration - Folgen für die Arbeit der Zentralbanken, in: Deutsche Bundesbank (Hrsg.): Auszüge aus Presseartikeln vom 6. Oktober 1997, Nr. 57, Frankfurt, S. 12-15.

Jochimsen, R. (1999): Ungarn's Weg in die EWWU - makroökonomische und währungspolitische Rahmenbedingungen, in: Integration, 22. Jg., Nr. 1, S. 49-53.

Johnson, H. G. (1976): Elasticity, absorption, Keynesian multiplier, Keynesian policy, and monetary approaches to devaluation theory - a simple geometric exposition, in: The American Economic Review, Vol. 66, No. 3, S. 448-452.

Johnston, R. B./Tamirisa, N. T. (1998): Why do countries use capital controls?, IMF Working Paper No. 181, Washington.

Jonás, J. (2000): Inflation targeting in transition economies: Some issues and experience, in: W. Coats (Hrsg.): Inflation targeting in transition economies - the case of the Czech Republic, Prag, S. 17-37.

J.P. Morgan: Morgan markets database, http://www.morganmarkets.com.

J.P. Morgan (2001): Hungary joins inflation targeting club 'implicitly', in: Global data watch, 15. Juni, New York, S. 11-12.

Kamin, S. B. (1993): Devaluation, exchange controls, and black markets for foreign exchange in developing countries, in: Journal of Development Economics, Vol. 40, S. 151-169.

Kamin, S. B. (1995): Contractionary devaluation with black markets for foreign exchange, in: Journal of Policy Modelling, Vol. 17, No. 1, S. 39-57.

Karp, L./Siebke, J. (1999): Monetäre Stabilisierung mit einem currency board - das Beispiel der Geldpolitik in Estland, Referat für die Tagung: Ausschuß für Geldtheorie und Geldpolitik, 26.-27. Februar, Frankfurt.

Kasper, W. E./Stahl, H.-M. (1971): Integration through monetary union - a sceptical view, in: H. Giersch, H. (Hrsg.): Integration durch Währungsunion?, Institut für Weltwirtschaft an der Universität Kiel, Tübingen, S. 149-169.

Kath, D. (1998): Währungspolitische Gestaltungsmöglichkeiten einer Osterweiterung der Europäischen Union, in: R. Döhrn (Hrsg.): Osterweiterung der EU - neue Chance für Europa?, RWI Neue Folge Nr. 62, S. 147-167.

Kemme, D. M./Teng, W. (2000): Determinants of the real exchange rate, misalignment and implications for growth in Poland, in: Economic Systems, Vol. 24, No. 2, S. 171-205.

Kempa, B. (1998): Währungspolitische Strategien zur Heranführung der Pre-Ins an die europäische Währungsunion, in: Aussenwirtschaft, 53. Jg., Nr. 4, S. 539-551.

Kenen, P. B. (1969): The theory of optimum currency areas - an eclectic view, in: R. A. Mundell/A. Swoboda (Hrsg.): Monetary problems of the international economy, Chicago, S. 41-60.

Kiguel, M./O'Connell, S. A. (1995): Parallel exchange rates in developing countries, in: The World Bank Research Observer, Vol. 10, No. 1, S. 21-52.

Koch, E. B. (1997): Exchange rates and monetary policy in Central Europe: A survey of some key issues, OENB Working Paper No. 24, Wien.

Köhler, H./Wes, M. (1999): Implications of the euro for the integration process of the transition economies in Central and Eastern Europe, EBRD Working Paper No. 38, London.

388

Konrad, A. (1979): Zahlungsbilanztheorie und Zahlungsbilanzpolitik, München.

Konrad, A. (1998): Monetäre Theoreme der Wechselkursbestimmung, in: WISU - Das Wirtschaftsstudium, 27. Jg., Nr. 4, S. 494-504.

Kopits, G. (1999): Implications of EMU for exchange rate policy in Central and Eastern Europe, IMF Working Paper No. 9, Washington.

Krajnyák, K./Zettelmeyer, J. (1998): Competitiveness in transition economies: What scope for real appreciation?, in: IMF Staff Papers, Vol. 45, No. 2, Washington, S. 309-362.

Krugman, P. (1991): Target zones and exchange rate dynamics, in: Quarterly Journal of Economics, Vol. 106, No. 3, S. 669-682.

Krugman, P./Obstfeld, M. (2000): International economics - theory and policy, Reading/Mass.

Krugman, P./Rotemberg, J. (1995): Speculative attacks on target zones, in: P. Krugman (Hrsg.): Currencies and crises, Cambridge, S. 91-106.

Krugman, P./Taylor, L (1978): Contractionary effects of devaluation, in: Journal of International Economics, Vol. 8, No. 3, S. 445-456.

Krzak, M. (1997): Estonia, Latvia and Lithuania: From plan to market - selected issues, in: OENB Focus on Transition No. 2, Wien, S. 22-51.

Krzak, M. (1998): Contagion effects of the Russian financial crisis on Central and Eastern Europe - the case of Poland, in: OENB Focus on Transition No. 2, Wien, S. 22-37.

Krzak, M./Ettle, H. (1999): Is direct inflation targeting an alternative for Central Europe? The case of the Czech Republic and Poland, in: OENB Focus on Transition No. 1, Wien, S. 28-59.

Krzak, M./Schubert, A. (1997): The present state of monetary governance in Central and Eastern Europe, in: OENB Focus on Transition No. 1, Wien, S. 28-56.

Kugler, P./Lenz, C. (1993): Multivariate cointegration analysis and the long run validity of PPP, in: Review of Economics and Statistics, Vol. 75, No. 1, S. 180-184.

Kutan, A. M./Brada, J. C. (1999): The evolution of monetary policy in transition economies, ZEI Working Paper No. B19, Bonn.

Labhard, V./Wyplosz, C. (1996): The new EMS - narrow bands inside deep bands, in: AEA Papers and Proceedings, Vol. 86, No. 2, S. 143-158.

Lavrac, V. (1999): Inclusion of Central European countries in the European monetary integration process, in: P. de Grauwe/V. Lavarac (Hrsg.): Inclusion of Central European countries in the European Monetary Union, Boston, S. 105-118.

Lenzner, M. (1998): Glaubwürdigkeit der Geldpolitik im Transformationsprozeß, die Strategie Polens, Baden-Baden.

Lepik, I. (2000): Evolution of monetary operational framework and challenges ahead, in: Currency boards - experience and prospects - seminar organised by Eesti Pank, http://www.ee/epbe/en/seminar_2000_05_05-06/pan2-est.html.

Lerner, A. P. (1944): The economics of control, New York.

Liang, H. (1998): Real exchange rate volatility - does the nominal exchange rate regime matter?, IMF Working Paper No. 147, Washington.

Lipschitz, L./McDonald, D. (1992): Real exchange rates and competitiveness - a clarification of concepts, and some measurements for Europe, in: Empirica, Vol. 19, No. 1, S. 37-69.

Liu, P. C. (1992): Purchasing power parity in Latin America - a cointegration analysis, in: Weltwirtschaftliches Archiv, Bd. 128, No. 4, S. 662-679.

Lizondo, J. S./Montiel, P. J. (1989): Contractionary devaluation in developing countries - an analytical overview, in: IMF Staff Papers, Vol. 36, No. 1, Washington, S. 182-227.

Lopez-Claros, A./Garibaldi, P. (1998): Exchange rate regimes in the Baltic countries, in: J. Berengaut/ A. Lopez-Claros/ F. Le Gall/D. Jones/R. Stern/A.-M. Westin/E. Psalida/P. Garibaldi: The Baltic countries - from economic stabilization to EU accession, IMF Occasional Paper No. 173, Washington, S. 9-23.

MacDonald, R. (1997): What determines real exchange rates? The long and the short of it, IMF Working Paper No. 21, Washington.

MacDonald, R. (1998): What do we really know about real exchange rates?, OENB Working Paper No. 28, Wien.

MacDonald, R. (1999): Exchange rate behaviour - are fundamentals important?, in: The Economic Journal, Vol. 109, No. 459, S. 673-691.

MacDonald, R. (2000): Concepts to calculate equilibrium exchange rates - an overview, Deutsche Bundesbank Discussion Paper No. 3, Frankfurt.

MacDonald, R./Stein, J. L. (Hrsg.) (1999): Equilibrium exchange rates, Boston.

Maciejewski, E. B. (1983): 'Real' effective exchange rate indices, in: IMF Staff Papers, Vol. 30, No. 3, Washington, S. 491-541.

Maennig, W. G./Wilfling, B. (1998): Außenwirtschaft - Theorie und Politik, München.

Magnifico, G. (1971): European monetary unification for balanced growth: a new approach, Essays in International Finance No. 88, Princeton.

Marshall, A. (1923): Money, credit and commerce, London.

Masson, P. R. (1999): Monetary and exchange rate policy of transition economies of Central and Eastern Europe after the launch of EMU, IMF Policy Discussion Paper No. 5, Washington.

Masson, P. R. (2000): Exchange rate regime transitions, IMF Working Paper No. 134, Washington.

Masson, P. R./Savastano, M. A./Sharma, S. (1997): The scope for inflation targeting in developing countries, IMF Working Paper No. 130, Washington.

McCallum, B. T. (1999): Theoretical issues pertaining to monetary union, NBER Working Paper No. 7393, Cambridge/Mass.

McGettigan, D. (2000): Current account and external sustainability in the Baltics, Russia, and other countries of the Former Soviet Union, IMF Occasional Paper No. 189, Washington.

McKinnon, R. I. (1963): Optimum currency areas, in: American Economic Review, Vol. 53, No. 4, S. 717-725.

Meese, R./Rogoff, K. (1988): What is real? The exchange rate interest differential relation over the modern floating exchange rate period, in: Journal of Finance, Vol. 43, No. 4, S. 933-948.

Mencinger, J. (1994): The birth and childhood of a currency - the experience of Slovenia, in: J. Gács/G. Winckler (Hrsg.): International trade and restructuring in Eastern Europe, Heidelberg, S. 101-119.

Mishkin, F. S. (1999): International experiences with different monetary policy regimes, in: Journal of Monetary Economics, Vol. 43, No. 3, S. 579-606.

Mishkin, F. S. (2000): Inflation targeting in emerging market countries, NBER Working Paper No. 7618, Cambridge/Mass.

Montiel, P. J. (1997): Exchange rate policies and macroeconomic management in ASEAN countries, in: J. Hicklin/D. Robinson/A. Singh: Macroeconomic issues facing ASEAN countries, IMF, Washington, Kapitel 11.

Montiel, P. J. (1999a): The long-run equilibrium real exchange rate: conceptual issues and empirical research, in: L. E. Hinkle/P. J. Montiel (Hrsg.): Exchange rate misalignment - concepts and measurement for developing countries, New York, S. 219-263.

Montiel, P. J. (1999b): Determinants of the long-run equilibrium real exchange rate - an analytical model, in: L. E. Hinkle/P. J. Montiel (Hrsg.): Exchange rate misalignment - concepts and measurement for developing countries, New York, S. 264-292.

Montiel, P. J./Ostry, J. D. (1994): The parallel market premium - is it a reliable indicator of real exchange rate misalignment in developing countries?, in: IMF Staff Papers, Vol. 41, No. 1, Washington, S. 55-76.

Mundell, R. A. (1961): A theory of optimum currency areas, in: American Economic Review, Vol. 51, No. 4, S. 657-664.

Mundell, R. A. (1999): The Euro and the stability of the international monetary system, http://www.columbia.edu/~ram15/lux.html.

National Bank of Estonia (div. Jg.): Annual report, Tallin.

National Bank of Estonia (1999): Monetary system and economic developments in Estonia, seminar on the currency boards in the context of accession to the EU, http://www.ee/epbe/en/brussels.pdf.

National Bank of Estonia (2000a), Estonia on the way to the Eurozone - the position of the central bank, http://www.ee/epbe/en/release/20000127.html.

National Bank of Estonia (2000b): Estonia: Present status and preparations for the accession to the EU and Eurosystem, http://www.ee/epbe/en/seminar_2000_05_05-06/pan3-est.html.

National Bank of Estonia (2000c): The board of Eesti Pank approved the reform plan of the Estonian monetary policy operational framework, http://www.ee/epbe/en/release/20000426.html.

391

National Bank of Hungary (2001a): Statement on the new system of monetary policy, 12. Juni, http://www.mnb.hu/index-a.htm.

National Bank of Hungary (2001b): Quarterly report on inflation - March, http://www.mnb.hu/index-a.htm.

National Bank of Hungary (2001c): Official devaluations of the forint 1990-2000, http://www.mnb.hu/index-a.htm.

National Bank of Hungary (div. Jg.): Annual report, Budapest.

National Bank of Poland (div. Jg.): Annual report, Warschau.

Neldner, M. (1998): Geld- und Währungsordnungen, in: WiSt Wirtschaftswissenschaftliches Studium Nr. 6, S. 287-294.

Neue Zürcher Zeitung (2001): Lockerung des ungarischen Wechselkursregimes, 5./6. Mai 2001.

Nowak, M. (1984): Quantitative controls and unofficial markets in foreign exchange - a theoretical framework, in: IMF Staff Papers, Vol. 31, No. 2, Washington, S. 404-431.

Nunnenkamp, P./Schweickert, R. (1990): Real exchange rates and economic growth in developing countries - is devaluation contractionary?, Kiel Working Paper No. 405.

Nurkse (1945): Conditions of international monetary equilibrium, Essays in International Finance Vol. 4, Princeton.

Nuti, D. M. (1992): Lessons from the stabilisation programmes of Central and Eastern European countries 1989-91, European Union Economic Papers No. 92, Brüssel.

Nuti, D. M. (2000): The Polish Zloty - 1990-1999 - success and underperformance, in: AEA Papers and Proceedings, Vol. 90, No. 2, S. 53-58.

Oblath, G. (1994): Exchange rate policy and real exchange rate changes in economic transition, in: J. Gács/G. Winckler (Hrsg.): International trade and restructuring in Eastern Europe, Heidelberg, S. 15-51.

Oblath, G. (1998): Capital inflows to Hungary in 1995-96 and the accompanying policy responses, in: Empirica, Vol. 25, S. 183-216.

Obstfeld, M. (1995): International currency experience - new lessons and lessons relearned, in: Brookings Papers on Economic Activity, No. 1, S. 119-219.

Obstfeld, M./Rogoff, K. (1995): The mirage of fixed exchange rates, in: Journal of Economic Perspectives, Vol. 9, No. 4, S. 73-96.

OECD (div. Jg.): Economic surveys - Czech Republic, Paris.

OECD (div. Jg.): Economic surveys - Hungary, Paris.

OECD (div. Jg.): Economic surveys - Poland, Paris.

OENB (div. Jg.): Focus on Transition, Wien.

Officer, L. (1976): The purchasing power parity theory of exchange rates - a review article, in: IMF Staff Papers, Vol. 23, No. 1, Washington, S. 1-60.

Ohr, R. (1996a): Exchange rate policy in Eastern Europe, in: F. P. Lang/R. Ohr (Hrsg.): Openness and development, Heidelberg, S. 217-242.

Ohr, R. (1996b) (Hrsg.): Europäische Integration, Stuttgart.

Ohr, R. (1998a): Währungskrisen in Emerging Countries - Gefahren für Osteuropa? in: Hamburger Jahrbuch für Wirtschafts- und Gesellschaftspolitik, Jg. 43, S. 245-268.

Ohr, R. (1998b): Zur künftigen Rolle des Euro in den mittel- und osteuropäischen Ländern, in: R. Caesar/H. E. Scharrer (Hrsg.): Die Europäische Wirtschafts- und Währungsunion - regionale und globale Herausforderungen, Europäische Schriften des Instituts für Europäische Politik, Bonn, S. 325-340.

Ohr, R. (1999): Zielzonen, in: WISU - Das Wirtschaftsstudium, 28. Jg., Nr. 1, S. 57.

Ohr, R. (2001a): Internationale Währungsbeziehungen, Entwicklungstrends, Krisenpotentiale und wirtschaftspolitische Optionen, Ludwig-Erhard-Stiftung e.V., Zukunft der Marktwirtschaft Bd. 2, Bonn.

Ohr, R. (2001b): Warum ist der Euro so schwach?, in: Wirtschaftsdienst Nr. 7, S. 371-373.

Orlowski, L. T. (2000a): Monetary policy regimes and real exchange rates in Central Europe's transition economies, in: Economic Systems, Vol. 24, No. 2, S. 145-166.

Orlowski, L. T. (2000b): A dynamic approach to inflation targeting in transition economies, ZEI Working Paper No. B11, Bonn.

Orlowski, L. T./Salvatore, D. (1997): Trade and payments in Central and Eastern Europe's transforming economies, Handbook of comparative economic policies, Westport.

Otker, I. (1994): Exchange rate policy, in: IMF Occasional Paper No. 113, Washington, S. 43-55.

Pauer, F. (1996): Will asymmetric shocks pose a serious problem to EMU?, OENB Working Paper No. 23, Wien.

Pautola, N./Backé, P. (1998): Currency boards in Central and Eastern Europe - past experience and future perspective, in: OENB Focus on Transition No. 1, Wien, S. 72-113.

Piazolo, D. (2000): EU integration of transition countries - overlap of requisites and remaining tasks, in: Intereconomics, Vol. 35, No. 6, S. 264-272.

Pitlik, H. (2000): Explaining economic performance during transition: What do we know?, in: Intereconomics, Vol. 35, No. 1, S. 38-45.

PlanEcon (2001a): Review and outlook for Eastern Europe, Juli, Washington.

PlanEcon (2001b): Review and outlook for the former Soviet Republics, April, Washington.

Polanski, Z. (1992): Exchange rate policies and balance of payments strategies during the transition from communism: The case of Poland, NBP Research Department Paper No. 8, Warschau.

Poole, W. (1970): Optimal choice of monetary policy instruments in a simple stochastic macro model, in: Quarterly Journal of Economics, Vol. 84, No. 2, S. 197-216.

Radzyner, O./Riesinger, S. (1997): Central bank independence in transition: Legislation and reality in Central and Eastern Europe, in: OENB Focus on Transition No. 1, Wien, S. 57-90.

Ritter, R. (2000): Wechselkurspolitik im Transformationsprozeß, Baden-Baden.

Robinson, S. (1937): The foreign exchanges, in: Essays in the theory of employment, London; erneut gedruckt in: H. S. Ellis/L. A. Metzler (Hrsg.) (1949): Readings in the theory of international trade, Philadelphia, S. 83-103.

Rogoff, K. (1996): The purchasing power parity puzzle, in: Journal of Economic Literature, Vol. 34, S. 647-668.

Rohde, A./Janssen. O. (2000): Estonia's monetary integration into EMU, in: Intereconomics, Vol. 35, No. 4, S. 176-182.

Rosati, D. (1993a): Poland - glass half-empty, in: R. Portes (Hrsg.): Economic transformation in Central Europe - a progress report, CEPR, London, S. 211-273.

Rosati, D. (1993b): Foreign trade liberalisation in the transition to the market economy, WIIW Forschungsberichte Nr. 193, Wien.

Rosati, D. (1996): Exchange rate policies during transition from plan to market, in: Economics of Transition, Vol. 4, No. 1, S. 159-184.

Rosati, D. (1997): Exchange rate policies in post-communist economies, in: S. Zecchini (Hrsg.): Lessons from economic transition - Central and Eastern Europe in the 1990s, Dordrecht, S. 481-501.

Rose, K./Sauernheimer, K. (1999): Theorie der Außenwirtschaft, München.

Rose, A. K./Yellen, J. L. (1989): Is there a J-curve?, in: Journal of Monetary Economics, Vol. 24, No. 1, S. 53-68.

Roubini, N./Wachtel, P. (1998): Current account sustainability in transition economies, NBER Working Paper No. 6468, Cambridge/Mass.

Saccomanni, F. (1996): Towards ERM2 - managing the relationship between the euro and the other currencies of the European Union, in: Banca Nazionale del Lavoro Quarterly Review, Vol. 49, No. 199, S. 385-403.

Sachs, J. D. (1996): Economic transition and the exchange-rate regime, in: AEA Papers and Proceedings, Vol. 86, No. 2, S. 147-152.

Salvatore, D. (1995): The operation and future of the international monetary system, in: Journal of Policy Modelling, Vol. 17, No. 5, S. 375-415.

Samuelson, P. A. (1964): Theoretical notes on trade problems, in: Review of Economics and Statistics, Vol. 46, No. 2, S. 145-154.

Schäfer, W. (1985): Anmerkungen zur J-Kurve, in: Kredit und Kapital, Vol. 18, Nr. 4, S. 490-503.

Schäfer, W. (1994): Wechselkurspolitische Optionen für Osteuropa, in: W. Filc/K. Köhler (Hrsg.): Integration oder Desintegration der Weltwirtschaft?, Berlin, S. 191-205.

Schäfer, W. (1996): Ins, Pre-Ins und Outs, Volkswirtschaftliche Korrespondenz der Adolf-Weber-Stiftung, 35. Jg., Nr. 10, München.

Schäfer, W. (1998): Zur monetären Integration mittel- und osteuropäischer Länder in die Europäische Union, in: N. Eickhof/W. Zohlnhöfer (Hrsg.): Perspektiven der Osterweiterung und Reformbedarf der Europäischen Union, Schriften des Vereins für Socialpolitik, Gesellschaft für Wirtschafts- und Sozialwissenschaften, Bd. 255, Berlin, S. 163-176.

Schäfer, W. (1999): Der neue europäische Wechselkursmechanismus und die MOE-Staaten, in: W. Nölling/A. Schachtschneider/J. Starbatty (Hrsg.): Währungsunion und Weltwirtschaft, Stuttgart, S. 149-154.

Schrader, K./Laaser, C. F. (1994): Die Baltischen Staaten auf dem Weg nach Europa - Lehren aus der Süderweiterung der EG, Kieler Studien Nr. 264, Tübingen.

Schuhbauer, E. (1993): Wechselkursmanagement, Zahlungsbilanzüberschuß und Kapitalbildung, Ifo Forschungsberichte der Abteilung Entwicklungsländer Nr. 80, München.

Schuler, K. (1999): The problem with pegged exchange rates, in: Kyklos, Vol. 52, No. 1, S. 83-102.

Schweickert, R./Nunnenkamp, P./Hiemenz, U. (1992): Stabilisierung durch feste Wechselkurse - Fehlschlag in Entwicklungsländern - Erfolgsrezept für Osteuropa?, Kieler Diskussionsbeiträge Nr. 181, Kiel.

Scitovsky, T. (1967): The theory of the balance-of-payments adjustment, in: Journal of Political Economy, Vol. 75, No. 4, S. 523-531.

Seabra, F. (1995): Short-run exchange rate uncertainty in Latin America, in: Journal of Applied Economics, Vol. 27, S. 441-450.

Sell, F. L. (2001): Braucht es monetäre und reale Konvergenz für eine (in einer) Währungsunion? - Anmerkungen zu einer aktuellen Debatte, http://www.unibw-muenchen.de/campus/WOW/v1061/deutsch/diskussion/2001-1Sell.pdf.

Shatz, H. J./Tarr, D. G. (2000): Exchange rate overvaluation and trade protection - lessons from experience, World Bank Working Paper No. 2289, Washington.

Sherman, H. (2000): Wechselkursoptionen der Beitrittsländer Mittel- und Osteuropas, in: ifo Schnelldienst, Jg. 53, Nr. 12, München, S. 11-18.

Siebert, H. (1994): Außenwirtschaftslehre, Stuttgart.

Siebert, H. (2001): Die EU-Osterweiterung erfordert ein neues Konvergenzkriterium, in: Handelsblatt vom 22. Februar 2001, Nr. 38, S. 14.

Smeets, H.-D. (1982): Der monetäre Ansatz der Zahlungsbilanztheorie, Europäische Hochschulschriften, Reihe V, Bd. 362, Frankfurt.

Smídková, K. (1998): Estimating the FEER for the Czech economy, CNB Working Paper No. 87, Prag.

Smídková, K./Hrncír, M. (2000): Disinflating with inflation targeting - lessons from the Czech experience, in: W. Coats (Hrsg.): Inflation targeting in transition economies -the case of the Czech Republic, Czech National Bank and Monetary and Exchange Affairs Department of the IMF, Washington, S. 185-201.

Smídková, K./Behounek, J./Hlédik, T./Jílek, J./Kostel, M./Matalíková, I./Rottová, D./Stanková, J. (1998): Koruna exchange rate turbulence in May 1997, CNB Working Paper No. 2, Prag.

Standard & Poor's DRI: Economic analysis database, http://www.dri-wefa.com.

Standard & Poor's DRI (2001a): Poland, country outlook - an analytic guide to international business, Vol. 2, Second Quarter, S. 135-140.

Standard & Poor's DRI (2001b): Slovenia, global risk Eastern Europe - an analytic guide to international risk, Second Quarter, S. 185-193.

Standard & Poor's DRI (2001c): Economic database, http://www.xy.com, xy.

Stein, J. L. (1994): The natural real exchange rate of the US Dollar and determinants of capital flows, in: J. Williamson (Hrsg.): Estimating equilibrium exchange rates, Institute for International Economics, Washington, S. 133-175.

Stephan, J. (1999): Economic transition in Hungary and East Germany - gradualism and shock therapy in catch-up development, Basingstoke.

Stiglitz, J. E. (1999): Volkswirtschaftslehre, München.

Stippler, I. (1998): Die Rolle der Wechselkurspolitik während des Übergangs von der Plan- zur Marktwirtschaft: eine theoretische und empirische Analyse am Beispiel der Viségrad-Länder, Berlin.

Strauss, J. (1999): Productivity differentials, the relative price of non-tradables and real exchange rates, in: Journal of International Money and Finance, Vol. 18, S. 383-409.

Svensson, L. E. O. (1992): An interpretation of recent research on exchange rate target zones, in: Journal of Economic Perspectives, Vol. 6, No. 4, S. 119-144.

Svensson, L. E. O. (1997): Inflation targeting in an open economy - strict or flexible inflation targeting?, Institute for International Economic Studies, Stockholm University, http://www.iies.su.se/leosven/papers/nzlect.pdf.

Swan, T. W. (1963): Longer-run problems of the balance of payments, in: H. W. Arndt/W. M. Corden (Hrsg.): The Australian economy - a volume of readings, Melbourne, S. 384-395.

Szapáry, G. (2000): Maastricht and the choice of exchange rate regime in transition countries during the run-up to EMU, NBH Working Paper No. 7, Budapest.

Szapáry, G./Jakab, Z. M. (1998): Exchange rate policy in transition economies: The case of Hungary, in: Journal of Comparative Economics, Vol. 26, No. 4, S. 691-717.

Temprano-Arroyo, H./Feldman, R. A. (1998): Selected transition and Mediterranean countries - an institutional primer on EMU and EU relations, IMF Working Paper No. 82, Washington.

Traud, G. R. (1996): Optimale Währungsräume und die europäische Integration, Mainz.

Valdés-Prieto, S./Soto, M. (1998): The effectiveness of capital controls - theory and evidence from Chile, in: Empirica, Vol. 25, S. 133-164.

Vaubel, R. (1978): Real exchange rate changes in the European Community, in: Journal of International Economics, Vol. 8, No. 3, S. 319-339.

Vehrkamp, R. B. (1997): EWS II, de-facto-Kernwährungsunion und die Europäische Wirtschaftsordnung nach 1999, in: F. Heinemann/M. Schröder (Hrsg.): Europäische Währungsunion und Kapitalmärkte, Schriftenreihe des ZEW Nr. 17, Baden-Baden, S. 154-163.

Velasco, A. (1996): Fixed exchange rates - credibility, flexibility and multiplicity, in: European Economic Review, Vol. 40, S. 1023-1035.

Viksnins, G. J. (2000): Baltic monetary regimes in the XXIst century, in: Intereconomics, Vol. 35, No. 5, S. 213-218.

Visser, H. (1995): A guide to international monetary economics - exchange rate systems and exchange rate theories, Aldershot.

Wagner, H. (1998): Central banking in transition countries, IMF Working Paper No. 126, Washington.

Weber, R. L. (1999): Währungs- und Finanzkrisen: Lehren für Mittel- und Osteuropa?, Stuttgart.

Welfens, P. J. J. (1998): Systemstrategische und strukturelle Anpassungsprobleme in postsozialistischen Ländern Osteuropas - Teil I: Institutionelle Faktoren und Wirtschaftspolitik, Bericht des Bundesinstituts für ostwissenschaftliche und internationale Studien Nr. 11, Köln.

Wellink, N./Knot, K. (1996), The role of exchange rates in monetary policy - the European monetary system, in: Deutsche Bundesbank (Hrsg.): Monetary policy strategies in Europe, München, S. 77-102.

World Bank (2001): World Bank atlas - from the world development indicators, Washington.

Wickham, P. (1985): The choice of exchange rate regime in developing countries - a survey of the literature, in: IMF Staff Papers, Vol. 32, No. 2, Washington, S. 248-288.

Wiehler, F. (Hrsg.) (1998): Die Erweiterung der Europäischen Union: Eine Herausforderung, Schriftenreihe Europäisches Recht, Politik und Wirtschaft, Bd. 208, Baden-Baden.

Wijnbergen van, S. (1986): Exchange rate management and stabilization policies in developing countries, in: Journal of Development Economics, Vol. 33, S. 227-247.

Williamson, J. (1983): The exchange rate system, Institute for International Economics, Policy analyses in international economics, Vol. 5, Washington.

Williamson, J. (1987): The crawling peg in historical perspective, in: C. Milner (Hrsg.): Political economy and international money, Brighton, S. 63-93.

Williamson, J. (1994): Estimates of FEERs, in: J. Williamson (Hrsg.): Estimating equilibrium exchange rates, Institute for International Economics, Washington, S. 177-243.

Williamson, J. (1995): What role for currency boards?, Institute for International Economics, Policy analyses in international economics, Vol. 40, Washington.

Williamson, J. (1996): The crawling band as an exchange rate regime - lessons from Chile, Colombia, and Israel, Institute for International Economics, Washington.

Williamson, J. (1999): Future exchange rate regimes for developing east Asia - exploring the policy options, Paper presented to a conference on 'Asia in economic recovery: policy options for growth and stability' organized by the Institute of Policy Studies Singapore, http://www.iie.com/papers/williamson0699.htm.

Williamson, J./Mahar, M. (1998): Current account targets, in: S. Wren-Lewis/R. L. Driver: Real exchange rates for the year 2000, Institute for International Economics, Policy analyses in international economics, Vol. 54, Washington, S. 75-118.

Willms, M. (1995): Internationale Währungspolitik, München.

Winker, P. (1997): Empirische Wirtschaftsforschung, Berlin.

Wójcik, C. (2000): A critical review of unilateral euroization proposals - the case of Poland, in: OENB Focus on Transition No. 2, Wien, S. 48-76.

Wollmershäuser, T./Bofinger, P. (2001): Is there a third way to EMU for the EU accession countries?, ZEW summer workshop - financial economics of EU enlargement, May 9-11, Mannheim, http://www.zew.de/pdf/ceec/Wollmershaeuser.pdf.

Wren-Lewis, S./Driver, R. L. (1998): Real exchange rates for the year 2000, Institute for International Economics, Policy analyses in international economics, Vol. 54, Washington.

Zukowska-Gagelmann, K. (2000): Die neuen Tiger der Weltwirtschaft - Wachstumsperspektiven Mittel- und Osteuropas bis 2010, HypoVereinsbank Europa-Studien, September, München.

CeGE-Schriften

Das CeGE – Center for Globalization and Europeanization of the Economy – wurde 1999 von der Wirtschaftswissenschaftlichen Fakultät der Georg-August-Universität Göttingen gegründet. Das Zentrum dient als Forum zur internationalen und interdisziplinären Zusammenarbeit bei der Analyse ökonomischer Fragestellungen von europäischer oder globaler Bedeutung. In den CeGE-Schriften werden Forschungsergebnisse aus Dissertationen, Habilitationen und anderen Forschungsprojekten des Zentrums veröffentlicht.

Peter Lang · Europäischer Verlag der Wissenschaften

Christiane Nickel

Insider und Outsider bei der Osterweiterung der Europäischen Währungsunion

Frankfurt/M., Berlin, Bern, Bruxelles, New York, Oxford, Wien, 2002. XVI, 215 S., zahlr. Abb. und Tab.
Studien zu Internationalen Wirtschaftsbeziehungen.
Herausgegeben von Michael Frenkel. Bd. 1
ISBN 3-631-38128-X · br. € 37.80*

Nach der Schaffung der Währungsunion 1999 ist der nächste Schritt, den die EU erwägt, ihre Erweiterung nach Osten. Alle potentiellen Mitgliedsländer der EU sind jedoch auch gleichzeitig Anwärter auf die Mitgliedschaft in der Währungsunion. Doch was sind die Kosten und was die Nutzen eines Beitritts von mittel- und osteuropäischen Ländern in die Europäische Währungsunion? Und wie sollte der Übergang in die Währungsunion am besten gestaltet werden? Beide Fragestellungen werden nicht nur aus Sicht der EWU sondern auch aus der Sicht von zehn der potentiell beitretenden Länder erörtert. Dabei bedient sich die Autorin sowohl der formalen als auch der ökonometrischen Analyse und leitet aus den Ergebnissen politische Handlungsempfehlungen ab.

Aus dem Inhalt: Das Wechselkurssystem in der EU und in den mittel- und osteuropäischen Beitrittsländern · Strategische Überlegungen bei der Gestaltung der Geld- und Währungspolitik beim Übergang in die Europäische Währungsunion · Die Verarbeitung von Schocks in der EU und in mittel- und osteuropäischen Ländern · Ein Optimaler-Währungsraum-Index

Frankfurt/M · Berlin · Bern · Bruxelles · New York · Oxford · Wien
Auslieferung: Verlag Peter Lang AG
Jupiterstr. 15, CH-3000 Bern 15
Telefax (004131) 9402131

*inklusive der in Deutschland gültigen Mehrwertsteuer
Preisänderungen vorbehalten
Homepage http://www.peterlang.de